集團
403
南村社區

南村社区志

山东省沂南县南村社区志编纂委员会　编

方志出版社
Publishing House of Local Records

图书在版编目（CIP）数据

南村社区志 / 山东省沂南县南村社区志编纂委员会编 .—北京 : 方志出版社 , 2023.12
ISBN 978-7-5144-6052-0

Ⅰ . ①南… Ⅱ . ①山… Ⅲ . ①社区－地方志－沂南县
Ⅳ . ① K295.25

中国国家版本馆 CIP 数据核字 (2024) 第 009327 号

责任编辑：张　颢
责任校对：张玉霞
责任印制：梅中英
出 版 者：方志出版社
地　　址：北京市朝阳区潘家园东里 9 号（国家方志馆 4 层）
邮　　编：100021
网　　址：http://www.zgfzcb.cn
发　　行：方志出版社图书营销中心（010-67110500）
印　　刷：山东黄氏印务有限公司
开　　本：889 毫米 ×1194 毫米　1/16
印　　张：25.75
字　　数：460 千字
版　　次：2023 年 12 月第 1 版
印　　次：2023 年 12 月第 1 次印刷
定　　价：398.00 元

《南村社区志》编纂委员会

主　　任　李凤德

副 主 任　苗德强

委　　员　李建军　刘德进　邱增恩　刘成学　田洪军　胡玉洁
　　　　　刘晓东　刘振省　刘振超　刘振涛　张洪明　高　洋

《南村社区志》编辑人员

主　　编　杨桂柱

副 主 编　高永文　冯启国　张倩兰

顾　　问　徐新后　梁桂生　高宝德　刘建民　刘振毅　包桂亮

编辑人员　杨桂柱　高永文　冯启国　魏晓霞　于雪晨　卓会苓
　　　　　邵　磊　郑树平

摄　　影　郑树平　田相涛　张元东　袁　雷　杨桂柱

编　　务　刘存起

《南村社区志》评审委员会

主　　审　李凤德

副 主 审　吴耿彬　苗德强

委　　员　徐庆芳　刘　英　邢恩坤　徐新后　梁桂生　刘建民
　　　　　刘振毅　包桂亮

序

《南村社区志》在编写人员的辛勤努力下，就要同大家见面了。这是南村社区有史以来，思想、文化建设的一件大喜事。对于总结经验，启示后人，不断发展，行稳致远，有着重大而深远的意义。我和全社区干部居民都很高兴，并表示热烈祝贺！

南村社区的前身是界湖村。界湖村建于北宋之前，距今已有千余年。1946 年，沂南县依据位置，将界湖村一分为四，村因居南而命名，距今已有 70 多年。时间在界湖南村这块土地上，画出了一条曲折的红线。红线上标注有中国共产党领导的革命战争和人民参军支前的红色印记；有翻身农民在农业合作化时期，跟党走，齐奋斗，建家园，推进新农村建设的奋进足迹；有改革开放以来，解放思想，大胆创新，经济振兴，社会全面发展的崭新面貌。令我们高兴的是，我们这一代人，不仅看到了南村社区的发展变化，而且亲身参与了其中的建设。因为见过南村社区的旧模样，所以对于今日的新面貌发自内心地高兴和珍惜。因为看到了改革发展的成果，所以更加坚定吃苦耐劳、艰苦奋斗、自强不息、勇往直前的步伐。

历史是一面镜子。在这面镜子里，装满了过去的故事，其中有许多人的故事，也有许多事件的过程。人们常说："以史为镜，可以知兴替；以人为镜，可以明得失。"我常到社区的乡愁馆去看那一幅幅的历史画面。每一幅画里都有我能回忆起的往事，我们这一代人在画中都有各自的许多故事。我也常在这里想，南村社区的老模样，在改革开放以来，随着县城发展和旧村改造，已经荡然无存，我们的后代怎么才能以史为镜？然而，南村社区那段路上的见证人还在，那段历史还在。让他们把做过的、看到的、听到的回忆起来，记录下来，编成《南村社区志》，就是历史的再现，我们的后代就能以史为鉴。

修志的意义在于铭记，在于激励。走得再远，都不能忘记来时路。因为那段路上，有我们先辈的奋斗足迹和付出的艰辛，有我们可以借鉴的成功和喜悦；不忘来时路，就会胜不骄，败不馁，再接再厉，争取更大的成功；记住来时路，就不会迷路，就能不忘初心，走好新征程。

在成书之前，我最想说的话是南村社区的路还很长，不管是一千年，还是八百载，南村的人都要代代相传，坚定不移地走下去，走出一条共同富裕的社会主义康庄大道，走出一条通往共产主义的幸福大道。

是为序。

南村社区党委书记
南村社区居委会主任　李凤法

2023 年 11 月

凡 例

一、本志以马克思列宁主义、毛泽东思想、邓小平理论、“三个代表”重要思想、科学发展观、习近平新时代中国特色社会主义思想为指导，坚持辩证唯物主义和历史唯物主义的立场、观点和方法，尊重历史，实事求是，详今略古，客观记述境内自然、政治、经济、文化等方面的历史与现状，力求思想性、科学性与资料性的统一，突出地方特色和时代特点。

二、本志上限自建制之日或事物发端起，下限至2022年，大事记和有些内容适当上溯下延，以保持史实的连续性与完整性。

三、本志坚持事以类从原则，横排门类，纵述史实。设篇、章、节、目等层次，标明题目，依次统辖。以概述、大事记冠前，附录、后记殿后。大事记采用编年体。

四、本志体裁以志为主，辅以记、述、传、图、表、录等诸体。行文采用语体文、记述体，以第三人称记述，只记事实，不作评论。综述采用论述体，有述有议，述议结合。引文及历史称谓仍用原字。

五、本志记述人物采用传略、简介、人物表等体裁。坚持“生不立传”的原则，对革命烈士、已故有社会影响的人物，以传略形式载入。人物简介收录域内副科级以上干部。人物表收录县级以上先进模范、专业技术人才、企业家及其他方面名人。

六、本志采用公元纪年，对中华人民共和国成立前的年号采用历史纪年，括注公元纪年。数字用法、标点符号用法分别采用国家标准《出版物上数字用法》（GB/T 15835—2011）、《标点符号用法》（GB/T 15834—2011），计量单位采用国家技术监督局1993年12月发布的《量和单位》系列国家标准。

七、本志人口数字、人物收录，限于原籍及实际户口。

八、志书中各时期地域、机构、职务等称谓均以当时名称为准，需要括注下限时名称的加括注。对机构、社会团体和会议名称等称谓，第一次出现时用全称，重复出现用简称。

九、本志资料来源于有关档案馆、图书馆、志书和部门及各界知情人士，广征博采，线索纷繁，限于篇幅，一般不注明出处。

南村社区党委会成员

左起：刘晓东　田洪军　邱增恩　李建军　李凤德　苗德强　刘德进　刘成学　胡玉洁

南村社区居委会成员

左起：高　洋　刘振涛　刘振省　李凤德　刘振超　张洪明　胡玉洁

《南村社区志》编纂委员会全体成员

前排左起：田洪军　邱增恩　李建军　李凤德　苗德强　刘德进　刘成学

后排左起：高　洋　刘晓东　刘振涛　刘振省　张洪明　刘振超　胡玉洁

南村社区股份经济合作社理事会成员

左起：冯启国　刘　晓　李凤德　沈彦成　潘春娜

鸟瞰南村

南村社区新貌

居民一区

居民二区

居民三区

二层楼居民区

芙蓉花园新区

锦绣花园小区

丹阳路

银杏路

芙蓉路

振兴路

正阳路

六和正壮饲料厂

编织袋厂

德福建材

参观学习

志愿者活动

志愿者为老年人理发

发放老年生活补贴和居民分红

社区青年免费分房

青少年参观南村社区村史馆

社区宣传队在沂蒙红色影视基地演出

“新红嫂组合”登上央视《星光大道》

专场演出

《南村之歌》大合唱

文明家庭获奖

看望百岁老人刘振叶

南村社区获“国家级充分就业社区”称号

南村社区获“全国示范性老年友好型社区”称号

表彰会合影

纪念活动合影

CCTV-7 美丽乡村快乐行文艺演出

中国计生协生育关怀活动走进南村社区

中国摄影家协会活动

省关工委活动

省老促会调研

县关工委活动

"光荣在党五十年"纪念章颁发仪式

纪念抗战胜利 75 周年座谈会

学雷锋活动

向寿光市三元朱村
党委书记王乐义学习

慰问马牧池乡常山庄村民

公益捐赠

南村社区和岸堤镇大峪庄结成友好村居

南村社区和大庄镇西司马村结成友好村居

南村社区和张庄镇钮家沟村结成友好村居

捐赠防疫物资

看望老红嫂张淑贞

看望老红嫂高振荣

南村社区党委成立大会

李凤德参加省委召开的基层干部座谈会

社区老干部座谈会

李凤德在省十二届人代会上投票

李凤德参加山东省十三届人民代表大会第五次会议

李凤德获临沂市首届“沂蒙最美兵支书”称号

沂蒙红色影视基地标志物——沂蒙魂

游客服务中心

生态停车场

国防教育现场

古县城

写生基地

知青街

地主大院

红嫂纪念碑

红嫂雕塑

人民子弟兵雕塑

跟着共产党走纪念馆

人民子弟兵将帅纪念馆牌坊

红嫂纪念馆牌坊

沂蒙四季大舞台全景

凤凰阁

培训中心

蟠龙湖

栈道式文化长廊

湖中亭

蟠龙街

南大门

元宝湖

黑石沟人工湖

荷花池

服务中心水库

灯塔石

红歌石

战旗石

写生石

会刊石

沂蒙时辰

《沂蒙》村碑

常山坝桥

古城桥

古城坝桥

湖边桥

东北水桥

北水桥

凤凰桥

蟠龙桥

仙人桥

观风亭

听风亭

景渊亭

醉心亭

六角亭

翘首亭

九曲亭

探龙亭

望阁亭

沂蒙红色影视基地沂州古县城落成典礼

《沂蒙四季·红嫂》首演

全国第十八届围棋甲级联赛在沂蒙红色影视基地举办

“中国摄影创作基地”授牌

《沂蒙》拍摄现场

《斗牛》拍摄现场

《沂蒙六姐妹》拍摄现场

《红高粱》拍摄现场

《沂蒙老兵》开机仪式

◎ 沉浸式情景演出

《跟着共产党走》剧照

《识字班》剧照

《民兵连》剧照

《一碗米粥》剧照

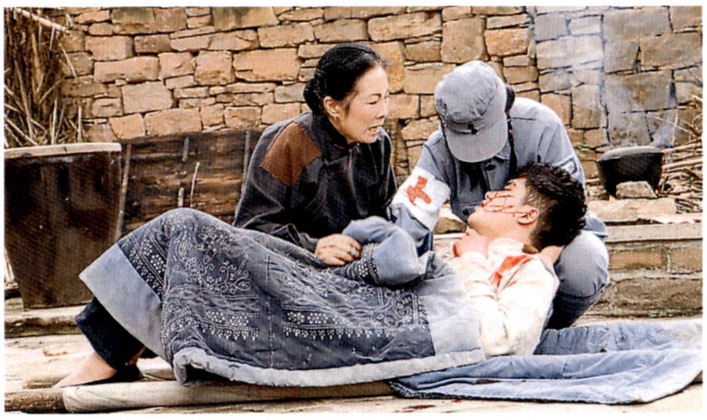

《战地医院》剧照

《永远的新娘》剧照

全国妇联基层组织建设
示范社区
中华全国妇女联合会
二〇一〇年七月

全国综合减灾示范社区
国家减灾委员会 民政部
二〇一二年十二月

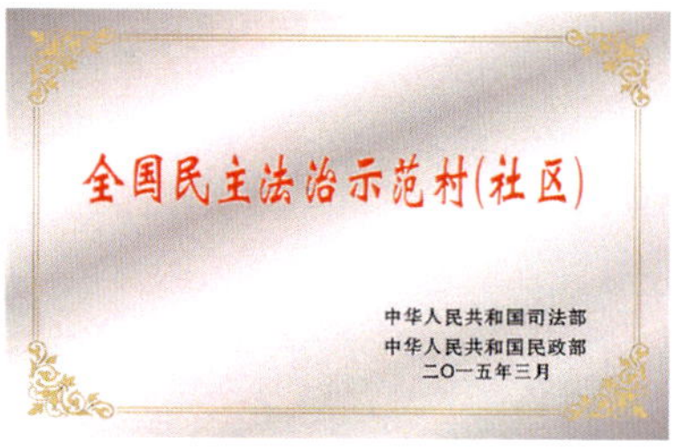
全国民主法治示范村(社区)
中华人民共和国司法部
中华人民共和国民政部
二〇一五年三月

全国示范性
老年友好型社区
国家卫生健康委 全国老龄办
二〇二二年

荣誉证书
certificate of honour
山东省沂南县常山庄村:
经“2015寻找中国最美乡村推委会”评审一致认定贵村的美丽乡村建设模式突出，具有典型示范意义，为“传播乡村文明，建设美丽中国·做出重要贡献，荣获2015年度“中国十大最美乡村”。

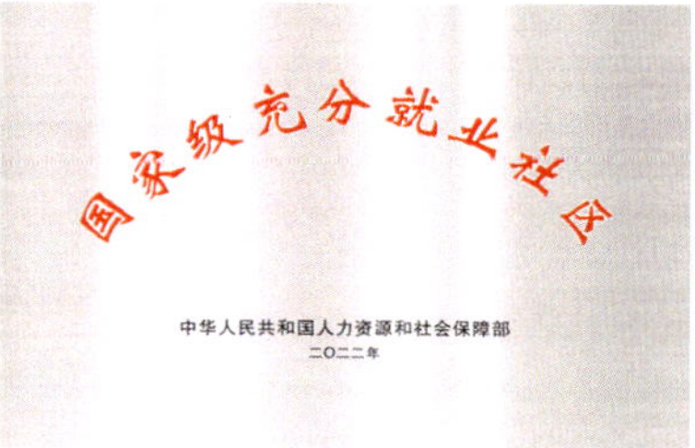
国家级充分就业社区
中华人民共和国人力资源和社会保障部
二〇二二年

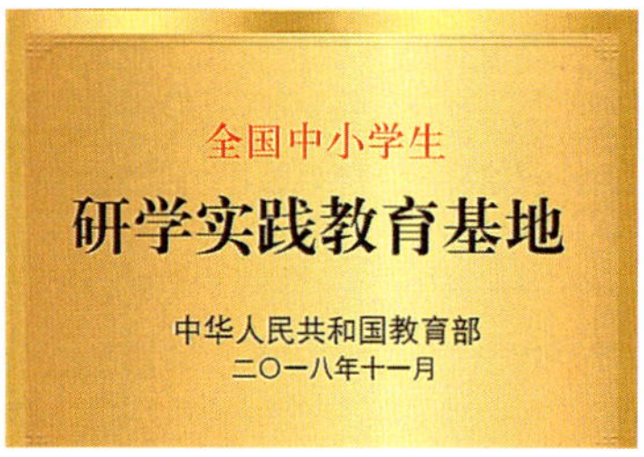
全国中小学生
研学实践教育基地
中华人民共和国教育部
二〇一八年十一月

敬老文明号
全国老龄工作委员会
二〇一六年

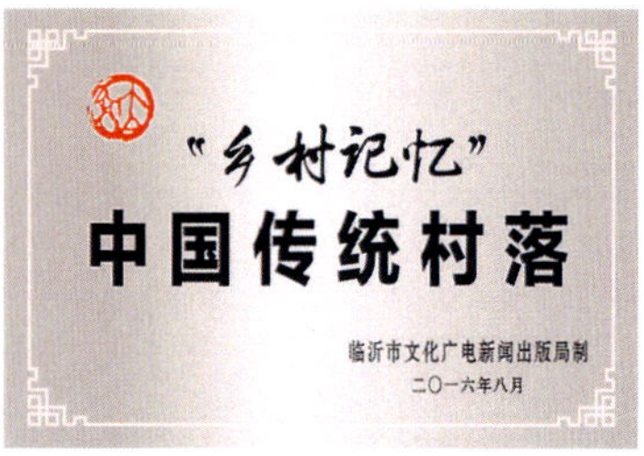
“乡村记忆”
中国传统村落
临沂市文化广电新闻出版局制
二〇一六年八月

CHINA RURAL TOURISM
中国乡村旅游模范村
中华人民共和国国家旅游局 颁
二〇一五年八月

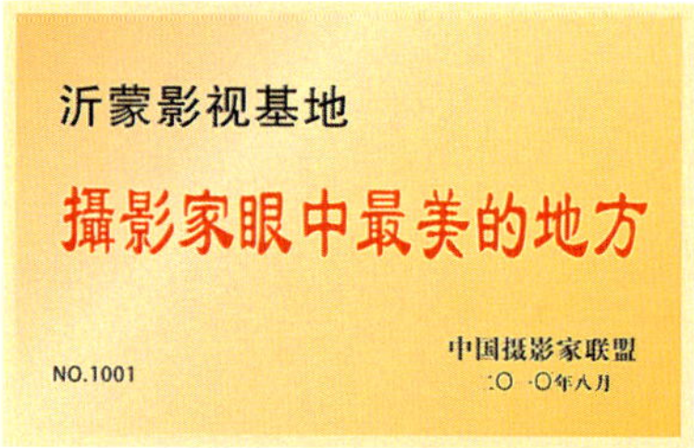
沂蒙影视基地
摄影家眼中最美的地方
NO.1001
中国摄影家联盟

荣誉证书
沂南县沂蒙红色影视基地旅游发展有限公司:
在深入实施乡村旅游扶贫工程中，经审核，你单位列为全国“公司+农户”旅游扶贫示范项目。
特发此证，以兹鼓励。

学雷锋活动基地
中国社会福利基金会学雷锋基金管委会
中华雷锋文化促进会
二〇一六年十月二十四日

战旗飘扬
拍摄胜地
中国人民解放军八一电影制片厂

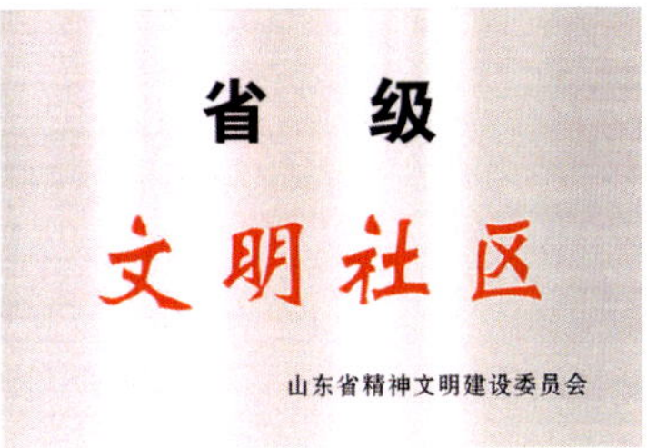
省 级
文明社区
山东省精神文明建设委员会

山东省先进基层党组织
中共山东省委
2011年6月

山东省城市社区建设
示范社区
山东省民政厅
20一0年三月

山东省先进村（居）老工委
山东省老龄工作委员会办公室
二〇一一年九月

省级卫生社区
山东省爱国卫生运动委员会
二〇一三年十二月二十五日

山东省银龄之家
山东省老龄工作委员会办公室
二〇一七年九月

临沂市沂南县界湖街道南村社区
省级卫生村
(2018-2020)
山东省爱国卫生运动委员会
二〇一八年一月

山东省民企帮村
优秀企业

山东省影视产业重点园区
山东省新闻出版广电局
二〇一五年十二月

山东省重点服务业企业
山东省发展和改革委员会
二〇一七年十二月

山东省重点服务企业
山东省发展和改革委员会
二〇一七年十二月

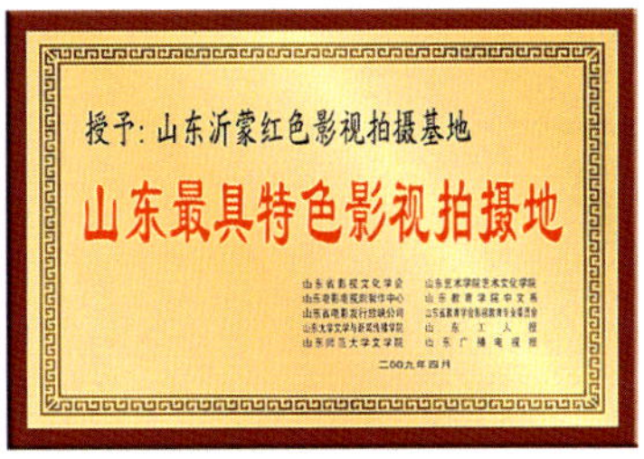
授予：山东沂蒙红色影视拍摄基地
山东最具特色影视拍摄地

山东知名品牌
山东省品牌建设促进会
二〇一九年十二月

DAZHONG
2011最美中国（山东）十大最具人文特色景区
全国党报城市品牌推广联盟 山东省旅游行业协会 大众日报社
二〇一一年十二月

山东省影视产业重点园区
山东省新闻出版广电局
二〇一五年十二月

山东省劳动模范
证书
山东省人民政府决定
授予李凤德 同志山东省
劳动模范称号。
山东省人民政府

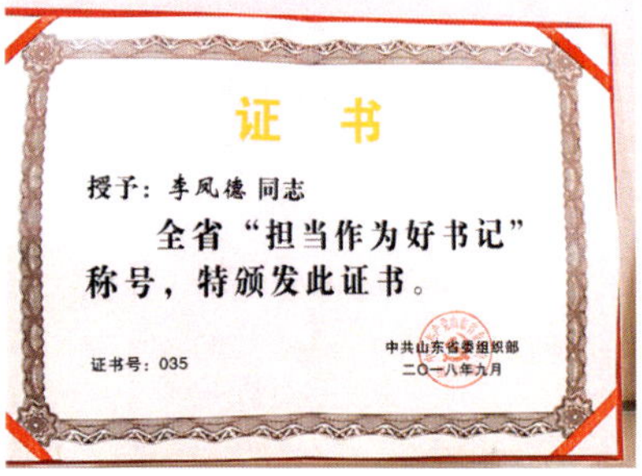
证 书
授予：李凤德 同志
全省“担当作为好书记”
称号，特颁发此证书。
证书号：035
中共山东省委组织部
二〇一八年九月

荣誉证书
授予李凤德：
首届“沂蒙最美退役军人”称号
二零一九年十二月

山东省优秀复员退伍军人
山东省民政厅
2010.7

齐鲁最美退役军人
李凤德

人物创业富民奖

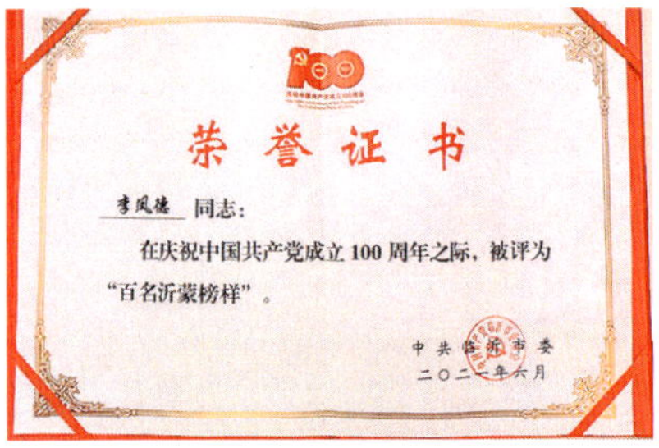
荣 誉 证 书
李凤德 同志：
在庆祝中国共产党成立100周年之际，被评为
“百名沂蒙榜样”。
二〇二一年六月

荣誉证书
授予：李凤德 同志
全市“沂蒙乡村振兴好支书”称号，
特颁发此证书。
中共临沂市委组织部
临沂市总工会
临沂市财政局
二〇一九年四月

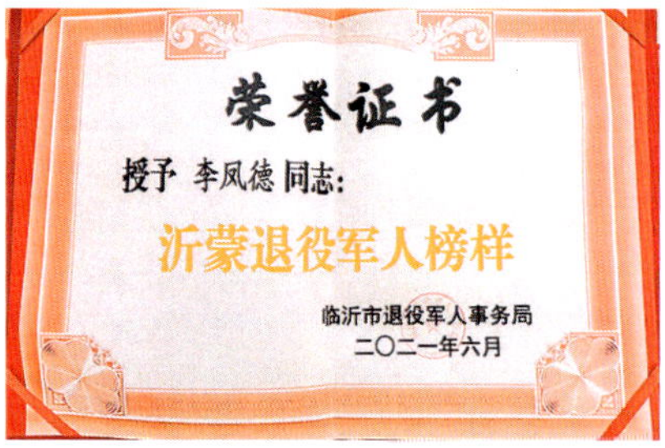
荣誉证书
授予 李凤德 同志：
沂蒙退役军人榜样
临沂市退役军人事务局
二〇二一年六月

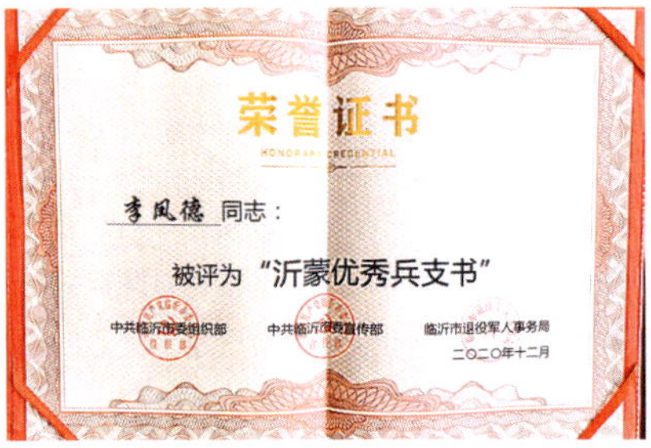
荣誉证书
李凤德 同志：
被评为“沂蒙优秀兵支书”
临沂市退役军人事务局
二〇二〇年十二月

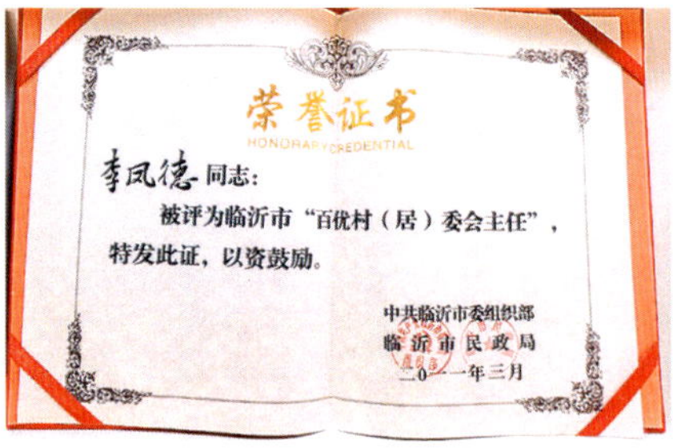
荣誉证书
李凤德 同志：
被评为临沂市“百优村（居）委会主任”，
特发此证，以资鼓励。
中共临沂市委组织部
临沂市民政局
二〇一一年三月

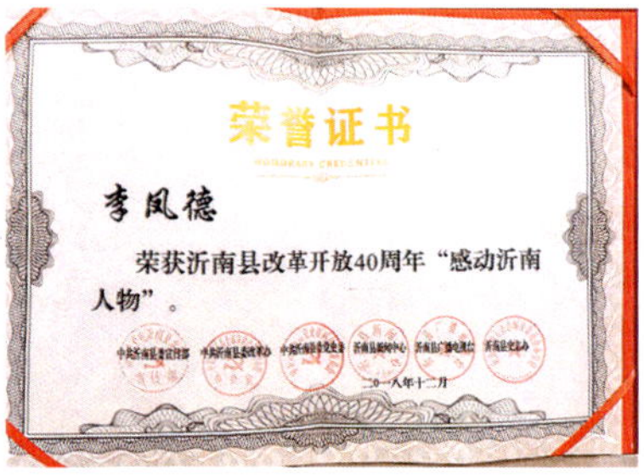
荣誉证书
李凤德
荣获沂南县改革开放40周年“感动沂南
人物”。
二〇一八年十二月

证书
李熙鹏 同志
入选文化和旅游部2021年乡村文化
和旅游能人支持项目，特发此证。

荣誉证书
李熙鹏同志：
优秀共产党员

荣誉证书
李熙鹏同志：
被认定为第二十三届山东省优秀企业家。
2016年08月

《南村社区志》编审人员

前排左起：刘　英　徐庆芳　邹兴超　姚德志　李凤德　杨桂柱　吴耿彬　邢恩坤　徐新后　梁桂生

后排左起：邵　磊　冯启国　高永文　苗德强　贾　冰　刘振毅　刘建民　包桂亮　魏晓霞　于雪晨　卓会苓

《南村社区志》编辑人员

前排左起：刘振毅　刘建民　徐新后　李凤德　杨桂柱　梁桂生　吴耿彬　包桂亮

后排左起：冯启国　高永文　张元东　刘存起　郑树平　魏晓霞　于雪晨　卓会苓　邵　磊

《南村社区志》编纂顾问座谈会

《南村社区志》评审会议

目 录

第五篇 服务业

第六篇 红色文化产业

第七篇 社区建设

第八篇 精神文明建设

第九篇 社会生活

第十篇 文教卫生

第十一篇　社区组织

第十二篇　人　物

第十三篇　艺　文

第十四篇 南村印迹

第十五篇 村风民俗

附 录

概述

概　述

一

界湖街道南村社区位于山东省沂南县境中部。界湖因西有山，东有岭，山岭之间为大片湖洼，村处中间高地，界于湖洼之间而得名界湖。属鲁中南山地丘陵区，地势自西向东逐步下降。境内气候属暖温带季风区，秋、冬季多偏北风，春、夏季多偏南风。四季分明，季月气温变化较大，年平均气温 12.8℃—14℃。年平均降水量为 929.1 毫米，分布不均匀，高度集中在夏季。年平均日照为 2364.8 小时，霜期累年平均为 146 天。

据考古发掘发现，旧石器时期就有人类在此生息。历史文献记载，界湖古属东夷，周属鲁国，秦并六国后属琅琊郡。自隋开皇十六年（596）至民国 28 年（1939），一直属于沂水县。1939 年 10 月，沂南县建立，界湖隶属沂南县。1958 年划入沂水县，1961 年再次划归沂南县。村中火神庙和三皇庙为明清时期远近闻名的香火旺盛之庙。立于村中的《重修南路西沟碑记》记载，至清末，界湖已成为沂水县南乡重要集镇。据村北三皇庙元代“重修三皇庙记”石碑记载，庙建于北宋，推知立村当在北宋之前。据甘姓家谱“唐朝迁来”的记载，可推知界湖立村当在唐朝或唐之前。民间有“设沂水县即有界湖”之说，若以此推之，界湖村立村年代当在隋或隋之前。

民国 35 年（1946）10 月，界湖村分为南、北、东、西村，界湖南村因村居南而得名。革命战争年代，界湖村周围修有圩子墙，墙外修有圩子沟。1949 年 7 月，沂南县机关定驻界湖。初始，县城不大。随着县城的建设和发展，如今的南村，位居县城中心，城区道路纵横交错，沿街两侧商品房、经济房鳞次栉比，机关、企事业单位门户相连，成为县城居家兴业最理想的黄金地段。

南村社区姓氏较多。过去村民大多为佃农，靠租种地主土地生活。土改时贫雇农分得土地，实现了耕者有其田。

二

地处城区的界湖南村社区，有着得天独厚的区位优势和资源优势，过去一直固守小农经济，靠种地谋生。从一家一户单干到互助组、合作化都是单一种粮。主要粮食作物有小麦、大豆、地瓜、玉米、谷子、水稻等。

民国 35 年（1946），中国共产党领导土地改革，没收地主土地，平均分给农民。界湖南村 100 多户佃农，家家分得土地，成为土地的主人，种田积极性有了很大提高。限于原始的生产工具，落后的生 产技术，农作物产量很低。1949 年，粮食平均每亩产量 76 千克，每人占有粮食 209.5 千克。新中国成立初期，平均每亩单产 100 千克。

从 1953 年开始，政府组织大规模的农田水利基本建设，土壤改良、整修地堰、扒排水沟、平整土地、建堰塘、修水库，建电灌站、修干支渠、修田间生产路。1964 年，实行稻改。1978 年，生产队购置拖拉机、喷灌机，农业生产用上机械。1979 年，粮食平均亩产 350 千克，是新中国成立初期的 3.5 倍。

1978 年，界湖南村实行联产承包责任制。农民生产积极性进一步提高，农业生产转向科技化。选育良种、科学施肥、保护地栽培、科学管理等一系列先进科技手段开始应用。1987 年，粮食每亩单产达到 500 千克，村民逐步解决了温饱问题。1991 年，全村有 854 亩耕地，粮食每亩单产 816 千克，总产 69.69 万千克，除国家征购、生产性留粮，人均口粮达到 350 千克。后来，因为县城建设，土地逐年减少，一些基础设施功能受到影响。粮食单产、总产大幅度下降，农业产业逐步向工业和服务业转化。

界湖南村林业生产规模一直较小，过去只有村民在宅旁院内栽种零星树木，以楸树、槐树、榆树、椿树为多，果树多是桃、杏、李等。人民公社时期，由集体栽植，以杨树为主，分布在路旁地边。“农业学大寨”时，土地成片成方，以路带渠，绿化带随路和渠道建设。1976年，大队建苹果园80亩，由林业队管理，收入逐年增加。2013年，林业总收入24.541万元，达到高峰，以后随着土地减少，渐渐不成规模。

界湖南村畜牧业生产主要是以饲养牛、猪、兔、鸡等为主。养牛，主要为耕种土地，合30亩地一头耕牛。合作化、公社化时期，耕牛归集体养殖。改革开放后，由于机械化程度不断提高，耕牛渐渐减少，农户以养肉牛为主。合作化时期，养猪积肥可以顶工分分粮。改革开放后，以专业户饲养为主。家禽饲养以养鸡为主。合作化时期，家家靠养鸡卖蛋解决零花钱。改革开放后，以专业户饲养为主。

随着县城机关、企事业的建设和发展，界湖南村第一产业在经济发展中的比重越来越小，农业基本形态开始由种植业、养殖业向加工业、交通运输业、商业餐饮服务业综合发展。第三产业的比重快速提升，探索出一条具有界湖南村社区特色的结构调整方式。

三

界湖的区位优势为域内的工业发展奠定了必要条件。清代界湖街的熟食、点心、酱菜、酿酒、印染等轻工业较为发达，独具特色，成为沂水南乡手工制作商业贸易重镇。革命战争年代，沂蒙山革命根据地围绕军民生活、生产和战斗，在这里发展轻、重工业，对界湖南村起到了传承、影响和带动作用。

1962年，村集体首开农产品加工业。建起油坊、养猪场、大菜园，缝纫社，又建起面粉坊、粉皮坊。1971年，成立村建筑队，修桥筑路，建房修院。1982年，建起兔毛加工厂。1983年，通过土地出租方式招商引资办起电子管厂，村里收租赁费，厂里招本村村民干活。接着，村集体先后建起奶牛场、养鸡场、养兔场、罐头厂、丝绵厂、木材加工厂，以工业补农业，增加集体收入。1987年，建蚕茧站，并增设茧丝加工生产项目。1992年，村集体建起福利石英砂厂，年利润18万元，占集体收入的一半以上。是年，正式成立沂南县城东建筑工程公司并获得5级建筑资质。

界湖南村集体工业、服务业的快速发展，引发村民走出农业、发展经济的积极性，一些村民“八仙过海各显神通”，放开视野，主动寻找适合自己发展的项目，私营工商业如雨后春笋般地发展起来。

2005年是界湖南村工业产业上规模、上水平，大发展的开始。以李凤德为党支部书记的新一届村“两委”，立足区位优势和资源优势，确立“村企合一、以企强村”“发展集体经济、实现共同富裕”的发展方式，制定“构筑大框架、实施大投入、实现大发展”的总体思路，树立抢抓机遇，在3—5年时间内，将界湖南村工业经济做大做强的信心。

2005年，注册成立沂南县星港房地产开发有限公司，创建山东正壮饲料有限公司。2006年组建沂南邦正塑编有限公司。2007年成立山东山源物流有限公司，注册成立沂南县冠祥建筑工程有限公司。2008年，注册成立山东沂蒙红色影视拍摄基地旅游开发有限公司。2009年，注册成立沂南县亲情物业服务有限公司。2012年，注册建起沂南县昊全影视服务有限公司。2013年，全村工业总收入100365.1万元，是2005年的4倍。至此，南村社区集体经济实现年总产值超过10亿元。2015年，南村社区成立山东广汇集团有限公司统揽社区集体企业，使集体企业逐步实现科学化管理与正规化运营。

四

界湖作为物资集散地，历史悠久，商贸服务

业繁荣兴旺，是沂水域内十大集市之一。

1948 年，界湖解放后，商业贸易迅速恢复，百货、染坊、饭铺、杂货、布店生意兴隆。行商增多，外籍客商纷纷到界湖从事商贸活动。战时弃业的一些商号纷纷复业，小商小贩迅速增多，经商为主，兼务农事。

中华人民共和国成立初期，社会平安，界湖市口迁到圩子旧址的西南处窑汪北岸、西岸，有青菜市、窑货市、粮食市、小百货市等本地土特产市场。

1978 年，党的十一届三中全会后，党和政府把发展经济提到头等重要位置，从事商业活动的人员逐渐增多。进入 20 世纪 80 年代，不论坐商还是行商，都得到迅速发展，界湖南村开始尝试集体与个体餐饮业及流通服务业。

2000 年以后，随着集体土地的逐年减少，从事农业的居民开始陆续转入第三产业，熟食加工、蔬菜销售、水果销售，杀鸡的、卖肉的、卖水产品的等各行各业都有。早市、小菜市口、沿街商摊，到处都有界湖南村人的面孔。

界湖南村看到了市场经济发展的远大前程，发挥自己的区位优势，在开发建设居民小区的同时，相继建设面积达 10 万平方米的沿街门店，供应了 300 余个体工商户，其中包含建材、五金批发零售、餐饮、宾馆、美容美发、汽车修理装饰、房产中介、超市等多种行业。不仅使社区每年实现数千万元的租赁收入，而且安排就业岗位过千人，年创利税过数千万元，实现集体利益和个体利益双丰收。

2008 年开始，南村社区开始发展文化产业。在马牧池乡常山庄村陆续建起以古山村、沂州古县城为主的山东沂蒙红色影视拍摄基地，以红色影视拍摄、蟠龙湖等场景为主的红嫂家乡旅游基地，以中国红嫂纪念馆、兵器展、山乡剧场为主的红色文化教育基地、红色研学游基地，以常山、古村貌为背景的写生基地以及为之服务的接待中心和服务中心等应运而生，一个接一个，形成红色文化产业规模，被评为山东省十大文化产业之一。

南村社区第三产业的异军突起，大大改变了三产占比，农、工、服务业比例由 1978 年的 93%、4%、3%，发展到 2022 年的 0%、45%、55%。2022 年，农业收入无。

五

南村社区的发展变化，体现在教育医疗卫生事业的发展上。

教育事业空前发展。中华人民共和国成立前，界湖村教育仅限于塾馆，且因时局不稳，民生不得温饱，全村就学私塾的人数只有十几人。民国时期，废私塾，办学堂，但村里一直没有固定的校舍，只是借用农民的闲房。村民魏金相（系拔贡），于 20 世纪 20—30 年代办义学，教育培养上百名学生，其中有南下干部孙德裕、魏荣兴等。革命战争年代，界湖村利用战争空隙办夜校、识字班，部分村民粗识文字，多数人仍未受到系统教育。据统计，1949 年，儿童入学率仅为 15%。

中华人民共和国成立后，党和政府逐步改善办学条件。1954 年，县政府拨款，界湖南村出土地、劳力，在家门口建起界湖南完小。当年招 6 个班，250 名学生，其中界湖南村 30 名，适龄儿童入学率达到 50% 以上。以后，界湖南完小年年招生，界湖南村有大批适龄儿童入校学习。1957 年，学校积极贯彻“德、智、体”全面发展的教育方针，学校得以健康发展。1977 年恢复高考，南村青年王宗运第一个考上大学。1978 年以后，儿童入学率逐步达到 100%。1980 年，界湖完小划归界湖南村。1992 年，界湖南村投资 20 万元，对南校进行改造，新建宿舍一排，4 间教室。2004 年，举办南校建校 50 周年纪念活动，投资 76 万元新建二层教学楼 2 栋，建筑面积 1020 平方米。到 1986 年，全村普及九年义务教育，12—15 周岁少年儿童初等教育（九年一贯制义务教育）普及率达到 100%。至 2022 年，全社区居民本科以上学历 115 人，专科学历 149 人，高中学历 191 人，初中学历 829 人，初中以上学历人数占居民总人数的 52%。

2018年2月，经国家工商行政管理总局注册备案，南村社区成立山东职康安全技术服务有限公司，有安全管理与培训专业技术人员30余人，其中培训教学工作人员12人，国家注册工程师20余人。拥有办公教学设备150台（套）、容纳400人大型培训教育网络考试平台、特种作业实际操作综合仿真考培系统、专门应急演练实操和爱国主义教育实践基地。被山东省应急管理厅公布为双重预防体系专业技术服务机构，被临沂市应急管理局公布为安全生产标准化三级评审单位。到2022年12月，共培训学员119期，23966人次。

医疗卫生事业不断发展。中华人民共和国成立前，界湖南村治病主要靠私人开设的中医为主。因为卫生条件差，地方病和传染病常有流行，群众患病无力医治，多数听天由命，死亡率较高。儿童天花、麻疹难以避免，小儿死亡率在50‰以上。

中华人民共和国成立后，党和政府非常重视医疗卫生工作。1955年，对霍乱、天花、麻疹、白喉等25种传染病实行预防接种疫苗、计划免疫等，并采取即时报告、即时扑灭的制度。乙型脑炎、流行性脑炎、麻疹、猩红热、百日咳、疟疾等于1970年得到控制，至1980年绝迹。1989年，落实3类35种传染病防治措施，有效地控制了传染病的流行。进入1990年，界湖南村先后建起了自己的卫生所，有了本村的专职医生，辖区内除村卫生所外，另有诊所1处，中医门诊3家，牙科诊所2家，针灸、按摩、推拿门店5家，大药房5家。社区居民一般小伤小病不出村，疑难杂症到镇、县人民医院，治愈率极高。儿童疫苗接种成为自觉行动，孕妇普遍到医院进行孕期检查，婴儿成活率接近100%。近年来，高血压、心脏病、脑血栓、糖尿病、癌症等发病率出现增长趋势，人们开始应用保健药、保健器材和加强体育锻炼等，以增强体质、抗病防疫。

六

南村社区居民生活的今夕变化，宛如自然界的天壤之别。过去，界湖街呈献给人们的生活环境是“脏、乱、差”。随着经济的发展，县城建设进入快车道，南村社区人民享受到了城市发展带来的诸多好处。

1984年，南村社区开始建设楼房，2003年进入商业中心区，到2010年归于综合服务区的综合服务中心。沂南县人民政府每进行一次县城总体规划，南村社区就迎来一次大的发展变化期。2018年，按照县城总体规划要求，南村棚户区进行彻底改造。老界湖南村的老房宅，一户不落地全部拆迁。2022年，南村建成棚改新居，棚户区改造中的拆迁户，陆续乔迁新居。

如今的南村社区，水、路环境得到综合治理，社区里有占地10余亩的活动广场，各种健身器材俱全，大人们早晚在此散步、健身，孩子们在此嬉戏玩耍，愉悦祥和。道路、场院全部硬化，粪堆、柴草堆也已消失，人们外出再不担心尘土和泥泞。家庭中装点着花卉盆景，替代了家畜家禽，少有的污水也进入了城市地下管网，苍蝇蚊子极为稀少。楼前楼后绿化了景观苗木，家里家外自然花香弥漫，飞鸟蜂蝶群舞，人与自然共鸣。人们生活在花园一般的城市里，旧村居以及留在旧村居的故事，全部变成乡愁，注入了界湖南村乡愁馆。

七

2005年，南村社区在确定走“发展集体经济，实现共同富裕”道路的同时，加强精神文明建设，并且提到了更加突出的地位。在社区创建领导小组的统一领导下，边发展企业，边围绕精神文明建阵地、设平台、组队伍，开展各种活动。做到学习有阵地，工作有队伍，评比有平台，活动有组织。

2006年，社区成立党委后，目标更明确。领导时时处处走在前面，带领广大干部居民积极参与公益事业、扶贫济困、关心下一代、捐资助学、拥军优属、尊老爱幼、评先树优、志愿者等活动。通过有益的集体活动，提高干部群众的政治思想觉悟，逐步树立大局和全局观念，以较高的政治站位促进集体经济建设，做到物质文明和精神文明双丰收。

精神的作用力在于能够教育人，启发人，感召人，使领导形成核心，使群众抱成一团，拖不垮，打不烂，所向披靡，攻无不克，战无不胜。

2008年3月，南村社区干群同心，接手沂蒙红色影视拍摄基地建设与营运工作。几经奋战，打造出一个驰名省内外的红色文化产业。在以后的日子里，南村社区干群同心，利用这个平台，开展旅游扶贫，同周边5个村结成帮扶对子，数以百计的山乡村民实现就近就业，一人就业，全家脱贫。同时，遇有天灾，南村社区慷慨解囊。见有单位困难，立即伸出援助之手。到2022年，在书记李凤德的带领下，村集体及全村干部群众扶贫济困、奉献爱心、支持慈善事业等，累计捐款捐物近3000万元。扶贫，创造了“南村模式”；棚改，创造了“南村速度”；创业，走出了“南村之路”。

灿烂的精神文明之花，必然结出丰硕的物质文明之果。如今的南村社区班子团结，新老干部和谐融洽，社区的棚改、迁林等大事、要事，老干部都冲在第一线。居民中，拾金不昧，助人为乐的现象层出不穷。全社区上下同心，风清气正，社会安定，家庭和睦，路不拾遗，干部群众满满的正能量，呈现出一片欣欣向荣的新风貌、新气象。南村社区先后被授予“沂南县综合实力强村”“临沂市新农村建设示范村”“临沂市首批小康示范村”“临沂市精神文明示范村”“临沂市先进基层党组织”“山东省党员干部现代远程教育规范站点”“全省计划生育优质服务站点”“山东省文明社区”“山东省先进基层党组织”“山东省和谐社区示范点”“全国民主法治示范村”“全国充分就业社区”“全国综合减灾示范社区”“全国老龄工作先进社区”等称号。

大事记

大事记

明万历六年（1578）

王绪在三皇庙栽白果树二株。

清康熙七年（1668）

7月25日晚8时 郯城发生8.5级地震，史称郯城地震。界湖境内房屋受损，有人伤亡。

咸丰十一年（1861）

秋 幅军进攻界湖，太平团在辉山崮下阻击幅军。

同治元年（1862）

七月 飞蝗遍野，农作物受害严重。

十月 幅军进入界湖一带，太平团与之接战，伤亡3人。

十二月 冬暖无冰，疫病流行，民多死亡。

同治二年（1863）

界湖村为加强防卫，自行组织修筑围圩。

同治六年（1867）

瘟疫蔓延。

同治十年（1871）

大旱，粮食歉收。

光绪二年（1876）

抗旱持久。

光绪三年（1877）

大旱，夏秋粮食作物大部分绝产，饿死人甚多。

光绪二十五年（1899）

春 大旱。

秋 黏虫成灾，庄稼几乎被食尽。

光绪二十七年（1901）

团山庄人袁钿在迁居地界湖街开办京剧班，至1907年（一说1912年），先后办起了“长”“春”“富”“贵”四个戏班，每班60余人，演出剧目多达126个，除在本地演出外，还到临沂、东海、潍县以及青岛、徐州、南京、上海、沈阳等地演出。1939年初戏班解散。

民国3年（1914）

界湖建义学一所，聘请永胜官庄高鸿藻、李家营李轩亭两位秀才任教，招收学生30多名。义学到1919年停办。

民国6年（1917）

界湖设邮政代办所。

民国 16 年（1927）

4 月　中共沂水县支部成立后，在其领导下沂水五区农民协会建立。

秋　县境内发生蝗灾，三天飞蝗蔽日。

民国 24 年（1935）

国民政府从沂水架电话线到界湖。

民国 25 年（1936）

秋　飞蝗遮日，田禾一空。

民国 27 年（1938）

10 月　村民苗青林、邱清河同时参加八路军。当年 12 月，分配到八路军山东纵队特务团。1940 年 8 月，在沂南县鼻子山战斗中牺牲。

民国 28 年（1939）

7 月　日军在界湖安据点，驻扎十几天后撤走。

冬　鲁中军区老四团一个连驻界湖。为防止日军安据点，号召村民，一夜间拆除了界湖围墙的 6 座门楼和 10 座炮楼。翌年清明前后，群众将其余围墙彻底拆除。

冬　村民常其林参加八路军山东纵队二支队，1940 年在北大山战斗中壮烈牺牲。

是年　在中共党员徐洪恩、袁印秋等人的帮助下，国民政府沂水五区原区长袁顺斋出钱出枪，组织 100 余人的抗日武装。1940 年后，大部分队员被编入八路军鲁中军区。

民国 29 年（1940）

3 月　界湖秘密情报站成立。

是月　界湖等 37 个村庄建立党组织。

5 月　抗大一分校警卫连、原抗大一分校教员孙克东组织的部分地方组织，与抗大一分校民运工作团扩军招募两个营，在河阳、汤头、张庄、界湖一带活动，作为抗大一分校警戒部队。

7 月　为阻止日军，抗日根据地发起破路高潮，界湖通往四方的大路都挖出宽 1 米、深半米的壕沟。

是年　村民沈迎民参加八路军。抗日战争结束后北上东北，在四野三纵九师担任通讯员。

是年　组织京剧团演出京剧，宣传抗日，由外科医生李长泰资助，马庭现饰演老生、红头，赵德仁饰演小生，叫响沂蒙根据地。

民国 30 年（1941）

春　实行土地陈报制度，进一步推行合理负担。土地陈报分为三等九级，丈量造册，按亩定产，累计征收救国公粮，并按亩征收田赋（农业税）。

11 月 1 日—12 月 28 日　日伪 5.3 万余人对沂蒙根据地大“扫荡”。11 月 2 日，日伪军在界湖设据点。据点的日伪军三次到西部山区“扫荡”。第三次，八路军击毙日军 2 人，伪军数人。两天后日伪军据点撤向沂水城。

是年　为防止犬吠干扰地下工作人员夜间活动，抗日民主政府下令灭犬，群众积极响应。

是年　北海银行发行北海纸币在境内流通。

民国 31 年（1942）

冬　境内开展大生产运动，并组织变工组、互助组以壮大劳动力量开展生产，支援抗战。

是年　开展减租减息运动，1945 年结束。

民国 32 年（1943）

3 月　鲁中军区所属利源工厂迁至界湖。印染车间在界湖街高经武油坊，化工车间在界湖街西南油坊。

10月 南沂蒙工商管理局在界湖设立工商事务管理所，并设立公营商业总店，负责沂南、沂东、沂临边联县的物资供应工作。

是年 界湖青年俱乐部（后改名为界湖青年剧团）成立，马血程任团长，袁凤泉、陈友太任副团长，有演员50多人。

春 沂水人孔宪福到界湖，与界湖南村的刘振兴、刘振起开办纸坊。

民国33年（1944）

2月 村内开展拥军活动，掀起参军热潮。

夏 美国飞行员格罗斯曼驾机在渤海区上空被日军击落跳伞，根据地民兵和八路军迅速将飞行员救获，送往驻在滨海区的山东省军区机关，途经界湖。鲁中军区政委罗舜初要求组织好欢迎工作。山东纵队鲁迅艺术学校宣传大队在界湖大东门外举行联欢会，界湖的工、农、青、妇各抗日团体一同参加。

是年 界湖成立商业合作社组织。

民国34年（1945）

3月7日 参加解放蒙阴城的一支部队到界湖休整，把三皇庙内的神像全部扔进大白果树西边的河里。

民国35年（1946）

9月8日 界湖完小建立，校长朱璋，县参议员袁顺斋借出房屋作教室，并捐地两公顷资助办学。

10月 界湖村划分为东、西、南、北4个村。

民国36年（1947）

5月9日 下午两点多，国民党军飞机轰炸薛家独树村新四军兵工厂（利源毛巾厂），还轰炸了界湖，投下4枚炸弹，未造成人员伤亡。

5月 沂南县政府各部门陆续进驻界湖。其中，公安局驻三皇庙，民政科驻东南油坊，文教科驻高奂俊家。

8月 结合土改复查工作，开始划阶级定成分。

是年 土改复查，贫下中农分得的土地落实到了农户，人民群众生活有了改善。

民国37年（1948）

12月 县立界湖完小成立，校址在老盐店。

是年 沂南县新华书店成立，在界湖南村租用民房7间，职工3人。

1949年

中共沂南县委、沂南县人民政府进驻界湖办公，界湖成为全县政治、经济、文化中心。

1950年

引进“胜利百号”红薯。

1951年

村级中国新民主主义青年团组织建立。

1952年

3月5日 在“三反”运动中，界湖南村私营商户高奂俊被打成“大老虎”入狱，后经复审平反。

是年 实行普遍民兵制。

1953年

成立互助组。

1954 年

县政府拨款，南村出土地、劳力，建起界湖南完小。当年招6个班，250名学生，其中南村30名。

是年 在互助组基础上，南村成立初级农业生产合作社。

1955 年

3月1日 开始发行新版人民币，收兑旧币，新币一元兑换旧币一万元。

是年 公私合营，黄县人李兆会将其在界湖南村的立兴铁工厂所有的设备，无偿献给国家。县里在此基础上成立沂南县农机修配厂。

无声电影进村放映。

1956 年

成立高级农业生产合作社，全村大多数农民参加，界湖4个村分为13个大队，界湖南村分别是7、8、9、10大队，土地实行公有，耕畜、大农具作价入社。

1957 年

开展社会主义教育运动。

1958 年

8月6日 成立人民公社，界湖镇、独墅乡、明生乡合并，称“八一人民公社”。

8月 在西南岭建起炼铁炉。全村社员高举党的总路线、大跃进、人民公社三面红旗，大炼钢铁、深翻整地，全村办大食堂，社员吃饭全部免费。耕牛由人民公社集体统一饲养。

是年 为了大炼钢铁，用民床铺设轱辘马道。

是年 有线广播进村。

1959 年

界湖公社在西南岭（界湖南村地域）建立气象服务哨。

1960 年

7月18日下午 连续降雨356毫米，发生百年不遇的洪水，受灾严重。

7月 撤销食堂，耕牛由各小队饲养。

年底 开始整风整社工作，通过整社，实行“三级（公社、大队、生产队）所有，队（生产队）为基础”的以生产队为基本核算单位的生产管理体制。

1961 年

7月 沂南县恢复，界湖再次成为县委、县政府机关驻地。

是年 南村由原来的6个小队分为12个生产队。

1962 年

民兵工作“三落实”（组织落实、政治落实、军事落实），16—30岁的男性公民和16—25岁的女性公民编为基干民兵。

1963 年

3月 掀起学习雷锋热潮，争做好人好事。

是年 开始实行计划生育，村“两委”根据上级指示精神，大力宣传计划生育工作。

1964 年

根据山东省人民委员会“一对夫妇所生孩子两个为宜”的规定，村两委对此作了深入宣传。

是年 界湖公社41个大队实行稻改改变传统的种植结构，南村位列其中。

是年 开始使用氨水肥料。

1965年

通过讲用会、三赛会（赛活学活用毛著、赛大唱革命歌曲、赛劳武结合）等形式，开展活学活用毛主席著作活动。

1966年

8月 “文化大革命”开始，开展破“四旧”，立“四新”活动。

11月 李恩兰作为学生代表到北京，在长安街受到毛主席接见。

是年 开展学毛主席著作群众运动，背“老三篇”，活学活用。

1967年

小学学制由“四二”制改为“五年一贯制”，中学由“三三”制改为“二二”制。

1968年

界湖拖拉机站成立。

1969年

年底 发动群众挖防空洞。

1970年

大队自行安装高音大喇叭。

是年 团支部组织文艺宣传队，有青年演员20余人，演出20多个节目，内容是忆苦思甜、“农业学大寨”等。

1971年

国务院提出“一个太少，两个正好，三个多了”的口号，县革委对计划生育又有了新的指标要求。

年底 开展广播喇叭入户工作。

1972年

7月 旱灾严重。

1973年

6月 开展批林整风运动。

1974年

界湖公社战山河专业队将界湖东边的沙沟子崖疏浚整理后改成丰收沟。

1975年

10月 村里办合作医疗，建卫生室。

12月 开展“农业学大寨”运动，掀起整地改土、建设大寨田的高潮。参加红旗山、德胜岭大会战。

是年 村统一架电，家家通电。

1976年

村成立林业队。

1977年

沂南县人民政府对县城做出第一次整体规划，界湖南村在规划之中。由于人口规模和发展方向尚不明确，未能实施。但这一次规划，开启了先规划后建设的先河，无论从理念上还是实际工作上都起到了基础作用。

1978 年

在全国学大寨的形势下，每个生产队购置一台拖拉机，全村有大小拖拉机15台，喷灌机30台，农业生产实现了机械化。

1979 年

村集体建旅馆饭店。

1980 年

界湖南完小划归南村。

是年 开始实行专业承包、三包一联、两统一包三种形式的责任制，实行小段包工定额计酬。

是年 成立业余京剧团，演出《铡美案》等多出京剧。

1981 年

改革开放让农民得到实惠，尤其让商品经营者得到了实惠，南村出现了第一个民建二层居住楼。

1982 年

在改革开放的大潮中，商品经济初露萌芽，徐亮厚第一个购买拖拉机跑运输。

是年 外贸局支持南村建起兔毛加工厂。

是年 南村副业组刘树花、张西英发现倒进粉碎机的麦子里有1000元人民币，迅速停下机器，拣出钱，如数交给原主。

1983 年

上级政策允许个人办厂，村采取以土地出租为条件的招商引资办法，引来一厂家办起电子管厂，村里收租赁费，厂里用本村村民干活。

1984 年

11 月 南村改队建村，村设村民委员会。

是年 黑白电视机开始进农家。

是年 村民薛玉堂建起木材加工厂。

1985 年

基本完成小学六配套校舍改造任务，受到县委、县政府表彰。

1986 年

在原村办公大院建村幼儿园，教室一口三间，教师3人，招生125人。后改建为9间，教师5人，招生150人。

1987 年

8 月 16周岁以上公民办理居民身份证。

是年 村集体统一缴费为各户浇地。水稻种植面积不断增加。

是年 投资20万元，全村家家吃上自来水。

1988 年

《山东省计划生育条例》颁布，界湖镇配备了宣传车，界湖南村设立了宣传站，镇领导和机关干部深入南村宣讲条例，计划生育纳入法制轨道。

是年 界湖南村计划生育协会成立。

1989 年

完善了以家庭联产承包为主要内容的责任制，实行了口粮田和责任田保障经营的“两田制”。村民按照承包责任田亩数缴纳一定数量的承包费，承担“三提五统”等费用。

是年 县城建成区内雨污合流型和明暗沟排水道9条，大部分雨污水沿排水管道排入城区河道，最终进入沂河。

是年 执行《中华人民共和国传染病防治法》，落实3类35种传染病防治措施，霍乱、鼠疫基本得到控制。

是年 界湖南村村级账务开始由镇经管审计站审计，所有收支单据须经审计合格后方可入账。

1990年

镇政府下发1号文件《关于农村财务审计工作的规定》，实行“一月一审计”制度。村会计和出纳员每月底将发生的收支单据拿到经管站进行审计，由经管站加盖审计章后方可入账。

是年 群众保健意识进一步提高，儿童疫苗接种成为自觉行动，孕妇普遍到医院进行孕期检查，婴儿成活率接近100%。

1992年

村建起福利石英砂厂，有职工30人，每年向村集体上缴利润18万元，占集体收入的一半以上。

是年 村投资110万元，正式成立沂南县城东建筑工程公司，建有12间办公室，配置建筑设备，建起预制厂，组织了施工队，聘任了专门的技术管理人员。公司获得5级建筑资质。开始建设能抗震的瓦房或二层楼。2007年，改为泰都建筑工程公司。

是年 建立城南综合商场并正式营业。后租赁给华日集团。

是年 投资20万元，对南校进行改造，新建宿舍一排，有4间教室。

是年 村建文化大院，为村民文娱活动提供方便。

1994年

3月28日 临沂军分区在界湖南村召开全区民兵动员资料建设现场观摩会，军分区司令员率各县区武装部部长、军事科科长与会，省军区主要领导亲临检查指导工作，并给予高度评价。

1995年

4月24日 省军区领导一行9人，在军分区领导的陪同下，考察界湖镇人武部、界湖南村民兵连。

1996年

6月30日 南村党支部书记徐新后被评为创“五好”奔小康模范村党支部书记。

是年 建两个停车场，成立运输队。

1997年

界湖镇实行农村干部养老保险和退休制度。

1998年

镇委、镇政府为彻底解决财务管理中存在的问题，对农村财务进行全面清理整顿。南村共清理债务11.6万元，其中个人欠集体7.4万元、集体欠个人4.2万元。已全部进行兑现。在清理财务的基础上，建立健全村务公开、民主管理制度，成立了“三会两组”民主管理组织。

是年 人民路从界湖卫生院往东延伸，界湖南村北首自此有了正式的公路。

是年 界湖镇政府为界湖南村43户独生子女户、双女户办理保险手续。当年度新出生婴儿投保率达100%。

是年 界湖镇人民政府开始第二轮土地延包、30年不变的工作，因为界湖南村属县城驻地村，土地随时可能被征用，经临沂市政府专门批准，包括界湖南村在内的共13个村不在第二轮土地延包之内，继续由农民以家庭为单位承包耕种，根据人口变动情况和土地总亩数及时调整人均耕种土地。

1999 年

农村会计实行职业化管理。界湖镇共选聘41名有任职资格的人员上岗。高永文任界湖南村会计。

是年 全镇小学合校并点。

2000 年

组建山东山源硅砂有限公司，有2条硅砂生产线、2处矿山生产企业，矿山储量达2600万吨，拥有50辆大型货车，年产优质硅砂70万吨，固定资产达8000万元，是全省最大的硅砂加工生产企业，山东玻璃集团专用硅砂原料基地。

2001 年

供电改革，实行“彩虹工程”，开通供电服务热线“95598”。

2002 年

4月 李凤德被中共沂南县委、县政府授予诚信纳税“十佳模范户”称号。

2004 年

3月 李凤德被县委、县政府授予“优秀共产党员”称号和“人民二级勋章”。

2005 年

1月 李凤德担任界湖南村党支部书记。

4月 中共界湖镇委、镇政府对农村干部退休及相关问题作出暂行规定：农村干部一律实行退休制度，但要严格控制在两委成员及计生主任、会计（职业会计除外）、妇代会主任的范围内。

10月 界湖南村改为界湖南村社区。

是年 在大队院内设合作医疗保健室，有卫生室2间，医生4名。后在南村社区建6间平房，建筑面积有近百平方米。2013年，有医生9名，病床4张，服务南村和马家营，由界湖卫生院管理。

是年 南村社区投资1.2亿元，在沂南县经济开发区征地98.6亩，创建山东正壮饲料有限公司，2006年投产。又在费县投资800万元建成一处分公司。年生产规模达到26万吨，产值5.2亿元，利税过千万元，成为鲁南苏北地区最大的饲料加工企业。

是年 为中华人民共和国成立前的老党员每月固定补贴300元，为60岁以上的老人发放退休金，每季度240元。

是年 界湖南村社区三级总收入首次突破亿元大关，达到1.1亿元。被临沂市委、市政府命名为全市首批“小康示范村”；被县委、县政府评为“五个好”先进党支部、“综合实力强村”、“安全文明村”。

2006 年

7月 成立界湖南村社区党委，李凤德担任党委书记兼居委会主任。

是年 村办幼儿园搬至原界湖南完小，3个班60人，教师5人。2009年，被评为省级示范幼儿园。2010年，界湖南完小师生搬走后，2座楼、8个教室、2间办公室全部归幼儿园使用。2013年，幼儿园有教师7人，园长1人，4个班120人。

是年 新建农村合作医疗制度，医疗费用实行个人缴、集体扶、政府补的筹资机制。

2007 年

3月 沂南县城东建筑工程公司更名为山东泰都建筑安装工程公司，注册资金2000万元。下设技术科、安全科、质检科、基建科、财务科、经管预算科、设备科、办公室等机构。并于当月升为房屋建筑工程施工总承包二级资质，并拥有一级劳务资质，建立了现代化的企业管理制度。可承揽大、中型工业建设及安装项目、高级民用建设项目、装饰装修工程、防腐工程、公路桥梁工程的施工等。年施工产值超亿元，可承建单项建安合同额不超过企业注册资本金5倍的房屋建筑工程的施工、28层及以下单跨跨度36米及以下的房屋建筑工程、高度120米及以下的构筑物、建筑面积15万平方米及以下的住宅小区或建筑群体。

2008年

3月13日 经社区书记李凤德与县委、县政府领导多次沟通协商，电视剧《沂蒙》拍摄用的主场景建设项目，包括地主院、戏台、李中厚院、庙、庄前炮楼共计5个场景，一并作价200万元，转入界湖南村社区，正式由界湖南村社区接管沂蒙红色影视拍摄基地的建设和运营。

3月 成立沂蒙红色影视基地，名为山东沂蒙红色影视拍摄基地旅游开发有限公司，注册资金1000万元。基地办公室设立于常山庄村内民宅。

是月 由山东省旅游规划设计研究院规划设计《红嫂家乡旅游区控制性详细规划》（以下简称规划）。规划中有沂蒙古驿道、红色堡垒村、沂州古县城、常山石头寨、山乡梦工场、支前农家乐六大景区。

4月30日 承包土地1296.2亩，其中山林地791.2亩、荒滩385亩、水库水面120亩。承包期限至2048年4月30日。

6月 界湖南村社区在沂蒙红色影视拍摄基地进行旅游开发，初期走西路，后经旅游规划设计院专家论证决定走东路，即旅游线路从西寺堡进出。

7月 由山东泰都建筑安装工程公司施工，建设影视拍摄场景。

是月 沂蒙红色影视拍摄基地自行接拍第一部电视剧《反抗之真心英雄》。于2009年5月18日在山东齐鲁电视台播出，被称为“开篇之作”。

是年 影视基地成立安保部（时称“民兵”），后聘请泰兴保安公司人员维持安保工作，负责人为王国成，后公司自行主持安保工作。

是年 影视基地成立影视部。

是年 在常山庄村建起居民安置房147套，搬迁户适时住上新居。

是年 搬迁完成后，依托常山庄古村落的原有格局，对“古山村”进行保护性修缮。

是年 由苏广义组织外部年轻群众演员，常山村组织本村中老年群众演员参与剧组演出。

是年 中共界湖南村社区党委书记李凤德获山东省“劳动模范”称号。

2009年

1月1日 为社区28户适龄青年免费提供100平方米的住房一套。

2月 电影《沂蒙六姐妹》开机，由山东电影制片厂、中共临沂市委宣传部、北京金典影业有限公司、华夏电影发行有限责任公司联合出品。当年9月上映。

3月 社区书记李凤德带领南村全体村民到常山庄植树，村民们下山提水浇树。

4月 由山东泰都建筑安装工程公司施工，由张中兴设计的东城门、古驿道及两侧商铺工程竣工。

5月 电视剧《娘》开机。因为该剧盘活了影视基地拍摄资源，被称为“开源之作”。

11月 社区购买6棵国槐树，分别栽植在景区北停车场入口两侧各1棵、古村入口处两侧各1棵、古村小桥桥头1棵、古村地主大院前1棵。另于2011年11月购入2棵国槐树，栽植于古县城城门两侧。

是年 对常山古村进行保护性修缮，新建、改建、修复了供拍摄红色影视专用的炮楼、戏台、古道、城门、围墙、古庙、院落等场景。

是年 界湖南村社区居民免费搬进由集体出资建设的新楼房图片，被新华社选为新中国成立60周年来全国发生的最具影响力的60件大事之一，并制成图片集向全国发行。其中涉及农村改革的有3幅。南村社区居民免费入住新楼房，是山东省唯一一幅被选中的图片。

是年　为保存水源，对水库（蟠龙湖）进行水草清理等清淤工作，继续加大库容量，建成蟠龙湖水库。

是年　在古县城东西两侧进行人工湖、黑石沟人工湖、古县城研学场地南侧元宝湖、凤凰阁下荷花池等工程建设。建成黑石沟水系、古县城至荷花池水系、古村南侧水系等。

是年　影视基地设立办公室、财务部。

2010年

3月10日　沂蒙红嫂明德英纪念馆、沂蒙母亲王换于纪念馆、人民子弟兵将帅纪念馆等工程改建及零活，由山东泰都建筑安装工程公司施工，于7月20日竣工。

3月　影视基地先后两次到横店采购道具，并陆续收购部分家具、农具等道具。

是月　社区书记李凤德带领南村村民到常山庄植树。

5月20日　沂蒙红嫂明德英纪念馆、沂蒙母亲王换于纪念馆、人民子弟兵将帅纪念馆等装饰工程开工，于9月10日竣工。

是日　水库回填、石砌围堰、亭子、水库东岛围堰回填、铺装等工程施工，于9月1日竣工。

9月　古县城内供影视拍摄专用的城墙、城门、钟鼓楼、多宝园、茶楼、洪福楼、四合院、八路军大院、总督府、剧院、银行、赌场、春畅楼等工程陆续开工。2012年5月竣工，建有“仿古办公区”和“红色沂蒙情景演出区”。“仿古办公区”，主要建筑物建筑面积4.7万平方米，基本满足各类影视剧拍摄需要。红色沂蒙情景演出区，主要利用三维全息影像、雾气成像、悬浮成像等视觉展示手段，还原真实的战场情节和沂蒙人民奋勇支前情景，弘扬红色文化。

是月　沂南第四实验小学建成开学，南村小学学生全部转入四小，教师转入界湖中心校。

10月　中国红嫂革命纪念馆文案及讲解词得到沂南县委党史委认定。

是月　八路军大食堂投入使用，设26个标准间和餐厅，为剧组提供食宿和员工就餐，用餐标准为2.5元/人。

是年　影视基地开始找水工程。其中黑石沟东1口，古村三孔桥桥头东、西、南各1口，哨楼西1口，古村至古县城路上1口，古县城门口南3口，南停车场南（西南角）1口，苏志伦家前、常山庄村以西各1口，写生基地院内1口，写生基地东1口，写生基地西13间房后3口，双泉村2口，古村西城门西2口，张家裕村3口，接待中心小桥旁1口，古县城北大舞台井东、西各1口，常山庄办公楼西南角1口，共27口。所有水井均出水不多，后干涸。

是年　影视基地设立营销部。

是年　影视基地设立导游部，第一批有6名讲解员。

是年　集水景拍摄、旅游观光和供剧组、游客吃、住、行于一体的“山乡梦影视服务中心”开工建设，建成跟着共产党走纪念馆、中国红嫂革命纪念馆和人民子弟兵将帅纪念馆。

是年　开始修建全长17千米的沂蒙生态大道和串联沂蒙红色影视基地、孟良崮战役纪念馆的红色旅游专线，改建336省道，形成旅游大环线。

2011年

3月5日　进行城门东路两侧绿化、停车场绿化、水库堤岸绿化施工。

3月12日　沂南县领导一行到常山庄村开展植树活动。

4月18日　古县城楼梯、木门窗、扶手及古县城门窗玻璃加固等工程，由临沂装饰城徐木匠仿古木艺公司施工。12月19日竣工。

5月　中国红嫂革命纪念馆被中共山东省委确定为“全省党员领导干部党性教育基地沂南教学点”。

6月6日　古县城门窗刷桐油、安装玻璃及五金件，由沂南县蓝天装饰公司施工。

7月1日 南区道路、停车场、植草砖、砼仿古花岗路面、广场，由山东泰都建筑安装工程公司施工。

9月中旬 由中组部组织召开的全国加强和改进基层干部教育培训工作座谈会与会人员，在中国红嫂革命纪念馆开展党性教育活动，对红嫂故里景区的红色文化给予充分肯定。会后，河北、河南、江苏、安徽、四川成都、辽宁等省市领导机关，先后组团到此参观学习。

10月1日 写生基地二层客房、一层客房、餐厅等，由山东泰都建筑安装工程公司施工，于2012年5月1日竣工。

12月3日 时任中共中央政治局委员、中共中央组织部部长李源潮，在省、市、县领导的陪同下到基地考察，对景区内的党性教育建设给予高度评价。

是年 通过对村民补偿的方式，常山庄村民将坟头迁出村外。

是年 沂蒙红色写生基地一期2.2万平方米的装饰工程开工，设有家居房、大床房、双人房等，均配有32寸高清液晶电视和干湿分开的卫生间。高清电视节目多达160套并有千兆高速宽带上网设施，可满足不同需求的客户群体。餐饮接待中心设有8间豪华宴会包房和1个多功能宴会厅，可同时容纳400人就餐。于2012年6月28日投入试运营。

2012年

2月8日上午 全国妇联在沂蒙红色影视基地举行全国妇女爱国主义教育基地揭牌仪式。

3月20日 栖凤宾馆土建安装工程由沂南县泓兴建筑安装有限责任公司施工，于2013年3月20日竣工。

3月 古县城第二期工程“历史商贸区”和“老城居住区”开工建设，是沂州古县城影视拍摄的配套延伸，还原全国各地一些特色民居，规划建设火车站、旱码头、商贸楼、制造厂及各类商铺。于2014年10月竣工。

春 济南军区“沂蒙旅”部队官兵到常山植树。

4月15日 八路军大食堂客房、餐厅供暖、古县城电缆敷设，由山东泰都建筑安装工程公司施工，于5月15日竣工。

4月20日 写生基地宾馆装饰、门窗、书橱、画案制作安装，由沂南县蓝天装饰公司施工，于6月30日竣工。

5月5日 写生基地餐厅一层、二层装修，由沂南县腾达装饰公司施工，于6月15日竣工。

5月22日 写生基地消防工程由临沂顺泰消防工程安装有限公司施工，于6月15日竣工。

6月1日 接待中心西边水库挡墙，由山东泰都建筑安装工程公司施工，于2013年8月1日竣工。

6月10日 西寺堡钢结构1号道具库及辅助工程，由山东泰都建筑安装工程公司施工，于7月25日竣工。

8月13日 临沂市总工会党委理论学习中心组读书会与会人员到南村社区考察指导工作，对南村社区集体经济的发展和企业工会联合会建设给予高度评价。

8月20日 写生基地二期学生公寓楼、职工餐厅、二期客房、锅炉房、室外零活、公共厕所等工程由山东泰都建筑安装工程公司施工，于12月20日竣工。

8月25日 中共山东省委宣传部等10个省级部门联合主办的“文化齐鲁创意山东品牌100”评选活动公众投票阶段结束，沂蒙红色影视基地当选山东省十大文化产业第一名。

9月5日 中国临沂第十届书圣文化节在沂蒙红色影视基地举办国际书画高峰论坛会，与会领导为中国红嫂革命纪念馆、沂蒙红色影视基地、沂蒙红色写生基地揭牌。

9月17日 景区自然奇石进行安装，于10月17日竣工。

9月 沂蒙红色影视基地顺利通过国家旅游局AAAA级旅游景区检查验收。

10月17日 写生基地二期办公楼，多功能厅，职工宿舍，1号、2号宾馆等工程，由山东泰都建筑安装工程公司施工，于12月10日竣工。

10月28日 古县城钟楼、后花园、多宝园、茶楼油漆等工程，由山东曲阜科委公司施工，于12月10日竣工。

10月 沂蒙红色影视基地顺利拿到国家AAAA级旅游景区证书。

是月 为适应剧组拍摄需要，在西寺堡原金宝硅砂厂建成2700平方米的影视拍摄大棚。

11月30日 山东省关工委领导一行前往沂蒙红色影视基地挂牌。前往参加挂牌仪式的还有：县直部门关工委领导、五老志愿者代表、县直中小学校长、鼓号队、马牧池中学学生代表。

12月16日 西寺堡钢结构道具库工程、西寺堡钢结构库房工程、西寺堡道具库连廊工程，由山东金顺钢结构工程有限公司施工。2013年1月16日竣工。

12月25日 南村社区乔迁办公大楼。

12月 为响应国家号召，提倡“三进三同”，学员到常山庄村民家，与当地老百姓同吃、同住、同劳动，在常山庄村进行植树。

是年 与聊城古辕影视道具有限公司合作，正式成立西寺堡道具库房。

2013年

1月6日 沂南县2013年好客山东贺年会座谈会在沂蒙红色影视基地举行，山东省旅游局、临沂市旅游局、沂南县政府领导，县内部分A级景区、星级酒店、旅行社主要负责人代表出席座谈会。

1月13日 由中国影像视觉在线主办，798摄影网、临沂摄影网承办的“山东知名摄影网站新春联欢主题活动暨中国影像视觉在线2012年度红星人物颁奖典礼”在沂蒙红色影视基地隆重举行。来自全省知名网站及全国各地21家摄影网站的200多名代表，聚首古县城大戏院，交流经验，互相学习。

3月10日 西寺堡道具库及红高粱酒坊屋面工程，由山东金顺钢结构工程公司施工。3月30日竣工。

3月27日 中央统战部六局主要领导带领中央统战部第十期新的社会阶层人士理论培训班与会人员到沂蒙红色影视基地开展党性教育活动。

4月5日 写生基地22号宾馆、26号宾馆、二期宾馆、学生公寓、职工餐厅等装饰工程，由沂南蓝天装饰公司、沂南腾达装饰公司施工。7月15日竣工。

4月6日 影视基地古县城西河道挡土墙、石拱桥改建工程，由山东泰都建筑安装工程公司施工。5月26日竣工。

4月20日 古县城菊香、梅香、书香、客栈、豆腐坊等工程施工。12月5日竣工。

4月27日 古县城城门东侧挡土墙、城门东南侧挡土墙等工程施工。5月17日竣工。

5月16日 省人口计生委领导一行到南村社区考察指导工作。临沂市政府、中共沂南县委领导，县计生局及界湖街道负责人等陪同。

6月1日 写生基地闭路监控系统由沂南县天正电子有限公司安装。12月1日竣工。

6月7日 山东广播电视台国际频道在沂蒙红色影视基地为“沂蒙红色文化报道基地”揭牌。频道总监、栏目主任、制片人、栏目主编、栏目主持人、栏目首席记者等一行10人出席揭牌仪式。

6月10日 八路军大食堂及支队指挥部等装修工程施工。7月20日竣工。

6月30日 省委常委到沂蒙红色影视基地入住写生基地酒店。

7月1日 中共山东省委常委在沂蒙红色影视基地召开民主生活会。南村社区党委书记李凤德应邀参加省委常委与群众代表座谈会。

7月2日 市人口计生委领导带领全市人口和计划生育工作现场观摩会全体与会人员到南村社区。

7月5日 南村社区、沂蒙红色影视基地为沂南换于红军小学捐赠100套红军服。

7月9日 省人口计生委领导带领全省计划生育基层基础工作会议与会人员到南村社区参观考察计划生育工作。

7月10日 古县城北城门、平台及附属工程由山东泰都建筑安装工程公司施工。

7月11日 由中国老年大学协会主办的“美丽中国行——走进红色沂蒙全国老年书画摄影采风大赛”暨“情系沂蒙——全国名家书画作品展”在沂蒙红色影视拍摄基地隆重开幕。最后从入围作品中评出：金牡丹（一等）奖6名、海棠花（二等）奖12名、兰花（三等）奖18名、荷花（优秀）奖25名。

7月23日 写生基地矿泉水厂、化妆楼、超市、大门口等工程施工。11月26日竣工。

7月28日 中国特型演员伟人风采艺术中心特型演员，到沂蒙红色影视基地参观，并挂牌。还到南村参观南村社区花园式居民区。

是日 李凤德带领界湖南村社区“两委”成员看望被誉为“沂南支前英雄小车队”队长李家才的老伴——老红嫂高振荣，同时看望老红嫂张淑贞。

7月30日 南村社区党委、居委会，召开全体党员、全体退伍军人、居民代表、企业职工代表大会，庆祝中国共产党成立92周年、中国人民解放军建军86周年。

9月1日 娱乐楼土建工程由山东泰都建筑安装工程公司施工。2014年3月20日竣工。

10月7日 临沂大学美术学院大二学生到沂蒙红色写生基地写生创作。

10月9日 临沂市总工会领导到南村社区检查指导工作。

10月10日 沂南县举行首届“敬老模范单位”“十大孝星”“十大敬老楷模”和“十大杰出老人”颁奖仪式。南村社区荣获“敬老模范单位”称号，社区党委副书记刘振毅获“十大敬老楷模”称号。

10月16日 沂南县召开选派第一书记暨农村社区建设工作会议，与会人员到南村社区现场观摩。

10月18日 市统计局领导一行到南村社区调研第三次经济普查试点筹备工作，社区党委书记李凤德陪同。

10月20日 栖凤宾馆室内装饰工程由沂南县逢源商贸有限公司施工。2014年4月1日竣工。

10月25日 写生基地娱乐中心消防工程安装由临沂顺泰消防工程安装有限公司施工。2014年5月1日竣工。

10月26日 沂蒙红色影视基地创建5周年庆祝会暨贾忠景师生绘画邀请展，在沂蒙红色写生基地拉开序幕。

10月27日 全国围棋甲级联赛第18轮在沂蒙红色影视基地摆擂。

11月1日 栖凤宾馆前广场土建安装、东岛及西大门建设工程由山东泰都建筑安装工程公司施工。2014年4月10日竣工。

11月15日 栖凤宾馆网络高清监控系统由沂南县天正电子有限公司施工。2014年11月15日竣工。

11月 投资建设桶装纯净水和瓶装纯净水两条生产线。

12月20日 古县城“文革院”土建仿古安装工程施工。2014年10月20日竣工。

12月23—24日 南村社区组织“两委”成员、全体党员、企业员工和村民代表，在沂蒙红色写生基地报告厅进行国学教育。

是年 陆续研发供影视拍摄专用的各型号轿车、卡车、装甲车、坦克及各式摩托跨子、自行车等各种装备、服装家具、摆件。

是年 年终分红由每人每年1000元提高到3000元，60岁以上老人的退休金由每人每年4000元提高到6000元。全社区2136人分红金和老年金共700万元。

2014年

1月8日 张家峪子水库驳岸石的制作安装由张学清施工。1月22日竣工。

是日 水厂实验室钢结构复合板制作安装由沂南县金顺钢结构公司施工。1月28日竣工。

1月15日 古县城高清监控系统由沂南县天正电子有限公司施工。3月15日竣工。

1月 沂蒙红色影视拍摄基地被山东省文化厅公布为“山东省第四批文化产业示范基地”。

2月24日 写生基地门牌石基础、水库溢洪口、老桥扩建等工程由山东泰都建筑安装工程公司施工。6月30日竣工。

3月3日 景区凤池山庄后北院墙、北门口及渠道、水库龙台底座由山东泰都建筑安装工程公司施工。6月10日竣工。

3月7日 “红色旅游书屋”揭牌。全国红色旅游工作协调小组办公室联合中国旅游出版社，开展“智力支持基层，赠阅优秀旅游图书资料活动”，受赠单位将建立“红色旅游书屋”。山东沂蒙红色影视拍摄基地旅游景区被选为全国18个重点红色旅游城市旅游部门、红色旅游景区试点单位之一，受赠优秀图书资料3000余册。在县旅游局、文广新局、党史委的资助下，书屋藏书达4000册。

3月10日 常山沟蓄水坝、扩建停车场挡墙、写生基地西院墙等工程由山东泰都建筑安装工程公司施工。6月16日竣工。

3月15日 古县城、西寺堡、常山沟、八路军食堂以西河道、苏志强水库院墙、写生基地门前埋管、人工湖北二级挡墙等工程由山东泰都建筑安装工程公司施工。6月9日竣工。

3月16日 王换于展室、民兵连展室、刘晓刚展室装饰工程由沂南腾达装饰有限公司施工。7月23日竣工。

3月20日 栖凤宾馆、写生基地消防工程由临沂顺泰消防工程安装有限公司施工。4月30日竣工。

4月12日 古城东水库挖土及停车场、苏家果园桥东、写生基地院西回填土等工程由山东泰都建筑安装工程公司施工。6月12日竣工。

4月17日 中共山东省纪委领导到南村社区就开展党的群众路线教育实践活动和党风廉政建设工作进行调研指导。

4月24日 省计生协会领导到南村社区调研计划生育工作。

是日 影视基地假山工程由临朐县鑫鹏雕塑艺术厂施工。5月9日竣工。

4月29日 南村社区召开第三批适龄青年免费分配楼房会议，向社区适龄结婚青年分配房屋32套。

5月1日 景区停车场院墙、配电室座、写生基地水厂后院墙围网、古村戏台东台阶、常山沟蓄水坝、扩建停车场挡土墙等工程由山东泰都建筑安装工程公司施工。8月6日竣工。

5月6日 山东省领导到山东沂蒙红色影视基地调研文化旅游产业发展情况。

5月12日 为落实中国计生协会生育关怀行动要求，界湖街道开展了生育关怀·关爱女性健康行动，走进南村社区活动仪式。

5月20日 影视基地水库土方、水坝扩建、栈桥等工程由山东泰都建筑安装工程公司施工。12月30日竣工。

5月27日 原中共山东省委书记、省计生协会名誉会长赵志浩到南村社区调研人口计划生育工作。

5月28日 国家计生协领导，山东省政府、山东省军区等领导以及参加全国计生协举办的“生育关怀携手行·山东沂蒙老区行——纪念中国计生协会成立34周年活动”的全体与会人员，到南村社区走访慰问并参加社区为住房户发放钥匙仪式。

6月18日 省人大常委会秘书长翟鲁宁一行到南村社区调研“办实事、谋发展、促和谐”代表主题实践活动开展情况，市人大常委会领导以及县领导参加调研活动。

6月27日 中国摄影家协会在沂蒙红色影视基地举办“追寻历史影像·重走复兴之路”活动。

7月16日 省政府督查室带领省统战工作专项督导组，到南村社区督导检查工作。

7月20日 凤凰阁室内安装、水街沥青道路两侧安装、水街室外安装工程由山东泰都建筑安装工程公司施工。

是日 凤凰阁古建装修工程由大冶市景苑园林仿古建筑工程有限公司施工。

7月28日 沂蒙红色影视基地落盘井施工由

沂南县水利局施工。8月8日竣工。

8月10日 双泉村、常山庄村、东柳沟村至汶河饮水工程由山东泰都建筑安装工程公司施工。9月6日竣工。

8月15日 阜阳师范学院美术学院、江苏师范大学美术学院、青岛科技大学美术学院、济南大学美术学院、山东美术出版社、河南大学艺术学院、曲阜师范大学美术学院、东营第十一中学等多家院校写生基地在沂蒙红色写生基地挂牌。

8月20日 游客中心古建装修工程由山东泰都建筑安装工程公司施工。2015年2月20日竣工。

8月 沂蒙红色影视拍摄基地被山东省影视文化学会确定为"山东四大影视基地"。

9月18日 省关工委领导到南村社区调研青少年党史国史教育工作，市关工委领导及中共沂南县委、县人大常委会领导陪同调研。

9月 影视基地服务中心投入运营。知青街投入使用。

10月10日 影视基地接待中心餐厅装饰工程由沂南县逢源商贸有限公司施工。11月26日竣工。

10月20日 景区北城门以东院墙、飞机展示区场地硬化、古城东南人工湖挡土墙等工程由山东泰都建筑安装工程公司施工。12月30日竣工。

10月22日 凤池山庄姊妹亭工程由济宁三圣玉雕有限公司施工。11月20日竣工。

10月25日 省双拥模范县考评组到沂南县考评双拥创建工作。考评组到南村社区实地察看社区双拥工作站、查阅双拥工作档案资料并听取双拥工作相关汇报，全面了解南村社区双拥工作开展情况。考评小组先后到南村社区伤残军人徐厚军和抗美援朝老兵刘振法家中走访慰问。

10月 中国人民解放军济南军区赠送沂蒙红色影视基地一架歼-6战斗机，命名"常山一号"。

11月8日 中共中央政治局委员、中央组织部部长赵乐际在省市委领导陪同下，到沂蒙红嫂纪念馆参观指导。

11月10日 写生基地娱乐楼改造工程由山东泰都建筑安装工程公司施工。2015年1月20日竣工。

11月11日 景区战场北院墙、写生基地门前桥两侧辅助工程由山东泰都建筑安装工程公司施工。12月11日竣工。

11月30日 影视基地雕塑、南门长廊、石雕刻字、亭子等工程由山东三圣玉雕有限公司施工。2015年11月20日竣工。

12月5日 影视基地13间房及厕所写生基地门卫水电、影视基地红色饭店、厕所及零活工程由山东泰都建筑安装工程公司施工。2015年5月5日竣工。

12月26日 沂蒙红色影视基地标志物——沂蒙魂，在山东沂蒙红色影视拍摄基地广场落成。同时，兵器展示区也已落成。

12月 住房和城乡建设部、文化部、国家文物局、财政部、国土资源部、农业部、国家旅游局联合公布常山庄村为第三批中国传统村落。前不久，被山东省政府行文公布为山东省重点文物，沂南县政府在当年的大会秘书处门前，竖起一尊"山东省重点文物"保护碑。

是年 由枣庄飞车表演艺术团，在古县城大门外设立专场表演。

是年 电视剧《红高粱》杀青，剧组留下完整的制酒作坊。

是年 景区办公室由民宅搬迁至景区，包括办公室、财务部、保卫室等部门。

是年 开始建设景区办公楼。

是年 对展馆进行改造提升，恢复了山东省青代会会址、山东分局旧址，建起刘晓刚书画艺术展室。

2015年

1月5日 游客中心室内墙面刷漆、天棚吊顶及刷漆工程由沂南县蓝天装饰公司施工。1月20日竣工。

2月7日 南村社区党委书记李凤德荣获2014年度"华西村杯"中国农村新闻人物5个年度单项奖中排位第一的创业富民奖。

4月10日 写生基地娱乐楼室内装饰及安装工程由沂南县蓝天装饰公司施工。6月20日竣工。

4月15日 写生基地三层宾馆装饰安装工程由山东泰都建筑安装工程公司施工。6月15日竣工。

4月17日 蟠龙街开工建设。由山东泰都建筑安装工程公司施工。7月15日竣工。

4月18日上午 由南村社区投资建设的德福建材城举行新闻发布和盛大开业庆典。

4月22日 国家旅游局领导到沂南调研红色旅游、乡村旅游及旅游业发展和设施建设情况。

5月20日 红嫂家乡旅游区举办2015年新品推介会，邀请来自山东、江苏、河北等地的100多家旅行社和大众网、新华网等30多家主流媒体代表参加。

7月15日 南村社区成立山东广汇集团有限公司。

7月25日 成功举办“沂蒙红色旅游形象大使选拔大赛”“城市旅游小姐选拔大赛”“世界反法西斯战争胜利70周年文艺会演活动”。与齐鲁电视台合作的《加油吧，主播》节目收视率也创新高。

7月 河海大学、烟台大学、山东理工大学到基地挂牌，将红嫂家乡旅游区暨沂蒙红色影视基地作为爱国主义教育基地。

8月4日 红嫂家乡旅游区暨沂蒙红色影视基地顺利通过了山东省AAAA级复核。

8月10日 游客中心地面修补、水库西岸树池子、栖凤宾馆后挡墙、服务中心、游客接待中心纱扇及门窗等工程由山东泰都建筑安装工程公司施工。11月10日竣工。

是日 写生基地门前沥青地面、室外钢楼梯、写生基地卫生间隔断、一期商城安装等工程由山东泰都建筑安装工程公司施工。12月20日竣工。

是日 飞机底座、配电室铁门及古县城维修等工程由山东泰都建筑安装工程公司施工。12月20日竣工。

是日 影视基地栏杆、东柳沟配电室零活、影视基地零星工程及凤凰阁周边零活工程由山东泰都建筑安装工程公司施工。10月20日竣工。

8月20日 沂蒙红色影视基地顺利通过全国旅游标准化试点工作审核。

8月24日 蟠龙街室外给排水、消防及室内安装工程由山东泰都建筑安装工程公司施工。9月30日竣工。

8月 基地与同程网、携程网、美团网等多家网站合作，安装电子票设备，开发手机App，加强网络营销力度，开创景区智慧旅游新局面。

9月3日 蟠龙街城门沥青路面、影视基地零工由山东泰都建筑安装工程公司施工。10月30日竣工。

10月10日 影视基地东柳沟汶河坝及回填沙工程由山东泰都建筑安装工程公司施工。2015年12月30日竣工。

10月24日 蟠龙街景观、水系、景点假山及绿化工程由河南庭蓝园林绿化公司施工。11月12日竣工。

是日 山东省关工委领导，省委老干部局、省教育厅关工委、省委宣传部、省委高校工委、省教育厅、省新闻出版广电局、省委党史研究室，及来自全省各市分管关工委工作的领导到南村社区调研“两史”教育活动开展情况。临沂市关工委，沂南县委、县政府、县关工委、县教体局领导陪同调研。

10月 国务院扶贫办刊物《中国扶贫》以“红色旅游激活古村落”为题纪实报道山东沂南红色旅游扶贫事迹。

是月 创办红色影视频道。

11月13日 沂蒙红色影视基地被确立为“沂南县青少年红色教育基地”，同时，被“中央数字电视摄影频道”作为拍摄基地。

12月20日 由成龙主演的电影《铁道飞虎》，在沂蒙红色影视基地于12月20日开机。12月31日杀青。

12月22日 由农业部、环保部、住建部、国家新闻出版广电总局、国家旅游局等十部委主办的“2015CCTV寻找中国最美乡村”系列活动，在沂蒙红色影视基地举办。推选2015年度中国十大最美乡村。

12月23日 “2015CCTV中国十大最美乡村”揭晓，常山庄村获此殊荣。

是年 建兵器展览区，展陈有战斗机2架、大炮4门、中型坦克1辆、雷达2架等。

是年 游客服务中心投入使用。

是年 蟠龙湖游乐园区中的文化长廊、蟠龙街、凤凰阁、中心广场改扩建及周边绿化工程全部竣工。

是年 景区内累计种植海棠、樱花、法桐、柳树、竹子等绿植5000余棵。

2016年

1月19日 影视基地水库、西城门至接待中心西侧及水库沿岸、桥、亭子、廊子等室外亮化工程由沂南县拉肯灯具照明有限公司施工。2月6日竣工。

2月13日 文化部民族民间文艺发展中心、山东旅游职业学院、山东大学民俗文化研究所、临沂大学沂蒙文化研究院一行，到沂蒙红色影视基地考察民俗活动。

3月3日 全国红色旅游工作协调小组带领启泰文化集团一行4人，赴沂蒙红色影视基地调研并就红色旅游微电影拍摄暨红色旅游系列宣传活动相关事宜进行座谈研讨。

3月8—14日 举办2016年“沂蒙红色影视基地杯中华龙狮文化节”。深圳市福永街道怀德醒狮团，获得南狮传统、南狮高桩自选第一名；南京理工大学、山东东明东方武术学校、四川师范大学、湖南农业大学分获舞龙规定、北狮自选、北狮传统和舞龙自选第一名；临沂大学龙师团获得南狮高桩自选第二名。

4月12日 第八届中国·临沂诸葛亮文化旅游节在沂蒙红色影视基地开幕。CCTV-7“美丽乡村快乐行”作为揭幕文艺演出正式拉开序幕。

5月14日 国家旅游局到沂蒙红色影视基地督查旅游市场综合监管及旅游厕所建设工作。

5月26日 由山东省旅游局主办的十大文化旅游目的地品牌新媒体营销系列活动“亲情沂蒙”新媒体采风行，走进红嫂家乡旅游区暨沂蒙红色影视基地。

5月28日 中国扶贫开发服务有限公司一行到沂蒙红色影视基地进行实地考察。

6月4日 由山东省文化厅主办、山东画院承办的全省美术创作人才（中国画）研修班，在沂蒙红色写生基地正式开班。

6月25日 由山东广汇集团、联合石化集团联合承办，冠名为“广汇杯”的中外对抗四国拳王争霸赛，在诸葛亮广场举行。

7月1日 南村社区党委书记李凤德在《沂南通讯》发表长篇署名文章《幸福不忘共产党》。

7月4日 影视基地西停车场及排水沟工程由山东泰都建筑安装工程公司施工。9月14日竣工。

7月16日 南村社区文艺宣传队在沂南县第十二届广场文化艺术节举行专场演出。文艺演出中间举行全县“十佳孝悌之星”“十佳孝悌家庭”颁奖典礼。

8月10日 影视基地农耕体验区团瓢屋及道路工程由山东泰都建筑安装工程公司施工。

8月16日 影视基地古村民俗院1—5号土建安装工程由山东泰都建筑安装工程公司施工。9月25日竣工。

8月18日 沂蒙红嫂大舞台及道路地面配套工程由山东泰都建筑安装工程公司施工。9月17日竣工。

8月23日 常山庄户户通砼路工程由山东泰都建筑安装工程公司施工。9月5日竣工。

8月 注册资金1000万元，与新立村共同成立沂南县新立村旅游开发有限公司。

9月21日 新立村旧屋修缮、路面零活、外墙刷漆及果园木隔栅工程由山东泰都建筑安装工程公司施工。10月21日竣工。

10月7日 2016年CCTV-3《星光大道》临沂地区选手选拔赛闭幕式在沂蒙红色影视基地举行。

10月19日 影视基地古县城东侧路土方、

毛石、排水沟工程施工。11 月 4 日竣工。

是日 山东省计生协群工部主要领导一行到沂南县督导计划生育群众自治工作开展情况。督导组参观了南村社区优生优育宣教室计生协会会员之家。

11 月 9—10 日 国防大学第 49 期国家安全研究班学员到沂蒙红色影视基地开展现场教学。

11 月 12 日 古县城东侧砼路面工程施工。11 月 22 日竣工。

2017 年

2 月 17—19 日 中国文联、中国摄协深入学习贯彻习近平总书记文艺工作座谈会重要讲话精神专题研讨班在沂蒙红色影视基地举行。

3 月 20 日 古村地主大院、斗牛院、展馆、草房维修等工程施工。4 月 20 日竣工。

4 月 15 日 由山东广汇集团主办、山东汇捷帮厨有限公司协办、影视基地服务中心和写生基地酒店承办的“沂蒙红色影视基地杯”首届烹饪大赛活动，在沂蒙红色影视基地服务中心举行。

5 月 1 日 新立村煎饼博物馆、拓展场地等工程施工。5 月 25 日竣工。

6 月 15 日 情系沂蒙——将军部长沂蒙行系列活动中，20 多位老将军、老部长赴沂蒙红色影视城参观采风。

6 月 28—29 日 省委常委民主生活会议在沂蒙红色影视基地服务中心举行。

7 月 7 日 国务院扶贫开发领导小组领导带队到沂蒙红色影视基地调研脱贫攻坚工作。

8 月 在山东省教育厅、旅发委等 12 部门组织的“省级中小学生研学实践教育基地”遴选活动中，红嫂家乡旅游区暨沂蒙红色影视基地被推荐为“全国中小学生研学实践教育基地”。

9 月 1 日 红嫂家乡旅游区暨沂蒙红色影视基地迎来新学期第一批参加研学旅行的学生。山东省沂南双语红军小学将开学第一课搬到沂蒙红色影视基地红嫂纪念馆，并邀请“最美拥军人物”给学生们讲红嫂事迹，弘扬和传承沂蒙精神。

9 月 24 日 全省美丽乡村建设现场会议与会领导到新立村实地观摩。

9 月 30 日 2017 年中央电视台“星光大道”山东选手选拔活动总决赛在南村社区礼堂圆满落幕，为本届选拔画上一个圆满的句号，也为喜迎国庆、欢度中秋献上一份大礼。

10 月 15 日 《界湖街道志》评审会在影视基地会议室召开。

11 月 7—11 日 全国宣传贯彻《红色旅游经典景区服务规范》暨红色旅游扶贫培训班在沂南县举办。国家发改委、中宣部、国家旅游局、民政部、交通部、民航局、中央党史和文献研究室等全国红色旅游工作协调小组成员单位及国务院扶贫办、新华社相关人员，全国各省（区、市）旅游部门、新疆生产建设兵团旅游局，红色旅游经典景区及所在县旅游部门，山东省部分地市旅游部门，山东省临沂市政府以及各县区旅游部门相关人员，部分专家学者等参加了此次培训班。

11 月 9 日 沂蒙红色研学旅行座谈会在红嫂家乡旅游区暨沂蒙红色影视基地召开。全国红色旅游协调工作小组办公室对沂蒙精神红色研学旅行工作给予了高度评价。

2018 年

1 月 1 日 由中共沂南县委宣传部、沂南县老年体协主办，沂南县文广新局、沂南县广播电视台、界湖街道广汇集团等单位承办的“庆元旦迎新春”学习宣传党的十九大精神文艺联欢会在社区礼堂举行。

1 月 23 日 南村社区党委书记、居委会主任李凤德当选为山东省第十三届人大代表。

1 月 山东省人社厅首批公布南村社区为省级“四型就业社区”。

2 月 9 日 山东广汇集团作为项目的启航点，按计划启动了乡园生态体验剧场《沂蒙四季》项目并召开了第一次创作研讨会。

2 月 12 日 成立山东职康安全技术服务有限公司。

2月18日 与广州岳圣文创科技有限公司签署合作协议。

2月19日 红嫂家乡旅游区暨沂蒙红色影视基地以“穿军装，扛步枪，保家乡”为主题的新春贺年会，受到社会认可，山东电视台山东新闻联播进行了报道。

3月12日 南村社区第五批免费分配青年楼房18户。

3月16日 省方志馆领导到界湖南村村史馆调研。

5月4日 南村社区召开棚户区改造工作动员大会，至9月18日腾空拆迁完成，共拆迁673个院落、517户，总拆迁面积16.7万平方米，腾空土地366亩。安置区建楼房15栋，总建筑面积15.6万平方米，总投资2.3亿元。

5月9日 沂蒙红色影视基地和临沂市信息工程学校开展战略合作。

5月12日 在影视基地举办“红色沂蒙行名家书画展”活动。

5月26日 第九届临沂诸葛亮文化旅游节隆重开幕，同时，由沂蒙红色影视基地冠名的本届节会重要活动——“沂蒙红色影视杯·诸葛亮跑游沂南”趣味文化马拉松赛于开幕后进行。

5月30日 九届临沂诸葛亮文化旅游节闭幕式上，揭晓“沂南县十大文化符号”，常山庄·沂蒙红色影视基地当选。

6月18日 红嫂家乡旅游区暨沂蒙红色影视基地在常山庄村西南角打出一口深水层地下水井，日出水量在2000立方米以上。

6月30日 由山东省教育厅、农业厅、扶贫办和临沂市人民政府主办，临沂大学和沂南县人民政府承办的“红色青年筑梦之旅”启动仪式及全国性对接启动仪式，在红嫂家乡旅游区暨沂蒙红色影视基地举行。仪式上，山东广汇集团和延安大学签订了合作协议。

7月4日 2018年中国临沂红色旅游推介会在俄罗斯首都莫斯科举行，沂蒙红色影视基地代表出席。

7月15日 南非农村发展与减贫研修班32名学员到新立村景区学习经验。

7月25日 山东省临沂市旅游发展委员会批准沂南县新立村生态文化园旅游区为国家AAA级旅游景区。

8月2日 山东省住房和城乡建设厅发布《关于第五批山东省“美丽宜居小镇、美丽宜居村庄”名单的公示》，马牧池乡新立村榜上有名。

是日 山东省教育厅公布了山东省第一批十个研学旅行示范课程，沂蒙红色研学旅行课程在列，成为临沂市唯一入选的课程。

8月 写生基地建立职工餐厅，景区所有员工和写生基地酒店员工一起在职工餐厅就餐，用餐标准6元/人。

9月18日 南村社区棚户区改造实现“百日清零”。

9月20日 南村社区成立集体产权制度改革领导小组。

10月1日 新立村生态文化园精品民宿“苹果乡居”开业迎客。

10月31日 山东沂蒙红色文化产业有限公司和广西文化产业集团下属广西文化物资有限责任公司签订战略合作协议，双方将在影视器材等方面展开全方位合作。

11月21日 山东泰都建筑安装工程公司中标南村棚改安置区建设项目。

是日 山东省人民政府常务会议原则通过了《山东省影视产业发展实施规划(2018—2022年)》。

11月22日 山东影视产业五年规划出炉，沂蒙红色影视基地获省政府重点扶持。

11月23日 红嫂家乡旅游区成为中国向俄罗斯推介的红色旅游精品景区，俄罗斯旅游同行到影视基地参观洽谈。

12月10日 《思想政治工作研究》刊文探究“红色南村的幸福密码”。

12月12日 沂南县妇联对沂蒙红色影视基地沂蒙大姐扶贫项目拨款2万元鼓励公司培训周边贫困妇女就业创业，走脱贫之路。

12月20日 成立南村社区股份经济合作社。

12月22日 中国文联电影艺术中心领导率

领中国电影家协会、中国文联电影艺术中心、山东电影家协会艺术家一行，到沂蒙红色影视基地进行基层采风创作实践活动。

是年 红嫂家乡旅游区正式入选全国中小学生研学实践教育基地、营地。自此全国大批中小学生团队到红嫂家乡旅游区参观学习。

2019 年

年初 山东广汇集团被授予沂南县慈善总会第二届理事会副会长单位。

年初 李熙鹏荣任广东省山东济南商会首届常务副会长。

年初 李熙鹏当选沂南老区建设促进会副会长。

1月8日 新立村被临沂市农工办、旅发委、环保局、市住房和城乡建设局、妇联、《鲁南商报》等部门评为“最美村居”。

1月14日 南村社区向居民发放春节大红包，共计发放现金603万元。

1月21日 在沂南县春节联欢晚会上，公布沂南县改革开放感动沂南人物评选结果，并举行颁奖仪式，社区党委书记李凤德当选。依托《沂蒙》拍摄打造的沂蒙红色影视基地，当选沂南县改革开放40周年20件最具影响力事件之一。

1月26日 社区党委书记李凤德在《南村通讯》上发表题为《回顾与展望》的新年献词。创造沂南棚改“南村速度”的同时，南村社区老村旧宅成为记忆。

3月10日 影视基地民俗一条街、煎饼院、陶笛院等工程施工。5月18日竣工。

4月14日 山东沂蒙红色文化产业（集团）有限公司被临沂市旅游行业协会评为旅游行业功勋旅游集团，集团总裁李熙鹏、总裁助理唐泽海、餐饮总经理袁丰坤、演艺部经理张世杰被评为行业先进个人。

是日 影视基地蟠龙湖九曲长廊及凉亭水下砼柱加固工程由青岛双利德加固工程有限公司施工。5月14日竣工。

4月20—21日 界湖街道工委领导到南村社区上党课。将“不忘初心、牢记使命”主题教育活动引向深入。

6月16日 由山东沂蒙红色文化产业有限公司（沂蒙红色影视基地）和青岛职业技术学院文化产业工作室共同创建的筑梦沂蒙红色文化产业研究院，举行成立揭牌仪式。

6月28日 山东大学在红嫂家乡旅游区暨沂蒙红色影视基地，举行沂蒙党性教育基地挂牌仪式。

7月1日 李凤德发文《不忘初心　牢记使命 让沂蒙精神代代传承》，纪念中华人民共和国成立70周年。

7月2日 中国国家画院艺术交流中心组织调研组，到红嫂家乡旅游区暨沂蒙红色影视基地调研红色文化产业及红色文化资源挖掘保护利用工作。

7月4—5日 南村社区组织干部、党员、退伍军人、“四德模范”、棚改先进个人等260多人，庆祝建党98周年、建军92周年。组成新农村建设先进经验考察团，先后到寿光、青州、沂水等地参观、学习新农村建设和乡村振兴的先进经验和成功做法。

7月5日 红嫂家乡旅游区上报的研学旅游课程在第三届中国研学旅行大会研学课程评比中荣获“特等奖”。

7月6日 南村社区隆重召开表彰大会，总结表彰过去一年来在“两个文明”建设中做出突出成绩的个人。南村社区党委、居委会干部、优秀党员、优秀居民代表、优秀退伍军人、棚改工作先进个人、“四德”模范、最美家庭代表等260多人参加会议。

7月30日 山东省文化和旅游厅组织全域旅游调研组，到沂蒙红嫂家乡旅游区暨沂蒙红色影视拍摄基地进行调研。

8月4日 高标准建设五福山公墓林，社区成立五福山公墓建设领导小组。

8月15日 山东沂蒙红色影视拍摄基地旅游开发有限公司变更法人为李熙鹏，注册资金3100

万元，并更名为山东沂蒙红色文化产业有限公司。

9月18日 具有首部自主知识产权的电影《沂蒙老兵》在沂蒙红色影视基地开拍。

9月20日 五福山公墓林一期工程基本完成。用个石砌墙，大理石墓碑、围栏、路沿石，黑砖铺路，高桩松树绿化，安装太阳能路灯和高清监控系统。

9月26日 影视基地经典景区二期石板路、排水沟、土方、石方及桥等工程由山东泰都建筑安装工程公司施工。12月26日竣工。

9月至10月 在“不忘初心，砥砺前行”——沂南县庆祝改革开放40周年大型图片展上，沂蒙红色影视基地多幅图片入选。

10月13日 全市推进乡村振兴暨脱贫攻坚现场交流会，南村社区扶持的新立村成为市级美丽乡村示范片区，并被列入全市脱贫项目观摩点。

10月22日 沂南县在红嫂家乡旅游区暨沂蒙红色影视基地召开文旅融合发展座谈会。来自中国工艺美术学会民间工艺美术委员会学术委员会的专家、学者以及该县聘请的文化旅游智库专家，沂南县政府、文化旅游管理部门、旅游景区负责人进行深度交流、研讨，并就品牌意识、文化和旅游深度融合、个性化等内容取得共识。

10月23日 中国工艺美术学会民间工艺美术专业委员会第34届年会，在红嫂家乡旅游区暨沂蒙红色影视基地举行闭幕式，年会圆满结束。

11月4日 《临沂日报》头版《壮丽七十年 奋斗新时代》专栏，开辟了《南村腾飞别样红》系列报道。全文分为4个篇章，于4日、5日、6日、8日，每日一篇，每篇约占半个版面，图文并茂，分别刊登，由记者王文卿专访并撰稿。

11月12日 南村社区526户棚户区改造安置房分配。

12月 临沂市文旅局发文公布“十佳”文化旅游讲解词、临沂市优秀文化旅游讲解词，红嫂家乡旅游区解说词入选“临沂市十佳文化旅游讲解词”榜单。

2020年

2月1日 南村社区党委书记李凤德以个人名义向孙祖镇和双堠镇各捐款10万元，同时还和合资的一家企业捐款10万元。

3月3日 山东沂蒙红色文化产业有限公司（党性教育红色研学）获山东知名品牌奖牌。

3月5日 南村社区宣布，为减轻遭受新冠疫情冲击的沿街商铺租赁户经济负担，决定通过县慈善总会减免所有租赁户一个月的房租。

3月30日 南村社区第七次为17名适龄青年免费分配到一套120平方米楼房。

5月20日 山东省文化和旅游厅主要领导率调研组，到红嫂家乡旅游区考察“泰山产业领军人才”项目“沂蒙四季”建设现场。

5月30日 沂蒙四季乡园生态体验剧场工程施工。9月30日竣工。

6月9日 南村社区邀请县电视台专家和界湖街道妇联领导，评选出32户“美在农家示范户”。

6月15日 沂蒙红色影视基地组织“王牌配大咖”直播带货活动，上直播的商品有当地特色农产品、旅游商品等三大类30多个品种。

7月9日 文化和旅游部公布第二批全国乡村旅游重点村名单，常山庄村入选。

7月16日 沂蒙红色影视基地和广西文化物资有限责任公司、河北裕鼎久诺影视制作公司战略合作仪式举行。

7月23日 西北工业大学在沂蒙红色影视基地举行大学生“红色传人”培育实践基地挂牌仪式。

7月25日 南村社区在社区礼堂举行新时代文明实践志愿服务队成立大会，并举行授旗仪式。南村社区新时代文明实践志愿服务大队，由社区“两委”成员、老干部、党员、退伍军人、居民代表、入党积极分子等组成，下设5个分队，包括老干部分队，共100名志愿者。

8月12日 临沂市打造长三角城市“后花园”推进全域旅游工作现场会全体人员，赴沂蒙红色影视基地现场考察全域旅游及沂蒙精神纪念地创建国家级 AAAAA 级旅游景区推进工作。

8 月 28 日 山东广汇集团总裁李熙鹏当选为 2020 年度慈善助学先进个人。

9 月 7—9 日 山东广汇集团举行“中华慈善·99 公益日——全民慈善·善爱沂南”主题捐款活动，集团及下属企业员工共捐款 1.5 万余元。

10 月 29 日 沂蒙红色影视基地荣获“山东人游山东”乡村旅游目的地、红色旅游目的地两项大奖。

10 月 30 日 山东艺术学院电影学院“爱国主义教育与社会实践基地”“专业教学与创作基地”挂牌仪式，在沂蒙红色影视基地举行。

11 月 2 日 沂蒙红色影视基地以第一名的成绩当选“临沂市十佳红色研学基地”。

11 月 19 日 农业农村部领导莅临新立村考察。

12 月 1 日 省人大及乡村振兴工作组领导莅临新立村指导工作。

12 月 6 日 中国邮政储蓄银行山东省分行组织“加‘邮’‘储’力，共奔小康”媒体记者，到沂蒙红色影视基地进行采访。

12 月 9 日 导游部薛晶晶、孙明月双双夺得全市红色讲解员桂冠，高海珍荣获县文旅局组织的全县技能大赛第一名。

12 月 12 日 袁俊森获全县“文化旅游行业美食大赛”个人总分第二名。

12 月 13 日 南村社区高标准建设的退役军人服务站，成功接待全市退役军人工作现场会。

12 月 25 日 山东省革命老区建设促进会三届三次理事（扩大）会议在济南召开，李凤德荣获“抗击疫情十佳先进个人”称号。

是日 常山庄村被省文化和旅游厅、省发展改革委，公布为全省旅游乡村重点村。

12 月 30 日 由中共临沂市委组织部、宣传部，市退役军人事务局、市双拥工作领导小组办公室联合主办，市广播电视台承办的临沂市首届“沂蒙最美拥军人物”“沂蒙优秀兵支书”发布仪式在临沂举行，李凤德获“沂蒙优秀兵支书”称号。

是年 影视基地建设枪械、烟火库。

是年 文化和旅游部资源开发司会同国家发展改革委社会发展司启动的红色旅游发展 60 个典型，沂蒙红色影视基地入选。

2021 年

1 月 红色文化传承展示馆落成。由“使命担当”“文旅融合”“丰富升华”“山花烂漫”“领导关怀”五大部分组成，图文并茂，内容丰富，展出了南村社区自从担责开发运营红色文化产业以来，立足影视拍摄、红色教育和红嫂家乡旅游，挖掘红色文化故事，拓展红色文化教育，弘扬和传承沂蒙精神、红嫂精神，精心策划，精细施工，做成文旅融合文化产业的过程和成就。

2 月 9 日 参加全县推动高质量发展现场交流会议的领导，现场观摩了“泰山产业领军人才”项目《沂蒙四季》建设现场。

3 月 24 日 临沂市关爱退役军人协会成立大会召开，南村社区党委书记、居委会主任李凤德当选为副会长。

3 月 31 日 随着最后一批坟头搬迁到五福林公墓，南村社区苹果园墓地 1380 多个坟头搬迁工作顺利完成。

4 月 2 日 山东广汇集团和临沂大学校企联合办学签约仪式在临沂大学举行。

4 月 16 日 第六届社区党委换届选举圆满成功，产生了新一届社区党委班子。

4 月 21 日 南村社区被省文化和旅游厅命名为景区化村庄。

5 月 1 日 经过紧张筹备、创作、排练，《沂蒙四季》3 个红嫂故事沉浸式体验小院——战地救护所小院、支前妇救会小院、民兵连小院，正式演出，吸引了大批游客前往观看、体验。

5 月 新一届社区居委会换届选举圆满成功，产生了新一届居委会班子。

是月 文化和旅游部、国家发展改革委联合推出 300 条乡村旅游学习体验线路，常山庄红嫂家乡旅游区入选。

6 月 4 日 南村社区为年满 22 周岁的 14 名

男女青年免费分配住房，自2009年以来，已举行8次免费分房，共167套。

6月6日 第二届长三角V30村书记论坛在浙江省嘉善县大云镇召开，来自长三角三省一市的30名明星村党支部书记参加论坛。南村社区党委书记、居委会主任李凤德出席论坛，是临沂市唯一一位出席论坛的社区书记。

6月17日 南村社区第十三届居民代表换届选举大会召开，选举产生了新一届居民小组长和居民代表。

6月29日 红嫂家乡旅游区首演《沂蒙四季·红嫂》，千名观众席上座无虚席。

6月30日 新媒体和山东省16地市党性教育培训机构、旅行社、研学机构合作商举行《沂蒙四季·红嫂》产品发布会。

6月 红嫂文化广场建筑群，包含沂蒙四季剧场、红嫂纪念碑、山东沂蒙子弟兵雕塑、山东沂蒙红嫂雕塑，竣工落成。

7月1日 庆祝建党百年，由山东沂蒙红色文化产业有限公司投资，第八届中国戏剧家协会副主席、上海戏剧学院原院长、“泰山产业领军人才”韩生领衔的艺术团队，从2017年至2021年，精心打造的艺术作品，以沂蒙四季冠名，以沂蒙红嫂的产生、发展和升华过程、社会背景、人文基础、艺术塑造为主线，精心打造的文献史诗环景剧《沂蒙四季》正式推出。

7月2日 由山东省临沂市委主办，市委组织部、市广播电视台承办的“初心耀沂蒙——百年光辉征程百名沂蒙榜样”发布仪式举行，会上发布了百名沂蒙榜样获得者名单，南村社区党委书记、居委会主任李凤德榜上有名。

7月22日 在2021年临沂市委理论学习中心组专题读书班上，被评为百名沂蒙榜样之一的李凤德事迹入选报告会。

8月28日 山东省第二次青代会纪念馆在红嫂家乡旅游区落成。

8月30日 山东沂蒙红色文化产业有限公司（沂蒙红色影视基地）获2020年度省服务业高端品牌培育企业称号，并获得10万元奖励。

9月4日 省委宣传部主要领导率入会代表考察位于红嫂家乡旅游区的山东省第二次青年代表大会会议旧址，观看《沂蒙四季·红嫂》沉浸式小院情景演出。省红色文化保护传承工作协调机制成员单位负责人，各市委常委、宣传部部长或分管副市长，文物行政部门代表，省内部分博物馆、革命纪念馆代表及专家参加考察并观看演出。

10月11日 由山东红土地影视文化传媒公司出品的电影《沂蒙老兵》，在2020年中国农民丰收节第三届中国农民电影节获奖。电影节由农业农村部办公厅、中国电影家协会、中国农业电影电视中心、中国老区建设促进会、中国广播电视社会组织联合会、中国科教电影电视协会联合举办。

11月17—18日 第三届香港国际青年电影节暨第二届亚洲华语电影节在澳门举办，由山东红土地影视文化传媒有限公司出品的故事片《沂蒙老兵》，荣获本届电影节（长片单元）优秀影片奖。这是该影片继2020年10月荣获第三届中国农民电影节“最适合农民观看的乡村题材故事片奖”后，获得的又一项电影节大奖。

11月21日 以南村社区游子、画家武传亮精心绘制的南村系列怀旧组画为主的“南村乡愁馆”落成。展陈面积为63平方米，由32个板块组成，其中29幅画作，涵盖了南村故土、故居颇有标志意义的建筑、传统生产生活设施以及地名地貌等，另辅以30幅旧址新貌照片和30篇注释说明，图文并茂地展现了50年前的南村村貌、风土人情以及生产生活方式。

是年 南村社区集体收入连续9年过亿元，牛年岁尾向村民发放近800万过年“红包”，社区还下发了价值24万元“年货”。

2022年

1月30日 农历腊月二十八日，南村社区干部给常山庄村群众送去14万元春节慰问金，并走访看望93岁的新中国成立前老党员祖洪廷和部分家庭困难群众。

2月 《南村通讯》第48期报道，新任中共沂南县委书记到沂南22天，先后3次深入南村社区和所属集体企业调研。对南村社区17年间发展集体经济，实现共同富裕的理念、工作与成就，给予充分肯定和热情鼓励。

3月1日 山东财经大学区域经济研究院实践教学基地，在红嫂家乡旅游区举行挂牌仪式。

4月22日 南村社区实施村居共建携手共奔富裕路工程，捐助大庄镇西司马村50万元，助其新农村建设。西司马村将一面写有“鼎力相助情深似海，无私捐献恩重如山”的锦旗赠给南村社区。

4月26日 山东广汇集团通过县慈善总会，向沂南县马牧池乡中心小学和初级中学捐赠6万只口罩。县慈善总会向山东广汇集团颁发了捐赠证书。

4月30日 红嫂家乡旅游区暨沂蒙红色影视基地的“中国少先队展示馆”，在共青团沂南县委的关心指导和支持下，由山东广汇集团施工，圆满落成。

5月1日 在共青团沂南县委的关心指导和支持下，位于红嫂家乡旅游区暨沂蒙红色影视基地的“共青团发展历程展示馆”，由山东广汇集团施工，圆满落成，系统地展示了中国共青团的发展历程。

5月2日 在共青团沂南县委的关心指导和支持下，“山东青救会展示馆”由山东广汇集团组织建设、设计、展陈，图文并茂，圆满落成。

6月24日 为了深入落实习近平总书记关于“沂蒙精神”重要讲话和指示要求，认真贯彻山东省第十二次党代会精神，弘扬“沂蒙精神”，传承红色基因，山东广汇集团捐赠旗下国家AAAA级旅游景区——红嫂家乡旅游区价值180万元的门票4万张。

7月1日 南村社区党委组织全体党员、居民代表、退伍军人、历届四德模范、美在农家示范户及全体志愿者，庆祝建党101周年、建军95周年，社区全体党员一起过组织生活。

7月1日晚 南村社区在《沂蒙四季》山村剧场举办庆祝中国共产党成立101周年晚会，歌颂伟大的党，歌颂伟大的祖国，弘扬“沂蒙精神”。同时，作为沂南县第十八届广场文化艺术节开幕式暨全县红色歌曲合唱比赛、“新时代乡村阅读季”启动晚会。晚会主题鲜明，贴近时代，弘扬主旋律，传播正能量，展现了沂蒙老区干部群众建设富裕美好家园，迎接党的二十大胜利召开的崭新精神风貌。

7月2日 南村社区在社区礼堂召开表彰大会，隆重表彰“支持社区发展特殊贡献奖”“2021年度功勋集体企业”“优秀共产党员”“优秀员工”“优秀抗疫志愿者”等各类先进模范。界湖街道党工委领导到会并作讲话。

8月10日 省老区建设促进会调研组到沂南县调研红色经典遗址保护、利用工作。在沂南红嫂家乡旅游区，调研组一行参观了“中国红嫂革命纪念馆”，观看了旅游区创作的“沂蒙四季红嫂故事沉浸式情景短剧”“跟着共产党走”“妇救会”演出。社区党委书记李凤德汇报了南村社区经济社会发展情况和红嫂家乡旅游区红色遗址保护、利用情况。

8月19日 华东政法大学马克思主义学院沂蒙红色文化理论实践调研基地揭牌仪式，在红嫂家乡旅游区举行。

8月23—26日 由省文化和旅游厅主办，山东演艺集团承办，临沂市文化和旅游局、沂南县人民政府协办的“山东首期景区度假区经营管理人才培训班”，在沂南红嫂家乡旅游区红色教育培训中心举办，来自全省各市文化和旅游局分管局长（资源科科长），国家AAAAA级旅游景区及部分AAAA级旅游景区负责人参加了本次培训班。

8月30日 南村社区党委书记、居委会主任李凤德，参加山东广播电视台乡村广播——“山东乡村普法广播——乡村法治带头人”直播活动，向听众介绍南村社区近年来的普法和依法治理情况。

9月7日 山东广汇集团举行2022年“中华慈善·99公益日”主题宣传暨“慈善沂南·温暖

万家”捐款首场活动，集团及沂蒙红色影视基地、影视服务中心酒店、写生基地酒店等下属企业员工纷纷捐款献爱心 。

9 月 24 日 南村社区召开棚改安置房交房工作会议，南村社区党委书记、居委会主任李凤德对安置房交房工作进行了说明和安排，并带领社区居民到安置房区进行了参观。

9 月 30 日 由中共沂南县委主办的《沂南通讯》，以启示录的方式，发表长篇署名文章。介绍南村社区在以李凤德为书记的社区党委坚强领导下，用 17 年的时间，义无反顾地走“发展集体经济，实现共同富裕”的路子，带领全社区实现了令人刮目相看的美丽嬗变和华彩转身。

10 月 1 日 九九老人节来临之际，县委领导、界湖街道党工委负责人、南村社区党委书记李凤德，登门祝寿。

12 月 30 日 南村社区向全社区 1815 位居民发放了 726.2 万元的过年分红“大红包”。另外，给 429 位 60 岁以上老年人发放了共计 79.98 万元老年生活补贴。仅 2022 年春节，村里发给居民的“红包”就达到了 806 万元。加上发给 60 岁以上老年人前 3 个季度的 231 万元生活补贴，发放的现金及福利达到 1037 万元。

是年 山东广汇集团总裁、沂蒙红色文化产业有限公司（沂蒙红色影视基地）董事长李熙鹏荣获 2021 年度“全国乡村文化和旅游能人”。

第一篇　社区概览

第一章　建制区划

第一节　历史沿革

界湖村原来是一个自然村，位于沂南县境中部偏北，因西有山，东有岭，山岭之间为大片湖洼，村处中间高地，界于两湖洼之间而得名。

据村北三皇庙元代“重修三皇庙记”碑记载，庙建于北宋，推知立村当在北宋之前，前至何朝何代难以确定。民间有“设沂水县即有界湖”之说，若以此推之，界湖村立村年代当在隋或隋之前。最早来界湖村定居的甘姓家谱记载，其祖上于唐朝时迁来，由此推之，界湖村立村年代当在唐或唐之前。三皇庙大白果树下曾出土残碑一块，记有“万历六年王绪栽白果树两株”。至清末已成为沂水县南乡重要集镇。至今，两株白果树仅留有一株，仍枝繁叶茂，是界湖村兴衰历程的见证。

历史上，界湖村经历过多次分分合合。第一次分合：清末，界湖分为4个旗，总旗长（总管）高经武。民国后期合为一个行政村，时总辖区面积14平方千米，与毗邻村分界线周长30华里，村居街市面积1800余亩，可耕地面积15000多亩。本地及外来商贾近1000户，居住人口4000多人，形成多民族、多姓氏聚集的经济文化重镇。第二次分合：1946年10月，沂南县人民政府依据界湖村居民驻地位置，将界湖村划分为东、西、南、北4个村。1956年，成立高级农业生产合作社，全村大多数农民参加，合并为一个界湖村高级农业生产合作社，下属13个大队，界湖南村分别是第七、第八、第九、第十生产大队。第三次划分：1958年撤区建乡，界湖镇合并为政社合一的八一人民公社，10月改称为界湖人民公社，并正式公布下辖界湖东、西、南、北4个村。由此认定：自公布之日起，界湖村高级农业生产合作社，划分为界湖东村、界湖西村、界湖南村、界湖北村4个村生产大队，并一起并入界湖人民公社。

第二节　村庄区划

区划演进

1928年至1935年，沂水县界湖区界湖乡界湖村；

1935年至1939年10月，沂水县依汶区界湖乡界湖村；

1939年10月至1940年10月，南沂蒙县依汶区界湖乡界湖村；

1940年10月至1941年6月，沂南县明生区界湖乡界湖村；

1941年6月至1946年10月，沂南县东平区界湖乡界湖村；

1946年10月至1955年10月，沂南县东平区界湖乡界湖南村；

1955年10月至1958年10月，沂南县界湖镇界湖南村；

1958年11月至1961年8月，沂水县界湖人民公社界湖南村；

1961年8月至1963年5月，沂南县界湖人民公社界湖南村；

1963年5月至1968年8月，沂南县界湖区界湖南村；

1968年8月至1981年12月，沂南县界湖公社界湖南村；

1981年12月至1984年6月，沂南县界湖镇界湖南村；

1984年6月至1985年9月，沂南县界湖区界湖南村；

1985年9月至2005年9月，沂南县界湖镇界湖南村；

2005年9月至2009年9月，沂南县界湖镇界湖南村社区；

2009年9月至2013年2月，沂南县界湖街道界湖南村社区；

2013年2月至今，沂南县界湖街道南村社区。

从1928年至1935年，界湖作为一个区，隶属于沂水县。1935年至1955年10月，界湖作为一个乡，先后隶属于沂水县依汶区、明生区、东平区。1955年10月区划为界湖镇（区级）以后，又经历了镇、公社、区的反反复复，后来区划为界湖街道。从1946年10月至2009年9月，界湖南村一直为行政村名。2005年9月至2013年2月，在不断随着行政区划而更改区划名称的同时，界湖南村村级行政名称为界湖南村社区。2013年2月，村级行政名称为南村社区，此区划虽然省略了界湖的冠名，好在还有界湖街道区划的界湖，保存了界湖的历史地名。

界湖南村自1946年10月区划为行政村以后，依据形势发展和需要，先后区划为村公所、高级社、生产大队、革委会、管委会、村委会、居委会等村级行政组织机构，设有正职1名，副职1名，委员数名，委员中包括民兵连连长、青年书记、妇女主任等任职人员，组织和带领全村干部群众开展社会活动、发展生产、实施各项行政管理。

村属生产机构设置

互助组

民国35年（1946）5月至1951年春，经过土地改革，农民获得土地，政府动员群众成立互助组。生产劳动以个体为主，以耕、种、锄、收等为主要农活，在自愿互利的原则下，实行工换工，牛工顶人工，人工换牛工等办法互助合作。1949年12月，互助组得到发展，有些互助组实行“死分活记”法，按季节算账找工还工，按劳取酬。

初级农业生产合作社

1954年，界湖南村成立初级农业生产合作社，社员有出入社的自由。社委会根据劳力强弱、技术专长等，进行人员分工，统一调配使用。采用“死分活记”法，民主评定工分，年终参加分配。

高级农业生产合作社

1955年至1957年，界湖东、西、南、北村，联合成立界湖高级农业生产合作社。全社分为13个生产大队，界湖南村为第七、第八、第九、第十生产大队。

界湖南村根据社员居住情况，由4个大队编成12个生产队，每个生产队配有一定的土地、农具和耕畜，每年根据农活劳动强度和技术性高低，制定长年和季节性的劳动定额，因人派活，按完成情况记工，个别不适应包工的农活实行死分活记。1957年冬，以生产队为单位组织劳力上阵打井，每队1眼，共打12眼。

人民公社

1958年8月，各高级农业生产合作社合并成立界湖八一人民公社，10月正式公布成立，称界湖人民公社。土地归集体所有，一切生产资料和劳动力由公社统一调配使用，将社员宅基地、自留地收归公社所有，房前屋后零星树木和私养牲畜作价入社，锅鏊瓢盆平调归公，大办食堂，实行供给制。在“生活集体化，组织军事化，行动战斗化”的口号下，以大兵团作战的方式从事工农业生产，开展大炼钢铁，还有不少劳动力被调到外社队，投入积肥、兴修水利、深翻改土、秋种、除“四害”等劳动。

1961年秋，实行公社、生产大队、生产队三级所有，以大队为基础，以生产队为基本核算单位的管理体制。生产队有经营管理的自主权，实行“各尽所能，按劳分配”，在生产上推行小段计划、小段包工、小段作业、小段检查验收的“四小”管理办法。劳力出勤记工分，生产队按工分分配粮食、工钱等；农闲时，公社或大队等组织劳力参加农田水利基本建设，农业生产得到了恢复和发展。

1976年，界湖南村从每个生产队抽调2名社员，成立林业队，集体建有果园面积5.3公顷，主要果树为苹果，有1500株。

1980年实行家庭联产承包责任制以后，随着人民公社解体，界湖南村按照生产队辖域，将12个生产队调整为10个生产小队（亦称村民小组）。

第三节　地理区位

南村社区位于沂南县城驻地界湖，是明清时期沂水南乡重镇。战争年代，界湖村周围修有圩子墙，墙外修有圩子沟。村中间的条子石街是标志性基础设施。1949年7月，沂南县机关进驻界湖，机关和人员住宿分布在条子石街两侧。直到20世纪60年代，县城仍然不大，有顺口溜，说："沂南县城真是强，南北大道一里长，百货公司和车行，新华书店在当央。"

随着县城的建设和发展，如今的南村社区，位居县城中心，西邻花山路，东邻朝阳路，北邻人民路，南邻澳柯玛大道，振兴路、芙蓉路、银杏路、丹阳路、正阳路在村内纵横交会，沿街两侧商品房、经济房鳞次栉比，机关、企事业单位门户相连。

第二章　自然　地理

第一节　地　质

南村社区处于鲁西地块、鲁中隆起区的东南部与沂沭断裂带的接合部位。境内太古代至新生代地层均有出露。中生代以来，构造运动显著，岩浆岩分布很广。

根据全国三级地层区划原则，南村社区地层属华北地层大区、鲁西地层分区。

第二节　地　貌

地势

南村社区属鲁中南山地丘陵区，位于沂蒙山区中部蒙山东麓，沂沭河流域中上游。受海拔高度直接影响，境内地貌分区特征比较明显，总体地势西高东低，自西向东逐步下降倾斜，从而自西向东形成西部低山区、东部平原区两大地貌类型。

河流

南村社区境内河流属于沂河支流莪庄河。发源于历山东麓的铜井镇单家庄，流向自北向南进入界湖，经张家营、大庄镇白石埠、莪庄村北注入沂河。全长15千米，流域面积52.8平方千米，河口最宽处50米，平均降1.1%，系季节性河流。

第三节　气　候

气候特征

南村社区地处鲁中山区东南部，东距黄海90千米，西接欧亚大陆。气候受海陆影响较大，属暖温带季风区，四季分明，具有明显的冬、夏季风气候特点。季月气温变化较大。

春季（3—5月）　初春暖空气开始活跃，但冷空气势力仍然较强，而且活动频繁，气温回升缓慢而且多变，偶有雨凇发生。有“三月天，孩儿面，一天变三变”的农谚。4月、5月，太阳辐射增强，暖空气势力变强，西南气流明显，多西南风，称之为“西南火风”，气温回升幅度大。但常受寒潮侵袭，4月有时出现霜冻，对拔节期的小麦危害甚大。春季是冬季风向夏季风过渡的时期，南、北风交替频繁。季平均风速2.9米/秒，是全年各季平均风速最大的季节。春季降水量123毫米，仅占全年降水量的14.8%，且多风，蒸发量大，故常有春旱发生，有“春雨贵如油”的农谚。

夏季（6—8月）　高温、高湿、雨量集中，季平均气温25℃，全年气温以7月份最高，平均气温为26.2℃。极端最高气温一般出现在6月底至8月。由于西太平洋副热带高压加强北抬，多东南风。夏季降水量为527.2毫米，占全年降水量的63.4%。夏季强对流天气常有冰雹、大风、龙卷风等灾害发生。7月中旬后，受台风外围系统的影响，有时造成暴雨和大风天气。有的年份因太平洋副热带高压控制，出现高温、高湿的闷热天气，形成伏旱。

秋季（9—11月）　暖气团开始南退，北方冷空气开始活跃，偏北风增多。有的年份副热带高压回撤推迟，常有“秋后热”，被称为“秋老虎”。秋季降水年平均为138.9毫米，约占全年降水量的16.7%，且多集中在9月至10月上旬，有时会出现连阴雨天气。9月下旬后，北方冷空气加强，暖湿空气势力明显衰退，气温逐渐降低，日照充足，多秋高气爽天气，常出现秋旱。进入10月，暴雨少见。平均霜期在10月下旬，12月中旬土地开始冻结。秋季有时出现冰雹，对秋作物破坏严重。

冬季（12月至次年2月）　西西伯利亚冷空气不断南下，形成蒙古冷高压控制，多西风，气候干燥寒冷。冬季平均气温为0.6℃，最冷的1月为-1.1℃，极端最低气温出现在1月。季平均降水量为38.7毫米，占全年降水量的5%，以降雪为主。有时出现大风雪、雨凇等灾害天气。

气温

年平均气温在12.8℃—14℃之间。有气象记录以来，累计平均气温13.1℃，最高年份为14℃（1994年、2002年），最低年份为11.8℃（1969年），相差2.3℃。气温的年较差变化在26.6℃—32.2℃之间。由于地形、土壤性质等影响，境内春季气温变化在1.5℃左右，夏季气温变化在2℃左右，秋季气温变化在1.2℃左右，冬季气温变化在1℃左右。

月平均气温，1月最低，为-1.1℃；7月最高，为26.2℃。2—7月为升温阶段。以4月升温为最快，月内平均升温7℃。8月至次年2月为降温阶段，以11月为最快，月内平均降温7.2℃。

昼夜温差显著，一般情况下，日最高气温出现在14时左右，日最低气温出现在接近日出时。

随着全球气候变暖，暖冬不断出现，气温回升明显，气温平均回升了0.5℃，最高气温出现了新的极值。极端最高气温为41.8℃，出现在2002年7月5日，较历史极值偏高1.8℃（1965年6月30日最高温度是40℃）；极端最低气温为-20.3℃，出现在1967年1月16日。

降水

年际变化 境内年平均降水量为929.1毫米。年最大降水量为1414.1毫米（1974年），最小降水量为482.9毫米（1992年）。

季降水量分布 四季降水量分布极不均匀，高度集中在夏季，冬季最少，秋季多于春季，故春旱多于秋旱。各季历年平均降水量分布为：春季123毫米，占全年降水量的14.8%；夏季527.2毫米，占全年降水量的63.4%；秋季138.9毫米，占全年降水量的16.7%；冬季38.7毫米，占全年降水量的4.7%。

月降水量分布 1月降水量最小，累年历史平均值为9.6毫米，占全年降水量的1.2%；8月降水量最大，历年平均值为210.9毫米，占全年降水量的25.4%；历年月降水量最大为446.9毫米（1991年7月），最小的为1999年1月，无降水。

降水强度与降水特征值 年降水量多在900毫米左右。历年平均有效（≥5毫米）降水日为58.7天，大雨（≤49.9毫米）以下量级为56天，暴雨（≥50毫米）以上量级为2.8天。一日最大降水量为260.2毫米（1997年8月20日），是1961年恢复县以后最大日降水量。境内降水量的平均值有所增加，与气候变暖和厄尔尼诺现象有一定的关系。

湿度 蒸发

湿度 境内年平均相对湿度为66%。因受季节影响，相对湿度在一年中变化较大。空气干燥的春季相对湿度平均为59%，4月平均相对湿度最小为57%。夏季空气中水汽含量最多，相对湿度最大，8月相对湿度为82%。到了秋季，大陆季风开始活跃，湿度逐渐降低，11月为63%。冬季平均相对湿度为52%。

蒸发 境内年蒸发平均为1776.8毫米，大于降水量929.1毫米，属于干旱区。春季蒸发量最大，其中5月平均为253.9毫米；夏季仅次于春季，其中6月为242.6毫米；秋季至冬季逐渐减少。

气压 风

气压 气压的变化季节性明显。冬季冷空气控制时气压最高，夏季暖空气控制，处在低压倒槽内，气压最低。气压年内变化与温度变化相反，冬季最高，夏季最低，年平均气压值为1002.7毫巴。

风 境内属于大陆性季风气候区，因受不同性质气团的控制，各季有不同盛行的风向、风速。秋、冬季多偏北风，春、夏季多偏南风。年平均风速为2.3米/秒；3月、4月平均风速最大，为3米/秒；10月最小，为1.9米/秒。年内最大风速自计平均为16.3米/秒（1992年7月）。

地温

境内地温变化与气温变化大体一致，夏高冬低。8月最高，1月最低。地温的日变化一般大于气温，且因地表状况和土壤性质的不同有明显差异。

1962年以来，年平均地温15.5℃。地面极端地温最高为64.9℃（1968年8月30日）；最低为-24.8℃（1964年2月17日）。

土壤开始结冻的日期，一般在12月中旬前期，最晚结束于2月下旬前期。土壤冻结一般年份为16厘米，最大冻结深度40厘米（1977年1月10日）。

霜期

境内年平均初霜日为10月27日，最早出现在10月11日（1971年），最晚出现在11月11日（1982年）。

终霜日累年平均出现在3月27日，最早出现在3月27日（1976年），最晚出现在5月1日（1993年）。

初霜日，一般在10月上旬。终霜日，一般在4月上旬。

霜期累年平均为146天，最长为192天（1987年），最短为123天（1999年）。无霜期平均219天，最长为242天（1999年），最短为1天（1971年）。

日照

年平均日照时数为2364.8小时，最多2778.8小时（1962年），最少1864小时（2003年）。年平均日照率为53%；4月、5月、10月，月平均日照率最大为56%；7月月平均日照率最小，为43%；月平均日照率最小极值为28%（2004年8月）。

物候

境域属暖温带季风区，四季分明，生物的周期性现象、非生物的变化都与气候密切相关。植物的冬芽萌动、抽叶、开花、结实、落叶；动物的蛰眠、复苏、始鸣、交配、繁育、换毛、迁徙等，均与节候有密切关系。非生物现象，如始霜、始雪、结冻、解冻等也是如此。在长期的生产活动中，劳动人民总结出大量的物候谚语，如："枣发芽，种棉花""蛙子打哇哇，四十天吃沽渣""清明断雪，谷雨断霜"等，并广泛应用于农业生产。

农作物物候情况

冬小麦　秋分前后适播期，次年农历二月下旬、三月上旬返青，四月抽穗扬花，五月下旬收割。有句农谚："白露早，寒露迟，秋分种麦正适宜。"

水稻　农历三月上旬育苗，五月下旬插秧，九月下旬成熟收割。

花生　4月23日至5月15日播种，5月8日至23日出苗，6月13日至23日开花，9月22日至10月10日成熟。

夏玉米　6月5日至20日播种，6月13日至26日出苗，7月11日至16日拔节，8月6日至11日抽穗，9月18日至30日成熟。

棉花　4月11日至25日播种，4月21日至5月5日出苗，6月20日至30日现蕾，9月10日至20日吐絮。有"枣树发芽种棉花"之谚。

土壤　植被

土壤

南村地处暖温带半湿润半干旱地区，地形复杂，土壤类型复杂。境内土壤可分为棕壤、褐土、水稻土3个类型。

棕壤土类　由基性岩风化发育而成。该土壤土层薄，漏肥漏水，土壤肥力低。

褐土　土类共分5个亚类：1.由基性岩类风化而成褐土。2.由钙质岩类风化发育而成的褐土。3.由坡积洪积物形成的淋溶褐土，质地为松砂土，4.淋溶性红色黏质褐土。5.由洪积冲积物形成的潮褐土，质地均匀。

水稻土土类　属幼年水稻田。该类土壤形成的因素为长期灌溉种植，土壤严重缺氧而形成。

植被

自然植被　木本植物主要有刺槐、榆、椿、果树、棉槐等，草本植物主要有秫草、蒺藜、茅草、狗皮草等。湖洼带，木本植物主要有杨、榆、楸、泡桐、刺槐、果树等，草本植物主要有三棱草、茅草、骨草、翻白草等。汪塘沟渠、河湾生长着蒲草、苇、水红草等。

人工植被　以种植的粮食、油料、蔬菜、棉花、药材等农作物为主。林木以防护林、丰产林、经济林为主。

第四节　自然资源

土地资源

1946年土地改革时为1500亩，其中湖地

1100亩、岭地400亩，人均占有土地3亩。建设用地包括居民点、城市建设、道路、水利设施用地，未利用土地越来越少。

水资源

过境河流有沂河支流铜井河、莪庄河。地表水资源比较丰富。地下水属一般富水区，平均单井涌水量每小时40立方米，地下水补给模数每平方千米为18万立方米。

生物资源

兽类 有野兔、黄鼠狼、刺猬等，是常见的动物。

鸟类 常见的留鸟和过路鸟有9目30科，60余种。常见的鸟主要有麻雀、燕子、啄木鸟、灰喜鹊、大山雀、伯劳等。柳莺、杜鹃、戴胜、猫头鹰、黄鹂、羊莺、灰掠鸟、三道眉、草鸟、喜鹊、鸽子、雀鹰、白头鹞、乌鸦、百灵等时有发现。

昆虫类 境内昆虫有300余种。常见的益虫有七星瓢虫、十三星瓢虫、二十八星瓢虫、青草蛉、步甲、螓象、金小蜂、胡蜂、赤眼蜂、寄生蜂、蜜蜂、蜘蛛等。害虫有十星瓢虫、松毛虫、玉米螟、豆荚螟、蚜虫、蝼蛄等。

爬行类 有蛇、蜥蜴、壁虎等。

两栖类 有青蛙、蟾蜍等。

鱼虾类 有鲫鱼、草鱼、鲢鱼、鲤鱼、鳝鱼、鲇鱼、螃、虾等。

野生植物 据初步调查，境内有800余种野生植物，其中低等藻菌类植物100多种，苔藓类植物80余种，种子植物600余种。草本植物种类繁多，谷类有野豆、荞麦、野谷、野绿豆等原生品种，菜类有苦菜、荠菜、蓟菜等。野草200多种，山岭多黄草、白羊草、罗网草、茅草；纤维植物40余种，如山麻、罗布麻、白羊草、芒草、芫条花、构树、桑树等。

芳香油料植物20余种，如野蔷薇、百里香、薄荷、黄蒿、艾等。

烤胶鞣质植物30余种，如柞栎、地榆、委陵菜、君迁子等。

农药植物近30种，如南蛇藤、苦楝、百部、猫儿眼草、茜草、荆芥等。

绿化观赏植物近百种，如紫丁香、五角枫、榆叶梅。

第五节 自然灾害

旱涝

旱灾 一年四季均有可能发生，主要有春旱、初夏旱、伏旱和秋旱，其中春旱、秋旱出现概率最高，危害严重。自有气象记录以来，发生干旱的年份约50%。春季发生干旱的频率为26.5%，约3—4年一遇。春季降水量不超过60毫米的春旱概率>17%。1980年10月28日至1981年3月23日连续145天无有效降水，旱情十分严重，春播受到严重影响。

秋旱历年发生的频率为25%，严重干旱4—5年一遇。1997年8月21日至11月10日连续82天无有效降水，夏播作物长势差，成熟期提前大面积减产，同时给秋种造成极大困难，人畜吃水十分紧张。

历年初夏干旱发生频率较高，约为38%，盛夏发生干旱的频率约为28.5%，严重干旱4—5年一遇。1992年5月5日至7月12日连续69天无大于5毫米的降水，夏播作物墒情不足，致使秋季作物大面积减产。

有的年份春、秋降水都较少，严重影响作物的播种和生长，给农业生产造成很大危害。1991年，全年降水481毫米，比历年平均降水量少42.2%。1999年，全年降水490毫米，比历年平均降水量少41.1%，农作物受旱严重。2002年，全年降水416毫米，比历年平均降水量少50%，其中1—5月份降水仅23毫米，主汛期8月降水仅17毫米，农作物减产50%以上。

涝灾 境内水涝灾害多发生在夏季和初秋，主要是由大暴雨和连续降雨时间过长所致。1990—2005年出现4次涝灾，而且都处在7—8月。1997年8月19—20日，受11号热带风暴影响，县内出现特大暴风雨，降水量为316.1毫米，农作物受灾严重。2001年7月28日起，连续13天出现降雨，大部分农作物受淹。2004年7月23日起，连续14天降雨，大面积农田受灾。1960年8月17日，夜间降暴雨，平原农田积水成灾。

暴雨 日降水量≥50毫米为暴雨，≥100毫米为大暴雨，>200毫米为特大暴雨。1962年以来，共出现111次暴雨，年平均为2.1天，其中大暴雨年均0.8天。暴雨出现最早在5月7日（2003年），最晚在10月12日（2003年）。暴雨多集中在7月、8月。7月年平均为0.6天，8月份年平均为1.1天，约占全年的42%。历史日降水量极值为335.1毫米（2020年8月13日夜间至14日上午）。暴雨多出现在副热带高压后部、西南倒槽和台风倒槽里。

连阴雨 连阴雨的季节性较为明显，夏季约占56%，秋季约占31%，连阴雨出现的概率1—2年一遇，10天以上的连阴雨3—4年一遇。

风灾

大风 境内8级（≥17.1米/秒）以上风一年四季均有可能发生，春、夏两季较多。

县气象站资料统计，自1962年以来，共出现风日359天，平均年大风日数为8.2天，最多年份38天（1969年），最少年份1天（1974年）。大风季节分布明显，春季出现168天，以西南风为主，约占全年大风日的60%；春季大风又多出现在4月，占一半左右。夏季大风日数为82天，约占23%。冬季出现64天，约占9%。秋季仅有5天，约占8%。冬季强冷空气过境形成偏北大风，持续时间长，且多在昼间出现，夜晚变小或停息。

10级以上大风持续时间一般较短，多在30分钟左右。9级大风持续时间多在1小时左右，8级大风持续时间多在1—2小时。夏、秋两季的暴雨、冰雹常伴有大风，瞬间内摧折树木，毁坏房屋，作物倒伏，危害尤烈。

干热风 多出现在5月下旬至6月中旬，风向多属西南风，被称为“西南火风”。干热风，风速3—5米/秒。干热风天气，气温高，空气干燥，蒸发量大，使接近成熟的小麦干枯，造成严重减产。轻干热风几乎每年发生，重干热风3—5年一遇。

根据统计，出现严重干热风的年份有1992年、1994年、2000年，均发生在5月，有时也在6月初发生，危害程度稍轻。

冰雹

境内降雹天气发生频繁，历年出现频率75%。冰雹出现机遇1—2年一遇，重危害4—5年一遇。5—10月均有可能出现冰雹天气，历史上最早出现降雹在4月23日（1974年），最晚在10月20日（1980年）。一日当中，降雹多出现在午后，而2003年6月13日强冰雹却出现在早7—9时。每次降雹所经路线大都狭长，故有“雹打一条线”的谚语。境内每次降雹持续时间多在2—6分钟，最长持续时间近2个小时（2003年6月13日），历年冰雹直径一般为0.1—0.4厘米。最大的在2厘米以上。

霜灾

1962年以来，平均初霜日为10月27日，最早出现在10月11日（1971年），最晚出现在11月11日（1982年）。终霜日平均为3月20日，最早出现在3月8日（2002年），最晚出现在4月14日（1993年）。晚春霜冻危害主要是影响小麦生长，平均5—8年一遇。1993年4月14日、2004年4月4日出现霜冻，使小麦受到严重危害，地瓜、黄烟小苗的生长受到影响。

第二篇　居民人口

界湖立村有家谱记载的是唐朝。根据史料推测，当在隋朝或隋朝以前。南村社区人的先祖，一部分从山西移民迁来，时不过几户人家。可自他们扎下根基以后，陆续有前来落户的移民。同是天涯沦落人，患难逢知己。所以，邻里无间，代代和睦相处，互帮互助，相依为生。先人们和衷共济，共同抗拒天灾人祸，历时1400余年。艰苦创业，繁衍生息，历经几十代人的不懈努力，终于迎来了新社会的光明。至中华人民共和国成立时，全村已有40多个姓氏，490多人。而祖祖辈辈吃苦耐劳、勤奋刚毅的精神和睦邻友好、善良淳朴的品德，也被一代代传承下来。

中华人民共和国成立后，政治清明，社会安定，教育提高，科技进步。界湖南村在这样的社会环境中，借助于得天独厚的地理位置，经济社会得到全面发展，村民生活发生了翻天覆地的变化。中华人民共和国成立初期，为了支援国家建设，一大批热血青年响应党的号召，远离故土，投身到胜利油田、三线兵工厂等国家重点部门工作。另外，村中每年都有部分优秀儿女，走出家门，离开农业，或从政，或升学，或参军，或招工，在不同战线上奉献青春。而大多数人为了建设家园，改变家乡贫穷落后的面貌奋发图强。他们继承和发扬祖辈传承的传统美德，勤奋努力，不断改善生产和生活条件，让界湖南村面貌发生了前所未有的变化，创立了属于南村社区独有的、令人刮目相看的精神和文化。

2005年1月，界湖南村换届选举。新一届村“两委”班子上任后，解放思想，改革创新，确立了走“发展集体经济、实现共同富裕”的路子。随着一系列的改革措施和实事求是、攻坚克难的工作，集体经济发展走上快车道，各项事业有长足发展，居民生活得到很大改善。

截至2022年12月31日，南村社区在公安户籍上共有1160户2951人。其中具有享受南村社区待遇资格的居民有923户2487人，空挂户237户464人。在此之前，因为招工、升学、参军等原因迁出户口共157人。

第一章　人口现状

第一节　原籍人口

1946年10月，为了适应解放战争的战时需要，界湖村依据居住位置，分为4个行政村，界湖南村因位居南而规划确立村名。2005年规划为界湖南村社区，2013年规划为南村社区。至2022年12月31日，南村社区累计户籍曾经有50个姓氏。然而，社会在发展，人员有流动，户籍也随时变化。革命战争年代，一些优秀儿女，为建立新中国，参军报国，志在四方，北上南下，远离故土，最后带领全家客居他乡。尤其是中华人民共和国成立以来，南村社区因招工、升学、参军、转业等原因，分配到外地工作并迁出户口。所有这些南村人，在他乡落户、工作、生活，同时享受到他乡工作报酬及社会福利，不再享受南村社区经济及福利待遇。但是，他们的原籍还是界湖南村、界湖南村社区、南村社区。至2022年底，南村原籍人口总数约3100人。

第二节　空挂人口

南村社区位居县城中心，是沂南县城城中村。由于历史多种原因形成的空挂户口人员比较多，好多人口只是户口在南村，人员却不在南村居住生活。近年来，落户政策放开，外嫁女户口不但不随本人迁出，其子女也大多为了上学方便而落在了南村。还有在南村社区地域购买由南村社区建设的商品住宅的住户人员，户籍所在地也落为南村社区。根据南村社区居民公约条款规定，空挂户口人员不得享受社区各项福利待遇。此条款可以解释为：不享受南村社区各项福利待遇的户口人员为空挂户口人员。至2022年底，共有空挂人口464人。

第三节　实际人口

南村社区实际人口，旨在登记世代传承、且享受社区经济及福利待遇的居民，共923户，2487人。

因南村社区人口姓氏比较多，排列时以姓氏笔画为序，以每个家庭为一小单元，最长辈为家长，其他成员标明与家长的关系。作为南村社区人口现状，在收录内容上也较为全面，既可以呈现现阶段人口整体结构，包括年龄段分布、性别比例、文化素质等，还可以作为南村社区永久性人口资料。

南村社区人口现状情况表

（截至2022年12月31日）

表2-1

姓名	性别	出生时间	文化程度	家庭关系	姓名	性别	出生时间	文化程度	家庭关系
冯乃芹	女	1967.02.25	高中	家长	马志强	男	1976.04.17	初中	长子
丁雪峰	男	1991.09.12	高中	长子	聂建梅	女	1974.11.05	初中	儿媳
毛存爱	女	1991.05.03	初中	儿媳	马　笑	女	2000.02.11	本科	孙女
丁嘉泽	男	2014.11.28	—	孙子	马希祺	男	2006.10.13	中专	孙子
于风春	男	1954.11.26	小学	家长	马立强	男	1980.04.18	初中	次子
赵金兰	女	1955.10.09	小学	妻	马　馨	女	2006.06.08	高中	孙女
于　涛	男	1991.01.16	初中	长子	马子圣	男	2015.05.20	—	孙子
徐立栎	女	1991.04.27	初中	儿媳	李　美	女	1959.09.06	初中	家长
于峻浩	男	2010.12.18	—	孙子	马乾军	男	1979.12.15	初中	长子
于浩洋	男	2016.09.11	—	孙子	胡敬敬	女	1983.07.23	中专	儿媳
于风祥	男	1962.09.08	初中	家长	马苗艺	女	2015.01.12	—	孙女
沈玉秀	女	1963.06.25	初中	妻	马甜甜	女	2019.07.28	—	孙女
于　波	男	1987.10.04	初中	长子	马乾忠	男	1982.03.02	初中	次子
郑　婕	女	1985.07.16	初中	儿媳	刘照丽	女	1984.03.03	初中	儿媳
于金程	男	2011.06.13	—	孙子	马　霖	男	2012.04.28	—	孙子
尹作英	女	1937.12.21	小学	家长	马语瞳	女	2015.01.21	—	孙女
于召合	男	1965.02.07	高中	长子	马西德	男	2019.08.30	—	孙子
夏德芳	女	1964.04.07	初中	儿媳	马晨希	女	1985.07.28	初中	长女
于召明	男	1971.04.27	初中	次子	马凤亮	男	1959.03.06	初中	家长
王洪爱	女	1967.09.28	初中	儿媳	潘中香	女	1956.03.25	初中	妻
于林强	男	1994.10.31	大专	孙子	马乾增	男	1985.01.10	高中	长子
刘晓丽	女	1994.12.21	大专	孙媳	程晓妍	女	1985.04.21	中专	儿媳
于奕菲	女	2018.10.21	—	曾孙女	马妍如	女	2008.10.30	—	孙女
于艺凡	女	2020.04.14	—	曾孙女	马一诚	男	2016.03.17	—	孙子
于　豪	男	2006.08.13	高中	孙子	王瑞廷	男	1945.01.12	初中	家长
马凤举	男	1953.02.02	初中	家长	郑光爱	女	1940.11.10	小学	妻
李明英	女	1947.04.22	初中	妻	王树军	男	1970.09.23	小学	长子

续表 2-1

姓名	性别	出生时间	文化程度	家庭关系	姓名	性别	出生时间	文化程度	家庭关系
王庆玉	女	1969.01.18	小学	儿媳	王勇程	男	2008.08.29	—	孙子
王　旗	男	1993.12.07	本科	孙子	王浩宇	男	2018.01.17	—	孙子
王伟臣	男	2007.12.18	—	孙子	于凤花	女	1951.02.06	—	家长
王瑞富	男	1946.10.29	小学	家长	王红山	男	1974.06.10	初中	长子
朱荣言	女	1948.07.10	小学	妻	徐荣封	女	1975.02.16	初中	儿媳
王树华	男	1971.01.23	小学	长子	王　豪	男	1999.04.03	初中	孙子
尹传芬	女	1972.04.11	小学	儿媳	王婷婷	女	2008.08.16	—	孙女
王　磊	男	1991.03.11	高中	孙子	王红亮	男	1987.01.26	初中	次子
刘　云	女	1991.03.06	高中	孙媳	孙仕惠	女	1990.10.15	初中	儿媳
王星硕	男	2014.07.19	—	曾孙	王明洋	男	2012.10.24	—	孙子
王星哲	男	2017.03.30	—	曾孙	王俊皓	男	2017.10.28	—	孙子
王树杰	男	1973.03.11	小学	次子	王希玉	男	1960.06.18	—	家长
候庆荣	女	1972.02.24	初中	儿媳	王　波	男	1988.09.13	初中	长子
王　浩	男	1998.11.20	本科	孙子	齐明娟	女	1986.09.30	初中	儿媳
王瑞友	男	1950.02.13	小学	家长	王露凝	女	2010.12.05	—	孙女
王树良	男	1977.04.12	初中	长子	王露辰	女	2017.10.25	—	孙女
王钰洋	男	2002.04.19	大专	孙子	王露航	男	2019.11.14	—	孙子
王树超	男	1986.02.13	初中	次子	王洪磊	男	1990.05.30	初中	次子
荣成伟	女	1987.09.17	初中	儿媳	王露聪	男	2015.02.09	—	孙子
王钰政	男	2019.11.16	—	孙子	王希德	男	1955.04.07	初中	家长
王希满	男	1950.09.11	小学	家长	邱立臻	女	1953.09.23	初中	妻
孔范芹	女	1955.04.05	小学	妻	王洪成	男	1984.02.19	初中	长子
王洪国	男	1976.09.15	初中	长子	韩树霞	女	1983.10.20	初中	儿媳
王爱华	女	1978.07.04	初中	儿媳	王艺凝	女	2009.05.31	—	孙女
王　萌	女	2003.08.18	高中	孙女	王一涵	女	2014.07.29	—	孙女
王子安	男	2016.01.01	—	孙子	王翊恺	男	2020.04.30	—	孙子
王洪明	男	1983.10.02	初中	次子	王世芬	女	1940.04.08	—	家长
冯晓燕	女	1982.04.21	初中	儿媳	王学成	男	1952.11.13	—	家长
王颢霖	男	2009.05.18	—	孙子	刘西荣	女	1957.11.02	小学	妻
王文政	男	2017.10.15	—	孙子	王帅建	男	1982.09.29	初中	长子
王希法	男	1955.04.04	小学	家长	朱纪素	女	1986.06.28	初中	儿媳
袁中臻	女	1962.10.08	初中	妻	王昱瑶	女	2008.09.09	—	孙女
李鹏飞	女	1988.01.01	初中	长女	王安冉	女	2015.06.04	—	孙女
岳要强	男	1989.02.06	初中	女婿	王帅涛	男	1984.08.27	初中	次子
岳亦成	男	2013.11.04	—	外孙	王　皓	男	2013.03.10	—	孙子
岳羽成	女	2017.07.17	—	外孙女	王学军	男	1966.03.09	小学	家长
王希军	男	1955.08.15	小学	家长	朱凤芝	女	1963.12.19	高中	妻
王　涛	男	1984.10.12	初中	长子	王伟伟	男	1989.10.01	中专	长子
李德静	女	1982.08.14	初中	儿媳	任雪芹	女	1989.04.09	中专	儿媳

续表 2－1

姓名	性别	出生时间	文化程度	家庭关系	姓名	性别	出生时间	文化程度	家庭关系
王坤颖	女	2013.06.03	—	孙女	王紫玉	女	2016.10.02	—	孙女
王浩宇	男	2020.03.19	—	孙子	王海波	男	1981.06.28	大专	次子
王顺发	男	1936.10.25	—	家长	李云霞	女	1983.05.06	大专	儿媳
姜宝兰	女	1941.07.03	—	妻	王　竞	男	2007.10.09	—	孙子
王世功	男	1963.12.23	初中	长子	王　菲	女	2016.12.05	—	孙女
王京峰	男	1990.02.26	高中	孙子	徐臻远	女	1952.07.29	小学	家长
杜蒙蒙	女	1989.01.30	中专	孙媳	王光全	男	1978.04.29	初中	长子
王　昊	男	2012.03.29	—	曾孙	刘凤霞	女	1977.11.05	初中	儿媳
王　桐	女	2016.11.14	—	曾孙女	王钰博	男	2001.10.22	大专	孙子
王克成	男	1969.02.17	初中	次子	王浩嘉	男	2011.06.19	小学	孙子
徐厚香	女	1967.01.04	初中	儿媳	李世荣	女	1948.04.21	小学	家长
王京云	女	1991.01.20	初中	孙女	车振京	男	1969.03.11	初中	长子
王　睿	男	2012.03.04	—	曾孙	王瑞芳	女	1971.12.23	初中	儿媳
肖富恒	男	2019.05.10	—	曾外孙	车兴轮	男	1997.01.20	大专	孙子
王克宽	男	1971.08.06	小学	三子	董雪艳	女	1999.03.07	大专	孙媳
李洪霞	女	1970.12.27	初中	儿媳	车明轩	男	2007.05.04	—	孙子
王群翔	男	1996.11.11	大专	孙子	李荣吉	女	1953.07.16	小学	家长
刘　云	女	1997.10.07	初中	孙媳	车振城	男	1976.06.17	初中	长子
王梓政	男	2021.03.17	—	曾孙	车昊洋	女	2003.03.17	本科	孙女
王颢颖	女	2007.10.16	—	孙女	车振圣	男	1980.01.06	初中	次子
王世成	男	1974.05.16	初中	四子	车宇轩	男	2009.04.30	—	孙子
肖淑玲	女	1974.05.05	初中	儿媳	车荣广	男	1958.05.09	高中	家长
王昱权	男	1999.08.25	研究生	孙子	车振省	男	1983.02.17	初中	长子
王克珍	女	1966.08.07	初中	长女	于　倩	女	1985.06.06	初中	儿媳
高保玉	女	1941.02.05	—	家长	车兴金	男	2009.02.22	—	孙子
王克明	男	1964.02.12	初中	长子	车兴昌	男	2012.09.05	—	孙子
刘善美	女	1962.10.14	高中	儿媳	车荣军	男	1962.07.16	初中	家长
王京涛	男	1987.01.27	初中	孙子	张西莲	女	1969.01.20	初中	妻
张　静	女	1986.03.13	初中	孙媳	车振洁	女	1990.02.01	大专	长女
王艺瑄	女	2010.12.21	—	曾孙女	车振鑫	男	1996.08.27	大专	长子
王道睿	男	2014.12.29	—	曾孙	车玉顺	男	1935.03.12	—	家长
王世君	男	1966.02.10	小学	次子	沈玉芳	女	1940.12.15	高中	妻
唐聚欣	女	1967.09.04	小学	儿媳	车荣周	男	1963.05.20	初中	长子
王京伟	男	1991.05.11	初中	孙子	刘希玲	女	1962.12.10	初中	儿媳
李廷梅	女	1948.07.23	—	家长	车晓丽	女	1987.01.26	高中	孙女
李道臻	女	1951.06.30	—	家长	郭怡辰	男	1986.04.07	大专	孙女婿
王海涛	男	1979.07.16	初中	长子	郭军政	男	2009.12.30	—	曾外孙
高　云	女	1979.12.12	初中	儿媳	车荣亮	男	1968.01.06	小学	次子
王鹏旭	男	2005.02.16	高中	孙子	李富娟	女	1966.01.06	小学	儿媳

续表 2 –1

姓名	性别	出生时间	文化程度	家庭关系	姓名	性别	出生时间	文化程度	家庭关系
车国强	男	1991.11.10	初中	孙子	张西香	女	1963.12.03	小学	儿媳
潘文婷	女	1990.03.01	高中	孙媳	尹纪存	女	1989.01.01	初中	孙女
车仕琪	女	2015.06.07	—	曾孙女	师富增	男	1983.02.20	初中	孙女婿
车仕湉	女	2018.04.13	—	曾孙女	师俊熙	男	2013.04.29	—	曾外孙
车荣明	男	1970.06.26	小学	三子	师珺玥	女	2016.09.06	—	曾外孙女
戴建菊	女	1969.06.22	小学	儿媳	尹传江	男	1972.01.03	小学	四子
车丽园	女	1997.08.30	大专	孙女	李长蜜	女	1966.04.09	初中	儿媳
车侑蓝	女	2000.05.24	本科	孙女	尹纪斌	男	2007.09.20	—	孙子
车进路	男	2011.10.28	—	孙子	尹传山	男	1973.04.27	小学	五子
尹传杰	男	1945.05.08	小学	家长	戚金红	女	1972.07.01	小学	儿媳
刘善娟	女	1953.06.03	小学	家长	尹纪鹏	男	1996.11.07	大专	孙子
尹继亮	男	1972.03.08	初中	长子	尹纪燕	女	2005.12.18	初中	孙女
于金花	女	1977.05.12	初中	儿媳	尹传利	男	1949.05.13	初中	家长
尹淑好	女	2017.06.22	—	孙女	贾红臻	女	1947.06.02	初中	妻
郭明敬	女	1978.04.17	初中	儿媳	尹继成	男	1972.02.04	小学	长子
尹子欣	女	2014.07.19	—	孙女	李芳霞	女	1971.04.01	小学	儿媳
尹传奎	男	1953.02.22	小学	家长	尹永乐	男	1992.06.28	中专	孙子
尹纪发	男	1980.07.05	小学	长子	陈　竹	女	1990.02.28	中专	孙媳
唐聚慧	女	1984.01.11	初中	儿媳	尹昌辰	男	2014.10.03	—	曾孙
尹永丽	女	2007.09.04	初中	孙女	尹纪刚	男	1973.12.20	初中	次子
尹露明	男	1984.12.28	初中	次子	程淑媛	女	1968.10.11	初中	儿媳
梅　薇	女	1983.08.21	初中	儿媳	尹永兴	男	1998.09.02	本科	孙子
尹永超	男	2010.02.24	—	孙子	尹永安	男	1998.09.02	大专	孙子
尹梓蒙	女	2014.12.18	—	孙女	刘德莲	女	1954.04.05	小学	家长
尹梓宣	女	2019.02.02	—	孙女	尹纪坤	男	1987.04.04	大专	长子
尹作森	男	1931.05.28	—	家长	朱超燕	女	1988.11.29	大专	儿媳
尹传海	男	1960.02.17	初中	长子	尹柯心	女	2013.06.29	—	孙女
张长欣	女	1959.10.26	小学	儿媳	刘建玲	女	1967.02.05	初中	家长
尹纪波	男	1984.10.01	初中	孙子	尹继纬	男	1988.06.25	初中	长子
王　玲	女	1982.11.14	中专	孙媳	张利娟	女	1987.11.09	高中	儿媳
尹永烁	男	2008.02.18	—	曾孙	尹永政	男	2008.09.11	—	孙子
尹传合	男	1963.03.24	小学	次子	尹茉莉	女	2014.10.22	—	孙女
王玉芹	女	1961.08.16	小学	儿媳	尹云霄	男	2020.02.07	—	孙子
尹纪涛	男	1984.03.10	初中	孙子	尹纪宗	男	1990.04.19	高中	次子
葛友艳	女	1982.03.20	初中	孙媳	张钰晨	女	1989.10.01	大专	儿媳
尹皓轩	男	2010.04.04	—	曾孙	尹艺宁	女	2018.09.15	—	孙女
尹安娜	女	2013.08.24	—	曾孙女	尹安妮	女	2021.11.28	—	孙女
尹皓兴	男	2019.05.21	—	曾孙	尹作友	男	1948.12.22	小学	家长
尹传余	男	1967.10.16	小学	三子	刘振莲	女	1948.12.23	小学	妻

续表 2 –1

姓名	性别	出生时间	文化程度	家庭关系	姓名	性别	出生时间	文化程度	家庭关系
尹传强	男	1977.12.21	初中	长子	田昊鑫	男	2007.12.26	—	孙子
刘　玮	女	1979.03.12	初中	儿媳	田浩正	男	2019.06.10	—	孙子
尹姿梦	女	2003.09.09	本科	孙女	田雁飞	男	1984.09.09	中专	次子
尹梓航	男	2011.06.16	—	孙子	王荣娟	女	1983.03.26	初中	儿媳
聂荣芬	女	1931.12.26	小学	家长	田靖然	女	2010.11.02	—	孙女
尹传果	男	1955.09.14	小学	长子	田靖茹	女	2016.04.09	—	孙女
胡发美	女	1957.06.17	小学	儿媳	田易航	男	2020.01.15	—	孙子
尹纪明	男	1978.03.20	初中	孙子	田洪军	男	1966.05.21	高中	家长
孟祥娟	女	1979.11.06	初中	孙媳	赵现芹	女	1966.07.15	初中	妻
尹泳凯	男	2004.09.13	高中	曾孙	田　坤	男	1988.12.28	大专	长子
尹　越	男	2017.03.03	—	曾孙	田洪波	男	1969.03.17	初中	家长
尹纪娟	女	1989.12.12	初中	孙女	张爱芹	女	1968.02.10	初中	妻
尹传中	男	1958.11.27	高中	次子	田　雨	男	1990.04.06	大专	长子
郭平平	女	1988.06.05	本科	孙媳	朱孟菊	女	1990.09.22	中专	儿媳
尹小艺	女	2014.04.01	—	曾孙女	田家赫	男	2011.05.15	—	孙子
尹安淇	女	2021.02.18	—	曾孙女	田家源	男	2015.09.16	—	孙子
尹纪强	男	1987.10.03	高中	孙子	田紫彤	女	2017.12.02	—	孙女
高　扬	女	1991.08.17	中专	孙媳	包彦华	男	1971.09.21	初中	家长
尹永航	男	2012.12.31	—	曾孙	王顺萍	女	1969.06.21	初中	妻
尹馨月	女	2016.12.17	—	曾孙女	包　金	男	1994.07.15	初中	长子
孔凡起	男	1962.03.21	初中	家长	刘　梅	女	1995.08.12	初中	儿媳
高钦彩	女	1965.08.29	初中	妻	包奕萱	女	2018.06.30	—	孙女
孔祥安	男	1985.09.21	大专	长子	包奕鹏	男	2020.05.02	—	孙子
孔令一	男	2011.09.04	—	孙子	包奕程	男	2020.05.02	—	孙子
孔凡明	男	1972.10.08	初中	家长	包颜顺	男	1974.04.30	初中	家长
赵方香	女	1972.02.20	初中	妻	刘爱芝	女	1973.01.11	初中	妻
孔祥洁	女	1996.09.04	高中	长女	包　蕾	女	1999.04.06	中专	长女
孔祥宇	男	2006.06.29	中专	长子	包宇辰	男	2006.01.28	初中	长子
高升余	女	1947.07.06	小学	家长	包桂亮	男	1947.10.07	小学	家长
李　春	女	1961.07.18	高中	家长	于召芳	女	1946.10.27	小学	妻
申　兵	男	1984.06.08	中专	长子	包彦增	男	1972.12.31	初中	长子
白　雪	女	1985.06.24	小学	儿媳	赵现红	女	1973.06.12	初中	儿媳
申雨鑫	女	2007.11.08	—	孙女	包金峰	女	2005.10.04	初中	孙女
申凯元	男	2010.06.29	—	孙子	包金文	男	2008.01.09	—	孙子
邵世民	女	1937.11.18	—	家长	包彦强	男	1977.11.01	初中	次子
田洪利	男	1963.04.11	高中	家长	高　芹	女	1977.01.31	大专	儿媳
刘见英	女	1962.06.24	高中	妻	包金涛	男	2002.03.16	大专	孙子
田　伟	男	1983.02.16	中专	长子	包金存	男	2011.03.14	—	孙子
潘春娜	女	1983.10.09	初中	儿媳	冯乃军	男	1960.03.31	—	家长

续表 2 -1

姓名	性别	出生时间	文化程度	家庭关系	姓名	性别	出生时间	文化程度	家庭关系
高以臻	女	1959.11.03	初中	妻	巩锦霖	男	2004.06.19	中专	孙子
冯　见	男	1987.04.06	初中	长子	高本秀	女	1959.05.17	初中	家长
冯　杨	女	2014.01.23	—	孙女	巩怀龙	男	1987.12.18	中专	长子
冯筱岩	男	2017.07.20	—	孙子	王永丽	女	1987.12.11	初中	儿媳
冯　林	女	1985.04.21	大专	三女	巩昌政	男	2010.04.19	—	孙子
冯乃献	男	1963.12.08	初中	家长	巩依妤	女	2017.02.09	—	孙女
朱世英	女	1962.04.30	初中	妻	巩庆明	男	1963.11.24	中专	家长
冯建国	男	1985.02.15	高中	长子	谢瑞臻	女	1962.09.10	小学	妻
袁耿英	女	1987.12.11	高中	儿媳	巩怀民	男	1986.09.12	大专	长子
冯　钊	男	2009.03.12	—	孙子	赵　慧	女	1986.01.25	大专	儿媳
冯　坤	男	2013.01.08	—	孙子	巩力源	女	2011.04.01	—	孙女
冯乃祥	男	1967.05.03	小学	家长	巩昌朔	男	2013.03.18	—	孙子
贺克红	女	1968.01.19	小学	妻	从士欣	女	1948.08.18	—	家长
冯建成	男	1988.10.12	高中	长子	巩怀国	男	1967.11.02	初中	长子
李彦春	女	1988.01.04	大专	儿媳	王克芹	女	1965.09.29	初中	儿媳
冯汇清	女	2010.08.28	—	孙女	潘丽艳	女	1989.08.07	中专	孙媳
冯麟媛	女	2012.11.15	—	孙女	巩文琦	女	2014.08.26	—	曾孙女
冯麟凯	男	2018.11.29	—	孙子	巩怀军	男	1970.10.14	初中	次子
冯乃广	男	1973.09.14	小学	家长	杜西宏	女	1971.12.18	初中	儿媳
高子惠	女	1974.06.01	小学	妻	巩　雪	女	1998.08.01	高中	孙女
冯诗文	女	2000.03.30	本科	长女	邱子桐	女	2018.10.26	—	曾外孙女
冯新平	女	2006.02.13	大专	次女	巩　贺	女	2005.05.27	高中	孙女
宫文香	女	1979.11.09	高中	家长	李素英	女	1931.11.03	—	家长
冯建钊	男	2006.04.26	初中	长子	朱友言	男	1957.04.28	高中	家长
冯建晔	男	2014.07.31	—	次子	高桂云	女	1958.08.31	小学	妻
冯玉忠	男	1943.07.30	—	家长	朱召安	男	1982.07.01	大专	长子
冯乃顺	男	1970.10.28	初中	长子	刘　萍	女	1984.05.04	初中	儿媳
张孟娟	女	1969.11.08	初中	儿媳	朱语凡	女	2008.02.03	—	孙女
冯　磊	男	1995.01.28	本科	孙子	朱子轩	男	2014.09.21	—	孙子
冯靖雯	女	2007.12.02	—	孙女	朱兆存	男	1986.11.07	中专	次子
冯乃江	男	1973.07.18	初中	次子	朱峻熙	男	2010.05.10	—	孙子
聂友霞	女	1973.09.08	初中	儿媳	朱恩曦	女	2018.01.08	—	孙女
冯　鑫	男	1997.09.29	大专	孙子	朱槿熙	女	2021.05.15	—	孙女
冯　璐	女	2005.12.14	高中	孙女	薛玉英	女	1945.11.15	小学	家长
巩庆顺	男	1953.09.15	中专	家长	任洪亮	男	1980.12.21	初中	长子
徐烈奎	女	1955.10.22	小学	妻	郑家红	女	1982.04.16	初中	儿媳
车振菊	女	1973.06.12	初中	儿媳	任煜晓	女	2005.09.24	初中	孙女
巩馨月	女	1997.04.16	中专	孙女	任煜航	男	2014.02.05		孙子
巩馨阳	女	1999.01.23	中专	孙女	任传法	男	1982.03.15	初中	次子

续表 2－1

姓名	性别	出生时间	文化程度	家庭关系	姓名	性别	出生时间	文化程度	家庭关系
李墩菊	女	1984.01.11	初中	儿媳	刘梓萌	女	2021.04.11	—	外孙女
任博文	男	2015.11.17	—	孙子	刘振全	男	1970.07.23	初中	家长
任传亮	男	1984.04.12	初中	三子	程秀兰	女	1969.04.06	小学	妻
刘遵凤	女	1986.11.17	初中	儿媳	刘德福	男	1990.10.17	本科	长子
任飞宇	男	2010.12.19	—	孙子	尹盼玉	女	1996.06.13	中专	儿媳
任若菡	女	2015.09.24	—	孙女	刘润政	男	2017.10.19	—	孙子
刘振亮	男	1953.07.24	—	家长	刘欣童	女	2020.10.15	—	孙女
刘德英	女	1979.01.14	初中	长女	刘成样	男	1942.01.06	—	家长
刘德华	男	1982.02.13	中专	长子	陈京花	女	1944.08.18	—	妻
刘怡晨	女	1985.12.02	初中	儿媳	刘振佳	男	1983.08.02	初中	长子
刘星铄	男	2004.10.13	中专	孙子	高立艳	女	1981.08.10	初中	儿媳
刘昊辰	男	2013.01.07	—	孙子	刘得景	女	2008.08.25	—	孙女
刘运鑫	男	2019.09.17	—	孙子	刘建立	男	2012.08.28	—	孙子
刘振东	男	1963.08.13	高中	家长	李长梅	女	1952.08.01	—	家长
刘树花	女	1964.03.01	初中	妻	郭秀梅	女	1980.03.22	大专	儿媳
刘德龙	男	1986.02.12	大专	长子	刘志扬	男	2006.11.08	高中	孙子
刘安苒	女	2020.01.29	—	孙女	刘昊林	男	2017.01.09	—	孙子
刘德胜	男	1944.05.03	—	家长	刘成敬	男	1949.02.09	—	家长
高遵香	女	1941.06.08	—	妻	秦秀玲	女	1956.04.16	—	妻
刘其中	男	1971.01.26	初中	长子	刘振营	男	1972.02.28	初中	长子
胡发芹	女	1971.10.13	小学	儿媳	唐士开	女	1972.10.08	初中	儿媳
刘　洋	男	1991.06.30	初中	孙子	刘子琪	男	1997.04.29	大专	孙子
刘中敏	女	1989.08.20	初中	孙媳	刘子豪	男	2006.12.28	高中	孙子
刘美辰	女	2014.03.19	—	曾孙女	刘振超	男	1979.11.16	本科	次子
刘姝辰	女	2017.06.29	—	曾孙女	马美兴	女	1982.04.01	大专	儿媳
刘昱辰	男	2020.10.14	—	曾孙	刘相如	女	2005.02.06	高中	孙女
刘姿彤	女	2007.08.06	—	孙女	刘妍君	女	2015.01.22	—	孙女
刘其恒	男	1979.06.06	初中	次子	刘家硕	男	2020.01.16	—	孙子
李富惠	女	1981.05.05	初中	儿媳	刘成海	男	1933.08.12	—	家长
刘柄序	男	2004.12.20	中专	孙子	聂加兰	女	1933.08.12	—	妻
刘柄骏	男	2014.08.11	—	孙子	邵长峰	女	1954.12.13	初中	儿媳
刘其峰	男	1974.10.15	初中	家长	李桂梅	女	1988.01.03	初中	孙媳
曹淑贞	女	1982.10.17	初中	妻	刘子瑄	女	2011.07.30	—	曾孙女
刘勇强	男	2012.03.08	—	长子	刘润泽	男	2014.07.30	—	曾孙
刘玟萱	女	2016.12.15	—	长女	李富香	女	1964.04.03	初中	儿媳
刘振增	男	1958.05.09	小学	家长	刘洪群	男	1986.12.25	高中	孙子
孔凡臻	女	1955.07.02	小学	妻	张　娜	女	1988.02.17	大专	孙媳
刘德华	女	1995.09.28	中专	长女	刘籽辰	男	2008.05.25	—	曾孙
刘清华	男	1995.08.03	—	女婿	刘洋铭	男	2016.02.28	—	曾孙

续表 2 –1

姓名	性别	出生时间	文化程度	家庭关系	姓名	性别	出生时间	文化程度	家庭关系
刘振军	男	1967.04.17	初中	三子	刘元坤	男	1968.03.13	小学	家长
张维英	女	1968.03.17	初中	儿媳	尹永相	女	1965.09.04	小学	妻
刘　朋	男	1988.05.25	初中	孙子	刘　阳	男	1989.09.09	初中	长子
张　君	女	1988.11.14	大专	孙媳	梁　晓	女	1988.12.01	高中	儿媳
刘庚润	男	2014.04.14	—	曾孙	刘姝彤	女	2013.01.10	—	孙女
刘学润	男	2017.07.21	—	曾孙	刘桐熙	女	2019.06.27	—	孙女
刘　强	男	1991.08.22	初中	孙子	刘元祥	男	1972.08.13	初中	家长
伦淑珍	女	1989.12.04	大专	孙媳	高召霞	女	1973.08.26	初中	妻
刘姿杉	女	2015.11.07	—	曾孙女	刘致恺	男	1998.08.13	本科	长子
刘东昊	男	2017.11.16	—	曾孙	刘玲妤	女	2005.09.10	高中	长女
刘振金	男	1949.03.01	初中	家长	刘振良	男	1962.04.26	初中	家长
苗得引	女	1951.12.05	小学	妻	刘振涛	男	1965.09.08	高中	家长
刘振德	男	1955.09.27	初中	家长	朱春颖	女	1966.06.29	初中	妻
徐以花	女	1956.10.02	小学	妻	刘闻鸿	男	1988.05.22	本科	长子
刘洪杰	男	1996.08.27	大专	长子	刘远舟	男	2012.07.31	—	孙子
刘振成	男	1955.09.27	高中	家长	刘星辰	男	2001.12.28	本科	次子
魏召花	女	1954.02.08	小学	妻	刘振顺	男	1947.01.30	小学	家长
刘栋栋	男	1985.11.08	中专	长子	刘洪超	男	1983.01.06	初中	长子
徐在娇	女	1989.08.12	大专	儿媳	刘家豪	男	2009.09.09	—	孙子
刘欣语	女	2012.12.03	—	孙女	刘振克	男	1951.09.27	小学	家长
刘心睿	女	2018.03.16	—	孙女	张余秀	女	1951.12.12	小学	妻
刘彦来	男	1949.08.06	小学	家长	刘德刚	男	1974.03.18	初中	长子
甘希英	女	1957.09.21	小学	妻	马友红	女	1972.12.22	初中	儿媳
刘善军	男	1987.11.03	初中	长子	刘俊慧	女	2004.07.25	高中	孙女
刘梦轩	女	2010.10.24	—	孙女	潘文花	女	1945.02.24	—	家长
刘召瑞	男	2017.05.01	—	孙子	刘运良	男	1973.10.18	初中	长子
刘晓雪	女	2018.12.02	—	孙女	肖富梅	女	1971.05.11	初中	儿媳
聂立珍	女	1951.04.27	小学	家长	刘子豪	男	2006.01.30	高中	孙子
刘　龙	男	1981.05.05	初中	长子	刘运峰	男	1976.11.21	初中	次子
李加荣	女	1983.11.06	初中	儿媳	杜现兰	女	1975.11.14	初中	儿媳
刘昱彤	女	2007.06.24	—	孙女	刘　珂	男	1999.12.22	大专	孙子
刘梓扬	男	2018.07.09	—	孙子	刘德海	男	1957.01.20	初中	家长
刘彦全	男	1955.04.28	小学	家长	于祥芝	女	1960.11.01	小学	妻
刘振香	女	1955.06.14	小学	妻	刘德顺	男	1964.02.29	高中	家长
刘善富	男	1984.10.02	初中	长子	贾洪彩	女	1963.06.21	小学	妻
高　梅	女	1984.03.04	初中	儿媳	刘润政	男	1991.05.05	本科	长子
刘韦辰	女	2008.11.18	—	孙女	董秀苹	女	1991.01.16	本科	儿媳
刘兆硕	男	2015.12.27	—	孙子	刘芷含	女	2015.05.06	—	孙女
刘兆阳	男	2015.12.27	—	孙子	刘芷聿	女	2017.12.04	—	孙女

续表 2-1

姓名	性别	出生时间	文化程度	家庭关系	姓名	性别	出生时间	文化程度	家庭关系
刘家勋	男	2019.09.26	—	孙子	从悦红	女	1984.02.16	初中	儿媳
刘德进	男	1969.10.11	初中	家长	刘耘萍	女	2009.12.30	—	孙女
朱兴玲	女	1969.10.14	初中	妻	刘昊轩	男	2019.10.08	—	孙子
刘纯阳	女	1990.01.09	本科	长女	刘德明	男	1971.11.03	小学	家长
谢　森	男	1990.01.11	大专	女婿	张美爱	女	1969.11.08	高中	妻
谢梓源	男	2017.07.27	—	外孙	刘运超	男	1994.11.17	高中	长子
谢熠杰	男	2020.01.08	—	外孙	刘诗雅	女	2017.06.23	—	孙女
刘文静	女	2000.10.24	研究生	次女	刘运颖	女	2008.04.29	—	长女
刘璐毅	男	2011.11.20	—	家长	刘德发	男	1975.04.26	初中	家长
刘骏毅	男	2017.01.29	—	弟弟	刘运龙	男	1998.11.04	中专	长子
刘振礼	男	1954.08.23	小学	家长	刘诗琪	女	2017.09.22	—	孙女
薛彦梅	女	1954.10.31	小学	妻	刘诗雯	女	2017.09.22	—	孙女
刘德玉	男	1982.05.18	初中	长子	刘芮博	男	2021.02.17	—	孙子
刘家旭	男	2014.12.17	—	孙子	刘德功	男	1957.09.08	小学	家长
刘家乐	男	2018.06.23	—	孙子	高本军	女	1955.11.19	小学	妻
刘振区	男	1958.08.19	初中	家长	刘运涛	男	1980.10.12	初中	长子
潘秀娟	女	1957.02.01	小学	妻	李　玲	女	1981.11.15	初中	儿媳
刘红坤	男	1988.11.20	初中	长子	刘佳妮	女	2010.12.07	—	孙女
戴艳玲	女	1988.02.12	初中	儿媳	刘佳文	女	2015.11.17	—	孙女
刘姿彤	女	2014.01.27	—	孙女	刘运德	男	1982.11.13	初中	次子
刘运阳	男	2016.12.16	—	孙子	马春梅	女	1984.10.15	初中	儿媳
刘振平	男	1964.02.18	小学	家长	刘昊阳	男	2007.08.10	初中	孙子
包彦红	女	1967.01.22	初中	妻	刘德江	男	1966.04.09	初中	家长
刘洪涛	男	1987.11.02	本科	长子	高录玲	女	1966.12.12	初中	妻
路兆倩	女	1987.04.07	本科	儿媳	刘运华	男	1988.08.30	初中	长子
刘梓航	男	2016.10.01	—	孙子	尹永建	女	1990.02.19	初中	儿媳
刘洪伟	男	1990.02.16	初中	次子	刘嘉欣	女	2012.01.03	—	孙女
韩京秀	女	1990.05.06	高中	儿媳	刘俊豪	男	2017.04.21	—	孙子
刘妍妤	女	2016.05.02	—	孙女	刘振毅	男	1955.10.03	初中	家长
刘煜琪	女	2018.12.05	—	孙女	张洪香	女	1957.09.17	小学	妻
刘文哲	男	2021.06.17	—	孙子	刘　明	男	1982.12.28	中专	次子
刘振波	男	1970.03.30	初中	家长	徐鹏云	女	1980.02.13	初中	儿媳
高以恒	女	1972.01.21	高中	妻	刘　沁	女	2005.08.23	高中	孙女
张献荣	男	1995.06.14	初中	女婿	刘昊轩	男	2012.11.02	—	孙子
张乐愁	女	2022.03.10	—	外孙女	刘振安	男	1951.10.06	小学	家长
刘晓靖	女	2002.10.16	本科	次女	刘兰元	女	1956.05.30	小学	妻
刘德金	男	1967.10.25	初中	家长	刘德富	男	1980.02.08	初中	长子
夏妙传	女	1964.10.30	初中	妻	王配菊	女	1979.08.02	中专	儿媳
刘运强	男	1988.05.23	初中	长子	刘　慧	女	2004.03.15	中专	孙女

续表 2 -1

姓名	性别	出生时间	文化程度	家庭关系	姓名	性别	出生时间	文化程度	家庭关系
刘润娜	女	2012.09.22	—	孙女	刘洪超	男	1983.09.28	大专	长子
刘润蒙	男	2015.01.30	—	孙子	胡玉洁	女	1983.04.16	大专	儿媳
刘振立	男	1957.08.22	高中	家长	刘朔辰	男	2007.03.26	—	孙子
陈忠玲	女	1955.02.08	小学	妻	刘雅文	女	2017.10.18	—	孙女
刘德强	男	1982.07.12	初中	长子	刘德学	男	1961.07.22	小学	家长
王　平	女	1984.10.30	初中	儿媳	聂学花	女	1962.08.16	小学	妻
刘润霖	男	2007.07.18	—	孙子	刘云龙	男	1988.02.20	初中	长子
刘振江	男	1962.07.15	高中	家长	李　欣	女	1989.01.09	初中	儿媳
张玉花	女	1961.12.20	高中	妻	刘子瑄	女	2011.11.01	—	孙女
刘德伟	男	1985.01.25	高中	长子	刘依凡	女	2014.11.24	—	孙女
王京丽	女	1986.02.02	初中	儿媳	刘运委	男	1990.10.13	初中	次子
刘润龙	男	2009.09.26	—	孙子	朱奇霞	女	1990.11.16	高中	儿媳
刘润虎	男	2016.11.28	—	孙子	刘璟谊	女	2015.11.02	—	孙女
刘　辉	男	1987.02.03	初中	次子	刘菁浔	女	2021.04.17	—	孙女
张颖超	女	1990.04.06	初中	儿媳	刘德亮	男	1965.11.09	初中	家长
刘润曦	女	2013.05.25	—	孙女	徐以梅	女	1965.11.14	初中	妻
刘振同	男	1955.09.15	小学	家长	刘元元	女	1988.07.21	初中	长女
孔凡美	女	1955.11.26	小学	妻	邢念来	男	1989.09.20	初中	女婿
刘德志	男	1982.07.27	初中	长子	邢家硕	男	2015.05.06	—	外孙
郑恩梅	女	1984.01.05	初中	儿媳	刘德山	男	1970.10.19	小学	家长
刘奕君	女	2007.06.10	—	孙女	戴尊美	女	1965.10.19	小学	妻
刘一茹	女	2015.10.17	—	孙女	刘运杰	男	1995.11.22	初中	长子
刘奕晨	女	2017.04.02	—	孙女	贺红娟	女	1990.10.03	初中	儿媳
范桂菊	女	1956.01.26	初中	家长	刘浩明	男	2021.07.24	—	孙子
刘　娜	女	1981.04.08	初中	长女	刘振升	男	1949.05.02	—	家长
于　皓	男	2004.12.13	—	外孙	王现芳	女	1952.11.13	—	妻
于　正	男	2017.04.06	—	外孙	刘德省	男	1974.04.21	初中	长子
刘德亮	男	1963.12.30	初中	家长	王帅香	女	1977.11.30	初中	儿媳
刘志玉	女	1965.10.15	初中	妻	刘泽隆	男	2001.10.10	本科	孙子
刘　鹏	男	1985.11.09	初中	长子	刘誉涵	女	2011.12.13	—	孙女
孙静静	女	1983.12.03	初中	儿媳	刘译泽	男	2018.01.30	—	孙子
刘昊鑫	男	2013.01.07	—	孙子	王志美	女	1946.07.19	小学	家长
刘　宏	男	1987.05.02	初中	次子	刘德伟	男	1976.09.04	初中	长子
王文芳	女	1986.02.18	初中	儿媳	刘昊鑫	男	2009.02.02	—	孙子
刘焕然	男	2012.10.31	—	孙子	刘运超	男	2015.07.13	—	孙子
刘籽辰	男	2017.06.21	—	孙子	李勤秀	女	1960.03.21	小学	家长
刘振森	男	1953.12.30	小学	家长	刘德江	男	1983.01.25	初中	长子
刘振成	男	1956.11.27	初中	家长	贾开梅	女	1983.08.07	初中	儿媳
田洪芹	女	1960.05.16	高中	妻	刘润洁	女	2008.08.22	—	孙女

续表 2－1

姓名	性别	出生时间	文化程度	家庭关系	姓名	性别	出生时间	文化程度	家庭关系
刘峻豪	男	2014.10.31	—	孙子	刘润政	男	2012.11.02	—	孙子
刘成德	男	1954.05.10	小学	家长	刘洪涛	男	1982.02.28	初中	次子
袁　华	女	1983.09.02	初中	儿媳	郑来梅	女	1983.10.03	初中	儿媳
刘　媛	女	2006.11.12	—	孙女	刘润东	男	2007.04.28	—	孙子
刘明哲	男	2015.03.27	—	孙子	刘洺宇	女	2015.03.02	—	孙女
刘成吉	男	1948.07.05	小学	家长	刘振洪	男	1957.12.15	小学	家长
周新英	女	1946.10.20	小学	妻	高宝玲	女	1955.06.23	高中	妻
刘振江	男	1972.02.08	初中	长子	刘　坤	男	1982.11.15	初中	长子
刘坤扬	男	2009.03.19	—	孙子	刘　玉	女	1982.12.12	初中	儿媳
刘　涛	男	1983.11.16	初中	次子	刘彦冰	女	2006.07.18	高中	孙女
刘　阳	女	2016.05.28	—	孙女	刘运畅	男	2016.11.25	—	孙子
温秀菊	女	1950.02.01	小学	家长	吴恩红	女	1965.11.11	高中	家长
刘　涛	男	1976.06.10	初中	长子	刘洪良	男	1988.11.07	初中	长子
杨贵芳	女	1974.04.17	小学	儿媳	樊润秀	女	1985.07.07	初中	儿媳
刘洪屹	男	2010.06.27	—	孙子	刘芊彤	女	2009.11.12	—	孙女
张京华	女	1956.09.11	初中	家长	刘润泽	男	2022.06.04	—	孙子
刘　开	男	1987.11.20	初中	长子	刘洪宾	男	1990.09.25	初中	次子
刘馨怿	女	2008.11.14	—	孙女	武蒙蒙	女	1988.03.31	初中	儿媳
刘名阳	男	2012.03.04	—	孙子	刘美妡	女	2010.02.22	—	孙女
刘名源	男	2019.12.09	—	孙子	刘运哲	男	2017.03.22	—	孙子
刘德志	男	1960.01.02	高中	家长	高雪翠	女	1946.04.19	—	家长
朱爱芹	女	1959.10.05	高中	妻	刘振江	男	1968.11.15	—	长子
刘晓明	女	1986.01.04	本科	次女	戴希秀	女	1949.08.21	小学	家长
冯启国	男	1987.08.27	本科	女婿	刘德进	男	1973.06.29	初中	长子
冯子桐	女	2017.01.12	—	外孙女	张德华	女	1968.03.18	中专	儿媳
冯子墨	男	2022.10.24	—	外孙	刘星云	女	1997.07.09	大专	孙女
孙成花	女	1936.10.13	—	家长	于凤义	男	1992.08.05	中专	孙女婿
刘建民	男	1958.01.19	高中	长子	于明轩	男	2016.09.04	—	外曾孙
孔庆英	女	1958.07.02	高中	儿媳	刘星雨	女	2001.03.27	初中	孙女
刘晓东	男	1983.08.08	本科	孙子	刘红朋	男	1975.12.06	初中	次子
刘建波	男	1969.06.19	初中	次子	彭洪霞	女	1975.05.25	大学	儿媳
王凤霞	女	1970.05.25	小学	儿媳	刘宸赫	男	2006.08.21	高中	孙子
刘妍希	女	1994.11.18	大专	孙女	刘运赫	男	2010.06.27	—	孙子
刘峻旭	男	2001.11.09	高中	孙子	刘振业	男	1952.10.12	初中	家长
刘振广	男	1955.03.26	高中	家长	徐以芝	女	1951.07.01	小学	妻
于文兰	女	1952.06.01	小学	妻	刘海星	男	1988.04.26	初中	长子
刘洪杰	男	1979.04.03	高中	长子	刘誉萁	女	2011.04.14	—	孙女
代　艳	女	1981.03.27	初中	儿媳	刘振和	男	1955.10.06	小学	家长
刘芯羽	女	2007.09.09	—	孙女	王爱莲	女	1954.08.15	小学	妻

续表 2 –1

姓名	性别	出生时间	文化程度	家庭关系	姓名	性别	出生时间	文化程度	家庭关系
刘洪亮	男	1983.08.02	初中	长子	刘儒宸	男	2019.04.20	—	曾孙
魏晓燕	女	1983.09.14	初中	儿媳	刘若汐	女	2022.01.25	—	曾孙女
刘涵宇	女	2007.11.27	—	孙女	刘德友	男	1969.12.19	初中	次子
刘运宝	男	2015.01.02	—	孙子	刘运玲	女	2001.12.24	大专	孙女
刘振春	男	1959.09.23	初中	家长	刘振峰	男	1964.02.17	高中	家长
王秋美	女	1963.07.09	小学	妻	李富臻	女	1961.10.21	高中	妻
刘德雨	男	1985.11.27	初中	长子	李　培	女	1983.09.13	本科	儿媳
杨向向	女	1986.09.29	初中	儿媳	刘峻源	男	2010.02.22	—	孙子
刘　畅	男	2009.04.12	—	孙子	刘峻宁	男	2011.11.11	—	孙子
刘书伊	女	2018.02.28	—	孙女	刘洪波	男	1987.04.14	中专	次子
刘德露	男	1987.09.26	初中	次子	刘峻豪	男	2013.05.11	—	孙子
刘运泽	男	2011.04.05	—	孙子	刘振健	男	1966.12.07	初中	家长
刘振山	男	1962.11.02	初中	家长	代恒菊	女	1964.08.24	初中	妻
王学英	女	1963.04.11	初中	妻	刘　杰	女	1989.04.08	本科	次女
刘　铧	女	1988.01.15	本科	长女	蒋依娜	女	2014.11.03	—	外孙女
牟飞宇	男	2013.05.31	—	外孙	刘振文	男	1943.10.03	小学	家长
刘书豪	男	2013.05.31	—	外孙	李金玲	女	1949.08.29	小学	妻
刘晟君	女	1995.12.07	本科	次女	刘德同	男	1973.06.17	初中	长子
刘振省	男	1966.03.19	初中	家长	张建香	女	1970.12.05	初中	儿媳
潘淑君	女	1965.04.12	初中	妻	刘运斌	男	1996.10.16	初中	孙子
刘洪昌	男	1989.01.04	初中	长子	孔祥文	女	1997.11.26	初中	孙媳
王　慧	女	1992.12.29	初中	儿媳	刘书涵	女	2019.12.01	—	曾孙女
刘梦涵	女	2015.07.29	—	孙女	刘振亮	男	1966.05.27	初中	家长
刘润霖	男	2019.09.17	—	孙子	李发美	女	1963.06.27	初中	妻
高乔梅	女	1990.09.23	大专	儿媳	刘伟平	女	1990.03.14	专科	次女
刘润锦	男	2018.04.01	—	孙子	高　强	男	1990.01.25	本科	女婿
刘振如	男	1944.10.25	小学	家长	高梓硕	男	2017.03.29	—	外孙
高本香	女	1945.09.14	小学	妻	高梓航	男	2022.07.30	—	外孙
王学花	女	1955.10.17	小学	家长	刘振功	男	1972.02.28	初中	家长
刘　明	男	1990.05.12	初中	长子	沈玉荣	女	1970.04.19	高中	妻
卢立霞	女	1989.11.17	初中	儿媳	刘韦育	男	1995.04.17	大专	长子
刘金阳	男	2015.05.04	—	孙子	代恒秀	女	1942.11.04	小学	家长
刘芯妤	女	2019.06.16	—	孙女	刘　勇	男	1978.10.21	初中	长子
刘振余	男	1942.08.04	小学	家长	刘艺璇	女	2003.11.08	大专	孙女
李发臻	女	1944.04.30	小学	妻	刘润泽	男	2012.03.27	—	孙子
刘德俊	男	1966.12.28	初中	长子	刘振京	男	1963.03.10	初中	家长
高保云	女	1966.02.01	初中	儿媳	徐兴芬	女	1962.12.08	高中	妻
刘国栋	男	1989.09.06	大专	孙子	刘洪兴	男	1988.08.15	初中	长子
周佳佳	女	1996.11.15	本科	孙媳	梁玉娇	女	1990.07.02	本科	儿媳

续表 2－1

姓名	性别	出生时间	文化程度	家庭关系	姓名	性别	出生时间	文化程度	家庭关系
刘润玺	男	2014.12.16	—	孙子	刘奕霖	男	2020.01.18	—	孙子
王瑞芬	女	1950.11.18	小学	家长	刘振国	男	1965.08.16	初中	家长
刘红霞	女	1970.08.13	初中	长女	张西梅	女	1967.01.22	初中	妻
袁鹏涛	男	1967.01.10	初中	女婿	刘洪鑫	男	1998.11.18	大专	长子
刘光涛	男	1989.06.18	大专	孙子	刘成余	男	1953.09.12	小学	家长
尹金荣	女	1987.04.20	初中	孙媳	王德臻	女	1956.02.10	初中	妻
刘子源	女	2010.04.17	—	曾孙女	刘振国	男	1980.12.14	初中	长子
刘子萌	女	2018.04.29	—	曾孙女	姜莉萌	女	1980.05.06	初中	儿媳
刘政昊	男	2020.09.12	—	曾孙	刘　锟	男	2005.02.21	高中	孙子
刘怡辰	男	2001.10.05	初中	孙子	刘文婧	女	2013.11.11	—	孙女
聂立娟	女	1958.06.01	小学	家长	尹永叶	女	1960.09.09	初中	家长
刘　勇	男	1981.09.07	初中	长子	刘振波	男	1985.08.28	初中	长子
尹昌玲	女	1982.04.24	初中	儿媳	刘文文	女	1983.06.23	大专	儿媳
刘子琪	女	2006.10.18	—	孙女	刘芳如	女	2010.01.31	—	孙女
刘子晨	男	2014.10.18	—	孙子	刘海龙	男	1986.11.24	初中	次子
刘　伟	男	1983.03.06	初中	次子	刘成瑞	男	1958.09.20	高中	家长
魏彦宁	女	1984.04.29	初中	儿媳	孔凡云	女	1963.12.09	初中	妻
刘子菡	女	2009.02.03	—	孙女	刘小东	男	1985.02.09	初中	长子
刘泽航	男	2017.02.13	—	孙子	高芳美	女	1987.04.15	初中	儿媳
尹传芳	女	1963.02.10	初中	家长	刘天恩	男	2008.12.25	—	孙子
刘洪诚	男	1994.06.12	初中	长子	朱成莲	女	1963.04.28	初中	家长
王晓丽	女	1994.08.20	大专	儿媳	刘　斌	男	1984.09.08	高中	长子
刘延晞	男	2019.11.24		孙子	徐伟娜	女	1986.10.16	大专	儿媳
徐红远	女	1956.06.12	小学	家长	刘昱郡	女	2014.01.09	—	孙女
刘德春	男	1983.04.22	初中	长子	刘文郡	女	2017.03.18	—	孙女
李富荣	女	1983.07.18	初中	儿媳	刘蒙生	男	1985.10.09	本科	次子
刘恒瑞	男	2010.04.20	—	孙子	陈晓杰	女	1991.08.06	本科	儿媳
刘恒辰	男	2013.10.06	—	孙子	刘芳郡	女	2016.11.01	—	孙女
刘德晓	男	1984.07.18	初中	次子	刘骏霖	男	2022.10.31	—	孙子
郑来花	女	1981.11.29	小学	儿媳	刘成学	男	1962.07.12	初中	家长
刘润达	男	2014.11.25	—	孙子	彭玉荣	女	1965.10.11	初中	妻
刘振勇	男	1962.09.20	初中	家长	刘聪聪	男	1988.09.25	初中	长子
代遵爱	女	1964.01.27	初中	妻	姜　华	女	1990.01.01	初中	儿媳
刘洪达	男	1988.06.06	大专	长子	刘文慧	女	2013.12.29	—	孙女
国风云	女	1988.03.09	大专	儿媳	刘涵筠	女	2017.08.23	—	孙女
刘文昊	男	2018.08.11	—	孙子	刘晓文	女	2002.09.12	本科	长女
刘洪强	男	1991.03.02	初中	次子	刘振言	男	1939.01.03	小学	家长
赵　娜	女	1994.02.26	高中	儿媳	王桂美	女	1946.01.08	小学	妻
刘语彤	女	2018.03.20	—	孙女	刘德部	男	1969.07.09	初中	长子

续表 2 –1

姓名	性别	出生时间	文化程度	家庭关系	姓名	性别	出生时间	文化程度	家庭关系
刘平平	女	1981.05.21	初中	儿媳	刘益欣	女	2014.12.31	—	孙女
刘文正	男	2005.12.12	高中	孙子	刘　政	男	2017.01.24	—	孙子
刘雯丽	女	2001.04.08	中专	孙女	刘树礼	男	1957.01.14	小学	家长
刘文莘	女	2014.01.09	—	孙女	赵丙芳	女	1956.10.09	小学	妻
刘玉玲	女	1979.01.08	初中	三女	刘遵强	男	1984.10.27	初中	长子
潘来勋	女	1945.10.14	小学	家长	李文芬	女	1989.01.10	初中	儿媳
刘德军	男	1969.11.17	初中	长子	刘峻豪	男	2011.02.01	—	孙子
李　欣	女	1968.03.14	初中	儿媳	刘遵宝	男	1986.08.10	初中	次子
刘　晓	男	1992.01.28	大专	孙子	刘晓娜	女	1988.06.10	初中	儿媳
谢平平	女	1997.11.17	本科	孙媳	刘峻垚	男	2016.08.22	—	孙子
刘政杭	男	2020.05.20	—	曾孙	刘雨秋	女	2019.05.24	—	孙女
刘振元	男	1940.10.06	—	家长	刘树志	男	1962.09.10	初中	家长
刘德玲	女	1963.05.06	高中	长女	李发兰	女	1962.07.20	小学	妻
于风轩	男	1963.06.12	高中	女婿	刘士钰	男	1990.07.30	大专	长子
于　洁	女	1991.03.20	本科	外孙女	胡海萍	女	1989.12.24	大专	儿媳
于海洋	男	2008.08.06	—	外孙	刘桐宇	女	2014.09.26	—	孙女
王翠兰	女	1976.03.28	初中	家长	刘庭宇	男	2017.04.15	—	孙子
刘星辰	男	2000.10.21	本科	长子	刘树明	男	1965.03.04	初中	家长
刘星泽	男	2015.08.03	—	次子	梁欣欣	女	1990.08.16	中专	儿媳
刘德华	男	1971.04.05	初中	家长	刘浄可	女	2018.03.17	—	孙女
李　莉	女	1970.10.20	初中	妻	刘志田	男	1940.11.15	小学	家长
刘润承	男	2002.05.12	本科	长子	刘宝玉	男	1970.11.15	初中	长子
刘德杰	男	1976.03.19	初中	家长	聂淑霞	女	1973.10.14	初中	儿媳
聂逢菊	女	1974.10.11	初中	妻	刘　峻	男	2005.07.01	高中	孙子
刘玉婷	女	2001.07.07	本科	长女	刘志友	男	1944.09.24	小学	家长
刘玉洁	女	2008.01.25	—	次女	刘宝芹	女	1976.05.25	小学	长女
刘振明	男	1949.03.14	—	家长	王少其	男	1974.02.22	小学	女婿
刘德峰	男	1971.11.22	初中	长子	王振宇	男	2005.07.21	中专	外孙
李树艳	女	1967.02.07	初中	儿媳	王嘉怡	女	2011.12.16	—	外孙女
刘润钊	男	1999.03.04	本科	孙子	刘志刚	男	1952.10.04	小学	家长
刘树仁	男	1955.03.07	小学	家长	李凤兰	女	1951.05.03	小学	妻
王利芝	女	1952.05.16	小学	妻	刘成成	男	1986.09.13	初中	次子
刘遵永	男	1976.09.12	初中	长子	聂红云	女	1986.03.01	大专	儿媳
张京莲	女	1974.12.31	初中	儿媳	刘忠阳	男	2008.03.06	—	孙子
刘　员	女	2001.11.07	本科	孙女	刘长乾	男	1953.09.06	初中	家长
刘建昊	男	2006.12.14	—	孙子	张桂梅	女	1956.12.24	小学	妻
刘遵明	男	1982.08.07	初中	次子	刘元平	男	1982.12.14	初中	长子
刘元香	女	1983.12.20	初中	儿媳	刘天昊	男	2006.09.25	—	孙子
刘益帆	女	2008.09.22	—	孙女	刘奕扬	男	2022.11.14	—	孙子

续表 2－1

姓名	性别	出生时间	文化程度	家庭关系	姓名	性别	出生时间	文化程度	家庭关系
刘元亮	男	1985.03.12	初中	次子	范中霞	女	1989.12.16	初中	儿媳
张佩佩	女	1985.12.29	初中	儿媳	刘华宇	男	2012.04.19	—	孙子
李　昊	男	2007.11.16	—	孙子	刘子硕	男	2018.06.27	—	孙子
刘俊昊	男	2009.03.25	—	孙子	刘树友	男	1963.05.12	初中	家长
张钰泽	男	2018.10.03	—	孙子	沈贵芹	女	1964.02.22	小学	妻
刘城昊	男	2022.04.14	—	孙子	刘尊霞	女	1988.12.28	初中	长女
刘振强	男	1975.02.04	初中	家长	刘西强	男	1991.10.26	高中	女婿
邹世英	女	1970.11.19	初中	妻	刘馨悦	女	2014.03.16	—	外孙女
刘琪琪	女	2000.12.14	本科	长女	刘梓涵	女	2017.09.25	—	外孙女
刘校语	女	2002.10.30	大专	次女	刘沈玉	女	1990.04.08	初中	次女
刘洪坤	男	2011.05.20	—	长子	刘金堂	男	1934.12.22	—	家长
刘遵和	男	1972.03.31	初中	家长	郑光英	女	1934.12.22	—	妻
马爱香	女	1975.01.04	初中	妻	刘树意	男	1955.10.13	初中	长子
刘祥福	男	1998.12.07	专科	长子	朱兆芳	女	1952.06.05	初中	儿媳
刘遵义	男	1973.06.14	初中	家长	刘遵建	男	1977.11.16	中专	孙子
刘德芳	女	1970.12.17	初中	妻	刘　豪	男	2002.02.26	大专	曾孙
刘敬军	男	1997.10.29	中专	长子	刘树余	男	1966.12.17	初中	次子
刘敬坤	男	2011.11.13	—	次子	于玉凤	女	1966.12.14	初中	儿媳
刘树厚	男	1949.03.24	小学	家长	刘东晓	男	1987.06.24	本科	孙子
刘尊成	男	1985.10.10	初中	长子	刘　宸	男	2016.11.09	—	曾孙
李宏玲	女	1983.03.27	初中	儿媳	刘　龙	男	1988.04.14	中专	孙子
刘雨辰	女	2008.10.22	—	孙女	刘欣萌	女	2016.11.16	—	曾孙女
刘铭洋	男	2014.07.26	—	孙子	刘树军	男	1969.06.14	初中	三子
刘树全	男	1950.11.08	小学	家长	王庆秀	女	1967.12.22	—	儿媳
刘玉花	女	1955.06.15	小学	妻	刘尊严	男	2006.01.17	高中	孙子
刘遵杰	男	1985.12.03	初中	长子	刘成献	男	1958.11.26	小学	家长
刘晨熙	女	2011.12.09	—	孙女	高贵香	女	1944.08.15	小学	家长
刘遵昌	男	1987.09.12	初中	次子	李富吉	男	1965.09.03	小学	长子
胡玉娇	女	1987.04.24	初中	儿媳	刘见芹	女	1963.04.16	小学	儿媳
刘晓诺	女	2010.04.30	—	孙女	李明明	男	1987.01.12	本科	孙子
刘昊宇	男	2016.12.08	—	孙子	张文惠	女	1987.11.02	本科	孙媳
刘树甲	男	1952.03.24	小学	家长	李梓豪	男	2013.09.30	—	曾孙
李玉芹	女	1957.01.14	小学	妻	李亮亮	男	1989.12.20	本科	孙子
刘遵超	男	1989.01.14	初中	长子	李建霞	女	1967.05.26	初中	儿媳
张照菊	女	1990.02.06	高中	儿媳	李兵兵	男	1988.01.02	初中	孙子
刘润泽	男	2019.06.29	—	孙子	袁梦滢	女	1984.04.25	初中	孙媳
刘树元	男	1954.04.06	小学	家长	李昊阳	男	2012.02.17	—	曾孙
徐以香	女	1958.01.09	初中	妻	李发春	男	1970.07.20	小学	三子
刘遵强	男	1989.01.24	初中	长子	巴全臻	女	1970.08.22	小学	儿媳

续表 2－1

姓名	性别	出生时间	文化程度	家庭关系	姓名	性别	出生时间	文化程度	家庭关系
李欣颖	女	1991.02.06	本科	孙女	李振吉	男	1958.10.03	小学	家长
李欣洁	女	2003.07.28	大专	孙女	刘淑玲	女	1959.10.15	初中	妻
李军吉	男	1977.04.26	初中	四子	李彦峰	男	1985.09.25	初中	长子
高青娜	女	1971.03.06	初中	儿媳	贾玉凤	女	1987.05.26	初中	儿媳
李权政	男	2000.05.02	大专	孙子	李紫昕	女	2012.10.26	—	孙女
李隆辉	男	2005.12.14	初中	孙子	李子昊	男	2014.10.24	—	孙子
李祥吉	男	1983.01.08	中专	五子	皮瑞花	女	1948.10.17	小学	家长
李玥璇	女	2008.02.18	—	孙女	李富华	男	1976.09.20	初中	长子
李宜桐	女	2016.12.25	—	孙女	王振华	女	1977.06.26	初中	儿媳
李孟泽	男	2019.12.24	—	孙子	李兰欣	女	2003.06.09	大专	孙女
于召莲	女	1958.01.11	—	家长	李雨宸	男	2010.06.22	—	孙子
李富强	男	1980.06.17	初中	长子	李建友	男	1957.03.08	高中	家长
李祥霞	女	1979.07.08	小学	儿媳	王恩香	女	1959.05.10	小学	妻
李铭滨	男	2003.05.25	本科	孙子	李亮亮	男	1982.06.28	中专	长子
李铭阳	男	2013.01.06	—	孙子	李富闪	男	1984.01.06	初中	次子
刘治芬	女	1952.10.27	小学	家长	尹梦瑶	女	1985.10.14	初中	儿媳
李富升	男	1979.01.02	初中	长子	李梓豪	男	2009.10.10	—	孙子
邱　磊	女	1979.03.14	初中	儿媳	李梓超	男	2017.03.02	—	孙子
李明擘	男	2008.05.06	初中	孙子	李建平	男	1965.07.20	初中	家长
李明振	男	2018.12.25	—	孙子	张西芳	女	1966.07.18	初中	妻
李恩全	男	1949.06.12	小学	家长	李　强	男	1991.01.03	初中	长子
代恒兰	女	1948.10.28	小学	妻	李妤溪	女	2016.02.03	—	孙女
李建军	男	1972.03.10	初中	长子	李妤葶	女	2019.02.24	—	孙女
孙在英	女	1970.02.27	初中	儿媳	田夫英	女	1934.12.17	小学	家长
李秋颖	女	1995.09.28	本科	孙女	李长福	男	1963.01.28	小学	长子
李煜颖	女	2004.12.02	高中	孙女	于凤苗	女	1962.11.23	小学	儿媳
李科辰	男	2003.12.25	大专	孙子	李守义	男	1984.07.08	中专	孙子
刘振芳	女	1955.08.08	小学	家长	唐超丽	女	1984.01.20	初中	孙媳
李　涛	男	1982.06.02	初中	长子	李蕙妡	女	2009.12.19	—	曾孙女
刘相玉	女	1982.03.10	初中	儿媳	李家兴	男	2015.05.30	—	曾孙
李雨轩	女	2007.02.21	—	孙女	李长如	男	1965.12.22	初中	次子
李紫萱	女	2021.06.08	—	孙女	高宝霞	女	1962.12.23	初中	儿媳
聂立花	女	1951.10.09	小学	家长	李守朋	男	1988.06.03	本科	孙子
李东平	男	1976.07.05	专科	长子	聂楠楠	女	1989.11.09	初中	孙媳
李沛颖	女	1999.05.15	本科	孙女	李佳媛	女	2013.12.09	—	曾孙女
李其桓	男	2012.04.11	—	孙子	李嘉瑞	男	2018.10.06	—	曾孙
李梓萌	女	2014.11.06	—	孙女	李长春	男	1975.04.05	初中	三子
李松原	男	2017.12.13	—	孙子	尹美玲	女	1974.10.15	小学	儿媳
高顺花	女	1949.10.23	小学	家长	李晓东	男	1998.12.25	高中	孙子

续表 2-1

姓名	性别	出生时间	文化程度	家庭关系	姓名	性别	出生时间	文化程度	家庭关系
李守煜	男	2016.11.08	—	孙子	李豫璇	女	2008.09.18	—	孙女
李发明	男	1966.08.20	小学	家长	李谕霏	女	2017.05.22	—	孙女
李富国	男	1990.03.17	高中	长子	李　峰	男	1985.07.18	初中	次子
李贵旭	男	2013.10.03	—	孙子	高宁芝	女	1988.08.19	初中	儿媳
李贵宇	男	2017.06.30	—	孙子	李守可	男	2010.07.22	—	孙子
李发全	男	1969.02.09	小学	家长	李守正	男	2012.04.12	—	孙子
刘富芬	女	1966.10.01	初中	妻	高宝美	女	1957.04.21	小学	家长
李国华	男	1993.09.28	初中	长子	李海龙	男	1983.03.01	初中	长子
王　丹	女	1990.07.05	大专	儿媳	刘晓玉	女	1990.09.10	初中	儿媳
李子沐	男	2018.07.23	—	孙子	李欣童	女	2011.05.30	—	孙女
李子洋	男	2019.09.19	—	孙子	李敬宸	男	2014.12.14	—	孙子
李梦娇	女	2007.10.26	初中	次女	李西国	男	1968.08.05	小学	家长
李发友	男	1970.12.23	初中	家长	袁封芹	女	1966.03.06	小学	妻
苗得玲	女	1972.11.29	初中	妻	李　杰	男	1991.04.26	高中	长子
李昊龙	男	1997.12.04	中专	长子	李云霞	女	1963.09.26	小学	家长
李家波	男	1971.09.15	小学	家长	李丙发	男	1950.07.03	小学	家长
李道芹	女	1977.04.23	小学	妻	袁德芬	女	1956.06.03	小学	妻
李发正	男	2004.10.30	中专	长子	李云刚	男	1979.10.16	初中	长子
李明轩	女	2011.04.13	—	长女	许颜芝	女	1979.01.20	初中	儿媳
李加祥	男	1973.08.05	初中	家长	李明达	男	2005.11.30	高中	孙子
李法润	男	2007.10.09	初中	长子	李明馨	女	2016.11.01	—	孙女
李小国	男	1975.04.27	小学	家长	刘振美	女	1942.01.28	—	家长
刘康宁	女	1982.03.04	小学	妻	李玉杰	男	1982.03.02	初中	长子
李　鑫	女	2008.12.31	—	长女	胡秀峰	女	1982.05.12	初中	儿媳
李　诺	女	2017.02.04	—	次女	李昊燃	男	2005.08.31	高中	孙子
于淑苗	女	1948.12.08	初中	家长	李昊宸	男	2014.09.29	—	孙子
李俊峰	男	1971.08.26	小学	长子	李明玉	男	1955.04.24	初中	家长
李会珍	女	1974.07.07	小学	儿媳	魏　军	女	1958.05.30	小学	妻
李青彦	男	1999.11.30	本科	孙子	李玉金	男	1983.02.25	初中	次子
李富瑞	女	2005.11.06	中专	孙女	魏代平	女	1986.11.26	中专	儿媳
张德彩	女	1980.08.09	中专	家长	李家慧	女	2008.08.08	—	孙女
李雨珊	女	2006.08.18	高中	长女	李家欣	女	2014.09.18	—	孙女
李明泽	男	2011.12.31	—	长子	李家瑞	男	2018.05.28	—	孙子
李　岩	男	1986.11.05	高中	家长	李世享	男	1956.06.17	初中	家长
蒋　伟	女	1988.04.28	高中	妻	刘传余	女	1954.03.11	初中	妻
李建烨	男	2017.01.29	—	长子	李发高	男	1982.10.11	初中	长子
武传爱	女	1958.05.15	初中	家长	公砚玲	女	1983.03.06	初中	儿媳
李斌斌	男	1984.01.04	初中	长子	李子文	男	2008.02.14	—	孙子
李西琳	女	1988.10.25	初中	儿媳	李硕文	男	2017.06.13	—	孙子

续表 2-1

姓名	性别	出生时间	文化程度	家庭关系	姓名	性别	出生时间	文化程度	家庭关系
李世开	男	1956.04.25	初中	家长	李玉红	女	1975.01.18	初中	儿媳
尹传连	女	1954.06.22	初中	妻	杨淑涵	女	2000.08.23	本科	孙女
李少杰	男	1982.10.23	初中	长子	杨环宇	女	2010.04.30	—	孙女
王荣秋	女	1981.10.24	大专	儿媳	杨彦宝	男	1978.06.23	初中	三子
李宇雯	女	2007.02.16	—	孙女	张在梅	女	1978.05.28	初中	儿媳
李梓绮	女	2017.11.05	—	孙女	杨国庆	男	2002.10.01	大专	孙子
李正文	男	2020.10.30	—	孙子	杨丰睿	男	2015.11.13	—	孙子
李世元	男	1965.10.13	初中	家长	杨汇雯	女	2021.06.23	—	孙女
朱春芹	女	1962.09.26	初中	妻	杨　磊	男	1988.02.22	高中	家长
刘　伟	男	1987.06.07	大专	女婿	张洪雨	女	1987.05.30	高中	妻
刘秋辰	女	2012.08.18	—	外孙女	杨雨辰	男	2018.01.24	—	长子
刘恩铭	男	2020.01.30	—	外孙	杨雨燕	女	2014.04.16	—	长女
李凤起	男	1956.01.06	初中	家长	李西臻	女	1945.04.04	—	家长
张中芬	女	1954.03.04	小学	妻	杨俊岭	男	1970.02.07	初中	长子
李先成	男	1978.11.05	初中	长子	刘德芹	女	1967.07.01	初中	儿媳
王瑞娟	女	1976.11.01	初中	儿媳	杨兴玘	男	1990.11.30	高中	孙子
李源薪	男	2002.04.19	大专	孙子	赵云丽	女	2000.11.03	中专	孙媳
李先功	男	1982.06.11	初中	次子	杨继浩	男	2020.06.18	—	曾孙
高　燕	女	1983.01.08	初中	儿媳	杨　梅	女	2005.07.04	高中	孙女
李梓萌	女	2008.02.25	—	孙女	杨爱岭	男	1972.03.16	高中	次子
李锦浩	男	2014.03.23	—	孙子	徐秀峰	女	1968.10.10	初中	儿媳
李凤德	男	1962.10.01	大专	家长	杨兴志	男	1996.11.15	本科	孙子
常春美	女	1964.09.17	初中	妻	杨兴栋	男	2004.06.10	大专	孙子
李熙鹏	男	1986.03.24	本科	长子	吴恩杰	男	1964.02.14	初中	家长
高海云	女	1988.12.16	大专	儿媳	吴月超	男	1988.01.20	初中	长子
李昊政	男	2015.07.23	—	孙子	尹勇双	女	1988.04.26	初中	儿媳
李浩鸣	男	2017.07.24	—	孙子	吴淑德	男	2019.07.10	—	孙子
李浩语	女	2019.01.23	—	孙女	吴淑政	男	2021.07.24	—	孙子
李浩杨	男	2020.07.01	—	孙子	吴月强	男	1989.05.12	中专	次子
李昊恩	男	2021.12.21	—	孙子	宋建云	女	1989.01.29	大专	儿媳
李熙程	男	1987.02.02	大专	次子	吴梦瑶	女	2013.05.03	—	孙女
任娟娟	女	1985.12.31	高中	儿媳	吴梦晗	女	2017.02.12	—	孙女
李泽政	男	2012.03.07	—	孙子	刘志芹	女	1965.02.26	小学	家长
李泽铭	男	2018.02.27	—	孙子	吴月朋	男	1987.12.02	初中	长子
高本兰	女	1950.10.01	小学	家长	聂彦霞	女	1987.03.05	初中	儿媳
杨彦东	男	1973.06.09	小学	长子	吴姝梦	女	2010.12.11	—	孙女
郑永凤	女	1975.09.26	小学	儿媳	吴姝臻	女	2014.10.01	—	孙女
杨　涛	男	1999.09.20	初中	孙子	吴越飛	男	1990.04.15	初中	次子
杨彦明	男	1975.09.14	初中	次子	高珊珊	女	1987.01.01	初中	儿媳

续表 2 –1

姓名	性别	出生时间	文化程度	家庭关系	姓名	性别	出生时间	文化程度	家庭关系
吴昊哲	男	2012.12.27	—	孙子	吴俊毅	男	2002.07.05	本科	孙子
吴恩玮	男	1971.02.24	初中	家长	吴淑建	男	1986.02.23	初中	次子
吴月铜	男	2005.06.28	高中	长子	吴荣恒	男	2013.06.15	—	孙子
吴恩胜	男	1972.01.14	初中	家长	刘振秋	女	1960.01.28	高中	家长
徐　辉	女	1983.02.11	中专	妻	吴淑超	男	1985.04.12	高中	长子
吴俊豪	男	1999.06.21	本科	长子	吴荣峻	男	2010.05.27	—	孙子
吴芮萱	女	2008.06.26	—	长女	吴紫诺	女	2016.03.31	—	孙女
邱曾花	女	1955.04.19	小学	家长	巩庆华	女	1965.05.15	初中	家长
吴俊峰	男	1984.06.06	初中	长子	吴淑斌	男	1985.08.24	中专	长子
刘守娟	女	1984.10.01	初中	儿媳	吴荣哲	男	2010.08.30	—	孙子
吴昕阳	男	2006.04.28	大专	孙子	吴梓赫	男	2021.04.22	—	孙子
吴　阳	男	2015.11.17	—	孙子	薛玉英	女	1940.12.17	—	家长
吴淑军	男	1958.11.04	初中	家长	邱增起	男	1977.12.20	初中	长子
郭太芳	女	1959.08.15	初中	妻	王同艳	女	1983.04.13	初中	儿媳
吴其峰	男	1984.08.08	初中	长子	邱资皓	男	2007.03.21	—	孙子
聂保芳	女	1984.02.04	初中	儿媳	邱若华	女	2017.01.15	—	孙女
吴健阳	男	2009.03.15	—	孙子	邱立桂	男	1959.09.30	初中	家长
吴　溪	女	2016.09.19	—	孙女	于树美	女	1963.01.04	初中	妻
吴　琼	女	2019.04.23	—	孙女	邱　涛	男	1984.01.09	小学	长子
吴淑国	男	1964.01.30	小学	家长	邱立发	男	1944.04.27	—	家长
梁守芝	女	1963.10.29	小学	妻	刘振秀	女	1945.10.03	—	妻
吴玉峰	女	1990.02.06	初中	长女	邱增亮	男	1967.10.22	初中	长子
王方涛	男	1987.10.06	中专	女婿	高建华	女	1969.03.30	初中	儿媳
王圣洁	女	2015.04.16	—	外孙女	邱　强	男	1987.11.14	初中	孙子
王圣民	男	2018.04.15	—	外孙	高　乐	女	1987.09.21	初中	孙媳
张志英	女	1950.02.02	小学	家长	邱浩杰	男	2010.08.10	—	曾孙
吴淑沂	男	1974.09.18	初中	长子	邱中源	男	1989.08.10	初中	孙子
胡京菊	女	1974.06.19	初中	儿媳	张　明	女	1989.02.06	初中	孙媳
吴蒙召	女	1999.10.14	初中	孙女	邱浩鑫	男	2011.10.23	—	曾孙
吴蒙爱	女	2005.05.11	初中	孙女	邱浩泽	男	2016.11.10	—	曾孙
徐东封	女	1963.12.04	初中	家长	邱增珍	女	1973.12.21	小学	家长
吴淑洁	男	1989.05.02	初中	长子	刘贵芳	女	1947.12.21	—	家长
聂晓婷	女	1988.10.16	高中	儿媳	邱洋洋	女	1987.10.20	本科	次女
吴荣豪	男	2012.06.21	—	孙子	李丙兰	女	1952.08.19	—	家长
潘思英	女	1967.10.26	初中	家长	邱长明	男	1979.05.17	初中	长子
吴淑鹏	男	2004.07.12	大专	长子	刘善姣	女	1979.12.20	初中	儿媳
孙德英	女	1952.02.04	小学	家长	邱文浩	男	2004.03.28	初中	孙子
吴淑亮	男	1976.01.23	初中	长子	邱文珂	男	2016.11.19	—	孙子
邱增菊	女	1975.04.17	初中	儿媳	邱长山	男	1984.02.16	初中	次子

续表 2-1

姓名	性别	出生时间	文化程度	家庭关系	姓名	性别	出生时间	文化程度	家庭关系
邱旭东	男	2009.12.14	—	孙子	刘洪香	女	1976.10.08	初中	妻
邱琳娜	女	2009.12.14	—	孙女	邱丽卉	女	2001.01.10	中专	长女
邱增明	男	1965.06.20	小学	家长	邱钰喆	男	2010.11.23	—	长子
朱玲先	女	1968.02.13	初中	妻	邱增福	男	1945.10.09	—	家长
邱长柱	男	1991.01.12	初中	长子	邱中全	男	1972.11.15	初中	长子
邱中新	男	1959.07.10	—	家长	苗德花	女	1971.10.23	初中	儿媳
张海英	女	1970.06.07	初中	妻	邱　健	男	1998.03.12	大专	孙子
邱荟颖	女	1994.09.04	初中	长女	邱　硕	男	2006.08.25	初中	孙子
邱子轩	女	2001.05.22	本科	次女	邱中国	男	1973.04.06	高中	次子
邱忠业	男	1949.01.22	初中	家长	邱芯慧	女	2001.12.16	中专	孙女
于凤解	女	1950.03.21	小学	妻	邱增贵	男	1952.01.10	小学	家长
邱贵志	男	1975.12.21	初中	长子	范荣臻	女	1957.05.06	小学	妻
邱　蒙	女	2002.01.26	大专	孙女	邱中光	男	1977.09.09	初中	长子
邱以琳	男	2006.07.12	初中	孙子	孟令利	女	1991.03.12	初中	儿媳
刘桂欣	女	1953.04.22	小学	家长	邱厚源	男	2006.02.01	高中	孙子
邱清泉	男	1980.01.31	初中	长子	邱靖涵	女	2009.08.28	—	孙女
邱传霖	男	2006.12.30	—	孙子	邱厚瑞	男	2015.11.15	—	孙子
邱冠程	男	2013.12.25	—	孙子	邱厚宁	男	2017.05.01	—	孙子
邱睿泽	男	2017.01.19	—	孙子	邱中亮	男	1985.05.20	初中	次子
张馨文	女	1982.04.24	初中	家长	于小红	女	1986.12.11	初中	儿媳
徐以秀	女	1948.01.24	—	家长	邱鑫浩	男	2015.12.27	—	孙子
邱增国	男	1976.10.10	小学	长子	邱鑫悦	女	2018.04.14	—	孙女
邱增强	男	1979.10.10	小学	次子	孔凡美	女	1950.12.10	小学	家长
邱增宾	男	1983.01.20	小学	三子	张友梅	女	1972.09.03	初中	儿媳
李彦芬	女	1948.10.30	小学	家长	邱爱鑫	男	1997.03.05	高中	孙子
邱海峰	男	1977.11.14	初中	长子	于林杏	女	1996.12.25	高中	孙媳
邱　伦	男	2001.03.10	本科	孙子	邱艺菲	女	2021.06.16	—	曾孙女
邱增发	男	1955.12.21	—	家长	邱中铎	男	1975.08.11	初中	次子
徐后娟	女	1953.09.07	—	妻	邱爱涛	男	2001.04.10	中专	孙子
邱　坤	男	1982.05.14	初中	长子	邱一馨	女	2006.11.25	—	孙女
杜　平	女	1980.10.27	初中	儿媳	邱长平	女	1974.03.24	初中	家长
邱文哲	男	2005.12.26	高中	孙子	陈怡达	男	1998.02.17	专科	长子
邱增恩	男	1961.08.21	高中	家长	沈　浩	男	1931.01.02	—	家长
李　霞	女	1963.08.12	初中	妻	沈贵德	男	1966.01.07	初中	长子
邱国栋	男	1989.09.21	初中	长子	庄明欣	女	1962.05.21	小学	儿媳
巩淑红	女	1990.07.09	初中	儿媳	沈有福	男	1986.04.18	初中	孙子
邱熙然	女	2012.04.16	—	孙女	沈柏霖	男	2020.10.22	—	曾孙
邱薪米	女	2018.01.27	—	孙女	沈有禄	男	1987.10.02	初中	孙子
邱中强	男	1976.06.28	初中	家长	徐以翠	女	1986.09.02	大专	孙媳

续表 2 -1

姓名	性别	出生时间	文化程度	家庭关系	姓名	性别	出生时间	文化程度	家庭关系
沈芯萱	女	2019.02.25	—	曾孙女	沈彦峰	男	1991.11.20	高中	长子
沈纪利	男	2010.03.09	—	曾孙	聂宝平	女	1997.11.04	中专	儿媳
沈有祯	男	1990.11.14	本科	孙子	沈芮可	女	2019.03.30	—	孙女
肖　瑜	女	1990.04.11	大专	孙媳	沈芮希	女	2020.08.30	—	孙女
沈纪旭	男	2016.12.19	—	曾孙	张西贵	男	1960.05.10	初中	家长
沈纪辰	男	2020.09.27	—	曾孙	梁金兰	女	1964.04.19	小学	妻
沈有祥	男	1990.11.14	初中	孙子	张洪升	男	1985.08.21	中专	长子
张洪荣	女	1989.04.27	初中	孙媳	孙林昌	女	1986.11.15	初中	儿媳
沈纪坤	男	2017.10.15	—	曾孙	张誉匀	女	2008.09.22	—	孙女
沈贵明	男	1971.09.19	初中	次子	张志绮	男	2017.01.03	—	孙子
徐善芝	女	1969.12.11	初中	儿媳	张洪亮	男	1987.03.25	初中	次子
沈友志	男	2002.02.25	本科	孙子	郑来秀	女	1988.10.21	初中	儿媳
王世梅	女	1961.04.14	小学	家长	张志豪	男	2018.02.21	—	孙子
沈中成	男	1985.01.06	初中	长子	张志宸	男	2021.03.12	—	孙子
孙娜娜	女	1983.01.05	初中	儿媳	米佃英	女	1930.05.18	—	家长
沈兰晋	男	2007.02.04	—	孙子	张西祥	男	1962.10.02	初中	长子
沈润泽	男	2017.06.08	—	孙子	王淑秋	女	1966.05.20	初中	儿媳
沈贵海	男	1966.03.29	初中	家长	张洪明	男	1989.05.21	高中	孙子
王树芹	女	1966.01.30	初中	妻	潘楠楠	女	1987.08.25	中专	孙媳
王　伟	男	1990.10.09	研究生	女婿	张梦媛	女	2017.07.24	—	曾孙女
王艺儒	男	2017.03.15	—	外孙	张西军	男	1962.04.08	小学	家长
王誉蓓	女	2019.03.12	—	外孙女	徐后梅	女	1959.03.23	小学	妻
赵同美	女	1953.10.13	小学	家长	张洪龙	男	1988.05.26	高中	长子
沈颜杰	男	1975.10.17	初中	长子	贺　飞	女	1991.09.09	高中	儿媳
胡乃梅	女	1976.10.02	初中	儿媳	张家赫	男	2017.10.21	—	孙子
沈　丹	女	2000.09.08	初中	孙女	张洪云	女	1986.05.28	高中	长女
沈　翔	男	2008.01.23	—	孙子	张西同	男	1965.02.14	小学	家长
沈彦成	男	1979.02.11	中专	次子	胡乃花	女	1965.07.27	小学	妻
胡乃霞	女	1976.06.25	初中	儿媳	张洪宁	男	1987.12.28	高中	长子
沈　豪	男	2003.12.24	初中	孙子	袁蒙蒙	女	1989.10.16	中专	儿媳
沈　超	男	2013.03.18	—	孙子	张致远	男	2012.06.25	—	孙子
沈文忠	男	1954.04.06	初中	家长	张　烁	男	2018.11.23	—	孙子
刘清香	女	1953.12.08	小学	妻	张洪明	男	1988.12.12	初中	次子
沈彦坤	男	1981.07.28	初中	长子	于林涛	女	1990.01.06	本科	儿媳
巩雪莲	女	1982.12.17	初中	儿媳	张书晗	男	2018.01.09	—	孙子
沈　雨	女	2005.04.13	中专	孙女	张西杰	男	1968.11.08	小学	家长
沈子扬	男	2010.05.22	—	孙子	李宗莲	女	1972.11.16	小学	妻
沈文田	男	1958.05.10	小学	家长	张红超	男	1997.01.25	初中	长子
王顺美	女	1963.10.15	小学	妻	张西亮	男	1971.12.28	小学	家长

续表 2－1

姓名	性别	出生时间	文化程度	家庭关系	姓名	性别	出生时间	文化程度	家庭关系
李玉芹	女	1970.07.23	小学	妻	王金凤	女	1972.02.28	小学	妻
张红发	男	2000.06.06	中专	长子	张银玲	女	2003.01.05	本科	次女
于淑英	女	1948.11.22	—	家长	张　强	男	2005.03.12	高中	长子
张西谦	男	1970.08.25	小学	长子	张廷福	男	1958.11.21	小学	家长
高持彩	女	1968.04.21	初中	儿媳	崔光梅	女	1959.06.10	小学	妻
张　建	男	1991.02.28	高中	孙子	朱茂艳	女	1976.02.02	初中	儿媳
李永兰	女	1998.09.10	中专	孙媳	张本正	男	2000.09.13	本科	孙子
张书航	男	2019.03.11	—	曾孙	张洪启	男	1953.11.03	初中	家长
张正然	男	2020.06.10	—	曾孙	高学兰	女	1952.11.06	初中	妻
张紫阳	男	2006.10.17	—	孙子	张元东	男	1969.04.21	高中	家长
张　晗	女	2008.03.16	—	孙女	庄秀玲	女	1967.08.14	高中	妻
张西坤	男	1975.05.13	初中	次子	张晓婉	女	1990.07.12	研究生	长女
王德媛	女	1974.01.14	初中	儿媳	陈忠长	男	1949.06.18	初中	家长
张　雨	女	2000.09.25	大专	孙女	张秀英	女	1948.05.22	初中	妻
张　露	女	2005.01.26	中专	孙女	陈敬军	男	1975.05.17	初中	长子
张西霞	女	1972.11.14	小学	家长	包颜春	女	1975.03.07	初中	儿媳
高　婧	女	1997.07.29	中专	长女	陈文豪	男	1999.09.21	大专	孙子
张珈睿	女	2014.10.23	—	三女	陈　卓	男	2010.04.02	—	孙子
张宜龙	男	1946.10.30	初中	家长	陈敬涛	男	1982.01.05	初中	次子
岳欣传	女	1948.03.09	小学	妻	孙艺菲	女	1983.09.27	高中	儿媳
张春生	男	1978.04.21	中专	长子	陈　陈	女	2015.05.29	—	孙女
刘遵霞	女	1980.01.07	初中	儿媳	陈中来	男	1955.04.03	小学	家长
张馨允	女	2005.07.22	高中	孙女	陈　建	男	1985.05.29	本科	长子
张安贝	女	2011.01.11	—	孙女	陈昱宏	男	2015.09.18	—	孙子
张俊宇	男	2020.09.27	—	孙子	陈育童	男	2018.04.20	—	孙子
薛金荣	女	1962.06.14	小学	家长	陈洪刚	男	1971.11.09	初中	家长
张雷雷	男	1989.09.10	大专	长子	聂庆花	女	1971.01.20	初中	妻
张近洋	男	2016.10.17	—	孙子	陈清心	女	1996.11.01	研究生	长女
张长桂	女	1966.04.18	小学	家长	陈牧心	男	2002.04.15	中专	长子
高本余	男	1959.05.06	小学	夫	邵泽功	男	1954.09.23	小学	家长
高运起	男	1987.11.28	初中	长子	邵长红	女	1988.12.19	初中	长女
满中玫	女	1989.01.01	初中	儿媳	刘春雷	男	1989.03.18	初中	女婿
高兴昊	男	2010.02.19	—	孙子	邵泽友	男	1962.09.19	小学	家长
高珂昕	女	2016.12.08	—	孙女	尹淑英	女	1964.12.12	小学	妻
邵明芝	女	1946.01.19	小学	家长	邵长春	男	2001.01.13	大专	长子
张志军	男	1972.10.10	初中	长子	邵泽常	男	1966.10.01	初中	家长
张铭洋	女	2002.06.07	大专	孙女	郭善梅	女	1968.12.12	初中	妻
张志霞	女	1982.07.27	大专	四女	邵长胜	男	1994.11.19	高中	长子
张瑞成	男	1968.06.06	初中	家长	邵泽明	男	1969.09.18	小学	家长

续表 2 -1

姓名	性别	出生时间	文化程度	家庭关系	姓名	性别	出生时间	文化程度	家庭关系
刘振叶	女	1921.08.15	小学	家长	苗宁宁	男	1987.01.28	初中	长子
苗秀起	男	1954.10.10	小学	家长	刘颖华	女	1992.10.06	中专	儿媳
刘振兰	女	1953.12.16	小学	妻	苗馨予	女	2010.11.11	—	孙女
苗德强	男	1978.03.01	大专	长子	苗馨悦	女	2017.02.12	—	孙女
李春玲	女	1976.09.11	初中	儿媳	苗士龙	男	1988.09.24	高中	次子
苗金鑫	男	2002.01.25	大专	孙子	尹兰兰	女	1987.03.09	初中	儿媳
苗德成	男	1980.01.06	初中	次子	苗尹慧	女	2012.08.30	—	孙女
程建娟	女	1976.09.04	初中	儿媳	苗依琳	女	2017.12.28	—	孙女
苗金颖	女	2002.09.10	本科	孙女	苗士霞	女	1990.05.26	初中	长女
苗正昊	男	2008.09.14	—	孙子	苗秀军	男	1970.03.09	小学	家长
苗德红	女	1978.09.16	初中	家长	孙秀霞	女	1973.03.19	高中	妻
何兆全	男	1974.12.20	初中	夫	苗仁杰	男	2002.06.12	大专	长子
何　苗	男	2003.12.04	大专	长子	苗德旭	男	2013.11.27	—	次子
何婧闻	女	2010.10.19	—	长女	尹作兰	女	1926.03.19	—	家长
苗秀成	男	1959.01.14	初中	家长	王连香	女	1951.08.15	小学	儿媳
张红梅	女	1960.01.12	初中	妻	苗士成	男	1984.10.09	初中	孙子
苗德青	男	1986.09.16	初中	长子	苗慧欣	女	2014.08.26	—	曾孙女
高　红	女	1991.01.09	初中	儿媳	苗秀其	男	1955.06.19	小学	次子
苗浩雨	男	2010.05.11	—	孙子	王善菊	女	1954.05.16	小学	儿媳
苗浩阳	女	2016.08.15	—	孙女	苗德雨	男	1982.09.06	初中	孙子
苗　亮	男	1988.11.16	初中	次子	栾瑞香	女	1984.08.12	初中	孙媳
苗士永	男	1966.05.22	初中	家长	苗继升	男	2008.01.06	—	曾孙
冯其美	女	1966.08.17	初中	妻	苗继尚	男	2015.11.12	—	曾孙
苗　壮	男	1989.10.02	初中	长子	苗秀山	男	1957.10.23	小学	三子
高　倩	女	1993.06.01	初中	儿媳	刘德云	女	1957.12.17	小学	儿媳
苗奕凡	男	2016.03.30	—	孙子	苗士伟	男	1984.10.17	初中	孙子
苗　菁	女	2019.12.30	—	孙女	于海云	女	1982.09.03	初中	孙媳
苗　帅	男	2005.11.17	初中	次子	苗　鑫	女	2008.06.28	—	曾孙女
苗士青	男	1970.04.11	初中	家长	苗雨宸	男	2013.10.16	—	曾孙
刘清娟	女	1970.12.14	初中	妻	苗士峰	男	1987.09.25	初中	孙子
苗　洁	女	1998.04.16	高中	长女	孙淑静	女	1987.12.11	初中	孙媳
苗　雪	女	2003.01.21	大专	次女	苗　喆	男	2011.05.08	—	曾孙
苗士胜	男	1979.04.22	初中	家长	苗　瑞	男	2022.04.29	—	曾孙
朱玉爱	女	1954.02.01	小学	家长	苗秀华	男	1963.08.20	初中	四子
苗士贵	男	1991.03.03	初中	次子	苗玉龙	男	1989.04.27	大专	孙子
于子雯	女	1995.11.19	初中	儿媳	张立新	女	1991.01.06	初中	孙媳
苗　滙	女	2016.03.17		孙女	苗敬坤	男	2015.01.16	—	曾孙
苗秀江	男	1962.07.05	初中	家长	苗敬乾	男	2019.06.12	—	曾孙
卢衍贞	女	1964.02.10	初中	妻	苗秀亮	男	1966.10.07	小学	五子

续表 2-1

姓名	性别	出生时间	文化程度	家庭关系	姓名	性别	出生时间	文化程度	家庭关系
刘彦芹	女	1966.01.08	小学	儿媳	赵　红	女	1984.08.07	初中	儿媳
苗士明	男	1992.12.05	高中	孙子	赵晨旭	男	2008.03.06	—	孙子
张　雷	女	1989.07.24	中专	孙媳	赵晨涵	男	2016.09.23	—	孙子
苗梓萌	女	2019.08.24	—	曾孙女	赵同明	男	1950.01.16	小学	家长
周金星	男	1941.01.08	—	家长	陈继香	女	1953.08.21	小学	妻
罗秀梅	女	1945.09.14	—	妻	赵建新	男	1975.09.04	初中	长子
赵从明	男	1965.11.19	初中	家长	王树英	女	1975.09.02	初中	儿媳
刘希兰	女	1961.10.07	初中	妻	赵志伟	男	1999.09.17	大专	孙子
赵　雷	男	1985.11.08	初中	长子	赵东方	男	2014.02.03	—	孙子
赵梓程	男	2009.09.14	—	孙子	赵永利	男	1979.02.19	初中	次子
赵梓涵	男	2009.09.14	—	孙子	尹昌进	女	1979.11.30	初中	儿媳
赵从理	男	1967.04.15	初中	家长	赵伟豪	男	2004.10.06	大专	孙子
高金欣	女	1968.03.01	初中	妻	赵晨曦	女	2012.12.04	—	孙女
赵　杰	男	1991.05.27	高中	长子	赵同意	男	1962.06.07	初中	家长
代庆瑶	女	1989.12.09	—	儿媳	尹成梅	女	1967.05.06	初中	妻
赵梓雯	女	2012.11.18	—	孙女	赵光明	男	1988.10.14	初中	长子
赵昱皓	男	2008.05.24	—	次子	聂凤娟	女	1990.08.19	初中	儿媳
赵文祥	男	1949.01.29	—	家长	赵春阳	女	2012.01.31	—	孙女
李廷花	女	1951.03.10	—	妻	赵正阳	男	2014.09.14	—	孙子
赵立成	男	1987.10.06	大专	长子	赵桐杉	男	1965.10.25	初中	家长
胡凡芝	女	1985.10.10	大专	儿媳	王铭缨	女	1965.05.16	初中	妻
赵子灏	男	2016.01.01	—	孙子	赵　霞	女	1998.05.04	本科	次女
赵子淇	女	2018.06.02	—	孙女	赵学珍	男	1953.01.26	初中	家长
胡宝荣	女	1958.04.10	小学	家长	刘照芳	女	1956.12.11	初中	妻
赵立军	男	1981.10.03	中专	长子	赵　峰	男	1981.03.04	初中	长子
刘娟娟	女	1980.02.11	高中	儿媳	刘贵芬	女	1982.09.01	初中	儿媳
赵子铭	男	2013.11.18	—	孙子	赵允正	男	2005.11.12	中专	孙子
赵子阳	女	2007.02.16	—	孙女	赵允馨	女	2019.02.10	—	孙女
刘丽萍	女	1987.08.12	大专	儿媳	赵　波	男	1985.01.06	高中	次子
赵子萱	女	2012.10.06	—	孙女	于林英	女	1989.10.09	初中	儿媳
赵子琛	男	2017.06.04	—	孙子	赵允源	男	2009.10.30	—	孙子
赵同祥	男	1940.04.23	小学	家长	赵允翔	男	2018.05.23	—	孙子
刘善菊	女	1941.01.11	小学	妻	赵　军	男	1986.01.06	高中	三子
赵忠城	男	1970.03.19	初中	长子	李海玲	女	1985.12.02	中专	儿媳
刘志珍	女	1972.07.06	初中	儿媳	赵允菲	女	2010.07.05	—	孙女
赵奕超	男	1997.10.13	初中	孙子	赵允航	男	2015.01.09	—	孙子
赵　煜	男	2005.05.31	初中	孙子	胡长发	男	1933.10.04	—	家长
冶俊芬	女	1946.08.18	小学	家长	胡发田	男	1948.08.13	小学	长子
赵海波	男	1985.12.05	初中	长子	邹恩兰	女	1947.09.16	小学	儿媳

续表 2－1

姓名	性别	出生时间	文化程度	家庭关系	姓名	性别	出生时间	文化程度	家庭关系
胡发忠	男	1940.02.16	小学	家长	相圣彬	男	2018.11.14	—	孙子
胡乃进	男	1967.09.04	小学	长子	相合全	男	1970.03.27	初中	家长
孔凡香	女	1964.07.28	小学	儿媳	于召花	女	1968.04.22	小学	妻
胡兴龙	男	1989.08.04	初中	孙子	相荣杰	男	1992.07.28	本科	长子
王晓敏	女	1987.03.08	大专	孙媳	王　丹	女	1991.05.12	本科	儿媳
胡敬雪	女	2010.10.21	—	曾孙女	相圣伊	女	2018.06.12	—	孙女
胡梓硕	男	2016.12.07	—	曾孙	孙秀凤	女	1938.10.07	—	家长
胡乃陈	男	1978.03.16	小学	次子	姜开勇	男	1963.11.04	高中	长子
刘树玲	女	1979.12.01	初中	儿媳	高泽芬	女	1967.11.12	小学	儿媳
胡馨月	女	2005.09.26	中专	孙女	姜　涛	男	1988.07.30	初中	孙子
胡发成	男	1942.01.01	小学	家长	郑加慧	女	1988.05.21	大专	孙媳
胡乃军	男	1970.09.28	初中	长子	姜政良	男	2011.03.30	—	曾孙
陈敬芬	女	1970.08.11	初中	儿媳	姜昱良	男	2016.10.30	—	曾孙
胡凡强	男	1995.08.15	中专	孙子	姜开元	男	1966.10.13	小学	次子
徐　云	女	1988.10.30	高中	孙媳	王德美	女	1965.03.09	高中	儿媳
胡援锌	女	2015.06.11	—	曾孙女	姜　斌	男	1992.10.16	本科	孙子
胡宸赫	男	2019.07.10	—	曾孙	姜开春	男	1968.03.04	初中	三子
胡乃亮	男	1975.08.09	初中	次子	唐聚梅	女	1970.01.24	小学	儿媳
赵　萍	女	1975.08.21	初中	儿媳	姜　山	男	1990.04.10	初中	孙子
胡思晓	女	2003.09.12	本科	孙女	张琳琳	女	1997.08.27	初中	孙媳
胡宇涵	女	2006.12.23	—	孙女	姜媛媛	女	2006.11.26	中专	孙女
胡源硕	男	2015.05.13	—	孙子	苗玉兰	女	1931.12.17	—	家长
胡发田	男	1951.09.02	—	家长	姜开清	男	1955.10.09	—	次子
刘振娜	女	1951.08.13	—	妻	赵树青	女	1955.02.28	—	儿媳
胡乃明	男	1981.05.26	初中	长子	姜德顺	男	1981.06.05	中专	孙子
刘翠萍	女	1981.10.19	高中	儿媳	王　华	女	1979.02.06	中专	孙媳
胡谨凡	男	2005.09.27	初中	孙子	姜富良	男	2007.11.30	—	曾孙
胡乃峰	男	1983.12.27	初中	次子	郭建君	女	2012.10.01	—	曾孙女
胡君浩	男	2011.10.08	—	孙子	姜元良	男	2019.06.06	—	曾孙
胡发全	男	1971.02.17	初中	家长	姜德增	男	1987.12.20	中专	孙子
胡乃洁	男	1998.11.29	高中	长子	李　静	女	1986.06.02	专科	孙媳
张　奇	女	1999.03.13	中专	儿媳	姜俊良	男	2011.03.14	—	曾孙
胡筱雅	女	2022.08.30	—	孙女	姜国良	男	2016.05.12	—	曾孙
胡　硕	女	2007.02.16	—	长女	姜开利	男	1963.03.02	初中	四子
相合友	男	1954.05.14	小学	家长	许家芳	女	1967.04.04	初中	儿媳
高顺兰	女	1958.06.05	小学	妻	姜　峰	男	1987.02.04	中专	孙子
相荣亮	男	1983.01.10	初中	次子	肖彩霞	女	1988.04.09	高中	孙媳
麻海杰	女	1985.06.09	初中	儿媳	姜志欣	女	2013.12.14	—	曾孙女
相圣涛	男	2007.06.12	—	孙子	姜羽欣	女	2020.04.17	—	曾孙女

续表 2 -1

姓名	性别	出生时间	文化程度	家庭关系	姓名	性别	出生时间	文化程度	家庭关系
姜开明	男	1966.05.31	初中	五子	董春蕾	女	1983.02.25	中专	儿媳
孙凤芹	女	1966.07.27	小学	儿媳	袁中鹏	男	2012.03.03	—	孙子
任贵志	男	1988.10.30	大专	孙女婿	袁中栋	男	2020.10.23	—	孙子
任志程	男	2017.10.23	—	外曾孙	袁东烈	男	1959.03.07	初中	家长
任宇轩	男	2021.09.27	—	外曾孙	张红玲	女	1962.09.08	—	妻
姜自文	女	1997.11.21	研究生	孙女	袁丰龙	男	1989.11.17	初中	长子
赵风彩	女	1932.03.27	—	家长	郭彦宁	女	1989.07.10	初中	儿媳
姜开全	男	1955.07.23	小学	长子	袁忠辰	男	2012.08.20	—	孙子
姜　珊	女	1985.11.10	高中	孙女	袁忠皓	男	2017.10.29	—	孙子
赵乾山	男	1987.05.13	高中	孙女婿	袁五烈	男	1965.02.22	初中	家长
赵佳乐	女	2008.04.02	—	外曾孙女	郑恩美	女	1964.05.17	初中	妻
赵康乐	女	2017.12.25	—	外曾孙女	袁丰洋	男	1997.03.18	大专	长子
赵伯乐	男	2019.09.20	—	外曾孙	袁中祺	男	1940.05.10	初中	家长
袁淑霞	女	1965.01.20	初中	儿媳	贾在春	女	1944.09.10	小学	妻
姜　鑫	男	1990.12.13	初中	孙子	袁养浩	男	1971.03.05	中专	长子
姜开军	男	1961.01.01	小学	三子	刘爱君	女	1974.01.11	初中	儿媳
李凤其	女	1957.06.24	小学	儿媳	袁世同	男	1999.10.07	大专	孙子
姜　波	男	1983.05.15	初中	孙子	袁祝同	男	2005.09.21	高中	孙子
刘振英	女	1982.07.18	初中	孙媳	聂学增	男	1959.08.14	—	家长
姜国兵	男	2006.10.04	—	曾孙	高宝珍	女	1957.08.15	—	妻
姜建宇	男	2014.07.23	—	曾孙	聂家华	男	1984.10.29	初中	长子
赵同芳	女	1955.07.25	小学	家长	吕信娟	女	1984.04.26	初中	儿媳
姜自强	男	1982.09.16	初中	长子	聂　硕	男	2010.05.01	—	孙子
刘夕雅	女	1985.04.09	初中	儿媳	聂宇杭	男	2019.04.22	—	孙子
姜　玉	女	2007.06.14	—	孙女	聂晨菲	女	2016.01.25	—	孙女
姜　苗	男	2015.09.06	—	孙子	聂晨阳	男	2019.08.31	—	孙子
胡发美	女	1940.03.30	小学	家长	聂家伟	男	1987.10.18	大专	三子
袁封成	男	1958.02.15	初中	家长	张志娟	女	1990.07.12	中专	儿媳
解洪欣	女	1956.03.16	初中	妻	聂冬辰	男	2016.01.01	—	孙子
袁中华	男	1981.11.21	初中	长子	聂学利	男	1965.12.15	初中	家长
陈中芳	女	1983.10.30	初中	儿媳	聂胜雷	男	1987.08.03	初中	长子
袁俊雯	女	2007.12.15	—	孙女	许佩雯	女	1987.12.09	大专	儿媳
袁俊宇	男	2015.08.07	—	孙子	聂宇彤	女	2011.11.11	—	孙女
刘振彩	女	1950.02.13	小学	家长	聂宇宸	男	2017.10.31	—	孙子
袁纪烈	男	1955.07.16	初中	家长	聂学友	男	1963.02.18	初中	家长
李世芳	女	1953.07.03	—	妻	刘贵霞	女	1966.02.24	初中	妻
袁中程	男	2012.07.22	—	孙子	聂子豪	男	2006.08.19	高中	次子
袁子玉	女	2017.04.14	—	孙女	聂学忠	男	1966.02.09	初中	家长
袁丰坤	男	1982.07.07	大专	次子	王树红	女	1968.03.23	小学	妻

续表 2 –1

姓名	性别	出生时间	文化程度	家庭关系	姓名	性别	出生时间	文化程度	家庭关系
聂胜杰	男	1990.09.07	中专	长子	徐后涛	男	1983.09.03	初中	次子
徐明桂	女	1991.01.06	大专	儿媳	苗海芳	女	1983.01.06	初中	儿媳
聂婧语	女	2018.02.03	—	孙女	徐　可	男	2007.07.04	—	孙子
聂诗玥	女	2022.12.06	—	孙女	徐懿晨	男	2017.10.17	—	孙子
聂学海	男	1969.10.15	初中	家长	徐元烈	男	1958.12.07	小学	家长
刘振伟	女	1970.01.23	初中	妻	刘西珍	女	1957.10.09	小学	妻
聂文静	女	1994.11.03	大专	长女	徐　营	男	1990.03.13	大专	长子
聂睿颜	女	2014.12.13	—	次女	徐富烈	男	1962.11.11	高中	家长
聂学亮	男	1972.10.06	小学	家长	赵成荣	女	1963.11.22	初中	妻
高新华	女	1975.11.08	高中	妻	徐　伟	男	1986.01.11	高中	长子
聂　荧	女	2007.12.09	—	长女	李明华	女	1987.11.04	初中	儿媳
聂琪霖	男	2009.11.08	—	长子	徐以涵	女	2010.12.18	—	孙女
徐传兰	女	1945.10.21	小学	家长	徐以贺	男	2015.12.22	—	孙子
李守英	女	1956.09.17	—	家长	徐　军	男	1987.08.01	中专	次子
聂友亮	男	1982.05.20	初中	长子	赵　玮	女	1989.01.13	初中	儿媳
肖增芝	女	1976.12.17	初中	儿媳	徐以伊	女	2014.01.25	—	孙女
聂胜帅	男	2005.11.03	中专	孙子	徐以航	男	2016.01.19	—	孙子
聂天赐	男	2014.05.23	—	孙子	张志梅	女	1950.05.08	小学	家长
聂友强	男	1983.01.12	初中	次子	刘凤芹	女	1978.06.06	初中	儿媳
王金芝	女	1985.01.13	初中	儿媳	徐伟华	男	2002.11.12	高中	孙子
聂圣昊	男	2008.07.08	—	孙子	徐伟诚	男	2011.09.20	—	孙子
聂圣扬	男	2020.09.24	—	孙子	徐厚军	男	1959.09.20	初中	家长
聂瑞余	男	1962.08.24	初中	家长	张艾芝	女	1957.02.15	高中	妻
聂丹丹	女	1991.03.26	高中	长女	徐　明	男	1986.10.18	中专	长子
薛雨彤	女	2018.09.05	—	外孙女	张艳年	女	1983.11.20	大专	儿媳
彭成兰	女	1949.04.23	小学	家长	徐国珲	男	2007.05.02	—	孙子
徐金烈	男	1947.08.14	小学	家长	徐国琪	女	2017.08.13	—	孙女
彭洪瑞	女	1948.08.10	小学	妻	徐国婳	女	2020.05.18	—	孙女
徐后田	男	1974.11.07	初中	长子	徐后明	男	1963.02.20	初中	家长
徐世龙	男	2000.02.13	本科	孙子	郑恩双	女	1970.08.06	初中	妻
徐晓萌	女	2006.11.06	高中	孙女	徐　超	男	1988.11.12	高中	长子
徐厚良	男	1977.07.14	大专	次子	刘　琳	女	1995.01.06	中专	儿媳
尹秀平	女	1975.04.11	高中	儿媳	徐亦萱	女	2015.11.08	—	孙女
徐世华	男	2002.10.21	本科	孙子	徐云霆	男	2019.03.02	—	孙子
徐小华	男	2017.10.12	—	孙子	徐明厚	男	1949.06.30	小学	家长
徐永烈	男	1954.05.12	小学	家长	于凤花	女	1949.10.07	小学	妻
张梅芝	女	1956.12.10	小学	妻	徐以安	男	1977.02.15	初中	长子
徐后海	男	1981.11.05	初中	长子	高同梅	女	1976.01.02	初中	儿媳
徐世杰	男	2004.09.23	初中	孙子	徐　彬	男	2000.07.08	高中	孙子

续表 2－1

姓名	性别	出生时间	文化程度	家庭关系	姓名	性别	出生时间	文化程度	家庭关系
徐以成	男	1988.02.08	大专	次子	高伟杰	男	1993.09.20	研究生	孙子
姜照连	女	1992.07.06	初中	儿媳	高　萌	女	2007.04.20	—	孙女
徐　烁	男	2016.01.28	—	孙子	高路文	男	1972.03.26	初中	六子
徐丛嘉	男	2021.12.07	—	孙子	张志霞	女	1969.01.08	小学	儿媳
徐亮厚	男	1963.03.13	小学	家长	高　洁	女	1999.05.28	大专	孙女
刘振运	女	1965.04.07	—	妻	高　义	男	2000.05.08	大专	孙子
徐　婧	女	1984.07.15	大专	长女	刘振香	女	1943.11.11	初中	家长
刘　洋	男	1985.10.03	高中	女婿	高录元	男	1963.03.12	初中	长子
刘佳润	男	2015.03.16	—	外孙	袁中红	女	1965.04.24	初中	儿媳
邱立梅	女	1949.03.11	—	家长	高本龙	男	1990.10.29	中专	孙子
徐后波	男	1973.11.14	初中	长子	高尔蔓	女	2016.03.27	—	曾孙女
刘　磊	女	1973.09.17	初中	儿媳	高录君	男	1969.06.27	小学	次子
徐以正	男	1997.08.09	大专	孙子	梁玉香	女	1969.12.10	小学	儿媳
徐厚杰	男	1986.03.11	高中	次子	高　波	男	1989.12.01	高中	孙子
于兆晓	女	1987.08.12	初中	儿媳	高　菲	女	2006.08.25	高中	孙女
徐聪慧	女	2010.02.03	—	孙女	高贵明	男	1957.12.22	高中	家长
徐嘉慧	女	2015.08.08	—	孙女	于凤先	女	1961.01.03	—	妻
徐兴宝	男	1970.09.26	大专	家长	高本峰	男	1982.10.20	初中	长子
刘德红	女	1971.01.14	小学	妻	岳梅传	女	1982.05.17	初中	儿媳
徐　洁	女	1996.08.28	本科	长女	高　尚	女	2006.01.21	大专	孙女
徐童雨	女	2004.04.05	高中	次女	高晨曦	男	2014.05.03	—	孙子
邱祯庭	女	1933.10.16	—	家长	高金峰	男	1984.01.15	初中	次子
袁凤霞	女	1959.09.23	高中	儿媳	杨纪者	女	1982.10.06	初中	儿媳
高颖超	女	1990.12.26	本科	孙女	高依诺	女	2006.06.25	大专	孙女
高录德	男	1954.08.10	小学	次子	高　瑞	男	2013.10.24	—	孙子
代遵兰	女	1953.07.22	小学	儿媳	高艺可	女	2019.08.29	—	孙女
高立朋	男	1982.05.20	中专	孙子	高　源	男	2021.08.09	—	孙子
高梓程	男	2007.01.27	—	曾孙	高贵法	男	1966.01.09	小学	家长
高利升	男	1983.03.27	初中	孙子	丁　华	女	1964.09.19	小学	妻
邱　惠	女	1982.11.10	大专	孙媳	高　龙	男	1989.01.27	初中	长子
高乾程	男	2010.01.10	—	曾孙	高安媞	女	2013.12.14	—	孙女
高路修	男	1960.11.02	高中	三子	高俊熙	男	2022.02.22	—	孙子
李桂莲	女	1967.02.22	小学	儿媳	高宝山	男	1958.03.07	初中	家长
高录亮	男	1963.07.22	高中	四子	刘振芹	女	1959.10.15	—	妻
苗学兰	女	1963.12.16	高中	儿媳	高永朋	男	1983.08.13	初中	长子
高华江	男	1988.10.11	研究生	孙子	潘丽萍	女	1982.09.09	初中	儿媳
高艺宁	女	1990.01.10	研究生	孙女	高圣喆	男	2008.09.03	—	孙子
高录明	男	1965.05.28	小学	五子	赵　雪	女	2008.12.07	—	孙女
李孝莲	女	1964.12.24	初中	儿媳	高沐柠	女	2021.09.05	—	孙女

续表 2－1

姓名	性别	出生时间	文化程度	家庭关系	姓名	性别	出生时间	文化程度	家庭关系
高永成	男	1985.08.12	高中	次子	高明宇	男	2021.08.21	—	曾孙
张　欣	女	1984.04.09	初中	儿媳	高　成	男	2007.12.29	—	孙子
高浩宸	男	2016.09.25	—	孙子	王庆芳	女	1959.11.02	小学	家长
高浩宇	女	2009.12.13	—	孙女	高　涛	男	1986.10.03	初中	长子
高宝明	男	1968.02.03	初中	家长	崔纪霞	女	1985.02.10	中专	儿媳
包彦欣	女	1968.01.07	初中	妻	高子涵	女	2010.09.17	—	孙女
王桂秀	女	1991.04.06	本科	儿媳	高子欣	女	2016.11.08	—	孙女
高浩然	男	2022.01.04	—	孙子	高桂忠	男	1965.04.17	初中	家长
高宝海	男	1973.02.02	初中	家长	魏玉菊	女	1966.12.09	初中	妻
高永政	男	2002.08.30	本科	长子	高　飞	男	1989.08.10	初中	长子
高宝臣	男	1968.03.13	初中	家长	王　雪	女	1990.07.26	初中	儿媳
曹庆云	女	1966.03.26	初中	妻	高铭洋	男	2014.02.03	—	孙子
高　建	男	1992.11.11	初中	长子	高　雪	女	2004.12.05	大专	长女
寇兆倩	女	1996.11.16	初中	儿媳	高成东	男	1928.06.16	—	家长
高昱泽	男	2017.01.21	—	孙子	赵桂兰	女	1931.11.08	—	妻
高　鹏	男	1998.04.25	初中	次子	高宝义	男	1962.08.27	小学	长子
高宝升	男	1969.06.04	初中	家长	高勇恒	男	1989.11.12	初中	孙子
苏玉芹	女	1969.10.16	初中	妻	蒋晓艳	女	1989.12.20	初中	孙媳
高　尚	男	2005.10.02	高中	长子	高煜镇	男	2014.05.12	—	曾孙
高文慧	女	2001.09.06	本科	次女	高沐清	女	2021.09.10	—	曾孙女
高宝亮	男	1972.03.12	小学	家长	高宝德	男	1941.10.04	—	家长
魏德艳	女	1981.07.16	小学	妻	魏学爱	女	1944.03.12	—	妻
高梓慧	女	2019.05.18	—	长女	王立荣	女	1970.04.15	初中	儿媳
高佳慧	女	2022.07.30	—	次女	高　洋	男	1991.09.09	高中	孙子
马乾梅	女	1948.12.15	—	家长	聂明珠	女	1990.06.20	大专	孙媳
高宝强	男	1986.12.05	初中	长子	高书鹤	男	2018.06.17	—	曾孙
吴恩欣	女	1986.04.06	初中	儿媳	高书淙	男	2018.06.17	—	曾孙
高永琪	女	2010.04.07	—	孙女	高艺菡	女	2008.10.02	—	孙女
高永硕	男	2015.09.24	—	孙子	高永华	男	1972.10.30	本科	次子
高玉庆	男	1936.03.07	—	家长	武玉梅	女	1980.05.10	初中	儿媳
李长花	女	1941.01.30	—	妻	高　斌	男	1996.03.25	高中	孙子
高桂区	男	1963.06.08	初中	长子	高铭阳	女	2006.07.04	高中	孙女
刘淑云	女	1962.06.19	高中	儿媳	高舞阳	女	2012.08.20	—	孙女
高　翔	男	1985.04.06	本科	孙子	高兴龙	男	1988.06.16	初中	外孙
高睿雪	女	2012.01.07	—	曾孙女	车莹莹	女	1986.01.26	本科	外孙媳
高靖渊	男	2016.06.27	—	曾孙	高语蔓	女	2009.09.23	—	曾外孙女
高靖博	男	2016.06.27	—	曾孙	高语鑫	女	2016.10.17	—	曾外孙女
高桂现	男	1968.01.08	初中	次子	高语萱	女	2019.11.12	—	曾外孙女
傅德美	女	1969.04.06	初中	儿媳	高宇程	男	2022.12.10	—	曾外孙

续表 2-1

姓名	性别	出生时间	文化程度	家庭关系	姓名	性别	出生时间	文化程度	家庭关系
高宝全	男	1946.09.02	小学	家长	高兴宸	男	2003.01.14	高中	孙子
于召花	女	1950.06.08	—	妻	高子鉴	男	2019.04.26	—	孙子
高 伟	男	1972.05.06	初中	长子	高 达	男	1989.05.25	初中	次子
姜卫丽	女	1972.09.01	初中	儿媳	赵婷婷	女	1988.03.15	初中	儿媳
高煜鑫	男	1998.04.10	大专	孙子	高子晴	女	2012.01.01	—	孙女
徐后芳	女	1950.02.18	小学	家长	高艺菲	女	2018.08.22	—	孙女
李凤娟	女	1975.11.29	初中	儿媳	王立芳	女	1936.04.20	—	家长
高 宇	男	1999.10.10	中专	孙子	高本成	男	1965.10.30	初中	长子
高子涵	女	2005.01.18	高中	孙女	王世芹	女	1964.04.02	初中	儿媳
张秋萍	女	1954.01.27	初中	家长	郑维香	女	1936.02.23	小学	家长
高永超	男	1977.01.16	高中	长子	高省会	男	1965.08.16	小学	长子
高 晗	女	2002.05.10	本科	孙女	沈树菊	女	1963.04.03	小学	儿媳
高 源	男	2007.04.03	—	孙子	高 军	男	1986.12.16	初中	孙子
高小江	男	1980.07.26	中专	次子	高洪云	女	1986.09.12	高中	孙媳
苗得秀	女	1980.08.06	初中	儿媳	高浩凯	男	2008.11.08	—	曾孙
高思彤	女	2005.12.13	中专	孙女	高浩鸣	男	2017.05.16	—	曾孙
王 涵	女	2011.11.22	—	孙女	高 翔	男	1988.07.25	初中	孙子
高 虎	男	1987.09.28	大专	三子	陈小珍	女	1990.02.26	初中	孙媳
齐玉方	女	1990.04.11	中专	儿媳	高泽锦	男	2013.06.10	—	曾孙
高 菲	女	2013.05.30	—	孙女	高一硕	男	2018.02.15	—	曾孙
高 超	男	1989.07.15	中专	家长	高省伟	男	1969.03.05	小学	次子
孟祥美	女	1990.05.02	大专	妻	高 原	男	2000.05.25	初中	孙子
高梦莹	女	2017.04.21	—	长女	高春升	男	1969.03.19	本科	家长
苗存兰	女	1944.09.25	—	家长	段秀花	女	1969.03.10	专科	妻
刘善兰	女	1947.05.20	小学	家长	高雪华	女	1995.07.17	本科	长女
高本祥	男	1959.11.28	初中	家长	高悦华	女	2004.12.15	高中	次女
李桂兰	女	1965.05.22	—	妻	高永文	男	1969.10.06	高中	家长
高 明	男	1985.08.07	初中	长子	王玉红	女	1969.01.18	小学	妻
陈中梅	女	1987.02.10	初中	儿媳	高 辉	男	1993.01.21	本科	长子
高雅妮	女	2011.04.02	—	孙女	郭顺太	男	1949.04.07	小学	家长
高瑾萱	女	2015.08.07	—	孙女	孔凡英	女	1953.02.18	小学	妻
潘秀勋	女	1960.05.27	小学	家长	郭树建	男	1975.02.26	小学	长子
高运升	男	1991.02.26	初中	长子	高雪芬	女	1974.01.17	小学	儿媳
高桂晓	女	1990.09.02	初中	儿媳	郭彦磊	男	1998.10.25	专科	孙子
高兴龙	男	2012.06.13	—	孙子	郭世强	男	1978.02.26	初中	次子
高兴宇	男	2020.09.19		孙子	郭颜彬	男	2004.09.25	高中	孙子
李维举	女	1954.10.26	小学	家长	郭太永	男	1955.02.26	小学	家长
高运昌	男	1977.11.27	初中	长子	于凤兰	女	1955.11.08	小学	妻
李 慧	女	1979.03.29	高中	儿媳	郭树芹	女	1982.09.22	高中	长女

续表 2－1

姓名	性别	出生时间	文化程度	家庭关系	姓名	性别	出生时间	文化程度	家庭关系
代文志	男	2006.08.22	高中	外孙	徐以爱	女	1954.08.25	小学	家长
郭　昱	女	2017.01.14	—	外孙女	唐泽建	男	1984.07.15	初中	长子
张语桐	女	2020.06.30	—	外孙女	于林娟	女	1983.11.11	初中	儿媳
郭太美	女	1947.05.29	小学	家长	唐树梁	男	2009.03.18	—	孙子
郭贵太	男	1937.02.19	—	家长	唐梓煊	男	2017.01.20	—	孙子
赵贵荣	女	1942.02.04	—	妻	唐聚欣	男	1955.03.31	—	家长
郭树利	男	1964.03.02	初中	长子	李明臻	女	1956.12.26	—	妻
王加英	女	1963.09.05	初中	儿媳	唐泽华	男	1982.10.28	初中	长子
郭颜刚	男	1988.10.08	专科	孙子	张红臻	女	1982.06.09	大专	儿媳
高彩云	女	1991.05.22	专科	孙媳	唐梓豪	男	2006.01.31	中专	孙子
郭　淇	女	2018.04.04	—	曾孙女	唐浩博	男	2021.02.23	—	孙子
郭彦强	男	1989.12.27	初中	孙子	唐泽峰	男	1984.10.19	初中	次子
郭树成	男	1966.07.29	初中	次子	高伟伟	女	1982.09.11	初中	儿媳
樊增芳	女	1965.11.09	初中	儿媳	唐梓藤	女	2008.01.03	—	孙女
郭彦超	男	1991.02.28	初中	孙子	唐梓赫	男	2015.09.21	—	孙子
宋开云	女	1988.10.18	高中	孙媳	唐聚斋	男	1956.05.05	小学	家长
郭　燊	女	2016.01.11	—	曾孙女	高贵英	女	1956.12.18	小学	妻
郭梓珺	女	2017.12.31	—	曾孙女	唐泽海	男	1975.08.21	高中	长子
张兰红	女	1971.03.07	初中	儿媳	刘凤美	女	1975.11.13	初中	儿媳
郭焱烨	男	1995.02.11	高中	孙子	唐毅锟	男	2001.03.06	本科	孙子
郭笑含	女	2007.12.16	—	孙女	唐新童	男	2007.05.16	—	孙子
高治英	女	1949.12.14	小学	家长	唐泽江	男	1987.10.03	初中	次子
唐聚华	男	1968.12.09	初中	长子	薛善娜	女	1988.10.09	初中	儿媳
王帅玲	女	1969.09.26	初中	儿媳	唐梓郡	女	2016.09.08	—	孙女
唐康宁	男	1989.10.20	高中	孙子	唐梓旭	男	2011.12.02	—	孙子
唐嘉卉	女	2015.04.12	—	曾孙女	唐致练	男	1937.11.24	—	家长
唐聚金	男	1973.02.28	小学	次子	朱爱欣	女	1968.07.24	小学	儿媳
李富梅	女	1972.03.23	小学	儿媳	唐麒凯	男	2000.07.10	初中	孙子
唐馨	女	2003.04.30	大专	孙女	唐铸香	女	1973.02.08	初中	家长
唐国皓	男	2005.10.21	中专	孙子	高　帅	男	1999.06.03	大专	长子
唐聚省	男	1954.07.31	小学	家长	高　聪	男	2013.01.03	—	次子
唐淑山	男	1983.02.10	初中	长子	黄保杰	男	1988.10.30	初中	家长
李晓晴	女	1982.09.24	初中	儿媳	张旭梅	女	1987.12.24	初中	妻
唐茂鑫	男	2007.06.07	初中	孙子	黄训成	男	2013.08.28	—	长子
唐聚强	男	1968.02.28	小学	家长	黄训凯	男	2015.09.16	—	次子
毛西梅	女	1969.11.09	小学	妻	黄训豪	男	2018.09.15	—	三子
唐鹏博	男	2000.08.27	大专	长子	戚中华	男	1958.08.31	初中	家长
唐聚庆	男	1951.04.28	小学	家长	李珍吉	女	1956.10.05	初中	妻
于凤兰	女	1954.05.01		妻	戚玉亮	男	1968.06.19	初中	家长

续表 2-1

姓名	性别	出生时间	文化程度	家庭关系	姓名	性别	出生时间	文化程度	家庭关系
李言芹	女	1966.12.26	初中	妻	葛文语	女	2017.05.14	—	孙女
戚建强	男	1990.09.14	初中	长子	刘振玲	女	1970.02.28	初中	家长
周连花	女	1989.12.25	初中	儿媳	蒋金涛	男	1992.10.10	初中	长子
戚鑫腾	男	2014.12.25	—	孙子	聂　郡	女	1998.09.11	初中	儿媳
戚鑫飞	男	2017.09.08	—	孙子	蒋厚泽	男	2018.04.09	—	孙子
戚文静	女	2007.12.20	—	长女	蒋厚权	男	2019.11.26	—	孙子
戚中祯	男	1972.03.20	小学	家长	薛立壮	男	2006.06.01	高中	户主
赵美娟	女	1972.07.29	小学	妻	于庆美	女	1952.03.27	—	家长
戚建发	男	1999.02.09	初中	长子	薛兆军	男	1978.06.03	初中	长子
聂学莲	女	1958.08.23	初中	家长	赵同兰	女	1979.02.08	初中	儿媳
梁晓东	男	1987.12.16	本科	长子	薛丽辰	男	2004.11.04	中专	孙子
梁舒玥	女	2022.06.06	—	孙女	薛兆艳	女	1985.08.06	初中	长女
李文臻	女	1962.04.11	小学	家长	魏召利	男	1955.12.09	小学	家长
葛文华	男	1983.08.09	初中	长子	张美荣	女	1953.05.31	小学	妻
郭希花	女	1983.10.19	初中	儿媳	孙继芹	女	1980.02.14	初中	儿媳
葛　畅	女	2006.07.09	高中	孙女	魏宸宇	男	2008.01.07	—	孙子
葛献磊	男	2016.04.08	—	孙子	魏召发	男	1958.10.07	小学	家长
葛文峰	男	1985.03.02	高中	次子	袁中美	女	1958.09.20	小学	妻
王海丽	女	1986.12.07	本科	儿媳	魏彦成	男	1987.03.09	初中	长子
葛献嵘	男	2010.08.14	—	孙子	魏璐洋	男	2010.09.20	—	孙子
葛献泽	男	2018.07.11	—	孙子	魏增霖	男	2014.02.20	—	孙子
葛文龙	男	1988.06.16	高中	三子	魏召友	男	1966.07.05	小学	家长
李芳芳	女	1989.11.29	初中	儿媳	王家英	女	1964.07.18	小学	妻
葛献杰	男	2011.11.11	—	孙子	魏彦磊	女	1990.08.06	初中	长女
葛　芮	女	2019.03.19	—	孙女	尹永刚	男	1987.10.02	初中	女婿
陈增俊	女	1964.04.10	小学	家长	魏思雨	女	2010.06.11	—	外孙女
葛文强	男	1997.06.17	高中	长子	尹彤彤	女	2014.12.10	—	外孙女
葛同友	男	1943.08.17	—	家长	尹麒麟	男	2016.06.19	—	外孙
张英茹	女	1947.09.30	—	妻	尹乐彤	女	2021.10.09	—	外孙女
葛其波	男	1971.04.12	小学	长子	魏召烈	男	1946.07.15	小学	家长
朱守霞	女	1969.09.17	高中	儿媳	聂遵兰	女	1946.06.10	小学	妻
葛文国	男	2001.12.01	本科	孙子	魏彦军	男	1975.04.29	小学	长子
葛文鹏	男	2002.08.11	大专	孙子	李振娟	女	1975.01.12	初中	儿媳
葛昱辰	男	2007.10.02	初中	孙子	魏　峰	男	2001.02.14	大专	孙子
葛同利	男	1956.12.15	小学	家长	魏彦强	男	1988.11.12	初中	次子
邵花菊	女	1956.05.27	小学	妻	赵　玲	女	1989.01.25	初中	儿媳
葛其坤	男	1989.03.21	中专	长子	魏鑫悦	女	2014.03.03	—	孙女
蒋伯彩	女	1990.10.01	初中	儿媳	魏鑫瑶	女	2017.09.27	—	孙女
葛文喆	男	2013.04.30	—	孙子	魏召贵	男	1957.11.29	初中	家长

续表 2－1

姓名	性别	出生时间	文化程度	家庭关系	姓名	性别	出生时间	文化程度	家庭关系
刘中兰	女	1959.05.02	高中	妻	杜以菊	女	1983.05.20	初中	儿媳
魏彦波	男	1988.12.16	初中	长子	魏欣怡	女	2007.07.08	—	孙女
朱元娜	女	1990.04.26	初中	儿媳	魏子超	男	2014.10.27	—	孙子
魏金乐	男	2012.12.03	—	孙子	魏　杰	男	1953.06.19	初中	家长
魏金辉	男	2016.10.07	—	孙子	苗德臻	女	1952.01.15	初中	妻
魏　平	男	1954.08.13	小学	家长	魏子赫	男	2018.04.14	—	孙子
徐兴勤	女	1958.01.10	小学	妻	魏子朔	男	2015.09.17	—	孙子
魏颜任	男	1983.08.25	初中	长子					

第二章　人口变动

人口变动主要表现在人口数量的增长，性别、年龄比例的变化，从业和居住地的变化及居民素质的变化等。影响这些变化的主要因素来自社会和自然两个方面。政治制度的性质、社会的稳定程度，经济的发展状况，科学技术的进步状况以及医疗卫生水平的高低，对这些变化起着决定性作用。此外，人们对人口问题的认识和应对控制措施，也是影响这些变化的因素。

第一节　人口增长

1946年，界湖街分成东、西、南、北4个行政村后才有了南村，当时分村时，南村不足100户，400多口人。

中华人民共和国成立前，境内自然灾害较多，粮食歉收，瘟疫流行，加之赋税繁重，战事频繁，匪患扰乱，大量居民逃亡他乡，人口发展缓慢。

中华人民共和国成立后，经济得到恢复发展，人民生活水平逐步提高，社会安定，医疗卫生条件得到改善，人口发展速度加快。1949年，南村共有居民120户490人。1958年，全村有4个生产区，总户数153户，610人。9年间人口增加120人，平均每年增加13.3人。

1959年至1961年三年困难时期，死亡人口和外流人口增加，出生人口极少，造成人口增长缓慢。1959年，出生13人。1960年，出生8人，1961年，出生5人。

1963年后，人民生活逐渐好转，随之出现了补偿性生育。至1976年，界湖南村人口达到1337人。比1961年净增701人。15年间平均每年增加46人。

1976年，镇里计划生育办公室成立，随着计划生育政策的逐步完善，人口开始有计划地稳步增长。

1979年，南村人口1418人，当年出生31人，比1976年增加81人，平均每年增加27人。

1991年，南村人口1670人。比1976年增加333人。15年间平均每年增加22.2人。

20世纪90年代，随着计划生育宣传力度的加大，措施的完善和服务水平的不断提高，人们的生育观念发生了较大变化，“少生优生”成为共识，计划生育逐渐被人们所接受，人口增长得到控制，人口出生进入了稳定期。

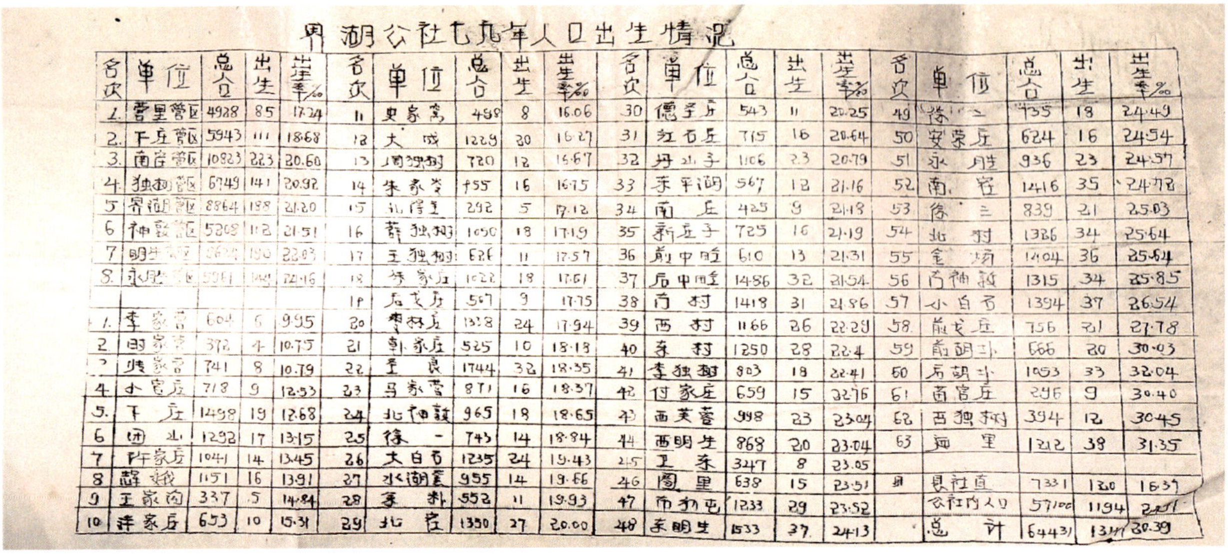
界湖公社七九年人口出生情况

名次	单位	总人口	出生	出生率‰	名次	单位	总人口	出生	出生率‰	名次	单位	总人口	出生	出生率‰	名次	单位	总人口	出生	出生率‰
1.	营里管区	4928	85	17.24	11	史家窝	498	8	16.06	30	德子庄	543	11	20.25	49	徐二	735	18	24.49
2.	下庄管区	5943	111	18.68	12	大成	1229	20	16.27	31	红石庄	715	16	20.64	50	安荣庄	624	16	24.54
3.	南营管区	10823	223	20.60	13	周独树	720	12	16.67	32	丹山子	1106	23	20.79	51	永胜	936	23	24.57
4.	独树管区	6749	141	20.92	14	朱家营	955	16	16.75	33	东平湖	567	12	21.16	52	南营	1416	35	24.72
5	界湖管区	8864	188	21.20	15	孔停里	292	5	17.12	34	南庄	425	9	21.18	53	徐三	839	21	25.03
6	神殿管区	5208	112	21.51	16	薛独树	1050	18	17.19	35	新庄子	725	16	21.19	54	北村	1326	34	25.64
7	明生管区	8624	190	22.03	17	王独树	626	11	17.57	36	前中旺	610	13	21.31	55	金场	1404	36	25.64
8.	永胜管区	5961	[illegible]	22.16	18	孙家庄	1022	18	17.61	37	后中旺	1486	32	21.54	56	前神殿	1315	34	25.85
					19	石龙庄	507	9	17.75	38	前村	1418	31	21.86	57	小白石	1394	37	26.54
1.	李家营	604	6	9.95	20	枣林庄	1338	24	17.94	39	西村	1166	26	22.29	58.	前龙庄	756	21	27.78
2.	时家营	372	4	10.75	21	郭家庄	525	10	18.13	40	东村	1250	28	22.4	59	前胡山	666	20	30.03
3	张家营	741	8	10.79	22	圣良	1744	32	18.35	41	李独树	803	18	22.41	60	后胡山	1053	33	32.04
4	小营庄	718	9	12.53	23	马家营	871	16	18.37	42	付家庄	659	15	22.76	61	南官庄	296	9	30.40
5.	下庄	1498	19	12.68	24	北神殿	965	18	18.65	43	西芙蓉	998	23	23.04	62	西独树	394	12	30.45
6	团山	1292	17	13.15	25	徐一	743	14	18.84	44	西明生	868	20	23.04	63	涧里	1212	38	31.35
7	许家庄	1041	14	13.45	26	大白石	1235	24	19.43	45	卫东	347	8	23.05					
8	薛城	1151	16	13.91	27	水湖营	955	14	19.66	46	阁里	638	15	23.51		县社直	7331	120	16.37
9	王家沟	337	5	14.84	28	东朴	552	11	19.93	47	市邦屯	1233	29	23.52		公社内人口	57100	1194	[illegible]
10	许家庄	653	10	15.31	29	北营	1350	27	20.00	48	东明生	1533	37	24.13		总计	64431	1314	20.39

界湖公社 1979 年人口出生情况

第二节　人口素质

人口素质的主要构成成分是身体素质和文化素质，它与“人口变动”受相同因素的影响和制约，社会制度的分水岭也就成了人口素质一系列变化明显的时间界线。

身体素质

中华人民共和国成立前，生产落后，村民生活水平和医疗卫生水平低下，时疫、流行病多发。第一，人口死亡率较高，特别是婴幼儿和产妇。是时，妇女生育率高，一般妇女生育少则四五胎，多则七八胎，甚至更多，成活率却很低，平均不足 30%，产妇的死亡率也很高。第二，人口平均寿命短。“人过七十古来稀”，全村人口平均寿命不足 40 岁（全县平均不足 50 岁）。第三，疾病多，流行病、传染病时有发生，没有有效的预防措施和治疗手段，只能听天由命。常有遭遇时疫一家人相互传染，几天之内，数口人相继丧命。

中华人民共和国成立后，村民身体素质随生活和医疗条件的改善而逐步改善。国家重视社会防疫，有越来越多的疾病免费防治，预防手段越来越先进，预防普及率越来越高，人口死亡率和残疾率迅速下降。儿童营养逐步提高，生长发育期提前，体质越来越好。至 20 世纪 80 年代，村民非正常死亡已很少发生。至 1990 年，严重威胁儿童生命安全和身体健康的白喉、脑炎、百日咳、痢疾等多种疾病已基本消失。在成人中，以往的多种常见病、多发病如结核、肝炎也下降到 1% 以下。自 1949 年至今，全村没有发生过一起重大疾病流行传染死亡事故。1970 年，全村人口平均寿命增长到 64 岁；1986 年，人口平均寿命增长到 70.3 岁。2009 年统计，全村 60 岁以上老年人 271 人，占全村人口的 14%（以在村内享受居民待遇的人口数计）。2022 年 12 月，全村 60 岁以上老年人 429 人，占全村人口的 17.3%，人口老龄化比例在逐年提高。

多年学龄儿童的在校健康普查显示，儿童的营养状况和发育状况逐年向优良方面发展，各年龄段儿童身高、体重逐年上升，疾病发生率不断下降。

文化素质

中华人民共和国成立以前，村民的整体文化素质较为低下，境内教育实行私塾教育，穷人家孩子上不起私塾，少数富裕家庭男子受过私塾或民国时期的学堂教育，绝大部分妇女和 80% 以上的男子都是文盲，半数以上的家庭无人能写信、记账。战争时期，在解放区有了庄户学、识字班、冬学等临时性教育。

中华人民共和国成立后，学校教育和扫盲活动在农村开展起来，境内建立了完小、中学、高中。同时，还出现了多种形式的办学方式，如夜校、扫盲班等，调动了村民学习文化的积极性。随着文化程度的迅速提高，1950年到1958年，全村有100多人摘掉了文盲的帽子。据1960年统计，全村没有青少年新增文盲，青壮年文盲率降至30%以下，高中文化程度的达到11人，大学生已有5人。到1980年，全村除少数老年妇女外，青壮年以上全部脱盲，小学教育基本普及，受过初中教育的有179人，受过高中教育的68人。到1986年，全村普及九年义务教育，12—15周岁少年儿童初等教育（九年一贯制义务教育）普及率达到了100%。至2022年5月，全社区居民本科以上学历的有115人，专科学历149人，高中学历191人，初中学历829人。初中以上学历人数占居民总人数52%。

第三节 人口构成

民族

南村享受社区居民福利待遇的人口全部为汉族，无少数民族姓氏。

姓氏

界湖村自唐宋至明清时期远近闻名，时有慕名而来的远方来客或举家迁居落户者。最早甘、蔡、魏、马、刘等姓氏人家自山西迁来安家居住。其中：甘姓于唐朝时迁入，蔡姓于宋朝时迁入，魏姓于元末明初迁入，刘姓于明初迁入，马姓于明朝中期迁入。陆续前来安家的有（排列不分先后）：唐、邱、苗、王、张、尹、沈、李、高、徐、孔、公、申、赵、孙、周、吴、武、任、胡、葛、蒋、姜、杨、冯、巩、朱、陈、戚、梁、顾、田、黄、常、聂、杜、邵、包、袁、郭、丁、于、车、薛、相共50姓人家。大部分是清末民初迁来，其余系解放前后至20世纪60年代迁入。唐姓从东村唐家巷子迁入；邱姓，苗姓，从大庄镇苗家庄迁入；王姓，一支从东村迁入，一支从姚家官庄迁入，一支从徐州迁入；张姓，从章丘迁入。尹姓从张庄镇北沿汶迁入；沈姓从东村迁入；李姓，一支从费县迁入，一支从东明生迁入，一支从西村迁入；高姓从大庄镇迁入；徐姓从大庄镇徐家沟迁入；孔姓从大庄镇埠子顶迁入；公姓从蒙阴县买庄迁入；申姓从张庄镇宅子村迁入；赵姓从江西南昌迁入；孙姓从圣粮庄迁入；周姓从费县迁入；吴姓从东明生迁入；武姓从沂水县武家洼迁入；任姓，胡姓，从孙祖镇代庄迁入；葛姓从沂水县水旺庄迁入；蒋姓系刘女之子落姓；姜姓从青岛迁入；杨姓从红石庄迁入；冯姓从铜井镇铜汉庄迁入；巩姓从小苗家庄迁入；朱姓从朱家岭迁入；陈姓从寿光县迁入；戚姓从北村迁入；梁姓从东村迁入；顾姓从胶东迁入；田姓从东村迁入；黄姓从沂水县黄山沟迁入；常姓从朱家岭迁入；聂姓从中疃迁入；包姓从大庄镇西桃花迁入；袁姓从团山庄迁入；郭姓从大庄镇郭家庄迁入；丁姓从后辉山迁入；于姓从远里迁入；车姓从新庄子迁入；薛姓从张庄镇薛家埠迁入；邵姓从界湖街道金场村迁入；相性从沂水县城阳西街迁入。南村姓氏偏多，大多为佃农，过去靠租种地主土地生活。土改时土地分给贫雇农，实现了耕者有其田，佃户成了界湖南村村民，南村的土地初始3000多亩，相对多一些。

截至2022年12月31日，南村享受社区居民福利待遇资格的人员姓氏共有43个（不包含从外村居嫁过来的妇女姓氏），其中人口较多的有4个（百人以上的姓氏有刘、李、高、王）。

南村社区姓氏笔画顺序列情况表

表 2-2

序号	姓氏	序号	姓氏	序号	姓氏	序号	姓氏	序号	姓氏	序号	姓氏
1	丁	9	田	17	杨	25	苗	33	徐	41	蒋
2	于	10	包	18	吴	26	周	34	高	42	薛
3	马	11	冯	19	邱	27	赵	35	郭	43	魏
4	王	12	巩	20	沈	28	胡	36	唐		
5	车	13	朱	21	张	29	相	37	黄		
6	尹	14	任	22	陈	30	姜	38	戚		
7	孔	15	刘	23	邵	31	袁	39	梁		
8	申	16	李	24	武	32	聂	40	葛		

南村社区姓氏人口排序情况表

表 2-3　　　　单位：人

序号	姓氏	人口	序号	姓氏	人口	序号	姓氏	人口	序号	姓氏	人口
1	刘	683	12	姜	59	23	杨	28	34	邵	10
2	李	203	13	沈	50	24	巩	27	35	孔	9
3	高	203	14	唐	49	25	马	26	36	薛	6
4	王	130	15	聂	46	26	田	22	37	申	5
5	邱	95	16	魏	42	27	于	21	38	黄	5
6	张	90	17	车	38	28	包	21	39	蒋	5
7	尹	89	18	胡	37	29	陈	17	40	丁	4
8	苗	81	19	冯	35	30	任	12	41	梁	3
9	徐	74	20	袁	31	31	戚	12	42	周	2
10	赵	69	21	郭	31	32	朱	11	43	武	1
11	吴	66	22	葛	28	33	相	11	合计		2487

职业

中华人民共和国成立以前，村民基本以农为业，只有少数家庭中有人行医、经商、执教等，但以家庭为单位看，仍然以务农为主。

中华人民共和国成立后，随着国家建设的全面发展，各行各业对人才的需求大量增加，村民中转入其他行业的陆续增多。一是国有企业招工，一大批青年到了胜利油田、三线兵工厂等企业当工人。二是教育事业发展，部分农村孩子通过升学考入大中专院校，毕业后走上了不同的工作岗位。三是一部分青年参军服役，退役后转业到不同的岗位工作。四是大学生通过公务员、事业编、国有企业招聘等渠道考出去了，被选拔安排到国家企事业单位工作。这部分人员呈逐年递增趋势，职业几乎涵盖党政机关、国防军事、科技、文教、卫生、工矿、商贸等行业。

留在南村社区就业的南村社区人口，职业性质发生了很大变化。近20年来，随着城区村土地的逐年减少，从农业衍生出来的新兴行业越来越多。同时，改革开放使得个体经济业群不断扩展。所以，家居乡村却从事第一产业的几乎没有了，大多数家庭转入商贸、服务、餐饮、建筑等第二、第三产业。至2022年12月，南村社区从事商贸的有460户，工厂、机械、加工维修的有36户，餐饮服务业的有47户，交通运输业的有33户，建筑业的有61户，在集体企业上班拿工资的有50多户。有10多户从事禽畜养殖、苗木林业等工厂化生产，不是传统意义的第一产业。

第四节　人口变动

自然变动

中华人民共和国成立前，人口发展相当缓慢，人口再生产基本属于高出生、高死亡、低增长的态势。新中国成立后，随着国民经济的恢复和发展及医疗卫生条件的改善，人口再生产开始恢复和发展。

1949年至1958年人口再生产出现新中国成立后第一次生育高峰，由1949年490人增至1958年610人，共增长120人。

1959年至1961年死亡人口剧增，人口再生产呈低出生（三年全村仅出生26人），高死亡，低增长的态势。

1963年，国民经济逐渐好转，人口出现了迅猛增长的补偿性生育，全村一年之内出生25人。

1980年，人口发展逐步走向科学管理的轨道。

1981年，全村出生18人，其中男12人、女6人；死亡人口6人。自然增长人口12人。

1990年，全村人口出生共49人，死亡13人，自然增长人口36人。

2000年，全村人口出生共25人，死亡12人，自然增长人口13人。

2010年，全村人口出生共56人，死亡14人，自然增长人口42人。

2020年，全村人口出生共27人，死亡11人，自然增长人口16人。增长率为5.7‰。

2022年，全村人口出生共16人，死亡12人，自然增长人口4人。增长率为1.6‰。

机械变动

中华人民共和国成立前，境内人口迁移无管理措施，出进可以自由流动，多为逃荒、谋生、婚嫁、避祸、经商等。

中华人民共和国成立后，境内人口迁移主要为行政区域变动、支边、婚嫁、升学、参军、工作调动、分配录用、务工经商、投亲靠友、退离休、退职、随迁家属等。

随着市场经济的不断发展，人口流动越来越频繁。

第三章 婚姻家庭

第一节 婚 姻

早时先民崇尚早婚，特别是富家子弟，年龄多在15岁以下，认为早结婚、早生子、早接力。有一句民谣说“十五不成婚，二十没人跟”。在中层家庭，尤其以“娃娃亲”“指腹婚”最为普遍，富户人一夫多妻。贫寒之家，男子成婚较晚，甚至无力娶妻，出现近亲结婚、换亲、转亲等不良现象。

新中国成立后，1950年颁布《中华人民共和国婚姻法》，法定实施一夫一妻制，婚姻自主，规定结婚年龄男子20岁，女子18岁。1981年，新《中华人民共和国婚姻法》颁布，规定结婚男子不得早于22岁，女子不得早于20岁。并明确规定：“直系血亲和三代以内的旁系血亲以及麻风未经治愈或其他在医学上认为不宜结婚的疾病的人禁止结婚。”

1980年，沂南县革委会出台《关于全县统一结婚登记时间把好晚婚关问题的联合报告》，为确保计划生育工作的顺利开展，《报告》提出实行晚结婚登记政策，就是结婚登记时间规定农村男25周岁，女23周岁以上；机关、厂矿等单位男女均满25周岁以上可登记结婚。

现行法定婚姻年龄为男性不得早于22岁，女性不得早于20岁。

婚姻管理

新中国成立初，境内婚姻手续由区文书办理。

1985年，移交民政助理员办理。

20世纪90年代，镇党委、政府为加强计划生育管理，改革婚姻登记办法，推行民政、公安、计生委三家联合办公制度。登记前进行婚检和婚前教育，提倡晚婚，男年满25周岁、女年满23周岁方达到晚婚年龄。办理结婚手续必须由男女户口所在地出具书面证明，并统一上报，纳入已婚育龄妇女档案中进行管理。同时按照《中华人民共和国婚姻法》规定：直系血亲和三代以内的旁系血亲及麻风病未治愈者或患其他医学上认为不宜结婚的病人，禁止结婚。

2005年以后，三家联合办公制度取消。结婚登记由县民政局婚姻登记处办理。

第二节 家 庭

中华人民共和国成立前，境内四世同堂者并不罕见，几代人不分家，一家人十口八口的很多，多的有十几口人，日子虽然贫穷，但也和睦。新中国成立后，家庭规模逐渐变小，特别是十一届三中全会后，由于社会的变化，经济的发展，青年人思想的解放，与父母分居立户的也越来越多。

改革开放以来，村民经济发展很快，人民生活水平大大提高。家家户户用上了自来水，住上了新瓦房，购买了大彩电，洗衣机、摩托车、电灯、电话、手机等现代生活用品逐步普及。自2005年开始，村里确定走发展集体经济、实现共同富裕的发展路子，也提出了建设社会主义新农村的新规划。到2008年，社区居民一区建设工程全部完成，村民陆续搬进了新楼房，三口之家的家庭比例越来越高。社区“两委”根据中央提出的两个文明建设一齐抓的指导思想，一手抓物质文明建设，一手抓精神文明建设。在引导村民致富奔小康的同时，还教育村民保持村容、村貌整洁，搞好卫生，孝敬老人，每年定期开展评选好媳妇、好婆婆、五好家庭、文明家庭、美在农家示范户等一系列活动，形成了良好的家风和村风。至2022年底，南村社区以小家庭（独自成家）为单位统计共有923户，以大家庭为单位统计共有332户。

南村社区户型统计表

表 2–4　　（以大家庭为单位统计、截至 2022 年 12 月 31 日）

家庭户类	合计	比例	家庭户类	合计	比例
一人户	23	6.95%	四人户	55	16.62%
二人户	15	4.53%	五人户	64	19.34%
三人户	40	11.78%	六人户	62	18.73%
七人户	30	9.06%	十人以上户	60	18.13%
八人户	14	4.23%		392	100.00%
九人户	29	8.76%			

南村社区四世同堂名录

（截至 2022 年 12 月 31 日）

表 2–5

序号	一世	二世	三世	四世
1	尹作兰	苗秀德	苗士成	苗慧欣
		苗秀其	苗德雨	苗继升
				苗继尚
		苗秀山	苗士伟	苗　鑫
				苗雨宸
			苗士峰	苗　喆
				苗　瑞
		苗秀华	苗海龙	苗恩赫
				苗恩硕
			苗玉龙	苗敬坤
				苗敬乾
		苗秀亮	苗士明	苗梓萌
2	尹作森	尹传海	尹纪波	尹永烁
		尹传合	尹纪涛	尹皓轩
				尹安娜
				尹皓兴
		尹传余	尹纪存	师俊熙
				师珺玥
		尹传江	尹纪斌	
		尹传山	尹纪鹏	
			尹纪燕	
3	尹传利	尹继成	尹永乐	尹昌辰
		尹纪刚	尹永兴	
			尹永安	
4	车玉顺	车荣周	车晓丽	郭军政
		车荣亮	车国强	车仕琪
				车仕沺

序号	一世	二世	三世	四世
		车荣明	车丽园	
			车侑蓝	
			车进路	
5	高贵香	李富吉	李明明	李梓豪
			李亮亮	李满满
		李贵吉（已故）	李兵兵	李昊阳
		李发春	李欣颖	
			李欣洁	
		李军吉	李权政	
			李隆辉	
		李祥吉	李玥璇	
			李宜桐	
			李孟泽	
6	沈　浩	沈贵德	沈有福	沈柏霖
			沈有禄	沈芯萱
				沈纪利
			沈有祯	沈纪旭
				沈纪辰
			沈有祥	沈纪坤
		沈贵明	沈友志	
7	米佃英	张西祥	张洪明	张梦媛
8	邱祯庭	高录法	高颖超	
		高录德	高立朋	高梓程
			高利升	高乾程
		高路修	高恩慧	
		高录亮	高华江	
			高艺宁	

续表 2–5

序号	一世	二世	三世	四世
		高录明	高伟杰	
			高　萌	
		高路文	高　洁	
			高　义	
9	戴希秀	刘德进	刘星云	于明轩
			刘星雨	
		刘红朋	刘宸赫	
			刘运赫	
10	田夫英	李长福	李守义	李蕙妡
				李家兴
		李长如	李守朋	李佳媛
				李嘉瑞
		李长春	李晓东	
			李守煜	
11	高治英	唐聚华	唐康宁	唐嘉卉
		唐聚金	唐　馨	
			唐国皓	
12	郭长萍	葛其志	葛文华	葛　畅
				葛献磊
			葛文峰	葛献嵥
				葛献泽
			葛文龙	葛献杰
				葛　芮
		葛其祥	葛文强	
13	尹作英	于召合	于林锋	于腾博
				于依晨
		于召明	于林强	于奕菲
				于艺凡
			于　豪	
14	王瑞富	王树华	王　磊	王星硕
				王星哲
		王树杰	王　浩	
15	刘振香	高录元	高木龙	高尔蔓
		高录君	高　波	
			高　菲	
16	从士欣	巩怀国	巩超峰	巩文琦
		巩怀军	巩　雪	邱子桐
			巩　贺	
17	邱立发	邱增亮	邱　强	邱浩杰

序号	一世	二世	三世	四世
			邱中源	邱浩鑫
				邱浩泽
18	王顺发	王世功	王京峰	王　昊
				王　桐
		王克成	王京云	王　睿
				肖富恒
			王云妹	
		王克宽	王群翔	王梓政
			王颢颖	
		王世成	王昱权	
19	于淑英	张西谦	张　建	张书航
				张正然
			张紫阳	
			张　晗	
		张西坤	张　雨	
			张　露	
20	郭贵太	郭树利	郭颜刚	郭　淇
			郭彦强	
		郭树成	郭彦超	郭　燊
				郭梓珺
		郭树军（已故）	郭焱烨	
			郭笑含	
21	李西臻	杨俊岭	杨兴玘	杨继浩
		杨爱岭	杨兴志	
			杨兴栋	
22	高宝德	高永峰	高　洋	高书鹤
				高书淙
			高艺菡	
		高永华	高　斌	
			高铭阳	
			高舞阳	
		高永梅	高兴龙	高语蔓
				高语鑫
				高语萱
				高宇程
23	赵风彩	姜开全	姜　珊	赵佳乐
				赵康乐
				赵伯乐
		姜开亮（已故）	姜　鑫	

续表 2 –5

序号	一世	二世	三世	四世
		姜开军	姜　波	姜国兵
				姜建宇
24	高玉庆	高桂区	高　翔	高睿雪
				高靖渊
				高靖博
		高桂现	高　鹏	高明宇
			高　成	
25	孙秀凤	姜开勇	姜　涛	姜政良
				姜昱良
		姜开元	姜　斌	
		姜开春	姜　山	
			姜媛媛	
26	刘成海	刘振明（已故） 邵长峰	李桂梅	刘子瑄
				刘润泽
		刘振亮（已故）	刘洪群	刘籽辰
				刘洋铭
		刘振军	刘　朋	刘庚润
				刘学润
			刘　强	刘姿杉
				刘东昊
27	胡发忠	胡乃进	胡兴龙	胡敬雪
				胡梓硕
		胡乃陈	胡馨月	
28	聂荣芬	尹传果	尹纪明	尹泳凯
				尹　越
			尹纪娟	
		尹传中	尹纪伟	尹小艺
				尹安淇
			尹纪强	尹永航
				尹馨月
29	高保玉	王克明	王京涛	王艺瑄
				王道睿
		王世君	王京伟	
30	郑维香	高省会	高　军	高浩凯
				高浩鸣
			高　翔	高泽锦
				高一硕
		高省伟	高　原	
31	胡发成	胡乃军	胡凡强	胡援锌

序号	一世	二世	三世	四世
				胡宸赫
		胡乃亮	胡思晓	
			胡宇涵	
			胡源硕	
32	刘德胜	刘其中	刘　洋	刘美辰
				刘姝辰
				刘昱辰
			刘姿彤	
		刘其恒	刘柄序	
			刘柄骏	
33	刘振余	刘德俊	刘国栋	刘儒宸
				刘若汐
		刘德友	刘倩倩	
			刘运玲	
34	刘振文	刘德同	刘运斌	刘书涵
35	潘来勋	刘德军	刘　晓	刘政杭
36	刘金堂	刘树意	刘遵建	刘　豪
		刘树余	刘东晓	刘　宸
			刘　龙	刘欣萌
		刘树军	刘尊严	
37	高成东	高宝义	高勇恒	高煜镇
				高沐清
38	苗玉兰	姜开清	姜德顺	姜富良
				郭建君
				姜元良
			姜德增	姜俊良
				姜国良
		姜开利	姜　峰	姜志欣
				姜羽欣
		姜开明	姜自升	任志程
				任宇轩
			姜自文	
39	王瑞芬	刘红霞	刘光涛	刘子源
				刘子萌
				刘政昊
			刘怡辰	
40	孔凡美	邱中亮	邱爱鑫	邱艺菲
		邱中锋	邱爱涛	
			邱一馨	

第四章 计划生育

第一节 机 构

计划生育委员会

1964年，公社计划生育工作以党政一起抓，分工公社卫生院、妇联具体开展工作。界湖南村建立了计划生育委员会，配备2名宣传员。

1976年，界湖公社成立计划生育办公室，配备计划生育专职人员，在公社党委领导下，负责全面工作。界湖南村配备了计生宣传员。

1988年，界湖南村设专职计划生育主任，享受补贴待遇，金额为支部书记待遇的80%。

2000年，镇、村加强计划生育领导机构建设，形成镇党委书记、镇长、分管副书记、分管副镇长、专职计生主任5名责任人齐抓共管的局面。界湖南村相应执行，由村党支部书记、村主任、会计、计生主任、查访员5名责任人齐抓共管。

2015年10月，十八届五中全会决定，全面实施两孩政策，并于2016年1月1日正式实施。之后，原有计划生育管理工作转变成优生优育服务工作，南村社区建起了优生优育宣教室。

2021年8月20日，全国人民代表大会常务委员会会议表决通过了关于修改人口与计划生育法规定，国家提倡适龄婚育、优生优育，一对夫妻可以生育3个子女。计划生育委员会逐步退出了历史舞台。

计划生育协会

南村计划生育协会成立于1988年，协会的性质是根据国家有关法律法规、经民政部门注册、群众团体。2001年，南村建立起计划生育协会活动室，配备桌椅等办公用品，制定了协会活动制度，提供良好的活动场所，健全了组织网络，发展联系户600余户，把协会会员根据地缘和专业划分了5个会员小组，发展计划生育协会会员100人。

人口学校

1992年，按照界湖镇党委、政府的要求，界湖南村成立了人口学校，校长由村支部书记担任，教师由村会计和计生服务专职人员担任，对村育龄妇女进行培训，共分5个班：未婚青年班、新婚夫妇班、哺乳期班、已婚生育夫妇班、中老年班。2016年1月，人口学校撤销，共培养学生760人。

2000年，根据县编委14号文件，撤销县直机关计生委及其下属机构县直机关计划生育服务站和县直机关流动人口计划生育管理站，其职能统一划归到界湖镇，将界湖镇城区流动人口计划生育管理站更名为界湖镇城区流动人口计划生育管理办公室，为副局级全额事业单位，编制18人。流动人口计划生育管理得到加强，做到"四个到位"，即领导到位、责任到位、工作到位、投入到位。划分区域设立工作站，投入资金，保障经费和服务阵地建设。

2007年，界湖镇城区人口和计划生育管理办公室更名为沂南县城区人口和计划生育管理办公室，隶属计生局管理。

第二节 优生保健

为了保障优生优育，在搞好宣传教育的前提下，对婚前检查，围产期保健，育龄妇女和儿童健康查体，是优生优育的关键环节。为了把这项工作做得扎实有效，计划生育服务站将宣传材料印成小册子，发放到各村，并在各村街道刷写永久性宣传标语，张贴优生优育挂图，发放《育龄夫妇必读》，让基本国策深入人心。

优生

1974年，界湖卫生院积极培训农村助产员，推广新法接生，保护产妇和婴儿，降低产妇的发病率和婴儿的死亡率。

1976 年，界湖公社计生办配备了技术员，负责妇女查体、接生等工作。

1980 年，《山东省计划生育若干问题的试行规定》颁布实施，开始实行对已怀孕的妇女进行孕期定期检查、随访，并每年两次为独生子女进行免费查体。为减少和杜绝“缺陷儿”的出生，特别加强对怀孕 16—20 周的妇女产前检查、诊断，对查出患有遗传性疾病的、严重影响后代身心健康的、胎儿不能正常发育的、死胎、葡萄胎的孕妇进行终止妊娠。

1991 年，界湖镇在抓好人口数量控制的同时，下大力气抓提高人口素质工作。计划生育部门把优生优育、优教工作列入整体工作的重要内容，开展了深入扎实的系列化服务。镇计生服务站开设了优生优育、优教咨询门诊。在育龄妇女中广泛开展新婚期、孕产期、产后期、哺乳期等系列服务。充分利用人口学校开展优生优育教育，通过举办教育讲座、播放录像、观看挂图等形式，让育龄妇女了解科学育儿、科学教子知识。到 1995 年，为每一个育龄妇女建立了家庭档案。

1994 年 7 月，沂南县开展婚前医学健康查体，符合结婚条件的青年男女在领结婚证前，需到县妇幼保健院健康查体。

1999 年，为确保出生缺陷干预工程的顺利实施，对所有怀孕三个月以内的孕妇进行四项检测（巨细胞病毒、风疹病毒、弓形体、单纯疱疹病毒），详细指导孕妇进行各种防护措施，并服用“福施福”胶囊。

2006 年，实施以“避孕节育优质服务”“出生缺陷干预”和“生殖道感染干预”为内容的计划生育优质服务“三大工程”。全村已婚育龄妇女生殖健康普查率达到 95% 以上。

2010 年以后，街道计生部门采取网络、多媒体、发放宣传彩页、举办培训班、电话咨询、面对面指导、上门服务等形式开展优生服务活动。

保健

1973 年，在搞好计划生育工作的同时，开展了妇女卫生工作，公社根据县革委的安排，开始搞查治妇女病试点工作。

1974 年，界湖卫生院组织妇女病查治小组。

1993 年，镇计生服务站联合县计生服务站在全镇范围内治疗开展不孕不育医疗服务。

2001 年，免费为育龄妇女健康查体。

2010 年，街道组织育龄妇女到人口学校参加学习，邀请妇幼保健院专家到场授课，讲述保健知识，南村社区 200 名育龄妇女参加学习并体检。

2012 年，为认真贯彻国家卫生部、财政部、全国妇联关于深入推行农村适龄妇女宫颈癌、乳腺癌免费检查工作的部署要求，界湖街道办事处出台《界湖街道农村“两癌”检查工作实施方案》，自 2012 年起至 2015 年，利用 3 年时间，为界湖南村社区 300 余名 35—64 岁的农村籍妇女进行“两癌”免费检查。

第三节　计划生育协会

计划生育协会管理

1988 年，界湖南村计划生育协会成立。为加强计划生育协会自身建设，重点做了以下几个方面的工作。一是加强对协会小组长的指导，使广大干部群众进一步了解计划生育的性质、指导思想、任务、会员权利及义务等，增加广大群众及协会工作者做好计划生育工作的信心。二是建立健全学习例会制度、会员联系户制度、总结评比制度。三是建立会员之家，为协会理事、会员提供良好的学习、办公和活动场所。四是颁发理事、会员证书，增强理事、会员的责任感。五是开展“五好”协会、“五好”会员活动。

1989 年，根据镇计划生育协会的统一安排，村计生协会进一步加强协会组织建设，做到以“五老”（老党员、老干部、老模范、老职工、老专家）为中坚，以育龄妇女中的积极分子为主体，发展壮大会员队伍。

1990 年，计划生育协会共有 5 个小组，协会会员 650 余人。

1994 年，村计生协会根据协会的特点，在镇计生委和计生协会的指导下，发挥协会的群体优势，组织开展了“三生”服务活动：在生产方面，千方百计创办经济项目，向育龄群众传授技术、传信息、帮资金，使之尽快致富。在生活方面，为育龄群众提供术前、术中、术后服务。在生育方面，帮助婚后不孕不育妇女寻医求药，宣传妇幼保健知识等，巩固发展计划生育工作成果，密切党群、干群关系。

1996年，界湖南村计生协会紧紧抓住“三生”服务工作重点，制定了发展规划：深入开展群众性的宣传教育服务，扩大群众自我教育的覆盖面，向所有育龄妇女普及节育、优生优育科学知识；积极办好创收与妇幼保健、计划生育相结合的经济项目，认真落实镇政府给予的优惠政策，加强经济项目的管理；积极协助有关部门推行社会保障事业的发展，开办系列保险，协助办好幼儿园和养老院；为提高妇幼保健服务水平，落实卫生保健措施，减少妇女与婴幼儿发病率。

1998年，界湖镇政府为界湖南村43户独生子女户、双女户办理保险手续。当年度新出生婴儿投保率达100%。

2000年，界湖镇党委、政府组织全镇大搞“三结合”项目的创办工作，在资金、技术、信息、销售方面提供服务。界湖南村以村委会为载体，培养了10个带头示范户，特别是独生子女户、双女户给予重点扶持，采取镇、村、个人分别拿一点的办法筹集资金，积极扶持他们上项目。

2010年，界湖镇计生协会积极引导计划生育困难户搞好养殖、种植、运输、个体经营等项目，以身边人、身边事教育影响身边人，培养少生快富典型。在果品改良方面，提供优质苗木，优先供应独生子女户、双女户，优先给予技术指导。对于搞养殖、种植、加工等个体大户，无偿提供场地，并给予资金扶持。

落实帮扶政策

1997年，县委、县政府《关于开展计划生育“三结合”工作的通知》，把计划生育“三结合”列入各级党委、政府及有关部门的职责范围，各有关部门认真研究制定了具体工作方案和帮扶措施。本着“扶持一个带动一个，扶持一户影响一片”的原则，选准帮扶对象，实现一年脱贫，二年致富，三年奔小康的目标。界湖镇计生协会根据《关于开展计划生育“三结合”工作的通知》精神，摸清全镇计划生育困难户的底子，制订帮扶计划，从物资、信息、技术上给予扶持指导。根据贫困程度确定具体的帮扶措施，对已致富的予以表彰鼓励，对人均收入1000—2000元之间的区别不同情况，从政策、致富项目、选择、培训、信息等方面予以帮扶和指导。对于人均收入900—1000元之间的开展帮带活动。对于人均收入900元以下的计划生育贫困户实行重点帮扶。帮扶计划采取党委、政府牵头，镇村计生协会建档立卡，实行户申请、村申报、镇批准的办法，根据计划生育贫困户的经济状况和生产特长，由帮扶单位与帮扶村、村与帮扶对象分别签订协议书，力争3—5年的时间，使95%的计划生育户先富起来。

在计划生育“三结合”工作开展后，全镇各职能部门发挥各自的优势，形成一盘棋，相互促进，相互配合，落实帮扶措施。计生部门深入各村调查研究，了解情况，提供信息，参与“三结合”工作的组织实施和检查考核，及时为领导当好参谋；农业部门负责联系县扶贫部门在政策、资金、项目、技术等方面优先扶持实行计划生育的农户；财政所负责联系上级财政部门将支农款项优先用于扶持实行计划生育的农户开展“三结合”项目；税务部门在政策允许的情况下，给实行计划生育的农户减免一定数额的税款；工商部门在一定的时期内为实行计划生育的农户开办“三结合”项目减免工商管理费；金融部门在支农信贷中，优先贷给实行计划生育的农户；乡镇企业优先安排实行计划生育的农户劳动力到企业就业，对实行计划生育的家庭创办项目，优先考察、立项、批复，提供优质服务。镇政府充分调动各个职能单位，发挥各自优势，积极参与计划生育“三结合”工作。

界湖镇对帮扶对象的管理实行分线管理的办

法，将帮扶对象按其特点或帮扶的难易程度分成养殖、林果、高效作物、庭院经济、工商民营、运输销售 6 条线，各条线指定一名副书记或副镇长具体负责，将“三结合”工作落到实处。

南村社区在集体企业招工方面优先录用计划生育帮扶对象，在分配免费青年楼房时，优先照顾独生子女户和双女户，让计划生育家庭从各方面都能感受到党的温暖。

第三篇　农业

中华人民共和国成立前，南村的农业生产一直墨守成规，人种天收，农业经济长期处于徘徊不前、缓慢发展状态。中华人民共和国成立后，在中国共产党领导下，经过半个多世纪的社会主义革命和建设，南村社区农业经济迅速走上了一条由分散、落后、封闭的自然经济，向集体、计划经济和开放的商品经济转化；从落后的手工生产到先进的机械化生产；由一年一季、两年三季到一年二季；由旱田到水田；由单一种粮到多种经营；由个体经济到集体经济之路；逐步由贫穷走向温饱、小康；集体经济由弱到强，闯出了南村社区经济发展的共同富裕之路。

第一章 生产关系

第一节 土地私有制

历史上，界湖南村赖以生存的土地，经历了多种形式的所有制。最初，大部分土地归地主富农所有，农民占有很少的土地，有的只能租赁地主的土地，收获的粮食，一般按五五分成，也有主六佃四或主七佃三分成。少数采用“定租”方式，无论丰年、歉年，所定租额不变。少数地主将土地出租给“地头”，“地头”抬高租额后转包给农民，从中“扒一层皮”。佃户除按约交足租额外，还需为地主送礼、帮工或缴份子粮。农民租种地主土地，名为协商定约，实则地主说了算，可随时“撤地”或“揭锅锁门”，逼得佃户无路可走，只能给地主、富农当长工，打短工，吃糠咽菜甚至逃荒要饭，勉强求得生存。

民国35年（1946年），通过土地改革，中国共产党领导的民主政府没收了地主的土地，平均分给了农民。南村共有100多户佃农，家家分得了土地，实现了耕者有其田。

1954年，界湖南村在互助组的基础上，建立了初级农业生产合作社（简称初级社）。初级社是中国农村经济由个体经济转变为社会主义集体经济的过渡形式。其特点是：农民在自愿互利的原则下将私有土地、耕畜、大型农具等主要生产资料，由初级社统一经营和使用，按照土地的质量和数量给予适当的土地分红，其他入社的生产资料也付给一定的报酬。初级社在社员分工和协作的基础上统一组织集体劳动，社员根据按劳分配的原则取得劳动报酬，产品由合作社统一支配。初级社与互助组相比，实行了土地和其他生产资料的统一经营，积累了一定的公共财产，在合作社的统一计划下集体劳动，产品分配一部分实现了按劳分配的原则，一部分改变了私有制。

第二节 土地集体所有制

1956年，界湖东、西、南、北4个村联合成立高级农业生产合作社，原属于农民私有的土地作股入社，耕畜、大农具作价入社逐年偿还（未兑现），收益按劳分配。新的生产关系，调动了农民的生产积极性，提高了粮食产量，改善了群众生活。

1958年6月，各高级农业生产合作社合并成立了人民公社，土地归集体所有，一切生产资料和劳动力由公社统一调配使用，允许个人分配少量的自留地，自主耕种，当时界湖南村每人留有自留地0.04亩。

1961年，在调整、巩固、充实、提高“八字”方针指导下，农村实行“三级所有，队为基础，以生产队基本核算单位”的生产管理体制。

党的十一届三中全会以后，农业体制进行改

革，以生产队为基本核算单位，建立起了定人员、定任务、定措施、定时间、定报酬、超任务额奖励的“五定一奖”联产计酬作业组。

1980年，开始实行专业承包、三包一联、两统一包三种形式的责任制。

1982年，按照国家统一要求，全面实行了以大包干为主的家庭联产承包责任制，将土地、大型农机具、牲畜承包到户或作价到户，自主经营，人均占有土地1.1亩。

1984年，村集体开始转变经营方式，对村集体的副业项目以承包的形式由个人经营，村里的油坊、苹果园、汪塘、奶牛厂、养鸡厂等副业都与个人分别签订了承包合同。包桂亮、徐新后等15人承包了50亩大林苹果园，尹传杰承包了村里的养兔厂，王瑞廷承包了奶牛厂，尹传利承包了养鸡厂。

1988—1989年，完善了以家庭联产承包为主要内容的责任制，实行了口粮田和责任田保障经营的“两田制”。村民按照承包责任田亩数缴纳一定数量的承包费，承担“三提五统”等费用。

1998年，界湖镇人民政府开始第二轮土地延包、30年不变的工作，因为界湖南村属县城驻地村，土地随时可能被征用，经临沂市政府专门批准，包括界湖南村在内共13个村不在第二轮土地延包之内，继续由农民以家庭为单位承包耕种，根据人口变动情况和土地总亩数及时调整人均耕种土地亩数。

2006年，国家取消了“农业税”和“三提五统”，切实减轻了农民负担。

2010年，界湖南村的土地大部分被征用，剩余少数土地不再调整，个人有愿意耕种的就自己耕种，一旦被单位征用也不再补偿青苗费。

第二章 土地综合治理

第一节 耕 地

界湖南村的耕地面积，1946年土地改革时为1500亩，其中湖地1100亩、岭地400亩，人均占有土地3亩左右，虽然人均占有土地较多，但因土地瘠薄，旱涝灾害时有发生，粮食产量不高，人们一直在温饱线上徘徊。新中国成立后，人民政府组织群众进行了一系列的土壤改良和土地综合治理，粮食产量得到了提高，逐步解决了村民的温饱问题。

1980年后，随着县城的扩建，南村的土地在逐年减少；到2000年，全村土地不足1000亩，人均0.3亩；到2010年，南村大部分土地被征用，只剩余不足200亩土地，也已经转为建设用地，农户不再耕种。

第二节 土壤改良

界湖南村的土地，除了丘陵薄地，就是湖洼黏土地，一些地名比较有代表性，如“漂葫芦”“小台湾”“沙沟子崖”“孙家沟”“西南岭”等这些有名的土地不是涝就是旱，春天播下种子，庄稼长势也很好，但一到夏天，几场大雨就成了湖泊，秋天收获很少甚至颗粒不收。

中华人民共和国成立后，人民政府组织群众通过扒沟顺水的方法，对土壤进行改良。像沟南崖、大路南、大路北、漂葫芦等地块，都是采用人工大规模会战，深挖沟，把水顺下去，大大减少了涝灾。

1953年，在党支部的领导下，各生产队推广深耕技术，通过深翻土地来增加土地的透水性、透气性提高粮食产量。

1958—1960年，在“大跃进”思想指导下，盲目追求产量，盲目增加土地面积，不是填沟造地就是筑土堆增加土地面积，忽视了抗旱排涝，人们的干劲虽然十足，粮食产量却严重减少。

第三节 土地综合治理

20世纪50年代，农村成立合作社以后，社员的生产积极性空前高涨，合作社利用农闲季节，组织人力物力开荒整地，主要是整修地堰子、挖排水沟、平整土地。有时几个生产大队组建成几千人的队伍，实行冬季生产大会战，逐村整地。

1976年11月，界湖公社成立的战山河独立团集体会战，对界湖西南岭深挖改造取得良好成果。

通过土地综合治理，切实改变了土地原有面貌，坡地变成了梯田，荒地变成了粮田，贫瘠的土地变得肥沃了，初步提高了粮食产量。

第四节 肥　料

20世纪50年代，国家对农业提出了“土、肥、水、种、密、保、工、管”八字方针，又称“八字宪法”，肥料在农业生产中占有非常重要的位置，常言说：“积肥如积粮，粮在肥中藏”“种地不施粪，等于瞎糊混”，所以有“庄稼一枝花，全靠肥当家”的说法。

1960年以前，农田用肥全部是农家肥，也叫“有机肥”，包括人的粪尿，牲口、家禽的粪便，还有老屋框、火炕土等，这些土肥富含有机质及氮、磷、钾等多种农作物生长所需要的微量元素。具体收集土杂肥的办法有以下几个模式：一是发动学生拾鸡粪、人粪；二是发动群众割草沤肥；三是搜集锅底灰、墙皮土、火炕土等；四是鼓励村民养猪、牛、羊、家禽攒粪。其中猪栏粪最普遍，基本上家家都喂猪，天天往下栏里垫土，用来混合和吸湿猪粪和猪尿，生产队通过定期估算每户猪的斤数来确定生产猪粪的数量多少，以工分的形式补给户里，喂猪越多、猪越大，得到的工分越多。各家各户将猪栏粪掘出来晾晒到不干不湿的时候，生产队里就派劳力到户里倒粪，都砸成小碎块，地里倒出茬时，发动劳力用小推车把各家各户倒好的猪粪送到地里撒，撒的多少直接关系到粮食作物的长势和产量。

20世纪60年代中期，开始施用氨水、尿素、硝酸铵、过磷酸钙等无机肥。相比有机肥，无机肥使用分量少，增效明显，但容易使土壤板结。1978年以后，又有了磷肥，使用磷肥的好处是农作物秸秆长得结实，抗倒伏能力强了。

20世纪80年代后，开始大量使用磷酸二铵、氮磷钾复合肥，使用钼酸铵、硫酸锌等微量元素肥料，土壤肥力得到提高，营养全面了，农作物产量大幅度提升。

20世纪90年代以后，化肥几乎完全取代了土杂肥，土杂肥只在菜园地里使用，大田地里全部用复合肥、微肥。

2010年以后，界湖南村土地大部分被征用，农业生产基本停止，肥料不再被重视，逐渐淡出农耕之需。

第五节 水　利

中华人民共和国成立初期，界湖没有什么水利工程，旱涝灾害时常发生，农民基本上是靠天吃饭。界湖街汪溏多，到了雨季，汪溏灌满，顺势流向东南入沂河。到了旱季，人们用肩挑水、用水车抽水、用辘轳打水浇庄稼、浇菜。也有的在菜园地里用人工扒眼小井，用井绳提水浇菜，人们吃水更是靠村里的几眼井，天不亮就开始排号提水、挑水，一直到深夜，井绳不停地上下穿梭，时间长了，井沿上的青石条子都被井绳拉出一道道深沟，见证了当时人们日常生活的艰辛。

界湖南村在合作化时期开始兴修水利，至20世纪90年代，形成了七股水，亦称“七大水系”。从1958年开始的引汶灌渠，到1965年基本形成规模，除了拦河工程，配套建成了总干渠以及下游的西、中、东三条干渠。界湖南村又经过数年努力，配套了支渠、毛渠。又利用渠水建灌站，逐步形成了七条水系滋润南村，自流灌溉、扬程灌溉、机械灌溉七股水，互相交叉，主次分明，相辅相成，使南村无论是湖地还是岭地都成了水浇地。

第一水系：从西干渠经原物资局、新桥头、穿过南村，一路向东，解决了村东湖地浇水问题。

第二水系：西干渠水继续向东，穿建材厂，往东南，解决了村东南“瓢葫芦”一带的浇水问题。

第三水系：省委工作组在南村亲自测量，引西干渠水进袁家荒机井，经过扬程，解决了南村西南岭一带的浇水问题。

第四水系：通过倒虹吸，引西干渠水，从明德小区、界湖建筑公司，往北通过渡水槽，解决了甘家汪以东、村东马家林一带的浇水问题。

第五水系：血水沟。从肉联厂南墙外建石渠，用肉联厂屠宰用水，解决了苹果园、小台湾、南岭一带的浇水问题。

第六水系：机灌站。在沟南崖、河阳桥、中干渠、新桥头分别建起扬程机灌站，以扬程的办法浇灌地势较高，不能自流的部分土地。

第七水系：配备喷灌机。村集体购买40台喷灌机，平均每50亩地配备1台，解决了扬程不能浇灌的部分土地。

1957年冬，以生产队为单位组织劳力上阵打井，每队1眼，共打12眼，配水车3台，能浇地16.6公顷。

1958年，在界湖至大庄路北修拦水坝1座，能蓄水10万立方米，浇地20余公顷。是年，县里修建引汶灌渠后，汶河的水通过干渠引到界湖，界湖南村开始修建扬水站和渠道，用汶河水灌溉农作物。在袁家荒（后来的丝绸公司院内）修建了1处扬水站，修建渠道3千米。刚开始在没有电的情况下，用柴油机抽水，通过渠道将水送到田地。

1968年，南村在马家林北通过修建渡水槽将扬水站送来的水引到沟东灌溉土地，发挥了很大作用。

1963—1964年，全村除承担公社干渠修建任务外，组织修建西岭至红石庄段支渠2千米，村西至果园石渠2千米，共用土石方2.4万立方米，用工2.5万个。后加强配套管理，保证了全村种植水稻用水。

实行农业生产责任制后，每组50人，每人10元，合买1台喷灌机，全村买50余台，及时供水，粮食稳产高产。1987年，村集体统一缴费为各户浇地。水稻种植面积不断增加。1995年达53公顷，单产526千克，总产量38.52万千克。

2010年以后，界湖南村土地大部分被征用，农业生产基本停止，水利工程由停用失修到损毁废弃。

第六节　农具　农机

农业合作化前，界湖南村农业生产的工具一直是传统的木轮车、锄、锨、镢、镰等，还有耕种用的犁、耙、独腿耩子、双腿耩子等。

1952年，推广新式步犁。

1953年，界湖4个村共有排犁1张，七步犁8张，笨犁110张，小车221辆，耩子115把，耙92盘。

1958年，推广轴承化，将木轮小推车改造为轴承轮小推车，然后推广胶轮小推车。

在20世纪70年代以前，拉犁耕地主要靠牛，各生产小队都有长年座槽的壮实牛不少于2头，冬天养肥了，到农忙季节用来拉犁、拉排车、拉磨等。成立互助组后，各互助组里都养一组（2头）牛，到农忙季节时轮流使用。

20世纪70年代后，引进柴油机，主要用于抽水灌溉、农副产品加工。磨面机、粉碎机等得到推广，粮油、饲料加工机械化程度不断提高。

1976年，界湖南村大队购置了1台25马力拖拉机，轮流为每个生产队耕地。1978年，每个生产队购置了一台12马力拖拉机，个别生产队是25马力拖拉机，培养驾驶员12名。全村共有大小拖拉机15台。牲口基本上不再使用，用拖拉机耕地、播种，生产效率大大提高。

1982年，分田到户责任承包，大型拖拉机不再使用，农户购置了手扶拖拉机，土地不用犁耕，用圆盘耙或刀轮耙直接耙，用上了播种机、收割机、挖掘机等先进农机，农业生产效率大大提高。

2010 年后，随着县城建设，界湖南村无地可种，农民利用县城驻地优势，好多搞起了个体运输，从小型车开始，直到现在的大型拖挂车。

第三章 种植业

第一节 耕作制度

1969 年之前，界湖南村大田粮食种植一直沿用着几百年形成的一年一作或二年三作制。其中，一年一作的主要是岭地，以地瓜为主，春上栽种直到晚秋收获；二年三作制主要是平原地，早春播种高粱、谷子类，秋收后播种冬小麦，来年夏收后播种大豆或晚谷等。

1964 年，界湖南村实行稻改，改变传统的种植结构，增加了粮食产量，人民生活水平得到了提高。随着农业机械化程度的提高，作物优良品种的推广，水利化不断发展以及化肥的普遍使用，逐渐形成了一年两作的模式，即秋收后种冬小麦，夏收后种水稻、玉米或大豆。粮食产量提高了，基本解决了人们的温饱问题。

第二节 粮食作物

界湖南村种植业主要粮食作物有: 小麦、大豆、地瓜、玉米、谷子、水稻。中华人民共和国成立初期，平均单产只有 100 千克左右。到 1979 年，粮食平均亩产 350 千克。党的十一届三中全会以后，实行了联产承包责任制和科学种田，1980 年，粮食单产达到 500 千克，村民逐步解决了温饱问题。然而，南村地处县城，随着县城机关、企事业的建设和发展，土地逐渐减少，第一产业在经济发展中的比重越来越小，逐步被第二产业和第三产业所替代。

第三节 经济作物

20 世纪 50—80 年代，界湖南村经济作物主要是花生、棉花、烤烟、红麻、甜菜等，但是在各类经济作物种植上所占比例很小，只有个别农户在自留地上种点花生、棉花等少量经济作物，一般都是自己家里食用，很少出售。烟草种得更少，只有抽旱烟习惯的老人在自家菜园地或自留地里少量种植，秋天收获烟叶，作为自己一年的“口粮”。

第四节 植物保护

农作物主要病虫害与防治

病害

危害农作物的病害有 100 多种。主要有小麦锈病（俗称疸病）、腥黑穗病（又叫黑疸乌麦）、白粉病、纹枯病、根腐病、全蚀病；玉米叶斑病、黑粉病、丝黑穗病、青枯病；地瓜黑斑病、烂根病、软腐病；花生倒秧病、叶斑病、枯萎病；大豆褐斑病、霜霉病；棉花炭疽病、立枯病、角斑病、红腐病、黑果病、轮纹叶斑病、黄萎病、枯萎病；高粱黑穗病、叶斑病；谷子白发病；烟草黑胫病、炭疽病、花叶病、赤星病、野火病、青枯病；水稻稻瘟、白叶枯、纹枯、胡麻斑病。

20 世纪 80—90 年代，玉米弯孢菌叶斑病、褐斑病发生也较为严重。21 世纪初期，水稻条纹叶枯病发生较重。

锈病是小麦生长期的重要病害，严重者能减产40%—50%以上，且品质大大降低，锈病共分3种，即叶锈、条锈（黄疸）、秆锈（黑），在本地以后两者为主。条锈的大面积发生取决于本地越冬菌的数量和冬季温度等。

地瓜腐烂病的原因首先是温度，如有的地瓜入窖一个月开始腐烂，如果是立春前后腐烂，主要原因是窖内（地下）温度低，保温不好造成的。其次是病害，主要是黑斑病，鲜地瓜由带病的瓜块或病窖传染的，称“苦疔”。另一种软腐病，由于收时粗放破伤较多以及温度较高，而发生的霉烂、发软带有酒味。再次是贮藏中，由于地瓜的呼吸作用或窖内水分过多，使地瓜表面的水分增多造成的腐烂，称为“湿窖”。

虫害

危害农作物的虫害有150多种。主要害虫有黏虫、蚜虫、红蜘蛛、蝼蛄、蛴螬、金针虫、玉米螟、高粱条螟、棉铃虫、红铃虫、造桥虫、卷叶虫、钻心虫、食心虫、穗螟虫、粟灰螟、粟秆蝇、稻飞虱、卷叶螟、烟草页蛾、笨蝗、日本黄脊蝗、中华稻蝗、小车蝗、地瓜茎线虫、花生根结线虫等。麦蜘蛛有两种，一种为麦园蜘蛛，另一种为麦长腿蜘蛛。

据史料记载，1856年、1862年、1927年、1928年、1936年，界湖发生多次蝗灾，农作物受灾严重时，庄稼野草被吃光。如1936年秋，“飞蝗遮日，压断树枝，田禾一空”。

黏虫是谷类作物的主要害虫。第一代幼虫主要在4—5月间严重危害小麦。危害后叶片残缺不全，重者叶片全部被吃光，造成小麦严重减产。当地群众有阴雨连绵易发生黏虫的说法。

1961年，大豆发生造桥虫，造成大面积减产。

1963年秋，黏虫成灾，严重地块玉米、高粱、地瓜叶全被吃光。

1981年，地瓜发生茎线虫病，80.7%的地块严重“糠烂”。

1980年代末，美洲斑潜蝇传入界湖，主要危害豆科、葫芦科、茄科、十字科农作物，对蔬菜危害最重。

20世纪末21世纪初，烟粉虱传入并广泛危害棉花、烟草、番茄、番薯、木薯、十字花科、葫芦科、豆科、茄科、锦葵科等作物。

21世纪初，根结线虫病成为蔬菜的一大病害，主要危害瓜类、茄果类、豆类及萝卜、胡萝卜、莴苣、白菜等蔬菜。

2003年夏末秋初，水稻发生纵叶虫灾害，灾害程度达到四级。

2004年夏初，发生小麦蚜虫害，灾害程度达到四级。

主要病虫害防治

20世纪30—40年代，农民只能用土法防治病虫害。一般靠捉、拿、捕、打或用烟拐子、芫花条、臭蓖麻（曼陀罗）叶、辣椒浸泡液喷洒，效力很低。在病虫害大面积发生时，有些村民求神保佑，自欺欺人，粮食损失严重。1947年小麦腥黑穗病发生，沂南县政府发出《关于拔除麦地腥乌麦的紧急通知》，之后推广“泥水漂种”“粪种隔离”法，病害有所减轻。

至1950年代，在防治病虫害方面，当地农民积累了一些经验：

对于谷子地下害虫蝼蛄、金叶虫，用农药“六六六”按每亩1千克掺粪施入。防治蝼蛄，可用“六六六”玉米轴（玉米骨头）毒饵。每亩用压碎炒黄的玉米轴2—2.5千克，湿拌6%的“六六六”1.5—2千克，于傍晚撒于有蝼蛄的洞处。

防治谷子的白发病、小麦的黑穗病，要选不易生病的品种，实行3年以上倒茬，精耕细作，注意保墒，及时播种，因而出苗快而健壮，可以减轻或避免病菌的发生。及时拔除病株烧掉，白头、灰白刺猬头连拔3年可以消灭。

小麦锈病是一种暴发性的病害，防治的关键是时间要短，因此必须加强预测预报。20世纪50年代末，各生产队都设立观察哨，固定专人负责，经常检查，密切注视锈病的发生情况，特别注意小麦的返青、扬花、孕穗3个时期。锈病防治办法，土农药：50倍的石灰水，20倍的草木灰水，100倍的石膏水，1%的食盐水，20倍的番茄茎水，榆树或椿树皮（均1份，各加水10份，冷浸24小时，直接喷洒），猫儿眼、红蓼草、蒲公英、野麻、野蒜等（均1份，各加水5份，冷浸24小时，直接喷洒）；化学药剂：0.5度石灰硫黄合剂，氯矽酸钠300倍液，氟化钠300倍液，代森锌500倍液，多硫化钠100—300倍液。

1959年春，小麦返青时，各生产队用石灰水（50千克水加1千克石灰）喷洒麦苗防锈，示范农场还用0.5度的石硫合剂喷洒防锈。

小麦白粉病，用0.3—0.5度的石硫合剂防治。

防治地瓜黑斑病，在畦地瓜前，将地瓜种用51℃—54℃的温水浸种10分钟，或实行轮作倒茬等。

防止地瓜腐烂，首先要做到适时收获，轻拿轻放，轻搬运。避免和减少切碎破皮和掉拐子，以免伤口愈合不好浸入病菌，同时要减少装卸次数，特别是留种的地瓜一定要捡剔掉带伤口的。窖子要注意通风和保温。

20世纪70年代后期，植保工作由重治转变为重防。1978年开始建立县、乡、村三级预测预报机制，培养配备专职测报员，定点定时观察，根据历期、物候、病虫消长规律，根据县里发布的病虫情报，各生产队增强了防治病虫害的主动性、科学性。

药物防治

对于农作物的病害，使用的农药主要有有机硫化学农药、杀菌剂、石硫合剂、多菌灵、波尔多液等。20世纪60年代开始用多菌灵、百菌清、乙磷铝等。

对于农作物的虫害，20世纪50年代开始利用有机氯和有机硫化学农药防治病虫害。由于农药的使用，蝗灾被消灭。1952年推广使用“六六六”、滴滴涕和石硫合剂。1955年开始使用赛力散、西力生拌种防治棉花和小麦病虫害，均对控制病虫害发生蔓延起到一定作用，但因药物残效期长被逐渐淘汰。

1959年春，小麦发生黏虫害后，生产大队组织劳力，用手摄、瓢子接、窖子窖等，同时使用“六六六”“1065”农药、土制农药消杀，黏虫基本被消灭。

20世纪60年代开始使用高效、低毒、低残留的有机磷类化学农药，主要推广使用敌百虫、敌敌畏、乐果、“1059”、“1605”、“3911”等。如1960年，开始使用“1605”和“1609”农药防治棉蚜等害虫。

20世纪60年代防治麦园蜘蛛，用0.5%“六六六”粉0.5千克，加细土1.5—2千克，每亩按2—2.5千克撒药土；或用6%可湿性“六六六”粉400—500倍液喷雾防治。防治麦长腿蜘蛛，用“甲基1605”5000—6000倍液，每亩喷50—75千克药液，密植田需加更大剂量。

以后推广使用的农药品种有杀虫剂、杀螨剂等，种类繁多。

20世纪90年代以后，政府提倡发展无公害产品，实行农业标准化种植，逐步开展以降低农产品农药残留为重点的植保手段，推广应用高效低毒农药。推广新型农药防治美洲斑潜蝇，在黄瓜、芸豆、豆角等作物上，推广阿维菌素类农药、虫螨克、阿巴丁等新农药，至2005年得以控制。对于棉蚜，推广乐斯本、氧化乐果等进行防治。

2002年，国家明令禁止使用“六六六”、滴滴涕、毒杀芬、二溴氯丙烷、除草醚、艾氏剂、狄氏剂、汞制剂、砷铅类、敌枯双、氟乙酰胺、氟、氟乙酸钠等毒性大、残留时间长的农药。高效低毒的有机磷农药品种逐步取代了一些高毒品种。除草剂、增效剂、植物生长调节剂等得到普及。速效、高效、低毒、低残留的菊酯类农药，如敌杀死、速灭杀丁、氯氰菊酯、百树菊酯等被大量使用。

2005年以后，为发展绿色、无公害农业，重点推广使用中等毒性以下的植物源农药、动物源农药和微生物源农药，允许使用矿物源农药产品中的硫制剂和铜制剂。

生物防治

病虫害天敌资源种类较多。1958年大炼钢铁时，林木砍伐严重，致使益虫鸟兽减少。20世纪60年代后期，经过不断封山育林，益虫鸟兽又呈逐年增多趋势。1979—1980年开展的植保资源调查工作中共查出：害虫天敌菌类6种，主要有蛴螬乳状菌、白僵菌等；昆虫类75种，主要有姬蜂、茧蜂、金小蜂、小蜂、广肩小蜂、卵蜂、草蛉、蚁蛉、寄蝇、姬猎蝽、猎蝽、蝽、隐翅甲、长蝽、花蝽、虎甲、步甲、地甲、葬甲、方头甲、瓢甲、狼蛛、肖蛸、金蛛、跳蛛、蟹蛛、管巢蛛、盗蛛、微蛛、栅蛛、索科线虫等；益鸟类50多种，主要有燕子、啄木鸟、喜鹊、猫头鹰、山鹰等；益兽类10多种，主要有黄鼠狼、狐狸、野狸、猫、獾、刺猬等；其他类还有蝙蝠、壁虎、蟾蜍、青蛙、蜥蜴、蛇等。

从20世纪90年代起，开始利用无公害、环保等生物技术防治害虫，在生产上大面积推广应用Bt乳剂，灭幼脲、特立克、井冈霉素、浏阳霉素、农用链霉素、春雷霉素、武夷菌素、杀螟杆菌、农抗120等生物药剂。

物理防治

从20世纪90年代开始，利用害虫趋光性、趋化性等习性，采用杨柳枝把诱虫、灯光诱虫及防护网隔离等方法防治害虫，效果较好，且无公害。

农田鼠害与防治

农田主要害鼠有黄鼠、鼢鼠、大仓鼠、黑线仓鼠、黑线姬鼠、褐家鼠、社鼠和小家鼠。1981—1983年鼠害发生严重，玉米、地瓜、花生等一般地块减产15%，严重地块减产30%。

1981年，县、社两级成立灭鼠领导小组，各大队组织生产队开展全县统一灭鼠，连续3年，田间鼠害得到控制。

农田杂草与防治

水田杂草

主要有稗草、四叶萍、槐叶萍、旱型两栖蓼、水蓼、酸模叶辈、风花菜、香蒲、黑三棱、眼子菜、泽泻、野慈姑、牛毛毡。

旱田杂草

主要有节节草、萹蓄、藜、灰绿藜、小藜、地肤、猪毛菜、灰绿碱蓬、反枝苋、皱果苋、马齿苋、蚤缀、牛繁缕、麦瓶草、繁缕、王不留行、茴茴蒜、荠菜、红花荠菜、播娘蒿、小花糖芥、独行菜、朝天委陵菜、米口袋、短萼鸡眼草、蒺藜、铁苋菜、地锦草、泽漆、节节菜、打碗花、田旋花、菟丝子、麦家公、附地菜、夏至草、龙葵、车前、猪殃殃、黄花蒿、猪毛蒿、艾蒿、三叶鬼针草、刺儿菜、小百酒草、鳢肠、泥胡菜、旋复花、苦菜、苣荬菜、苦苣菜、蒲公英、苍耳、看麦娘、野燕麦、虎尾草、狗牙根、马唐、牛筋草、画眉草、白茅、毒麦、狗尾草、金色狗尾草、芦苇、长芒棒头草、早熟禾、狼尾草、异型莎草、聚穗莎草、碎米莎草、香附子、日照飘拂草、鸭跖草、鼠草、小根蒜等。

田间防治杂草

20世纪70年代以前，田间除杂草还是靠锄、拔等原始方法。春天开始锄地至立秋一般要锄3遍。立秋以后，地里再长出的草，已经不能影响庄稼的生长和收成，不需要再锄地，俗语说："立了秋，挂锄钩。"

阴雨天只靠锄而不能完全消除的杂草，需要手工拔除。

20世纪70年代末，开始施用化学除草剂。如1978年引进敌稗和除草醚化学农药在稻田使用，除草效果较好，稻田杂草危害基本消除。

1980年代以后，除草剂得到广泛应用，如1983年开始使用拉索、二甲四氯、2.4-D、草甘膦、都尔、杀草丹、拿捕净等化学农药进行旱田除草，除草效果好，节省劳动力。

麦田化学除草剂以56%二甲四氯钠盐、72%2.4-D丁酯为主，对播娘蒿、唐芥、荠菜等防治效果好。但对猪殃殃、麦家公、米瓦罐、泽漆等顽固性杂草效果差。1990年后，麦田猪殃殃、麦家公等上升为优势种群。2005年，生产上采取有针对性的措施防除杂草：以猪殃殃为主的麦田，应用20%使它隆或杜邦爱将除草剂；以麦家公为主的麦田，应用25%巨星阔叶净、麦乐乐等除草剂；以看麦娘为主的麦田，选用6.9%骠马除草剂防除。

夏玉米田除草应用阿特拉律、乙草胺、玉农乐等除草剂。

夏大豆田除草应用48%氟乐灵、50%乙草胺、盖草能、精稳杀得等药剂防除。

花生田除草，茎叶处理的除草剂有盖草能、

拿扑净、精稳杀得等。随着花生覆膜种植技术的改革，生产上主要应用土壤处理防治杂草，使用乙草胺、都尔、拉索等除草剂。

2000 年以后，稻田除草主要应用丁草胺、节密磺隆、乙节可湿粉剂等。

菟丝子防治

20 世纪 70 年代以前，寄生植物菟丝子危害大豆，常常造成大豆减产。防治方法是手拿。

第五节　农业科技推广

良种繁育与推广

中华人民共和国成立后，上级政府重视农业良种化，把推广优良品种当作一项重要任务，常抓不懈。

1956 年，开始种植“大马牙”玉米。

1959 年，引进“碧玛 1 号”小麦、“胜利百号”地瓜、“爬蔓青”大豆、“金皇后”玉米、“斯子棉”和“岱籽棉”等种子，一般增产 30%—50%，甚至 100% 以上。

1979 年，小麦良种面积达 100%。玉米以“丹育 6 号”为主全部实行了杂交化。水稻以“京引 119”“京引 153”为当家品种。地瓜“徐薯 18”等抗病品种得到推广，良种面积在 98% 以上。大豆“向阳 1 号”等良种面积扩大，良种程度在 60% 以上。

小麦

中华人民共和国成立前后，界湖一带小麦传统品种主要有“红秃头”“小红芒”“大红芒”等。此外，还有传统品种大麦，均属低劣品种，久种不换，退化严重。

1952 年，开始推广“徐州 438”（俗称“三八麦”），当时群众认识不到位，只有少数群众少量使用。

1953 年 5—6 月，大小红芒及大麦均生了痘黄病，叶子痘黄，有的接近枯死，而“徐州 438”却青枝绿叶，楷子挺拔，丰收在望。

1956 年，引进“碧玛 1 号”和“碧玛 4 号”。

1958 年夏，各生产队分片选麦子良种，精选“碧玛 1 号”“碧玛 3 号”“红秃头”“巩大麦”等。条件是不倒伏，无害虫，去裸，去劣，单收，单打，单晒，单藏，按秋种亩数每亩留种 10 千克以上。

1959 年，大力推广产量高、质量好、耐肥水、抗病力强、适于当地种植的优良品种，主要是“石家庄 407”“碧玛 1 号”“碧玛 2 号”“碧玛 4 号”“早洋麦”以及早熟品种“蚰子麦”等。

1966 年，小麦种植面积增加，其中“内乡 5 号”“济南 2 号”“石家庄 407”占了 90%。此后，还引进了“济南 4 号”“济南 9 号”“徐州 8 号”“泰山 1 号”“泰山 4 号”“泰山 5 号”“淄选 2 号”“山农 5 号”“丰产 3 号”等品种。其中“泰山 1 号”适应性广，播种面积大。

20 世纪 70 年代末至 80 年代中期，先后引进适于高肥水种植的“济南 13 号”“百泉 40”“百泉 41”，适于中肥水种植的“山农辐 63”“百粒高 38”，适于旱薄地种植的“昌乐 5 号”“寨选 1 号”“山农 587”“莒农 4 号”等，适于晚播的“75—272”等。1979 年，“泰山 5 号”“百粒高 38”“泰山 1 号”小麦种植面积达 100%。

1985 年后，高肥水地块又陆续改种“鲁麦 1 号”“鲁麦 3 号”“鲁麦 5 号”等品种。

1996—2000 年，推广了“鲁麦 21 号”“售麦 22 号”“鲁麦 23 号”“济南 17 号”“935031”等品种。小麦良种“鲁麦 21 号”成熟早，收获期短，能早腾茬，给夏季作物早种植带来便利，能提前插稻秧、种玉米等。

2001—2003 年，先后推广“烟辐 118 号”“济麦 17 号”“济麦 19 号”“935031”“烟农 19 号”“山农优麦 3 号”“淄麦 12 号”等一批小麦品种。

2004 年以后，主要推广品种有“济麦 19 号”“济麦 22 号”“济麦 21 号”“维麦 8 号”“山农 664 号”“山农 17 号”“山农 19 号”“烟农 24 号”“临麦 4 号”等。

2005 年，国家实施优质小麦良种推广补贴政策，主要推广“济麦 19 号”“维麦 8 号”“烟农 21 号”等品种，统一供种。优良品种覆盖率达到 95% 以上，次年小麦良种补贴达到了种植面积全覆盖。

水稻

1964年，引种“黄壳早”“南特”2个品种。

1966年，推广水稻品种“团粒矮”“广场矮6号”。“团粒矮”的特点：产量高、早熟、抗倒伏；“广场矮6号”的特点：耐肥、高产、中熟。此后水稻品种主要有“农垦39”“农垦40”“水源300粒”“田边5号”“桂花黄”等。

20世纪60—70年代还有早熟品种“南特号”，中熟品种“水源300粒”“黄河早”“农垦3号”等。

20世纪70年代推广“京引119”“京引153”等，并逐渐成为当家品种。

20世纪80年代中后期，境内还推广“中部67号”“河粳1号”“叶藏金”“豫粳6号”“沂南95-12”等水稻新品种。红石庄农民科技员张友全选育的“临稻4号”得到推广种植。2004年以后，“临稻11号”成为本地的主栽品种。境内还种植“临稻10号”等品种，但种植面积不大。

旱稻

20世纪50年代，涝洼地栽植的旱稻品种主要是“水牛皮”“大黑芒”。其中，“水牛皮”米粒红色。1964年本地稻改以后，旱稻基本不再种植。

玉米

中华人民共和国成立前，界湖村主要种植“小粒红”“白玉米”“多穗玉米”等品种，产量很低。

20世纪50年代初开始推广“金皇后”。至1957年，春种玉米基本普及“金皇后”，夏种玉米为“大粒红”。

1958年，界湖镇委要求玉米采用“春什1号”或“金皇后”做种，“春什1号”可比一般的玉米增产13.5%—86.5%。

20世纪60年代中期，开始引种杂交种，先是引种“坊杂2号”，后推广“双跃3号”“双跃150”等。

1973年后推广“烟三6号”“白单4号”“群单05”“太单85”。

20世纪70年代末大面积种植“丹玉6号”“鲁原单4号”“鲁玉3号”等。

1983年以后，又推广种植“丹玉11号”“丹玉13号”“沈单7号”“烟单14号”“掖单2号”“掖单13号”“掖单4号”等，亩产在250千克以上。

1989—1995年，主要推广品种有“丹玉13号”“掖单2号”“掖单13号”等。

1996—2000年，主要推广品种有“鲁单50号”“掖单13号”“农大108号”“鲁原单14号”“掖单22号”等。

2002年，主要推广品种有“农大108号”“鲁单50号”“鲁单981号”等，新品种有“登海9号”“费玉3号”“沈单10号”等。

2004年，推广的新品种有“泰玉2号”“沈单16号”“登海11号”等。

2005年，主要推广“农大108号”“鲁单981号”“泰玉2号”等，新品种有“丹玉86号”“东单60号”“金海5号”“金海702号”“天泰10号”等。

2011年以后，主要品种是：“农大108”“丹玉86”“东单60”“金海5号”“金海702”“天泰10号”等。

地瓜

1949年前后，种植的地瓜品种俗称“穷不够”，产量低、品质差。1952年引进“胜利百号”地瓜，该品种秧蔓短、薯块大、出干率高。1957年，“胜利百号”地瓜开始普及。此后还引种了“华北117”。

20世纪60年代中期，引进了“北京553”和“52-45”搭配种植，种植面积较大。1975年前后，地瓜大面积发生黑斑病，引进的“烟薯1号”和“济薯1号”，因抗病性能强，成为主栽品种。

1966年，实行种窝地瓜，一般比芽地瓜增产20%—30%，“下蛋”率一般都在90%以上。

20世纪70年代末，地瓜烂根病和线虫病蔓延。公社农技站下大力气调进抗病品种。之后有了抗病品种“徐薯18”和“73-028”，烂根病下降了30%。此后，“济薯1号”“青农2号”成为当家品种，“徐薯18”等抗病品种得到推广。

1990年，针对地瓜茎线虫病发生严重的情况，又推广抗病、高产地瓜良种“鲁薯3号”。

1995—1996年，推广“鲁薯7号”和地瓜脱毒技术。脱毒技术虽增产效果明显，但因操作复杂及地瓜生产不受重视，未能大面积推广。

进入21世纪后，制粉用的地瓜品种主要是“徐薯18号”，同时恢复种植“北京553”，该品种适应性广，皮黄肉黄，含糖量高，香甜可口，为理想的外烤型地瓜。新品种“济薯26”为鲜食地瓜品种。此外还有“济薯18”等紫薯品种，但种植面积不大。

高粱

20世纪40—50年代，高粱主要品种有“骡子尾”“大红萼”“小红萼”“老鸹坐”“铁秆子”“黄罗伞”“红柳子”“三变色”“黑萼子”等。

1966年，推广“抗蚜2号”“熊岳253”“鹿邑歪头”“多穗”“保持系”，约占70%，都比老品种有成倍的增产。界湖南村夏种7.5公顷“多穗”高粱，5.5公顷“保持系”，平均亩产325千克。

20世纪60年代末期，大面积引种“忻杂7号”“遗杂5号”等杂交品种。

1972年，推广杂交高粱，凡是管理好的产量都在300千克以上。但杂交高粱因品质差，秸秆矮脆，用途少，不久后便被淘汰。

1974年，恢复种植保留下来的较优品种。

谷子

谷子的品种更新演变不大，“大黄谷”“小黄谷”“大毛谷”“小毛谷”“大红谷”“小红谷”“黏谷子”等为传统品种。

20世纪60年代引进过“大寨谷”。

20世纪70年代引进过“鲁谷3号”“竹叶青”，皆未推广。

1978年6月，引进“柳条青”谷种。

1982年引进“豫谷1号”，具有抗倒伏、抗病害、高产等优点，推广面积较大。此外还引进了“豫谷7号”等。

20世纪90年代以后，推广种植“冀谷12号”“冀谷13号”“冀谷14号”“冀谷15号”等。

21世纪初，主要种植的品种有：“济谷10号”“济谷11号”“济谷12号”“济谷13号”“济谷15号”“济谷19号”等。

大豆

20世纪60年代以前，大豆主要品种有“大黄豆”“小黄豆”“大青豆”“小青豆”“大黑豆”“小黑豆”“河南春”“红荚子”“白荚子”“小油豆”等。

1958年春，开始种“爬蔓青”大豆，推广“大青豆”“小油豆”“平顶黄”等不拖秧的豆子。

20世纪70年代前后引进的“南阳春”“丰收黄”“临豆1号”种植面积较大。70年代末，“向阳1号”等良种面积不断扩大，良种程度已在60%以上。

20世纪80年代以后，引进的“鲁豆4号”成为当家品种。

䅟子

原种本地䅟子，产量底。20世纪50年代引进关东䅟，秸高，䅟米产量较高。

绿豆

传统品种有“大绿豆”“小绿豆”“毛绿豆”“香绿豆”等。

豌豆

豌豆有“大豌豆”“小豌豆”，为境内传统品种。20世纪70年代初，引进“保加利亚1号”“保加利亚2号”，不久后便被淘汰。

花生

本地种植的花生从果型上可分大小2种，小花生种植历史久远，大花生在19世纪中期始有种植。

20世纪50年代以前主要种植“大铺秧”“半站秧”等当地传统小花生品种。

20世纪60年代开始引进“伏花生”、平邑县“小麻叶”。

20世纪70年代初引进推广适于高肥水种植的“临花1号”，适于低肥水种植的早熟中粒珍珠豆型品种“白沙1016”以及“大白沙171”。70年代末又引进了“徐系1号”“花28”“花37”“73–43”“68–4”“新城早”等。

20世纪80年代初推广了“海花1号”“豫花1号”“77–4”“鲁花8号”“鲁花9号”等。

1986年以后，推广花生配套栽培新技术，提高了农民的科学种田水平。选用适应性广、增产潜力大、抗逆性强的“海花1号”“徐州68–

4”“花37”“鲁花9号”“鲁花11号”等中早熟大花生，淘汰了“白沙1016”“伏花生”“花28”等早熟小花生。“海花1号”“鲁花9号”分别比“白沙1016”增产20%和18%以上。

1997年，推广中熟大花生新品种“丰花1号”等。

2010年以后，实施花生良种补贴，主要推广“丰花1号”和早熟大花生新品种“花育22号”。

棉花

1949年前种植的品种有“大棉花”“小棉花”等当地品种。

20世纪50年代引进“岱字棉”“斯字棉”。

1970年代推广“中棉所10号”。

烟草

旱烟　主要品种有“莲耳子”“长脖”“大门烟”“大青叶”“黑烟”“小弯筋”“大弯筋”“茄烟”“香烟”以及“大青叶”与“香烟”的杂交烟等。

种植技术推广

中华人民共和国成立初期，群众受传统农耕思想的影响，有些新的农业种植技术，在开始推广时总有些人犹豫、怀疑，不能大胆地接受。如：1952年秋，区里号召种麦子采取宽幅密植法，群众思想不通，界湖乡只有郑顺种2亩，马德功种2.5亩。1953年春，乡里组织群众参观后，均认为这个种法间地少，麦子棵数多，比精麦均匀，麦穗齐整，丰产。

1959年，界湖农技站成立，组织搞试验田，实行对比试验。9月，在界湖北部创建了界湖公社多种经济联合场示范农场，全场共26名青壮年，有5.7公顷耕地，耕畜6头，10行马拉播种机1部。各生产队还组织了青年突击队，界湖生产大队示范专业队是该大队的一个基本生产单位，有整劳力31人，共有耕地6.44公顷。1959年受省、县、公社奖励。农技站可以在这些地方试行新的农业技术，培养典型，树立标准。

1959年，界湖公社推广“风搅雪”（麦套种豌豆）种植技术，其中公社农场种“风搅雪”2.7公顷，1960年平均亩产210千克，比一般田增产16.7%，比同期播种的晚茬麦增产45%。“风搅雪”能增产，更重要的是解决了晚茬麦产量低的问题。

20世纪60年代初，全面推行“满天星”式与“风搅雪”式间作混播。主要方式有地瓜地间作玉米或高粱、绿豆，玉米、高粱地间作大豆或亚豆，棉花、花生地间作芝麻，小麦地间作豌豆等。对增加种植密度，提高粮食产量及调剂粮食构成，具有良好的作用。但间作混播不利于锄草等田间管理。

1964年引种水稻后，稻田实行稻麦水旱轮作，双获高产，此后一直沿用。

20世纪70年代，大面积推广“条带”式间作，采用高低秆作物大小畦（沟、行）形式，主要方式有玉米与大豆或地瓜粮粮间作，玉米与花生、小麦与油菜粮油间作，小麦与苕子、豌豆粮肥间作，地瓜与黄烟粮烟间作等。1972—1975年，推广麦肥间作套种。每年5月中旬，绿肥压青，套作夏玉米。

1978年，在公社农业科技部门的指导下建立了农科队，培养科研队员20多人。通过科研队坚持认真搞科研，水稻亩产达到450千克以上。做到了耕作机械化，种植良种化，管理科学化，粮食产量持续上升。

20世纪70年代末，开始推广保护地栽培技术，使用塑料薄膜拱棚栽培蔬菜，使韭菜、黄瓜春节前上市，使其他春季菜上市时间提早。

20世纪80年代，因实行以大包干为主的家庭联产承包责任制，农作物间作基本由农户根据实际情况而定。玉米间作大豆或绿豆还较常见。

1984年后，大面积推广土豆、花生地膜覆盖，成熟早，增产效果明显。

1987年以后，推广良种和农作物栽培技术，进行实用技术培训。是年，镇政府有关部门组织举办各种类型的学习班，培养了一批科技带头户，提高了科学种田水平。

20世纪90年代后，因县城发展需要，各单位征用南村土地越来越多，土地每年都减少100亩以上，为了人均占有土地尽可能达到平均，每年春天都需要调整土地，只能是小麦、水稻或玉米两季轮作，蔬菜、瓜果、经济作物一直未得到推广。

2010年后，南村社区已无土地可耕种，所有的农业种植技术不再推广。

第四章 林 业

第一节 树 木

界湖南村低洼地势多，岭地少，历史上未形成大片成材林和经济林，农民只在自家院内或自留地内、汪塘周围、坟地内栽植少量的树木，其中家庭院内外以槐树、楸树、椿树、榆树、梧桐树等为主，汪塘周围及坟地内主要以杨树为主。村集体于1976年在刘家林栽杨树300多棵，1977年至1979年三年间，南村林业队在田间地头、道路两侧共栽植杨树10000余株，1990年在农贸市场内栽植杨树180棵，于2005年集中采伐后未继续栽植。分别于2001年和2011年，在苹果园连续两茬栽植杨树共2000多株，最后一茬于2020年迁坟前集中采伐。

第二节 林 果

界湖南村境内果树有110余种。其中，仁果类有苹果、梨、山楂、海棠等；核果类有桃、李、杏、梅、樱桃等；坚果类有核桃、板栗、银杏等；浆果类有葡萄、草莓、石榴等；柿枣类有柿、君迁子（俗称“软枣”）、枣等。

苹果

苹果是村内主要果树品种之一。“秋风蜜”“花红果”是群众长期培育的当地苹果良种，具有早熟、香甜适口、色泽美观、抗逆性较好等特点。其他地方品种有“歪把子”“林檎”“海棠”“绵苹果”等。20世纪50年代引进的品种有“倭锦”“金帅”“小国光”“青香蕉”“红香蕉”“红星”“大国光”“白粉皮”“祝光”“秋花皮”“祥玉”“红玉”“新红玉”“鸡冠”“印度”等；80年代后引进的品种有“富士”“红富士”“美国新红星”“玫瑰红”“秀水国光”“烟青”“烟红”“五龙红”“锦丽”“好矮生”“嘎拉”“王林”“阿兹威”“长红”“乔纳金”“华农1号”“中间26号”等。因行情、管理等多种原因，90年代以后，种植面积不断减少，到2015年已不成规模。

桃

桃是主要果树品种之一，品种分类较多，主要有“山毛桃”“五月红”“六月鲜”“上海蜜”“黄金”“蟠桃”“麦香”“沪005”“雪桃”“冬桃”“油光挑”“雨花露”“寒露蜜”“京白”“大久保”“早香玉”“金童”“肥城”“北京27”“吊枝白”“安农水蜜”“川中岛”“美国1号”“美国18号”“中油48号”“春雪”“春蜜”“北京24号”“天王”“蜜桃王”“优系新川中岛”“早红珠”“丹墨”“早红宝石”“沙红”等。

山楂

“大金星”系山区群众培育的当地品种，具有果实较大、色泽鲜明、酸甜味浓、产量高、抗逆性强等特点。其他品种有“敞口”“白瓢绵”“大货”“小货”“歪把红”“小金星”“小糖球”“大棉球”“紫肉”等。

梨

梨的栽培历史悠久，主要有4个品系30余个品种，如“鸭梨”“茬梨”“巴梨”“茄梨”“晚三吉”“长把梨”“香水梨”“槎子梨”“车头梨”“酥梨”“黄梨”“杜梨”“金二十世纪”等，尤以“长把梨”“香水梨”“鸭梨”“巴梨”“晚三吉梨”“砀山酥梨”“雪花梨”等优良品种栽培广泛。

板栗

板栗的栽培历史悠久，但种植面积不大。主要品种有“郯城3号”“泰安薄壳”“燕山红”“红光”“红栗”“处暑红”“青毛软刺”“九家种”“粘底板”“杂交35号”“杂交109号”“杂交119号”“杂交18号”“尖顶油栗”“石丰”“海丰”“金丰”“宋家早”“毛栗”“郯城207号”“茅栗”“橡子”等。

葡萄

种植面积不大。品种有"玫瑰香""黑狐香""龙眼""白玉""白羽""白醇""甜水""红富士""巨峰""黑奥林""乍娜""先锋""泽香""牛奶""无核白""法国兰""佳利酿""贵人香""大宝""高尾"等。

柿子

主要是零星种植。品种有"甜柿""罗田柿""斯文柿""富有柿""次郎柿""涩柿""大磨盘柿""镜面柿""鸡心黄柿""牛心柿""大锦柿""扁柿""大红柿" "八月黄柿" "小合柿"等。

杏

主要是零星种植。品种有"红玉""白玉""荷包""金太阳""凯特"等。20世纪60—70年代，果园为集体所有。社员只有院内或房前屋后可栽树，所以果树很少。

1976年，界湖南村集体建有果园面积5.3公顷，主要果树为苹果，共1500株，由林业队管理，收入逐年增加。于1984年承包给个人，加强管理后收入明显增加。1991年，有苹果树1620棵，果品产量达6.2万千克，收入5万元。1999年，果品产量7.8万千克，收入10万元。

农户也有个别建立果园的，但不多，仅有刘振言、张宝友等几户在国税局后自家粮田栽植果树几百株。

2013年，全村林业总收入24.54万元。

2021年，原苹果园杨树分两次采伐，共收入27.1万元，以后就没有林业收入了。

第五章 畜 牧

第一节 畜禽养殖

中华人民共和国成立前，界湖村贫雇农租种地主土地，户均2公顷地1头耕牛。土改后，界湖南村农民分得土地，各家养牛或搿犋养牛。合作化、公社化时期，耕牛归集体养殖，全村共50余头。改革开放后，由于机械化程度不断提高，耕牛渐渐减少，农户以养肉牛为主。

公社化时期，养猪积肥可以顶工分分粮。因此，家家养猪积肥，每户一头以上，多时达到300头。其中200余户养母猪。改革开放后，以专业户饲养为主。2000年前后，村民刘树军养猪50余头，沈文忠、刘振省等每年出栏肥猪在100头以上。

农户养兔始于20世纪80年代。1982年因县外贸局占用南村土地，支持村建兔毛加工厂，由孔宪俊负责，工人有50余人。当时大部分农户饲养长毛兔，村民尹传杰养长毛兔300余只。家禽饲养以养鸡为主。合作化时期，家家靠养鸡卖蛋解决零花钱。改革开放后，以专业户饲养为主。1984年，南村养鸡专业户贾洪臻养鸡800只，年收入达700元，在当时算是养鸡大户。1991年，家禽出栏2万只，禽蛋1.5万千克，当年存养3.65万只。后来农户住楼房增多，养鸡鸭渐少。2009年，出售鸡鸭不足千只，禽蛋960千克，当年存养量仅1350只。

1985年，村民杨来春、刘振峰、胡发田、申树德承包村南一处面积为14亩的汪塘从事养鱼业，养殖时间不长；外来人员颛孙在20世纪90年代承包了小台湾汪塘约3亩，用来养鳖，养殖时间不长，后来人们称该汪溏为鳖汪。

第二节　疫病与防治

疫病种类

境内畜禽传染病主要有牛炭疽病、流行热、恶性卡他热、狂犬病、牛布氏杆菌病、羊痘、羊肠毒血症、羊布氏杆菌病、羊传染性胸膜炎、猪瘟、猪丹毒、猪五号病、猪霉形体肺炎、猪流感、猪传染性胃肠炎、猪大肠杆菌病、仔猪副伤寒、猪密螺旋体痢疾、仔猪白痢、仔猪水肿病、破伤风、高致病性猪蓝耳病、猪牛羊等主要家畜高度接触性传染病口蹄疫、禽霍乱、鸡白痢、鸡痘、鸡新城疫、鸡马立克氏病、小鹅瘟、高致病性禽流感、禽伤寒、副伤寒、大肠杆菌、兔瘟、兔巴氏杆菌病、兔葡萄球菌病、兔黏液性肠炎、犬瘟热、魏氏梭菌病等。

寄生虫病有牛肝片吸虫病、前后盘吸虫病、丝状线虫病、犊蛔虫、眼线虫、后圆线虫、牛新蛔虫病、牛绦虫病、牛吮吸线虫病、牛脑虫病；猪蛔虫、猪毛首线虫、猪细颈囊尾蚴、猪肺丝虫病、兔艾美尔球虫、兔球虫病；鸡球虫、鸡组织滴虫病、鸡毛细线虫以及禽虱、禽螨等。

中毒病有牛地瓜黑斑病中毒、牛高粱苗中毒、畜禽农药中毒等。

疫病防治

1950 年前，畜禽传染病不断流行，给畜牧业造成很大危害。20 世纪 50 年代初，政府组织防疫人员对牛炭疽病、猪丹毒、猪瘟、鸡瘟预防注射疫苗，畜禽发病率降低。如 1952 年开展鸡瘟疫苗预防接种，1953 年起预防接种猪丹毒疫苗。以后每年于春秋两季都组织村级防疫员对猪、鸡进行预防疫苗注射。

1958 年，界湖公社建立兽医站后，担负着全社的畜牧业疫病防治、动物检疫、品种改良、技术推广、动物防疫等职能。加强了境内的畜禽防疫体系建设，成立了以工作人员为主的防疫队，集中强制免疫时全部吃住在村，为广大养殖户服务。

1963 年，建立村级动物防疫员机制。随着区、村各级兽医机构的建立健全，全区逐步开展了集市牲畜检疫、防疫、收购运输检疫和屠宰检疫工作，并建立疫情报告制度，开展疫情普查，对畜禽传染病采取了强制防疫、强制消毒、强制封锁等综合防治措施，确保全区几十年都未发生重大疫情。

1990 年以后，通过签订合同的方式，界湖镇对鸡、猪、兔等进行了防疫技术承包，越来越多的个体饲养户对饲养的畜禽进行疫苗注射，对猪、鸡按免疫程序进行防疫注射。注射的疫苗主要有：牛羊猪口蹄疫疫苗，猪瘟疫苗，猪丹毒疫苗，猪肺疫单沂联、双联、三联疫苗，猪伪狂犬病疫苗，兔瘟疫苗，魏氏梭菌疫苗，巴氏杆菌二联疫苗，鸡新城疫疫苗，禽流感二联疫苗，传染性支气管炎，新城二联疫苗，肾型传支单疫苗，法氏囊疫苗等。

2000 年，沂南县政府颁布实施《沂南县畜禽防疫管理办法》。界湖镇重点抓了猪、牛、羊口蹄疫的防疫工作，进行疫苗注射，防疫密度达到了 90% 以上，严格控制了口蹄疫在本镇的发生。同时对全镇范围内的肉类进行严格检疫，确保无病疫蔓延。

2004—2005 年，国际及国内部分地区暴发高致病性禽流感，对畜牧业生产和人民群众生命安全构成严重威胁。根据《沂南县高致病性禽流感应急预案》，界湖镇在做好疫情监测、物资储备的同时，成立了应急预备队以应对突发疫情。

2008 年以后，界湖南村因实行旧村拆迁改造和棚户区改造，大多数居民搬进了楼房居住，不再散养畜禽；也因土地减少、居民不再承包土地，没有了畜牧业，居民生产大多数转入第二、三产业。

第六章　农村经济管理

第一节　劳动力管理

土地私有制时期，界湖街大量土地集中在地主手里，除少数地主、富农雇用长工外，多数都是出租土地，坐收租粮。佃户除按约交足租额外，还须为地主送礼、帮工。少数有地的农民，则采取单干的形式从事农业生产，劳动力低下。

1942年冬，在中国共产党的号召下，农村开展大生产运动，并组织变工组以壮大劳动力量开展生产。妇女们也组织起来开展生产劳动，还利用劳动间隙纺线织布、做军鞋等，支援抗战。

1946年5月至1951年春，经过土地改革，农民获得土地。为了壮大劳动力，政府动员群众成立互助组。互助组时期，生产劳动以个体为主，耕、种、锄、收主要农活，在自愿互利的原则下，实行工换工、牛工顶人工、人工换牛工等办法互助合作。

1949年12月，互助组得到发展，有些互助组实行死分活记法，按季节算账找工还工，按劳取酬。

1952年春，界湖4个村只有18个互助组，125户。通过秋季整党，工作大有起色，党员群众的觉悟较之前有了提高，互助组有了很大发展。

1954年，界湖南村在互助组的基础上，建立了初级农业生产合作社，社员有出入社的自由。社委会在国家计划指导下制订生产劳动计划，根据劳力强弱、技术专长等，进行人员分工，统一调配使用。采用“死分活记”的办法，民主评定工分，年终参加分配。

1956年，界湖东、西、南、北4个村联合成立高级农业生产合作社，界湖南村根据社员居住情况编成12个生产队，配有一定的土地、农具和耕畜，每年根据农活劳动强度和技术性高低，制定长年和季节性的劳动定额，因人派活，按完成情况记工，个别不适应包工的农活实行死分活记。高级社初期，由于劳动力管理跟不上，存在旷工、窝工现象。

1958年10月，人民公社成立后，一切劳动力由公社统一调配使用。将社员宅基地、自留地收归公社所有，房前屋后零星树木和私养牲畜作价入社，锅鏊瓢盆平调归公，大办食堂，实行供给制。在“生活集体化，组织军事化，行动战斗化”的口号下，用大兵团作战的方式从事工农业生产，开展大炼钢铁，还有不少劳动力被调到外社队，投入积肥、兴修水利、深翻改土、秋种、除“四害”等劳动。

1959年1月31日，界湖公社在整社中推行“三包”“六定”“四到田”：“三包”是包产、包成本费用、包工资，“六定”是定生产组织、定耕作区、定劳力、定牲畜、定措施、定奖惩，“四到田”是作物到田、措施到田、生产成本到田、管理责任到田。

1960年1月20日，中共界湖公社委员会、界湖公社管委会印发《关于推行1960年“三包一奖”制度的意见（草案）》，界湖南村按照该制度要求，首先搞好“六定”（定生产队的规模，定耕作区域，定劳力，定作物面积，定增产措施，定牲畜农具）。界湖南村作为一个生产大队（基本核算单位），为公社的承包单位，生产大队将承包任务分别承包给所属12个生产小队。生产大队向生产小队包工时，采用按劳力强弱分等定工的办法，年轻力壮的男成年人，一天的工分定为10分，年龄大的或较年幼的定为8分，再次一点的定6分、5分；成年女劳动力最高的一天定8分，身体差点的定5分。生产小队对社员坚持同工同酬的原则，实行定额管理，按劳分配，按分付酬的办法。

1961 年秋，根据中共中央《关于农村人民公社工作条例（草案）》（即“六十条”）规定，实行公社、生产大队、生产队三级所有，以大队为基础，以生产队为基本核算单位的管理体制。生产队有经营管理的自主权，实行“各尽所能，按劳分配”，在生产上推行小段计划、小段包工、小段作业、小段检查验收的“四小”管理办法。劳力出勤记工分，生产队按工分分配粮食、工钱等；农闲时，公社或大队等组织劳力参加农田水利基本建设，农业生产得到了恢复和发展。

1963 年 6 月，为加强劳动管理，以区、社为单位，运用会议形式训练大小队干部、会计、作业组长、记工员、贫农代表，以提高农活质量为中心，以评分记工为重点，学习推广“四小”（小段计划、小段包工、小段检查、小段记工）、“一单”（包工单）管理制度。

1964 年秋，开始“农业学大寨”。在经营管理上推广“四到田”（作物安排、产量指标、措施落实、包工定额到田）；“三建立”（建立试验田、种子田、丰产田）；两个基本制度（对社员实行基本工日和基本肥料制度）；一年早知道（大队预先制定出分配方案，明细到户，张榜公布，使社员提前知道全年分配情况）；“四严”（严格评工计分、劳动纪律、农活质量、奖惩制度）；一保证（在这一系列管理制度实施中，要以政治作保证）的管理方法。在劳动定额上实行男女同工同酬，对大小队干部实行定工生产、定工补助，强调大队干部每年参加劳动日数不低于 240 天，定工补助总额大小队干部加起来，不得超过总工日的 2%。

“文化大革命”期间，“大寨记工法”盛行，口号是：“政治挂帅，思想领先，为革命种田。”劳动力必须参加农业生产劳动，有事耽误劳动者，需向生产队请假；经批准脱离农业生产从事其他工作的，需要向生产队交钱买工分，参加生产队的粮食分配。

1979 年，建立定人员、定任务、定措施、定时间、定报酬、超任务额奖的“五定一奖”联产计酬作业组。各生产队基本上都建立了不同形式的生产责任制，林牧副渔等各业也普遍实行了“五定一奖”责任制，有力地调动了群众生产劳动的积极性。

1982 年，全面实行以大包干为主的家庭联产承包责任制，将土地、林木、大型农机具承包到户或作价到户，自主经营，提高了农民的生产积极性，促进了农业生产的发展。

1990 年后，因县城各单位建设用地，界湖南村土地逐年减少，农村劳动力也逐步转入第二、三产业。

2000 年后，界湖南村土地人均不足 0.3 亩，劳动力基本上以第二、三产业为主。

2010 年后，全村土地剩下不足 200 亩，也不再调整土地，谁愿意耕种就耕种，劳动力全部转入第二、三产业。

第二节　财务管理

初级社和高级社时期，社内财务由社内民主管理。

1958 年人民公社成立后，以公社为核算单位，一切生产资料和劳动力由公社统一调配使用，经济统一核算，年终平均分配。1958—1960 年“大跃进”期间，县社队三级无偿调拨社员的财物，挫伤了社员的生产积极性。

1960 年底，农村开展整风整社工作。通过整社，实行了“三级（人民公社、生产大队、生产队）所有，队（生产队）为基础”的以生产队为基本核算单位的生产管理体制。全社各包产小组及时安排了作物种植计划，落实了“三包、一奖、四固定”。生产小队和核算单位签订包产合同，确定实行全年统算，分夏、秋两季计算奖赔。同时进一步贯彻 4 个基本制度，即基本口粮加奖励，基本肥料加奖励，基本工日加奖励，基本工资加奖励。社员出勤率增加。

1962 年 2 月，中央发出《关于改变农村人民公社基本核算单位问题的指示》，确定以生产队为人民公社的基本核算单位，三级所有、队为基础。

1973 年春，结合春季生产，加强了农村的经营管理，实行财务公开、民主理财、按劳分配、多劳多得、男女同工同酬。

1979年，农村建立三代管组织，实行“三定一奖”，制定各项经营管理制度，落实经营管理措施。

1989年，界湖镇在全县率先开展农村财务审计。从此，南村村级账务由镇经管审计站审计，所有收支单据必须经审计合格后方可入账。

1990年，镇政府下发了1号文件《关于农村财务审计工作的规定》，实行一月一审计制度。村会计和出纳员每月底将发生的收支单据拿到经管进行审计，由经管站加盖审计章后方可入账。

1994年，农村财务、资金由镇经管站实行“双代管”“两公开一监督”制度（即决议公开、实施结果公开；对村级重大事项的决议和决议的实施进行全过程监督），开展农村财务月审制，凡不按规定日期报送审计的，每误审1次，扣发财会人员全年工资的10%；连续3个月误审的，撤销财会人员的职务；连续半年误审的，一并追究村主要负责人的责任。审批权限：500元以下由经管站长审批，500元以上至5000元以下由分管镇长审批，5000元以上由镇长审批。

1996年8月，中共界湖镇委、镇政府成立由镇长任组长、分管镇长任副组长，财政、审计、纪委、信访、统计等有关单位负责人为成员的农村财务管理和减轻农民负担工作领导小组，下设办公室，在审计站办公，具体负责全镇的农村经营管理工作。同时，南村也成立相应的领导组织。开展了审计监督和清理整顿相结合的农村财务清理工作。经过清理，界湖南村共清理农户的拖欠款2200元，及时组织回收。

1998年5月，镇委、镇政府为彻底解决财务管理中存在的问题，对农村财务进行全面清理整顿。印发了《关于农村财务清理整顿工作实施方案》，并从镇机关、法庭等部门抽调60名业务精干人员，组成财务清理工作组分4个管理区，由管理区书记带队，集中利用两个月的时间，对所辖44个村历年来形成的“三提五统”尾欠、“三角债”以及遗留问题进行一次性全面清理。在这次清理整顿中，南村共清理债务11.6万元，其中个人欠集体7.4万元、集体欠个人4.2万元，全部进行了兑现。在清理财务的基础上，积极推行财务公开和民主管理制度，至年底，建立健全了村务公开、民主管理制度，成立了“三会两组”民主管理组织，在各项工作中起到了参谋助手作用。

1999年10月，界湖镇委、镇政府印发《关于对农村会计实行职业化管理的实施意见》，决定对全镇农村会计实行职业化管理，实行年度考核，动态管理，统一调配，异村任职。在这次统一调配农村会计中，南庄村的高永文被镇委调配到界湖南村任职村会计，于2000年1月1日就任。委派会计实行双重管理机制，业务上归镇经管站管理，具体工作归村委会直接管理。通过实施委派会计，进一步规范了村级账务，切实发挥了会计的监督职能。

2003年6月，在界湖镇委、镇政府的具体组织下，又通过考选方式，对村现金出纳员进行了考选聘用，界湖南村村民刘振省被聘用为南村出纳员。至此，村会计、村出纳全部实行了考选聘用制，进一步规范了村级会计岗位及村级账务处理。

2004年4月5日，镇政府印发《农村会计职业化管理细则》，对村会计、出纳严格按照细则进行管理。

2005年12月31日，界湖镇以经管统计站为依托，全面实行农村财务委托代理中心制改革工作，实行村级公章、合同、账务、资金“四代理”。因南村坚持走发展集体经济、实现共同富裕的道路，集体企业较多，村委与集体企业之间经济业务往来较大，经过镇委主要领导审批同意，界湖南村的公章、资金由村委会自行管理，合同、账务继续由经管站把关审计。南村也按照规定要求，通过选举产生了村务公开监督小组和民主理财小组，保证村务公开民主理财制度的落实；规范开展村务公开，民主管理工作，制定了《村务公开制度》《财务管理制度》《民主理财制度》《承包合同管理制度》《公章管理制度》等一系列规章制度，从制度上给予保证，在村委办公大院内设立了公开栏，除公布每个公开时间段的政务及收支情况外，凡涉及集体资产处置、经营承包建设项目、土地补偿款的使用等都在召开村民会议或村民代表会议决策以后及时公开。

2006年11月，根据南村实际发展需要，成立界湖南村社区财务部，由高永文任财务部经理，公开向社会招聘了4名会计，分别担任社区居委会会计（卓会苓）、出纳（邵磊）、星港房地产出纳（高峰）、泰都建筑公司出纳（张爱萍）。后来根据业务需要，又及时增添了多名会计人员。根据社区党委书记李凤德的要求，社区及各公司财务统一归社区财务部管理。各单位严格执行财务审批流程，具体操作步骤为：1.各单位年初制定好收支预算并报社区党委审批；2.各单位资金统一由社区财务代管；3.日常收支单据必须有两人以上经办人签字并注明收支业务具体事由、公司业务分管领导签字、公司负责人签字、社区财务经理签字、社区党委书记签字、民主理财小组签字后方可入账（六要素）；4.1万元以上的支出项目需先经党委书记审批后方可支出；5.重大项目需经社区两委会研究并提交党员大会、居民代表大会通过后方可执行；6.各单位每月汇总上报收支情况、利润情况并在村务公开栏内及时公开；年底进行收支决算并汇报社区党委。

同时，社区及各集体企业都设有基本账户和几个一般账户（根据实际业务需要确定），所有收支全部用账户收支，无特殊情况，尽量避免用现金收支，确保了资金往来、收支有依据可查。

另外，界湖南村社区于2010年开始，在全县率先使用收入管理台账，把所有沿街、商场租赁户纳入台账管理，各户租赁收入情况一目了然。

2015年7月，南村社区成立山东广汇集团有限公司，把所有集体企业纳入广汇集团管理，成立集团财务部，聘请高层次财务管理人员任财务总监，全面负责各集体企业财务，各集体企业也招聘了高学历、高水平的财务人员，对公司健康发展起到了有力的后勤保障作用。

第三节 收益分配

互助组时期，入组农户工换工中的相差工日，以粮食找补，一般1个工日按3.4—5千克粮食计算。公粮按地亩交纳，余者全部归自己。

初级社时期，粮食分配按劳动工日和土地股金进行分配。完成国家征购任务，留足种子、饲料，余者初期按“地五劳五”，后按“地四劳六”进行分配。对人口少的户给予照顾。现金分配办法是：先从农业总收入中扣除农业税、口粮款，再扣5%—7%的公积金，1%—2%的公益金和下年生产费用。扣留总数不得超过当年总收入的40%，其余分配给社员。对老弱残疾和无劳力困难户，从提取的公益金中给予照顾。对鳏寡孤独实行“五保”。

高级社时期，取消了土地分红，完全实行“各尽所能、按劳分配、多劳多得、不劳动者不得食”的原则，土地统一经营，产品统一分配，收支统一核算，社对生产队实行“三包”（包工、包产、包成本）、“四固定”（固定土地、劳力、牲畜、农具）。包产的原则是参照正常年景的产量，本着留有余地、有产可超、多奖少罚的精神，实行同奖同罚。粮食分配采取按人口加照顾的办法，即完成上交任务，留足种子后，按人六劳四分配，柴随粮走，一般是千克粮千克柴，菜瓜按人口分配。现金分配中，先扣除生产费用、公积金、公益金和农业税，余者按劳动工分分配。

人民公社时期，继续执行“各尽所能、按劳分配”政策，实行工资制和供给制相结合的分配制度，农民劳动可以分到工资，实行基本工资加奖励的办法，统一扣提留，统一分配，超产提成奖励，多产多购（卖统购粮），多留多分，粮食分配实行“一包一补、按劳分配”的办法，即对烈军属、残废军人家属实行优待工日，对无劳动能力的人和职工家属及社会困难户适当进行补助。除享受包补者外，全部按劳动工分分配。“大跃进”时期，大搞公共食堂，社员吃饭不要钱，凭票吃饭，节约归己。现金分配是扣除饭钱，余者发放现金。

1959 年冬，按照《界湖人民公社关于整顿巩固人民公社的若干问题的规定》要求，正确处理消费与积累的关系，在保证 90% 以上的社员比上年增加收入的原则下，适当扩大公共积累。全年分配比例定为：扣留 45%，社员分配 55%。

1962 年，贯彻落实“六十条”，口粮分配是从总收入中扣除公粮、种子、饲料，余者按“人六、劳三、肥一”的办法；现金分配是完成各种扣留和还清社员投肥款外，完全按实干工日分配。

据有关数字记载，界湖南村社区 1957 年，人均分配只有 16 元；1978 年人均分配只有 52.48 元；1982 年，人均分配突破百元，达到 127. 4 元；2005 年人均纯收入突破 5200 元；2012 年，全村经济总收入 8200 万元，人均纯收入达到 2.1 万元。

1978 年，中共十一届三中全会以后，农村纠正了分配上的平均主义倾向，由于适当扩大了按劳分配比例，取消了过去口粮分配不能超过 250 千克的禁令，实行按劳分配的原则，社员生活水平也有了一定提高。

1980 年，开始有多种经营收入，界湖南村在第二、三产业上也有了升级转型，在粮食分配为主的前提下，20 世纪 80 年代末也开始了现金分配。

2022 年，界湖南村集体经济组织收益分配情况：总收入 14902.35 万元，其中，社区经营收入 2182.48 万元，发包及上交收入 54.04 万元，其他收入 153.29 万元。总支出 6976.33 万元，其中，社区经营支出 13.41 万元，管理费支出 59.28 万元，其他支出 161.35 万元。社区本年收益 2155.77 万元，可分配收益 2155.77 万元。

南村社区部分年度分红、老年金发放情况一览表

表 3-1　　单位：元

年度	年终分红			老年金					总计	备注（老年金）
	元 / 人	人数	金额	第一季度	第二季度	第三季度	第四季度	小计		每人 / 季度
1984	10	1260	12600						12600	
1991	30	1487	44610						44610	
2000	300	1743	522900	23520	23280	23040	23680	93520	616420	120
2005	400	1757	702800	54875	50795	50555	62975	219200	922000	240
2006	500	1760	880000	52835	52595	51395	60515	217340	1097340	240
2007	600	1776	1065600	68555	68855	82955	70355	290720	1356320	300
2008	600	1897	1138400	91560	90120	105360	94080	381120	1519520	360
2009	1000	1931	1932500	97320	96750	112350	96390	402810	2335310	360
2010	1000	1697	1697000	197580	196000	209400	192130	795110	2492110	700
2011	1000	1687	1687000	289430	284430	300230	281430	1155520	2842520	1000
2012	1000	1695	1695000	297430	291430	307830	288430	1185120	2880120	1000
2013	3000	1681	5044500	307220	303220	319620	882720	1812780	6857280	1500
2014	3000	1714	5143500	464220	461220	472620	464220	1862280	7005780	1500
2015	3000	1753	5259000	526695	525195	536505	519105	2107500	7366500	1500
2016	3000	1763	5289000	555105	550605	567105	556005	2228820	7517820	1500
2017	3000	1956	5869500	574980	570180	577380	555090	2277630	8147130	1500
2018	3000	1827	5481000	584690	610970	598910	582110	2376680	7857680	1500
2019	3000	1807	5421000	625100	620600	635750	615950	2497400	7918400	1500
2020	3000	1810	5430000	632450	629450	641250	621950	2525100	7955100	1500
2021	4000	1821	7284000	733950	727670	739120	718120	2918860	10202860	1750
2022	4000	1820	7280000	768870	767770	775320	799820	3111780	10389780	1750
合计			68299800	6922865	6897855	7083655	7461395	28365770	96665570	

第四篇 工业

清代，界湖街以熟食、点心、酱菜、印染、酿酒著名，在当时，当地农村产业结构以农业为主导的情况下，独具特色，成为沂水南乡手工制作商业贸易重镇。

清末民初，团山庄人袁钿在界湖街开设酿酒坊，是境内具有一定规模和影响的私营企业。

1943年春，沂水人孔宪福到界湖，与界湖南村的刘振兴、刘振起开办纸坊。是年，鲁中军区下属的利源工厂迁至界湖。主营纺织、印染与化工产业，生产肥皂、毛巾并印染布匹、服装等军需品。

1948年，黄县人李兆会在鲁中军区枪炮修理所工作。在梭庄南山战斗中负伤，后在界湖南村落户。凭着一套修理军械的技术，在界湖南村建立立兴铁工厂，除负责县武装部及各区武装部的枪械修理业务外，还专门从事各种农机具的加工制造，培养了一批产业技术工人。1955年公私合营，李兆会将立兴铁工厂的红炉、锻打工具、机床等全部设备，无偿献给国家。沂南县以此为基础，成立了沂南县农机修配厂，即华日集团的前身。

人民公社时期，界湖南村工业是以作坊为主的加工业。1962年，村集体首开农产品加工业，建起一处油坊，依靠来料加工或兑换，年挣7000千克豆子。随后，建养猪场、大菜园，用油坊的下脚料喂猪。接着建起机子坊，亦称缝纫社，有缝纫机12台。后来又陆续建起面粉坊、奶牛场、养鸡场、养兔场、罐头厂、丝绵厂、皮革厂、石英砂厂、建筑公司等，指导思想上是以工业补农业，最终都因规模小，资金不足，缺乏技术含量，管理不到位而效益不好。到2004年，全村经济总收入67万元。

2005年，以李凤德为党支部书记的新一届村“两委”，立足区位优势和资源优势，制定了转变经济增长方式，调整生产要素结构，由粗放型向集约型转变的发展目标和规划。从理顺管理机制入手，抓住土地这个城区村最宝贵的资源，迅速完成了土地清理工作，解决了长期以来乱圈乱占的问题。又对村办企业、沿街房建设、承包租赁土地等集体资产重新进行整合。确立了“发展集体经济，实现共同富裕的路子”，实施“村企合一”“以企强居”的发展方式，制定了“构筑大框架、实施大投入、实现大发展”的总体思路，树立了抢抓机遇，在三到五年时间内，将界湖南村工业经济做大做强的信心。

村“两委”“约法四章”：集体企业集体经营，全体居民共同受益；干部垫资只偿还银行贷款利息，不参与企业分红；居民融资作为企业股份，与企业经营效益挂钩；干部实行定额工资，不得高于居民人均纯收入。

至2022年底，南村共发展成立了9处集体企业，包含建筑业、房地产业、饲料加工业、租赁、影视拍摄、旅游业等。社区有10万平米的出租沿街房、商场，固定资产达22.1亿元，集体年收入达1.49亿元，年租赁收入达2300万元，人均可支配收入达3.8万元。

第一章　铸造　维修业

第一节　冶炼　铸造

1958年，界湖南村积极响应党的号召，在村西南岭上建起窑炉，砍伐村里的树木，烧成木炭大炼钢铁。为了完成上级下达的任务，各家各户把锅、鏊子、门鼻子等铁头子家什都砸碎炼铁。结果，劳民伤财，没有炼出钢铁，却给人民生活造成极大损失。

1998年，界湖南村高治贵在“小台湾”建起了窑炉，主要是为几个石英砂厂加工机械配件，有冶炼、有铸造，2012年停止铸造。

第二节　机械制修

中华人民共和国成立前后，曾在鲁中军区枪

炮修理所工作，后落户界湖南村的黄县人李兆会，用自己所学技术，除负责沂南县武装部及各区武装部的枪支修理业务，还专门从事各种农机具的加工制造。20世纪50年代初，李兆会在界湖南村成立了立兴铁工厂。1956年公私合营成立界湖机械厂、维修厂。1958年，机械厂归县属管理。

第二章　轻工业

第一节　小五金

界湖的小五金工匠手艺多为家族式的传承，且由来已久。中华人民共和国成立前，界湖街就有梁家铁匠铺、王家铁匠铺、张家铜匠铺、李家锡匠铺、李家银匠铺、冯家马掌铺、苏家小炉匠等。梁家铁匠铺、王家铁匠铺为红炉。红炉又称大炉，打制镢头、锄头、菜刀、铲子、斧头等生产生活用具；给锄刃、铁锨淬火。他们在界湖街每月农历四九逢集时有固定场所服务用户。圩子东门外的集市上，铁匠们有固定的场所，铁器市口北，北面是一片高坡，坡上有一棵很古老的大槐树。树下有两个红炉，修理铁锨、镢头等农具。

界湖南村高本成也是远近比较闻名的铁匠，继承了他父亲高录培的手艺，一直接活搞铸造，设备有煤炭炉、空气锤等，加工斧子是他的绝活。

界湖南村高宝新是大庄内燃机厂的职工，是厂里的机械修理骨干，1992年退休回家后在振兴路北自家小南屋从事铁桶、铁盒子、烟囱等白铁制品加工，2018年棚改后，不再经营。

第二节　造纸　印刷　包装

造纸

1943年，沂水人孔宪福到界湖，约刘振兴、刘振起开纸坊。参股的共有8家，分成两伙，一伙由刘振起挑头，在刘家巷子西头向北拐弯的马三店开工，有刘振起、孔宪福、袁封余、张宝元；另一伙由刘振兴挑头，在马三店东面隔壁刘承严的园里奠基，造纸池子，有刘振兴、刘承严、刘承效、高录培。1947年孟良崮战役前停产。

印刷

1943—1947年，在界湖街堂子西、路北原瓷器店二层楼内有一石印局，是鲁中区的下属印刷工厂。所承印的业务分别为滨海区十字路大鸡卷烟厂包装盒，为夜校印制《农民识字课本》，为政府部门印布告等。

界湖南村高宝忠是沂南县一轻局下设的沂南县宝龙包装装潢印刷有限公司厂长，1994年一轻局改制后，高宝忠将沂南县包装印刷厂搬迁至振兴路洼子桥东继续经营。2003年改为沂南县宝龙包装装潢印刷有限公司，经营范围包含印刷及生产包装纸箱，注册资金150万元，年产值150万元。2018年南村棚改时，该印刷厂搬迁至时家营村，由高宝忠长子高永超继续经营。

第三节　服装加工

民国年间，界湖街有袁树贵缝纫店、葛连升成衣铺、尹连芹缝纫铺从事服装加工生意。1955年1月，界湖缝纫合作社建立，时有社员15名。1956年秋，社员增加27人，共42人。1956年1—8月，生产衬衣4854件，销售4562件。生产其他服装4721件，销售3804件。加工各种服装（衬衣、裤头等）共计11380件，生产总值达34918元。

1980年，劳动力不受集体约束，村中出现100多个商品营销户，多是营销成衣、布匹、鞋帽等，他们赶集最远的到了新泰、莱芜、连云港等集市。20世纪80年代，以家庭妇女为主的服装加工掀起了热潮，缝纫机成了闺女出嫁的嫁妆，几乎家家都有。春节前，妇女们去集上扯上几尺布，请来会剪衣服的邻居，一家人的衣服很快就做好了，都穿上新衣服过大年。有技术的家庭妇女把加工衣服作为创收的副业，逢集时去集上收布，给人家量好尺寸，回家加工好了，下一集再到集上给人家成品衣服，一件收几元钱的加工费。收的衣服多了，自己做不出来，就开始找帮工的，培养徒弟，少开点工钱就行。当时界湖南村共有20多个家庭，成为改革开放以后首批创收家庭。直到2000年以后，市场上卖成衣的多了，服装加工业慢慢退出了历史舞台。

第四节　鞋　帽

鞋

界湖鞋业由传统手工布鞋发展而来，以底厚帮软、透汗养脚、轻便舒适、价廉物美而著称。中华人民共和国成立前，除草编的蒲鞋、草鞋外，布鞋多为自做自用，也有的妇女做鞋，逢集到市上出售。所做的鞋中，男人穿的多为平面，女人穿的在鞋头上绣花，小孩子穿的在鞋头绣上老虎或线缨子，老嬷嬷穿的则是根据裹脚的程度，一般前边有个尖，为椒子状。另有一种称作软鞋子的，底软，便于在室内穿着，鞋面料多为缎子，旧中国时此为有钱人的“专利”。

界湖南村鞋业出了不少能工巧匠，李世元自20世纪80年代末就是沂南县声乐鞋厂的技术员、模具设计师、鞋样设计师。1995年，李世元辞职回家，在振兴路沿街自己购买4台缝纫机、1台气泵和压合机、喷浆机等制鞋设备，干起个体小鞋厂，并培养了十几个徒弟，像岳彩光夫妇、彭宝富、尹纪站、张大权、李少杰、李发高等，有几个徒弟后来都成了私营鞋厂老板。现在李世元仍然在给鞋厂设计鞋样，一直搞设计。1998年，因为李世元的鞋样设计水平高，被《临沂日报》记者作了专题采访并登报宣传。

20世纪90年代末又有尹传奎、尹传杰相继办起个体鞋厂。2010年，尹传强在后中疃办起沂南县金和源鞋厂，注册资金10万元，年产值过千万，职工有60多人，主要生产劳保鞋。

帽

帽子制作有多种，最为典型的是小孩子所戴的“虎头帽”“兔耳朵帽”。用各种颜色面料搭配，再用彩线绣上虎牙、虎眼、兔子耳朵，栩栩如生，还有一种用青布专为老太太制作的无沿无罩帽子。小孩子所戴的虎头帽和老太太所戴的帽子作为商品，20世纪50年代集市上有人出售。20世纪70年代，民间制作的解放军帽。改革开放后，逢集时，界湖街阳都商场的鞋帽摊位曾有出售民间手工制作的老虎帽等儿童帽子，但因手工制作成本高，无利润可赚，20世纪90年代后，市场上很少出现此种传统手工制作的帽子，偶见孩子有戴的，也是会此种手艺的人作为对后辈的疼爱，专为子孙缝制的。

第五节　木　业

民国时期，界湖街有沈家木匠铺、聂家木匠铺等木业铺子。木匠有软作、硬作之分。软作以做嫁妆为主。硬作以车架子、车脚子（车轮）、农具为主。界湖南村的沈木匠擅长用柞木、槐木做车架子；用枣木、柿木、软枣木、棠梨木做车脚子，在界湖集上首屈一指。后来沈家木匠继承人沈贵德在大队院后边的原皮革厂办起了家具厂，直到2012年建设办公大楼时才拆除，以后不再经营。

20世纪70年代，大队里有木工组，专门负责各小队农具修理、大队建设时的木工活，为社员整理房料等，做些小家具。

1984年，县木材公司与界湖南村联营共建1处木材加工带锯车间，为个人和集体加工板材。后承包给包桂亮经营，村里收取承包费，2000年建设芙蓉花园小区时将带锯厂拆除。

界湖南村个体木匠还有魏平等人，在20世纪八九十年代，上门入户加工家具、房材，拉大锯解板，小锯破料，做些小型家具，主家管饭之外，还要给一定的工钱。后来，木工电器工具越来越先进，工厂化生产家具，农村的木匠失去了用武之地。

第六节　电子电器

1983 年，上级政策允许个人办厂，南村采取以土地出租为条件的招商引资办法，张梅五到此办起了电子管厂。

2002 年春天，界湖南村梁桂生以股份制的形式，在界湖拖拉机站院内创办金城电子厂，生产电容器陶瓷粉料。有车间、化验室、生产设备、仪器近百台套，工人 50 余名。加工原料经过球磨、粉碎、焙烧、喷雾、造粒产出产品。销往上海、昆山、西安等电子企业，年产值 400 余万元。2007 年转由最大股东赵华负责，当年搬至张庄镇沿汶村附近，至 2022 年仍然在生产。

第七节　皮　革

20 世纪 90 年代初期，界湖南村投资 30 万元在办公室后建起了村办集体企业——制革厂，由郭树军任厂长，主要加工生产革制品，后来因为技术落后，产品质量不合格而倒闭。

界湖南村刘振峰是熟皮、加工皮子的高手，于 1995 年成立了沂南县同顺皮业有限公司，年生产加工生猪皮 165000 张，年产值 7000 余万元。

第八节　饲料加工

2005 年 10 月，界湖南村抓住沂南县是全省养殖大县的优势，发动全体居民融资，在县工业园征地 98.6 亩，投资 1.2 亿元成立山东正壮饲料有限公司。2005 年 10 月 18 日开工建设，2006 年 10 月 18 日正式投产，年产优质禽畜饲料 18 万吨，营业收入 6.5 亿元，纯利润在 500 万元以上，成为全市农业产业化龙头企业。

2007 年 5 月，山东正壮饲料公司承租了费县畜牧开发公司的饲料厂，投资 800 万元进行设备改造后成立了正壮饲料费县分公司，年产禽畜饲料 8 万吨，营业收入过 2.9 亿元，利润 200 万元。

2008 年 10 月，山东正壮饲料与六和饲料强强联合，成立了山东六和正壮饲料股份有限公司和费县分公司，采取租赁加分红的方式。正壮饲料公司年收取租赁费 180 万元，占股 40%，当年实现分红 410 万元。

2011 年，因费县六和饲料规模小，没有发展空间，与六和解除了合作关系，又将厂房及设备出租给他人经营。沂南六和正壮仍然正常合作经营至今，每年收取租赁费 110 万元，平均每年分红在 200 万元以上。

第三章　建材　建筑业

第一节　建　材

界湖南村地势低洼，没有山，也不靠河，几乎没有什么建材，村民建房用材料都要从别处购买。前些年张洪启在振兴路加工大理石，也是从外地买来原料，再根据客户需要加工出大理石板材，后因车队院落拆迁而停产。

刘德顺从事水泥预制厂，最早在马家林建厂经营 20 多年，后来搬迁到四小南边，主要加工水泥管子、水泥棒等。

1992 年，界湖南村成立福利石英砂加工厂。最早在洼子桥东，后来搬迁到丹阳路西、银杏路北，当时由村党支部委员李凤德负责生产，从孙祖、青驼等地拉石英石，用大碾碾成细砂再卖到淄博等地的玻璃生产厂家，有职工 30 多人，每年向村集体上缴利润 18 万元，占集体收入的一半以上。

1995 年底，村里以建厂固定资产原价 85 万元卖给了李凤德，由李凤德上交租赁费的形式继续经营。2000 年，李凤德将石英砂厂迁往孙祖镇北匣石，成立山东山源硅砂有限公司。2003 年，又在双堠镇南龙口成立临沂大山矿业有限公司。后发展成为全省最大的石英砂加工企业，共有 4 条生产线，满负荷生产情况下，年产优质石英砂 136 万吨，年产值过 3 亿元，利税 700 万元，产品供不应求。

第二节　建筑队伍

个体建筑队

1971 年，界湖南村成立集体经营管理的建筑队，由巩德全大队长负责，刘振太、刘成全、高宝中等既参与管理，又参与干活，主要施工项目是修建农田灌溉渠道。后来，界湖南村建筑队由薛玉堂管理。

20 世纪 80 年代，界湖南村土地被陆续征用，村民马凤举、李恩全、高本全、田友成等人自发成立了多个建筑队，纷纷招揽建筑工程。

20 世纪 90 年代初，村民刘振广、李振吉、徐厚军等人，又分别成立了多个建筑施工队。

村办建筑业

1992 年 5 月，界湖南村成立沂南县城东建筑工程公司，由党支部副书记巩庆顺任公司经理。聘请了高春升、徐兴宝、张洪启三名技术员到公司任职，并将三人的户籍关系落到南村，享受南村村民待遇。20 世纪 90 年代，城东建筑公司承揽建设了变压器厂、苎麻厂、毛纺厂、公安局及公安局家属院、农机局等建筑工程，成为县城驻地小有名气的建筑单位。

2000 年，城东建筑公司由村委会收回管理权，面向社会公开承包，由张宝友、马凤举、王成轩合伙承包经营，因经营管理不善，于 2003 年交回村集体。村委会派村委会委员尹传亮接手管理，经过一年多的管理，城东公司又重新拿到了营业资质并承揽多项建设工程，开始步入正常发展轨道。

2004 年，村委会以 10 年期、每年上缴 10 万元承包费的指标，将公司承包给尹传亮继续经营。

2006 年，确立了走“发展集体经济、实现共同富裕”的路子。在李凤德的动员下，尹传亮主动交回城东建筑公司的承包经营权，归社区集体经营。

山东泰都建筑安装工程公司

2007 年 3 月，城东建筑公司更名为山东泰都建筑安装工程公司，注册资金 2000 万元，法人代表为李凤德。下设技术科、安全科、质检科、基建科、财务科、经管预算科、设备科、办公室等机构。在社区党委及李凤德书记的正确领导下，至 2022 年为止，公司拥有固定资产 29130 万元，职工 1600 多人，其中，高级工程师 1 人、中级职称 14 人、一级建造师 4 人、二级建造师 10 人。于 2007 年 3 月升为房屋建筑工程施工总承包贰级资质，并拥有壹级劳务资质，建立了现代化的企业管理制度。可承揽大、中型工业建设及安装项目、高级民用建设项目、装饰装修工程、防腐工程、公路桥梁工程的施工等，年施工产值超亿元，可承建单项建安合同额不超过企业注册资本金 5 倍的房屋建筑工程的施工、28 层及以下单跨跨度 36 米及以下的房屋建筑工程、高度 120 米及以下的构筑物、建筑面积 15 万平方米及以下的住宅小区或建筑群体。

山东泰都建筑安装工程公司成立后，承建有住宅楼、办公楼、商住楼、地下车库、加工车间达百万平方米。其中有框架、排架、砖混、框剪等多种结构形式。各项工程施工合格率 100%，优良率 70% 以上。无论施工还是装饰从未发生过质量、安全事故。被临沂市、沂南县等各有关部门授予“功勋企业”“先进集体企业”“先进建安企业”“守合同重信用企业”“企业信用AAA级企业”“诚信示范经营企业”等荣誉称号。曾荣获“临沂市优质结构工程”“沂南县安全文明卫生”工地、“市级优质结构工程”、临沂市建设工程质量“沂蒙杯”奖、“市级优质结构工程和施工安全文明优良工地”“临沂市建筑施工安全文明标准化工地”等荣誉称号。

公司内人才辈出，李峰堂在沂南县举办的“2008劳动之星”职业技能大赛钢筋工项目比赛中荣获二等奖。郑恩怀在2009年度参加山东省举办的“2009劳动之星”职业技能大赛钢筋工项目比赛中获得“山东省建筑行业技术能手”称号。高希宝在临沂市第五届“劳动之星”职业技能竞赛镶贴工项目的比赛中获得专业组三等奖。2020年度，徐兴宝在山东省建筑施工企业安全生产“五赛一创”劳动竞赛决赛中荣获劳动竞赛优胜个人奖。

第四章　农产品加工业

第一节　粮油加工

20世纪30年代，界湖的店铺、作坊中除有油坊外，还有粽子铺、豆芽坊、烧饼店、磨面坊、豆腐坊、糕点坊等。1939年前后，界湖街从事粮油加工的有西南油坊、南油坊、马三酒店油坊、刘家磨面坊、高经武酒店油坊、东南油坊、高家磨面坊、东北油坊等。兴盛时期，界湖街有7家油坊。

面粉加工

20世纪60年代中期，面粉加工都用大磨。1963年，村集体建面粉坊，用20马力柴油机作动力，为老百姓加工面粉。1984年，村集体将面粉坊承包给刘振吉和刘振松，承包期5年，每年上缴450元。70年代末，南村姜家在石条子街南头路东成立磨面房，用电机带动磨面机、粉碎机，服务村民的粮食加工，挣些加工费。生产责任制之后，家家收获的小麦高于生产队时期分配的数倍，食面大量增加，面粉加工业务也多起来，又增加了冯玉忠磨面坊。最初加工0.5千克小麦的费用为2分钱，后升为5分。90年代后，大型面粉厂越来越多，小型磨面坊逐渐退出了历史舞台。

油料加工

1962年，界湖南村建起1处油坊，打豆油，来料加工或兑换，年挣7000千克豆子。1984年，村委将该油坊承包给唐聚斋，每年交给村里承包费1000元，唐聚斋经营至1987年。

20世纪90年代后，个体经济越来越发达。1998年，谢玉良在振兴路北、村委会办公室前开花生油坊，主要打花生油；2001年，外乡人刘发明在振兴路南开花生油坊；2003年，高永文在阳都小区大门东沿街房开振兴油坊，2008年5月搬迁到芙蓉路北，经营至今。

第二节　食品加工

熟食加工

中华人民共和国成立前的熟食加工多为手工，也有自制的半机械辅助加工设备，卖豆腐，打烧饼、打锅饼，都是作坊式生产。1939年前后，界湖街有张胜富饭铺、徐家馍馍坊、刘家油粉铺、刘家粽子铺、刘家烧饼店、刘家糖火烧店、刘家麻花店、姜家豆腐坊、高家烧饼店、高家馍馍坊、李家面食店、王家面食店、赵家锅饼店等多家熟食作坊。

1982年后，熟食加工的店面呈现个体化、多元化而且发展迅速，油条、馒头坊、锅饼坊普及城乡。界湖南村黄传交、王世成在振兴路北自家院内开馒头房，当时黄传交的馒头房规模很大，以批发为主，同时也打锅饼；王学成在南村小学前打烤牌好多年，后来搬到东村早市上继续经营。

肉类熟食加工由来已久，清末至民国年间，界湖当数李家肴肉、马廷余狗肉、王家香肠、烧鸡等特色食品。中华人民共和国成立后，经过公私合营，肉类熟食加工由国营商业部门垄断，直到改革开放，从事熟食加工的个体业户逐渐多了起来。

腌制

中华人民共和国成立前，在界湖街，袁家三合成酱园副食店最为有名。此外，街上还有魏金相同成泰酱园、聚成酒店酱园。

1940年，袁树稷在小圩子东边，南北大街的路西开的三合成，主要经营糕点、酱菜等。后三合成迁出，在区供销社对面的大汪南岸。

三合成酱菜——以包瓜、磨茄、闷姜、八宝豆豉、什锦咸菜最出名，咸菜的品种除磨茄、包瓜、什锦菜、闷姜外，还有酱黄瓜、莴苣、辣菜疙瘩等。

中华人民共和国成立后，政府成立合作社，个人参股，至1956年春，以三合成为基础，进行公私合营，为县属食品企业，其中的产品有酱油、醋等酿造食品和各种腌制食品。

从20世纪50年代中期到改革开放，酱菜、酱油、醋的生产和经营，由供销社垄断。很多家庭所食的腌制品，都以自己腌制为主。

界湖南村胡发田通过拜师学习，掌握了酱菜的腌制技术，于20世纪80年代成立酱菜厂，主要腌制各种咸菜，同时生产酱油、醋，雇工十几人，经营30多年，于2012年停业。

酿酒

民国年间，界湖烧锅（酿酒厂）最鼎盛时多达7家。酒坊主要生产高度烧酒，在当地销售。

1937年，界湖街有4座酒店，界湖东南酒店，商号“恒聚”。另外3家分别是：界湖北门里酒店，商号“恒丰祥”；界湖小桥子酒店，商号“聚成”；界湖西南酒店，商号“太和成”。“恒丰祥”内含一“恒”字，“聚成”内含一“聚”字，两家商号名字的首字一恒一聚，合起来是界湖南村高丕烈和埠子顶高迺恒所开的“恒聚”商号。与“恒”字搭配的是“丰祥”，与“聚”字搭配的是“成”，透出3家之间曾经的内里关系。“太和成”内含一个“和”字，或许隐约着4家商号共处一街，相依、相助、相争、相顾的用意以及设店立号的时间先后。4家酒店的共同点是：都产高度酒，生意都很好。当时有顺口溜赞曰：开锅十里香，不喝馋得慌。

1937年底，以聚成酒店为主，合并其他3个酒店。在袁钿宅子里建起沂南第一家大酒厂。酒厂规模很大，拥有干部、工人近百人，有10个发酵池，高粱为主，小麦造曲，加高粱糠和谷糠搅拌均匀，入窖发酵半月，上锅蒸酒，每次出酒400千克（干酒），刚淌出的酒叫“干酒”，加兑25%的水才能喝，年产可达130吨左右。

第三节　肉类加工

中华人民共和国成立前，肉类加工无论生肉还是熟食，都是私人经营，百姓称杀猪者为“宰把子”，杀狗者为“打狗子”。生肉现杀现卖，熟食加工户少，规模小，经营范围仅限于当地。1939年前后，界湖街从事肉类加工的铺子有马廷余狗肉铺、尹作风肉食店、孙三肉食店、李家屠宰坊。熟食肉铺中尤以马廷余狗肉铺最有名，生产的狗肉味道好，有特色，为当时界湖一绝。中华人民共和国成立后，屠宰出售由食品站负责。

改革开放后，出现了个体户从事肉类加工销售。界湖南村的唐聚金、包彦华、高贵现等在早市从事生猪宰杀、猪肉批发零售。

南村村民徐厚军、徐明父子在辛集镇成立了大型肉类加工厂，主要从事肉鸭、肉鸡、生猪的屠宰、储存、销售。近年来，又在县工业园建起超和食品有限公司。

第四节　蔬菜加工

蔬菜加工源于家庭制作，自制自用，规模大了则变成商品，上街销售。如对腌菜疙瘩、黄瓜、辣椒、生姜、大蒜、莴苣的腌制，将茄子加工成摩茄等。除此之外，当地人还对有些蔬菜进行加工，如腌香椿、磨韭菜花、碾椒子酱、将秋泥豆煮熟晒泥豆皮子、酱茄子、萝卜切片晒干后以备冬食，晒萝卜缨子、腌菜缨子、胡萝卜缨子等。尤其是来年春天香椿芽下来后，将晒好的萝卜片与香椿一起揉搓，发好后口感既脆又香，成为地方传统的一道美食。

第五节　棉花加工

棉花加工

中华人民共和国成立前，加工棉花均为个人作坊。

棉花加工是界湖的传统项目。20 世纪 70 年代以前，以人力为主，机械去种的绞车也需要人力，下面脚蹬，上面手续，手摇绞车在脚力的传送下转动，将棉籽去除。弹棉花多用大弓。1958 年，界湖开始修建水力发电站，发展动力洋弓（弹棉花弓）。

1958 年，界湖镇的棉花加工厂、机械厂划归县属管理。1963 年，界湖南村有轧花机 2 部。

改革开放后，个人重新拾起从事棉花加工传统项目，绞花采用动力，因大弓弹得松软，深受人民喜欢，好多加工户弹花仍用大弓。

纺织

旧中国男耕女织，男女皆着“本地布”，只有富裕大户才有丝绸之类的细软衣服。界湖南村多数人家都有纺车，妇女基本都会纺花，会织布的较少，但村中常有机杼声声。

1943 年，鲁中区二支社所辖的利源工厂迁到界湖，最多时有加工织机 120 余台，日织毛巾 5450 条，集中收购支援八路军，毛巾号为“山东出品”，深受八路军欢迎。

界湖逢四、九大集，在堂子后一条街上，有两大排卖毛巾的。有织有销，形成了很大的毛巾加工集散地。

1980 年，县里在界湖南村征用土地 30 亩，建起了毛纺厂，主要加工毛线，因管理不善，于 1997 年破产。

印染

中华人民共和国成立前，界湖街有 4 家染坊，均为家庭式作坊。即：刘立业的刘家染坊；魏兴安的魏家染坊；李登甲的李家染坊；刘楷的刘家染坊。

刘家染坊和李家染坊在石板大街路东，魏家染坊在当铺巷子最东头的路南。

染坊的染活都是土法。传统做法是，大号染缸，大锅烧水。印染分为带图案和不带图案两种，带图案称为印花布，不带图案叫做染光面。染光面分为染浅蓝和染深蓝两种。

1936 年 2 月 3 日，山东省第三区行政督察专员公署在沂水县成立，张里元被委任为专员，主管三区行政军事。抗日战争开始，界湖街驻扎了张里元部的军人，所穿军装为银灰色。刘立业、魏兴安、李登甲、刘楷 4 家染坊均为其染过单装、棉装。

1962 年，界湖南村大队成立染坊，作为集体一项副业，服务人民生活，从事印染人员有张保友、李明信等。

20 世纪 70 年代后期，现代纺织业，织染业迅速兴起，人们的穿着日渐丰富多彩，纺线的少了，织老粗布的日渐减少并很快消失，染坊也随之淡出了人们的视野。

第五章　用电与管理

第一节　用　电

界湖南村自1975年开始通过电网供电，村民用上电灯照明。最初，全村全年用电量不过3000千瓦时。

1979年，南村安装了第一台50千伏安的变压器。

1980年，全村用电15000千瓦时。

1990年，全村用电26000千瓦时。

2000年，电力供应紧张得以缓解，拉闸限电少有发生，农村用电量显著增加。全村共有4台变压器，用电量达到250万千瓦时。

2020年，南村棚改结束，村民大多数住进了楼房，普遍用上多功能家用电器，用电量达到历史最高峰，现居民一、二、三区共6台变压器，总容量达2400千伏安。二层住宅楼区196户居民，2013年，在社区领导的积极争取下，对二层楼住宅区进行电网改造，由供电局投资300多万元，实现规范供电、用电，由一台400千伏安的变压器专供。

2022年，全社区用电总量达到了465万千瓦时。

第二节　管　理

人员管理

1997年以前，农电由县供电局、乡镇站所、村居三级管理，电力商品由县供电局负责从电网统一趸售。站所负责供电、营销、考核到村。村里自行选任农村电工，负责管理、收费、维修到户。村里的集体低压电力资产均由村里自行安装维护，供电部门在技术上负责指导。

界湖南村的电工选聘先后有刘振毅、刘振洪、刘志田、黄传交、刘宝玉等人。

1999年开始，农电体制改革全面实施，县级供电企业由省电力集团代管，农电工由县供电公司直管，乡镇划片设立电工组，站所根据工作需要直接调配电工。

2000年，加强农电工管理同农电工签订《农电工聘用合同》。2005年1月开始，沂南县供电公司先后为全体在职农电工统一缴纳用工期间养老金、工伤保险、人身意外伤害和医疗保险。电工实行聘用制，经考试选聘，正式编制成为“农电工”，由供电公司统一管理。界湖南村的老电工黄传交、刘宝玉由供电公司统一聘用管理。

用电管理

办电初期，用电与管理技术落后、设备落后。许多用户仅限于照明，缺少电力计量装置，安装限制灯泡瓦数、个数，灯口贴上盖章封条，电费实行分摊收取。

1975年，使用国家电网电后，管理逐渐向好。电力安装开始规范，实行电度计量一户一表制，建立健全管理制度，各项经济技术指标实行责任制，进行层层分解、分级考核。

1999年后，取消村级管电组织，组建供电所，实现了乡村电力一体化管理，开展“两改一同价”。

2001年开展“内强素质、外树形象”建设，供电企业自我加压，实行“彩虹工程”，开通供电服务热线“95598”。

2015年，电力监控与营销普遍采用了MIS系统，全面推行数字化、网络化在线管理，实施“数字农电”工程。电力系统繁杂的电费抄、核、收管理，借助移动通信互联网平台与银行互动，供用电数据信息与用电客户端互动，拓宽服务空间，提高工作效率，用户在享受优质服务的同时实现企业自身效益提高。

至2022年，南村社区二层楼住宅区、棚改安置区已采用MIS系统供电系统，居民一、二、三区的居民用电归亲情物业公司管理，正在实施MIS系统供电前期准备工作。

第五篇　服务业

第一章 集市 商贸

第一节 集 市

界湖村位于山区、平原交会地，商贸服务由来已久。集市自明朝时期就有，农历每月四、九逢集。人们的生产生活用品，多通过集市交易。

在清代时，界湖为沂水境内十大集市之一，交易物品主要是农副产品和百姓日常生活用品。

1938年前后，界湖集市设在圩子东门外，有粮行、布庄、杂货，草编、柳编、条编，铁器，窑货、粗糙瓷器，青菜、山菜，肉案，海货，家禽，猪仔市，面食摊，粮食，大牲口，剃头匠子，说书场子等十多个市口。有沈家客栈、李家客栈、王家客栈等多家店铺供外地行商歇脚。

1941年，日本侵略者在界湖周边安据点，界湖集市交易受到严重影响，集场子从东面搬到团山庄的袁家荒处。不久，当地百姓感觉特别不习惯，又挪回原址。但受日本侵略者的袭扰，无论是出摊卖货的还是赶集购货的，都大幅度减少，贸易额减半以上。

1947年，界湖集市的有些市口挪到三皇庙、唐家巷子附近。小猪仔市口在三皇庙内。牛羊市口在三皇庙前东的大菜园。柴草市、粮、线、绳市、席市、窑货市、布市、土产、杂货、铁器等市口都迁到里面，并有一处瓷器店。

1954年，有些市口迁到圩子旧址的西南处窑汪北岸、西岸，市口有青菜市、窑货市、粮食市、小百货市等。

20世纪70年代中期，以县为单位统一逢集时间，界湖及整个沂南县逢集日统一为农历逢五排十，公社机关人员在四、九日到集市驱赶赶集人员，后因违背传统，不到一年，逢五排十赶集的统一时间不了了之，界湖集日又恢复为往常的四、九日。

1978年后，进入集市的物品大量增加，一些外地产品也通过贩运进入境内集市，全民、集体商业经营的工业品也投入集市中来。主要有两大市口，一个市口在阳都市场内，靠东面有上百个摊位，以服装为主。往西的地摊分别为肉案、青菜、小商品、土杂品、铁器、瓷器，地摊北面为鸡、鱼、海货市口。

永兴路东首，西面以出服装摊为主，北面从县邮电局营业厅往东，以卖青菜、粮食、窑货、土烟、铁器为主，有几个肉案。

1992年，南村在振兴路北、丹阳路东筹建城南综合贸易市场，在甘家林设立大牲畜交易市场。当时因为离老集市较远，个体商贩不愿进入，综合市场没有利用起来。

2000年，所有市口都设在团山路南北大路上、永兴路西段、文化路西段、玉泉路西段及水湖套与新庄子交界的村里等规定地点。

设在玉泉路西段的粮食市口日益缩小，上市粮食多为杂粮，另有黄豆、大米、玉米等主粮。整个粮市上市份数不足50份。

2000年之后的一段时间内，在历山路以西的玉泉路上，草苫子成为大市，每逢集日，苏村、依汶等地种植蔬菜大棚的人们开着手扶拖拉机前来购买。

花鸟市在历山路西的永兴路至团山路上，有花卉、盆景、根艺品、鸟市、文玩等。

在此市场，曾有山里人刨了有形状的树桩根雕原材出售，出售人及树桩逐渐增多。随着对林业的管理，2010年后出售根雕原材者逐渐稀少，物值也随着增长。

团山路南端的宠物市口也由小变大，买卖以狗类为多，品种以十几计，价格也由几十元至千元不等。

自2020年下半年，为了县城内的交通畅通，界湖集迁到了澳柯玛大道南、汉街以西团山庄和小官庄村的空地内，因距界湖较远，许多人称其为团山庄集。同时，受多元化经济的影响，留在界湖的市集，化整为零，店铺、地摊相结合，规模越来越小。

第二节 商 贸

中华人民共和国成立后，人民政府鼓励私营商业的发展，商贸业发展迅速。1978年改革开放后，允许多种经济形式并存，农村集市开始向既有农副产品又有工业品的综合市场发展，专业市场和批发市场大量涌现，商业活动空前活跃，形成了国有、集体、个体竞相发展的繁荣局面。

个体商贸

界湖旧时为沂水西南重镇，历来商业比较繁荣。清咸丰四年（1854）《重修南路西沟碑记》记载，当时捐资的商号有观利典、占吉堂、聚源号等26家。

民国时期，界湖高丕烈开办“恒聚”商号，及“聚成”“泰和成”“恒丰祥”等商号，资本均在3000—5000块银圆之间。商铺很多为外地人所创办，时有“界湖发外来户”之说。

20世纪30年代，界湖商铺鳞次栉比，家家生意都很兴隆，共有商号、店铺、作坊115家，店铺众多，各有主营，童叟无欺，百里皆知。

货郎，经营小百货生意，经常有担着挑子，摇着拨浪鼓的货郎挑，走村串巷服务于百姓。

抗日战争爆发后，店铺在战乱中日渐萧条。商号绝大多数濒于破产。民国32年（1943），界湖商会成立，会长李德润，其弟李德福、李德欣为骨干。

界湖解放后，商业贸易迅速恢复，李德润百货、冯利仁百货、刘立业染坊、李德明染坊、刘楷染坊、张家饭铺、恒茂杂货、魏西庆布店等都生意兴隆。行商也有增多，外籍人纷纷到界湖从事商贸活动。

民国37年（1948），县境全部解放，冯立仁继任界湖商会会长。战时弃业的一些商号纷纷复业，小商小贩迅速增多，主要从事土烟和海货贩运、杂货、中草药、百货、烟酒、食业等，以经商为主，兼务农事。

1953年4月，界湖乡东西南北4个村，有5户专做商业，316户以农业为主，兼做商业。

党的十一届三中全会后，对个体商户进行登记，发放营业执照，从事商业活动的人员逐渐增多。进入20世纪80年代，不论坐商还是行商，都得到迅速发展。南村刘振起租用本大队西南油坊十几间大屋其中的两间，开办经营烟酒副食火柴等物品的杂货店，店内除食盐不让卖、由国家专营外，其他日用商品都可销售。后刘振起将店面转给车玉平经营。

县政府投资80万元在窑汪以西（今花山路东、永兴路南）建起沂南商场。界湖南村人武晋升在商场内租门头卖提包，刘长乾租门头开起缝纫铺。

在坐商大量增加的同时，行商从业人数增长迅速。南村高治贵、李平买布料做成衣、再到外地销售，徐庆烈、王瑞廷等有着传统制作糕点生意的人员纷纷拾掇起旧手艺，在家制作点心到集市上出售。

1983年，在高治贵、李平的带动下，南村有好多户搞服装加工、销售，有120人骑自行车赶集卖服装，南到江苏的徐州、东海、新沂、邳县，西到新泰、莱芜，北到沂水等地，自产自销。

王学成也加入卖布卖衣行列，在界湖街承包了商业街门头，卖成品衣、鞋袜以及针织品类。

1986年，界湖南村有80%以上的农户从事经商服务，月收入一般都在2000元以上，最高的在万元以上。

1996年4月26日，在中共沂南县委、县政府表彰1995年度全县个体私营企业先进单位、专业村中，商业专业村全县7个，界湖南村位列其中。

2000年以后，随着集体土地的逐年减少，从事农业的人员也都逐步转入第三产业，熟食加工、蔬菜销售、水果销售，杀鸡的、卖肉的、卖水产品的等各行各业都有。早市、小菜市口、沿街商摊，到处都有界湖南村人面孔。

集体商贸

1998年，界湖南村在振兴路北、办公室院前和两个车队停车场前建设了二层沿街商业门头112间，约5000平方米，每间平均以2200元租赁给个体工商户经商，当年增加个体工商户60多户。

2002年，界湖南村又在振兴路南、阳都小区和宏业小区门口两侧建设三层沿街房15间、二层沿街房27间，共计2000平方米，当年增加个体工商户20户。

2005年，南村大力发展集体经济，在开发建设居民小区的同时，积极争取沿街、商场建设指标，相继建设了十几处沿街商场。至2022年，建筑面积共计10万平方米，有350户个体工商户、2个银行储蓄所、1处东方超市正阳路分店，其中包含建材、五金批发零售、餐饮、宾馆、美容美发、汽车修理装饰、房产中介、超市等多种行业。

第二章 物 流

第一节 仓 储

企业仓储

山东正壮饲料有限公司（现六和正壮饲料公司）的原料储备库和成品库，2个储备库分别为2万吨、1.8万吨。山东山源硅砂有限公司和临沂大山矿业有限公司也分别建有原料库2个和成品库2个。

个体仓储

主要是个体工商户为了保鲜食品投资建设的小型冷库。界湖南村经营熟食加工的赵同意，经营杀鸡的张瑞成，经营杀猪的唐聚金、包彦华都有小型冷库。南村刘德顺在余粮庄流转土地20亩，建有中型冷库对外出租，主要为蔬菜、粮食经销户保存蔬菜、食品，按照吨数和使用天数计算租赁费。

第二节 运 输

个体运输

自20世纪80年代起，界湖南村就有个体运输户，货运的有刘振洪、李明信、苗德强、尹传强等，客运的有张西谦、刘振全等。至今，仍有刘振全等一直在从事客运，刘涛、刘其恒等从事货运。

2010年，刘洪宾自发成立物流公司，现公司位于丹阳路西、银杏路北老社区办公室院内，主要业务是为临沂几个大配货站搞物流服务，有三辆货车，员工20多人，每天往返临沂2—3趟，为客户配送货物，年营业收入过500万元。

企业物流

1996年，界湖南村集体在振兴路北成立车队，由高宝法任车队负责人，管理50辆大型货车。主要业务是为各个石英砂厂运送石英砂，回来捎运地板砖等瓷制品。于1998年解散。

2007年8月，山东山源物流有限公司成立，公司法人代表为界湖南村李熙鹏，位于青驼镇驻地，205国道侧畔及京沪高速公路青驼入口处，东靠227省道，距日东高速公路3千米。注册资金300万元，总资产1792万元。有大型运输车辆80余台，年运输能力100余万吨。主要以运输山源硅砂集团所属公司生产的石英砂为主，兼营普通货物运输、配载与服务。2010年，实现销售收入7208万元。2015年，实现销售收入8068万元。2022年实现销售收入1.1亿元。

第三节　快　递

南村境内的快递业主要是租赁社区沿街经营快递业务的外来人员，现有速尔快递（丹阳路与银杏路交会处）、申通快递（振兴路中段路北沿街）、安捷快递（朝阳路北振兴路交会处国税局北 200 米）等。

第三章　食宿与其他

第一节　餐　饮

中华人民共和国成立前，界湖集饮食市场以主食为主，菜肴较少。主食有普通馒头、煎饼、大饼、锅饼、高桩馍馍、豌豆饽饽、面条、油粉、香油果子等。菜肴以冷肉、烩菜为主。经营方式一种是等客上门，逢集则门外摆摊；一种为逢集摆摊，平日走街串巷叫卖。界湖街“馆子”（今称饭店）有 3 家，其中以高家较为排场。开面条店的较多，有拉面、杂面、羊肉面、猪肉面等。其中王家拉面以卫生、可口、做工讲究远近闻名。界湖街有蒋家、德记成、恒茂 3 家糕点坊，其中德记成的点心名声在外，深得客户喜欢。

中华人民共和国成立初期，私营业户发展迅速，个体饭店（馆）发展较快，界湖街发展到 8 家。

1979 年，界湖南村集体在振兴路北、刘家林南建起了红星饭店（包含旅馆），由李明信负责，村民刘金章、刘成斌、刘树厚、刘振符、刘树友等人在此担任厨师、配菜、面点师等。

改革开放后，界湖南村开个体小饭店比较早的有刘振毅、刘金章、苗秀华、苗秀起、刘振洪等十几人。

1983 年，村集体将红星饭店承包给村民刘振毅经营，将红星旅馆承包给刘胜经营。

1995 年，张西谦在南村综合市场小二层楼开饭店，当时算是规模比较大的饭店。

1998 年，界湖南村振兴路沿街建成后，外来人员在此开饭店的有 5 家。

2005 年以后，界湖南村沿街、商场面积大幅度增加，个体餐饮业也随着增加。至 2021 年底，在南村境内的大小饭店有 46 家，其中成规模的有宴喜堂饭店（62 桌，容纳 660 人）；味道沂蒙饭店（46 桌，容纳 500 人），赶大集饭店（40 桌，容纳 420 人）；美凌阁饭店（36 桌，容纳 400 人）；朗公寺炒鸡（16 桌，容纳 180 人）。

在南村社区境内比较有名气、有地方特色的饭店有秀起私房菜，饭店老板、大厨是南村社区居民苗秀起，拿手的本地特色菜有清汤丸子、脆皮肘子、白片鸡、瓦块鱼、凉拌猪肚、炸蛋卷等。2019 年在丹阳路西、银杏路南摩托车市场沿街开个体饭店（秀起私房菜），用他的拿手好菜赢得了广大顾客的一致好评，小餐馆的生意非常红火。

2010 年，沂蒙红色影视基地为接待剧组，将东大门以里，三孔桥以北的一片民房改建成为“八路军大食堂”，设 26 个标准间和餐厅，可一次接待 50 人住宿、百余人就餐。

沂蒙红色影视基地酒店，由沂蒙红色写生基地酒店和沂蒙红色教育培训中心酒店组成。建筑面积 2.2 万平方米，总投资 1.2 亿元。餐饮接待中心设有 8 间豪华宴会包房和 2 个多功能宴会厅。可同时容纳 800 人就餐。沂蒙红色教育培训中心酒店，建筑面积 1.2 万平方米，硬件设施均按照四星级酒店标准精心配备，总投资 2 亿元，可同时容纳400余人住宿和就餐。餐饮部设有豪华宴会包房11个、多功能厅1处、贵宾接待室1处。酒店先后获得“山东省炒鸡名店”、临沂市“特色名小吃”、市“卫生A级单位”、市“消费维权服务站”、“餐饮服务示范单位”、临沂市烹饪协会副会长单位、“最佳特色餐饮名店”、“金牌旅游名小吃”等荣誉称号。

第二节　旅　店

清末民国初，界湖街有高家、刘家、尹家、贾家、魏家、鲁家、芮家、吴家等10余家私营客栈。店铺内设施简陋，多为通排土炕或吊铺，单间较少。客栈一般设有槽棚店，供客商的骆驼、马、驴住宿。其中高家、魏家、吴家规模较大，皆能容纳50余名客商同时住宿。

中华人民共和国成立初期，私营客栈仍发挥着重要作用。1954年对个体工商业改造后，旅店业由界湖供销社独家经营。

十一届三中全会后，旅店业出现了国营、集体、个体同时存在和相互竞争的局面。1992年，界湖南村杨来春在振兴路南办起旅店并经营多年。

2005年以后，随着南村沿街、商场面积的增加，个体旅馆也有了几家，像芙蓉路北沿街楼有2家小型旅馆；铜井镇新王沟人刘洪亮在芙蓉路南、正阳路东沿街开可临宁连锁宾馆；2021年底，在锦绣花园沿街3号楼西北角，新成立一家格林豪泰连锁宾馆。

此外，南村社区在马牧池乡常山社区投资建设的沂蒙红色写生基地，2012年6月试运营，有高、中档客房156间。2014年10月，在马牧池乡张家峪子村投资建设的沂蒙红色影视基地服务中心，有高、中档客房95间。

第三节　洗　浴

中华人民共和国成立前，境内无洗浴业。新中国成立后，洗浴业以国营为主，无个体洗浴业。

1990年后，洗浴业发展迅速，一批大众浴池相继营业，如振兴路北原村合成革厂，被沈桂和承包改为洗浴中心。

2000年后，车荣军在振兴路北的西停车场建起一处洗澡堂。

2003年5月，刘运峰在振兴路南、阳都小区大门东沿街建起一处洗澡堂。

2016年，刘振峰在银杏路北自家沿街上建起一处洗浴中心。

第四节　理　发

清代男子留发辫，如有新婚喜庆之事，都请人剃头梳理头发，称为“理发”。清同治五年（1866）春，沂州府知府长庚到沂水县南乡巡查，驻足界湖千总李春彪私邸。李春彪命“操天下头等事业，作人间顶上功夫”的孔兆廉给长庚剃头梳辫子。后来，孔兆廉把手艺传给侄子孔宪英。民国初年，男子开始剪辫子、剃光头，剃头业大盛，出现了很多从事理发业者，但这些人多无专房，理发用具一肩挑之，其中一头是特制的火炉，火炉上置脸盆烧水，另一头是多屉小柜，放置推子、剪刀、木梳等理发用具，正所谓“剃头挑子一头热”。孔宪英的两个儿子孔庆禄、孔庆法继承父业，开起理发店，孔庆法在界湖南村开理发店。后来，孔庆法又将理发手艺传给了他的两个儿子（孔凡启、孔凡明）、4个女儿（孔凡美、孔凡兰、孔凡霞、孔凡菊）。他们都各自树立门店，手艺非凡，远近闻名。孔凡明如今在南村居民一区16号楼的自家车库内经营，主要为年龄大的人理发、刮脸。孔凡启又将手艺传给了他的女儿，在振兴路南、星港小区沿街仍然经营孔家理发店。算起来，自孔兆廉至孔凡启的女儿孔祥丽，孔家已经有五辈人以理发业为生。

至2022年12月，在南村境内从事理发的门店有8家，有新新理发分店、孔家理发、尚竣发艺、人民理发店等。生意都很火爆，平均每家每天的营业额都超过1000元。

第五节　修　理

中华人民共和国成立前，境内主要有铁匠、木匠、锡焊匠以及“锢镂”（锔碗盆补锅的手工艺人），从事农具及日用品修理。

1954年，供销社兴办一处修理业，从事部分生产性修理。

20世纪70年代，仅有少数自行车、钟表修理业，像界湖南村李明信等。

1980年后，国有、集体、个体修理业迅速增加，尤以个体户最多，服务项目发展到家电和机动车辆。

1990年，南村境内个体修理业共11户21人。其中生产性修理3户6人；家用电器修理1户2人；钟表、衡器修理1户2人；自行车修理3户5人。其中界湖南村沈宝全修理震动棒声名远扬，外县人都找他修理。

2000年后，汽车修理、摩托车修理、家电修理迅速发展。较大的汽车修理厂有蓝盾汽车修理厂、沂蒙汽车修理厂。较小的有郭顺太摩托车修理、尹传果的自行车修理、姜开元的配钥匙、修锁等。

至2022年12月，在南村社区沿街从事各种修理行业的有9家，其中电机修理2家、汽车修理2家、汽车轮胎修理1家、空调冰箱修理2家、摩托车修理1家、电脑修理1家。

第四章　房地产业

因南村社区属县城驻地村居，发展房地产业有着得天独厚的机遇。2005年，集体注册资金1000万元，成立了沂南县星港房地产开发有限公司，法人代表李凤德，由高春升具体管理，属暂定资质。当年开发建设了原沂南县运输公司院落，也就是现在的星港小区，为集体创收80万元。2008年又开发建设了原县毛纺厂院落30亩土地，建成商品楼9座3万平方米。随后，继续开发建设了农机花苑、地税花苑、明德小区、福临家园、新星管业商住楼、康宁居北区、康宁居南区、信合居、检察院居住组团、芙蓉花园新区二期、锦绣花园、金波花园、新城花园、府东壹号院、正阳华府等20多处配套齐全的住宅小区，共计开发面积72万多平方米，项目全部合格，竣工工程优良率80%，竣工楼房销售率达100%。公司资质由暂定资质逐步升为四级、三级，注册资金由1000万元增加到1800万元。

物业公司属房地产业的配套公司，房地产业做起来后，于2009年由星港房地产注册资金50万元，成立了沂南县亲情物业服务有限公司，法人代表李凤德。公司自成立以来，相继接管服务了南村社区一、二、三区，星港小区，康宁居北区，康宁家园等星港房地产开发建设的居民小区。

第一节　沂南县星港房地产开发有限公司简介

沂南县星港房地产开发有限公司成立于2005年6月，现注册资金1800万元，属房地产三级资质企业。公司以房地产综合开发经营服务为主，下设办公室、财务部、开发部、工程部、预算部、营销按揭部。拥有工程、经济、会计等专业管理人员50余人，其中具有高、中级以上职称人员15人。具有从规划设计、征地拆迁、施工管理、市场营销等全过程综合开发的能力，可独立承揽大中型住宅小区及商业的开发建设任务。

沂南县星港房地产开发有限公司，根据实际工作需要，设立业务部门，明确主管职责，做到环环衔接紧凑，事事分工严细。

开发部职责

1. 研究项目开发战略、节奏安排与控制，办理房地产开发相关手续。2. 在取得开发项目后，立即办理“国有土地使用权证”申报、移交或过户等手续。3. 在取得开发用地后，立即办理“建设用地规划许可证”。4. 在取得开发项目后，收集当地有关政策法规、设计规范以及城市总体规划等综合性规范资料，连同项目资料送建筑设计院作为设计依据，并与建筑设计院保持密切联系，确保开发项目规划方案切实可行。5. 根据公司初步确定的土地项目开发方案申领或调整规划设计条件，争取满足项目开发建设所需要的容积率、建筑高度及公建配套等相关指标。6. 做好总体规划方案开展规划报批工作，协调各专业管理部门及规划主管部门进行批复。7. 提前介入人防、消防、环保等专业报建工作。8. 在总平面图批复后办理综合官网报批或备案，以最优化的方案取得综合官网、竖向标高批复。9. 办理“建筑工程规划许可证”。10. 办理工程施工报建手续，介入施工图审查和节能审查，缩短开发报建时间，在开工前取得“建设工程施工许可证”或先行施工手续。11. 督促销售面积预测、按照销售节点，提前十天取得“商品房预售许可证”“竣工验收备案表”。12. 办理权属登记，在取得“商品房预售许可证”后，3个月内办理完毕该期楼宇门牌号码审批手续，各期工程竣工后50天内取得“测绘成果报告书”。各期工程竣工后90天取得“房地产权属证明书”及全部分户图。13. 办理配套报建手续，按照公司成本控制部审核的供电、小区水源方案以及采暖系统方案进行报批，并协调相关部门批复，取得供水合同、用电协议和供暖协议。在工程动工前完成防雷装置设计审核。各工程竣工前完成永久水、永久电、煤气、暖气、电信、电视、邮政等的开通工作。14. 公建配套设施在工程竣工验收后，办理移交工作。移交时必须根据当地规定和公建配套的性质，以最优化的方案进行移交。15. 市场调查、分析、定位以及产品研发。16. 参与项目品牌、形象包装策划。17. 数据收集、政策研究。18. 寻找项目、培植资源并提供可行性研究报告。19. 建立与维护公共关系、人脉资源。20. 完成相关工作的后评价。21. 参与相关部门的策划、论证、协调会。

预算部职责

1. 调研监督主要物资设备价格市场行情，编制各种材料的价格表，并形成书面报告供公司领导及有关部门参考。2. 参与项目可行性研究、投资估算、设计方案的优化评审。3. 做好地产项目成本预测和监督管理工作。4. 参与施工合同及采购合同的审核，起草招标文件，对入围的供应商签发投标邀请函及中标通知书。5. 督促检查在建项目工程施工阶段性成本控制。6. 审核工程变更项目，参与工程变更项目验收签证、审核变更价款结算。7. 不定期地组织对施工单位所进的材料进行抽检，参与工程质量检查及验收。8. 组织项目工程竣工结算的复核工作。9. 审核工程款、材料款结算。10. 做好项目开发过程投资指标的分解及监控。11. 测算报建面积、产权面积、预售面积及租赁面积。12. 考核公司成本绩效。13. 建设成本信息库。14. 做好项目成本统计、分析及研究。15. 做好与公司各部门的协调服务工作。

工程部职责

1. 对施工单位、监理单位进行管理。协调监理部和施工单位的关系，并做好房地产开发相关的政府职能部门关系。2. 做好开工前的勘察、各项工作筹备，拟定工程设计方案。3. 做好工地的交接及管理，包括项目规划设计、单体设计方案、初步设计及施工图工程设计的优化审核工作。协助投资项目部向政府有关职能部门办理报建手续。4. 经有关部门审核后签发工程开工令、工程变更、工程签证、施工单位及监理单位的工作联系单、限期整改通知、工程质量罚款通知书。5. 审查项目施工的招标文件、图纸及资料准备以及承包商的资格预审。提供投标单位候选名单，起草施工合同，经有关部门审核后签订。6. 组织专项工程施工，竣工验收准备工作，协调、督促施工单位对竣工验收不合格工程限期进行整改。7. 制定项目工程施工准则。8. 协调工地急用材料的调配，参加材料进入工地的验收。9. 审核工地材料、设备运出门卫，建立台账。10. 核实竣工结算资料中竣工图纸、设计变更、现场签证的真实性、完整性。11. 督促监理单位、施工单位对现场安全、工程质量、工程进度，文明施工等进行有效的控制。12. 督促施工单位及时维修工程在保修期内出现的工程质量问题。13. 组织成本合约部、监理公司、施工单位等进行工程质量检查，督促监理单位组织召开一周一次的工作例会。14. 做好工程防暑、防冻、防洪、防盗的管理工作。15. 做好设计文件、报建手续、政府下发给项目的各类红头文件、工程变更、工程签证、与合同单位往来的工作联系单、工程资料的归档工作。16. 负责按照合同对工程进度款的审核工作。17. 做好与公司各部门的协调服务工作。

营销按揭部职责

1. 根据公司对广告代理公司的选择标准及程序，招标及初选广告代理公司。2. 根据公司的批复方案以及下发的销售文件落实执行。如项目由销售代理公司执行销售、负责跟进、监督销售代理公司按方案及销售文件落实执行。3. 向公司提交项目策划思路、策略、建议、报告分析、管理企划等工作。4. 编制《楼宇认购书》和《商品房买卖合同》范本，并对售楼部公示的各类证照、模型、销售资料及《商品房买卖合同》范本等相关资料进行公证。5. 协助公司指派专职财务人员，负责销售现场款项的收取及账务工作，确保按不低于销售文件定价和折扣进行销售。6. 确认项目所有销售策略、广告计划、销售资料（含销售定价和折扣）、销售收费、培训资料、对外宣传口径等。7. 全程控制项目营销推广中各类广告制作和发布、公关活动等第三方合作单位的选定、合同签署、款项支付，并负责营销推广计划及费用。8. 管理维护销售统计、销售催收款、合同签约、协助银行按揭办理、房产证办理、客户跟踪服务及销售现场资产。9. 保证项目销售团队的组建、培训及日常管理正常运作，确保销售团队尤其核心工作人员相对稳定。10. 在每周（每月）固定时间，负责召集销售部、广告代理公司召开项目销售例会。11. 建立客户档案，收集整合客户资源。12. 签发交房文件，办理交房与物业对接手续。13. 对物业公司的管理进行监督和检查工作。

沂南县星港房地产开发有限公司本着“打造精品社区，引领住宅潮流”的产品理念和市场定位，以“高效务实，优质创新”为宗旨，“以人为本，至诚至信”为理念，以科学严谨的管理方法，一切从消费者的角度出发，建造高质量住宅。公司被主管部门评为“先进房地产开发企业”称号。2009 年，被县委、县府授予“爱我沂南贡献奖”“振兴沂南经济二等奖”。2010 年，晋升为国家叁级开发资质，被临沂市建设局评为“房地产 AAA 级企业”。

2014 年，被沂南县物价局评为“商品和服务明码标价工作示范单位”。

第二节 沂南县亲情物业服务有限公司简介

沂南县亲情物业服务有限公司成立于 2009 年 9 月，注册资本 50 万元，为南村社区集体企业，物业服务三级资质，法人代表李凤德。有物业专业管理人员 10 人，专业技术人员 11 人。

亲情物业管理沂南县星港房地产开发有限公司开发项目的物业工作。先是界湖南村社区一、二、三区、康宁居北区、星港小区、德福商城的管理服务任务。后陆续添加了棚改安置区、康宁家园、所有集体沿街商铺。

2011 年，芙蓉花园新区被临沂市人民政府授予花园式小区。

2021 年 5 月，为了提升改造社区各居民小区及沿街商铺的整体环境，社区党委、居委决定充实物业公司干部管理队伍。派社区党委副书记刘德进带领党委委员刘晓东，居委会委员刘振涛、刘振超、高洋共 5 名两委干部到亲情物业公司挂职，带领物业公司全体职工具体操作社区的提升改造。

改造成果

经过半年努力，对各处沿街、商场、居民小区、社区办公楼进行了楼顶、墙面维修保养，对各小区进行了绿化亮化提升、停车位改造等工作。

1. 对沿街、商场进行维修保养。有些社区沿街商铺、商场因为建成时间长，有不同程度的楼顶漏水、外墙皮脱落等现象，存在一定的安全隐患。对此，物业提升改造小组不等不靠不拖，尽管是天气炎热，仍历时 40 天，共投资 18.5 万元，对芙蓉路沿街、康宁居小区沿街、德福建材市场、摩托车市场等 5000 余平方米沿街楼顶、外墙进行了维修保养。

2. 对各居民小区进行提升改造。南村社区居民一区、二区、三区，已建成入住十几年，虽然规划设计不算落后，但因车辆在逐年增加，停车位已严重不足，大多数停在公共道路上，影响了广大居民出行，也存在严重的安全隐患。物业提升改造小组，历时 90 多天，共投资 248 万元，将原来的花池子改造成停车位 780 个，将一区西大门拓宽成双车道，翻建了三处门卫，疏通污水管道 500 多米，楼前楼后花砖改铺水泥地面，社区广场扩建水泥地面、大理石地面共计 2.2 万平方米，移栽树木 200 多棵，绿化小苗 500 平方米，更换路灯 79 棵，更换垃圾桶 100 个，更换楼宇门 79 个，大大小小拆除、改造、修补工程 130 多处，改造后的居民一、二、三区，面貌焕然一新，道路通畅了、停车规范了、绿化提升了、亮化更美了。

3. 提升维护社区办公楼及院落：南村社区办公大楼于 2012 年建成并投入使用，成为全县地标性建筑。为了与即将交工的棚改安置区大环境融为一体，物业提升改造小组利用 70 天时间，共投资 75 万元，对办公院落内的树木进行了疏散移栽，对办公楼后墙、会议室前墙、三面院墙进行了水包沙喷涂，对办公楼、会议室楼顶做了二次防水和压顶，对办公大楼外墙和玻璃进行了洗刷。

4. 管理与服务：居民小区改造后，物业提升改造小组，从清理楼道卫生、规范小区停车秩序方面入手，利用三天时间，将居民一区 34 栋楼所有楼道进行了彻底清理，利用夜间居民都开车回家的机会，分组巡逻，指挥车辆停车入位，严禁占用公共道路和消防通道。经过十几个夜晚的巡逻清理，所有车辆都自觉停车入位，保证了小区内所有消防通道都畅通无阻。

规范提升

2022 年 8 月，社区党委为了进一步规范提升物业管理、服务水平，决定由社区居委会委员刘振超担任亲情物业公司经理。同时决定社区党委副书记刘德进、党委委员刘晓东、居委会委员刘振涛三人到城市社区下设的社区网格，成立社区网格党支部，具体负责在各小区居住的党员及居民的管理工作，与亲情物业分开管理，社区网格党支部负责党员及居民的人员管理，亲情物业公司负责各小区及沿街商铺的水电及物业费的收取、治安保卫、环境治理等工作。两个部门既各负其责，又相互联系。

在社区党委的大力支持下，本着对社区负责、对老百姓负责的态度，刘振超经理带领工作人员，逐个小区、逐个沿街商铺进行清理清查，边清查边整改。经过连续 6 个多月的清理，共发现整改以下 10 个方面的问题。（1）德福建材城消防管道及消防栓多处存在安全隐患。（2）芙蓉路北框架楼沿街商铺供电线路杂乱无章，存在严重的安全隐患，且存在无电表或私自挂表从中赚取电费差价现象；供水管道老化、深埋或无水表不交水费现象。（3）各小区共 6 处净水机、快递柜多年未收取水电费及场地占用费。（4）多处公交站牌、电信信号塔未收取电费。（5）芙蓉花园新区 8 座楼储藏室电表未分清户主且多年未收取电费。（6）各小区内电动车充电不规范，存在安全隐患。（7）集体所有的 3 台变压器由个人经营管理，集体经济受到损失。（8）经过实地测量，集体沿街、商场租赁面积，有 1500 余平方米未收费。（9）各小区楼顶都有闲置不用的太阳能热水器，存在安全隐患。（10）各小区特别是二层楼住宅区内存在水电箱盖子、电表箱盒子破损现象，也存在一定的安全隐患。针对问题，社区党委决定，由物业公司逐项落实整改，并追究相关责任人的责任，本着对事不对人的原则，从严从快处理。通过追责问责，为集体追回水电费共计 23 万元，收回了 3 台变压器的管理权，由物业公司统一经营管理，收回了123户沿街商铺的用电管理权，及时整改了各处存在的隐患。新建9处电动车充电棚。规范了水电费收费小组的收费秩序、规范了物业财务管理，明确了财务人员的职责、权限等。通过有效规范清理、整改，物业公司在水电费、物业费收取方面，在治安保卫、卫生清理、维修服务等各方面都有了大的提升，为集体增加了收益，更为社区居民提供了优质服务。

为了进一步规范社区治安管理，经社区研究同意，对各小区地上及地下停车场内安装了闭路监控设施，实行24小时无死角监控，不但使各小区有了安全保障，也节约了人工费用开支。

2022年3月，投资18万元，对社区居民一区的监控设施进行了提升改造；2023年2月，投资9万元，对棚改安置区进行了安装监控设备。同时，各小区门卫实行24小时值班巡视制度，确保有人在岗，能够随时处理应急事件。

为了高效、彻底、干净地清扫各小区地上道路及地下停车位的卫生，2023年5月，物业公司投资29万元购买洒水车和扫地车各一辆，由专人驾驶操作，确保每天对各小区洒水、清扫一至两次，不但提升了各小区的环境卫生标准，还大大降低了人工费用开支。

附：亲情物业公司管理职责

亲情物业公司以业主满意、放心为宗旨，具体职责是：

（1）日常维修、卫生清理、绿化亮化、治安管理、水电费收缴等方面进行全天候服务。

（2）对环境实行动态保洁制度。住宅区域内实行定时清扫保洁，每日2次，无卫生死角、无暴露垃圾、散落垃圾。住宅楼道卫生清扫保洁实行循环清扫保洁制，每周1次，无滞留垃圾、扶手干净清洁、无蜘蛛网、无侵占堵塞现象。

（3）住宅区域内生活垃圾实行袋装化、每日2次定时定点转运。工作人员按时清运，无漏装垃圾、散落垃圾、保持转运点清洁干净。

（4）住宅区域内的绿化池、绿化台、绿化带的垃圾杂物能及时清理，保持良好的卫生状况。

（5）公共区域所设置的生活垃圾桶实行定期清理清除制，按时清理转运无堆积，垃圾桶四周清洁，无散落垃圾和积水。

（6）物业管理服务，对服务区域主体建筑外墙、外门窗等部位外观达到统一。各小区范围内有外围照明、四季厅、地上公共通道、地下公共通道、地下停车场及人防等照明区域。

（7）对业主及租户的零修、急修需求，24小时值守，随报随修，小问题做到当日事当日毕。当日无法解决的告知报修方征询其意见，在尽可能短的时间内予以解决，维修工程质量合格率达到100%。

（8）对生活区、生产业主单位的花草树木，定期修剪，浇水施肥和杀虫，花地、花池、花台内无杂草杂物，枯枝落叶等；对业主单位租摆的花卉植物，落实责任人，实行定期浇水、修枝、杀虫、更换等养护制度。

第六篇 红色文化产业

2007年，为庆祝中华人民共和国成立60周年，中共临沂市委宣传部、山东电视台联合拍摄42集电视连续剧《沂蒙》。摄制组在选址时，走遍了沂蒙山区6个县200多个村庄，最后决定将拍摄地设立在沂南县常山庄村。电视剧拍摄之后，沂南县在原址建立了沂蒙红色影视拍摄基地，并动员界湖南村社区，作为社区集体文化产业，全面接收基地并承担以后的开发和运营工作。2008年3月，本着先规划后建设的原则，根据沂蒙红色影视拍摄基地建设和红色旅游的需要，委托山东省旅游规划设计研究院进行了全方位、高起点、大手笔的规划。依据这个规划，立足"红色"古村风貌、"绿色"山乡生态，以红色文化、影视文化、沂蒙风情为核心内涵，以"红嫂"故里和《沂蒙》影视的品牌，逐步打造出"古山村""古县城""山乡梦工场"等"一城五基地"，即"沂蒙影视城"和"红色影视拍摄基地""爱国主义教育基地""红嫂家乡旅游基地""红色研学基地""沂蒙红色写生基地"，成为具有影视拍摄、红色旅游、红色教育、绿色养生以及体验、食宿、娱乐等功能于一体，文旅结合、教育与休闲度假结合，具有一定规模的文化产业园地。

第一章　基础建设

第一节　山东沂蒙红色影视拍摄基地旅游开发有限公司

山东沂蒙红色影视拍摄基地暨红嫂家乡旅游区，位于沂蒙山革命根据地中心，沂南县城西北23千米处的马牧池乡常山庄村，占地2000亩。

2008年3月13日，沂蒙红色影视拍摄基地成立。界湖南村社区注册资本1000万元，初名为山东沂蒙红色影视拍摄基地旅游开发有限公司，法定代表人为社区党委书记李凤德，设总经理1名，下设办公室、财务部、物业部、营销部、影视部、安保部、导游部、演艺部8个职能部门。

2015年，南村社区成立山东广汇集团，山东沂蒙红色影视拍摄基地旅游开发有限公司隶属于山东广汇集团统一领导。

2019年8月15日，变更法人为李熙鹏，注册资本3100万元，更名为山东沂蒙红色文化产业有限公司。

第二节　基本规划

2009年，界湖南村社区通过沂南县旅游局委托山东省旅游规划设计研究院，对山东沂蒙红色影视拍摄基地暨红嫂家乡旅游区做出了详细规划。

"规划"空间布局总原则是：（一）围绕常山布局，依托古村展开，打造多种场景，实现多元功能。既完整展示沂蒙红色堡垒村的历史原貌，又能满足红色影视拍摄的场景要求，还能提供多样的旅游体验空间。（二）围绕红色文化和影视文化安排主要空间，以古村落为核心，将周边的山、田野、水库等景观纳入旅游区的空间中来，适度扩大营区范围，利用更大的空间来增加景观内容，丰富旅游项目，完善旅游功能。（三）突出山乡古村的核心地位，合理安排功能布局。核心区为红色古村落，突出红色文化的体验休闲和影视拍摄功能。山体作为独立空间，东北部作为影视场景和旅游活动景点。东南部作为景区的主出入口，配套游客中心、停车场，形成综合服务区。北部建设景区辅助的次入口。（四）在村和山的周边设置车行旅游环路，将各大功能区串联起来。在各功能区设置步行为主的旅游环线，沿线安排各种旅游项目和设施，合理地引导游客进行旅游活动。

"规划"空间结构是一心、一环、六区。一心：常山为空间核心。一环：围绕常山安排不同的功能区。六区：沂蒙古驿道、红色堡垒村、沂州古县城、常山石头寨、山乡梦工场、支前农家乐。内容详细而具体，具有实际操作性。

第三节　土地承包租赁

界湖南村社区以场景移交为契机，投资建立山东沂蒙红色影视拍摄基地暨红嫂家乡旅游区。承包常山庄村及周边邻村土地（不含旧村场景占地）1296.2 亩，其中：山林地 791.2 亩，荒滩 385 亩，水库水面 120 亩。承包期限自 2008 年 4 月 30 日至 2048 年 4 月 30 日。

2008 年 6 月，依据规划设计，由西路进出改为走东路，从西寺堡进出。因西寺堡一带进入旅游区域，位于西寺堡石英砂岩矿区的长泰硅砂有限公司关闭。经过协商，界湖南村社区给予适当补偿。双方签订补偿协议书，分 6 次付清。

2008 年，界湖南村社区出资，马牧池乡负责建设，建起居民住房 147 户，搬迁村民陆续迁入新居。

2011 年，随着影视基地的建设与发展，基地景区内坟头陆续搬迁，界湖南村社区给予适当资金补助。

第四节　水　源

打井

常山庄村位居偏远的群山之中，是沂蒙山中典型的枯水山村。因为它偏僻、闭塞、贫穷、名不见经传，革命战争年代成为根据地。中华人民共和国成立 60 多年以后，仍保留着抗战时期的古村风貌。因为偏远，无法获得大河流的水源供给。为解决供水问题，山东沂蒙红色影视拍摄基地暨红嫂家乡旅游区在常山庄及周边范围不停地打井找水。

其中黑石沟东一口，古村三孔桥桥头以东、以西、以南各一口，哨楼以西一口，古村至古县城路上一口，古县城门口以南三口，南停车场以南（西南角）一口，苏志伦家前、常山庄村以西各一口，写生基地院内一口，写生基地以东一口，写生基地西十三间房后三口，双泉村两口，古村西城门以西两口，张家裕村三口，接待中心小桥旁一口，古县城北大舞台以东、以西各一口，共 27 口。所有水井均出水不多，后干涸。

2013 年 7 月，沂蒙红色写生基地在域内一处大口井的基础上加深，建井并建写生基地矿泉水场，于当年 11 月 26 日竣工。

2018 年 6 月 18 日，山东省地矿局地矿集团地热首席科学家李振涵率队，在水文地质勘探评价基础上，采用高密度电法、激电测探及核磁共振等地球物理综合勘探方法，经过两个多月勘察论证，终于在常山庄办公楼西南角，找到了地下水源并确定了钻井位置，成功钻探至地下 150 米深水层，一次性出水成功，日出水量 2000 立方米。此井不仅出水量大，而且水质好。

引水

2014 年 7 月，为解决山东沂蒙红色影视拍摄基地暨红嫂家乡旅游区用水问题，启动汶河引水工程。由沂南县水利局出图纸，在汶河北岸建直径为 28 米的大口井，安装专用变压器一台，从东柳沟村至蟠龙湖，铺设引水管道 5500 米。同时，沂蒙红色影视基地落盘井施工。

2014 年 8 月，东柳沟村至蟠龙湖汶河饮水工程开工，9 月竣工。

2015 年 10 月，东柳沟汶河坝子及回填沙工程竣工。

蓄水

2009 年，对水库进行清淤，加大水容量，建成蟠龙湖水库。后续在古县城东西两侧进行人工湖建设，并对常山河分段筑拦水坝。

2013 年 4 月，古县城西河道、石拱桥改建工程开工。

2014 年 3 月，常山沟蓄水坝、古县城、西寺堡、八路军食堂以西河道、小苏水库、写生基地门前埋管、人工湖北二级挡墙等工程开工，6 月竣工。

水系

通过引水、拦水、蓄水，先后建成古县城至三孔桥的黑石沟水系、古县城至凤凰阁的荷花池水系、团圆漫西侧至沂蒙四季广场的常山水系。3条水系建成后，不仅大大增加了山东沂蒙红色影视拍摄基地暨红嫂家乡旅游区的蓄水量，而且疏通了排水功能。既保证了景区及周边村庄日常用水，也有效防止了景区及周围村庄汛期水害。

第五节　道路交通

常山庄一带山崮封闭，交通不便，水源奇缺，土地瘠薄。不仅世代困扰常山人的生产与生活，也同样困扰山东沂蒙红色影视拍摄基地暨红嫂家乡旅游区的建设与发展。史上留下的“四塞之固，舟车不通，内货不出，外货不入”的记载，包括这一带山村。

2008年，界湖南村社区接手建设《沂蒙》拍摄场景，委托山东省旅游规划设计院，对基地进行了全方位的规划。中共沂南县委、沂南县人民政府给予全方位关心和支持。尤其加强了道路交通建设支持力度，于是年10月，开通了自西寺堡至常山庄2.3千米的道路。当时为了考虑影视拍摄需要，修成土路。2010年改建成柏油路。

2009年，修建东城门内外古驿道，与常山庄大街相接。

2012年，开通了全长8.3千米的沂蒙生态大道，起点竹泉旅游区，途经寨子水库北侧、铜井镇树仁里村、三山沟村、北大山林场，终点西寺堡村，与2008年10月开通的道路相会后，直达常山庄。

2015年，拓宽改造了336省道，加宽了自县城北外环至蒙阴界牌之间36千米的道路，并重新铺上了柏油。

2016年6月，整修扩建山东沂蒙红色影视拍摄基地暨红嫂家乡旅游区东、西停车场及排水沟工程施工，9月竣工。

2016年8月，山东沂蒙红色影视拍摄基地暨红嫂家乡旅游区道路全部硬化，常山庄村实现了户户通砼路。

2017年，打通了205国道至沂蒙红色影视基地19.1千米的红色旅游公交线。

2018年，新修一条从336省道通往并环绕影视基地的大道以及通达写生基地院落的柏油道路，全长约6.5千米，途经双泉峪子村、常山庄村西、蟠龙湖南侧、张家峪子村东、影视接待中心北、古县城北、团圆漫西山角，与2008年10月开通的道路交会。

2021年，为了让旅游车辆避开常山庄村中主街，自常山庄西南角，新开通一条途经常山庄村南山角的新路，终点与写生基地西南角桥梁相会。

第六节　绿　化

常山庄因为缺水，草木不长。因为草木不长，没有了涵养水源的功能而更加缺水，年年岁岁形成恶性循环。山东沂蒙红色影视拍摄基地暨红嫂家乡旅游区在找水、蓄水的同时，将绿化工作列入基础设施建设日程，合理规划，灵活安排，采取多种措施，持之以恒。先后在路边、河湖沟塘岸畔、石缝、山体、场景边缘以及不毛之地，因地制宜，栽种各种树木。有红枫、红叶李、紫叶李、红叶石楠（球、桶状）、红枣子、黄金槐、黄杨球、黄杨树、大国槐、大柳树、木槿、木梨、山榆树、山楂树、樱花、樱桃、樱珠、美国红枫、日本冬青、法桐、梧桐、金叶女贞、平柳、糖栗子树、小马尾松、白皮榆树、海棠树、苦楝树、栗子树、流苏树、苹果树、软枣树、石榴树、柿子树、香椿树、翔龙树、银杏树、玉兰树、皂角树、紫薇花、蔷薇花、五针松、白皮松、马尾松、片松、雪松、柏树、椿树、杜仲、国槐、梨树、柳树、栾树、青桐、楸树、榕树、桑树、桃树、杏树、杨树、洋槐、榆树、枣树，共63种9862株。其中松树最多，有2759株；其次为樱花，达到821株。500株以上的有法桐、柳树；300株以上的有流苏树、红枫树、椿树、洋槐树、桃树、国槐树、海棠树；200株以上的有柿子树、木槿树；100株以上的有栾树、黄杨树、平柳、榆树、银杏树、梧桐树。

山东沂蒙红色影视拍摄基地暨红嫂家乡旅游区组织植树的形式有多种。有自主植树，即社区干部群众义务劳动，有军民团队植树，有学员植树，有社会活动植树，还有园林专业团队植树。为了保证成活率，在没有土的石窝，先置土后植树；在裸露的山体上，寻找石缝、石窟，后置土植树；在土少石头多的地方，先清理石块，后运土造穴植树。山上无水，就用喷灌机扬程提水或下山人工打水。组织团队活动植树，由社区包浇水包成活。

2009 年、2010 年春天，南村社区干部群众到常山庄植树，当时条件艰苦，山上没有水可以浇树，村民们就下山去提水。南村干部群众连续两年义务植树，引起社会关注，为常山庄的绿化工作打下了基础。

2009 年 11 月，从外地购进 6 棵百年国槐，分别栽植在景区前导区入口处两侧各 1 棵、古村入口处两侧各 1 棵、古村小桥桥头 1 棵、地主大院前 1 棵。

2011 年，购入两棵百年国槐树，栽植于古县城城门两侧。

2011 年 3 月，由沂南春晖绿化有限公司施工，对城门东路两侧、停车场、蟠龙湖堤岸绿化。

2011 年植树节，沂南县领导一行到常山庄村开展植树节实践活动，在常山植树。

2012 年，中共临沂市委组织部、市委党校组织的山东省党员领导干部党性教育学员，作为践学课程，到常山植树。由基地准备工具，购置树苗，学员们挖树坑、栽植、浇水。

2013 年，济南军区“沂蒙旅”部队官兵到常山植树。

2015 年 8 月，在蟠龙湖西岸植松树林。

2015 年 10 月，由河南庭蓝园林绿化公司实施蟠龙坡景观、水系、景点假山及绿化工程。

2019 年 3 月，第 41 个植树节，临沂广播电视台、临沂广播电视报及红嫂家乡旅游区暨沂蒙红色影视基地共同发起“大手拉小手，还你我一片蓝天”亲子游植树公益性活动，330 名中小学生以及部分家长参与植树绿化，活动一直持续到 3 月末。

第七节　办公室　职工餐厅

办公室

2008 年至 2010 年，基地景区办公室设立于古村民宅内。

2011 年春至 2014 年，基地景区办公室（包括办公室、财务部、保卫室等部门）由民宅搬迁至八路军大食堂前排经过改建的民房。

2014 年，基地景区建设综合服务中心。规格为仿古式建筑，总建筑面积 1700 平方米，设有游客中心、导游部、营销部、售票处、卫生室、办公室、影视部、星级卫生间及周边景观绿化等。配有自动取款机、游客休息室等，服务功能齐全。配套工程有生态停车场区，面积 4200 平方米。含有小型停车位 500 个，占地面积 2600 平方米；大型停车位 160 个，占地面积 1600 平方米。

2015 年 2 月，基地景区办公室等各部门搬迁至新建的办公楼。

职工餐厅

沂蒙红色影视拍摄基地暨红嫂家乡旅游区建立初期，每天只有几个民兵（保安）在值班，在常山古村民宅内自己生火做饭。

2010 年，为接待剧组，将基地东大门以西、三孔桥以北的一片民房改建成八路军大食堂，设 26 个标准间和餐厅，在接待剧组食宿的同时，食堂成了员工餐厅。当时内部职工用餐标准为 2.5 元 / 人。

2018 年，写生基地建立职工餐厅，景区所有员工和写生基地酒店员工一起在职工餐厅就餐，用餐标准 6 元 / 人。

第二章 场景设施

第一节 场景移交

2008年3月，经社区党委书记李凤德与县委、县政府领导沟通协商，电视剧《沂蒙》拍摄用的主场景，包括地主院、戏台、李忠厚院、庙、庄前炮楼5处场景，一并作价并由南村支付200万元，转入界湖南村社区集体，正式由界湖南村社区接手沂蒙红色影视拍摄基地暨红嫂家乡旅游区以及以后的建设和运营。

第二节 古村保护与建设

界湖南村社区接管沂蒙红色影视拍摄基地暨红嫂家乡旅游区以后，依托常山庄古村落原有格局，本着保护性建设、修旧如旧的原则，根据红色影视拍摄和红嫂家乡旅游的需要，按照规划进行修缮、改建、新建等全面建设。

2009年，制定建设与保护措施，实行董事长负责制，董事长李凤德负全责。董事长指定由美工张志方负责古村保护和建设具体事宜，要求：添一砖一瓦，动一草一木，必须经张志方批准；凡新建场景，必须以张志方认定或设计的图纸为据。

2009年至2015年，修复了供红色影视拍摄专用的炮楼、大戏台、古庙、院落等场景。新建了古道、东城门、围墙，整修了街道、小巷、河道，筑起桥涵、拦水坝和步游道。

2010年，翻修改建12家农舍，建成“中国红嫂革命纪念馆”“人民子弟兵将帅纪念馆”“跟着共产党走纪念馆”，常山沟以东四排民房改建为八路军大食堂，常山大街、地主院前一排民宅建花生油加工车间等。

2014年3月，将花生油加工车间改为“刘晓刚艺术展示馆”。2021年，将其改为接待室。

2016年8月，在地主大院左、右、后部分农舍改建农耕体验区、古村民俗院及研学院等。

2019年，山东沂蒙红色文化产业有限公司和青岛职业技术学院文化产业工作室共同创建“筑梦沂蒙红色文化产业研究院”，将大戏台之前、临常山沟的民宅，改建为实训工作坊、蜡染艺术坊、扎染艺术坊、编结艺术坊、手工制作坊等工作室。

2020年3月，对古村老屋、纪念馆、粉皮院、农耕院及古县城等进行维修。

第三节 中国红嫂革命纪念馆

2010年3月10日，中国红嫂革命纪念馆建设工程开工，对常山庄古村12处农家院落进行修建、改建。

2010年5月，红嫂纪念馆、王换于纪念馆、将帅馆等开始装修。

2010年9月，建起“中国红嫂革命纪念馆”“人民子弟兵将帅纪念馆”“跟着共产党走纪念馆”3个纪念馆，又分为明德英、王换于、李桂芳、胡玉萍、李家才、妇救会、识字班、战地救护等24个展室。共1000多幅照片，上百件历史文物，30组雕塑，40通石碑。展陈内容文图并茂，声光电组合。10月1日 正式对游客展出。

2011年，组织人员，先后整理出版了《红嫂第一人明德英》《沂蒙母亲王换于》《光影·沂南》5D电影。建起“沂蒙红色影视基地网站”，并与齐鲁拍客、798视觉在线摄影网站合作进行对外宣传。

2014年3月，中国红嫂革命纪念馆整修提升，除防水加固外，内容上增加了“山东省第二次青代会旧址纪念馆”，“小车队长李家才纪念馆”更名为“战时民兵展示馆”，胡玉萍展示馆添加实物展示厅。

2017 年 3 月，纪念馆维修。

2019 年，“中国红嫂革命纪念馆”经过 10 年打磨，图、文、实物和解说有机结合，从不同侧面、以不同形式相呼应，合力集中表达主题内容，获得好评。在临沂市红色文化景区“十佳”解说词评选中，获得排名第三的位次。

2020 年，对“中国红嫂革命纪念馆”进行内容调整，将“战时民兵展示馆”“妇救会展示馆”“战场救护展示馆”“拥军识字班展示馆”改为沉浸式演出院。

2021 年，在庆祝建党百年前夕，在中共沂南县委的指导下，对“跟着共产党走纪念馆”“人民子弟兵将帅纪念馆”“红嫂明德英展示馆”“沂蒙大姐李桂芳展示馆””爱党拥军好妈妈胡玉萍展示馆”重新装修，改造提升。

2022 年，为“中国红嫂革命纪念馆”“人民子弟兵将帅纪念馆”安放石雕牌坊。镶嵌由华楠将军题写的“人民子弟兵将帅纪念馆”匾额、全国人大常委会副委员长王汉斌题写的“中国红嫂革命纪念馆”匾额。

第四节　古县城

沂州古县城由电视连续剧《沂蒙》的美工张志方精心设计，专门为红色影视拍摄和红色文化旅游量身打造的古县城建筑群，其建筑格调定位于民国时期北方古县城。占地面积 105 亩，规划建筑面积 20 万平方米。分仿古办公区、历史商贸区、老城居住区和红色沂蒙情景演出区四部分。全部工程分两期实施。

2010 年 7 月，古县城第一期工程，由张志方提供施工图纸，正式开工，至 2013 年 12 月 30 日竣工，用时 880 天。建有仿古办公区和红色沂蒙情景演出区。仿古办公区主要建筑物有城墙、城门、钟鼓楼、多宝园、茶楼、洪福楼、四合院、八路军军营、总督府、剧院、银行、宪兵司令部、赌场、春畅楼等建筑设施，建筑面积 4.7 万平方米，基本满足各类影视剧拍摄需要。红色沂蒙情景演出区建有大剧院（电影院），主要利用三维全息影像、雾气成像、悬浮成像等先进视觉展示手段，还原真实的战场情节和沂蒙人民奋勇支前情景，弘扬沂蒙精神，传承红色文化。

2012 年 3 月，古县城第二期工程建设与第一期工程压茬开工建设，2014 年 10 月竣工。建有历史商贸区和老城居住区。历史商贸区是沂州古县城影视拍摄的配套场景建设，建有当铺、银行、商贸楼、制造厂及各类商铺。老城居住区还原一些名人故居、全国各地史上特色民居。规划建设还有火车站、旱码头，后改为临时搭建。

中华民国之前的建筑，应该是中国的传统建筑，当以明清风格为主。因清代后期，西方文化，包括建筑文化已经传到了中国。所以，这个时期的城市建设，在中华传统建筑基础之上融入了西方建筑特色，表现出了中国历史文化和西方文化的融合。沂州古县城有显著的明清建筑特点，也有明显的西方建筑风格，呈现多样性。如此带有西方文化风格的古县城，更适合红色影视剧的拍摄需要。所以，沂州古县城被业内人士称为当今中国所有影视城（基地）中，最具特色的一处红色影视拍摄基地。

2013 年 4 月，古县城菊香、梅香、书香、客栈、豆腐坊等工程开工，于 12 月 5 日竣工。

2013 年，电视剧《红高粱》拍摄后，为了适应红色影视剧拍摄和旅游场景的需要，经过协商，在古县城北留下了《红高粱》酿酒坊等场景。

2013 年 7 月，古县城北城门、平台及附属工程开工，于 2014 年 6 月竣工。

2013 年 12 月，古县城文革院（知青一条街）土建仿古安装工程开工，于 2014 年 10 月竣工。

2016 年 4 月，古县城铺设石板大街。

第五节　红色写生基地

从 2011 年开始，界湖南村社区在临沂大学支持并指导下，在沂蒙红色影视拍摄基地分两期建设沂蒙红色写生教育基地。占地面积 60 亩，总建筑面积 2.6 万平方米，建有宾馆、会议室、娱乐室、学生公寓，是一处面向全国大学生写生、拍客、开展红色主题实践活动，面向全国剧组演员吃、住、休息于一体的服务基地。

2011 年 10 月，写生基地二层客房、一层客房、餐厅等开工，建设有 216 个床位的 108 间高档客房和可容纳 400 多人同时就餐的餐厅。2012 年 5 月竣工。

2012 年 7 月 1 日，写生基地二层客房投入使用，聘请济南千秋伟业管理公司进入管理。

2012 年 8 月，写生基地二期，办公楼、多功能厅、学生公寓楼、职工宿舍、职工餐厅、客房、锅炉房、公共厕所等工程开工，建筑面积 15000 平方米。

2013 年 7 月 1 日，写生基地二期交付使用。加上高档宾馆，可同时接待 840 人食宿，300 人的会议。缓解了到此写生创作的大学生、影视剧组人员、游客以及接受教育培训人员的食宿问题。

2013 年 9 月，娱乐楼土建工程开工，2014 年 3 月竣工。

2014 年 2 月，写生基地门牌石基础、水库溢洪口、老桥扩建等工程开工，于 6 月 30 日竣工。

2014 年 3 月，写生基地西院墙等工程开工，于 6 月竣工。

第六节　山乡梦工场

山乡梦工场位于常山西北角，蟠龙湖以北、沂州古县城以西。围绕吃、住、行、游、购、娱六要素，先后进行了系列设施建设。其目的在于提升基地食、宿、会议服务功能。建有宾馆、大型停车场，以及环境的搭配、装饰和美化等配套建设。

沂蒙红色影视基地服务中心

2012 年 3 月 20 日，初定名为“栖凤宾馆”的主体工程开工建设。包括停车场、广场在内，占地 80 余亩，建筑面积 2 万平方米。建有宾馆，接待室，大、中、小型会议室，餐饮中心综合楼，可同时接待 176 人住宿，360 人开会用餐。2014 年 5 月 1 日交付使用。

因前临蟠龙湖，东傍凤凰台，遂将“栖凤宾馆”改为“凤池山庄”。2018 年，聘请中外合资的管理公司进入管理。不久，从北京聘请了管理团队，又改名为“沂蒙红色影视基地服务中心”。

2013 年 11 月，栖凤宾馆前广场土建安装、东岛及西大门建设工程开工，2014 年 4 月竣工。

2016 年 1 月，蟠龙湖沿岸、西城门至接待中心西侧及桥涵、亭子、廊道等室外亮化工程开工，2 月竣工。

凤凰城

位于“沂蒙红色影视基地服务中心”东侧的凤凰台，因当地“凤栖地”的传说而闻名。规划有凤凰城，占地面积 19 亩。

凤凰阁

2014 年 7 月，凤凰阁古建工程开工，工期 290 天。

2015 年，湖北省大冶市景苑园林仿古建筑工程有限公司中标，在凤凰城中建起凤凰阁，建筑面积为 3000 平方米，高 25.6 米。

玉凤凰

取材于上乘岫岩碧玉，由辽宁万客来集团精心设计，采用立体圆雕、镂雕和浮雕等多种技法，历时两年雕琢成巨型玉雕“天下第一玉凤”：主体高 4.1 米、宽 3.5 米、厚 3 米，用料约 70 吨。底座采用优质凤凰绿料，高 1.5 米、宽 1.5 米、长 3.5 米，用料约 60 吨，刻有花木飞鸟，奇峰秀石，祥云雪浪，构成百花争艳，百鸟和鸣，四海升平的美丽画卷。据行家言，此系中国玉文化史上最大的玉凤雕件，也是当代国内大型玉雕花鸟的代表作。

蟠龙湖

山乡梦工场是沂蒙红色影视拍摄基地、红嫂家乡旅游基地重点设施建设之一。与之相配套的建设有蟠龙湖（水库），面积为 6 万平方米（90 多亩），储水 30 万立方米。

2010 年 5 月，蟠龙湖（水库）石砌围堰、亭子、东岛围堰回填、铺装等，工期为 100 天。

2012 年，水库干涸，沂蒙红色影视拍摄基地借机清淤并综合治理，储水量提高到 50 万立方米。

湖面清澈如镜，周边山石垒砌，绿树成荫，灌木花丛，植被茂密。北面林荫小道，角亭曲桥相连；西面栈道长廊，文化墙贯通南北。南面水上玉带长桥连接湖心岛，花草树木，姹紫嫣红；东面蟠龙坡上蟠龙街，亭台廊阁，鳞次栉比。

湖心岛

2012年，借清淤治理之机建湖心岛，面积为650平方米，岛周围以常山石装饰，岛内以常青和灌木绿化。岛中间配套建有高5.8米的石雕蟠龙，呈腾飞姿势，遂将湖心岛命名为龙腾岛。建岛后，为吸引游客登岛游，在岛西侧与陆地之间建一悬浮桥。一段时间之后，出于游客安全考虑而撤销。

蟠龙坡

位于蟠龙湖（水库）东岸，占地面积32亩，建筑面积1万平方米。原名为“水街”，顾名思义，一定是小桥流水，岸柳摇曳，烟雨蒙蒙，具有南方风味。建有古戏台民俗文化展示区、廊桥垂钓园林文化展示区、秦淮河畔烟雨长廊区、民俗文化体验商业街区、山地茶庄休闲体验区等五大区块，以水乡民居结合江南园林的建筑景观空间环境，运用水乡街巷格局，江南建筑风貌，传统的园林神韵，打造了“雅俗共赏，神形兼备”的主题风情商业街。与之东部相毗邻的常山顶上的“常山石头寨”，形成石头寨与水寨的相依相存。彰显出此地为卧虎藏龙的好去处。后因名为“水街”的景点诸多，又因位居蟠龙湖岸畔，相传秃尾巴老李曾卧于这片湖坡，遂改名为蟠龙坡。

2015年4月，蟠龙坡工程开工，7月竣工。

文化长廊

栈道式文化长廊位于蟠龙湖西岸，原来是一道斜土陡坡，既不美，又不文雅，还不安全。社区“两委”决定按旅游景点标准进行彻底整修。经过精心策划，沿水岸用常山石垒砌石墙，以石板挂画弘扬沂蒙红色文化，顶部以石雕瓦遮阳，架起一道凌驾绿水、雕梁画栋、曲径通幽的栈道式文化长廊。全长360米，共68间节，石版画面高2米，配图文并茂30余文化板块。四部分内容：自北往南，一是由15位曾经在这里工作、战斗过的将军题字。二是包括沂蒙魂、南村社区、沂蒙红色影视基地等系列简介。三是包括历史名人、贤圣典故、文化遗迹、民间传说在内的传统文化。四是近现代革命遗址旧址遗迹、战役战斗、重大事件等红色文化。

栈道式文化长廊由九曲桥接引，由湖东岸进入，跨越湖水。迎面是一个“脉”字石碑，大脉居中，周围是用甲骨文、篆体、隶书、楷书、行书、草书、标宋等不同形体、不同写法的“脉”字。意在说明这里贯通着山脉、水脉、人脉、文脉、国脉，一脉相传，源远流长。

2014年11月30日，影视基地雕塑、南门长廊、石雕刻字、亭子等工程由山东三圣玉雕有限公司施工。2015年11月20日竣工，工期350天。

第七节 库房与道具

坐落在西寺堡村村东，距离景区3千米，库房占地1万多平方米，分为4个大棚，分别存放道具、服装、车辆等，部分库房偶尔充当剧组加工间，水电与配套设施基本齐全。

沂蒙红色影视基地有两座道具库，影视剧拍摄所需要的各种道具基本齐全，租用非常方便。古镇影视道具库里的道具不仅能够满足在沂蒙红色影视基地拍摄的剧组需要，而且经常为上海、浙江、江苏、云南、贵州等地的影视拍摄基地提供道具服务。

2008年，开始筹建道具库，之前拍摄影视剧的道具，临时存放在八路军大食堂仓库、豆腐坊、地主院、团部、茶楼等场景室内。

2010年，先后两次在横店采购道具，并陆续在当地收购家具、农具。

2012年6月，西寺堡钢结构1号道具库及辅助工程开工，工期45天。

2012年12月，西寺堡钢结构库房、连廊工程开工，工期30天。

2012年，为了丰富服装、道具，与聊城古辕影视道具有限公司合作，正式成立西寺堡道具库房。

2012年，建成西寺堡道具库后，陆续将景区内存放的道具转至道具库。

2013年，陆续研发了不同年代的道具车辆，有各种型号轿车、卡车、装甲车、坦克及各式摩托、跨子、自行车等，并配备了各种装备，服装家具、摆件。现库房存放各种装甲车、坦克10余辆，各种轿车30余辆，各种卡车30余辆，各种摩托、跨子30余辆，各种自行车200余辆，各种马车、独轮车100余辆，各种迫击炮、山炮、战防炮、加农炮100余门。各种道具枪械：手枪、冲锋枪、步枪、轻机枪、重机枪、高射机枪等2000余支；各种刀枪剑戟500余件。各种服装：红军、新四军、八路军、解放军、警察、黄协军、晋绥军、国军、日军、美军、群众演员、戏服等5000余套。各种瓷器、玉器、铜器、铁器、摆件、挂件、生活用品等1万余件。各种家庭、办公家具：从红军时期的桌子板凳到地主老财及国军、日军指挥部、民国时期酒吧、歌舞厅的豪华家具1万余件。可满足5个大型剧组同时拍摄使用。

2014年，置办烟火、枪械库相关设备。

2015年至2019年，为了更好地对枪械、烟火库的标准化、规范化、系统化、全员化的管理，严格按照国家对枪械、烟火的相关管理规定进行设施建设，建起一处枪械、烟火库。2020年6月15日，首次对《民兵葛二蛋》剧组开放使用。

第八节　标志物

2014年，在沂蒙红色影视基地暨红嫂家乡旅游区前导区竖立标志物——“沂蒙魂”。分为基座、立柱、车轮三大部分，总高11米。选用红色花岗岩石材制作，象征革命根据地、红色文化本色。基座为正方形，4方进出，5步台阶，单边长8米，意为来自五湖四海，四面八方的人民群众，凝聚成克敌制胜之基石。7根立柱寓意红色七月的辉煌和经典，分别刻有毛泽东、杨得志等老一辈开国元勋的题字。总高11米，代表沂蒙山革命根据地抗日战争、解放战争11年。车轮，表示沂蒙人民在革命战争年代利用日常生产、生活中的主要运载工具独轮车，前仆后继、勠力支前的无私奉献精神，蕴含着人民群众推动历史车轮滚滚向前的深远意义。由山东凯浮特石业有限公司、山东三圣玉雕有限公司设计、制作，并于12月25日安装。

第九节　红嫂文化广场

2021年，为庆祝建党百年兴建的“红嫂文化广场”建筑群，占地面积4000平方米。由“沂蒙四季”剧场、“红嫂纪念碑”“山东沂蒙子弟兵”雕塑、“山东沂蒙红嫂”雕塑、“红色文化传承展示馆”等组成。

红嫂文化广场

前傍常山河，后依常山以及建于常山脚下的人民子弟兵将帅纪念馆、中国红嫂革命纪念馆。右边是沂蒙四季剧场，左边是红色文化传承展示馆，红嫂纪念碑矗立于广场中央。红嫂纪念碑左前为山东沂蒙子弟兵雕塑，右前为山东沂蒙红嫂雕塑。

“沂蒙四季”剧场

2020年5月30日，沂蒙四季乡园生态体验剧场工程开工，当年9月30日竣工并投入使用。

红嫂纪念碑

由中共中央原政治局委员、国防部部长迟浩田亲笔题写的“红嫂纪念碑”矗立于广场中央，碑高11米，碑体呈四边立体担架状。碑体顶部高耸红五星，碑座周边浮雕镌刻着人民子弟兵与沂蒙红嫂党群同心，军民情深，水乳交融，生死与共的革命斗争故事。

“山东沂蒙子弟兵”雕塑

位于红嫂纪念碑东侧，高5米，宽11米，重达500多吨，雕塑主体上有：刘少奇、罗荣桓、徐向前、陈毅、粟裕。群体雕塑画面的背景是：1941年11月7日，罗荣桓指挥的“石岚伏击战”的战斗画面。后记文字记载的是，8年抗战，山东抗日军民作战2.6万余次，毙伤俘日、伪军53万余人。解放战争，山东先后组建7个纵队参加机动作战，先后出动1106万民兵、民工参战和支前 。在这块土地上，先后有20余万名沂蒙优秀儿女参加了人民军队，有120余万名民工参加了支前战斗，为人民的翻身和民族的解放而献出生命的烈士有116963名。

“山东沂蒙红嫂”雕塑

位于红嫂纪念碑西侧，高5米，宽11米，重达500多吨。雕塑主体上有：红嫂乳汁救伤员以及拥军支前的群体画面。后记文字记载的是，从抗日战争到解放战争的11年间，沂蒙妇女动员39万余人参加主力军和地方部队，救护伤员6万余人，掩护革命同志9.4万人。战争最激烈的时候，沂蒙山中以妇女为主，抬担架，救伤员，村村是医院，家家是病房，人人都是护理员。为除倭寇、打豺狼，建立新中国，前赴后继，英勇顽强，齐心协力，一往无前，做出了卓越贡献，铸就了沂蒙山区特有的红嫂精神。

红色文化传承展示馆

位于红嫂广场东侧，展示了南村社区自从担责开发建设红色文化产业以来，立足影视拍摄、红色教育和红嫂家乡旅游，挖掘红色文化故事，拓展红色文化教育，弘扬和传承沂蒙精神、红嫂精神，办成了文旅融合、寓教于乐的文化产业。南村社区的红色文化传承，不仅成功地打造起一个红色文化产业，而且，其“文旅融合”带动了周边村庄经济发展和贫困人口脱贫致富。成为常山开花，遍地结果。

第十节　红色旅游书屋

2014年3月7日上午，全国红办联合中国旅游出版社，开展了“智力支持基层，赠阅优秀旅游图书资料活动”，向纳入全国红色旅游信息报送系统的延安、井冈山、广安、临沂、信阳等18个重点红色旅游城市旅游部门、红色旅游景区，以建设红色旅游书屋。红嫂家乡旅游景区暨山东沂蒙红色影视拍摄基地有幸被选为试点单位，受赠图书3000余册。随后，景区立即组织建设书屋。县旅游局、文广新局、党史委领导知道后，不仅派出专门人员指导帮助，还慷慨赠书，不到半个月时间，就建起红色旅游书屋。

第十一节　兵器展示

歼-6战斗机

2014年10月20日，由山东泰都建筑安装工程公司对景区兵器展示区进行地面硬化。

2014年10月，中国人民解放军济南军区赠送沂蒙红色影视基地歼-6战斗机一架，用于爱国主义教育，命名“常山一号”。该机系单座双发超音速喷气战斗机，由中国沈阳飞机制造工业公司制造，主要用于国土防空和夺取前线局部制空权，也可执行一定的对地攻击任务。1958年初开始研制，1960年投入批量生产，1964年首批交付中国空军使用，到1983年停产，共生产5205架。

该机是中国第一种超音速战斗机，曾是解放军空军和海军航空兵装备数量最多、服役时间最长、战果最辉煌的国产第一代喷气式战斗机。在各次实战中，共击落20多架敌各型战机，而自己没有一架被击落。2010年6月12日，正式退出空军编制序列。

强-5攻击机

强-5系列战机，翼展9.68米，机长15.65米，机高4.33米，机翼面积7.95平方米，重6950千克，正常起飞重量9130千克（最大11300千克），机内燃油3720升（外挂2×760升），最大飞行速度每小时1190千米，实用升限16500米，起飞滑跑距离700—750米（无外挂），1250米（最大外挂），着陆速度278—307千米/时，着陆滑跑距离1060米（不用减速伞），最大航程大于2000千米（带2×760升副油箱），作战半径600千米（最大外挂）。

高射炮

1960年，中国参照苏联55式37毫米高射炮研制，用于取代55式37毫米高射炮，1965年设计定型并投入大批量生产，装备部队。它是一种用于对空中目标射击的火炮，也可以用来毁伤地面或水上目标。曾参加过20世纪60年代的对越自卫反击战，因屡立战功而扬名中外。该炮采用立楔式炮闩，由弹夹供弹；反后坐装置包括节制杆式液压制退机和复进弹簧；弹夹装弹5发，弹仓容弹量为10发，安装供弹漏斗后实现多弹夹连续供弹；火炮由手动操作，高低和方向瞄准均有两种速度；火炮装有机械同步击发装置，后期配有电击发装置，可实现6门火炮集火射击；火炮配用机械向量瞄准具，属非独立式瞄准具，装在火炮起落部分上方。火炮配用曳光杀伤榴弹和曳光穿甲弹。

100毫米高射炮

用于对付高度在12000米以下的空中目标，也可对地面和水上目标进行射击。该高射炮试制工作始于1958年，1959年投入小批量生产，1963年进行国家靶场定型试验。1964年批准定型，称为1959年式100毫米高射炮。

152毫米加农榴弹炮

根据苏联D–20式152毫米加农榴弹炮仿制而成，1966年生产定型，大量装备部队，是目前解放军的主力加农榴弹炮。

122毫米榴弹炮

20世纪50年代初期研制定型的122毫米牵引火炮，50年代中后期装备部队，用以取代各种旧杂式榴/山炮。使用汽车牵引。是步兵师、军（集团军）属炮兵团基本火炮。1970年代开始逐步退役，为54–1式取代。火炮采用手动螺式炮闩；制退机、复进机分别布置在炮身上、下部；瞄准装置由58式瞄准镜、58式周视瞄准镜组成。该炮配有杀伤爆破榴弹、燃烧弹、烟雾弹、照明弹。

59式中型坦克

是中国的第一代主战坦克，具有较强的火力，较好的装甲防护和机动性能，重量较轻，体积较小，结构简单，工作可靠，使用维护比较方便。全重34吨，乘员4人，最大时速50千米，最大行程560千米。主要武器有1门100毫米线膛炮（见火炮），战斗射速4发/分，1挺12.7毫米高射机枪和2挺7.62毫米机枪，配有红外夜视仪可夜间驾驶。车体首部和侧面的装甲较厚，炮塔成流线型，具有良好的抗弹能力。1959年开始装备中国人民解放军陆军，在20世纪80年代以前，一直是中国人民解放军装甲部队的主要装备。

第三章　红嫂家乡旅游

第一节　旅游机构设置

2009年9月26日，影视基地东城门、古驿道及两侧商铺工程竣工，于10月1日试行红嫂家乡旅游。在以后的开发建设和运营工作中，从机构设置、基础设施建设以及所有的开发运营活动，始终围绕这个中心，以弘扬沂蒙精神，传承红色文化，做大、做好红色文化产业。

机构设置有营销部、导游部、游客中心。营销部设营销总监、营销员、企划专员、营销内勤共7名员工。导游部设组长、导游员8至12人，游客中心设售票员2人，医务室设医生1人。

第二节　旅游设施建设

山东沂蒙红色影视拍摄基地建立初期，指导思想是以红色影视拍摄带动和促进红嫂家乡旅游。在《沂蒙红嫂家乡旅游区控制性详细规划》中，突出了常山、常山庄的地理位置中心，同时突出了以红嫂家乡旅游为中心的内容。

常山古村

马牧池乡是著名的革命老区，抗日战争时期，曾是山东党政军机关大本营，有“山东的中心是沂蒙，沂蒙的中心是沂南，沂南的中心是常山”之说。

常山古村，基本保持了抗战时期的风貌。村庄傍山而立，房屋错落有致，庭院依山就势，小巷曲折幽深，古风古韵尚存。村内有东西长达2千米的大街，街道两侧为民宅民院，石墙草房，配北方典型的木棱窗，厚重的门板，门口多是挑翅门楼或敞门。因石墙耐风雨侵蚀，加之本地地多人少，长期落后封闭，新建房屋多扩散到村外围，使得整个村落一直保持历史原貌，古老而简陋的土建筑能够得以长期保存。

红色文化

山东沂蒙红色影视拍摄基地暨红嫂家乡旅游区依托常山庄古村落原有格局，对古山村进行保护性开发建设。建有供影视拍摄的“常山街”“大戏台”“地主院”“李忠厚院”“斗牛院”等红色影视拍摄专用的场景。建有“中国红嫂革命纪念馆”“人民子弟兵将帅纪念馆”“中国红嫂革命纪念馆”“演出院”等供红色文化教育和红嫂家乡旅游的设施。建有“民俗园”“煎饼院”等供红色研学旅游的民风民俗设施。

古县城

沂州古县城是专门为红色影视拍摄和红色文化旅游量身打造的仿古县城建筑群。其建筑格调定位于民国时期北方古县城。占地面积105亩，规划建筑面积20万平方米，分为仿古办公区、历史商贸区、老城居住区和红色沂蒙情景演出区四部分。后期根据规划扩展为600亩。

红色影视剧拍摄场景

一些叫响的影视剧拍摄后，影视基地与剧组协商，将新置场景保留下来，既作为旅游产品，又借新场景宣传新拍摄的影视剧。如：《沂蒙》中的“地主院”、《斗牛》中的“铁匠院”、《红高粱》中的“酒坊”、《铁道飞虎》中的“知青院”。

红嫂文化广场

（略，见场景设施介绍。）

第三节　商品开发

2016年7月，成立临沂沂蒙红嫂旅游商品开发有限公司，占地面积500平方米，由旅游商品展销中心、旅游商品研发中心、创客中心和培训教室组成。是山东广汇集团全资子公司，专门从事农产品、手工艺品、土特产品、食品、鲜果等系列的旅游商品研发、开发销售。已研发数十款优良产品，如马牧池横河小米、新立村苹果、南村绿豆、常山蜂蜜等，并开通上线。

本着以爱国、爱党、积极奉献与服务的精神，与本地特色特产组合，打造出一条民风淳朴、健康绿色、原汁原味的乡村风味一条街。既能带动周边村民参与其中，又能起到带动周边村民和山村妇女就业创业，振兴乡村经济发展的作用。

第四节　团队游

挂牌

2012年，开展挂牌服务。经过宣传和协商，凡是认可并有意组织团队到“山东省党员领导干部党性教育基地”的单位，红嫂家乡旅游区提供相关的协助，免费挂牌并提供解说。

2012年4月13日，临沂市司法局组织全体人员到沂蒙红色党性教育基地，开展以“学习红嫂精神·争当时代先锋”为主题的党性教育和红色教育并挂牌。

2012年7月12日，山东理工大学“红色信仰·成就梦想”暑期实践团队到沂蒙红色影视基地接受党性教育并挂牌。

2012年7月16日，沂南县第二实验小学利用暑期时间组织全体教师到沂蒙红色影视基地开展党性教育和学习活动并挂牌。

2013年3月27日，中央统战部六局领导带领中央统战部第十期新的社会阶层人士理论培训班与会人员到沂蒙红色影视基地开展党性教育活动并挂牌。

2014年7月18日，山东理工大学建筑工程学院建工之家红色革命调研团到沂蒙红色影视基地接受党性教育并做调研。

挂牌“教育基地”

1. 山东省关心下一代教育基地
2. 山东省邮政管理局党性教育基地
3. 山东省地税系统党性教育基地
4. 山东省公安消防部队思想政治教育基地
5. 山东省社会主义学院教学实践基地
6. 山东广播电视台国际频道沂蒙红色文化报道基地
7. 青联委员之家
8. 山东省反腐倡廉教育基地
9. 山东省妇女爱国主义教育基地
10. 全国妇女爱国主义教育基地
11. 中国特型演员伟人风采艺术中心爱国主义教育基地
12. 山东省临沂市摄影家协会摄影采风基地
13. 山东摄影创作基地
14. 临沂市国税系统党性教育基地
15. 中国农业银行爱国主义教育基地
16. 中国人民银行临沂市中心支行爱国主义教育基地
17. 统一战线教育培训基地
18. 临沂市妇女爱国主义教育基地
19. 山东省爱国主义教育基地
20. 中国人民解放军济南军区革命传统教育基地
21. 临沂新闻拍客团沂蒙红色影视拍摄基地
22. 沂南县领导干部党性教育基地
23. 沂南县双拥教育基地
24. 沂南县宣传文化系统“三个一切”群众路线主题教育实践基地
25. 沂南县人民法院爱国主义教育基地
26. 弘扬沂蒙精神，激发爱国热情爱国主义教育基地
27. 邮储银行沂南县支行爱国主义教育基地
28. 山东能源磷矿集团党性教育基地
29. 沂南移动通信公司爱国主义教育基地
30. 山大华特卧龙学校德育实践基地
31. 沂南县联通公司爱国主义教育基地
32. 山东沂南换于红军小学德育基地
33. 沂南县第二实验小学红色文化教育基地
34. 山东翔龙集团施可丰化工党性教育基地
35. 沂南县第三中学德育活动基地
36. 临沂第九中学爱国主义教育基地
37. 山东省青年马克思主义者培养基地
38. 山东理工大学建筑工程学院大学生社会实践基地
39. 河海大学大学生社会实践基地
40. 临沂四中沂蒙精神教育基地
41. 小记者革命教育基地
42. 沂南四小爱国主义教育基地
43. 山东职业学院美德教育社会实践基地——立德树人
44. 沂南县双语实验学校革命传统教育基地
45. 临沂大学商学院教学实践基地
46. 马牧池中学爱国主义教育基地
47. 临沂艺术学校教学实践基地
48. 中国红嫂革命纪念馆依汶中学教育实践基地
49. 临沂大学红色文化教育基地
50. 依汶镇朱家里庄中心小学德育实践基地
51. 沂南县摄影艺术家协会拍摄采风基地
52. 中国红嫂革命纪念馆——依汶小学教育实践基地
53. 关爱成长行动——党史教育青少年爱国主义教育基地
54. 临沂市工商行政管理局爱国主义教育基地
55. 临沂供电系统爱国主义教育基地
56. 临沂市联通公司爱国主义教育基地
57. 山东省农村信用社爱国主义教育基地
58. 全国“红军小学”爱国主义教育基地
59. 临沂移动通信公司爱国主义教育基地
60. 临沂市烟草专卖局（公司）系统爱国主义教育基地
61. 全省卫生系统爱国主义教育基地
62. 临沂市供电公司爱国主义教育基地
63. 中国影像视觉在线摄影创作基地
64. 山东省联通公司爱国主义教育基地
65. 临沂市邮政系统爱国主义教育基地

挂牌“写生基地”

1. 韩国牧园大学实习基地
2. 青岛新点美术学校美术教学实践基地
3. 扬州大学艺术学院沂蒙红色美术教学基地
4. 济南大学美术学院写生基地
5. 河南大学艺术学院写生基地
6. 安徽阜阳师范学院美院写生基地
7. 曲阜师范大学美术学院写生基地
8. 青岛科技大学美术学院写生基地
9. 江苏师范大学美术学院写生基地
10. 东营第十中学写生基地
11. 山东美术出版社社会实践基地
12. 清华大学美术学院沂蒙写生创作基地
13. 济南市历下区文艺创作基地
14. 韩国新罗大学艺术大学美术教学实践基地
15. 临沂大学美术学院教学写生基地
16. 临沂大学教育学院教学实践写生基地
17. 扬州工业职业技术学院建筑工程学院写生基地
18. 淄博天才美术学校写生基地
19. 山东画院创作写生基地
20. 山东中山画院创作写生基地

举办活动

2011 年至 2012 年，山东省党员领导干部党性教育活动。

2013 年，弘扬沂蒙精神践行群众路线活动。

2014 年 6 月，中国摄影家协会在沂蒙红色影视基地举办追寻历史影像、重走复兴之路活动。

2017 年 6 月 22 日，瞻仰红色革命教育基地，提升自我革命修养活动。

2017 年 7 月 21 日，穿越沂蒙山区，来一场红色之旅活动。

2017 年 8 月 24 日，金秋红色之旅活动。

2017 年 10 月 18 日，小学生和老红嫂的暖心约定活动。

2018 年 10 月 1 日，老红军讲述革命故事活动。

2014 年 7 月 1 日，中国梦·沂蒙情红歌大赛活动。

2017 年 7 月 31 日，建军 90 周年：军嫂学红嫂 传承沂蒙魂活动。

2017 年 8 月 15 日，铭记历史，重温沂蒙红色足迹活动。

2015 年 4 月 29 日，世界那么大，来沂蒙红色影视基地过“五一”活动。

2015 年 5 月 22 日，2015 年新品推介会活动。

2016 年 4 月 30 日，红嫂家乡“5·1”欢乐嘉年华等你来活动。

2016 年 3 月 8 日，沂蒙红色影视基地杯中华龙狮文化节活动。

2017 年 9 月 6 日，感恩教师节活动。

2017 年 10 月 28 日，重阳节　温情陪伴活动。

2018 年 5 月 13 日，红嫂沂蒙行——纪念张春秋大师演唱会活动。

2018 年 5 月 26 日，第九届诸葛亮文化旅游节活动。

2018 年 6 月 30 日，青年红色筑梦之旅全国对接（山东）开幕式活动。

2019 年 3 月 10 日，植树节　大手拉小手还你我一片蓝天活动。

2019 年 10 月 1 日，《追梦 70 年　向祖国献礼》活动。

2020 年 5 月 10 日，母亲节带妈妈来影视基地活动。

2020 年 6 月 1 日，六一儿童节来影视基地看周云鹏拍电影活动。

2020 年 6 月 21 日，父亲节暖心活动。

2016 年 10 月 9 日，重阳节陪伴是最长情的告白活动。

2017 年 1 月 21 日，玩戏雪，赏民俗，品小吃，过大年活动。

2017 年 5 月 5 日，浓情端午节，“粽”行影视城活动。

2018 年 2 月 16 日至 3 月 2 日，换军装·扛步枪·保家园新春贺年会活动。

2018 年 4 月 18 日，三月三相约红嫂家乡，赏红色歌会活动。

2019 年 2 月，相聚红嫂故里 共度欢乐中国年活动。

2019 年 12 月 15 日，“请到沂蒙看金秋”活动。

2020 年 7 月 2 日，“传承红色基因 共谋媒旅融合”活动。

外联单位

山东旅游有限公司、银座旅游、山东国际旅行社有限公司、临沂大地旅行社、蒙阴县春秋旅行社、蒙山旅行社、蒙阴国际旅行社、沂水风光旅行社、沂水亲情沂蒙旅行社、泰山和平旅行社、泰山腾飞国际旅行社、新泰阳光旅行社、山东新泰阳光国际旅行社、淄博春华国际旅行社、博山旅游总公司、淄博金海岸旅行社、曲阜天马旅行、曲阜市名城旅行社、济宁华夏国际旅行社、邹城神州旅行社、邹城市亚圣国际旅行社、日照洲游国际旅行社、莒南风行旅行社、日照莲赢旅行社、兰陵东方旅行社、莱芜金海国际旅行社、莱芜山水旅行社、青岛市旅行社、青岛海都国际旅行社、滨州宝宝假期国际旅行社、德州中青旅国际旅行社、潍坊帝都国际旅行社、江苏邮驿旅行社、枣庄环宇国际旅行社等，与 270 多家保持密切联系。

第五节　研学旅游

机构设置

2019 年 4 月，在红嫂家乡旅游区暨沂蒙红色影视基地成立沂蒙红色教育培训有限公司。机构编制有办公室、接待部、教学部。配置有办公室文员 1 名，活动对接人员 1 名，研学导师 4 名。用一个月时间组织公司内部培训，提升业务能力，逐步完善组织架构。

2020 年 4 月，研学公司将办公室搬迁至影视基地检票口北侧位置。

办公室职责

1. 根据客户需求编写研学课程方案，设计具体研学线路，编写研学手册。

2. 联系实际，适时调整和优化课程和活动，并辅导研学导师正确实施。

3. 负责微信公众号和宣传网页的设计并维护。

接待部职责

1. 与景区营销部门对接，根据客户需求，准备教材和教具。

2. 对于活动实施过程中所需进行实时的保障，确保活动的顺利完成。

3. 活动人员报到时，及时做好接待工作，引领活动人员完成入住和就餐。

教学部职责

1. 负责研学前期的指导和校内教学工作。

2. 负责研学课程的执行工作，包括知识讲解、课程教学、活动组织、教学反馈等。

3. 负责研学团队的协调沟通工作，包括各环节的衔接协调，执行研学计划。

4. 负责研学团队的线路引导、学生组织、知识讲解、安全管理。

5. 熟练掌握安全救急知识和应急救护措施。

教材与课程

研学公司共有课程四套《中国梦 红嫂情》《亲情沂蒙》《红色沂蒙研学课程方案》《沂蒙精神红色研学旅行课程指南》，八路军训练营有 13 个体验项目，并编写出教案。

能独立熟练完成并成熟实施的 1—3 日研学课程，能够成熟实施的党员干部教育培训 2 日和 3 日课程，有针对企业不同团队进行适应的拓展活动方案多套，并对多种拓展项目进行合理的分析研究，使团队拓展达到相应的效果。

公司研发的沂蒙红色研学课程斩获山东首批十个研学旅行示范课程，在第三届中国研学旅行大会研学课程评比中荣获“特等奖”。

服务与配套服务保障

车辆交通

接送车辆均为交运集团旗下大巴车；城市间交通使用正规空调大巴；车辆运营手续完备，车况、车龄和安全性良好；司机驾龄均为 5 年以上。

出行保险

行前制订安全预案，强化保险机制确保为每一位出行的学生、老师购买责任险和意外险。

研学导师

团队研学导师严格按照不高于 1 ∶ 25 的师生比例配备研学辅导员，并全程陪同监管，随时清点学生人数，关注学生身心状况，杜绝学生危险行为。

专业师资团队

专业研学导师和资深退伍教官，负责研学活动的带领、引导与团队管理；营地专业师资团队负责营地内活动执行与引导；学校带队老师协助研学导师指导课前导入的相关内容；随团人员有安全管理人员、专业的医护人员、生活老师、食品监督员、急救员、后勤保障员。

研学旅实践

2017 年 9 月 9 日，百名研学辅导师在沂蒙红色影视基地集训。

2017 年 9 月 10 日，“教师节”沂蒙红色研学旅行讲师团首期团建拓展圆满完成。

2017 年 9 月 19 日，沂蒙红色影视基地在山东省内率先启动研学旅行。

2017 年 9 月 21 日，喜迎十九大，沂蒙研学行，首批“沂蒙红色研学旅行”圆满成功。

2017 年 10 月 19 日，沂蒙红色研学旅行课程开发研讨会在沂蒙红色影视基地举办。

2017 年 10 月 25 日，响应十九大丨沂蒙红色影视城迎红色研学旅游热潮。

2017 年 11 月 19 日，沂蒙红色影视基地获评中国研学旅行教育实践示范基地。

2017 年 12 月 27 日，红嫂家乡旅游区暨沂蒙红色影视基地入选首批“全省中小学生研学实践教育基地”。

2018 年，接待山东省研学旅行目的地调研暨山东省中小学研学旅行考察工作相关的工作人员。

2018 年 8 月 3 日，研学旅行，山东省第一批研学旅行示范课程来了。

2019 年 3 月 29 日，走进沂蒙山，红嫂家乡旅游区喜迎 500 余人红色研学旅行专列。

2019 年 7 月 5 日，在第三届中国研学旅行大会研学课程评比中荣获“特等奖”。

2019 年 10 月 8 日，卧龙学校的莘莘学子来到沂蒙红色影视基地研学。

2020 年 1 月之后，红色研学基本停止。

第六节　合作共建乡村旅游

新立村旅游开发有限公司

2016 年 8 月，沂南县新立村旅游开发有限公司成立，注册资本 1000 万元，由山东广汇集团有限公司出资注册。公司针对乡村旅游进行开发建设，大力实施旅游兴市战略，推动国民经济与社会事业的全面进步。

新立村旅游开发规划

山东广汇集团与新立村依托特有的自然风貌，合作投资成立新立村旅游开发有限公司，共同发展乡村旅游。委托北京世纪唐人旅游规划院规划，确定建设以苹果种植产业为支撑，乡村风貌完好，乡村体验、住宿接待功能齐全，村景合一的乡村旅游度假区发展目标。规划项目建有成人和青少年拓展基地、苹果体验馆、CS 真人实战体验基地、精品民宿、苹果采摘园、豆腐坊、煎饼坊、煎饼博物馆、景观河道、小吃一条街十大景观点。所有景点将“串成线、连成片”，成为“全域旅游”。逐步打造成开放式、无门票的参与体验型乡村休闲度假旅游区，带动当地农民增收致富。

主要建设内容及规模

精品民宿

建筑总面积 720 平方米，有客房、餐厅、厨房、观景天台、接待室、品茶室等基础设施。民宿由三处院落组成，包含标间、单间、大炕、亲子房 4 种不同房型，共有 10 间，可同时容纳 30 余人居住，适合小型拓展团队、家庭游、企业高层会谈等群体居住。民宿院内设有餐饮包间一间，公共就餐场所一处，可同时接待 50 余人就餐，二楼设有观景平台，可完成休闲娱乐活动。民宿设施齐全，装修风格以当地苹果为主题元素且不失都市的简洁与雅致。

CS 场地

总面积 1700 平方米，可容纳 50 人，配备激光枪及感应背心帽子 20 套。场地由战术墙及碉堡组成，可完成攻坚战、夺堡战、歼灭战等多种作战模式。为青少年拓展训练、研学游活动、散游客军事体验提供模拟作战场地。

拓展场地

总面积3300平方米，可容纳游客200人，场地内配备组合器械13套、地面器械4套、安全装备4套，可完成的组合器械项目有空中单杠、空中断桥、天梯、吊索桥、梅花桥、相互依存、丛林绳桥、独木桥、翘板桥、绳网+荡木桥、悬崖绝壁、攀岩，地面器械项目有背摔台、逃生墙、模拟电网、横渡诺曼底。所有器械适用于儿童、青少年等多种群体。成为企业拓展活动、研学游活动、青少年夏令营活动专业性场地。

苹果文化体验

可制作苹果干、榨苹果汁、苹果果脯等，在研学活动过程中能够让学生们品尝到多种苹果制品，也能培养学生动手实践能力。

苹果休闲吧

集休闲娱乐、苹果制作为一体，打造古朴乡村休闲吧，以传统乡村风格为主题，带有浓郁的古朴乡村风情。可作为研学活动休闲娱乐，制作苹果制品场所，为游客提供休闲娱乐环境。

煎饼馆

内含四间房屋，两间草棚。房屋内陈设各种煎饼展览品，介绍沂蒙地区煎饼制作技艺的发展史，展现沂蒙地区的煎饼文化。院内安装7台石磨，分别选用了高粱、玉米等7种天然谷物，制作成七彩煎饼。七彩煎饼采用传统手工工艺烙制而成，不加任何色素及添加剂，使煎饼香、甜、酥、脆、味美，具有浓厚的地方风味。通过线上线下同时销售，销售收入可观。

发展历程

2016年8月3日，沂蒙红色影视基地助力新立村扶贫攻坚签约仪式。

2016年10月25日，国家级旅游扶贫村——山东沂南县马牧池乡新立村第二届（2015年第一届）苹果采摘节在游客服务中心广场隆重启动。

2017年5月6日，沂南县旅发委主任带领单位人员赴现场，协调推进新立村乡村旅游项目建设。

2017年10月24日，河东旅游局局长张连辉带领，河东旅游特色镇、村负责人和有关单位负责人，赴新立村学习参观特色乡村建设。

2017年10月28日，迎来400人的红色研学亲子团队。

2017年11月10日，“新时代·新媒体·新形象”全国融媒体采访团走进新立村。

2018年1月21日，山东省司法厅、山东省民政厅授予新立村第七批“全省民主法治示范村（社区）”称号。

2018年3月20日，临沂市旅游发展委员会批准新立村苹果生态园为国家AA级景区。

2018年7月13日，临沂电视台公共频道《主播有约》栏目，对新立村进行电视和网络同步直播。

2018年7月15日，南非农村发展与减贫研修班第一期32名学员到新立村参观。

2018年7月25日，临沂市旅游发展委员会批准新立村生态文化园旅游区为国家AAA级景区。

2018年8月2日，新立村被评为第五批山东省“美丽宜居小镇、美丽宜居村庄”。

2019年9月25日，新立村入选《2019世界旅游联盟减贫案例》

2019年10月13日，新立村被列入全市脱贫项目观摩点。

2020年至2022年，新立村边组织抗击疫情，边坚持发展。

第七节　旅游扶贫

景区带动

沂蒙红色影视基地暨红嫂家乡旅游区通过周边村集体、合作社资金入股，土地、房屋流转，景区务工和设摊经营等方式实现“一地生四金”，实现政府、景区、贫困户三方共赢。先后安置当地农民200余人到旅游区工作，带动发展农家乐、宾馆饭店、手工艺品制作、土特产销售等30多家。每年有1400多人次利用农闲时节从事群众演员、剧组用工、建设用工等，每天收入50—200元不等。形成“景区+农户”直接带动、协同发展的产业扶贫格局。常山庄的贫困户数由“十二五”期间的240余户减少到10户，2016年实现整体脱贫。

“富民生产贷”

沂蒙红色影视基地与200户贫困户签订帮扶协议，优先获得1000万元信贷支持，为培育壮大核心拉动型红色旅游项目再添助力。

“村企共建”

通过缔结帮扶之约，注资帮扶，使新立村完成了由一个贫困山村到新型红色旅游休闲度假区的初步转型。红嫂家乡旅游区的红色展馆和新立村的红色研学体验项目，实现了业态互补，合作共赢。新立村村民收入由2005年的5130元提高到2019年的1.6万元，实现了整体脱贫。

“合作社＋农户”

沂蒙红色影视基地围绕红嫂家乡旅游区成立乡村旅游、群众演员、粉皮生产、车头梨种植、手工加工等13个旅游产业链条相关的专业合作社，以“合作社＋农户”的模式参与到旅游产业的增收链条中。周边苹果、冬枣、车头梨等采摘园发展到4000多亩，亩均增收1万元。

劳务培训

在沂蒙红色影视基地设立劳务培训服务中心，以合作社为纽带，根据旅游企业用工需要及旅游商品加工需求对村民及贫困户定向开展手工技能、群众演员演艺技能、种植技术、服务礼仪等进行专业培训，发展了玩具和草柳编旅游纪念品等加工项目，解决了近千名常年赋闲的妇女、老年人居家就业问题，年人均增收1万余元。

重点资助

沂蒙红色影视基地暨红嫂家乡旅游区通过“希望工程”“春蕾工程”先后资助60多名单亲困难家庭学生，承担小学至大学毕业全部学费。

第四章 红色影视拍摄

2008年至2022年，山东沂蒙红色影视拍摄基地旅游开发有限公司先后服务接待拍摄了《沂蒙》《斗牛》《红高粱》《铁道飞虎》等400余部红色影视剧。其中，电视剧《沂蒙》《红高粱》获得“金鹰奖”“飞天奖”“白玉兰奖”等多项大奖。电影《斗牛》获得“金马奖”最佳改编剧本，著名演员黄渤凭借此片获得影帝之称。《沂蒙六姐妹》《永不磨灭的番号》《青岛往事》等，获得电影华表奖、电视白玉兰奖、华鼎奖和国家精神文明建设“五个一”工程奖。据不完全统计，在这里拍摄的影视剧上星播出率达到90%以上，是山东最具特色的影视拍摄地，山东影视产业重点园区，也是山东四大影视基地之一。

第一节 机构设置

2008年，界湖南村社区接过山东沂蒙红色影视拍摄基地，成立管理机构，定名为山东沂蒙红色影视拍摄基地旅游开发有限公司，下设影视部，配置经理1人、总监1人、协拍员2人。

2015年，新注册成立山东红土地影视文化传媒有限公司，隶属于山东广汇集团，下设影视部，配置经理1人、总监1人、协拍员2人。

影视部核心职责是：根据公司年度发展战略，组织制订部门年度经营计划并组织实施。负责公司及客户的各类影视作品的创意、策划及制作；安排影视场景，渠道拓展，客户维护、协调和接待影视剧组并负责场景维护。

第二节 场 景

内场景

2007年，电视剧《沂蒙》拍摄期间，在常山庄古村内，以山村古风貌、黑石沟、石洞、小溪流水、枯树、草房、石墙、石街、石院、废墟等。新建有“马牧池”村口、地主院、小胡同、李家院、斗牛院、铁匠铺、戏台、街道、炮楼、古庙等。改建有戏台东一院、白发院、大宝家等部分破旧民宅。

2009年，新建有古驿道、古驿道商铺、东城门、三孔桥等。

2011年，为影视拍摄量身打造的古县城分期建成，建有城门、总督府、雕花楼、钟鼓楼、衙门、当铺、军营、八路军医院、茶楼、工字楼、洪福楼、洪福楼后广场、医院后花园、酒坊、聚义厅、两家巷、宪兵司令部外景、司令部内景、四合院、文革院、班部、排部、连部、团部、大剧院、小米家主街等。

外场景

自然场景

常山及周围群山、北大山、北大山林场路及两旁、宝石官庄山林、汶河、汶河环流、云蒙湖、寨子水库、天水栈河边、天水栈石门、彩蒙山、彩蒙山小溪等。

社会场景

诸葛港、诸葛故里汉代建筑群、牛王庙河滩、夏庄矿场、竹泉景区及山洞、朱家林乡村建设园、沂蒙生态大道、孟良崮景区、常山古战场等。

第三节 剧组食宿

2007年，电视剧《沂蒙》拍摄期间，山东沂蒙红色影视拍摄基地旅游开发有限公司尚未成立，剧组多在县城金华、华苑、东方大酒店食宿，午餐则由剧组自行联系盒饭，剧组及群众演员在拍摄现场就餐。

2008年，山东沂蒙红色影视拍摄基地旅游开发有限公司成立后，由基地负责安排食宿。

2010年，山东沂蒙红色影视拍摄基地旅游开发有限公司建起八路军大食堂，能够部分解决剧组和群众演员的食宿问题，不足部分仍需联系县城宾馆解决。

2012年，沂蒙红色写生基地建成后，除个别明星演员安排在智圣汤泉宾馆外，基本满足剧组和群众演员的食宿问题。

2015年，个别剧组要求借用基地餐厅伙房自行开伙。

第四节 群众演员

2007年，电视剧《沂蒙》拍摄期间，山东沂蒙红色影视拍摄基地旅游开发有限公司尚未成立，剧组自行组织群演。

2008年，山东沂蒙红色影视拍摄基地有限公司成立后，来自浙江横店影视城的苏广义，在基地古驿道租住二层楼商铺，成立满山红影视服务公司，提供各种服装、道具，枪炮、烟火，特邀演员、群众演员，多时县外年轻群众演员数以千计。常山庄村出面组织本村及邻村中老年群众，参与剧组演出。

2013年，红色影视剧拍摄量扩大，苏广义与来自北京王佐影视基地的刘雪娜，分别组织不同的群众演员参与剧组演出，后两人合为一体组成团队组织群众演员。常山庄村出面组织本村中老年群众，担任群演。

2014年，本县文化自由人范传鑫加入景区组织群演，与苏广义团队轮流组织提供外部年轻群众演员。

2017年，范传鑫因个人原因退出，常山庄村出面组织本村中老年群众，担任群演。

2018年，孔凡亮加入景区组织群演团队，李宪银作为常山庄代表加入景区组织群演团队，与苏广义、刘雪娜两家，轮流组织群演。

第五节 影视拍摄

2008年至2022年，山东沂蒙红色影视拍摄基地旅游开发有限公司先后拍摄红色影视剧400

余部。在近15年的工作实践中，从担心做不好到树立起自信心，走过了一个艰难曲折的过程。有4部影视剧成为里程碑式的记载。

奠基之作——《沂蒙》

2007年，为纪念中华人民共和国成立60周年，由山东影视集团有限公司、中共临沂市委宣传部及山东电影电视剧制作中心共同出品42集电视连续剧《沂蒙》，被称为奠基之作。随后，沂南县在这里建起“山东沂蒙红色影视拍摄基地”。

县委选定位居县城的界湖南村社区实施开发建设和运营。随后，界湖南村社区成立山东沂蒙红色影视拍摄基地旅游开发有限公司。在一家民宅设立了办公室，挂出“山东沂蒙红色影视拍摄基地建设指挥部”门牌，开始了影视基地的开发和运营工作。

“开篇之作”——《反抗之真心英雄》

2008年7月，山东沂蒙红色影视拍摄基地旅游开发有限公司自主接拍了第一部电视剧《反抗之真心英雄》。从此，山东沂蒙红色影视拍摄基地旅游开发有限公司直接同影视剧组联系、合作，走上了影视拍摄之路。

“开源之作”——《娘》

2009年5月，投资6000万元，需要拍摄3个月的52集电视连续剧——《娘》，在紧张的筹拍之中，剧组看中了沂蒙红色影视拍摄基地的所有场景，最后在去不去掉东家大院里的“迎宾墙”问题上，出现了不同意见。剧组提出支付拆除和复原重建的全部费用。不久，又迎来一部“母亲剧”——36集《大地情深》。因为有了在《娘》剧接待上形成的改革创新理念，盘活了影视拍摄场景资源，所以，《娘》剧被称为“开源之作”。

从此，影视基地乘风破浪，《红高粱》《铁道飞虎》等大剧、长剧一个接一个，多的时候，同时接拍5部长剧，年年都有跨年大剧，影视基地红红火火，成果累累。

“开创之作”——《沂蒙老兵》

2019年，山东红土地影视文化传媒有限公司成功组织创作、拍摄了电影《沂蒙老兵》，这是公司首部拥有自主知识产权的影视剧。是在山东省退役军人事务厅、临沂市和沂南县退役军人事务局指导下拍摄的。影片讲述了一位名叫李德崮的老兵，退役后回村担任了村干部，退役不退志，退伍不褪色，克服种种困难，发愤图强，回乡创业，并在自己富起来后，带领一个名叫青山崮的贫困小山村和周边几个村庄实现了脱贫致富的故事。本片荣获山东省2020年重大影视题材奖，第三届中国农民电影节“最适合农民观看的乡村题材故事片奖”，第三届香港国际青年电影节暨第二届亚洲华语电影节优秀影片奖。

第六节　播出与获奖

统计数据显示，在沂蒙红色影视基地拍摄的影视剧，上星播出率达到90%以上，在这里出品的影视剧以及导演、演员，屡屡斩获大奖。

电视剧《沂蒙》和《红高粱》，分别获得了金鹰奖、飞天奖、白玉兰奖等多项大奖。

《沂蒙六姐妹》《永不磨灭的番号》《青岛往事》等，获得电影华表奖、电视剧白玉兰奖、华鼎奖和国家精神文明建设“五个一”工程奖。

电影《斗牛》，获得“金马奖”最佳改编剧本奖，著名演员黄渤凭借此片中的出色表演，获得金马影帝。还先后获得第33届大众电影百花奖最佳男主角提名、华鼎奖中国百强电视剧最佳男主角和全国观众最喜爱的影视明星奖。

青年演员朱亚文因出演电视剧《红高粱》，获得第21届上海电视节白玉兰奖最佳男主角奖。

知名演员周迅因主演电视剧《红高粱》，获得了2015横店影视节第二届文荣奖最佳女主角奖。

演员迟蓬出演电视剧《沂蒙》中的于宝珍，获得了2010年第25届中国电视金鹰奖、观众喜爱的女演员奖提名，2011年第28届中国电影飞天奖优秀女演员奖提名。

上星播出率高，影视剧和演员获大奖，剧情好，导演水平高，演员表演出色是重要因素，但沂蒙红色影视基地拍摄场景好，服务保障工作周到、体贴等，也成为主要因素之一。

第七篇　社区建设

第一章 规 划

界湖南村社区位居县城驻地，社区建设必须按照县城整体综合规划设计实施，不得随意改动。因此，沂南县人民政府每进行一次县城总体规划，南村社区就迎来一次大的发展变化机遇。

迄今为止，沂南县人民政府对县城驻地做过5次整体规划。

第一次县城整体规划：1977年，沂南县人民政府对县城做出第一次整体规划，由于人口规模和发展方向尚不明确，未能实施。但这一次规划，开启了先规划后建设的先河，无论从理念上还是实际工作上都起到了基础作用。

第二次县城总体规划（1984年批准实施的城市总体规划）：1982年，沂南县委托山东省城乡规划设计研究院编制县城总体规划，县人大第六次常委会讨论通过。1984年5月，获省政府批复实施，并报省城乡建设委员会审核备案。这次总体规划，指导思想是调整不合理布局，生活居住逐步实现楼房化，楼房尽量提高建筑层数，使县城居民居住集中，生活方便，逐步增设公共设施和街道、空地、广场的绿化，城市环境和城市面貌得到改观。在规划指导下，居民生活开始建设楼房，县城建成区内雨污合流型和明暗沟排水道9条，大部分雨污水沿排水管道排入城区河道，最终进入沂河。

第三次县城总体规划（1997年批准实施的城市总体规划）：1993年，沂南县提出开展第二轮规划修编。规划修编刚结束，山东省就制定出新的城市总体规划编制技术规定，要求各地编制新一轮总体规划。沂南县人民政府于1995年12月委托临沂市规划设计院重新修编规划，调整不合理的规划发展思路，形成城市结构向东展延的趋向，以“卧龙出山”的态势，逐步向东南发展。1997年11月，报经临沂市政府批准，是年12月31日县政府公布实施新的修编规划，界湖南村进入县城用地中心组团。

第四次县城总体规划（2003年批准实施的城市总体规划）：2002年，沂南县根据城市建设的实际需要，委托山东省城乡规划设计院对县城总体规划进行新一轮规划修编，在确定城市向东、向东南发展的同时，县城布局结构为“两个旅游区、三个产业加工区、一个商业中心、八个居住社区”，其中的商业中心区，确定为人民路中段以南区域，界湖南村整体区域处在其中。2008年 根据县城总体规划，界湖南村社区作出居民新区建设规划，一期工程占地17.3公顷，投资5200万元，建起居民楼房20座。

第五次县城总体规划（2010年批准实施的城市总体规划）：2010年，沂南县编制城市总体规划为“三区联动”：即东部为产城融合区、中部为综合服务区、西部为文化休闲区。“三心聚核”：即三个功能核心，东部的科技研发中心、中部的综合服务中心、西部的文化休闲中心。界湖南村社区全域位居中部，归于综合服务区的综合服务中心。规划疏通历史河道，连接湖泊园林、风貌街区等节点场景。中心城区作为旅游集散地，可赏可游。规划8条水系，重点打造一条水系，在老城区中部形成一个核心水景区。2013年，界湖街道在全县率先全部实现社区化，不再保留村庄。南村社区按照规划，德福建材市场全面启动建设。2018年，按照规划要求，南村社区棚户区进行彻底改造。老界湖南村的老房宅，一户不落地全部拆除，并于2022年陆续搬迁新居。

第二章　宅居建设

第一节　住房结构

20世纪80年代之前，村民住宅多为石墙草房，有的还住在“团瓢屋”，低矮狭窄，人均不过4平方米。村内外街道为土路，高洼不平，宽窄不等，有些巷子连小推车都过不去。

1979年，随着经济发展，全村出现宅居建设热，多利用钢筋、水泥建瓦房。

1992年，开始建设能抗震的瓦房或二层楼，新建村居房屋有了局部规划。

2002年，界湖南村在毛纺厂东，芙蓉路南规划并新建100平方米的青年楼2栋40户，属砖混结构，居民开始住楼房。

2013年，社区投资兴建27万平方米的锦绣花园和芙蓉二期，打破了以前多层楼房建设模式，在全县率先规划建设17层至24层的高层楼房，属框架结构，带地下停车位，面向社会销售。

2022年，南村社区棚改安置区完工并交付使用，位于振兴路北、正阳路西，占地面积91.2亩，规划设计高层楼房14栋，建成709户住宅，属框架结构，有地下停车位，并且实行人车分流。

第二节　居民区建设

“小台湾”住宅区（二层楼住宅区）

2000年，县城正阳路开始修筑，涉及界湖南村90户住宅需要拆迁。为了安置拆迁户，村里在“小台湾”住宅区水沟以东马家林位置，规划建设了94户二层住宅楼，当年规划建设，当年分配给了拆迁户。2003年和2006年，为了分配青年结婚用房，在94户二层住宅楼以东，规划了96户二层楼房地基，除了分配给本社区适龄青年外，剩余13户对外出售，由个人按照规划标准建设。现二层楼住宅区共有二层楼房190户，平房6户。

芙蓉花园新区住宅区（居民一区）

2002年，为了节约土地，界湖南村投资320万元，在毛纺厂东、芙蓉路南，规划建设了两栋“5+2”青年楼，每户建筑面积100平方米，每户平均收取32000元，分配给适龄青年作为结婚用房，南村村民开始入住多层楼房。

2006年，大批适龄青年到了结婚年龄，界湖南村社区又在原来的两栋“5+2”青年楼房以东建4座125户，每户100平方米的楼房，大部分分配给适龄青年作为结婚用房，平均每户收取39000元。

2008年，继续在前6栋楼房以西（毛纺厂院）、以南，同时开工建设20栋“5+2”楼房，至此，界湖南村社区居民一区形成规模，总占地面积17公顷，建筑面积7.9万平方米，总投资7000余万元，共建设“5+2”楼房26栋785户。同时建成占地8000平方米的广场以及超市、卫生室、物业管理服务、老年活动中心、儿童乐园等配套设施，居民区功能完善，绿化率达46%。

居民一区主要是为了旧村拆迁改造安置用房和青年人结婚分配用房，社区先后组织实施了一期（2008年圩子沟北85户）、二期（2009年圩子沟南90户）拆迁及正阳路拆迁（2010年振兴路南、芙蓉路北32户），先后有207户拆迁居民和160户适龄青年陆续入住新居。人均楼房居住面积超过了30平方米。

2011年底，居民一区785户居民已基本住满，包括社区拆迁安置居民216户，青年楼202户，外来人员购房居住户367户。

正阳路住宅区（居民二区、三区）

2008年，芙蓉路北、正阳路两侧8栋楼房动工建设，正阳路西侧为居民二区，4栋楼房120户；正阳路东侧为居民三区，4栋楼房110户；实现当年开工建设，当年交付使用。两个小区中安置本村居民17户，其余全部对外出售，收入楼房款用于楼房建设工程。

芙蓉花园新区二期住宅区

2013年，社区投资兴建27万平方米的锦绣花园和芙蓉花园新区二期，打破了以前多层楼房建设模式，在全县率先规划建设17层至24层的高层楼房，单户面积也由原来的100平方米增加到最大170平方米。芙蓉花园新区除33号、34号两栋楼170户用于免费分配青年楼房外，其余6栋楼作为商品房面向社会销售，部分家庭条件好的南村人也出资购买居住，人均住房面积达到50平方米。无论从外观设计还是内部户型设计都有了质的飞跃，南村人开始有大城市居民的居住环境及居住标准。

棚改安置区

位于振兴路北、正阳路西，社区办公楼北，占地面积91.2亩，规划设计高层楼房14栋，幼儿园1处，建成709户住宅。

第三节　棚户区改造

2018年，南村被省发改委列为2018年棚户区改造村居。涉及棚改拆迁范围：一是振兴路北、正阳路西2009年旧村拆迁改造剩余144户合法住宅、42处非产权户院落；二是振兴路北、正阳路东218户合法住宅、75处非产权户院落；三是振兴路南、正阳路西127户合法住宅、16处非产权户院落；四是振兴路南、正阳路东37户合法住宅、14处非产权户院落。四部分共计合法住宅526户，非法建设院落147处，共计673处院落的拆迁任务。

南村社区时为全县第五个棚改村居，虽然开始时间晚一年甚至两年，由于两委采取的措施有力，部署得当，如：制定南村社区棚户区拆迁改造方案及实施细则，并成立以老干部、老党员、村民代表为主要成员共16人组成的产权认定小组，划分了10个拆迁小组，由两委成员任组长，李凤德负总责，把全村673个拆迁院落逐户进行产权认定，并进行张榜公示，召开全体党员大会、村民代表大会进行总动员。在沂南县城东指挥部的具体指导下，调动广大棚改群众的积极性，大大缩短了棚改拆迁时间。截至2018年9月18日，历时108天，全面完成673个院落的拆除任务，并且没有留下任何隐患和任何遗留问题，在拆迁速度上、拆迁质量上创造了南村速度、南村榜样。

南村棚改安置区，由沂南县城乡发展有限公司投资兴建，位于振兴路北、正阳路西，占地面积91.2亩，共规划设计楼房15栋709户住宅。商业面积1万平方米，幼儿园2347平方米。于2018年10月动工，至2022年2月已具备交工条件。2022年7月棚改户陆续搬迁入住。

至此，南村社区乡村规划建设新面貌已经形成，居民居住区域由居民一区、二区、三区、二层楼区和棚改安置区五部分组成。以前的草房、瓦房彻底消失了，成了真正意义上的城市社区居民区。

第三章　配套建设

第一节　道路建设

中华人民共和国成立前，南村的道路以土路为主，唯有村中间的半条南北大街和半条东西大街，为了雨季马车通行不至于陷入泥泞，用两趟相向而行的条石铺地。

1996 年，交通路（现在的振兴路）自村办公室前往东扩建，界湖南村域内自此有了连接主干道的公路。

1998 年，人民路从界湖卫生院往东延伸，界湖南村北首自此有了像样的公路。

1995—1999 年，界湖南村外围，由县建设局修建了芙蓉路中段、朝阳路、丹阳路南段、银杏路中段。

2000—2012 年，界湖南村社区配合县城建设，先后完成了正阳路中段、丹阳路北段、芙蓉路东段、朝阳路扩建、银杏路东段、永兴路东段的拆迁补偿安置，所有拆迁安置补偿资金全部由界湖南村社区集体承担。6 条道路共占用土地 308 亩，界湖南村社区向居民共支付拆迁安置费用 4445 万元。

2005 年，界湖南村社区内部道路建设，按照“两委”“百年工程”要求，每建成一个居民小区，内部道路硬化全部由集体建设，不论是水泥标号还是厚度都要超标准施工，至今未出现过任何破损和折断现象。

2011 年，界湖南村社区二层楼住宅区争取了上级村村通工程，由街道招标施工，治俊杰中标。在施工过程中，南村派“两委”成员和村民代表全程监督施工，严格执行水泥标号，路面厚度不少于 20 厘米，路面至今未出现过破损和折断现象。

2021 年底，棚改安置区内部道路开始修建，先去除足够深的土层，再填入标号符合要求的垫层并压实，再覆上厚度达到要求的混凝土，充分凝固好再上两遍沥青面。建成后的棚改小区道路，从质量上、档次上、美观上都有了质的飞跃。

第二节　亮化工程

在界湖南村供电以前，居民生活照明和办公照明基本都用煤油灯、蜡烛等，村里道路晚上一片漆黑，人们只能借着月光或提着灯笼走路、推碾、推磨。

1975 年，界湖南村开始供电，家庭照明只有瓦数很小的灯泡，村里没有路灯，只有过春节时，村里主要路口才安装临时灯泡照明。

1985 年，界湖南村各条道路正式安装路灯，却根据季节调整送电时间。二层楼住宅区形成后，路灯安装到位，至今仍然由村里承担路灯电费，整个夜晚送电照明。

南村一、二、三区建成投入居住后，路灯也同时安装到位。其间，更换过太阳能路灯，因使用寿命短、效果差，先后改成高压钠灯、LED 灯。

2021 年，居民一区提升改造外部环境，社区集体投资 6 万元，更换了 79 棵灯杆，全部换成现代化的 LED 节能路灯，不但亮度好，还节能美观，成为社区一道亮丽的风景线。

第三节　供水排水

供水

1982 年以前，村民生产生活用水依靠村里打的几眼井。

1987 年，自来水公司帮助界湖南村安上了自来水，家家户户吃上了自来水。但时间不长，因水费贵，老百姓吃不起。

1992 年，界湖南村在办公室后打了一眼深水井，安装配套了深水泵，把井水连接到自来水管道上供水。由姜开清、刘振波负责收水费。后来，因为管道漏水严重，主管道压力不够，离水井近的户还能正常供水，离水井远的户，只能等到晚上才有水。

2000年后，界湖南村直接不再向村民收取水费，由村里义务支付大井电费，免费供水。

2005年后，地下水质越来越差，村民吃水开始购买大桶纯净水，界湖南村免费供给的自来水只作为生产用水。

2008年，居民一区、二区、芙蓉路沿街建成后，县自来水管道架到了该小区及芙蓉路沿街，二层楼住宅区也接入了自来水，村里大井只供振兴路北的村民。

2018年，棚改拆迁完成后，村里的大井停用。至此，界湖南村所有居民小区（包括棚改安置区）全部由县自来水供水。

排水

界湖南村地势和县城整体地势基本一致，西北高东南洼，圩子沟从村西北流往东南方向。1960年以前，沟渠和汪塘顺其自然，雨水和污水都排入圩子沟。1960年以后，县里开始对县城沟渠、汪塘进行疏通和治理，减轻了污染。

现在的南村社区一、二、三区排水，采用地下管网，雨水、污水分别排入芙蓉路主干道内的雨水、污水主管网，然后输送到李家营村以南的污水处理厂进行处理，最后排入沂河。

第四节　供气　供热

供气

城镇天然气根据国家能源政策、燃料结构现状和城市总体规划，以沂南县规划区内的居民、公建、工业等用户为主要发展对象，大力发展城镇天然气，天然气行业发展步入快车道。

2009年，界湖南村社区居民一区、二区、三区燃气管网铺设形成，社区集体为每家每户垫支生活燃气开口费2400元，社区居民率先用上了天然气。

2019年，南村社区与奥德燃气公司洽谈，由奥德燃气投资一部分，村集体又为二层楼住宅区196户居民每户垫支3000元，敷设了生活燃气和取暖燃气。

2022年2月，南村棚改安置区建设已达到交工条件，整个安置区生活燃气也是由县奥德燃气公司供气。至此，南村社区所有居民全部用上了管道燃气。

供热

2015年12月以前，县城内没有集中热源，大多数居民冬季以煤炭炉子取暖，条件好的居民以家庭土暖气供暖。

2016年，南村社区星港房地产开发建设的芙蓉花园新区二期及锦绣花园小区，与科灵空调、顺通水电暖公司合作，安装了地源热泵供暖设备，利用压缩机的原理，不但冬天能供热，而且夏天能供冷。通过几年的运行，效果良好。

2022年，南村社区棚改安置区（709户），采用县热电公司供热管网系统，居民供热质量又有了很大提升。

第五节　园林绿化

公共绿地

南村境内主要有振兴路南、正阳路两侧的公共绿地，绿化面积9800平方米，铺成冷季型草坪6700平方米，栽植各类绿篱1050平方米，栽植各类花灌木200株，并设置蘑菇亭1组、仿古凉亭1组。另外，银杏路绿地（银杏路南、花山路西）2800平方米，占用南村土地由县建设局投资绿化的公共绿地。

道路绿化

县城道路在南村社区境内的有人民路、永兴路、振兴路、芙蓉路、银杏路、花山路、丹阳路、正阳路、朝阳路共5横4纵9条道路。南村社区大力支持各条城建道路的开通建设。随着县城的迅速发展，道路绿化也日新月异，特别是县城正阳路线全线贯通，道路两侧高标准、高档次的绿化带给城市增添了新的亮点，也为南村群众带来了环境美的享受。

居民小区绿化

2008年，在居民一区建设前，将小区绿化作为重要规划，绿化率达到46%，成为全县绿化率最高的居民小区。同时，在居民小区东侧规划了一处占地面积10亩以上的社区广场，广场内采用红枫、银杏、皂角树等高大树木绿化，实现了当年完成绿化、当年就有绿化效果的目的。

2016年，社区投资60万元，把二层区各条路巷修建了高标准的花池子，并栽植了黄杨、龙柏、红叶石楠等绿化苗木，聘请专人进行管理，成为全县新农村的亮点工程。

2020年，棚改安置区绿化率、绿化效果有了新的提高。

第六节　环境治理

2014年8月，在界湖街道环保所的指导下，南村社区成立环保办公室，并成立由6人组成的环保协管员队伍，与亲情物业公司一起，专职负责社区内环境保护治理工作，实现了城乡环卫一体化。

在社区未棚改以前，村内各条主要道路环境卫生由环保协管员负责，按照居住人口比例安放了垃圾桶，并每天定时清运垃圾。居民一、二、三区环境卫生由亲情物业公司负责，包括各楼道内卫生及杂物的清理，时刻保持小区内干净卫生。

圩子沟是村内污水排放的唯一排放渠道，随着城市的发展，圩子沟散发的腥臭味越来越严重。为了彻底改变这个局面，社区配合县城建指挥部，于2018年将圩子沟由明沟改为地下粗管道排放，沟底排放直径两米的双向管道，用棚改拆迁区的建筑垃圾将沟填平，污水由明排改为在地下管道排放。通过有效治理，去除了腥臭味。

居民小区环境治理改造

南村社区居民一、二、三区，因车辆逐年增加，停车位已严重不足，大多数车辆停在公共道路上，影响了广大居民出行，也存在严重的安全隐患。

2021年，对各小区进行彻底的改造。历时90多天，共投资360万元，将原来花池子改造成停车位800个，将一区西大门拓宽成双车道，翻建了3处门卫，疏通小区污水管道500多米，楼前楼后花砖改铺水泥地面、社区广场扩建水泥地面、大理石地面共计2.2万平方米，移栽树木200多棵，绿化小苗500平方米，更换路灯杆79根，更换垃圾桶100个，大大小小拆除、改造、修补工程130多处。改造后的居民一、二、三区面貌焕然一新，道路通畅了、停车规范了、绿化提升了、亮化更美了。

美丽乡村建设

南村社区按照上级指示精神，发挥社区妇联的积极性，在全村内掀起了争创“四德”模范、“美在农家示范户”的热潮。通过入户宣传、动员、发放明白纸等方式，根据每户家庭的实际情况，指导家庭妇女积极参与到各项争创中来。每年“七一”前，邀请街道妇联和电视台领导到社区组建评选小组，到每户居民家中进行实地评选，按照平均分数确定每年的“四德”模范户和“美在农家示范户”，由社区党委在“七一”表彰大会上进行隆重表彰奖励。

截至2022年底，已经评选表彰了“好媳妇”“好婆婆”“文明家庭”“诚信经营户”各40户，评选表彰了“美在农家示范户”52户，共有212户家庭受到了社区党委的表彰，有30户家庭受到了街道和县委、县政府的表彰。

第七节　公共设施建设

社区综合服务中心（办公大楼）

位于振兴路北、正阳路西、棚改安置区以南。办公楼为11层9900平方米；办公楼后会议室三部分共1108平方米；总投资2900万元。于2012年6月动工，2012年12月交付使用。综合服务中心内建有便民服务大厅、退役军人服务站、村（党）史馆、乡愁馆等。社区党委、居委会、股份经济合作社以及广汇集团公司、星港房地产公司、泰都建筑公司等集体企业均在此办公。

社区卫生室

位于芙蓉路南、丹阳路东居民一区26号楼以南，共6间平房，140平方米。设有药房、消毒室、诊疗室、治疗室，有医务人员2人，长年为居民服务。

老年人日间照料中心

位于居民一区社区卫生室以西，4间平房120平方米。配有桌椅、沙发、电视、空调及各种棋牌，供社区老年人白天休闲娱乐。

社区广场

位于居民一区26座楼房以东，占地8000平方米，建有社区标志物，儿童乐园，各种绿化树木及健身娱乐设施。

社区幼儿园

位于棚改安置区内，设计二层楼房带院，建筑面积2347平方米，能容纳6个班300学生，主要为本社区幼儿提供方便。

附录：南村社区历次旧房拆迁改造基本政策

附一：2007年界湖南村旧房拆迁改造基本政策

为加快县城建设步伐，搞好界湖南村社区旧村改造工作，经社区党委研究决定，并经过全体党员及村民代表大会表决通过，确定以下9项旧房拆迁改造基本方案：

1. 自2007年旧村拆迁改造开始，实行“一户一宅”，旧房评估价值在5万元以下的，统一不赔偿，超过5万元的由集体赔偿超额部分，均分配作价5万元、100平方米以上多层楼一户（拥有多处宅基的按照本人应该享受的宅基，分配一户楼房，其余宅基由集体按现行评估价值，支付评估费）。且不准个人私自买卖楼房，百年之后去世的，集体按每年5%的折旧收回楼房，集体再行分配；居民对楼房只有居住使用权，没有继承权、买卖权。

2. 以前买宅基和房屋的个人，由集体支付房屋评估费，买方和卖方均不享受“一户一宅”待遇，可以按市场实际价值的90%分配一户楼房。

3. 自2007年3月8日党员大会之日起，不准个人卖宅基、楼房。私自买卖的，集体向买方按每亩30万元收取土地款，统一拆迁改造时，不享受任何待遇。

4. 全家已经外出，户口不在南村，在南村有老宅基的，不享受“一户一宅”待遇，由集体支付老宅基评估费。

5. 全家农转非（脱产）、单位有公房，集体支付其老宅基评估费，不享受“一户一宅”待遇。父母脱产，儿女户口在南村的，其儿女享受村民待遇，给一户楼房，到结婚年龄不再划给宅基。单方脱产的享受村民待遇。

6. 出嫁的女儿，居住在父母或兄弟所享受宅基的，由集体支付居住房屋评估费，但不享受村民待遇，可以按市场实际价值的90%分配一户楼房。

7. 60周岁以上老年人房屋需要拆迁，自愿要楼房的，分配一户楼房，百年之后去世的，集体按每年5%的折旧率收回楼房；不要楼房的，由集体支付5万元的补助款，自行解决住房。

8. 正阳路拆迁户遗留问题，已经拆迁的按原政策执行，没有拆迁的5户（王世功、高永峰、冯乃江、张丽、徐元烈），按现行政策重新评估支付评估费，“一户一宅”的继续享受15000元的补助款，在保安队南划给二层楼宅基地一处。

9. 以上条款经全体党员、村民代表会议讨论通过之日起正式实施。

沂南县界湖镇界湖南村社区居民委员会

2007年3月8日

附二：2008年南村社区旧村改造工程实施方案

为深入贯彻落实党的十七大会议精神和省、市、县关于统筹城乡发展，加快城镇建设的方针政策，搞好界湖南村社区“城中村”改造工程工作，统筹城市总体规划，调整布局合理，节约用地，完善居住功能，保障民生权益，切实改善民生居住生活环境，根据国家《中华人民共和国城市规划法》《中华人民共和国土地管理法》《中华人民共和国物权法》及有关法律、法规，经社区党委、居委会研究决定，制定以下实施方案：

一、南村社区旧村旧房折迁工程实行“一户一宅”制度。“一户一宅”是指合法户籍居住南村村民的住户，有县公安局界湖派出所出具的户籍登记证明和住户身份证居住南村户籍的村民证明，且为农业户口、常住地或经常居住地为界湖南村的人口户籍。“一户一宅”仅限于旧村旧房拆迁区域内原户主已获得其住房所有权和宅基地使用权的住户。不含“非转农”、空挂户籍户和利用其他方式私自买卖南村原宅基住房户主及租赁、继承、转让等获取的小产权宅基住户及宅基地使用权灭失的住户和已被司法机关查封、拍卖、处分的不动产房屋和宅基地。

二、凡享受界湖南村“一户一宅”待遇的住户，在统筹规划旧房折迁改造区域内按规定时间自动拆除的，社区居委会集体分配其100平方米的高层楼房一户。村民享受“一户一宅”待遇迁居新楼房后，原宅基地使用权应予变更或注销。

三、享受“一户一宅”待遇的村民，原住旧房地上附着物予以评估，其价值在5万元以下的（含5万元）统一不补偿，经评估超出5万元的其超出差额由居委会按超出部分予以补偿，按实结算。

四、继承人继承被继承人原祖居宅基及空闲地住宅院落，且继承人现已分配宅基地另建有住房的不再享受“一户一宅”待遇。其所继承的宅基土地上的房屋和附着物经评估后，居委会按现评估价补偿给所有权人。原祖居宅基地及空闲宅基地居委会依法收回归集体所有。

五、以前划了宅基（已空闲），又划了新宅基的住户；原已获得的宅基地使用权已空置未使用，又另规划新的宅基地建新房的住户，在折迁范围内的空闲宅基均由居委会收回，均不享受“一户一宅”待遇，其地上附着物按评估价值由居委会补偿。

六、原户籍在南村的户主现已迁居外出，其户籍已不在南村，不享受“一户一宅”待遇，居委会收回宅基地，地上附着物按评估值由居委会补偿。

七、全家农转非（脱产户），现因无住房，未享受房改政策，而仍居住南村，享受“一户一宅”待遇。其子女不享受其待遇。全家已农转非，已享受单位房改政策，不再享受南村“一户一宅”待遇。而在南村仍有宅基住房的经评估后居委会按评估值给予补偿。单方农转非的享受南村“一户一宅”待遇。

八、出嫁的女儿，仍居住其父母或兄弟宅基住房，或已在南村购买他人宅基房屋居住的；外来人员在南村购买他人宅基房屋居住的，均不享受“一户一宅”待遇，由居委会按地上附着物评估价值给予补偿。如在南村购买开发区商品房，可按市场价优惠10%选购100平方米内的楼房一户。

九、享受“一户一宅”待遇的村民，旧房折迁后自愿放弃所享受楼房的，居委会可一次性补偿给其住户原住房评估基价5万元和应得安置补助费、折迁补偿费4万元，共计款9万元。补偿后户主不得另行索要其他住房安置待遇。

十、旧房改造所分配的楼房在住户未办理房屋产权证前，其所有权仍为住户和居委会共有。不得私自出卖、出租、转让。待统一办理房屋产权过户手续后住户可取得其楼房的所有权和土地使用权。如住户出售转让楼房，为统筹开发区物业管理，必须由居委会收回，以9万元为楼房款基数，按照实际使用年限提取楼房折旧款后，居委会一次性支付给其实际补偿款，该楼房由居委会再行分配。

十一、旧房改造所分配楼房的楼层分配方法，必须统一抓号分配。

十二、“一户一宅”制住户，应保持楼房原状，维护楼房配套设施，不得擅自改变原楼房建筑主体结构和配套设施。

南村社区居民委员会

2008年2月

附三：2014年南村社区旧村改造工程实施方案

为深入贯彻落实党的十八大会议精神和省、市、县关于统筹城乡发展，加快城镇建设的方针政策，搞好界湖南村社区“城中村”改造工程工作，统筹城市总体规划，调整布局合理，节约用地，完善居住功能，保障民生权益，切实改善民生居住生活环境，根据国家《中华人民共和国城市规划法》《中华人民共和国土地管理法》《中华人民共和国物权法》及有关法律、法规，在2007年制定的南村社区旧村改造工程实施方案的基础上，经社区党委、居委会研究决定，对实施方案作如下修改：

一、南村社区旧村旧房拆迁工程实行“一户一宅”制度。“一户一宅”是指合法户籍居住南村村民的住户，有县公安局界湖派出所出具的户籍登记证明和住户身份证居住南村户籍的村民证明，且为农业户口、常住地或经常居住地为界湖南村的人口户籍。“一户一宅”仅限于旧村旧房拆迁区域内原户主已获得其住房所有权和宅基地使用权的住户。不含“非转农”和利用其他方式私自买卖南村原宅基住房户主及租赁、继承、转让等获取的小产权宅基住户及宅基地使用权灭失的住户和已被司法机关查封、拍卖、处分的不动产房屋和宅基地。

二、凡享受界湖南村“一户一宅”待遇的住户，在统筹规划旧房拆迁改造区域内按规定时间自动拆除的，社区居委会集体分配其120平方米的高层楼房一户。村民享受“一户一宅”待遇迁居新楼房后，原宅基地使用权应予变更或注销。

三、享受“一户一宅”待遇的村民，原住旧房地上附着物予以评估，社区居委会按实际评估价值予以补偿。

四、继承人继承被继承人原祖居宅基及空闲地住宅院落，且继承人现已分配宅基地另建有住户的不再享受“一户一宅”待遇。其所继承的宅基土地上的房屋和附着物经评估后，居委会按现评估价值补偿给所有权人。原祖居宅基地及空闲宅基地居委会依法收回归集体所有。

五、原已获得的宅基地使用权已空置未使用，则又另规划新的宅基地建新房的住户，原户主所交的宅基地支出费用凭原始单据由居委会退回给原户主。地上附着物及树木由原户主处理。

六、原户籍在南村的户主现已迁居外出，其户籍已不在南村，不享受“一户一宅”待遇，居委会收回宅基地，地上附着物按评估值由居委会补偿。

七、全家农转非（脱产户），现因在其单位无住房，未享受房改政策，仍居住南村，享受“一户一宅”待遇，其子女不享受其待遇。全家已农转非，已享受单位房改政策，不再享受南村“一户一宅”待遇。而在南村仍有宅基住房的经评估后居委会按评估值给予补偿，另外支付20万元的一次性补偿费。父母已农转非，其子女户籍仍在南村的，其中一个子女则享受南村“一户一宅”待遇，但仅限享受旧房拆迁区域内原一户住宅应享受的一户待遇。单方农转非的户主其配偶享受南村“一户一宅”的待遇。

八、出嫁的女儿，仍居住其父母或兄弟宅基住房，或已在南村购买他人宅基房屋居住的，均不享受“一户一宅”待遇，由居委会按地上附着物评估价值给予补偿。如在南村购买商品房，按市场价优惠10%可购楼房一户。

九、享受“一户一宅”待遇的村民，旧房拆迁后自愿放弃所享受楼房的，居委会可一次性补偿给其住户人民币30万元（以前是9万元），补偿后户主不得另行索要其待遇。

十、旧房改造所分配的楼房在住户未办理房屋产权证前，其所有权仍为住户和居委会共有。不得私自出卖、出租、转让。待统一办理房屋产权过户手续后住户可取得其楼房的所有权和土地使用权。如住户出售转让楼房，居委会在同等价格内仍有优先购买权。

上述条款望旧房拆迁户自觉遵守，以积极拥护的态度支持南村“创建城镇化示范村”，不得以任何事由妨碍阻挠旧村改造工程的顺利实施。

本条款解释权仅限社区党委、居委会。未尽事宜另行补充。业经社区党委、居委会、全体党员和村民代表会议讨论通过之日起生效。并经有关主管部门审批后正式实施。

南村社区居民委员会

2014年2月

附四：2018年界湖街道南村社区棚户区改造实施细则

为贯彻落实上级关于棚户区改造的有关要求，进一步提高社区居民的居住环境，结合我社区实际情况，制定如下棚户区改造实施细则。

产权认定

1. 认定组织：成立由社区两委成员、老党员、老干部、村民代表、拆迁户代表等人员组成的群众工作委员会，具体负责搬迁房屋的产权（房屋性质）及价格认定工作，认定结果及处理意见须进行张榜公示。

2. 认定标准及产权类型：按照以往年度村庄建设规划，是否属于村委会划分宅基、是否经上级有关部门批准建设等条件，将拆迁房屋划分为“一户一宅”“空闲宅”“不符合安置条件的合法住宅”等几种类型。

3. 拆迁宅基地上物评估依据：按照县政府办公室《关于调整征地地面附着物和青苗补偿标准的通知》（沂政办发〔2017〕24号）中规定的有关标准进行评估，确定补偿数额。

安置、补偿及奖励

（一）安置

1. “一户一宅”安置：采取实物（楼房）安置和货币补偿两种方式，由搬迁户自由选择。

选择实物安置标准（建筑面积）：无电梯的楼房每户105平方米，单电梯的楼房每户110平方米，双电梯的楼房每户115平方米。

选择货币安置标准：按照每户105（平方米）×3300（元）=34.65（万元）。

2. “空闲宅”安置：采取实物安置和货币补偿两种方式，由搬迁户自由选择。

选择实物安置标准同“一户一宅”安置标准，但每户必须交纳10万元后方可安置。

选择货币安置标准：每户给予一次性补偿20万元。

3. “不符合安置条件的合法住宅”（购买集体牛栏等场所建设的宅基）安置：采取实物安置和货币补偿两种方式，由搬迁户自由选择。

选择实物安置标准同“一户一宅”安置标准，但每户必须交纳12万元后方可安置。

选择货币安置标准：每户给予一次性补偿20万元。

（二）补偿：“一户一宅”“空闲宅”“不符合安置条件的合法住宅”地上物补偿：均按照地上物实际评估价值得到补偿。

（三）奖励

1. 签订协议奖励。搬迁户按时签订房屋搬迁安置协议的，每户奖励1万元，每拖延一天扣减1000元，同时选择实物安置户可享受10平方米成本价购买安置房奖励。未按期签订协议的，不享受10平方米成本价购买安置房奖励。

2. 腾空奖励。搬迁户按时腾空房屋并经验收合格的，每户奖励1万元，每拖延一天扣减1000元。

3. 搬迁补助费。搬迁户按时搬迁的，一次性发放2000元的补助费。

4. 临时安置补助费。选择实物安置的，临时安置补助费为每户每月1000元，按实际过渡期限结算（过渡期限从搬迁腾空房屋之日起计算，到安置房综合验收之日止）；选择货币补偿的，享受3个月的临时安置补助费；选择政府提供周转房的，不享受临时安置补助费。

5. 简装补助。符合安置条件的“一户一宅”搬迁户并选择实物安置的，每户可享受简装补助2万元；其他类型搬迁户不享受简装补助。

6. 残值补贴。搬迁户每户均可享受2000元的残值补贴。

（四）其他各类处理办法

1. 户口迁出的原本村村民有合法住宅的，享受本村村民安置补偿待遇。

2. 因历史原因，购买本村集体统一划定或个人合法宅基的外来户，经上级部门依法处理后可参照本村村民给予安置补偿。

3. 搬迁户房屋已抵押或被司法机关查封的，由个人自行解除抵押或司法查封，不能按期解除抵押或司法查封而影响拆除的不享受奖励，并按相关法律法规、政策处理。

4. 合法住宅因各种原因一户分成多户的按照一户认定处理。

5. 因前期道路建设或集体公益事业已经补偿安置尚未拆除的，本次拆除不再补偿安置。

6. 已享受安置的搬迁户在搬迁范围外本村范围内仍有房屋未拆除的，在以后的搬迁过程中均不再享受安置待遇。

7. “违法建设”的认定及处理办法：

认定：违法建设指未经村委会及上级国土等部门同意，私自侵占集体汪塘、水沟以及在个人合法宅基地范围以外建设的建筑物及构筑物。

处理办法：2016 年 12 月份以后违法建设的建筑物、构筑物，一律自行拆除，不予补偿。2016 年 12 月份以前违法建设的建筑物、构筑物，在规定期限内自行拆除并经验收合格的，可对地上附着物给予一定拆除补助，规定时间内未自行拆除的，依法强制拆除，一律不予补助。（1）平房、钢瓦棚按评估值的 90% 给予拆除补助；（2）楼房一层按评估值的 90% 给予拆除补助，二层按评估值的 70% 给予拆除补助；三层以上均按评估值的 50% 给予拆除补助。

安置房的建设与分配

（一）安置区规划建设

1. 安置区坚持高标准规划建设，按标准配套公共设施；安置楼以小高层为主；搬迁户免收供热、供气开口费。

2. 户型设计在充分听取搬迁户意见的基础上确定，原则上不超过 135 平方米，基本户型分为：105 平方米、110 平方米、115 平方米、125 平方米、135 平方米。

（二）安置楼房建设标准

1. 安置房建筑质量符合国家质量安全标准和房屋建筑设计技术规范要求。

2. 安置房交房标准参照市场销售普通商品毛坯房标准。

3. 县城片区建设指挥部、规划建设保障组、城乡建设发展有限公司、街道、建筑质量监督部门、监理机构、社区代表组成安置区建设质量监督小组，具体负责质量监督工作。

（三）安置房结算

搬迁户选择的安置房面积与安置房标准面积存在差异的，按实际情况结算价款。

1. 超出安置标准面积的：超出面积≤ 10 平方米的，按成本价结算；超出面积 >10 平方米（不含按期签订协议奖励成本价购买面积）的，按区位价结算。

2. 不足安置标准面积的部分，按成本价结算。

3. 小高层、高层地下储藏室、车库原则上按照建设成本价结算，地下车位按 6.5 万元 / 个结算。

4. 成本价、优惠价、区位价，附属设施建设成本价由县财政局、住建局和审计局测算确定。

5. 安置房及附属设施结算面积以县房管局测绘面积为准。

6. 安置房房款结算由街道、社区负责组织实施。

（四）安置房分配

安置房按照“先签协议先腾空先选房”的原则进行分配。根据协议签订顺序、房屋腾空顺序确定安置楼房、储藏室、车位的选择顺序，搬迁户按照搬迁协议序号与腾空验收序号两号相加由小到大的顺序选房，两号相加序号相同的，通过抓阄方式确定选房顺序。

未尽事宜由社区两委、群众工作委员会研究，报经上级批准后实施。

2018 年 3 月 10 日

第八篇　精神文明建设

界湖位居山区、平原交会处，且左临沂河，右靠汶河，水路交通发达。历史上不仅是物流集散地，而且南来北往的客商云集，市集兴旺发达，汇聚了各地传统文明。尤其是中国共产党、八路军来到沂蒙山区，领导人民建立革命根据地以后，以红色文化为主导的革命新风，吹拂沂蒙大地。随着革命战争的节节胜利，人民政权机构的层层建设，界湖成为县委、县政府，区委、区政府驻地。强有力的政治领导使得老区传统文明和红色文明融合发展，新世纪文明新风扑面而来。人民群众以革命为荣，以进步为荣，以奉献为荣的实际行动，贯穿于农业合作化、人民公社、改革开放、新时代中国特色社会主义脱贫致富奔小康的社会实践之中，并逐步形成讲大局、为大家、共享发展成果的文明之风。以物质文明为基础的精神文明建设，在南村社区随着集体经济的壮大而发展，随着共同富裕的脚步而逐步提升。

第一章　机构建设

第一节　领导机构

农村社会主义精神文明建设是滋润人心、德化人心、凝聚人心的工作。提升农民精神风貌，提高乡村社会文明程度，推动乡风民风美起来、人居环境美起来、文化生活美起来，是全面建成小康社会的精神保证。因此，南村社区重视精神文明建设，设立创建精神文明建设领导小组，由书记担任组长，副书记担任副组长，党支部、党委委员、居民小组组长为成员。组长、副组长和成员随着党委、居委会换届时人员变动而变动。

南村社区精神文明建设领导小组任职情况表

表 8-1

职务	姓名	任职时间	职务	姓名	任职时间
组长	李凤德	2006—	成员	刘树忠	2006—2020
副组长	刘振毅	2006—2014		刘成吉	2006—2021
	尹传亮	2006—2014		刘振成	2006—
	刘振洪	2014—2017		唐聚斋	2006—2021
	苗德强	2006—		尹纪刚	2021—
	刘成学	2014—2021		刘遵和	2021—
	李建军	2018—		刘洪亮	2021—
	刘德进	2021—		高桂区	2021—
成员	刘志友	2006—2021			

第二节　建立队伍

1940 年，由外科医生李长泰资助，马庭现、赵德仁等艺术骨干为成员组成界湖京剧团，组织巡回演出，宣传抗日，深受军民欢迎，一时叫响沂蒙根据地。

1970 年，组织文艺宣传队，有青年演员 20

余人，演出20多个节目，内容主要是忆苦思甜、“农业学大赛”等节目。

1980年，成立业余京剧团，演出传统剧目《铡美案》等多出京剧。尹传利的妻子贾洪臻饰演秦香莲，一鸣惊人，艺惊四座。

2010年春，成立文化宣传组。先后招聘党政机关、企事业单位，具有宣传、文化、教育、摄影、美术以及具有创作表演艺术等特长的退休人员，组成宣传文化工作小组。设有新闻通信报道组、艺术研创员、导游解说部、红色电影放映队、红色书屋管理员。另外，成立业余老年秧歌队、中青年舞蹈队、太极拳表演队。

2015年，成立南村红色文化宣传队，演员选自社会各界文化特长人才，社区购买部分乐器及演出急需用品，参与县文化系统统一组织的下乡演出。

2016年4月，南村社区成立沂蒙情深艺术团，有10人组成，其中7名共产党员。

2020年7月，成立新时代文明实践志愿服务队，由社区“两委”成员、老干部、党员、退伍军人、居民代表、入党积极分子组成，下设5个分队，共100名队员。

2020年7月，在沂蒙红色写生基地，建立沂南县文化馆红嫂家乡旅游区分馆。

2020年，沂蒙红色文化产业有限公司成立沂蒙四季艺术团。在临沂市内招聘演员20多名。

第三节　阵地建设

2008年3月，界湖南村社区接手沂蒙红色影视拍摄基地暨红嫂家乡旅游区建设与运营工作，打造红色文化产业，致力弘扬沂蒙精神，传承红色文化。

2010年，在不大拆大建、不损坏古村古貌、不影响影视拍摄的情况下，以农家院落为基础，因地就势修建了“中国红嫂革命纪念馆”“人民子弟兵将帅纪念馆”“跟着共产党走纪念馆”等11个纪念馆、13个展室。再现了沂蒙红嫂、沂蒙母亲等感人事迹，让这里成为影响全省乃至全国的红色教育基地。

2012年8月，社区党委主办《南村通讯》，属不定期内部资料，免费赠阅。

2013年6月，同山东广播电视台国际频道合作建立“红色文化采风基地”。

2013年7月，建起“优生优育宣教室”，展示20世纪70年代以来，南村社区持之以恒，不懈努力，贯彻落实人口与计划生育政策，不断提高人口素质工作的历程。

2013年9月，建起“界湖南村社区村史馆”“荣誉室”；11月，被确定为沂南县关心下一代教育基地。

2015年，同沂南电视台合作创办红色影视频道。

2021年3月，在影视基地红嫂广场建起红色文化传承馆。

2021年6月，在红嫂广场建起大型沉浸剧沂蒙四季大舞台，在中国红嫂革命纪念馆建起跟着共产党走、妇救会、识字班、战地救护、战时民兵等情景剧演出院。

2021年10月，建起南村乡愁馆。

第二章　创建活动

第一节　热心公益事业

2012 年 4 月 12 日，在沂蒙红色影视基地暨红嫂家乡旅游区接待并举办第八届中国·临沂诸葛亮文化旅游节开幕式。同时，支持 CCTV-7《美丽乡村快乐行》作为揭幕文艺演出，正式拉开了序幕。

2012 年 9 月 5 日，在沂蒙红色影视基地暨红嫂家乡旅游区举办“第十届中国·临沂书圣文化节——国际书法高峰论坛”。同时，举行“沂蒙红色影视基地”“中国红嫂革命纪念馆”“沂蒙红色写生基地”揭牌仪式。

2013 年 7 月，沂蒙红色影视基地暨红嫂家乡旅游区承办中国老年大学协会举办的“情系沂蒙——美丽中国行”系列活动。

2016 年 3 月 9 日至 14 日（农历二月初二），沂蒙红色影视基地暨红嫂家乡旅游区举办“沂蒙红色影视基地杯中华龙狮大赛”。接待来自深圳、南京、四川、湖南、山东及港澳台 16 等省市和地区的 20 多支参赛队伍。

2016 年 5 月 12 日，沂蒙红色影视基地暨红嫂家乡旅游区举行第八届中国临沂诸葛亮文化旅游节重要活动之一，素心悟道——孙其献水墨漫画展。

2016 年 6 月 26 日，助力支持由文化部中国文化管理中心、CCTV 超级宝贝全国组委会主办的第六届《超级宝贝》少儿达人选拔赛沂南赛区启动仪式暨新闻发布会。

2016 年 12 月 11 日，由沂南县委宣传部、县广播电视台、县文广新局、县民政局、团县委、县妇联主办的“草根部落”爱心公益活动，在南村社区会议厅举行。

2016 年，承办中央电视台综艺频道《星光大道》山东参赛选手的选拔工作。

2019 年 7 月 13 日晚，协办“向祖国母亲 70 华诞献礼”暨亚洲少儿影视模特大赛城市冠军总决赛，在沂南县诸葛亮文化广场隆重举行，为沂南县城的人们带来一场表演艺术视觉盛宴。

2019 年 10 月 23 日，沂蒙红色影视基地暨红嫂家乡旅游区承办中国工艺美术学会民间工艺美术专业委员会第 34 届年会闭幕式。

2020 年至 2022 年，发动社区干部群众、志愿者积极到各小区清扫卫生，为沂南县顺利通过省级文明城市验收工作做出了贡献。

第二节　拥　军

2010 年，建立中国红嫂革命纪念馆、人民子弟兵将帅纪念馆，对游客进行红嫂精神和拥军传统教育。

2013 年，组织社区退伍军人庆祝“八一”建军节。以后，每年的“八一”、春节都组织退伍军人参观、学习并召开座谈会。走访重点优抚对象，扎实开展拥军优属活动，落实各项优抚政策。

2015 年，沂蒙红色影视基地建兵器展览，对游客进行国防教育。

2017 年，山东广汇集团联合县退役军人事务局、兵妈妈拥军协会等一起走进军营，和官兵们包水饺，赠送豆奶粉、酱香咸菜、干煸肉丝、箱包等生活用品并进行联欢，书写老区拥军新篇章。

2019 年 7 月，山东广汇集团为驻沂南官兵送去两台柜式空调和 100 箱纯净水。

2019 年，社区建起高标准退役军人服务站，并迎接了多个省、市、县检查团的检查工作。

2019 年，支持由沂南县委组织部、县摄影家协会组织的 23 名摄影志愿者，为 500 多位中华人民共和国成立前老党员、60 多位抗战老兵留下影像资料，举办大型展览并送照片到家，历时2个月，行程6000千米。

2019年冬，山东广汇集团为武警山东总队临沂支队沂南中队送去40吨取暖煤炭。

2019年12月，李凤德当选临沂市首届“沂蒙最美退役军人”。

2020年当选了由沂南县委宣传部、县文明办、县退役军人事务局联合组织开展的首届最美拥军人物。

2020年，临沂市关爱退役军人协会成立大会召开，南村社区党委书记、居委会主任李凤德当选副会长。

2020年8月1日，沂蒙红色影视基地暨红嫂家乡旅游区开展“弘扬沂蒙精神·共续部队情谊”体验游活动，为广大退役军人送上积极向上、体现军民鱼水情谊的游览项目。

2020年12月，李凤德荣获“沂蒙优秀兵支书”称号。

2020年冬，山东广汇集团第二年为武警沂南中队送去40吨取暖煤炭。

2021年1月20日，沂南武警中队把一面写有“雪中送炭，军民情深”的锦旗送到了山东广汇集团。

2021年3月，南村社区专门成立双拥工作领导小组，并制定工作目标、明确责任，两委成员分片联包优抚对象。

第三节　社会捐款

2008年5月，四川汶川特大地震发生后，南村社区党委书记李凤德带头捐款20万元，成为全县捐款最多的个人。在他的带动下，社区党员干部群众、企业职工向灾区捐款共计13万余元。

2020年，李凤德慷慨解囊，先后捐款40万元，用于界湖、孙祖、双堠等乡镇的疫情防控工作。南村社区主动减免租赁社区沿街商铺商户一个月房租，减免金额达到150万元。南村社区开展“社村共建”活动。同岸堤镇大峪庄村结下共建之约，并向该村捐款20万元用于美丽乡村建设。向张庄镇钮家沟村捐款80万元，用于该村户户通道路修建。2022年，向大庄镇西司马社区捐款50万元，用于社区服务中心建设。

2020年8月，李熙鹏在爱心捐款活动中，每天组织一个捐款专场，并在景区、酒店、商品公司发起顾客消费满99元捐9.9元的满捐公益慈善活动。

2021年9月，山东广汇集团举行“中华慈善·99公益日——全民慈善·善爱沂南”主题宣传暨捐款活动，集团及下属企业员工纷纷献爱心，共捐款1.4万余元。

至2022年，山东广汇集团扶贫济困，向社会献爱心参与社会公益事业和慈善事业，累计捐款捐物近3000万元，当选为县慈善总会第二届理事会副会长单位。

第四节　关心下一代

捐资助学

南村社区通过“希望工程”“春蕾工程”，先后资助60多名单亲困难家庭学生，承担小学至大学毕业的全部学费。先后向马牧池小学、常山庄幼儿园、卧龙学校家庭贫困学生捐款20.9万元，资助20名孤儿小学生重返校园。

2012年10月，社区办公室根据《鲁南商报》信息，第一时间为临沂盲童捐献挂历。《鲁南商报》发文致谢。

2013年7月5日，沂蒙红色影视基地为沂南换于红军小学学生捐赠100套红军服。

2017年初，红嫂家乡旅游区暨沂蒙红色影视基地抓住研学游上升到国家教育战略层面的大好机遇，成立了红色研学游推进机构，设置了影视拍摄研学、中国红嫂纪念馆教育、山东大煎饼体验、沂蒙传统民居“干插墙”、非物质文化遗产面塑等十多个研学点，通过真实情景和亲身体验，把爱国主义理想信念教育与知识学习、实践体验结合了起来，被评为“中国研学旅行教育实践示范基地”。

2017年，沂蒙红色影视基地为5个贫困学生家庭赠送了学习机、42英寸彩电、全自动洗衣机以及课外读物。

2019年10月25日，山东广汇集团总裁李熙鹏向卧龙学校北校区初三二班贫困学生王雪莹捐助5000元人民币。

2020年，李凤德本人向孙祖中学捐款7万元，用于疫情防控。

2020年8月28日，“泰鲁城投杯”2020年度临沂市慈善助学晚会在临沂大剧院举行，本次活动由市委组织部、市委宣传部、市关工委、市慈善总会、市总工会、市民政局、市直机关工委、市扶贫办、市文化和旅游局、市教育局、市妇联、共青团临沂市委、市文明办、临沂日报报业集团、市广播电视台联合主办。会上表彰了2020年度临沂市慈善助学先进个人、山东广汇集团总裁李熙鹏。

2021年，李熙鹏捐助希望小屋2万元。

2021年8月，李熙鹏通过市光彩事业促进会资助两名学生。

2021年，红嫂家乡旅游区暨沂蒙红色影视基地暖心推出“助力青春·放飞梦想”中、高考学子免费游学活动：所有参加当年高考、中考的学子，免费游览景区，接受爱国主义教育。为答谢人民教师教书育人的付出，推出全国教师半价游景区活动——教师本人凭教师证，可获得五折游景区的优惠。

联手办学

2018年5月，红嫂家乡旅游区暨沂蒙红色影视基地和临沂市信息工程学校举行校企合作签约仪式。双方在人才培养、科技成果转化、学生实习与就业等方面展开全面合作。

2019年6月，由山东沂蒙红色文化产业有限公司（沂蒙红色影视基地）和青岛职业技术学院文化产业工作室共同创建的筑梦沂蒙红色文化产业研究院，举行了成立暨揭牌仪式。

2021年4月2日，山东广汇集团和临沂大学校企联合办学签约仪式在临沂大学举行。为临沂大学捐助500万元，用于校企合作建设。临沂大学音乐学院和临沂艺术学校舞蹈专业教学点，将落地山东广汇集团下属文化企业沂蒙红色文化产业有限公司（沂蒙红色影视基地暨红嫂家乡旅游区）。联合办学后，不仅为沂蒙老区培养了更多舞蹈人才，而且还联合出品省“泰山产业领军人才”项目《沂蒙四季》，并为沂蒙四季艺术团培养舞蹈演出人员，为老区乡村振兴贡献文化力量。

实践助学

沂蒙红色影视基地与马牧池乡换于红军小学共同培训的29名“小红军讲解员”正式上岗，他们统一身着红军服装，利用周末和节假日时间，轮流到沂蒙红色影视基地沂蒙红嫂纪念馆义务为游客讲解，受到中外游客的赞赏。

第五节　敬　老

2005年，界湖南村为本村建国前的老党员每月固定补贴300元，为60岁以上的老人发放退休金，每季度240元；2007年增长到每人每季度300元；2010年增长到每人每季度700元；2011年增长到每人每季度1000元；2013年增长到每人每季度1500元，全年每人6000元；2021年增长到每人每季度1750元，全年每人7000元。

2013年10月10日，南村社区荣获“敬老模范单位”荣誉称号，社区党委副书记、精神文明领导小组副组长刘振毅荣获“十大敬老楷模”荣誉称号。

2013年，60岁以下居民年终分红由每人每年1000元提高到3000元；2021年增长到每人每年4000元。

2020年6月，南村社区举行“情系老年人、温暖送健康”免费体检活动，为全村409位60岁以上老人进行免费体检。

南村社区重视老年人工作，建立、健全了全民免费养老保障体系，为全体居民缴纳合作医疗保险、银龄安康保险、社会治安保险。积极组织老年人开展丰富多彩、形式多样的文体活动，为老年人办了许多实事、好事，维护了老年人的合法权益，让广大老年人老有所养、老有所乐，安享晚年。在全县首届“敬老模范单位”表彰会上受到表彰。

第六节 志愿者活动

2020年9月13日，南村社区组织的志愿者服务活动，最亮眼的是退役军人分队。志愿者们相约现场摆擂台——看谁干得多，看谁干得利落，看谁干得漂亮，看谁干得让居民最满意。73岁的徐新后、62岁的刘建民，像年轻人一样冲在前，打扫了街道卫生，清除了绿化带中的垃圾。

7月至9月，南村社区志愿者由100人增加到200多人。三分队志愿者聂淑霞有理发特长，第一次参加志愿者活动，为村里10多位老人理了发。

2020年8月13日夜至8月14日特大暴雨，导致南村社区居民区出现不同程度积水。8月15日，志愿者服务大队80多名志愿者，冒着酷暑来到居民区，用实际行动践行了“奉献、友爱、互助、进步”的志愿者精神。居民徐后明家地势较洼，家中积水深达1.5米，损失较大。4名志愿者到他家中帮助清理物品，打扫卫生近两个小时。

2020年至2022年志愿者组成救灾服务队并开展17次活动，打造了志愿者服务“南村品牌”。

第七节 评先树优

南村社区以开展“四德工程”为契机，着力增强社区广大居民的博爱意识、诚信意识、感恩意识、责任意识，大力加强个人品德建设。

2014年7月31日，经过社区10个居民小组充分酝酿，民主选举产生了年度“四德工程”优秀代表。其中：好婆婆10名，好媳妇10名，文明家庭10名，诚信经营户10户。

2020年，开展人居环境整治和“美在农家”评选活动，共评选出32户居民为“美在农家”示范户并进行了表彰奖励。

2020年，广汇集团面对突如其来的新冠疫情，集团干部职工，上下同心，攻坚克难，不仅战胜了疫情，也扫清了前进路上的障碍，各项工作取得了较大成绩。年终，广汇集团设立“光荣榜”，评选出“优才榜”9人，“优秀员工榜”43人，“学习强国”榜10人，“抗疫奉献榜”10人，“在岗时间最长榜”10人，“志愿活动榜”12人。

2021年6月20日，南村社区进行了“美在农家”示范户评选，20户居民光荣当选。

2021年6月29日，南村社区隆重表彰南村社区新冠疫情防控工作先进个人、优秀志愿者、特别贡献奖；“美在农家”示范户；“学习强国标兵”“担当作为精神奖”和“文化事业发展特殊贡献奖”。

2022年7月，南村社区召开表彰大会，隆重表彰各类先进模范。界湖街道党工委主要领导到会作长篇讲话。

附录：社区历次评比获奖人员名单

附一：好婆婆 好媳妇 文明家庭 诚信经营户

2014年度

好婆婆

李凤兰 王世梅 张中芬 朱兆芳 于文兰
于祥芝 陈忠玲 刘希兰 徐后芳 刘照芳

好媳妇

尹传芬 程淑媛 马爱香 程晓研 尹梦瑶
魏晓燕 刘 玮 胡玉洁 李光彩 王帅玲

文明家庭

沈贵海 于凤祥 刘树余 相合友 田洪利
苗秀其 徐亮厚 陈增俊 徐厚军 张秋萍

诚信经营户

李富吉 王瑞廷 吴恩杰 李珍吉 吴恩红
刘振春 刘振江 刘运涛 唐聚强 沈颜杰

2016年度

好婆婆

王玉芹 张中芬 于文兰 潘来勋 张爱芹
刘希兰 谢瑞臻 徐厚娟 徐臻远 魏学爱

好媳妇

侯庆荣 聂建梅 魏晓燕 徐伟娜 王凤霞
李西琳 袁中红 徐荣封 伦淑珍 刘清香

文明家庭

李富吉 刘树余 徐永烈 刘长乾 刘德海
陈增俊 袁纪烈 聂学莲 李世开 赵学珍

诚信经营户

车荣广　戚中华　刘振符　刘振京　刘振江
唐聚强　高宝海　吴淑亮　王学成　张艳年

2018 年度

好婆婆

张美荣　聂丽花　王现芳　卢衍贞　刘见英
朱世英　刘桂欣　于召芳　冯乃芹　胡宝荣

好媳妇

刘希玲　李桂莲　苗海芳　李　慧　徐鹏云
高宝霞　王克芹　孟祥娟　巩砚玲　张兰红

文明家庭

张西祥　刘建玲　刘德志　刘宝玉　苗秀华
高宝美　高录君　李　春　李道臻　沈彦成

诚信经营户

王洪国　尹纪涛　刘德江　刘树明　刘德法
唐聚全　刘德华　高贵现　刘振全　赵同意

2021 年度

好婆婆

张长欣　张长桂　王志美　朱成莲　张洪香
尹永相　高本秀　高贵英　郭太芳　高升余

好媳妇

刘　云　包颜春　苗玺蕊　尹金荣　王　平
唐超丽　赵　玮　白　雪　刘　磊　刘振英

文明家庭

刘德莲　高利升　刘成吉　刘德峰　刘振营
冯　见　高本祥　尹纪强　刘振佳　张春生

诚信经营户

魏召发　黄保杰　魏彦波　刘树志　刘振良
李　峰　邱增起　唐泽建　聂学忠　赵海波

附二：历届美在农家示范户

2020 年度

刘振毅　刘建波　刘宝玉　尹继纬　于凤轩
唐泽海　田洪利　尹传江　聂学亮　杨俊岭
刘德志　杨　磊　刘运德　李玉全　刘　斌
车振京　胡乃军　田洪波　王树华　尹纪宗
田雁飞　赵从明　张春华　麻海杰　刘　龙
刘振京　包彦强　孔凡启　刘振军　冯乃祥
尹传强　刘闻鸿

2021 年度

高春升　徐后田　赵　军　刘振功　陈敬涛
朱成莲　刘洪昌　李守朋　程晓妍　吴月朋
王　平　孔凡香　李晓晴　吴恩胜　刘蒙生
刘彦全　刘欣昊　任传亮　聂胜杰　刘　云

附三：广汇集团 2020 年度光荣榜

优才榜

李明星　袁丰坤　徐　静　徐厚良　刘遵建
刘洪亮　蔡国华　高晓东　刘振国

优秀员工榜

高秀丽　田　伟　庄禄国　王方超　刘振军
张爱萍　袁　涛　徐庆航　武广艳　王振梅
刘晓燕　李静静　王海坤　马金兰　刘国吉
李永建　国长英　包颜春　李年荣　张　丽
刘超英　齐玉霜　高海珍　李江辉　祖因爱
左世山　张京叶　隽新星　张洪明　黄树贞
祖文浩　刘成利　于西云　刘成英　高义花
刘海龙　王晓凤　薛晶晶　尹　征　秦　宁
陈平平　王　宁　张明明

学习强国榜

张　栋　杜中华　薛玉兰　刘运德　相荣亮
孙明月　袁丰坤　刘晓燕　马晨希　徐兴宝

抗疫奉献榜

刘振毅　刘宝升　刘　洋　张洪明　祖联成
刘洪亮　刘运德　车荣周　刘成瑞　刘洪昌

在岗时间最长榜

袁　雷　袁　涛　刘富军　王　斌　刘遵建
刘　洋　聂逢祯　张洪明　杜倩楠　包颜春

志愿活动榜

相荣亮　张洪明　吴月朋　刘运德　刘　明
刘振波　高英博　李祥安　刘洪昌　申　兵
高　宇　刘　晓

附四：2022 年获得表彰人员名单

支持社区发展特殊贡献奖

杨桂柱

支持社区发展突出贡献奖

燕　兵　魏　杰　郑树平

支持社区发展贡献奖

徐新后　梁桂生　高宝德　刘建民

优秀共产党员

高春升　袁丰坤　刘遵建　高　斌　沈彦成

学习强国标兵

李晓红　冯　见　田　伟　相荣亮　王世华
程淑媛　徐兴宝　郑加慧　袁平平　麻海杰
王荣秋　冯乃军　潘春娜

优秀抗疫志愿者

赵　军　黄保杰　葛文峰　邱国栋　刘　斌
陈玺宇　徐厚良　吴月朋　刘　晓　刘洪超
刘振波

优秀员工

刘元甲　刘春荣　李海龙　孔凡燕　张　栋
刘振军　袁　涛　武广艳　王　斌　高兴总
李西青　高富娟　刘存升　刘　洋　张明明
孙富余　王晓凤　朱希霖　张　明　冯启国
于雪晨　魏晓霞　杜中华　卓会苓　邵　磊
刘洪亮　刘运德　刘洪昌　包颜春　刘洪超
马晨希　周新奎　李树珍　刘振区　于　洁
邵泽友　李延安　相合友　李世开　李文刚
郑兴军

第八节　结对帮扶

打造旅游扶贫“常山模式”

沂蒙红色影视基地暨红嫂家乡旅游区以红色旅游和党性教育为依托，充分发挥红色引领带动作用，同马牧池乡常山庄村及周边5个村结成帮扶对子，600多名农民实现就近就业。300多名村民在景区及周围开设农家乐、民宿、手工艺品制作、土特产销售。200名村民从事建筑、绿化等季节性用工。相对固定的群众演员2000多人。村民通过“土地入园当社员，景区务工当职员，穿上戏服当演员，售卖产品当店员”，实现“一人就业，全家脱贫”。逐步摸索出“红色影视文化基地+乡村旅游+特色产业+就业扶贫”的旅游扶贫“常山模式”，走出一条“先富带后富，同走小康路”的致富之路。2020年，景区周边的5个村庄，人均可支配收入均达到或超过1.5万元。

打造“村企共建”旅游扶贫模式

2016年8月，注册资本1000万元，帮扶马牧池乡新立村建立旅游开发有限公司。依托村内特有的自然风貌，共同发展乡村旅游项目。聘请北京世纪唐人旅游规划院规划编制，确定了建设以苹果种植产业为支撑，乡村风貌完好，乡村体验、住宿接待功能齐全，村景合一的乡村旅游度假区发展目标。建有成人和青少年拓展基地、苹果体验馆、CS真人实战体验基地、精品民宿、苹果采摘园、豆腐坊、煎饼坊、煎饼博物馆、景观河道、小吃一条街等十大景观点，所有景点“串成线、连成片”，成为名副其实的“全域旅游”，带动当地农民增收致富。

“村企共建”旅游扶贫模式，使新立村完成了由一个贫困沂蒙山村到新型红色旅游休闲度假区的初步转型。红嫂家乡旅游区的红色展馆和新立村的红色研学体验项目，实现了业态互补，合作共赢。新立村村民收入由2005年的5130元提高到2019年的1.6万元，全村实现了整体脱贫。

2018年，新立村迎来南非农村发展与减贫研修班第一期的32名学员参观学习。山东省临沂市旅游发展委员会批准新立村生态文化园旅游区为国家AAA级旅游景区。山东省住房和城乡建设厅发布《关于第五批山东省“美丽宜居小镇、美丽宜居村庄”名单的公示》，新立村成为山东省“美丽宜居村庄”。

社村共建

2020年，开展友好村居“社村共建”帮扶活动。同岸堤镇大峪庄村结下共建之约，并向该村捐款20万元用于美丽乡村建设。向张庄镇钮家沟村捐款80万元，用于该村户户通道路修建。2022年，向大庄镇西司马村捐款50万元，用于社区服务中心建设。

第九节　丧葬改革

2019年，全县开始实施殡葬改革，要求自2019年9月1日起，所有去世的必须实行火化并到公墓区安葬。社区成立了公墓建设小组，由社区党委副书记李建军任组长、居委会副主任刘振省任副组长，成员由村民小组长相合友、李世开、村民高永峰、葛其波担任，并对公墓区实行高标准规划，自2019年6月开始动工建设，一期工程于9月1日前顺利完工并投入使用。

南村五福林公墓区规划设计标准高，特别是用于安放骨灰盒的双穴，地下墓穴及地上供台、小碑、围栏等全部用大理石材料，道路用花砖铺装，绿化用高桩松柏，平均每个墓穴占地5平方米，投资5000元（包括土地流转费用）。

第十节　拾金不昧

2013年5月4日上午，红嫂家乡旅游区暨沂蒙红色影视基地检票处工作人员肖金善在检票口捡到一个女士手包，在迟迟不见失主的情况下，将手包交到办公室，并在大门口张贴认领启事。当游客领到手包后，再三表示感谢。

是年，景区酒店员工捡到江苏省徐州市沛县人民医院徐先生的钱包并归还失主；员工张西祥捡到本县游客单反相机2次；员工刘成娟捡到临沂游客手机1部；员工李庆华捡到安徽游客手机1部。

2014年10月6日上午12时许，民兵二科科长刘海龙在景区内捡到临沂市兰山区的游客一黑色皮包，内有现金1600余元，一张超市购物卡，交还失主。

是年，副经理刘成德捡到手机1部，员工刘存运捡到剧组工作人员手机1部，员工刘存厚捡到游客数码相机一部，都第一时间交还失主。经领导研究，决定对刘海龙、张西祥、刘成娟、李庆华、刘存运、刘存厚拾金不昧的行为进行通报表彰，并奖励刘海龙现金200元，张西祥、刘成娟、李庆华、刘存运、刘存厚各奖现金100元。

第三章　新风结硕果

2011年5月，“中国红嫂革命纪念馆”“人民子弟兵将帅纪念馆”“跟着共产党走纪念馆”被确定为山东省党员领导干部党性教育基地沂南教学点。先后有全国妇联、济南军区、中国人民银行等70多家单位挂牌党性教育基地、爱国主义教育基地、反腐倡廉基地。

2017年3月17日，宣传队中的“新红嫂组合”登上央视星光大道，在演唱沂蒙女儿的同时讲述了沂蒙红嫂战争年代和和平建设中的动人故事。

2020年，“南村红色文化宣传队”，参与县文化系统统一组织的下乡演出，获全县第一。

2016年至2022年，南村社区新闻宣传工作在社区党委正确领导下，在上级宣传部门关心指导下，以习近平新时代中国特色社会主义思想为指导，紧跟时代步伐，围绕党的建设、乡村振兴、脱贫攻坚、疫情防控、民生建设、红色文化、红色旅游等开展工作，先后在“新华社”、“学习强国”、《人民日报》客户端、“人民网”、“新华网”、“中新社”、《光明日报》、《经济日报》、《农民日报》、《中国青年报》、《中国日报》、《工人日报》、《中国旅游报》、《中国文化报》、和中宣部《思想政治工作研究》、国务院扶贫办

《中国扶贫》、国务院乡村振兴局《中国乡村振兴》、国家退役军人事务部《中国退役军人》、《今日中国》《中国老年》，以及《大众日报》、《农村大众》、大众网、《临沂日报》、《大公报》、凤凰网、新浪网、搜狐网、网易、腾讯网、今日头条和山东卫视《山东新闻联播》、临沂电视台等各级新闻媒体以及中国政府网、文化和旅游部官网、山东省政府官网、山东省委宣传部官网、山东省文化和旅游厅官网，临沂市政府官网、临沂市委宣传部官网等媒体刊发稿件6000篇。更大范围弘扬了沂蒙精神、红嫂精神，传递了充满正能量的“南村好声音”。多篇稿件，荣获全国、省、市、县好新闻奖。

第四章　村规民约

第一节　内　容

包括村庄建设规划、土地管理、生产服务、财务管理、社会治安、村风民俗、邻里关系、婚姻家庭、赡养老人、计划生育等。内部条款是根据社区发展实际需要而随时修改。

第二节　原则和程序

南村社区制定及修改村规民约坚持以下原则:

1. 充分发扬民主，尊重群众意愿的原则。坚持从群众中来，到群众中去，真正体现群众的利益和愿望。

2. 遵守宪法、法律等政策原则。不违背党的路线、方针、政策和国家法律法规。

3. 实际、实用、实效的原则。

在党委的领导下，由居委会具体负责，按下列程序进行:

1. 召开居民小组会议，组织村民联系本村实际，提出大家关心和迫切需要解决的问题，汇集整理后上报居委会。

2. 居委会集中各村民小组的意见，讨论并草拟村规民约条款，发给村民征求意见。

3. 社区两委根据村民提出的意见进行修改，然后提交村民会议讨论通过，并报街道工委备案。

4. 居委会将村规民约打印成文下发，每户一份。

第三节　附　录

界湖南村社区居民公约

为进一步提高全体居民自我管理、自我教育、自我约束的能力，促进社区的安定团结和经济发展，根据法律、法规和国家的有关政策规定，在2010年村规民约的基础上，经社区两委多次研究，提交全体党员、村民代表大会表决通过，制定出新的南村社区居民公约，全文如下:

社会秩序及社会管理方面

1. 全体居民必须自觉学法、知法、守法，敢于同违法犯罪行为作斗争。

2. 全体居民要支持、协助社区两委及工作人员的工作，严禁殴打、谩骂、侮辱社区干部及工作人员，如有违反者，视情节轻重给予100—3000元的罚款，情节严重的交司法部门依法办理。

3. 爱护集体公共财物，不得损坏交通、供电、供水、通信等公共设施，违反者按损坏财产价值3倍以上罚款，情节严重的报司法机关依法处理。

4. 搞好社区公共卫生和村容村貌，不准随便堆放垃圾、柴草、粪土等，各户保持门前街道畅通、干净，违反者责令其清理干净并处以300—1000元的罚款。

5. 遵守社会公德，孝敬老人，教育好子女。

6. 本社区所有土地，包括宅基地、可耕地、村内空闲地、水沟、汪塘等全部归社区集体所有，土地承包者和使用者只有使用权，没有所有权，不准强占、圈占土地，随便圈占的给予强行拆除并罚款500—3000元，情节严重的报上级有关部门依法处理。

7. 服从村镇建房规划，服从旧城改造，不准私自改建、扩建、翻建住房。凡是私自改建、扩建、翻建的房屋、院落在旧房拆迁评估时一律不给予评估，仍按该户原房屋、院落状况进行评估。

8. 按照中央制定的不准任何人以任何形式拿双工资、双待遇的规定，凡是已经在国家正式单位上班、购买养老保险的公务员、事业编制人员、长期合同工、部队干部，一律取消其在南村社区的一切福利待遇。

9. 鼓励本社区大学生毕业后回社区企业参加工作，凡是户口在本社区，毕业后进入国家正式单位参加工作的大学生，取消其社区的一切福利待遇。

10. 在拆迁范围之内，不执行拆迁改造方案，不按规定时间拆除、阻碍集体发展的拆迁户，给予停电、停水且取消其上下两代直系亲属（共三辈）的一切福利待遇，主动拆除后继续扣除其推迟拆迁2倍年限的分红。

11. 移风易俗，主张喜事新办，丧事从俭。凡使用社区为安院办理丧事并实行火化的社区给予补助现金500元。凡不实行火化而私自土葬的，除由上级部门依法处罚外，取消其上下两代直系亲属（共三辈）的连续五年的一切社区福利待遇。

计划生育方面

1. 凡属本社区户口的未婚男青年，在登记三日内必须把结婚证交到社区计生办，便于及时上报新婚。由于未送到结婚证造成新婚漏报的，取消当事人当年的年终分红资格。

2. 对应进站查体的育龄妇女必须按规定时间进站查体，每拖一天扣年终分红款100元，一个星期未进站的取消本人当年的年终分红资格，超过1个月不进站查体的，取消其全家当年的年终分红资格。

3. 2013年12月31日前计划外生育（包括非婚生育、超生、抱养）户，必须按照上级规定接受处理处罚后，方可享受社区各项福利待遇，计划外生育的二胎以上子女必须年满18周岁后方可享受各项福利待遇。

4. 对2014年1月1日以后计划外生育的户（包括非婚生育、抱养），取消本户一切福利待遇。另外必须按规定时间交纳社会抚养费、落实节育措施。

5. 女方是非农业户口、下岗职工、失业人员的，男方户口在我社区，计划生育属我社区管理的，其违反规定按第2、3、4、5条处理。

6. 对离婚、丧偶的育龄妇女必须接受计划生育管理、监督，否则取消本人或父母当年的分红资格。对假离婚外出躲避检查，出现计划外生育的，按第5条处理。

7. 对符合一胎生育条件且已怀孕的育龄妇女要及时向社区计生办报告，便于审批出生证。对怀孕后又私自流引产的，一胎的三年内不发生育证，二胎的收回生育证，不再安排生育计划，且取消本户当年度的分红资格。

8. 持生育证生育后，弄虚作假说孩子死亡，经查实后仍存活的，按计划外生育处理。

9. 在县外务工经商的流动人口，外出前必须办理《流动人口婚育证明》，到达经营地后，三十日内必须寄回计划生育管理回执，每个季度的上旬寄回孕情证明，逾期不办理的取消其家庭成员或父母的当年度分红资格。

10. 凡是共产党员计划外生育的，一律开除党籍。

本公约经社区两委多次研究后，提交全体党员、居民代表会议表决通过，公约中所有罚款拒绝交纳的，居委会有权从其年终分红中扣回，本公约中的一切福利待遇包括年终分红、老年金、子女免费分配楼房、合作医疗费、养老保险金、治安保险费、水电费优惠等。

本公约自2014年1月1日执行，望全体党员、居民代表发挥模范执行作用，全体居民都有监督执行的义务，对积极举报违反本公约行为的进行奖励。

沂南县界湖街道南村社区居民委员会

二〇一三年十二月十八日

界湖南村社区居民公约

为进一步提高全体居民自我管理、自我教育、自我约束的能力，促进社区的安定团结和经济发展，根据法律、法规和国家的有关政策规定，在2014年村规民约的基础上，经社区两委多次研究，提交全体党员、村民代表大会表决通过，制定出新的南村社区居民公约，全文如下：

社会秩序及社会管理方面

1. 全体居民必须自觉学法、知法、守法，敢于同违法犯罪行为作斗争。

2. 全体居民要支持、协助社区两委及工作人员的工作，严禁殴打、谩骂、侮辱社区干部及工作人员，如有违反者，视情节轻重给予100—3000元的罚款，情节严重的交司法部门依法办理。

3. 爱护集体公共财物，不得损坏交通、供电、供水、通信等公共设施，违反者按损坏财产价值3倍以上罚款，情节严重的报司法机关依法处理。

4. 搞好社区公共卫生和村容村貌，不准随便堆放垃圾、柴草、粪土等，各户保持门前街道畅通、干净，违反者责令其清理干净并处以300—1000元的罚款。

5. 遵守社会公德，孝敬老人，教育好子女。

6. 本社区所有土地，包括宅基地、可耕地、村内空闲地、水沟、汪塘等全部归社区集体所有，土地承包者和使用者只有使用权，没有所有权，不准强占、圈占土地，随便圈占的给予强行拆除并罚款500—3000元，情节严重的报上级有关部门依法处理。

7. 服从村镇建房规划，服从旧城改造，不准私自改建、扩建、翻建住房。凡是私自改建、扩建、翻建的房屋、院落在旧房拆迁评估时一律不给予评估，仍按该户原房屋、院落状况进行评估。

8. 按照中央制定的不准任何人以任何形式拿双工资、双待遇的规定，凡是已经在国家正式单位上班、购买养老保险的公务员、事业编制人员、长期合同工、部队干部，一律取消其在南村社区的一切福利待遇。

9. 鼓励本社区大学生毕业后回社区企业参加工作，凡是户口在本社区，毕业后进入国家正式单位参加工作的大学生，取消其社区的一切福利待遇。

10. 在拆迁范围之内，不执行拆迁改造方案，不按规定时间拆除、阻碍集体发展的拆迁户，给予停电、停水且取消其上下两代直系亲属（共三辈）的一切福利待遇，主动拆除后继续扣除其推迟拆迁2倍年限的分红。

11. 移风易俗，主张喜事新办，丧事从俭。凡使用社区为安院办理丧事并实行火化的社区给予补助现金500元。凡不实行火化而私自土葬的，除由上级部门依法处罚外，取消其上下两代直系亲属（共三辈）的连续五年的一切社区福利待遇。

计划生育方面

1. 凡属本社区户口的未婚男青年，在登记三日内必须把结婚证交到社区计生办，便于及时上报新婚。由于未送到结婚证造成新婚漏报的，取消当事人当年的年终分红资格。

2. 对应进站查体的育龄妇女必须按规定时间进站查体，每拖一天扣年终分红款100元，一个星期未进站的取消本人当年的年终分红资格，超过1个月不进站查体的，取消其全家当年的年终分红资格。

3. 对符合一胎生育条件且已怀孕的育龄妇女要及时向社区计生办报告，便于申批出生证。对怀孕后又私自流引产的，一胎的三年内不发生育证，二胎的收回生育证，不再安排生育计划，且取消本户当年度的分红资格。

4. 持生育证生育后，弄虚作假说孩子死亡，经查实后仍存活的，按计划外生育处理。

5. 在县外务工经商的流动人口，外出前必须办理“流动人口婚育证明”，到达经营地后，三十日内必须寄回计划生育管理回执，每个季度的上旬寄回孕情证明，逾期不办理的取消其家庭成员或父母的当年度分红资格。

6. 凡是本社区离婚的夫妇，女方是外村人员的停止其各项福利待遇（包括年终分红），跟随女方的子女也停止各项福利待遇。男方再婚的，必须将原配偶户口迁走后方可迁入第二个配偶户口。再婚家庭只能有一个子女（必须是2016年1月1日前生育的子女，包括前配偶生育的子女）享受各项福利待遇。女娶男（招养老女婿）的按本条执行。

7. 外嫁女举行婚礼后又离婚的，未生育子女的允许其户口迁回，在再婚出嫁前享受社区各项福利待遇，再婚后停止其各项福利待遇；已生育子女的允许其户口迁回空挂，不享受各项福利待遇。

8. 2015年12月31日前违法生育户家庭，不论是否交清社会抚养费，均享受社区各项福利待遇，超生的子女到年龄（二胎需年满7周岁、三胎以上年满18周岁）后方可享受。女方属非农业户口家庭超生的，跟随男方子女也只能有两个孩子享受待遇，跟随女方子女不享受待遇。

9. 2016年1月1日后生育二孩及三孩以上家庭，符合计生政策生育的子女享受社区年终分红、免费合作医疗等福利待遇（二胎需年满7周岁、三胎以上年满18周岁方可享受），但每户只能有一个子女享受免费分配青年楼房。

本公约经社区两委多次研究后，提交全体党员、居民代表会议表决通过，公约中所有罚款拒绝交纳的，居委会有权从其年终分红中扣回，本公约中的一切福利待遇包括年终分红、老年金、子女免费分配楼房、合作医疗费、养老保险金、治安保险费、水电费优惠等。本公约自2016年1月1日执行，望全体党员、居民代表发挥模范执行作用，全体居民都有监督执行的义务，对积极举报违反本公约行为的进行奖励。

沂南县界湖街道南村社区居民委员会

二〇一六年七月十四日

界湖南村社区居民公约

为进一步提高全体居民自我管理、自我教育、自我约束的能力，促进社区的安定团结和经济发展，根据法律、法规和国家的有关政策规定，在2016年村规民约的基础上，经社区两委多次研究，提交全体党员、村民代表大会表决通过，制定出新的南村社区居民公约，全文如下：

社会秩序及社会管理方面

1. 全体居民必须自觉学法、知法、守法，敢于同违法犯罪行为作斗争。

2. 全体居民要支持、协助社区两委及工作人员的工作，严禁殴打、谩骂、侮辱社区干部及工作人员，如有违反者，视情节轻重给予100—3000元的罚款，情节严重的交司法部门依法办理。

3. 爱护集体公共财物，不得损坏交通、供电、供水、通信等公共设施，违反者按损坏财产价值3倍以上罚款，情节严重的报司法机关依法处理。

4. 搞好社区公共卫生和村容村貌，不准随便堆放垃圾、柴草、粪土等，各户保持门前街道畅通、干净，违反者责令其清理干净并处以300—1000元的罚款。

5. 遵守社会公德，孝敬老人，教育好子女。

6. 本社区所有土地，包括宅基地、可耕地、村内空闲地、水沟、汪塘等全部归社区集体所有，土地承包者和使用者只有使用权，没有所有权，不准强占、圈占土地，随便圈占的给予强行拆除并罚款500—3000元，情节严重的报上级有关部门依法处理。

7. 服从村镇建房规划，服从旧城改造，不准私自改建、扩建、翻建住房。凡是私自改建、扩建、翻建的房屋、院落在旧房拆迁评估时一律不给予评估，仍按该户原房屋、院落状况进行评估。

8. 按照中央制定的不准任何人以任何形式拿双工资、双待遇的规定，凡是已经在国家正式单位上班、购买养老保险的公务员、事业编制人员、长期合同工、部队干部，一律取消其在南村社区的一切福利待遇。

9. 鼓励本社区大学生毕业后回社区企业参加工作，凡是户口在本社区，毕业后进入国家正式单位参加工作的大学生，取消其社区的一切福利待遇。

10. 在拆迁范围之内，不执行拆迁改造方案，不按规定时间拆除、阻碍集体发展的拆迁户，给予停电、停水且取消其上下两代直系亲属（共三辈）的一切福利待遇，主动拆除后继续扣除其推迟拆迁2倍年限的分红。

11. 移风易俗，主张喜事新办，丧事从俭。凡使用社区为安院办理丧事并实行火化的社区给予补助现金500元。凡不实行火化而私自土葬的，除由上级部门依法处罚外，取消其上下两代直系亲属（共三辈）的连续五年的一切社区福利待遇。

计划生育方面

1. 凡属本社区户口的未婚男青年，在登记三日内必须把结婚证交到社区计生办，便于及时上报新婚。由于未送到结婚证造成新婚漏报的，取消当事人当年的年终分红资格。

2. 凡属本社区管理的已婚育龄妇女，须按规定时间落实节育措施。

3. 对应进站查体的育龄妇女必须按规定时间进站查体，每拖一天扣年终分红款100元，一个星期未进站的取消本人当年的年终分红资格，超过1个月不进站查体的，取消其全家当年的年终分红资格。

4. 对符合一胎生育条件且已怀孕的育龄妇女要及时向社区计生办报告，便于申批出生证。对怀孕后又私自流引产的，一胎的三年内不发生育证，二胎的收回生育证，不再安排生育计划，且取消本户当年度的分红资格。

5. 持生育证生育后，弄虚作假说孩子死亡，经查实后仍存活的，按计划外生育处理。

6. 在县外务工经商的流动人口，外出前必须办理“流动人口婚育证明”，到达经营地后，三十日内必须寄回计划生育管理回执，每个季度的上旬寄回孕情证明，逾期不办理的取消其家庭成员或父母的当年度分红资格。

7. 凡是本社区离婚的夫妇，女方是外村人员的停止其各项福利待遇（包括年终分红），跟随女方的子女也停止各项福利待遇。男方再婚的，必须将原配偶户口迁走后方可迁入第二个配偶户口。再婚家庭只能有一个子女（必须是2016年1月1日前生育的子女，包括前配偶生育的子女）享受各项福利待遇。女娶男（招养老女婿）的按本条执行。

8. 外嫁女举行婚礼后又离婚的，未生育子女的允许其户口迁回，在再婚出嫁前享受社区各项福利待遇，再婚后停止其各项福利待遇；已生育子女的允许其户口迁回空挂，不享受各项福利待遇。

9. 2015年12月31日前违法生育户家庭，不论是否交清社会抚养费，均享受社区各项福利待遇，超生的子女到年龄（二胎需年满7周岁、三胎以上年满18周岁）后方可享受。女方属非农业户口家庭超生的，跟随男方子女也只能有两个孩子享受待遇，跟随女方子女不享受待遇。

10. 2016年1月1日后生育二孩及三孩以上家庭，符合计生政策生育的子女享受社区年终分红、免费合作医疗等福利待遇（二胎需年满7周岁、三胎以上年满18周岁方可享受），但每户只能有一个子女享受免费分配青年楼房。

本公约经社区两委多次研究后，提交全体党员、居民代表会议表决通过，公约中所有罚款拒绝交纳的，居委会有权从其年终分红中扣回，本公约中的一切福利待遇包括年终分红、老年金、子女免费分配楼房、合作医疗费、养老保险金、治安保险费、水电费优惠等。

本公约自2019年1月1日执行，望全体党员、居民代表发挥模范执行作用，全体居民都有监督执行的义务，对积极举报违反本公约行为的进行奖励。

沂南县界湖街道南村社区居民委员会

二〇一九年一月一日

界湖南村社区居民公约

为推进我社区民主法制建设，树立良好民风、村风，创造安居乐业的社会环境，促进集体经济发展，建设文明卫生新社区，在年初居民公约的基础上，经社区两委多次讨论研究，提交全体党员、村民代表大会表决通过，制定出新的南村社区居民公约。

1. 全体居民要做到学法、知法、守法，积极同一切违法犯罪行为作斗争。居民之间应团结友爱，和睦相处，不打架斗殴，不酗酒滋事，严禁侮辱、诽谤他人，严禁造谣惑众、拨弄是非。自觉维护社会秩序和公共安全，不扰乱公共秩序，不阻碍公务人员执行公务。

2. 全体居民要支持、协助社区两委及工作人员的工作，严禁殴打、谩骂、侮辱社区干部及工作人员，如有违反者，视情节轻重给予100—3000元的罚款，情节严重的交司法部门依法办理。

3. 认真履行应急管理应尽义务，消除各类安全隐患，保护人身、财产安全。爱护集体公共财物，不得损坏交通、供电、供水、消防、通信、绿化等公共设施；不得损坏、挪用或者擅自拆除、停用消防设施、器材，不得埋压、圈占、遮挡消火栓或者占用防火间距，不得占用、堵塞、封闭疏散通道、安全出口、消防车通道。配合社区应急管理人员或城市社区管理办公室做好安全生产管理工作，接受相关部门人员例行安全检查。出租户要与承租户签订安全生产管理协议，对承租者的生产经营进行监督管理，确保承租经营者具有合法资质。定期对出租场所进行安全检查，发现安全隐患的，应当及时督促整改。

4. 居民之间要互尊、互爱、互助，和谐相处，营造良好邻里关系；遵守社会公德，孝敬老人，教育好子女，建立良好的婆媳关系、妯娌关系、父子关系、兄弟关系，倡导和睦相处，共同搞好美丽乡村建设。

5. 搞好社区公共卫生和家庭卫生，不准随便堆放垃圾、柴草、粪土等，各户保持门里门外清洁、舒适，积极争创最美家庭。

6. 服从城镇建房规划，不准私自改建、扩建、翻建住房。有违反者报执法部门依法处理。本社区所有土地，包括宅基地、村内空闲地全部归社区集体所有，不准强占、圈占土地，随便圈占的给予强行拆除并罚款500—3000元，情节严重的报上级有关部门依法处理。

7. 按照国家制定的不准任何人以任何形式拿双工资、双待遇的规定，社区居民已经在国家正式单位上班、购买养老保险的公务员、事业编制人员、国有企业职工、部队干部，一律取消其在社区的一切福利待遇。

8. 凡是结婚出嫁的本社区妇女，不论户口是否迁出、是否居住在本社区，停止其一切社区福利待遇。外嫁女举行婚礼后又离婚的，未生育子女的允许其户口迁回，再婚前享受社区各项福利待遇，再婚后停止其各项福利待遇；已生育子女的允许其户口迁回空挂，不享受各项福利待遇。

9. 凡是本社区离婚的夫妇，女方是外单位人员的停止其各项福利待遇，跟随女方的子女也停止各项福利待遇。男方再婚的，必须将原配偶户口迁走后方可迁入第二个配偶户口。再婚家庭只能有一个子女（必须是2016年1月1日前生育的子女，包括前配偶生育的子女）享受各项福利待遇。女娶男（招养老女婿）的按本条执行。

10. 2015年12月31日前违法生育户家庭，不论是否交清社会抚养费，均享受社区各项福利待遇，但计划外生育的子女到年龄（二胎需年满7周岁、三胎以上年满18周岁）后方可享受。女方属非农业户口家庭超生的，跟随男方子女也只能有两个孩子享受待遇，跟随女方子女不享受待遇。

11. 2016年1月1日后生育二孩及三孩以上家庭，符合计生政策生育的子女享受社区年终分红、免费合作医疗等福利待遇（二胎需年满7周岁、三胎以上年满18周岁方可享受），但每户只能有一个子女享受免费分配青年楼房。计划外生育的子女不享受任何福利待遇。

12. 提倡移风易俗，主张喜事新办，丧事从俭，死者一律实行火化；2019年8月1日以后去世的，必须去公墓安葬，凡是不去公墓安葬的，除由上级部门依法处理外，取消其上下两代直系亲属（共三辈）的连续五年的一切社区福利待遇。

本公约经社区两委多次研究后，提交全体党员、居民代表会议表决通过，公约中所有罚款拒绝交纳的，居委会有权从其年终分红中扣发，本公约中的一切福利待遇包括年终分红、老年金、子女免费分配楼房、合作医疗费、水电费优惠等。

本公约自2019年7月7日执行，望全体党员、居民代表发挥模范执行作用，全体居民都有监督执行的权利和义务，对积极举报违反本公约行为的进行奖励。

沂南县界湖街道南村社区居民委员会

二〇一九年七月六日

界湖南村社区居民公约

为推进我社区民主法治建设，树立良好民风、村风，创造安居乐业的社会环境，促进集体经济发展，建设文明卫生新社区，在2019年居民公约的基础上，经社区两委多次讨论研究，提交全体党员、村民代表大会表决通过，制定出新的南村社区居民公约。

1. 全体居民要做到学法、知法、守法，积极同一切违法犯罪行为作斗争。居民之间应团结友爱，和睦相处，不打架斗殴，不酗酒滋事，严禁侮辱、诽谤他人，严禁造谣惑众、拨弄是非。自觉维护社会秩序和公共安全，不扰乱公共秩序，不阻碍公务人员执行公务。

2. 全体居民要支持、协助社区两委及工作人员的工作，严禁殴打、谩骂、侮辱社区干部及工作人员，如有违反者，视情节轻重给予100—3000元的罚款，情节严重的交司法部门依法办理。

3. 全体居民要认真履行应急管理应尽义务，服从物业管理，消除各类安全隐患，保护人身、财产安全。爱护集体公共财物，不得损坏交通、供电、供水、消防、通信、绿化等公共设施；不得损坏、挪用或者擅自拆除、停用消防设施、器材，不得埋压、圈占、遮挡消火栓或者占用防火间距，不得占用、堵塞、封闭疏散通道、安全出口、消防车通道。配合社区网格员或城市社区管理办公室做好安全生产管理工作，接受相关部门人员例行安全检查。出租户要与承租户签订安全生产管理协议，对承租者的生产经营进行监督管理，确保承租经营者具有合法资质。定期对出租场所进行安全检查，发现安全隐患的，应当及时督促整改。

4. 居民之间、与外来买房、租房之间要互尊、互爱、互助，和谐相处，营造良好邻里关系；遵守社会公德，孝敬老人，教育好子女，建立良好的婆媳关系、妯娌关系、父子关系、兄弟关系，倡导和睦相处，共同搞好美丽乡村建设。

5. 搞好社区公共卫生和家庭卫生，不准随便堆放垃圾、柴草、粪土等，各户保持门里门外清洁、舒适，积极争创美在农家示范户。

6. 服从城镇建房规划，不准私自改建、扩建、翻建住房，有违反者报执法部门依法处理。凡属一户一宅的住宅、楼房一律不准买卖。本社区所有土地，包括宅基地、村内空闲地全部归社区集体所有，不准强占、圈占土地，随便圈占的给予强行拆除并罚款500—3000元，情节严重的报上级有关部门依法处理。

7. 按照国家制定的不准任何人以任何形式拿双工资、双待遇的规定，社区居民已经在国家正式单位上班、购买养老保险的公务员、事业编制人员、国有企业职工、部队干部，取消其在社区的一切福利待遇。

8. 凡是结婚出嫁的本社区妇女，不论户口是否迁出、是否居住在本社区，停止其一切社区福利待遇。外嫁女举行婚礼后又离婚的，未生育子女的允许其户口迁回，再婚前享受各项福利待遇，再婚后停止各项福利待遇；已生育子女的允许其户口迁回空挂，不享受各项福利待遇。

9. 双女户或多女户家庭，允许一个女儿享受社区免费分配楼房待遇，婚后与社区签订协议后可以将配偶户口（必须属农业户口）迁入社区管理且享受各项福利待遇。

10. 凡是本社区离婚的夫妇，女方是外单位人员的停止其各项福利待遇，跟随女方的子女也停止各项福利待遇。男方再婚的，必须开出原配偶户口迁出证明后方可迁入下一个配偶户口。再婚家庭只能有一个子女（必须是2016年1月1日前生育的子女，包括前配偶生育的子女）享受各项福利待遇。女娶男（招养老女婿）的按本条执行。

11. 2015年12月31日前违法生育户家庭，不论是否交清社会抚养费，均享受社区各项福利待遇，但计划外生育的子女到年龄（二胎需年满7周岁、三胎以上年满18周岁）后方可享受。女方属非农业户口家庭超生的，跟随男方子女也只能有两个孩子享受待遇，跟随女方子女不享受待遇。

12. 2016年1月1日后生育二孩及三孩以上家庭，符合计生政策生育的子女享受社区年终分红、老年金等福利待遇（二胎需年满7周岁、三胎以上年满18周岁方可享受），但每户只能有一个子女享受免费分配青年楼房。计划外生育的子女不享受任何福利待遇。

13. 提倡移风易俗，主张喜事新办，丧事从俭，死者一律实行火化，必须去公墓安葬；凡是不火化或不去公墓安葬的，除由上级部门依法处理外，取消其上下两代直系亲属（共三辈）的连续三年的一切福利待遇。

本公约经社区两委多次研究后，提交全体党员、居民代表会议表决通过，公约中所有罚款拒绝交纳的，居委会有权从其年终分红中扣发，本公约中的一切福利待遇包括年终分红、老年金、子女免费分配楼房等。

本公约自2021年7月1日执行，望全体党员、居民代表发挥模范执行作用，全体居民都有监督执行的权利和义务，对积极举报违反本公约行为的进行奖励。

沂南县界湖街道南村社区居民委员会

二〇二一年六月十七日

界湖街道南村社区居民公约

为推进我社区民主法治建设，树立良好民风、村风，创造安居乐业的社会环境，促进集体经济发展，建设文明卫生新社区，在2021年居民公约的基础上，经社区两委多次讨论研究，提交全体党员、村民代表大会表决通过，制定出新的南村社区居民公约。

1. 全体居民要做到学法、知法、守法，积极同一切违法犯罪行为作斗争。居民之间应团结友爱，和睦相处，不打架斗殴，不酗酒滋事，严禁侮辱、诽谤他人，严禁造谣惑众、拨弄是非。自觉维护社会秩序和公共安全，不扰乱公共秩序，不阻碍公务人员执行公务。

2. 全体居民要支持、协助社区两委及工作人员的工作，严禁殴打、谩骂、侮辱社区干部及工作人员，如有违反者，视情节轻重给予100—3000元的罚款，情节严重的交司法部门依法办理。

3. 全体居民要认真履行应急管理应尽义务，服从物业管理，消除各类安全隐患，保护人身、财产安全。爱护集体公共财物，不得损坏交通、供电、供水、消防、通信、绿化等公共设施；不得损坏、挪用或者擅自拆除、停用消防设施、器材，不得埋压、圈占、遮挡消火栓或者占用防火间距，不得占用、堵塞、封闭疏散通道、安全出口、消防车通道。配合社区网格员或城市社区管理办公室做好安全生产管理工作，接受相关部门人员例行安全检查。出租户要与承租户签订安全生产管理协议，对承租者的生产经营进行监督管理，确保承租经营者具有合法资质。定期对出租场所进行安全检查，发现安全隐患的，应当及时督促整改。

4. 居民之间、与外来买房、租房之间要互尊、互爱、互助，和谐相处，营造良好邻里关系；遵守社会公德，孝敬老人，教育好子女，建立良好的婆媳关系、妯娌关系、父子关系、兄弟关系，倡导和睦相处，共同搞好美丽乡村建设。

5. 搞好社区公共卫生和家庭卫生，不准随便堆放垃圾、柴草、粪土等，各户保持门里门外清洁、舒适，积极争创美在农家示范户。

6. 服从城镇建房规划，不准私自改建、扩建、翻建住房，有违反者报执法部门依法处理。凡属一户一宅的住宅、楼房一律不准买卖。本社区所有土地，包括宅基地、村内空闲地全部归社区集体所有，不准强占、圈占土地，随便圈占的给予强行拆除并罚款500—3000元，情节严重的报上级有关部门依法处理。

7. 按照国家制定的不准任何人以任何形式拿双工资、双待遇的规定，社区居民已经在国家正式单位上班、购买养老保险的公务员、事业编制人员、国有企业职工、部队干部，取消其在社区的一切福利待遇。

8. 凡是结婚出嫁的本社区妇女，不论户口是否迁出、是否居住在本社区，停止其一切社区福利待遇。外嫁女举行婚礼后又离婚的，未生育子女的允许其户口迁回，再婚前享受各项福利待遇，再婚后停止各项福利待遇；已生育子女的允许其户口迁回空挂，不享受各项福利待遇。

9. 双女户或多女户家庭，允许一个女儿享受社区免费分配楼房待遇，婚后与社区签订协议后可以将配偶户口（必须属农业户口）迁入社区管理且享受各项福利待遇。

10. 凡是本社区离婚的夫妇，女方是外单位人员的停止其各项福利待遇，跟随女方的子女也停止各项福利待遇。男方再婚的，必须开出原配偶户口迁出证明后方可迁入下一个配偶户口。再婚家庭只能有一个子女（必须是2016年1月1日前生育的子女，包括前配偶生育的子女）享受各项福利待遇。女娶男（招养老女婿）的按本条执行。

11. 自2022年开始，分配免费青年楼房，一胎是女孩，按照计划生育政策，二胎间隔六年且女方年满30周岁生育二胎男孩的家庭；一、二胎是女孩，后又超生三胎且已经接受计划生育处理处罚的家庭，一胎女孩年满22岁时可以申请子女免费青年楼房，但二胎、三胎男孩到龄后不再分配免费青年楼房。

12. 2016年1月1日后生育二孩及三孩以上家庭，符合计生政策生育的子女享受社区年终分红、老年金等福利待遇（二胎需年满7周岁、三胎以上年满18周岁方可享受），但每户只能有一个子女享受免费分配青年楼房，一胎到龄即可分配。计划外生育的子女不享受任何福利待遇。

13. 提倡移风易俗，主张喜事新办，丧事从俭，死者一律实行火化，必须去公墓安葬；凡是不火化或不去公墓安葬的，除由上级部门依法处理外，取消其上下两代直系亲属（共三辈）的连续三年的一切福利待遇。

14. 本社区大龄青年结婚的（包括丧偶或离婚后再婚的），其配偶户口可以迁入南村社区管理，但属空挂户口（包括配偶带来的孩子），不享受社区的各项福利待遇。待新结合的二人生育孩子后，其配偶开始享受社区各项福利待遇，新出生的孩子按照该家庭的总胎次，按照胎次到规定年龄后开始享受各项福利待遇，但不一定能够享受分配青年楼房，如果该家庭任何一方2015年12月31日前出生的孩子已经分配到或者因为未到规定年龄未分配到社区免费青年楼房，二人新生育的孩子永远不能享受青年楼房。

本公约经社区两委多次研究后，提交全体党员、居民代表会议表决通过，公约中所有罚款拒绝交纳的，居委会有权从其年终分红中扣发，本公约中的一切福利待遇包括年终分红、老年金、子女免费分配楼房等。

本公约自2023年7月10日执行，望全体党员、居民代表发挥模范执行作用，全体居民都有监督执行的权利和义务，对积极举报违反本公约行为的进行奖励。

沂南县界湖街道南村社区居民委员会

二〇二三年七月十日

第九篇　社会生活

第一章 环境

第一节 自然环境

界湖街，西有仙姑山、卧龙山、团山，北有历山、花山，东与东北方向有岭，位居山与岭之间的湖地。每到夏季，来自西、北方向的流水，席卷着沿途的泥土，倾泻到界湖街的所有低洼处，形成一片浑浊的汪洋。然后，朝着东南方向汇流并穿越界湖，奔向沂河。流水的漫无边际，在界湖域内留下道道沟壑、片片汪塘和黏稠的黑泥。沟渠多分布在界湖村的西部和东南部，汪塘多分布在界湖村的西部和南部，大多数位于界湖南村社区域内，且长期顺其自然，未予治理。

20世纪60年代，界湖街呈现给人们的生活环境就是“脏、乱、差”。大街小巷都是黑土，偶有建筑垃圾中的石头瓦块，随处可见的是粪堆、柴草垛。臭水汪连着臭水沟，臭味相投。上头连着下头，臭到两头。夏天苍蝇、蚊子乱碰头，一年四季腥臭味熏天。人们外出回来，晴天一身土，雨天一身泥。有许多家庭院内人畜共生，有的家庭厕所就是猪圈、牲口棚，鸡、狗、鹅、鸭都是散养，粪便零零散散满院子都是，插脚的地方都没有。阴天下雨，畜禽粪便伴着黑土黏泥。

1985年，界湖南村各条道路正式安装路灯照明。1987年，界湖南村家家户户吃上了自来水。后来，排水采用地下管网，雨水、污水分别排入芙蓉路主干道内的雨水、污水主管网，然后输送到李家营村以南的污水处理厂进行处理，最后排入沂河。2018年，将圩子沟由明沟改为地下粗管道排放，沟底排放直径两米的双向管道，去除了腥臭味。

进入21世纪，同一片南村地域，经过一系列的改造，自然环境发生了翻天覆地的变化。2000年至2012年，界湖南村社区配合县城建设，先后打通了正阳路中段、丹阳路北段、芙蓉路东段、朝阳路扩建、银杏路东段、永兴路东段。

2003年批准实施的城市总体规划，在确定城市向东、东南发展的同时，县城布局结构为“两个旅游区、三个产业加工区、一个商业中心、八个居住社区”，其中的商业中心区，确定为人民路中段以南区域，界湖南村整体区域处在其中。2008年，根据县城总体规划，界湖南村社区做出居民新区建设规划，建起居民楼房20座。2010年，沂南县编制城市总体规划为“三区联动”，界湖南村社区全域位居综合服务中心。中心城区作为旅游集散地，规划8条水系，重点打造一条水系，在老城区中部形成一个核心水景区。2018年，南村社区棚户区进行彻底改造。老界湖南村的老房宅，一户不落地全部拆除，并于2022年下半年开始陆续搬迁新居。

第二节 社会环境

解放后，南村村民打土豪、分田地，人民当家做主，村民社会地位得到提升，生命财产安全有了很好保障。中华人民共和国成立以后，社会更加稳定，人们才有了一个安居乐业的好环境，居民生产生活有了基本保障，水平不断提高。改革开放以后，计划经济转向市场经济，经济社会有了很大的转变，人民的生活水平有了翻天覆地的变化。

1947年5月，沂南县政府各部门陆续进驻界湖。

1949年7月，中共沂南县委、沂南县人民政府全部进驻界湖。从此，界湖成为了全县的政治、经济、文化中心。随着县城的建设，老界湖村得天独厚，占有天时地利之优势，开始了翻天覆地的变化。

中华人民共和国成立后，县城紧贴界湖街往西发展，先后建起了县委、县政府、县招待所及其宿舍群，形成机关大院。随后，向西、向南建起了商业局、第一中学、武装部、粮油加工厂等党政机关和企事业单位。尽管还是土路，却因为道路宽阔、笔直、平坦，尤其在对大路两边的汪塘及水沟进行整修以后，老界湖整体面貌发生了新变化。

1960 年，开始对沟渠和汪塘进行疏通和治理，减轻了对县城的污染。

1975 年，沂南县成立基本建设局，县城建设开始按规划设计进行。

1982 年，沂南县编制县城总体规划，调整不合理布局，生活居住逐步实现楼房化，增设公共设施和街道、空地、广场的绿化，城市环境和城市面貌大有改观。

1989 年，县城建成区内雨污合流型和明暗沟排水道 9 条，大部分雨污水沿排水管道排入城区河道，最终进入沂河。

1997 年，沂南县重新修编县城总体规划，形成城市结构向东展延的趋向，以“卧龙出山”的态势，逐步向东南发展。

2002 年，沂南县根据城市建设的实际需要，对县城进行新一轮规划修编，在确定城市向东、东南发展的同时，确定人民路中段以南区域发展为商业中心区，界湖南村整体区域处在其中。

2008 年，根据县城总体规划，界湖南村社区作出居民新区建设规划，投资 5200 万元，建起居民楼房 20 座。

2010 年，沂南县编制城市总体规划，东部为产城融合区、中部为综合服务区、西部为文化休闲区。界湖南村社区全域归于综合服务区。“规划”疏通历史河道，连接湖泊园林、风貌街区等节点场景。中心城市作为旅游集散地，可赏可游。规划 8 条水系，重点打造一条水系，在老城区中部形成一个核心水景区。

2013 年，界湖在全县率先全部实现社区化，不再保留村庄。南村社区按照“规划”，全面启动德福建材市场建设。

2018 年，按照“规划”要求，南村社区棚户区进行彻底改造。老界湖南村的老房宅，一户不落地全部拆迁。

2022 年，毗邻南村社区建起占地 207 亩的界湖公园。是年，南村社区建成棚改新居，棚户区改造中的拆迁户，陆续乔迁新居，成为城区中心最耀眼的居民聚住区。

如今的界湖南村社区，水、路环境得到综合治理，社区里有了占地 10 余亩的活动广场，各种健身器材俱全，大人们早晚在此散步、健身，孩子们在此嬉戏玩耍，愉悦祥和。道路、场院全部硬化，粪堆、柴草堆消失，人们外出再不担心尘土和泥泞。家庭中装点着花卉盆景，替代了家畜家禽，少有的污水也进入了城市地下管网，苍蝇、蚊子极为稀少。

第三节　人文环境

沂水南乡重镇

界湖历史悠久。据村北三皇庙元代“重修三皇庙记”碑记载，庙建于北宋，推知立村当在北宋之前。借鉴民间“设沂水县即有界湖”之说，隋朝开皇十六年（596）始建沂水县，以此推研，界湖村立村年代当在隋或隋之前。三皇庙大白果树下曾出土残碑一块，记有“万历六年王绪栽白果树两株”。至今，王绪已不可考，两株白果树仅留有一株，仍枝繁叶茂，是界湖村近四百多年兴衰历程的见证。

界湖位居西部山区和东部平原地区接合部，是为出山集市，地域物资集散地。至清末已成为沂水县南乡重要集镇。1949 年 7 月，沂南县机关定驻界湖，成为政治、经济、文化中心。

物资集散地

界湖不仅是本地西部山区、沂河两岸平原和东部丘陵地区的物资集散地，还因为有沂、汶二河的水上通道，成为大江南北的物资集散地。2013 年，出土一块清咸丰四年（1854）仲夏竖立的《重修南路西沟碑记》，能清晰辨认出的堂号有：观利典、占吉堂、聚源号、广盛号、公信号、复泰坊、来顺号、隆泰号、永盛号、广聚号、义和号、广盛坊、恒盛坊、德盛坊、顺兴号、广德堂、广益堂、兴盛号、济源号、同盛号、全生堂、保善堂、源盛号共23个。位于界湖南村的“济生堂”药铺，是赵益良于清光绪十五年（1889）在南村立号开业的。

传统建筑群——袁家大院

袁家大院，建于1899年之前，南北长约90米，东西宽约30米。就其用途以及对社会的影响而言，既可以说是团山庄开明士绅袁钿、袁顺斋父子的故居，还可以说是袁家京剧戏班旧址。1900年，袁钿携全家迁来居住。1901年，个人出资办起60多人的京剧戏班“长”字班。1905年，袁钿又办起有60多人的“春”字班。1912年，又相继办起每班60人的“富”“贵”两个戏班。最兴盛的时候，4个戏班联袂，气派宏大，名扬省内外。

袁顺斋，1903年出生，1923年继承父业，回乡接管戏班，并增添衣箱，延聘名伶，强化阵容，演出剧目达到120个，除在本地和邻近的莒县、临沂、东海、潍县等地演出外，还到南京、上海、青岛、徐州和东北地区献艺。袁顺斋是一位爱国民族主义者。在北京求学时，曾参加过五四运动。抗日战争爆发前，任沂水五区区长。抗日战争时期，倾其所有，支援中国共产党领导的抗日武装，出钱、出枪，组织起100余人的抗日队伍。1941年，任沂河独立营参谋。1946年土改运动刚开始，袁顺斋就把自己家的地契文书拿出来当众焚毁，并将自家在界湖的房子全部拿出来，让人民政府分给贫雇农居住，自己携全家回到团山庄，住到了原来的旧草房中。

袁家大院旧址，中华人民共和国成立前后曾是沂南县酒厂所在地，后来中共沂南县委党校在这里办公，再后来成为沂南县教育局老年活动中心。

2011年12月，袁家大院被临沂市政府列为“临沂市重点文物保护单位”。

2012年11月18日，沂南县政府刻碑存立。

袁家大院是一处文物古迹，革命活动地，是社会本体中隐藏的无形环境，是一种潜移默化的民族灵魂，是界湖一处不可多得的人文景观。

红色文化产业园

2008年开始，界湖南村社区承担了沂蒙红色影视拍摄基地暨红嫂家乡旅游区的开发建设和运营工作。先后投资7.8亿元，占地面积2000亩，影视拍摄场景建设有常山古村、古县城、古战场、道具库、写生基地、蟠龙湖、凤凰阁等。建成后的沂蒙红色影视拍摄基地被誉为“山东最具特色影视拍摄地”“摄影家眼中最美的地方”“中国摄影家联盟摄影基地”，被评为山东省十大文化产业之一。影视基地的红色文化建设有中国红嫂革命纪念馆、人民子弟兵将帅纪念馆、跟着共产党走纪念馆、沂蒙魂、沂蒙四季大舞台、红嫂广场等。红嫂家乡旅游景区，被国家旅游局评定为四星级旅游景区，被山东省确定为山东省党员领导干部党性教育基地，被国家十多个部门评定为研学游基地。

标志性建筑

2012年，南村社区建起11层办公大楼，除社区和集体企业办公外，还专门辟有南村社区村史馆、南村社区乡愁馆、荣誉室等馆室。另外，社区居民小区建有居民广场、老年活动中心、幼儿园、卫生保健中心等配套场所设施。

2018年，界湖实施棚户区改造，此前老村的房屋宅院全部拆除，唯留下位于南村且颇具历史意义的袁家大院。

界湖公园

2015年以来，沂南县立足县城发展实际，全面推进县城棚户区改造，优先将拆迁腾空区40%以上的土地用于市政基础设施建设，贯彻“海绵城市”建设理念，大力实施城区黑臭水体治理、水环境生态改造和城市更新行动。

2022年，在县城朝阳路以西，正阳路以东，永兴路以北，人民路以南，建设界湖公园一处，总投资2.3亿元，占地面积207亩，建有公园绿地、景观湖、文化中心、特色广场、跨湖车行桥、跨湖人行栈桥、亭廊等构筑物。公园总体布局简洁、大气、自然，用以打造“界湖”山水原生态景观，重寻“老界湖”印记，记住“老界湖”乡愁。

第四节　发展环境

发展集体经济

南村社区工业生产始于人民公社化后以作坊为主的加工业。

1962 年，界湖南村集体首开农产品加工业，建起一处油坊，依靠来料加工或兑换，年收入 7000 千克豆子。随后，建养猪场、大菜园，用油坊的下脚料喂猪。接着建起机子坊，亦称“缝纫社”，有缝纫机 12 台。后来又陆续建起面粉坊、奶牛场、养鸡场、养兔场、罐头厂、丝绵厂、石英砂厂、建筑公司等，指导思想上是以工业补农业，最终都因规模小，资金不足，缺乏技术含量而效益不好。直到 2004 年，全村经济总收入只有 67 万元。

2005 年，界湖南村发挥地域优势，在全面协调可持续发展的同时，注重调整经济结构，转变经济增长方式，由粗放型的以农为主，转变为集约型的“以企强居”“村企合一”，由发展集团化工业经济，逐步调整为发展集团化工业经济和红色文化经济相结合，将发展方式向需求结构、供给结构和生产要素结构扩大，在发展第一产业的同时使第二、三产业协调发展。随着县城的建设和发展，逐步降低第一产业的比重，提升第三产业的比重，探索出一条具有南村社区特色的“转方式，调结构”，“发展集体经营、实现共同富裕”的科学发展之路。

2015 年，南村社区将多家集体企业整合成立山东广汇集团有限公司，涉及房地产开发建设经营、饲料加工、文化产业、旅游开发、影视拍摄、酒店食宿、餐饮服务等业务。集团及下属子公司安置 700 多人就业。在开发建设居民小区的同时，社区先后建起沿街商铺 10 万多平方米，吸引 350 多户本社区居民及周边村民从事各类服务行业，每年租金达到 2000 万元。

共享发展成果

经济收入是居民生活的基石，是一切社会发展的基础。

据有关数字记载，南村社区阶段性人均收入呈现爆发式增长：“大跃进”之前的 1957 年，人均分配只有 16 元。改革开放后的 1982 年，人均分配突破百元，达到 127.4 元，比改革开放以前 1978 年的 52.48 元，翻了一番还多。1993 年，人均收入 1539 元。2005 年，界湖南村“两委”换届以后的第一年，人均纯收入突破 5200 元。到 2008 年，界湖南村社区年集体收入增长到 6500 万元，居民人均纯收入达到 1.46 万元。2012 年，人均纯收入突破 2 万元，达到 2.1 万元。2022 年，社区集体固定资产达到 22.1 亿元，人均可支配收入达到 3.8 万元。居民充分享受到发展集体经济成果：法定年龄结婚的青年，免费分配一套 120 平方米的婚房；60 周岁以上的老人每人每年享受到 7000 元生活补贴，其他居民每人每年分红 4000 元；免费为 65 周岁以上老年人健康查体。

第二章　衣　食

第一节　衣　着

中华人民共和国成立初期，界湖南村仍然处在自给自足的小农经济生活状态中。衣服主要以粗布为主，靠自己种棉花、纺线、织布，再把织好的布匹拿到染坊染色，最后才裁剪做衣服，用这种方法做成的衣服叫作“本地布”衣服。即便是这种费尽周折、历经多道工序才做成的衣服也少得可怜。大部分家庭通常是冬天作为棉裤的外表，春天揭下裤表当单裤穿。有的家庭弟兄几个共穿一身像样的衣服，谁出门谁穿，不出门的在坑上窝着。老百姓有句俗话，“新三年，旧三年，缝缝补补又三年”，说的就是衣服紧缺。

20 世纪 80 年代，理念上的解放思想，经济上的市场搞活，国营与集体商场以及出现在集市上的个体布摊，有了的确良、的卡、涤纶等现代衣料商品，花色品种琳琅满目。加工衣服的个体、店铺遍布城乡。人们逢年过节到集市上扯几尺布，支点加工费，下一集再到集上取衣服，既省事又方便。人人都有换季的衣服，各种花色、各种样式的都有，打补丁的衣服越来越少见了。

随着衣服的改变，人们穿鞋戴帽也在更新换代。过去男士戴的多是用羊毛制作的青色毡帽，有的戴帽壳，冬天因为盖不住耳朵，还必须用毛巾或找一块棉布围着耳朵防寒。夏天没有帽子，大多戴六个角的苇笠。偶见富家绅士及其子弟戴礼帽，冷暖不说，这种打扮不像正面人物，常常被作为文学艺术、舞台荧屏中的汉奸特务形象。全国解放后，逐渐换成解放帽。再后来，一些人戴鸭舌帽，也有叫工人帽的。冬天有了棉帽，有棉的，有皮的。夏天有了凉帽，式样繁多。再往后，上衣加帽子，既轻便又好看。

裤腰带也应算是衣着。过去经济不发达，穿在外边的衣服都顾不了，有的腰间束一根绳子，有的用碎布绺子搓成绳子。20 世纪六七十年代出现了塑料腰带，好看却不结实。改革开放以后，皮带比较普遍，有猪皮的，有牛皮的，材质有多种，样式越来越精致，甚至有了用鳄鱼皮做的腰带，上万元一条的都有。有的厂家，甚至在皮带卡上做文章，铁的、铜的、镀银的、镶金的，有的上万元，10 万元一条的也有。

进入 21 世纪，人们穿衣又逐渐发生了变化。市面上卖布料的、做衣服的渐渐被卖成衣的替代。不仅外衣款式新颖大方，内衣也越来越秀丽、轻便、暖和。人人都追求时尚，来了新款式必须第一时间穿上。同季节不同款式的服装多了，有的早、中、晚要换衣服，上班、休闲也有套服。有的衣服，穿不了几次就被淘汰，一些看起来崭新的衣服就被新衣服顶替下来，只好暂时放进柜子里。人们不愁穿不上衣服，而是愁怎么处理过时的衣服。看看这件还很好、那件也怪好，都不舍得扔，但又都穿不着。实在没地方放，就利用夜间塞到小区里的回收衣柜里面。小区里回收旧衣服的柜子，每天早上清理拉走，一到晚上又填满了。老人们感叹地说：“这个世道真是变了，衣服花色样式不分男女，穿衣不分四季，冬天也有穿裙子的。”

第二节　饭　食

南村社区世代以种地为生，主要粮食作物有：小麦、大豆、地瓜、玉米、谷子、水稻。中华人民共和国成立初期，平均亩产只有 100 千克左右。1962 年，粮食亩产 141 千克。到 1979 年，粮食平均亩产 350 千克。村民虽然人均占有土地一亩以上，却一年到头衣食不足。党的十一届三中全会以后，实行了联产承包责任制和科学种田，1980 年，粮食亩产达到 500 千克，村民逐步解决了温饱问题。然而，南村社区地处县城，随着县城机关、企事业的建设和发展，土地逐渐减少，第一产业在经济发展中的比重越来越小，逐步被第二产业和第三产业所替代。

没有好粮食，难有好饭吃。中华人民共和国成立前，农民租种地主土地或给地主富农当长工、打短工，吃糠咽菜甚至逃荒要饭，勉强维持生存。1946 年土改后，南村村民开始分得土地，免除了地租，粮食丰收后居民饮食有了一定改善，咸菜、稀粥、煎饼、窝窝头，吃了上顿还有下顿就算是过上了好日子。

中华人民共和国成立初期，农业生产条件差，自然灾害多。西南岭一带土地，土薄石头多，其他土地多是涝洼湖。所以 20 世纪 60 年代以前，界湖南村多种抗涝的穇子，岭地上多种能抗旱的黍、稷及地瓜。种一点大豆、小麦及杂粮，大部分卖钱花。穇子是最低产、最不好吃、最不值钱的粗粮。去掉糠皮，单吃米子尚可，但农民不舍得。

带皮做成煎饼，又毫无韧性，卷一大包菜，还得两手捧着吃，下咽的时候拉嗓子。村民饭食以粗粮为主，逢年过节才能有少量白面馒头、饺子改善生活。农业种植没有抗灾能力，只能人种天收，靠天吃饭。风调雨顺的年头，还能用糠菜充饥，勉强吃饱。遇到灾年，大人小孩都饿肚子。

1949 年，粮食平均亩产 76 千克，每人占有粮食 209.5 千克。

1955 年，亩产达到 117.8 千克，每人占有粮食 277.5 千克。

1960 年和 1961 年，接连旱涝灾害，农田基本颗粒无收，许多村民得了水肿病。村里连续两年基本没有出生的孩子。20 世纪 60 年代出生的孩子，大人给起小名都叫“余粮”“存粮”，以此寄托对粮食的渴望。那几年，南村村民又回到吃饭困难的状态。当年，村民为了生存，甚至出现“用一捆地瓜秧，换一个媳妇”的现象。

1963 年，粮食作物平均亩产 70 千克，每人平均口粮只有 106 千克。

1964 年，迎来一个久违的丰年，亩产达到了 120.5 千克，每人平均口粮 170.5 千克。

20 世纪 70 年代，地瓜为主食，玉米、小麦、水稻种植面积增大，淘汰了黍、稷及䅟子，粮食产量有所提高，饮食条件有所改善。

1978 年，界湖南村粮食亩产达到 400 千克以上，是界湖公社 13 个粮食亩产“过长江”的大队之一。

改革开放后，农村农业体制改革，实行土地家庭联产承包责任制，人们的生产积极性空前提高，加上化肥的普遍应用，粮食产量大幅度提高。而且，南村许多村民开始经商，家庭条件逐渐好转。

1983 年，界湖南村粮食产量有了较大的突破，亩产超过了 500 千克，是界湖镇粮食亩产过 500 千克的 6 个村之一。

之后，南村村民的饮食质量开始慢慢提升。首先，大米白面等细粮逐步开始取代地瓜玉米等粗粮；其是加工方式不再单纯靠人工推碾、拉磨，而是出现面粉加工厂，使用了粉碎机；最后佐餐菜多了，肉、蛋、鱼不再是稀罕物，平时也能走上老百姓的餐桌。

进入 21 世纪，界湖南村因县城机关、企事业单位建设占用，土地连年减少，农业逐渐被工业、服务业所替代，居民经济收入大幅度提高，人们的饮食有了翻天覆地的变化。

一日三餐变着花样吃，有主食、副食，有鸡、鱼、肉、蛋、奶，还有素菜、凉拌菜，餐后还要吃水果。每餐最少两个菜，有的家庭每餐都要四到六个菜。爱喝酒的，顿顿喝两盅。孩子们，酸甜饮料不断。以前人们指望吃粗粮，现在是细粮吃够了，又换着法子吃粗粮，吃粗粮反倒成了奢侈。以前人们是愁着吃不饱，现在就想着怎么吃好。过去，有盐有油就不错了，如今，油盐酱醋，各种调料应有尽有。以前，老人过不起生日，现在孩子满周岁就过生日，并且很隆重。过去，再忙再累，到吃饭的时候就回家吃饭。如今，年轻人在家自己做饭的越来越少，去饭店吃饭的越来越多。有的年轻人，见家里的饭菜不合口味，回头就往饭店里跑。

第三章 住 房

第一节 老村旧貌

1947年5月至1949年7月，中共沂南县委、县人民政府陆续进驻界湖，部分机关驻南村。没有专门宿舍，所有机关干部、工勤人员住在农户。

20世纪50年代初，界湖没有因为驻进县机关而扩大，显得房屋紧张，住家拥挤。

1958年，县委机关建起大院，又建起机关招待所，仍有机关干部住在南村，住房不见宽松。

20世纪60年代开始，县直部门及企事业单位陆续建设，日新月异。县城面积越来越大，面貌越来越好看，而界湖村依然如故。界湖南村群众住房没有改观。

1978年，党的十一届三中全会胜利召开，拉开了解放思想、改革开放的大幕。界湖南村居民住宅基本集中在人民路以南，圩子沟以里，南北大街两侧，多为土墙草屋，有的还住“团瓢屋”，低矮狭窄，阴暗潮湿，人均住房面积不足10平方米。

第二节 住宅变迁

1979年以后，随着思想解放和市场经济的发展，界湖南村出现了宅居建设热，多利用钢筋、水泥建瓦房，宽敞明亮，坚固舒适，人均住房面积达到20平方米，传统草房逐渐退出历史舞台。

1992年，界湖南村对民宅建设做了初步规划，村民开始建设能抗震的瓦房或二层楼。

2002年，为了节约土地，界湖南村投资320万元，在毛纺厂东、芙蓉路南，规划建设了两座“5+2”青年楼，每户建筑面积100平方米，每户平均收取32000元，分配给适龄青年作为结婚用房，南村村民开始入住多层楼房。

2006年，大批适龄青年到了结婚年龄，界湖南村社区又在原来的两座青年楼房以东建4栋125户，每户100平方米的楼房，大部分分配给适龄青年作为结婚用房，平均每户收取39000元。

2008年，继续在前6栋楼房以西（毛纺厂院）、以南，同时开工建设20栋楼房，主要是为了旧村拆迁改造安置用房，先后组织实施了一期、二期拆迁及正阳路拆迁，共拆迁207户，实现当年拆迁，当年还建，当年回迁入住。至此，界湖南村社区居民一区形成规模，总占地面积17公顷，建筑面积7.9万平方米，总投资7000余万元，共建设楼房26栋，先后有216户拆迁居民和202户适龄青年陆续入住新居。人均楼房居住面积超过了30平方米。

2013年，社区投资兴建27万平方米的锦绣花园和芙蓉二期，打破了以前多层楼房建设模式，在全县率先规划建设17层至24层的高层楼房，单户面积也由原来的100平方米增加到最多180平方米，作为面向社会的商品房进行销售，鼓励家庭条件好的南村人出资购买居住，人均住房面积达到了50平方米。无论从外观设计还是内部户型设计都有了质的飞跃，南村社区人开始有了大城市格调的居住环境及居住标准。

2018年，南村社区棚户区改造，拆除了全部旧房，按一户一宅建起了棚改安置小区。2019年分配到户，2022年陆续开始乔迁新居。

如今的南村社区，位居县城中心的综合服务区，西临花山路，东跨朝阳路，北依人民路，南接澳柯玛大道，振兴路、芙蓉路、银杏路、丹阳路、正阳路在村内纵横交会，沿街两侧商品房、经济房鳞次栉比，机关、企事业单位门户相连，成为县城居家兴业最理想的黄金地段。

第三节　小区配套

界湖南村经过30余年的积极打造，浴火凤凰，涅槃重生。古村虽没有了痕迹，却在南村地域上，建起了南村社区居民一、二、三区，芙蓉花园，锦绣花园，康宁家园，二层楼居民区，棚改安置区等多处小区。小区内建有卫生室、物业管理服务处、老年活动中心、幼儿园、儿童乐园、沿街超市等配套设施，居民区功能完善。

在建设住宅区的同时，建成占地面积8000平方米的广场，配有体育健身器材。在硬化地面的同时，规划建设停车位。

在美化小区硬件综合建设中，以园林风景树木为主，辅以常绿灌木以及木本、草本花卉，绿化率达46%。水、电、暖、燃气配套，有线电视、电话、网络信号齐全，场地、街道全部硬化并配有绿化、照明。居民区内整齐、庄重、真切、有序。

界湖南村在居民区建设中，还别出心裁地配备廊亭、石碾、石磨和露天荧屏，足可以搅动居民心灵。仿古廊亭位居小区中心，古色古香，气势磅礴，颇富民族气概，在这里驻足、落座，或远处观望，都会生出民族自豪感，在这里有讲不完的今昔故事。石碾、石磨，位居小区边缘，许多老年人，也有年轻人，结伴或合家来这里推磨压碾，回家做一顿传统的家常饭。露天荧屏，矗立于小区中心，呈现出现代高科技面貌，发挥着宣传、娱乐的新媒介作用。

第四节　住房福利

20世纪80年代，界湖南村在改革开放、经济振兴的大好形势下，出现了一段时间的宅居建设热。然而，受宅基地的限制，许多人家只能在拆旧房盖新房上做文章，新建的房子多数给儿女做了新房。

2002年，根据县城建设用地、安置居民搬迁的需要，逐步改善居民住房条件，界湖南村由一家一户住平房改为集中建楼房。规划建设了“5+2”青年楼，每户建筑面积100平方米，每户平均收取32000元成本价，分配给适龄青年作为结婚用房。这一住房改革措施，不用操心，价钱也不多，被群众称之为住房福利。

2006年，界湖南村社区大批适龄青年到了结婚年龄，社区又就原址、照原样继续建设“青年楼”，大部分分配给适龄青年作为结婚用房，平均每户收取39000元。

2008年，社区按城建规划，拆迁旧房，建居民新区，所有拆迁居民，全部免费入住新区。南村社区居民免费入住新楼房的事迹，被中共沂南县委宣传部摄影记者杜煜葆发现并拍成了照片。后来，这张图片被新华社选为中华人民共和国成立60周年全国最具影响力的60件大事之一，并汇制成《改革开放照片集》向全国发行。在这个集子中，涉及农村改革的共有3幅，南村社区居民免费入住新楼房是其中之一，这也是山东省唯一一幅被选中的一幅图片。填补了山东改革开放、农村经济发展在新华社中华人民共和国成立60周年新闻图片集中的空白。

2009年，社区有28名适龄计划生育青年新婚需要住房。经“两委”研究同意，社区对计划生育家庭，一是给予每人每年1000元的奖励；二是自2009年开始，为计生家庭适龄青年，奖励100平方米的免费楼房一套；三是对年满60周岁以上计生家庭老年人，每人每季度发放360元的生活补助费；四是计生家庭的医疗保险、养老保险、治安保险，全部由集体承担，水电费、物业费全免。随后，28名计生家庭适龄青年领到了奖励婚房钥匙。自此，南村社区开始为适龄青年免费分配楼房。

2014年5月28日，南村社区第三次为计生家庭适龄青年免费分房，够条件的多达32人。为了做到公平公正，两委研究决定分两步走，第一步先由分房户代表抓顺序号，第二步按照已出台的顺序号抓楼号，现场设公证注册，影像跟踪。地点安排在社区礼堂，主席台上安有摄像机，有唱号的，有监督的，有公证的，有登记注册的。观众席上坐得满满当当，凡是能分到房的几乎全家都到了，甚至亲朋好友也到现场助阵、帮忙、看热闹，还有大批的工作人员。开始抓顺序号，一共 32 个，号码就放在一个封闭的箱子里，每户只有一次机会，先自己报号，经过监督，登记，注册。一个清楚了，再办下一个。抓房号也是一样，一共 32 个房号，同样放在一个封闭的箱子里，从 1 号开始抓，抓的是几号楼、几单元、几层、几号，自己先报出来，经过监督、登记、注册、录像、照相。上台抓号的青年，兴奋和激动都写在脸上。32 套房分完了，没人提出意见。居民沈贵德，有一对双胞胎儿子，他获得两次机会，连上两次台，抓了两套房。要说所有分得新房的户都高兴的话，他的心情是万分激动。台下就座的干部群众，以他为例，有说他运气好的，有说村里的政策好的，更多的是说社区党委一心为民，社区干部肯为群众办实事、办好事。

消息传到正在筹备“生育关怀携手行·山东沂蒙老区行——纪念中国计划生育协会成立 34 周年活动”的国家计生协筹委会。他们在赞美“和庄经验”的同时，对南村社区在新形势下做好计划生育工作的做法和力度赞不绝口。在安排活动的时候，他们特意安排到南村区走访慰问，同时举行颁发免费新房钥匙仪式，为 32 名青年颁发新房钥匙。

社区女青年聂丹丹在仪式上代表发言说，她 3 岁的时候父母离异，是吃着百家饭、穿着百家衣长大的。她说：“我是幸运的，因为我生活在南村社区这样一个充满爱心的大家庭。从小，我的日常花费，由社区解决；我的日常生活，有计生协会的叔叔大爷、婶子大娘照顾；每年的分红，我总是第一个领到；合作医疗保险费、养老保险金，都是社区给我交。生在南村，我是幸运的，是幸福的。”拿着新房钥匙，她激动地说：“今天，社区免费分配给我一套 120 平方米的住房，是给我最好的嫁妆！《南村通讯》在专题报道中，第一句话说：“这是当今足以称得上民生新闻的重大消息。”

2020 年，南村社区第七次免费分房，尹纪刚一对双胞胎儿子到了结婚年龄，每人如愿分到了一套楼房，全家人高兴得不得了。

2020 年 3 月 5 日，南村社区宣布，为减轻沿街商铺租赁户经济负担，减免所有租赁户一个月的房租。这一决定，让 350 多个房客得到 150 多万元的照顾。他们说：“南村社区居民享受住房福利，我们这些商户享受租房福利。”

南村社区历次免费青年楼分配情况表

表 9-1

序号	户主姓名	关系	青年姓名	性别	出生时间	楼房位置	分配时间
1	张西祥	长子	张洪明	男	1989.05.21	15-2-501	2009.01.01
2	刘振省	长子	刘洪昌	男	1989.01.04	18-3-201	2009.01.01
3	刘德俊	长子	刘国栋	男	1989.09.06	18-3-202	2009.01.01
4	康聚华	长子	唐康宁	男	1989.10.20	18-3-301	2009.01.01
5	薛金荣	长子	张雷雷	男	1989.09.10	18-3-302	2009.01.01
6	苗士永	长子	苗　壮	男	1989.10.02	18-3-401	2009.01.01
7	高贵法	长子	高　龙	男	1989.01.27	18-3-402	2009.01.01
8	李维举	次子	高　达	男	1989.05.25	18-3-501	2009.01.01
9	李富吉	次子	李亮亮	男	1989.12.20	18-3-502	2009.01.01
10	郭树利	次子	郭彦强	男	1989.12.27	19-3-102	2009.01.01
11	袁东烈	长子	袁丰龙	男	1989.11.17	19-3-201	2009.01.01
12	葛同利	长子	葛其坤	男	1989.03.21	19-3-202	2009.01.01
13	胡乃进	长子	胡兴龙	男	1989.08.04	19-3-301	2009.01.01

续表 9-1

序号	户主姓名	关系	青年姓名	性别	出生时间	楼房位置	分配时间
14	苗秀华	次子	苗玉龙	男	1989.04.27	19-3-302	2009.01.01
15	徐东封	次子	吴淑洁	男	1989.05.02	19-3-401	2009.01.01
16	高录君	长子	高　波	男	1989.12.01	19-3-402	2009.01.01
17	高荣田	长子	高　超	男	1989.07.15	19-3-501	2009.01.01
18	尹传余	长女	尹纪存	女	1989.01.01	19-3-502	2009.01.01
19	高宝义	长子	高勇恒	男	1989.11.12	19-4-101	2009.01.01
20	刘树甲	长子	刘遵超	男	1989.01.14	19-4-102	2009.01.01
21	刘树元	长子	刘遵强	男	1989.01.24	19-4-201	2009.01.01
22	高桂忠	长子	高　飞	男	1989.08.10	19-4-202	2009.01.01
23	吴恩杰	次子	吴月强	男	1989.05.12	19-4-301	2009.01.01
24	邱增亮	次子	邱中源	男	1989.08.10	19-4-302	2009.01.01
25	袁鹏涛	长子	刘光涛	男	1989.06.18	19-4-401	2009.01.01
26	王学军	长子	王伟伟	男	1989.10.01	19-4-402	2009.01.01
27	刘元坤	长子	刘　阳	男	1989.09.09	19-4-501	2009.01.01
28	姜开明	长女	姜自升	女	1989.10.26	19-4-502	2009.01.01
29	王世功	长子	王京峰	男	1990.02.26	18-4-501	2012.04.12
30	刘志芹	次子	吴越飛	男	1990.04.15	19-1-502	2012.04.12
31	刘振平	次子	刘洪伟	男	1990.02.16	15-2-402	2012.04.27
32	李发明	长子	李富国	男	1990.03.17	19-2-402	2012.05.04
33	高本成	长女	高　扬	女	1991.08.17	19-2-401	2012.05.16
34	刘振全	长子	刘德福	男	1990.10.17	18-4-502	2013.02.22
35	吴淑国	长女	吴玉峰	女	1990.02.06	34-1-102	2013.12.29
36	魏召友	长女	魏彦磊	女	1990.08.06	34-1-301	2013.12.29
37	姜开春	长子	姜　山	男	1990.04.10	34-1-302	2013.12.29
38	袁凤霞	长女	高颖超	女	1990.12.26	34-1-501	2013.12.29
39	刘建玲	次子	尹纪宗	男	1990.04.19	34-1-601	2013.12.29
40	刘树志	长子	刘士钰	男	1990.07.30	34-1-602	2013.12.29
41	沈贵德	三子	沈有祯	男	1990.11.14	34-1-702	2013.12.29
42	袁淑霞	长子	姜　鑫	男	1990.12.13	34-1-801	2013.12.29
43	吴恩红	次子	刘洪宾	男	1990.09.25	34-1-1101	2013.12.29
44	王希玉	次子	王洪磊	男	1990.05.30	34-1-1201	2013.12.29
45	戚玉亮	长子	戚建强	男	1990.09.14	34-1-1302	2013.12.29
46	聂学忠	长子	聂胜杰	男	1990.09.07	34-1-1401	2013.12.29
47	沈贵德	四子	沈有祥	男	1990.11.14	34-1-1602	2013.12.29
48	徐元烈	长子	徐　营	男	1990.03.13	34-2-201	2013.12.29
49	刘振省	次子	刘洪升	男	1990.02.28	34-2-302	2013.12.29
50	王学花	长子	刘　明	男	1990.05.12	34-2-401	2013.12.29

续表 9-1

序号	户主姓名	关系	青年姓名	性别	出生时间	楼房位置	分配时间
51	高路修	长女	高恩慧	女	1990.01.20	34-2-601	2013.12.29
52	赵桐杉	长女	赵恩欣	女	1990.08.26	34-2-1001	2013.12.29
53	刘德学	次子	刘运委	男	1990.10.13	34-2-1101	2013.12.29
54	高宝明	长子	高永杰	男	1990.03.22	34-2-1202	2013.12.29
55	高录元	长子	高本龙	男	1990.10.29	34-2-1301	2013.12.29
56	杨俊岭	长子	杨兴玘	男	1990.11.30	34-2-1402	2013.12.29
57	刘德进	长女	刘纯阳	女	1990.01.09	34-2-1501	2013.12.29
58	田洪波	长子	田　雨	男	1990.04.06	34-2-1602	2013.12.29
59	刘德友	长女	刘情情	女	1990.07.16	34-2-1702	2013.12.29
60	郭树成	长子	郭彦超	男	1991.02.28	34-1-101	2014.04.29
61	刘其中	长子	刘　洋	男	1991.06.30	34-1-201	2014.04.29
62	赵从理	长子	赵　杰	男	1991.05.27	34-1-202	2014.04.29
63	于凤春	长子	于　涛	男	1991.01.16	34-1-401	2014.04.29
64	李西国	长子	李　杰	男	1991.04.26	34-1-402	2014.04.29
65	张西谦	长子	张　建	男	1991.02.28	34-1-502	2014.04.29
66	聂瑞余	次女	聂丹丹	女	1991.03.26	34-1-701	2014.04.29
67	刘振勇	次子	刘洪强	男	1991.03.02	34-1-802	2014.04.29
68	相合全	长子	相荣杰	男	1992.07.28	34-1-901	2014.04.29
69	高宝臣	长子	高　建	男	1992.11.11	34-1-902	2014.04.29
70	邱增明	长子	邱长柱	男	1991.01.12	34-1-1001	2014.04.29
71	姜开元	长子	姜　斌	男	1992.10.16	34-1-1002	2014.04.29
72	刘德顺	长子	刘润政	男	1991.05.05	34-1-1102	2014.04.29
73	苗秀亮	长子	苗士明	男	1992.12.05	34-1-1202	2014.04.29
74	王立荣	长子	高　洋	男	1991.09.09	34-1-1301	2014.04.29
75	王树华	长子	王　磊	男	1991.03.11	34-1-1402	2014.04.29
76	潘秀勋	长子	高运升	男	1991.02.26	34-1-1501	2014.04.29
77	车荣亮	长子	车国强	男	1991.11.10	34-1-1502	2014.04.29
78	沈文田	长子	沈彦峰	男	1991.11.20	34-1-1601	2014.04.29
79	刘振军	次子	刘　强	男	1991.08.22	34-1-1701	2014.04.29
80	刘德军	长子	刘　晓	男	1992.01.28	34-1-1702	2014.04.29
81	王世君	长子	王京伟	男	1991.05.11	34-2-101	2014.04.29
82	高永文	长子	高　辉	男	1993.01.21	34-2-501	2014.04.29
83	刘振玲	长子	蒋金涛	男	1992.10.10	34-2-701	2014.04.29
84	尹继成	长子	尹永乐	男	1992.06.28	34-2-801	2014.04.29
85	王克成	长女	王京云	女	1991.01.20	34-2-901	2014.04.29
86	李建平	长子	李　强	男	1991.01.03	34-2-1201	2014.04.29
87	高桂现	长子	高　鹏	男	1992.11.27	34-2-1302	2014.04.29

续表 9-1

序号	户主姓名	关系	青年姓名	性别	出生时间	楼房位置	分配时间
88	聂学友	长子	聂成隆	男	1992.04.12	34-2-1401	2014.04.29
89	冯乃芹	长子	丁雪峰	男	1991.09.12	34-2-1502	2014.04.29
90	朱玉爱	长子	苗士贵	男	1991.03.03	34-2-1601	2014.04.29
91	李发春	长女	李欣颖	女	1991.02.06	34-2-1701	2014.04.29
92	袁纪烈	长媳	尹永华	女	1986.02.05	34-2-102	2014.06.21
93	巩怀国	长子	巩超峰	男	1987.04.19	34-2-602	2014.06.21
94	刘振峰	长子	刘洪洋	男	1985.08.01	34-2-1102	2014.06.21
95	冯乃顺	长子	冯　磊	男	1995.01.28	34-2-301	2017.01.16
96	尹传芳	长子	刘洪诚	男	1994.06.12	34-2-402	2017.01.16
97	于召明	长子	于林强	男	1994.10.031	34-2-502	2017.01.16
98	高录明	长子	高伟杰	男	1993.09.20	34-2-702	2017.01.16
99	包彦华	长子	包　金	男	1994.07.15	34-2-802	2017.01.16
100	刘树明	长子	刘欣昊	男	1991.02.05	34-2-1002	2017.01.16
101	李发全	长子	李国华	男	1993.09.28	33-1-102	2017.01.16
102	邵泽常	长子	邵长胜	男	1994.11.19	33-1-401	2017.01.16
103	聂学海	长女	聂文静	女	1994.11.03	33-1-1001	2017.01.16
104	邱中新	长女	邱芸颖	女	1994.09.04	33-1-1101	2017.01.16
105	尹传中	长子	尹继伟	男	1986.08.07	33-1-1601	2017.01.16
106	王树军	长子	王　旗	男	1993.12.07	33-1-1701	2017.01.16
107	高永华	长子	高　斌	男	1996.03.25	33-1-101	2018.03.12
108	胡乃军	长子	胡凡强	男	1995.08.15	33-1-201	2018.03.12
109	王克宽	长子	王群翔	男	1996.11.11	33-1-202	2018.03.12
110	张兰红	长子	郭淼烨	男	1995.02.11	33-1-301	2018.03.12
111	李建军	长女	李秋颖	女	1995.09.28	33-1-302	2018.03.12
112	刘德山	长子	刘运杰	男	1995.11.22	33-1-502	2018.03.12
113	张西杰	长子	张红超	男	1997.01.25	33-1-601	2018.03.12
114	刘振德	长子	刘洪杰	男	1996.08.27	33-1-602	2018.03.12
115	刘德功	长子	刘韦育	男	1995.04.17	33-1-701	2018.03.12
116	高春升	长女	高雪华	女	1995.07.17	33-1-702	2018.03.12
117	杨爱岭	长子	杨兴志	男	1996.11.15	33-1-802	2018.03.12
118	尹传山	长子	尹纪鹏	男	1996.11.07	33-1-902	2018.03.12
119	刘振增	长女	刘德华	女	1995.09.28	33-1-1002	2018.03.12
120	刘振波	长女	刘晓晴	女	1996.06.21	33-1-1202	2018.03.12
121	车振京	长子	车兴轮	男	1997.01.20	33-1-1302	2018.03.12
122	刘德同	长子	刘运斌	男	1996.10.16	33-1-1401	2018.03.12
123	徐兴宝	长女	徐　洁	女	1996.08.28	33-1-1501	2018.03.12
124	车荣军	长子	车振鑫	男	1996.08.27	33-2-1701	2018.03.12

续表 9-1

序号	户主姓名	关系	青年姓名	性别	出生时间	楼房位置	分配时间
125	刘遵义	长子	刘敬军	男	1997.10.29	33-2-401	2019.04.25
126	陈增俊	长子	葛文强	男	1997.06.17	33-2-502	2019.04.25
127	赵忠城	长子	赵奕超	男	1997.10.13	33-2-601	2019.04.25
128	刘振营	长子	刘子琪	男	1997.04.29	33-2-1001	2019.04.25
129	袁五烈	长子	袁丰洋	男	1997.03.18	33-2-1101	2019.04.25
130	张西霞	长女	高　婧	女	1997.07.29	33-2-1202	2019.04.25
131	李发友	长子	李昊龙	男	1997.12.04	33-2-1401	2019.04.25
132	张友梅	长子	邱爱鑫	男	1997.03.05	33-2-1601	2019.04.25
133	徐后波	长子	徐以正	男	1997.08.09	33-2-1602	2019.04.25
134	刘德进	长女	刘星云	女	1997.07.09	33-3-301	2019.04.25
135	冯乃江	长子	冯　鑫	男	1997.09.29	33-3-601	2019.04.25
136	马凤亮	次子	马　强	男	1997.04.12	33-3-1002	2019.04.25
137	李长春	长子	李晓东	男	1998.12.25	33-2-102	2020.03.30
138	王树杰	长子	王　浩	男	1998.11.20	33-2-202	2020.03.30
139	高　伟	长子	高煜鑫	男	1998.04.10	33-2-301	2020.03.30
140	戚中祯	长子	戚建发	男	1999.02.09	33-2-402	2020.03.30
141	尹纪刚	次子	尹永安	男	1998.09.02	33-2-701	2020.03.30
142	刘德发	长子	刘运龙	男	1998.11.04	33-2-702	2020.03.30
143	刘遵和	长子	刘祥福	男	1998.12.07	33-2-1301	2020.03.30
144	刘振国	长子	刘洪鑫	男	1998.11.18	33-2-1302	2020.03.30
145	苗士青	长女	苗　洁	女	1998.04.16	33-2-1501	2020.03.30
146	高宝臣	长子	高　鹏	男	1998.04.25	33-2-1502	2020.03.30
147	邱长平	长子	陈怡达	男	1998.02.17	33-3-401	2020.03.30
148	巩怀军	长女	巩　雪	女	1998.08.01	33-3-501	2020.03.30
149	胡发全	长子	胡乃洁	男	1998.11.29	33-3-802	2020.03.30
150	邱中全	长子	邱　健	男	1998.03.12	33-3-1201	2020.03.30
151	刘元祥	长子	刘致恺	男	1998.08.13	33-3-1301	2020.03.30
152	尹纪刚	长子	尹永兴	男	1998.09.02	33-3-1401	2020.03.30
153	郭树建	长子	郭彦磊	男	1998.10.25	33-3-1501	2020.03.30
154	王红山	长子	王　豪	男	1999.04.03	33-2-101	2021.06.04
155	杨彦东	长子	杨　涛	男	1999.09.20	33-2-201	2021.06.04
156	刘运峰	长子	刘　珂	男	1999.12.22	33-2-501	2021.06.04
157	吴恩胜	长子	吴俊豪	男	1999.06.21	33-2-602	2021.06.04
158	李凤娟	长子	高　宇	男	1999.10.10	33-2-802	2021.06.04
159	刘德刚	长女	刘小惠	女	1999.03.23	33-2-1402	2021.06.04
160	吴淑沂	长女	吴蒙召	女	1999.10.14	33-3-102	2021.06.04
161	刘德峰	长子	刘润钊	男	1999.03.04	33-3-201	2021.06.04

续表 9-1

序号	户主姓名	关系	青年姓名	性别	出生时间	楼房位置	分配时间
162	邱增珍	长女	李沛颖	女	1999.05.15	33-3-701	2021.06.04
163	李俊峰	长子	李青彦	男	1999.11.30	33-3-801	2021.06.04
164	袁养浩	长子	袁世同	男	1999.10.07	33-3-901	2021.06.04
165	赵建新	长子	赵志伟	男	1999.09.17	33-3-1001	2021.06.04
166	陈敬军	长子	陈文豪	男	1999.09.21	33-3-1101	2021.06.04
167	王世成	长子	王昱权	男	1999.08.25	33-3-1601	2021.06.04
168	刘德明	长子	刘运超	男	1994.11.17	13-2-802	2023.06.17
169	张志军	长女	张洁雯	女	1999.04.27	13-2-901	2023.06.17
170	高录文	长子	高　义	男	2000.05.08	13-2-1101	2023.06.17
171	王翠兰	长子	刘星辰	男	2000.10.21	13-2-601	2023.06.17
172	唐聚强	长子	唐鹏博	男	2000.08.27	13-2-201	2023.06.17
173	冯乃广	长女	冯诗文	女	2000.03.30	13-2-1601	2023.06.17
174	朱爱欣	长子	唐麒凯	男	2000.07.10	13-2-402	2023.06.17
175	张西亮	长子	张红发	男	2000.06.06	13-2-1302	2023.06.17
176	张元东	长女	张晓婉	女	1990.07.12	13-2-1001	2023.06.17
177	张西坤	长女	张　雨	女	2000.09.25	13-2-1401	2023.06.17
178	杨彦明	长女	杨淑涵	女	2000.08.23	13-2-902	2023.06.17
179	徐以安	长子	徐　彬	男	2000.07.08	15-3-401	2023.06.17
180	张春雷	长子	张本正	男	2000.09.13	15-3-901	2023.06.17
181	徐后田	长子	徐世龙	男	2000.05.26	13-2-301	2023.06.17
182	刘德省	长子	刘译隆	男	2001.10.10	13-2-602	2023.06.17
183	袁鹏涛	次子	刘怡辰	男	2001.10.05	13-2-1501	2023.06.17
184	唐泽海	长子	唐毅锟	男	2001.03.06	13-2-1402	2023.06.17
185	刘德杰	长女	刘玉婷	女	2001.07.07	13-2-401	2023.06.17
186	刘振涛	次子	刘星辰	男	2001.12.28	13-2-1002	2023.06.17
187	邵泽友	长子	邵长春	男	2001.01.13	13-2-1702	2023.06.17
188	刘建波	长子	刘峻旭	男	2001.11.09	13-2-701	2023.06.17
189	魏彦军	长子	魏　峰	男	2001.02.14	13-2-1102	2023.06.17
190	葛其波	长子	葛文国	男	2001.12.01	13-2-702	2023.06.17
191	王光全	长子	王钰博	男	2001.10.22	13-2-502	2023.06.17
192	邱中国	长女	邱芯慧	女	2001.12.16	15-3-1001	2023.06.17
193	邱海峰	长子	邱　伦	男	2001.03.10	13-2-1201	2023.06.17
194	苗德强	长子	苗金鑫	男	2002.01.25	13-2-301	2023.06.17

说明：2021 年及以前分配免费楼房在芙蓉路南居民一区，以后在振兴路北南村棚改安置区

第四章 道路与交通工具

第一节 道 路

陆路

界湖街通往四方的路不少。除向东过沂河奔青沂古道外，向西或西南可达青福官路，东南方向，经大庄、左泉、十字路一直到青口海边之外，还有多条小道。界湖街的圩子墙未拆之前有5个门，出南门的两条道，分别向东南和西南，向东南方向的路，经过马家营、徐家沟、小沟崖、白石埠、莪庄，莪庄有渡口，乘船可到河阳，奔上沂州古道。向正南的路比上东南的路宽，出西芙蓉、金佛院、土山、交良，过汶河是里宏，能下临沂城。上西南，直抵青驼寺。界湖圩子内有一条南北大街，北上经铜井、姚家店子，可直达沂水的大街，群众称为南北御大道。在铜井北15里往西北走，有通淄博的大道，界湖及周边日常生活所用的瓷器、铁器等，多是从淄博进的，大都从这条古道上运来。向东北，经杨家道口、苏村、齐家店子、薄家店子、莒县通诸城、青岛。向西北，沿汶河北岸经依汶、隋家店、牛工庙、岸堤通蒙阴，达淄博、泰安。

1941年至1942年春，日本侵略者从沂水城到界湖修一条公路，想向西南修到张庄、青驼，与济南到临沂的公路连接，修到团山庄，因战事吃紧没再修下去。

水路

界湖东有沂河，西有汶河。20世纪60年代以前，水面宽阔，流量很大，可通行船舶。西部山区多松柏楸木，木材商置办木材，扎成木排，沿汶河放排，可至临沂、郯城。出自山里货物，亦可随排筏捎带而行。

沂河，起源沂源县，是淮河流域沂、沭、泗水系中较大的河流，夏、秋季流水量大，南来北往，船运红火。清咸丰四年（1854），沂水县知县吴树声在《沂水桑麻话》里说，“沂河入夏，水势平漕，数百担粮食船可直入运河，每年自有粮客自南方来贩买。沂邑木值甚贱，若广造船只，不唯粮食可运往南方贩卖，一切土产皆可贩运，其船回头又载货回沂，此无穷之利。诚能修舟楫之利，葛沟集为第一码头、界湖集为第二、县城（沂水）为第三。”

20世纪50年代末60年代初，先是修起跋山水库大坝、岸堤水库大坝，继而筑起葛沟河坝，后水系得到控制，河道有时断流，舟楫航运断行。

界湖路

清朝末年，界湖成为沂水南乡重镇，十里八乡，南北客商，争相到界湖立号设店。几十年时间，堂子庙前的南北大街两侧，店铺比肩而立。堂子庙成了地理坐标，通往四外的里程都习惯以此为出发地，如三里碑子、四里桥子、五里槐子等，都是以堂子庙为基点。然而，除了南北大街铺了一段500米条子石，再找不出一条像样的大路。每到下雨天，连木轮车都走不了，挑担子的也必须脱鞋，不然，界湖的黑黏泥能把鞋子给脱下来。

新修道路

20世纪70年代以后，国道、省道、县道及乡村道路，土路逐渐换成水泥路、沥青路，宽阔，平坦，纵横交错，四通八达。

2005年以后，县城形成“八纵十横”的城市交通框架，界湖南村地域占有“五纵七横”。条条大道通向居民小区门口，连到各小区的硬化路面，界湖人告别了界湖街的黑黏泥道路。

2013年，县城开通城市公交，线路在重要的地段、客流集中点和重要单位，设置停靠点。其中，南村社区、沂蒙影视城，都安排了通行线路和停靠站点，出行特别方便。

第二节　交通工具

中华人民共和国成立前，界湖人赶集上店、走亲会友，随身带的东西，无论多少，无论是肩挑着、手提着、背驮着、怀抱着，全靠双脚步行。交通工具方面，充其量是一辆木轮推车或小毛驴，个别女孩子只有在出嫁时或许能坐花轿，大部分只能坐独轮车。小脚妇女走娘家、探亲，也只能坐独轮车、骑驴。因为道路不好，界湖的交通工具没有马车、驴车、地排车，更谈不上汽车。所以，大宗且路途遥远的物资运输要靠驴骡队、小车队，一般人家难能可为。

1925年，界湖张五从青岛买来一辆德国进口的鹰牌自行车。后来，日产小飞轮脚踏车出现在界湖，18块大洋一辆，老百姓望车兴叹，不会骑，也买不起。

20世纪50年代，界湖有了许多自行车；到了60年代，老百姓陆续开始使用；80年代以后基本普及。

1954年，青岛橡胶厂产的骆驼牌胶车轮子销到界湖，独轮车队陆续换上带胎的轱辘，小推车也改叫小胶车了。小胶车轻快灵便，平路上能推500千克盐，跑得还挺快。

1958年，公社修配厂借鉴胶轮车的原理，在原木轮车轮的基础上，改装了轴承，轻快了却不耐用，后逐步换上了胶轮车。

20世纪80年代，界湖南村各生产队集体开始使用拖拉机耕地、打场、跑运输。

21世纪，交通工具发展迅速，家庭轿车成为主流，有的家庭还有好几辆车。以前汽油车为主，现在油电混用或纯电动轿车也很多，手动挡的、自动挡的，国产的、进口的、合资的，名目繁多，品牌多样。

第十篇　文教卫生

第一章 教 育

“百年大计，教育为本”。教育是知识的传授，教育是社会发展的基石，教育是培养人才的社会活动，负有培养人才、为社会发展造就强大动力的历史重任，是立国之本，富民之源。

晚清至中华人民共和国成立前，灾荒屡屡，战乱频繁，加上经济发展迟缓不进，人们为生活勤奋劳动，仍不得温饱，虽有望子成龙之心，却难有供子女上学之力。民国时期废科举、兴学堂，但政府苛捐杂税繁重，地主豪绅盘剥苛刻，人民生活疾苦，子女上学仍可望而不可及。

中华人民共和国成立后，特别是改革开放以来，党和人民政府极其重视教育，随着政治、经济的发展，界湖南村的教育事业蓬勃发展起来。适龄儿童入学率达到了100%，实行九年义务教育后，有大批子女高校毕业，工作在国家建设的重要岗位上。在特定的年月里，教育虽然也遭到了暂时的荒废和挫折，但很快恢复了正常课读。改革开放以后，义务教育阶段学校已进行规范化划片招生，幼儿教育也走上了规范化的道路。尊师重教的新风尚在全社区蔚然成风。同时，成人教育也有明显成果，通过扫盲和各种培训班、远程教育、业余学习及脱产培训等，已有一大批中初级技术骨干掌握了一定技能，参加各行各业建设，为建设社会主义做出了自己的贡献。

据统计，全社区居民本科以上学历的有115人，专科学历149人，高中学历191人，初中学历829人，初中以上学历总人数占居民总人数的52%。李明玉儿子李玉龙、刘志刚儿子刘宝良、刘洪君女儿刘媛和巩庆明女儿巩淑云等人获得博士学位，高春升女儿高悦华被北京大学本科录取。

第一节 小学教育

清朝时期，界湖村没有私塾，村里学生只能到附近村庄就读，且因时局不稳，全村就读私塾的人数屈指可数。因受“女子无才便是德”等封建思想的影响，全村无一女童就读。

民国时期，废私塾，办学堂，而界湖村既没有官办职教，也没有固定的官办学堂。即使外村的所谓学堂，也不过是借用民间闲置的房子当课堂。后来，界湖村出了个拔贡生——魏金相（拔贡，通过“拔贡”入国子监肄业者称为“拔贡生”，亦称“拔贡”。不是正式功名，只是一种身份，相当于现在的保送生或推荐生）。于20世纪20—30年代在界湖办义学（亦称义塾，中国旧时的一种免费私塾。经费主要来源于祠堂、庙宇地租，或由私人捐款资助）。历经10年，教出上百名学子，其中有孙德裕、魏荣兴等。

抗日战争、解放战争期间，界湖村办夜校、识字班，部分村民粗识文字，多数人仍未受到系统文化教育。1949年，儿童入学率仅为15%。

中华人民共和国成立后，党和政府逐步改善办学条件。1954年，县政府拨款，界湖南村出土地、劳力，建界湖南完小（后称“界湖南校”，位于正阳华府小区内）。当年招6个班，250名学生，其中界湖南村30名，儿童入学率达到50%以上。以后，界湖完小年年招生，界湖南村有多名学生入校学习。1957年，学校积极贯彻“德、智、体”全面发展的教育方针，学校沿着健康的道路发展。在这几年，界湖南村小学发展稳定，教育质量逐年提高。

“文化大革命”期间，南校大部分学生能坚持学习，还短时间办过初中、高中，是一处很有影响的学校。

1977年，恢复高考，界湖南村学子王宗运第一个考上大学。

1978年，儿童入学率逐步达到100%。

1980年，界湖完小划归界湖南村。

1985年，基本完成小学六配套校舍改造任务，受到县委县政府表彰。

1992年，界湖南村投资20万元，对南校进行改造，新建宿舍一排，4个教室。

2004年，界湖南村投资76万元，建起二层教学楼2栋，建筑面积1020平方米。

是年，界湖南村隆重举办南校建校50周年纪念活动。曾在南校任职任教的老校长、老教师以及来自全国各地的南校学子纷纷参加，其中还有来自清华大学的研究生。

2010年9月，沂南第四实验小学建成开学，南村小学学生全部转入四小，教师转入界湖中心校。南校全部划归界湖南村幼儿园供其使用。

第二节 幼儿教育

1986年，始建村幼儿园，在界湖南村原办公大院（位于康宁家园小区内）建教室1个3间，教师3人，招生125人。后改建为9间，教师5人，招生150人。

2006年，搬至界湖完小处，3个班60人，教师5人。2009年被评为省级示范幼儿园。

2010年，界湖完小师生搬走后，2座教学楼，8个教室，2个办公室，全部归幼儿园使用。2013年，有教师7人，园长1人，学生4个班120人。

2018年，根据沂南县委、县政府统筹安排，南村社区开展棚户区改造工作，时满63年的南校拆除，改建为居民区。南村社区幼儿园整体搬迁到棚改安置区。

第三节 成人教育

中华人民共和国成立后，党和政府十分重视成人教育。积极组织领导群众开展识字运动，政府设专业扫盲辅导员具体抓，文盲和半文盲都自觉地参加了学习。界湖南村聘请文化较高的村民当民师，由时任小学教师进行辅导，采取民教民的方式办夜校、午校，无论老师还是学生都非常认真积极，扫除文盲的效果非常明显。特别是妇女解脱了几千年的封建束缚，获得了学习权利，学习积极性特别高。

村办成人教育坚持农忙少学、农闲多学，集体上课辅导和自学相结合。中华人民共和国成立初，学习拼音帮助识字，加快了扫盲进度。合作化时期，没有课本，身边有什么学什么，教师常常结合生产工具、时令、作物、农活等的名称教字。还采取田间地头学、晚间记工分时学等形式。到1958年，部分村民摘掉了文盲帽子。1978年，随之业余教育得到恢复，提高了脱盲进度，原有的青壮年文盲基本摘掉了文盲帽子，扫除文盲工作从此结束。

1978年，农民业余教育开始向技术教育发展。

1982年，农村生产体制改革，随着农业技术的应用和发展，科学种田已成为广大农民的迫切要求和自觉行动，业余技术教育更受群众欢迎。

1984年，上级党委、政府先后举办了各种类型的实用技术培训班，界湖南村“两委”组织村民积极参加，95%的青壮年劳力学到了所需要的技术，给经济大发展打下了良好基础。

随着经济社会的发展，原来以农业种植为主的第一产业，逐步被工业、服务业等二、三产业替代。人们对技术的需求也从农业种植技术转变为工业生产技术和工商服务业技能等现代职业技能。于是，各类现代职业技术培训公司应运而生。

2018年2月，南村社区注册资本2000万元，经国家工商行政管理总局注册备案，成立山东职康安全技术服务有限公司，面向全市招生培训。公司总部位于广汇大厦11楼。2018年7月4日，被山东省应急管理厅公布为双重预防体系专业技术服务机构。2018年7月24日，正式启用山东省安全培训教育管理系统。2018年12月28日，理论考试点通过审核已具备运行条件。2019年1月18日，被临沂市应急管理局公布为安全生产标准化三级评审单位。

公司极为重视团队协作和员工综合职业素养提升，定期组织团队参加专业培训课程。公司有安全管理与培训专业技术人员30余人：其中培训教学工作人员12人，国家注册安全工程师、一级安全评价师、一级消防工程师、高级工程师、高级环保工程师、中级消防管理员、国际建筑协会建筑项目管理师、临沂市培训讲师、工程师共计20人。公司拥有办公教学设备150台（套）、容纳400人的大型培训教育网络考试平台、特种作业实际操作综合仿真考培系统及实操实物考试设备、专门应急演练实操和爱国主义教育实践基地。坚持以“法律、法规、标准、规范、实施指南”等为依据，向学员提供科学、公正、准确、可靠的评估、培训、标准化服务。

从2018年至2022年，公司对5个项目内容，即：企业主要负责人和安全管理人员培训，危化品主要负责人和安全管理人员培训，烟花爆竹主要负责人和安全管理人员培训，特种作业主要负责人和安全管理人员培训，卫生健康用人单位主要负责人、职业健康管理单位主要负责人和职业健康管理人员进行培训，共培训119期23966人次。受培训人员主要来自沂南、费县和罗庄区。南村社区由组织本村群众参加各级组织的培训，到自己办学，培训来自全县乃至全市的学员，成人教育发生了翻天覆地的变化。

第二章　文化体育

第一节　民间文艺

中华人民共和国成立前，界湖文艺活动多系群众自发组织，也曾有群众自发凑钱凑物，去外地请戏班子到村演出，活跃民间文艺生活，但由于条件限制，这样的演出很少。1940年，外科医生李长泰个人资助，组织京剧团，演出多出京剧，宣传抗日。马庭现饰演老生、红头，赵德仁饰演小生，知名度很高。

中华人民共和国成立初期，翻身的农民兴高采烈，为庆祝解放，村里买了锣鼓等乐器。大年初一就开始搭戏台演出文艺节目，当时有“小吕剧”“秧歌”“舞狮”“踩高跷”“打花棍”等。各村排练的节目交互演出，戏台一直到农历正月十六日才拆除。其中，界湖南村青年组织排演的《小二黑结婚》《狐狸皮》等，除在本村演出外，还到外村演出，对群众思想解放、贯彻《中华人民共和国婚姻法》和走合作化道路，都起到了很大的教育促进作用。合作化后，有上级组织的京剧团、舞蹈团到村里演出，自行组织的演出机会很少。

20世纪70年代，界湖南村团支部组织文艺宣传队，有青年演员20余人，演出20多个节目，内容都是忆苦思甜、“农业学大寨”、宣传毛泽东思想等。

20世纪80年代，界湖南村成立业余京剧团，演出《铡美案》等多出京剧。村民尹传利的妻子贾洪臻饰演秦香莲，唱腔优美，生动形象，得到干部群众的一致好评。

20世纪90年代，由于电影增多、电视越来越普及，村民多在家中看电视，集体文艺活动逐渐减少。

1992年，界湖南村建起文化大院，为村民文娱活动提供了方便。

进入新时代，南村社区高度重视群众文化生活。

2015年，南村社区组织成立文艺宣传队，组建新红嫂组合。平时，宣传队在沂蒙红色影视基地为游客表演节目，偶尔参与县内重大演出活动。

2016年4月，成立沂蒙情深艺术团。

2017年3月17日在中央电视台综合频道首播，在3月18日晚综艺频道的《星光大道》上，南村社区文艺宣传队选送的“新红嫂组合”，一路过关斩将，登上了中央电视台名牌栏目，向全国观众展示了革命老区人民的崭新精神风貌和新农村建设的巨大成就。

2020年，成立沂蒙四季艺术团，在沂蒙红色影视基地暨红嫂家乡旅游区沂蒙四季大舞台和红嫂展示馆小院进行沉浸式演出，受到观众广泛好评。

2022年7月1日晚，组织文艺爱好者参加南村社区在影视基地沂蒙四季大舞台举办的庆祝建党101周年文艺晚会。

第二节　影　视

电影

中华人民共和国成立前，社会不安定，经济不发展，文化不发达，电影作为一种文化生活，社会上没出现过，老百姓没听说过，更没见过。

1951年8月，老革命根据地访问团到界湖，用上海生产的电影放映机露天放映故事片《钢铁侠》，观众达数万人。

1953年4月，临沂地区电影巡回放映队界湖放映国产故事片《白毛女》，周围十几里的农民赶来观看，观众逾万。

1953年，沂南县有了第一个电影放映队，在域内巡回放映。界湖域内的电影放映一直由县电影队巡回放映，每年每村最多放2—3场电影。到1956年，县内有3个放映队，随后逐渐增多。

1963年9月，为开展社会主义教育运动，界湖区委组织召开了四级干部会议，与会人员观看电影《一个队长》《三世仇》《夺印》《槐树庄》《李双双》等。12月，结合学习中央十项决定和农村社会主义教育，界湖南村先后放映了《槐树庄》《三世仇》《夺印》等电影，群众受到深刻教育。

1977年，界湖人民公社成立电影队，在界湖公社63个生产大队巡回放映，界湖南村每年放映两三次，以后增加到五六次。电影逐步被认可并深受欢迎。20世纪七八十年代，村里青年结婚，为增添喜庆气氛，有时放场露天电影。

20世纪90年代，随着电视的增加，群众对露天电影渐趋冷淡。

界湖南村因地处县城驻地，群众看电影比较方便，条件也比较优越。1975年，沂南县电影院建成后，许多居民开始买票到电影院看电影。近年来，县城内建起多家高标准电影院，南村社区群众可根据需求高质量观影。随着网络的普及，更多群众喜欢在家用电视、电脑、手机等，在网络上看电影。

电视

改革开放后，界湖南村许多村民开始经商，手里渐渐都有了钱，买电视机的户越来越多，并且越来越高级，黑白换彩色。1982年，村民李天清第一个购买了14英寸黑白电视机。1984年，村民薛玉堂第一个购买了14英寸彩色电视机。

1985年后，黑白电视机逐步在增加，只收看山东省电视台节目，有的另设天线，但效果大都不好。

1987年后，能收看中央一、二台和山东台节目，每晚5小时30分钟，星期日全天转播。1990年电视机得到普及。随着村民收入的日趋增加和生活条件、居住条件的不断改善，“彩电下乡”政策的刺激，家用黑白电视机逐步退出，彩电逐步普及。

1995年，有线电视开始建设。1996年能看26套电视节目。2000年开始，普通居民家中开通有线电视。有线模拟电视信号传输，电视节目扩大到30多套。到2005年，户户有彩电，有的户甚至有两台以上。

2008年，从有线模拟转为电视数字传输，节目达到80套，超薄平板大尺寸液晶显示彩电进入大多数家庭。

第三节　广播报刊

广播宣传与报刊订阅工作是社会主义文化事业的重要组成部分，中华人民共和国成立以后，随着文化事业的飞速发展，广播宣传、报刊订阅工作有了突飞猛进。

广播

沂南县境内广播事业发展于20世纪50年代。

1958年5月1日，沂南县广播站利用电话线路输送信号，首次开始试播出，7月1日正式播出，界湖境内开始有广播喇叭宣传。1958年6月，界湖镇广播台由原来1个增加到4个，广播筒由原来的3个增加到7个。

1974年，社员胡发忠第一个购买收音机。

1980年，南村多数家庭买上收音机。到1985年，随着农村收音机、黑白电视机的普及，有线广播听众流失严重。

1994年6月，界湖建立调频广播发射塔，使用20瓦调频广播发射机转播县台节目，并自办节目，后来停播。

报刊

20世纪50年代，村内订阅报纸杂志的很少，每年不过三五份。

20世纪60年代至70年代，每年只有大队订几份报纸。

改革开放后，随着经济的发展，村民对文化生活、现代科学技术的要求越来越高，不但村委订的报纸杂志越来越多，村民订阅报纸杂志的也越来越多。

20世纪90年代后，村委订阅《人民日报》《解放军报》《大众日报》《农村大众》《经济日报》《农民日报》《光明日报》《法制日报》《参考消息》《齐鲁晚报》《临沂日报》《支部生活》《党员干部之友》《农业知识》《山东民兵》等200余份。

2005年，界湖南村走“发展集体经济，实现共同富裕”的路子，迅速实现共同富裕。集体经济结构发生了变化，企业经营方式多种多样，驻地分散，发展快，变化大，许多情况需要让社区居民知悉。为了让社区群众充分了解村情企情，更好地关心集体事业发展，社区党委根据实际发展需要，本着实事求是、交流情况、通报信息、公开透明的原则，决定出版内部发行的《南村通讯》，免费发放到社区集体企业和社区居民家庭。沂南县委宣传部原副部长杨桂柱任总编辑。2012年8月，《南村通讯》第一期出版，至2022年共出版51期。

第四节　体　育

中华人民共和国成立前，地方没有体育专业机构，也没有有关的组织，多是群众自发地开展一些传统的体育项目和娱乐活动。常常聚在一起踢毽子、打线球、打耳、赶球、打瓦、杠钟、举碌碡等，个别人习练武术，还有部分村民爱好象棋、竞技，相约对垒。这些民间体育活动起到了丰富生活、锻炼身体、开发智力的作用。

中华人民共和国成立初期，踢毽子、打耳、赶球、打瓦、武术等活动仍有开展。在毛泽东主席“发展体育运动，增强人民体质”的号召下，爱好篮球的回乡学生和复员军人借界湖完小篮球场进行体育活动。在农闲和春节期间，部分爱好篮球的村民利用业余时间到学校打篮球，界湖南村和周围村居的篮球爱好者各自组织球队，组织比赛，体育活动十分活跃。农业合作化后，村内学龄儿童都入了学，农民组织集体化，往昔的体育活动没有时间开展，除有计划地组织民兵训练外，群众只有利用工休时间打扑克、下象棋。

党的十一届三中全会后，农村经济迅速发展，村民的生活水平提高很快，体育活动逐步开展起来。特别是进入20世纪90年代，体育运动形式多、层次高，年轻人打羽毛球、打扑克的多了起来，村委竖起了篮球架，建起了老年人活动中心，青年人、老年人的体育活动有了场地，打扑克、下象棋等活动得到普及。

进入21世纪，村民陆续住上楼房，社区配备了体育健身器材。村民利用早晨晚上时间跳舞做操，开展多种形式的健身活动。南村许多建身爱好者和热心群众自发成立了健身队伍，如广场舞队、健步队、太极拳剑队等。南村社区太极拳队在省级大赛中脱颖而出，获得大奖。

第三章　卫　生

第一节　卫生机构

旧社会，受社会制度和历史条件限制，界湖村，包括界湖域内，政府一直没有统一的医疗管理机构，村级更没有卫生机构。但是，允许私人挂牌行医、立铺卖药。

“济生堂”药铺

清末民初，界湖街有11家药铺。其中最有声望的是“济生堂”药铺，门牌书“江西赵家济生堂”。清咸丰六年（1856），江西赵益良随父自江西贩药到界湖，也将界湖一带地产中药贩卖到江西。清光绪十五年（1889）赵益良在界湖（南村）开设“济生堂”药铺，讲究尊古炮制，是界湖众多药铺中唯一一家批发零售兼营者，经营品种近500种。立号开业的“济生堂”药房，因其药品齐全，价格低廉，服务周到，很受百姓欢迎。

界湖大众药社

民国36年（1947），在党和政府的领导下，“济生堂”与界湖区的“玉花堂”“同济堂”“德生堂”“杏春堂”等合并，成立具有集体性质的界湖大众药社。

私家门诊

中华人民共和国成立初期，南村逐渐开始出现个人挂牌行医，大都不收费或少收费。比较出名的有刘楷和周金星。

刘　楷　受益于众多私家医药堂铺的界湖街，不缺医，不缺药，有钱看病也容易，只是缺钱。不过，界湖南村人刘楷就是一位看病不要钱的先生。他创办并经营刘家染坊，不仅布染得好，还精通中医，对治疗各类疑难杂症有着丰富的经验，每当乡邻来找他看病时，无论染坊的生意有多忙，他都会热心为病人把脉问诊，看完病、开药方、送走乡邻以后，他才忙自己的生意。一般的病症经他诊断，只要按照他开的方子，吃几服中药就可以痊愈。更让乡亲们感动的是，刘楷看病只开药方从不卖药，也从不收费。不管是老相识，还是陌生人，他都会认真把脉问诊，诊断开方，并耐心嘱咐煎药和服药的注意事项。因为刘楷看病免费、医术又精，十里八乡的百姓都来求医问药。中华人民共和国成立后，刘楷又学会了西医，办起合作医疗，社员生病，他根据病症，宜中医则中医，宜西医则西医，不仅瞧得准，而且治得好，成了本地有名的中西医医生。

周金星　原名周景星，出生于费县牙医世家，1962年落户界湖南村，办起牙科诊所。虽然是牙科专业，却也通晓西医诊疗。周围百姓头痛脑热就找他，从不拒绝，常常都是药到病除。所以，群众有小病，都愿意找他，他看不了的病就送到公社卫生院或县医院。他看病也不收钱，大队里按大队赤脚医生待遇，每天给他记1个工分。当时农业收入不高，最低的年份，每个工分只有8分钱。不过他能吃上村里的平均口粮。

合作医疗

1968年，开始兴办合作医疗，界湖南村始建大队卫生室，由大队和公社医院双重领导，大队集体出资备有一般的医疗器械和药品，为界湖南村群众防治疾病，群众看病比较方便。

1980年，农村经济体制改革，允许个体开业行医，合作医疗停办，诊所由个体经营。

1992年，界湖南村恢复了大队卫生室。

1996年，调整办医方式，对村卫生室实行村办院管，由村提供医用房和流动资金，界湖卫生院统一管理。

2001年，实施农民健康工程，开展农村社区卫生服务，建立“卫生院—农村社区服务卫生所”为一体的卫生健康体系。界湖南村卫生所服务本村和界湖西村。

2005年，南村始在大队院内设合作医疗保健室，有卫生室2间，村医4名。后在界湖南村社区居民一区建6间平房，面积达百余平方米，建起社区卫生所。

2015年，社区卫生所配有专职医生2名，病床4张，专职服务南村社区居民，人员和业务由界湖卫生院管理。

随着经济社会的发展和群众保健意识的增强，到2022年，南村辖区内除社区卫生所外，另有诊所1处、中医门诊3家、牙科诊所2家、针灸按摩推拿门店5家、大药房5家。社区居民一般疾病能就近治疗，疑难杂症则到街道卫生院、县人民医院就诊。其中，南村世家牙科诊所为南村居民周金星开设，后由他人经营。

第二节　疾病防治

在旧社会，政府不重视卫生事业，国家贫困，人民生活困苦，疾病防治条件极端落后，既无医院又无防疫措施，私家医药昂贵。地方病和传染病，如霍乱、天花、麻疹、结核、肝炎、疟疾、白喉、鼠疫、脑炎、猩红热、百日咳、痢疾、伤寒等常有流行，广大群众缺衣少食，患病无力医治，多数听天由命，或靠“巫婆”“神汉”祈祷“老天”恩赐免灾，死亡率极高，造成不少人家破人亡。儿童天花、麻疹难以避免，小儿死亡率在50%以上，有“不生斑疹孩子不收成，脱过斑疹才保险”之说。若得了霍乱、白喉、猩红热、脑炎、鼠疫、结核等病，亦无良药可治，听任蔓延，死亡者也不少。

中华人民共和国成立后，党和政府非常重视医疗卫生工作，随着经济发展社会进步，防疫和医疗水平逐年提高，防疫保健日趋规范化、制度化，疾病得以及时治疗，村民健康水平不断提高。

防疫保健

中华人民共和国成立前，界湖南村经济文化比较落后，封建迷信盛行，人民群众遭受各种疾病折磨，没有保健条件和意识。中华人民共和国成立后，随着医疗事业的发展，为保护人民群众身心健康，实施“以防为主”的方针，逐级建立防疫机构，有计划地接种各类疫苗。

1955年，执行《国家传染病防治条例》，对霍乱、天花、麻疹、白喉等25种传染病实行预防接种疫苗、计划免疫，并采取即时报告、即时扑灭的制度。

中华人民共和国成立后，霍乱、鼠疫基本得到控制，天花于1953年消除，白喉于1976年被消灭，乙型脑炎、流行性脑炎、麻疹、猩红热、百日咳、疟疾等于20世纪70年代得到控制，80年代已绝迹。1989年，执行“传染病防治法”，落实了3类35种传染病防治措施，有效地控制了传染病的流行。

20世纪90年代以后，群众保健意识进一步提高，儿童疫苗接种成为自觉行动，孕妇普遍到医院进行孕期检查，婴儿成活率接近100%。

改革开放以后，服用保健品者与日俱增，家用保健医疗器械如摇摆机、血液循环机、电疗仪等越来越多，多数老年人清早散步成为习惯，不少中老年妇女跳起了健身舞，做起了保健操，对增强体质、抗病防疫起到了很好的作用。

疾病治疗

中华人民共和国成立后，随着卫生事业的发展，医疗队伍不断扩大，医疗水平逐步提高，医疗设备逐渐现代化，群众治病条件日趋优化。小伤小病不出村，疑难杂症到镇卫生院、县人民医院，一般均能诊断清楚，对症下药，治愈率极高。近年来，高血压、心脏病、脑血栓、糖尿病、癌症等发病率出现增长趋势，人们开始应用保健药、保健器材和开展体育锻炼等，以预防此类疾病。

第三节　社会卫生

中华人民共和国成立前，旧政府对社会卫生漠不关心，群众既无卫生知识，也无卫生习惯，直到中华人民共和国成立初期，还流行着“不干不净吃了没病”的无知说法，虱子、跳蚤、臭虫随处可见，生疮长疥者不计其数。

中华人民共和国成立后，党和政府非常重视卫生工作，把疾病预防和卫生工作放在同样重要的位置，各级均设立了卫生领导机构，开展了一系列爱国卫生运动。

除害灭病

1956年，国家颁布的《一九五六年至一九六七年全国农业发展纲要（草案）》中明确提出除害灭病要求，规定苍蝇、蚊子、老鼠、麻雀（1960年麻雀改为臭虫）为“四害”。界湖南村根据上级要求制定除“四害”规划，成立除“四害”指挥小组，村户制定卫生公约，开展一系列除四害活动。

1957年，开始推行以“除四害、讲卫生、移风易俗、改造中国”为中心的爱国卫生运动，除害灭病工作实行突击活动与经常活动相结合的方针，爱国卫生工作逐步走向制度化、经常化。

1958年3月，中共沂南县界湖镇委员会制定了《关于1958年以除四害为中心的爱国卫生运动规划（草案）》。规定：在全党全民一齐发动的基础上，从3月26日至4月15日，基本实现“五洁（街道、院子、室内、厕所、食堂）四无（无蚊、无蝇、无雀、无鼠）”镇。经过卫生运动进一步改变了环境卫生面貌，降低了传染病，提高了人民的健康水平。

1961年，界湖南村根据界湖公社要求建立了“四收一造”专业队，建粪坑加强了粪便管理。

1962年，界湖南村开展以除害灭病为中心的爱国卫生运动。根据民俗，在春节、“五一”、中秋、国庆等节日，开展卫生大扫除，夏秋季用六六六、二二三杀灭蝇蚊。

“文化大革命”期间，爱卫会受到冲击，爱国卫生运动受到干扰，蚊蝇密度出现大幅回升，鼠害成灾，痢疾、肝炎流行。

1978年，界湖公社响应县革委《关于开展一次全县灭鼠的通知》，经过层层发动，广泛宣传，界湖南村成立了灭鼠专业队，按规定统一拌毒饵，统一时间投放敌鼠钠盐毒饵。

1997—2001年，界湖镇开展多次灭鼠活动，界湖南村积极配合全镇灭鼠活动。

2003年，在“非典”期间，全镇掀起“除四害、杀菌灭菌”运动，界湖南村成立专门的消杀队伍，在辖区范围内喷洒药液消毒。

2010年以后，南村社区党委把爱国卫生工作列入重要议事日程。

2011年，沂南县创建省级卫生县城，经考核组全面考核，命名沂南县为省级卫生县城。之后，县城范围内继续进行城乡卫生整治和环境卫生争先创优、城乡容貌、村容村貌治理活动，包括除“四害”消杀工作，界湖南村社区积极参与，深入推进城乡环卫一体化工作，在辖区内建立常态化保洁体系。

2020—2022年新冠疫情期间，南村社区党委科学、规范、有序做好各项防控和宣传工作，社区居民科学防护意识不断增强，良好卫生习惯和健康生活方式逐步养成。

美化环境

1964年，界湖南村大队在界湖公社党委、管委会的领导下，开展卫生治本工作。卫生工作重点发生了转化，由“四改造”（厕所、鸡鸭窝、猪圈、大牲畜栏）、“六统一”（积攒使用人粪尿、牲畜粪、猪干粪、鸡鸭粪、杂肥、干灰），发展到以“两管”“五改”为主要内容的卫生基本建设。“两管”即管理水源，提倡喝开水；管理粪便，做到无害化处理，日产日清，泥封发酵，干土保氮。“五改”指：一是建新井，淘旧井，加高井台，修筑井裙，提倡水井加盖，使用收压机井或土自来水；二是厕所双坑化，做到不渗不漏，上有棚，坑有盖；三是改造畜禽栏圈，牛槽垫高，鸡窝分两层，上层吃食，下层用来接粪；四是改造炉灶，节省柴草燃烧；五是改造环境，修整街道、填坑平洼、清除杂草。

1979年，界湖南村响应上级爱卫会推广三联通沼气池和饮用水源压水井的爱国卫生运动，在村内建设沼气池，打压水井。

1981年至1985年，开展“五讲、四美、三热爱”（讲文明、讲礼貌、讲卫生、讲秩序、讲道德，心灵美、语言美、行为美、环境美，热爱党、热爱祖国、热爱社会主义）活动。

1987年，村内建压力罐，打深水井，村民吃上自来水，结束过去饮敞口浅井水的历史。

1991年至1993年，沂南县政府开始增加对县城基础设施建设投资，加强县城综合治理，积极开展以创建卫生县城为主要内容的爱国卫生工作，界湖南村积极参与到卫生县城提升、创建各项工作当中。

2005年，南村根据上级要求，开展“三改”（改圈、改厕、改厨）活动，基本解决村内“柴草乱垛、粪土乱堆、垃圾乱倒、污水乱泼、畜禽乱跑”的现象。

2009年，界湖镇组织辖区内单位实行大扫除活动，清垃圾、臭水沟，街道清扫，带动城乡环境卫生面貌的明显改观和广大人民群众卫生意识的提高。由于成绩突出，界湖南村社区被表彰为2009年度市级先进卫生村居。

2018年9月，沂南县创建国家级卫生县城推进会议召开，各项创建工作在全县上下如火如荼地展开。自“创城”工作开展以来，南村社区“两委”班子成员，积极带领居民小组长和社区全体工作人员，积极投入到争创热潮中，先后投入资金100多万元、义务工1600多个，对辖区内的道路、居民小区等公共场所进行彻底的清理、改造、提升。

通过一系列卫生运动的开展，南村社区个人卫生、环境卫生大为改观，群众的卫生观念普遍增强，卫生习惯逐步形成。

第十一篇　社区组织

第一章　党组织建设

第一节　党组织建设与发展

界湖有“出山集”之称，是西部山区和东部沂河两岸平原物资交流集散地，也是人流最稠密之地。中国共产党的早期活动家很早就在这里开展革命活动。

1928年12月，中共沂水县南乡区委成立。在中共南乡区委的领导下，界湖一带有了党的早期活动。

1938年春，界湖村优秀青年张文中第一个秘密加入中国共产党。

1939年，沂水县依汶区委改为第五区委，党的活动虽然仍处于秘密状态，影响却日渐扩大。党领导下的农救会、青救会、妇救会、儿童团开始建立。界湖村青年刘恩秘密加入中国共产党。

1940年，李子超到界湖村秘密发展陈德义、李文荣、沈如、于德合、袁中善5名优秀青年加入中国共产党。

1941年，界湖村建立起以陈德义、李文荣、张洪奎为领导成员的第一个党小组。随着沂蒙革命根据地的巩固与发展，界湖村革命青年在抗日烽火中，一往无前地跟着共产党走，刘成森、孔宪俊、李文田、刘振法、马乾文等一大批青年陆续成为中国共产党党员。中华人民共和国成立前，先后有20名优秀青年加入中国共产党。

1946年10月，随着革命形势的发展和革命斗争的需要，上级党委决定按方位将界湖村划为界湖东、西、南、北4个行政村。同时，各村建立起党支部和民主政权。自此开始，南村干部群众在上级党委的领导下，为建立新中国和建设新中国做出了积极努力。

从1946年至2022年，界湖南村先后有9人历任党支部（社区党委）书记。刘成森，是界湖南村第一任党支部书记（当时也叫指导员），1948年随解放大军南下浙江开辟新区。第二任党支部书记孔宪俊，曾一度调至大成区界湖乡担任党总支书记。第四任党支部书记李文田，是镇党委为了加强界湖南村的组织领导，专门从界湖西村调至界湖南村任职的，他在界湖南村党支部从党支部委员到副书记、书记，一直工作了30年。第五位徐新后、第六位梁桂生先后调任界湖镇副镇长。李凤德是第九位党支部书记，也是第一任社区党委书记。从2005年开始，李凤德带领南村社区党员群众同心协力奔小康，实现了共同富裕，被中共山东省委树为“担当作为好书记”，获得“山东省劳动模范”称号，当选山东省第十二届、十三届人大代表。

全国解放后，界湖南村党支部在上级党委的领导下，带领广大群众意气风发，斗志昂扬，在医治战争创伤的同时，建设美好家园，投身于轰轰烈烈的社会主义建设中，很快实现了农业合作化，完成了由个体经济向集体经济的转化。从20世纪50年代到70年代，全村共发展党员44名。

党的十一届三中全会以后，界湖南村党支部带领全村干部群众，解放思想，在改革开放的大潮中，奋勇前进，各项工作争先创优，又有一大批先进青年加入中国共产党。

2006年6月，在界湖南村党支部走过60周年的时候，中共沂南县委、县政府批准设立南村社区建立社区党委，党委下设5个党支部。截至2022年底，南村社区共产党员发展到112名。

第二节　各时期主要任务及活动

中国共产党领导全国各族人民走过了漫长的革命历程。界湖南村党支部在全国解放战争的硝烟中建立，在革命战争年代及以后的不同历史时期，带领全村干部群众，坚决执行上级党委的指示，贯彻落实党的方针政策，同时提高自身的政治、思想及政策水平。

解放战争时期，在中共东平区委的领导下，党支部组织青壮年参军参战，组织担架队上前线抢救伤员，组织妇女做军鞋，碾米、磨面、烙煎饼。带领村民减租减息，结合土改复查工作，划阶级定成分，贫下中农分得的土地落实到了农户，人民群众生活有了改善。1947年，建立中国新民主主义青年团支部。孟良崮战役期间，村里买上锅饼，炒上咸菜，上前线慰问解放军，获得好评。

中华人民共和国成立初期，界湖南村党支部带领全体村民积极参加抗美援朝、拥军优属、整党建党等各项政治运动，满腔热情地投入恢复和发展经济建设中。1953年，成立互助组。1954年，在互助组基础上，成立初级农业生产合作社。1956年，成立高级农业生产合作社，全村大多数农民参加。

1958年8月，全村集体参加界湖八一人民公社（不久后改为界湖人民公社），实行了政社合一，工、农、兵、学、商五体合一，农、林、牧、副、渔统一经营，全村由个体所有制过渡到集体所有制。与此同时，党支部坚决执行上级政策，实行组织军事化、生活集体化。组织大兵团作战，大炼钢铁，粮食统一存放，村办公共食堂。然而，自上而下的“左倾”思潮，过分的革命热情，导致盲目蛮干，五风盛行，一平二调，大呼隆，造成人心涣散，经济失调，生产遭受严重挫折，加之自然灾害，致使群众后来的生活出现短期极度困难。

1962年至1966年上半年，界湖南村党支部在中共界湖区委的领导下，认真贯彻中共中央提出的“调整、巩固、充实、提高”恢复发展国民经济的八字方针和全国农业发展纲要，积极纠正“五风”，落实“三级所有，队为基础”的三级核算政策。推广增产措施和先进经验，兴修水利，增施肥料，引进良种，改进耕作方法，发展高产作物，实行稻改，多种经营等。党支部还带领干部群众开展学习雷锋活动，活学活用毛主席著作活动，加强党员教育，推进各项工作的开展，经济得到恢复和发展，村民生活逐步得到改善。

1975年至1976年，掀起“农业学大寨”，大搞农田水利基本建设，掀起整地改土、建设大寨田的高潮。1976年，界湖南村统一架电，实现家家通电。1978年，在全国学大寨的形势下，每个生产队购置1台拖拉机，全村有大小拖拉机15台、喷灌机30台。从此，农业生产用上了农业机械。但因仍坚持以“阶级斗争为纲”，强调“抓革命，促生产”，把种自留地、搞家庭副业作为“资本主义尾巴”强行割掉，群众生产积极性仍然受到压抑。

1978年12月，党的十一届三中全会胜利召开。从1979年开始，党的工作重点转移到以经济建设为中心上来，实现了伟大的历史性转折。界湖南村党支部领导全村，开始实行专业承包、三包一联、两统一包等三种形式的责任制，实行小段包工定额计酬。村集体建起旅馆饭店。1981年，改革开放让农民得到实惠，尤其让商品经营者得到实惠，界湖南村出现第一个民建二层居住楼。1982年9月，贯彻党的十二大会议精神，改革开放全面展开，是年推行土地承包责任制，农民有了生产经营自主权，粮食产量迅速增长。1983年，党的政策允许个人办厂，村采取以土地出租为条件的招商引资办法，引来一厂家办起电子管厂，村里收租赁费，厂里用本村村民干活。1984年撤销大、小队建制，建立村民委员会。

界湖南村党支部解放思想，积极领导进行以发展商品经济为中心的改革。1986年，投资20万元，全村家家吃上自来水；在原村办公大院建村幼儿园，教室1个3间，教师3人，招生125人。后改建为9间，教师5人，招生150人。

1992年，建成城南综合贸易市场并正式营业。是年，建起村福利石英砂厂，李凤德兼任厂长，有职工30人，每年向村集体上缴利润18万元，占集体收入的一半以上。是年，南村投资110万元，正式成立城东建筑公司，建有12间办公室，配置建筑设备，建起预制厂，组织施工队，聘任专门技术管理人员，获得5级建筑资质。之后开始建设能抗震的瓦房或二层楼。

1996年，建起2个停车场，成立运输队。

2004年3月，投资76万元新建二层教学楼2栋，建筑面积1020平方米。7月，举办南校建校50周年纪念活动。

2005年，在年初两委换届时，李凤德当选党支部书记、村民委员会主任，界湖南村迎来继改革开放以来又一个发展时期。新一届村“两委”，解放思想，改革创新，立足区位优势和资源优势，制定发展目标和规划。从理顺管理机制入手，抓住土地这个城区村最宝贵的资源，迅速完成土地清理工作，解决长期以来乱圈乱占的问题。又对村办企业、沿街房建设、承包租赁土地等集体资产，重新进行整合。确立“发展集体经济，实现共同富裕”的科学发展路子。同时确立“村企合一”“以企强居”的发展方式，“构筑大框架、实施大投入、实现大发展”的总体思路，使得生产要素结构得到调整，集体企业得到快速强势发展。

2006年，界湖南村被批准成立社区党委，社区创业摊子越来越大，各项事务越来越多，决策和管理越来越重要。为此，社区党委将社区事务细化为筹资筹劳、重大事务、热点难点和推进难度大四大类问题，并有针对性地制定决策程序：对筹资筹劳事项实行“一事一议”办法；对重大事务实行“四议四公开”工作法；对热点难点问题实行“听证评审”制度；对推进难度大的工作实行党员首议制。

2006年，投资1.2亿元创建的山东正壮饲料有限公司正式投产。又在费县投资800万元建成一处分公司。年生产规模达到26万吨，产值5.2亿元，利税过千万元，成为鲁南苏北地区最大的饲料加工企业。

2008年，社区党委与县委、县政府领导多次沟通协商，电视剧《沂蒙》拍摄用的主场景建设项目转入界湖南村，正式由界湖南村社区接管沂蒙红色影视拍摄基地的建设和运营，建起了山东沂蒙红色影视拍摄基地暨红嫂家乡旅游区。

从2008年起，用两年时间完成全村207户居民的拆迁安置，建成占地面积260亩、容纳785户的高标准居民新区，配套建设有广场、超市、卫生所、物业管理服务、老年活动中心、儿童乐园，绿化率达46%。

2009年，为社区所有新婚青年免费提供100平方米的住房1套。界湖南村社区居民免费搬进由集体出资建设的新楼房图片，被新华社选为中华人民共和国成立60周年年全国发生的最具影响力的60件大事之一，并制成图片集向全国发行。其中涉及农村改革的共有3幅，南村社区居民免费入住新楼房是山东省唯一一幅被选中的图片。

2010年，界湖南村社区集体企业发展到9处，年收入达到6500万元，是2005年的97倍；居民人均纯收入达到1.46万元，是2005年的4倍。

2011年5月，南村社区在沂蒙红色影视基地建立的中国红嫂革命纪念馆，被中共山东省委确定为“全省党员领导干部党性教育基地沂南教学点”。被教育部确定为全国研学旅游基地。

2015年，南村社区将多家集体企业整合成立山东广汇集团有限公司，业务涵盖房地产开发建设经营、饲料加工、文化产业、旅游开发、影视拍摄、酒店食宿、餐饮服务等。

广汇集团建立后，充分发挥旅游业综合性强、关联度高、拉动力大的产业优势，先后与常山庄、新立村等周边多个贫困村结成帮扶对子，采取措施，精准扶贫、精准脱贫，重点攻克深度贫困村、户的脱贫任务。山东沂蒙红色影视拍摄基地暨红嫂家乡旅游区所在村——常山庄村，通过“土地入园当社员，景区务工当职员，穿上戏服当演员，售卖产品当店员”，不仅解决了常山庄村及周边山村剩余劳动力安置问题，而且山村居民有了稳定收入，实现“一人就业，全家脱贫”。2014年建档立卡的30户贫困户，2016年后实现整体脱贫。2019年，该村人均可支配性收入达到1.5万元，入选由文化和旅游部编辑的旅游扶贫培训教材《新时代旅游扶贫面对面典型案例篇》，成为山东省唯一入选的旅游景区。

与常山庄村隔山相望的新立村，是山东省47个国家级旅游扶贫重点村之一。2016年8月，南村社区、山东广汇集团定向帮扶，实施旅游业精准扶贫。出资注册资本1000万元，依托新立村特有的自然风貌，合作成立沂南县新立村旅游开发有限公司，共同发展乡村旅游项目。通过“公司+合作社+农户”的方式，开展旅游扶贫工作，把新立村现有的生态资源与人文资源有效利用起来，依靠乡村旅游建设带动村民致富。邀请北京世纪唐人旅游规划院对项目进行规划编制，确立以建设苹果种植产业为支撑，乡村风貌完好，乡村体验、食宿接待功能齐全，村景合一的乡村旅游度假区发展目标，建设成人及青少年拓展训练基地、苹果文化体验中心、真人CS实战体验基地、精品民宿、苹果采摘园、豆腐坊、煎饼坊、煎饼体验馆、景观河道、小吃一条街等10大景点，并将所有景点“串成线、连成片”，成为开放式、无门票参与体验型乡村休闲度假旅游景区，并带动当地农民增收致富。

2018年5月，南村社区棚改工作正式启动。南村社区党委、居委会领导成员同历任退休老干部团结一心，上门入户做群众工作，仅用108天，517户产权户，673个院落，实现完美“清零”，创造了沂南棚改“南村速度”，南村社区老村旧宅成为乡愁记忆。

2022年，棚改居民陆续入住棚改新居。

2022年，社区集体固定资产达到22.1亿元，人均可支配收入达到3.8万元。村民充分享受到发展集体经济成果，法定年龄结婚的青年，免费分得一套120平方米的婚房，60周岁以上的老人，每年享受到7000元的生活补贴，其他居民每人每年4000元，免费为65周岁以上老年人健康查体。医疗保险、财产保险等社会保障性措施日臻完善。

第三节　组织结构

南村社区党组织从1946年10月建立至今，名称先后经历了几次变化。1946年10月至1970年，称为党支部。1970年10月改称党的核心领导小组，仅仅过了一年零两个月又改回党支部。最大的变化是2006年7月，也就是村党支部建立60周年的时候，界湖南村党支部改为南村社区党委。在不同的历史时期，南村党组织班子结构不同，设正职1位，但副书记和委员人数不确定。在60年的时间里，南村党组织先后有9人担任书记。从党支部到党委，从最初的几名党员到今天的112名党员，说明南村党员队伍不断壮大，南村党组织建设不断加强，不断发展。

南村社区支（党）委会成员情况

党支部（1946年10月—1970年2月）

1946年10月—1948年11月

书　记：刘成森

1948年11月—1956年10月

书　记：孔宪俊

副书记：刘成希（1952年—1956年10月）

1956年10月—1957年9月

书　记：刘成本

1957年9月—1960年

书　记：李文田

副书记：高聚东（1958—1962年）

1960年—1967年2月

书　记：孔宪俊

副书记：李文田

委　员：刘振吉（1961—1967年）

党的核心领导小组（1970年10月—1971年11月）

书　记：孔宪俊

成　员：李文田　刘成希　刘振吉　田友成

党支部（1971年11月—2006年6月）

1971年11月—1976年

书　记：孔宪俊

副书记：巩德全　徐新后　刘振吉

委　员：李文田　刘成希　刘振元　田友成　尹作友　葛同友

1976—1978年

书　记：徐新后

副书记：巩德全　梁桂生

委　员：李文田　刘成希　葛同友　刘振元　尹作友

1978 年—1986 年 9 月

书　记：梁桂生

副书记：巩德全　高宝德

委　员：李文田　申树德　刘振元　尹作友
葛同友　徐厚军

1986 年 9 月—1990 年 11 月

书　记：高宝德

副书记：徐新后

委　员：葛同友　刘振元　徐厚军

1990 年 12 月—2002 年 5 月

书　记：徐新后

副书记：刘建民　巩庆顺

委　员：李凤德　刘振元　巩庆明　刘树意

2002 年 5 月—2005 年 1 月

书　记：刘建民

副书记：李凤德　巩庆明

委　员：刘振洪　刘振毅　尹传亮

2005 年 1 月—2006 年 7 月

书　记：李凤德

副书记：尹传亮　刘振洪

委　员：刘振毅　邱增恩　苗德强

社区党委（2006 年 7 月—）

2006 年 7 月—2008 年 3 月

书　　记：李凤德

副 书 记：刘振毅　尹传亮　苗德强

纪检书记：邱增恩

委　　员：刘振洪　刘成学

2008 年 3 月—2011 年 4 月

书　　记：李凤德

副 书 记：刘振毅　尹传亮　苗德强

纪检书记：邱增恩

委　　员：刘振洪　刘成学　田洪军
唐泽海　李建军　张西坤

2011 年 4 月—2014 年 11 月

书　　记：李凤德

副 书 记：尹传亮　刘振毅　苗德强

纪检书记：邱增恩

委　　员：刘振洪　刘成学　田洪军
李建军　高春升　刘振波

2014 年 11 月—2018 年 1 月

书　　记：李凤德

副 书 记：刘振洪　苗德强　刘成学

纪检书记：邱增恩

委　　员：刘振毅　田洪军　李建军
刘德进

2018 年 1 月—2021 年 4 月

书　　记：李凤德

副 书 记：苗德强　刘成学　李建军

纪检书记：邱增恩

委　　员：刘振洪　田洪军　刘德进

2021 年 4 月 16 日至今

书　　记：李凤德

副 书 记：苗德强　李建军　刘德进

纪检书记：田洪军

委　　员：邱增恩　刘成学　胡玉洁
刘晓东

县、街道挂职书记

县派驻第一书记

尹永来　朱国强（2009—2010 年）

王文全　李军辉（2012—2014 年）

王文全　刘青敏（2014—2016 年）

街道派驻第一书记

仲跻彪（2016—2017 年）

县派驻红领书记

王西美（2022—）

第四节　部分党代会代表

出席市党代会代表

2007 年 3 月，临沂市第十一次党代会代表
李凤德

2012 年，临沂市第十二次党代会代表
李凤德

出席县党代会代表

1987 年 8 月，沂南县第六次党代会代表
梁桂生

1990 年 4 月，沂南县第七次党代会代表
梁桂生

1995 年 3 月，沂南县第八次党代会代表
梁桂生　徐新后

1998 年 2 月，沂南县第九次党代会代表
梁桂生　徐新后

2008 年，沂南县第十一次党代会代表
李凤德

出席界湖党代会代表

1980 年 12 月，界湖人民公社第五次党代会代表
梁桂生　高宝德

1984 年 11 月，界湖镇第六次党代会代表
梁桂生　田友成　李恩兰（女）

1987 年 4 月，界湖镇第七次党代会代表
高宝德　梁桂生

1990 年 4 月，界湖镇第八次党代会代表
梁桂生　高宝德

1994 年 3 月，界湖镇第九次党代会代表
梁桂生　徐新后

1997 年 5 月，界湖镇第十次党代会代表
刘建民　梁桂生　刘振莲（女）

1999 年 1 月，界湖镇第十一次党代会代表
徐新后　梁桂生　刘振莲（女）

2002 年 3 月，界湖镇第十二次党代会代表
刘建民　梁桂生　刘振莲（女）

2006 年 11 月，界湖镇第十三次党代会代表
李凤德　尹传亮　刘振毅　刘振洪

2016 年，界湖街道党员代表大会代表
李凤德　黄保杰　沈彦成　刘　斌

2022 年，界湖街道党员代表大会代表
李凤德　苗德强　邱增恩　沈彦成

第五节　共产党员名录

新中国成立前入党（20 人）

刘　恩　刘成森　李文田　高富东　孔宪俊
刘成本　刘成希　苗全林　申树德　刘成田
杨德公　张锡玉　马乾文　刘振法　陈　瑞
李丙德　刘成绪　刘成果　刘目光　陈富善

20 世纪 50 年代（7 人）

车玉平　高聚东　巩德全　刘振普　徐友会
袁友烈　刘成树

20 世纪 60 年代（12 人）

徐庆烈　刘振元　高宝新　张宝友　高宝德
邱增田　刘振余　李恩兰　李明信　邱立培
徐友田　张宜龙

20 世纪 70 年代（25 人）

刘振吉　徐新后　梁桂生　田友成　邱增利
刘振莲　高宝法　葛同友　刘振海　邱立友
尹作友　邱忠业　刘振金　刘振德　朱友言
车荣祥　张文龙　赵学珍　刘志刚　沈文忠
刘振洪　葛同利　刘建民　李建英　李军吉

20 世纪 80 年代（10 人）

刘树意　李凤德　尹传中　邱增恩　巩庆顺
徐厚军　尹传明　薛玉堂　刘金恩　刘存起

20 世纪 90 年代（18 人）

刘建波　杨金平　包桂亮　刘德进　徐后田
巩庆明　聂学海　刘德部　徐厚良　李富华
刘振涛　沈颜杰　高永文　沈彦成　李建军
苗德强　尹传强　王西美

2000—2009 年（43 人）

刘德克　刘成学　尹传亮　刘遵建　徐亮厚
朱召安　张春生　李晓红　田洪军　李祥吉
袁丰坤　田　伟　邱云飞　朱兆存　李熙鹏
刘振毅　陈　建　刘　斌　张洪明　冯　见
刘珊珊　葛文峰　刘红娟　刘振超　刘　萍
高灵燕　刘栋栋　高春升　刘　明　刘振波
徐兴宝　黄保杰　唐聚军　尹纪辉　吴淑进
刘德峰　刘晓东　郭仁俊　李先功　赵立军
赵立元　刘洪霞　刘洪梅

2010—2019 年（28 人）

于召霞　刘润菊　石　磊　刘晓明　姜　峰
高本龙　尹纪宗　车振洁　刘洪升　苗　壮
聂胜强　张旭梅　尹纪坤　唐馨笠　朱超燕
邱国栋　张元东　冯启国　程淑媛　李海玲
高　斌　董秀苹　刘德华　邱海峰　胡玉洁
高乔梅　刘永超　徐　洁

2020—2022 年（4 人）

于雪晨　相荣亮　张　建　赵　军

第六节 党风建设

南村社区历届党组织严格落实上级党委各项政策要求和工作安排，高度重视村级党组织的党风廉政建设。2005年10月，界湖南村改为界湖南村社区，2006年7月，界湖南村党支部改为界湖南村社区党委，机构名称的改变体现了中共沂南县委、界湖镇委对基层党组织建设的重视和强化。随后，界湖南村社区党委在从严管党、从严治党，永葆共产党员政治本色的同时，带领党员干部努力履行三种责任，即：政治责任、发展责任和社会责任。

加强党的建设，引领全面发展。社区党组织始终坚持“三会一课”制度，加强党组织的日常教育管理监督；认真办“展室”，做“板块”，用好各类媒体宣传党中央和各级党委政策路线、方针、政策；定期不定期地立“专题”，开“讲座”，让全体党员长知识，增才干；经常组织社区党员走出去，注重把人才请进来，不断学人之长、补己之短。

精准发力，扎实建设强有力的领导班子。社区党委班子成员不断加强思想政治建设，提高为民服务素质，带头贯彻民主集中制组织原则，打造一支强有力的领导班子。讲团结、讲政治、顾大局是班子建设的重要问题。南村社区党委经常向往届老干部汇报工作，交流情况，征求意见，得到他们的大力支持。历任老干部也以负责任的精神，继续发挥余热，经常向党委提出一些好的建议和意见，主动做一些力所能及的工作，形成了团结一心、努力奋进的良好氛围，有效推动了南村社区各项工作的高效开展。

在南村社区党组织廉政作风建设过程中，社区领导干部，以身作则、率先垂范，积极发挥示范带头作用。沂蒙红色影视基地建筑面积为3000平方米的凤凰阁正在施工时，工程负责人带上礼物找到李凤德表示谢意，李凤德都会婉言谢绝，真诚打动人心，施工队主动为影视基地义务修建蟠龙湖中的一处亭台，起名“景渊亭”。副书记刘振毅是村里有名的“大厨”，谁家有喜事都会请他，2005年，当选界湖南村领导班子成员以后，为了执行党组织廉洁自律的规定，他主动放弃从事多年的厨师行当，把全部厨具转送他人，专心投入社区集体经济发展事业。

坚持党的群众路线，保持党同人民群众的血肉联系。南村社区党组织始终坚持顺民意、解民忧、惠民生，用心解决好社区群众最关心、最直接、最现实的利益问题，赢得社区群众的信任和拥护，为南村的发展打下坚实基础。

第七节 宣传教育

建立队伍

1940年，界湖村组织京剧团演出京剧，宣传抗日，由外科医生李长泰资助，马庭现饰演老生、红头，赵德仁饰演小生，叫响沂蒙革命根据地，为后来的农村宣传教育打下基础。

1970年，界湖南村团支部组织文艺宣传队，有青年演员20余人，演出20多个节目，内容是忆苦思甜、“农业学大寨”等。

1980年，成立业余京剧团，演出《铡美案》等多出京剧。

2010年春，成立文化宣传组。先后招聘党政机关、企事业单位，具有宣传、文化、教育、摄影、美术以及具有创作表演艺术等特长的人员，组成宣传文化工作小组，人员基本固定。设有新闻通讯报道组、艺术研创员、导游解说部、红色电影放映队、红色书屋管理员。另外，成立业余老年秧歌队、中青年舞蹈队、太极拳表演队。

2015—2020年，先后成立南村文艺宣传队、沂蒙情深艺术团、沂蒙四季艺术团等宣传队伍。

阵地建设

2008年3月，接手沂蒙红色影视拍摄基地建设与运营工作，打造红色文化产业，致力于弘扬沂蒙精神，传承红色文化。

2010年，在不大拆大建、不损坏古村古貌、不影响影视拍摄的情况下，以农家院落为基础，因地就势修建中国红嫂革命纪念馆、人民子弟兵将帅纪念馆、跟着共产党走纪念馆等11个纪念馆、

13 个展室。再现了沂蒙红嫂、沂蒙母亲等感人事迹，让这里成为影响全省乃至全国有影响力的红色教学基地。

2012 年 8 月，由于经济结构发生了变化，企业经营方式多种多样，为了让大家知情，社区党委主办《南村通讯》，属不定期内部资料，免费赠阅。

2013 年 6 月，同山东广播电视台国际频道合作建立红色文化采风基地。6 月 7 日，频道总监谈冲，栏目主任、制片人孙红斌，栏目主编王正，栏目主持人王艺儒，栏目首席记者张世龙，临沂拍客团团长马高峰等一行 10 人出席了揭牌仪式。县委常委、宣传部部长张繁咏在揭牌仪式上，代表县委、县政府祝贺沂蒙红色文化报道基地的建立。

2013 年 7 月，在社区办公楼建起优生优育宣教室，展示 20 世纪 70 年代以来，南村社区持之以恒，不懈努力，贯彻落实人口与计划生育政策，不断提高人口素质工作的历程。

2013 年 9 月，在办公楼 4 楼建起界湖南村社区村史馆，11 月，被确定为沂南县关心下一代教育基地。

2015 年，同沂南电视台合作创办《红色影视频道》，到 2022 年为止，先后播放《南村播报》232 期。

2021 年 3 月，在影视基地红嫂广场建红色文化传承馆。

2021 年 6 月，在红嫂广场建起大型沉浸剧《沂蒙四季》大舞台，在中国红嫂革命纪念馆建起《跟着共产党走》《识字班》《战地救护所》《妇救会》《战时民兵》《永远的新娘》和“廉政小院”——《一碗米粥》等情景剧演出院。每个情景小剧时长 10 分钟左右，是景区的长期固定演艺项目。

2021 年 10 月，在办公楼 4 楼建起南村乡愁馆。

党员教育

界湖南村党支部成立后，由于党员数量较少，文化程度低，基层党员教育主要以听取上级党委组织的报告会、党支部组织讨论会的形式，学习党的有关方针政策，研究贯彻落实的方法措施，不断增强革命斗志和党性原则。

1965 年，开始实行“三会一课”（党员会、支部会、小组会和上党课）制度，并作为党员经常性教育制度固定下来。这一制度，在很长一段时间，对于开展学习雷锋和学习毛泽东著作活动，以及工业学大庆、“农业学大寨”，全国学习解放军等活动，发挥了很大的作用。同时，也为以后进行党员教育奠定了组织基础和制度基础。

1989 年，“三会一课”制度纳入正常化、制度化，并以“六簿”（支部会议、党员会议、好人好事、党费、组织活动、党员电教记录）、“一册”（党员点名册）齐全，辅以落实。同时建起“党员之家”，建起电教室，配备电视机、录放机和 VCD，实施远程教育。

2014 年，随着科技通信的发展，南村社区开通了 QQ、微信手机平台教育。2019 年，南村社区两委成员、有自学能力的党员、全体共青团员、退伍士兵，开通了“学习强国”平台软件，学习党的理论和方针政策成为自觉行动，社区党委每年进行两次总结。

党的十八大以来，党中央先后组织开展了多次主题教育活动。南村社区党委根据上级党组织安排部署，先后开展了 5 次主题教育学习活动：2013 年，开展党的群众路线教育实践活动；2015 年，开展“三严三实”专题教育；2016 年，开展“两学一做”学习教育；2019 年，开展“不忘初心、牢记使命”主题教育；2021 年，开展党史学习教育。

新闻宣传

南村历来重视新闻宣传工作，专门成立文化宣传组。社区党委在上级宣传部门关心指导下，紧跟时代步伐，围绕党的建设、乡村振兴、脱贫攻坚、疫情防控、民生建设、红色文化、红色旅游等开展工作，先后在多家媒体刊发稿件 6000 余篇。在更大范围弘扬了沂蒙精神、红嫂精神，传递了充满正能量的“南村好声音”。多篇稿件，荣获全国、省、市、县好新闻奖。

取得成绩

新闻宣传

在全国、省、市、县报刊、网络等 40 多家新闻媒体发表文章 6000 余篇，并有多篇获得好新闻奖。其中2009年，社区居民免费搬进新楼房照片，被新华社选为中华人民共和国成立60周年全国最具影响力的60件大事之一，并汇制成《改革开放照片集》向全国发行。在这个集子中，涉及农村改革的共有3幅，南村社区居民免费入住新楼房是其中之一，这也是山东省唯一被选中的一幅图片。填补了山东改革开放、农村经济发展在新华社新中国成立60周年《改革开放照片集》的空白。

沂蒙红色影视拍摄基地

先后拍摄《沂蒙》《红高粱》《铁道飞虎》等400多部影视剧，常山庄成为远近闻名的“山村好莱坞”。被评为山东省十大文化产业基地之一。

红嫂家乡旅游区

2012年评定为国家AAAA级旅游景区；2013年获评“中国文化旅游新地标”；2014年被列为“第三批中国传统村落”；2015年获评“CCTV中国十大最美乡村”；2016年入选全国红色旅游经典景区；2017年入选全国中小学研学实践教育基地，获评中国研学旅行教育实践示范基地。2018年11月，沂蒙红色影视基地被教育部授予全国中小学生研学实践教育基地称号，每年前来研学的中小学生数以万计。实现了国家、省、市、县中小学生研学实践教育基地的大满贯，成为在全国具有较大影响力的中小学生研学实践教育基地。近几年，来自全国各地的60多万人，到这里进行研学旅行，接受了红色教育。2019年7月5日，在第三届中国研学旅行大会研学课程评比中荣获“特等奖”。2020年11月2日，沂蒙红色影视基地以第一名的成绩当选“临沂市十佳红色研学基地”。2020年3月3日，山东沂蒙红色文化产业有限公司（党性教育红色研学）获山东知名品牌奖牌。

中国红嫂革命纪念馆系列展室

2011年5月，被确定为山东省党员领导干部党性教育基地。先后有全国妇联、济南军区、中国人民银行等70多家单位挂牌党性教育基地、爱国主义教育基地、反腐倡廉基地，先后有200多万人参观学习。

南村社区村史馆

2013年，被沂南县关工委确定为沂南县青少年教育基地，后被列入红色文化教育教学点。

常山庄村

2013年，获评“中国文化旅游新地标”，被山东省人民政府公布为第四批重点文物保护单位；2014年被评为“第三批中国传统村落”；2015年获评“CCTV中国十大最美乡村”。

文艺宣传队

2017年，“新红嫂组合”登上中央电视台《星光大道》，在演唱《沂蒙女儿》的同时讲述了沂蒙红嫂战争年代和和平建设中的动人故事。

2020年，南村文艺宣传队，参与县文化系统统一组织的下乡演出，演出质量获全县第一。

山东红土地影视文化传媒有限公司

2020年，山东红土地影视文化传媒有限公司出品的故事片《沂蒙老兵》，荣获第三届中国农民电影节“最适合农民观看的乡村题材故事片奖”、第三届香港国际青年电影节暨第二届亚洲华语电影节（长片单元）优秀影片奖。

第八节　统战工作

1937年，抗日战争全面爆发之后，国共第二次合作的抗日民族统一战线正式形成。在党的领导下，沂蒙革命根据地从初创、建设到巩固发展，始终坚持统一战线工作，并坚决执行了毛泽东同志指示的“要在统一战线中坚持独立自主的原则”。1939年10月，中共南沂蒙县委成立。在县委的领导下，中共界湖乡委、界湖村把发展党的统一战线工作、广泛团结社会各阶层人士、投身于抗日保国卫家作为一项重要工作来抓。新中国成立后，界湖南村党组织通过各种方式，团结爱国民主人士、知识分子和工商业者，使其积极参加党的各种政治活动。“文化大革命”中统战工作受到冲击，党的统战政策受到严重破坏。1978年，政府恢复统战工作，界湖南村在界湖镇党委、政府领导下，陆续恢复统战工作。

进入改革开放新时代，南村社区成立统战工作领导小组，由社区党委书记担任组长，社区党委副书记担任联谊活动小组组长，由技术人员、有经验的年轻人员，担任各类对象负责人。为深入推进党的统一战线工作方针政策落实，充分调动统一战线成员的积极性。南村社区注重加强多方合作：集体企业大多是聘用有技术、有能力的党外人士担任企业领导；让社区老干部、知名群众到企业担任顾问，并监督企业合法合规运行；经常组织企业领导、技术人员外出参观学习，吸取外面的先进技术和经验。同时，社区党委还不定期召开党外知识分子协商会、座谈会等，与党外干部、党外知识分子、宗教界人士、非公有制经济人士等统战对象保持经常性的联系：向党外人士宣传中国共产党的政策、国家的法律法规和介绍社区的各项工作情况；听取和征求统战人士对社区建设各项工作的意见和建议，真正维护了社区的和谐稳定，推动了社区经济社会发展的进程。

2013 年 3 月 26 日，中央统战部六局局长王永庆带领中央统战部第十期新的社会阶层人士理论培训班学员，到沂蒙红色影视基地考察参观学习。

2015 年 3 月，被临沂市委统战部授予“全市社区统战先进工作单位”。

2022 年南村社区进行一次统战成员摸底工作：共有统战成员 95 人，其中党外村干部 2 人，党外知识分子 6 人，人大代表、政协委员 2 人，非公有制经济代表人士 38 人，少数民族群众 1 人，信教群众 42 人，新社会阶层人士 4 人。

附：部分政协委员

2012 年 2 月，沂南县第九届政协委员

刘振毅　魏　杰

2017 年 1 月，沂南县第十届政协委员

高春升　魏　杰

2022 年 1 月，沂南县第十一届政协委员

高宝海　聂家伟　闫纪锁（集体企业员工）

第二章　村（居）民自治组织

第一节　村（居）委会

1946 年 10 月，界湖南村区划为行政村以后，依据形势发展和需要，先后区划为村公所、高级社、生产大队、革委会、管委会、村委会、居委会等村级行政（自治）组织机构，组织和带领全村干部群众，开展社会活动、发展生产、实施各项行政管理。尽管“文化大革命”时期，一度由“革委会”代替一切。然而，界湖南村生产大队作为组织领导生产的机构没有改变，直至 1981 年，“革委会”改为“管委会”，巩德全的生产大队长仍未改变，在 23 年的时间里，一直延续着大队长的领导职务，是事实上的大队长，行使着领导生产的职能。

历届村（居）委会成员

村公所（1946 年—1955 年 12 月）

村　长：高富东

高级社（1956 年春—1958 年 8 月）

社　长：陈西平

副社长：孔宪俊　陈德义　刘安信　袁凤春

生产大队（1958 年 8 月—1981 年下半年）

大队长：巩德全

革委会（1968 年 5 月—1981 年下半年）

主　任：刘振吉（1968 年 5 月—1970 年 2 月）

高宝德（1970 年 2 月—1971 年 11 月）

田友成（1971 年 11 月—1976 年）

胡家德（1976年—1981年下半年）

管委会（1981年下半年—1984年11月）

大队长：高宝德

村委会（1984年11月—2005年1月）

主　任：高宝德（1984年11月—1990年12月）
　　　　徐新后（1990年12月—2001年10月）
　　　　刘建民（2002年5月—2005年1月）

村委会（2005年1月—2007年11月）

主　任：李凤德

委　员：刘振毅　尹传亮　刘振洪　刘成学

第一届居民委员会（2007年11月—2011年5月）

主　任：李凤德

委　员：尹传亮　刘振毅　高春升　刘振波

第二届居民委员会（2011年5月—2014年12月）

主　任：李凤德

委　员：刘振省　唐泽海　张西坤　李晓红

第三届居民委员会（2014年12月—2018年2月）

主　任：李凤德

副主任：张西坤

委　员：刘振省　李晓红　刘振涛　刘振超
　　　　朱召安

第四届居民委员会（2018年2月—2021年5月）

主　任：李凤德

副主任：刘振省

委　员：刘振涛　刘振超　胡玉洁

第五届居民委员会（2021年5月—）

主　任：李凤德

副主任：刘振省

委　员：刘振涛　刘振超　胡玉洁　张洪明
　　　　高　洋

第二节　南村社区股份经济合作社

2018年9月，南村社区开始产权制度改革。在上级主管业务部门的指导下，社区制定实施方案和实施细则，先后经过清产核资、经济组织成员确认、股权量化、成立经济合作社等相关程序，最终于2018年12月20日成立南村社区股份经济合作社，选举产生合作社理事会、监事会成员，并选出理事长、监事长。南村政经分离的产权改革初步完成。2023年1月9日，南村社区股份经济合作社第二届理事会、监事会换届。

理事会成员

2018年12月—2023年1月

理事长：李凤德

理　事：苗德强　刘成学　李建军　张西坤
　　　　田洪军　刘德进

2023年1月—

理事长：李凤德

理　事：沈彦成　冯启国　潘春娜　刘　晓

监事会成员

2018年12月—2023年1月

监事长：邱增恩

监　事：刘振洪　唐聚斋　相合友　张洪明

2023年1月—

监事长：相合友

监　事：李世开　刘其恒

第三节　生产队

生产队，是指新中国农业经济中的一种组织形式，源于农业合作化中构建的农村集体经济组织，是农村公社化构建“政社合一”的组织体系。在特定时期，生产队是基层农业生产单位和行政编组。界湖南村生产队始于高级合作社成立，终于人民公社解体实行家庭联产承包责任制实施，具体存在的时间为1955年至1984年。

1955年至1957年，界湖高级农业生产合作社成立后分为13个生产大队，界湖南村为第七、第八、第九、第十生产大队。尹作修任七大队队长，刘成树任八大队队长，高富东和张西玉任第九大队队长，袁友烈十大队队长。界湖南村根据社员居住情况，把4个大队编成12个生产队。

1958年8月，各高级农业生产合作社合并成立界湖人民公社，南村成立生产大队。1961年秋，实行公社、生产大队、生产队三级所有，南村生产大队下设12个生产队。

1978年，南村又根据实际生产需要，将12

个生产队调整为10个，原来的6队分散充实到1—5队，成为新的1—5队，原来的12队分散充实到其他5个队中，成为新的6—10队。1984年，南村全面实行家庭联产承包责任制，原有10个生产队的生产职能随之结束。南村将原有10个生产队调整为10个村民小队。

南村生产队为南村大队管辖下的独立预算单位。每位农民的身份为“社员”；各个生产队负责人设有队长、副队长，必须配备有会计、出纳、记工员，另外还有妇女队长。负责人中，队长和副队长每1—2年轮换，通常由社员推举或选举产生，其他负责人以推举为主，但比较固定，由受教育程度较高的人担任；队长、副队长、会计、记工员和出纳每年有适当的工分补贴。社员由生产队统一调度参加农业生产的劳动。

南村社区历任生产队长、副队长、会计（记工员）、妇女队长任职情况表

表11-1

队名	队长	任职起止时间	副队长	任职起止时间	会计	任职起止时间	妇女队长
1队	尹作修	1961—1975	车玉顺	1961—1974	沈宝全	1961—1976	李恩兰
	车玉平	1975—1976	王瑞富	1974—1977	徐庆烈	1976—1977	李恩荣
	李京国	1976—1977	刘志友	1977—1991	沈宝全	1977—1981	李恩玲
	尹作修	1977—1991			徐庆烈	1981—1982	
	刘志友	1991—2021			沈宝全	1982—2005	
	尹纪刚	2021—			尹传明	2005—2009	
					王瑞廷	2009—2021	
					沈贵海	2021—	
2队	车玉平	1961—1970	刘树忠	1961—1970	李德亮	1961—1970	李荣吉
	李文田	1970—1975	车玉平	1970—1975	陈中长	1970—1980	李玉吉
	吴丙臣	1975—1976	刘树忠	1975—1978	苗秀成	1980—	李凤香
	刘树意	1976—1978					
	刘树忠	1978—2020					
	刘遵和	2020—					
3队	刘成录	1961—1963	刘成吉	1961—1970	刘成新	1961—1965	武传美
	刘成东	1963—1966	刘成全	1970—1973	徐金烈	1965—1999	
	刘振如	1966—1970	刘成东	1973—1975	相合友	1999—	
	刘成希	1970—1976	刘振洪	1975—1976			
	刘振洪	1976—1976					
	刘成吉	1977—2021					
	刘洪亮	2021—					
4队	刘成友	1961—1963	杨金民	1963—1981	刘振吉	1961—1975	
	刘振海	1963—1978			刘　胜	1975—1978	
	刘振明	1978—2016			高本全	1978—2003	
	刘德部	2016—			尹作友	2003—2014	
					高本成	2016—	
5队	刘成友	1963—1968	刘振玉	1972—1978	刘　胜	1961—1975	苗秀芳
	刘振玉	1968—1972	刘振区	1978—1982	刘振成	1975—1982	刘德云

续表 11–1

队名	队长	任职起止时间	副队长	任职起止时间	会计	任职起止时间	妇女队长
5 队	刘振法	1972—1975			刘振区	1982—	
	刘志友	1975—1978					
	田友成	1978—2002					
	刘振成	2002—					
6 队	徐友会	1961—1964	李黄家	1974—1978	袁守烈	1961—1965	
	唐致明	1964—1965	唐致福	1978—1981	葛同德	1965—1968	
	徐友会	1965—1974			梁桂生	1968—1976	
	葛同友	1974—1976			袁守烈	1976—1982	
	李守顺	1976—1976			冯乃军	1982—	
	梁桂生	1976—1978					
	徐明厚	1978—1981					
	葛同德	1981—1983					
	唐致亮	1983—2016					
	唐聚华	2016—					
7 队	徐吉祥	1961—1965			高焕进	1961—1967	李树芝
	薛玉堂	1965—1967			邱立培	1967—1978	薛玉英
	包桂亮	1967—1978			高宝山	1978—	徐烈奎
	邱立培	1978—2016					
	高贵明	2016—					
8 队	申树德	1961—1965	唐聚斋	1966—1996	唐致合	1961—1967	
	王顺加	1965—1970			张洪祥	1967—1977	
	王顺法	1970—1973			唐聚斋	1977—1996	
	田友成	1973—1976			刘德胜	1996—2019	
	赵文祥	1976—1978			刘其恒	2019—	
	包桂亮	1978—1996					
	唐聚斋	1996—2021					
	高桂区	2021—					
9 队	邱　德	1961—1963	胡发忠	1961—1963	吴西法	1961—1968	
	胡发忠	1963—1970	高聚东	1963—1970	刘成美	1968—1970	
	于开成	1970—1971			吴西法	1970—1976	魏　花
	李春成	1971—1975			胡长发	1976—1978	
	王树田	1975—1976			吴淑进	1978—2011	
	尹传果	1976—1978			邱中国	2011—2018	
	胡发忠	1978—2021			李世开	2018—	
	胡乃军	2021—					
10 队	高富东	1961—1964	李丙法	1964—1981	张宜龙	1964—1968	孔庆臻
	高宝德	1964—1986	沈文亮	1964—1981	高宝忠	1968—1978	

续表 11-1

队名	队长	任职起止时间	副队长	任职起止时间	会计	任职起止时间	妇女队长
10 队	沈文亮	1986—2010			唐致田	1978—2007	
	高永明	2010—2015			高宝忠	2007—2021	
	高宝友	2015—2018			高永超	2021—	
	徐后明	2018—					
老 6 队（1978 年撤队）	苗全林	1961—1965	于凤图	1961—1965	高治贵	1961—1970	
	魏义明	1965—1969	刘成本	1965—1969	刘长乾	1970—1978	
	姜宝成	1969—1975	苗全林	1969—1975			
	张宝友	1975—1978					
老 12 队（1978 年撤队）	袁友烈	1961—1968			冯玉忠	1961—1970	郭太美
	聂明三	1968—1969			刘德胜	1970—1978	
	郭贵太	1969—1970					
	李　庆	1970—1976					
	李京国	1976—1978					

第四节　监督工作

根据农村产权制度改革需要和村居工作的有关要求，南村社区选举产生了居民代表、村务监督小组成员和村民理财小组成员。2018 年，选举产生村民代表 60 位。2021 年，换届选出 80 位。

居民代表

2018 年 2 月—2021 年 6 月

一队：沈贵海　尹纪刚　苗秀起　车荣周　尹传芬　刘建玲

二队：苗秀成　李桂莲　吴恩杰　马凤亮　于玉凤　刘遵和

三队：相合友　刘洪亮　刘振广　王恩香　刘振山　张京华

四队：刘德部　高本成　杨彦明　刘树明　徐兴芬　刘文文

五队：刘振成　刘振区　刘德功　刘见英　苗秀华　张玉花

六队：冯乃军　唐聚华　尹永相　李家波　李长福　于淑苗

七队：高宝山　高贵明　袁纪烈　赵成荣　高贵法　袁中红

八队：高桂区　刘其恒　王克明　包彦增　高钦彩　李　春

九队：李世开　胡发忠　姜开明　胡发全　张维英　刘桂霞

十队：高宝忠　巩雪莲　张兰红　高　伟　沈彦成　高宝友

2021 年 6 月—

一队：沈贵海　尹纪刚　苗秀起　车荣周　尹传芬　刘建玲　刘成成　李长蜜

二队：苗秀成　刘遵和　李桂莲　吴恩杰　马凤亮　于玉凤　聂家华　王爱华

三队：相合友　刘洪亮　刘振广　王恩香　刘振山　张京华　李建平　李发美

四队：刘德部　高本成　杨彦明　刘树明　刘　勇　徐兴芬　刘文文　刘　玮

五队：刘振成　刘振区　刘德功　刘见英　苗秀华　张玉花　刘德海　徐鹏云

六队：冯乃军　唐聚华　尹永相　李家波　李长福　于淑苗　张西同　刘希兰

七队：高宝山　高贵明　袁纪烈　赵成荣　高贵法　袁中红　巩怀军　邱增亮

八队：高桂区　刘其恒　王克明　包彦增
　　　高钦彩　李　春　徐荣封　孟祥娟
九队：李世开　胡乃军　邱中国　姜开明
　　　胡发全　孔凡香　张维英　刘桂霞
十队：高永超　徐后明　巩雪莲　张兰红
　　　高　伟　沈彦成　吴淑沂　刘德芹

南村社区现任居民代表基本情况表

表 11-2

姓　名	性别	民族	出生年月	政治面貌	文化程度	姓　名	性别	民族	出生年月	政治面貌	文化程度
沈贵海	男	汉	1966.03	群众	初中	冯乃军	男	汉	1960.03	群众	初中
尹纪刚	男	汉	1973.12	群众	初中	唐聚华	男	汉	1968.12	群众	初中
苗秀起	男	汉	1954.10	群众	初中	张西同	男	汉	1965.02	群众	初中
车荣周	男	汉	1963.05	群众	初中	李加波	男	汉	1971.09	群众	初中
刘成成	男	汉	1986.09	群众	初中	李长福	男	汉	1963.01	群众	初中
尹传芬	女	汉	1972.04	群众	初中	于淑苗	女	汉	1948.12	群众	小学
刘建玲	女	汉	1967.02	群众	初中	张西同	男	汉	1965.02	群众	初中
李长蜜	女	汉	1966.04	群众	初中	刘希兰	女	汉	1961.10	群众	初中
苗秀成	男	汉	1959.01	群众	初中	高宝山	男	汉	1958.03	群众	初中
刘遵和	男	汉	1972.03	群众	初中	高贵明	男	汉	1957.12	群众	初中
吴恩杰	男	汉	1964.02	群众	初中	袁纪烈	男	汉	1955.07	群众	初中
马凤亮	男	汉	1959.03	群众	初中	赵成荣	女	汉	1963.11	群众	初中
聂家华	男	汉	1984.10	群众	初中	高贵法	男	汉	1966.01	群众	初中
于玉凤	女	汉	1966.12	群众	初中	袁中红	女	汉	1965.04	群众	初中
李桂莲	女	汉	1967.02	群众	初中	巩怀军	男	汉	1970.10	群众	初中
王爱华	女	汉	1978.07	群众	初中	邱增亮	男	汉	1967.10	群众	初中
相合友	男	汉	1954.05	群众	初中	高桂区	男	汉	1963.06	群众	初中
刘洪亮	男	汉	1983.08	群众	初中	刘其恒	男	汉	1979.06	群众	初中
刘振广	男	汉	1955.03	群众	高中	王克明	男	汉	1964.02	群众	初中
李建平	男	汉	1965.07	群众	初中	包彦增	男	汉	1972.12	群众	初中
刘振山	男	汉	1962.11	群众	初中	高钦彩	女	汉	1965.08	群众	初中
王恩香	女	汉	1959.05	群众	初中	李　春	女	汉	1961.07	群众	初中
张京华	女	汉	1956.09	群众	初中	徐荣封	女	汉	1975.02	群众	初中
李发美	女	汉	1963.06	群众	初中	孟祥娟	女	汉	1979.11	群众	初中
高本成	男	汉	1965.10	群众	初中	李世开	男	汉	1956.04	群众	小学
刘德部	男	汉	1969.07	党员	初中	胡乃军	男	汉	1970.09	群众	初中
杨彦明	男	汉	1975.09	群众	初中	邱中国	男	汉	1973.04	群众	初中
刘树明	男	汉	1965.03	群众	初中	姜开明	男	汉	1966.05	群众	初中
刘　勇	男	汉	1978.10	群众	初中	胡发全	男	汉	1971.02	群众	初中
徐兴芬	女	汉	1962.12	群众	初中	孔凡香	女	汉	1964.07	群众	初中
刘文文	女	汉	1983.06	群众	中专	张维英	女	汉	1968.03	群众	初中
刘　玮	女	汉	1979.03	群众	初中	刘桂霞	女	汉	1966.02	群众	初中
刘振成	男	汉	1956.11	群众	初中	高永超	男	汉	1977.01	群众	高中
刘振区	男	汉	1958.08	群众	初中	徐后明	男	汉	1963.02	群众	初中
刘德功	男	汉	1957.09	群众	初中	巩雪莲	女	汉	1982.12	群众	高中
刘德海	男	汉	1957.01	群众	初中	张兰红	女	汉	1971.03	群众	高中

续表 11-2

姓　名	性别	民族	出生年月	政治面貌	文化程度	姓　名	性别	民族	出生年月	政治面貌	文化程度
苗秀华	男	汉	1963.08	群众	初中	高　伟	男	汉	1972.05	群众	高中
张玉花	女	汉	1961.12	群众	初中	沈彦成	男	汉	1979.02	党员	高中
刘见英	女	汉	1962.06	群众	初中	吴淑沂	男	汉	1974.09	群众	初中
徐鹏云	女	汉	1980.02	群众	初中	刘德芹	女	汉	1967.07	群众	初中

南村社区村务监督小组情况表

表 11-3　　（2018 年 2 月—2021 年 6 月）

职务	姓　名	性别	民族	出生年月	文化程度	政治面貌	兼任职务	备注
组长	邱增恩	男	汉	1966.05	初中	党员	社区纪检书记	
成员	相合友	男	汉	1954.05	初中	群众	村民小组长	
	沈彦成	男	汉	1979.02	大专	党员	村民代表	

南村社区村务监督小组情况表

表 11-4　　（2021 年 6 月—）

职务	姓　名	性别	民族	出生年月	文化程度	政治面貌	兼任职务	备注
组长	田洪军	男	汉	1966.05	初中	党员	社区纪检书记	
成员	相合友	男	汉	1954.05	初中	群众	村民小组长	
	沈彦成	男	汉	1979.02	大专	党员	村民代表	

南村社区民主理财小组情况表

表 11-5　　（2018 年 2 月—）

职务	姓　名	性别	民族	出生年月	文化程度	政治面貌	兼任职务	备注
组长	相合友	男	汉	1954.5	初中	群众	村民小组长	
成员	李世开	男	汉	1956.4	初中	群众	村民小组长	
	刘其恒	男	汉	1979.6	初中	群众	村民小组长	

第五节　财务会计

会计是农村行政管理的主要成员之一，时称农村“三大角”之一。主要负责对集体经济组织所有、支配、管理的各种资产所发生的一切收入及其使用于分配等财务活动的计划监督与控制。界湖南村在农业合作化、人民公社与改革开放等不同时期，历任会计协助村两委做好村级统筹、集体提留、分摊、抵扣等工作，调整村内经济往来关系。对南村集体的生产、财务管理和分配工作，进行指导、检查和督促，协助改革经营管理。同时，负责村里的文书、秘书以及后勤管理等勤杂工作。

初级社和高级社时期，社内配备会计、保管，财务由社内民主管理。人民公社成立后，以公社为核算单位，生产大队、生产队配备会计、出纳、保管。

1999 年 10 月，中共界湖镇委、镇政府决定对全镇农村会计实行职业化管理，实行年度考核，动态管理，统一调配，异村任职。2000 年 1 月 1 日，高永文被镇委调配到南村任职村会计。委派会计实行双重管理机制，业务上归镇经管站管理，具体工作归村委会直接管理。

2003年6月，在界湖镇委、镇政府的具体组织下，又通过考选方式，对村现金出纳员进行考选聘用，南村村民刘振省被聘用为南村出纳员。

2004年4月5日，镇政府出台村会计、出纳管理细则。

2005年12月31日，界湖镇以经管统计站为依托，全面实行农村财务委托代理中心制改革工作，实行村级公章、合同、账务、资金“四代理”。因南村坚持走发展集体经济、实现共同富裕的路子，集体企业较多，村委与集体企业之间经济业务往来较大，经镇委主要领导审批同意，南村的公章、资金由村委会自行管理，合同、账务继续由经管站把关审计。南村也按照规定要求，通过选举产生了村务公开监督小组和民主理财小组，保证村务公开民主理财制度的落实；规范开展村务公开，民主管理工作，制定了《村务公开制度》《财务管理制度》《民主理财制度》《承包合同管理制度》《公章管理制度》等一系列规章制度，从制度上给予保证，在村委办公大院内设立了公开栏，除公布每个公开时间段的政务及收支情况外，凡涉及集体资产处置、经营承包建设项目、土地补偿款的使用等都在召开村民会议或村民代表会议决策以后及时公开。

2006年11月，根据南村实际发展需要，成立南村社区财务部，由高永文任财务部经理，公开向社会招聘了4名会计，分别担任社区居委会会计（卓会苓）、出纳（邵磊）、星港房地产出纳（高峰）、泰都建筑公司出纳（张爱萍）。后来根据业务需要，又及时增添了多名会计人员。社区及各公司财务统一归社区财务部管理。

2010年开始，南村社区在全县率先使用收入管理台账，把所有沿街、商场租赁户纳入台账管理，各户租赁收入情况一目了然。

2015年7月，南村社区成立山东广汇集团有限公司，把所有集体企业纳入广汇集团管理，成立集团财务部，聘请高层次财务管理人员任财务总监，全面负责各集体企业财务，各集体企业也招聘了高学历、高水平的财务人员，对公司健康发展起到了有力的后勤保障作用。

南村社区历任会计

刘振起　1953—1976年
葛同德　1976—1980年
刘振元　1981—1990年
张宜龙　1990—1997年
巩庆明　1998—1999年
高永文　2000—2006年11月
高永文　2006年11月—　任财务部经理
卓会苓　2006年11月—　任会计
邵　磊　2006年11月—　任出纳

第六节　办公室

随着南村集体经济的发展和村级事务管理的规范化，南村于2006年7月年成立社区党委并设立社区办公室，设办公室主任1名，办公室工作人员若干名，负责村居后勤服务管理工作。

办公室人员

办公室主任

刘　玮（2006年7月—2006年10月）
邹兴超（2006年11月—2009年6月）
钟绵春（2009年6月—2010年1月）
刘存起（2010年2月—）

办公室工作人员

张元东（2006年7月—2022年5月）
冯启国（2012年4月—）
苏　丽（2013年2月—2016年10月）
于雪晨（2013年6月—）
唐馨笠（2014年11月—2015年11月）
魏晓霞（2015年11月—）
杜中华（2022年5月—）

附：部分人大代表

出席省人代会代表

2013年1月，山东省第十二届人代会代表　李凤德

2018年1月，山东省第十三届人代会代表　李凤德

出席市人代会代表

2008 年，临沂市第十七届人代会代表　李凤德

出席县人代会代表

1993 年 2 月，沂南县第十二届人代会代表　巩庆明

2003 年 1 月，沂南县第十四届人代会代表　刘建民

2007 年 12 月，沂南县第十五届人代会代表　李凤德　李熙鹏

2012 年 2 月，沂南县第十六届人代会代表　李凤德　李熙鹏

2017 年 2 月，沂南县第十七届人代会代表　李凤德　李熙鹏

2021 年 2 月，沂南县第十八届人代会代表　李凤德　徐　明

出席界湖人代会代表

1978 年 12 月，界湖人民公社第五届人代会代表　徐新后

1981 年 5 月，界湖人民公社第六届人代会代表　高宝德

1984 年 8 月，界湖区第七届人代会代表
梁桂生　李恩兰（女）　贾洪臻（女）　周金星

1987 年 5 月，界湖镇第八届人代会代表　刘树意

1990 年 3 月，界湖镇第九届人代会代表　梁桂生　高宝德　刘振莲（女）

1993 年 5 月，界湖镇第十届人代会代表　梁桂生　徐新后　刘振莲（女）

1996 年 1 月，界湖镇第十一届人代会代表　徐新后　梁桂生

1999 年 1 月，界湖镇第十二届人代会代表　徐新后　梁桂生

第三章　群众团体

第一节　农民组织

农民抗日救国会

1940 年，山东省各界联合大会在青驼寺召开以后，界湖村建立起农民抗日救国会。

1941 年夏，东平区农救会成立。村农救会在区农救会的领导下，组织农民开展生产、武装抗敌、保卫村庄、拥军支前，斗地主，分田地。

1946 年，界湖南村建立后，在村级政权建立的同时，建起了界湖南村农救会。

农民联合会

1947 年，界湖南村农救会改称界湖南村农民联合会。

1948 年，界湖南村农民联合会撤销。

贫下中农协会

1963 年，社教运动开始，界湖南村生产大队成立贫下中农协会（简称贫协），参与村中的行政领导工作。1981 年撤销。

历届农民组织负责人

农救会主任	包清开	1940—1947 年
农民联合会主任	刘成全	1947—1948 年
贫下中农协会主任	李春成	1963—1981 年

第二节　青年组织

青年救国会

1939 年 10 月，界湖村建立起青年抗日救国

会（简称青救会），发展16—25岁的青年入会。青救会负责办民校、夜校、识字班、俱乐部，还成立起五六十人组成的青年剧团，慰问人民子弟兵，到集市、街头演出，宣传抗日，在解放区影响极大。

青年联合会

1946年10月，界湖南村在成立党支部、村委会的同时，建立了界湖南村民主青年联合会。是年冬，在冬学高潮中成立“高洪安学习小组”，组织青年参军参战、拥军优属、支援前线、保卫红色政权、学习文化。

中国共产主义青年团

1947年，界湖南村青年民主联合会改为中国新民主主义青年团。在解放战争中，团员青年积极参军参战，支援前线。在土地改革，生产救灾等方面发挥了突出的作用。

1951年，在界湖乡团总支领导下，界湖南村建立团支部，组织团员青年订立爱国公约。1957年7月，中国新民主主义青年团改称中国共产主义青年团，简称共青团。

1963年3月，开始组织学习雷锋活动和学习毛主席著作活动、学好人做好事活动。

1966年，“文化大革命”开始，共青团被代替。

1971年，恢复共青团活动。

1980年，组织团员青年开展“精神文明建设”“学雷锋树新风”“知我沂南、爱我沂南、建我沂南”等活动。

2015年1月18日，南村社区团委召开团员代表大会进行换届选举。

历届团支部书记

徐友会　1950—1954年
高聚东　1955—1957年
高宝德　1958—1966年
刘振元　1967—1968年
李天明　1968—1970年
邱忠叶　1971—1973年
尹传亮　1974—1976年
刘振毅　1977—1978年
李建友　1979—1986年
邱增恩　1987—2004年
苗德强　2005—2007年
袁丰坤　2010—2012年
刘振省　2013—2015年
朱召安　2015—2021年
张洪明　2021—

第三节　妇女组织

妇救会

民国30年（1941），东平区成立抗日妇女救国联合会，简称妇救会。界湖村跟进成立妇救会。

民国35年（1946）10月，界湖南村建立，同时成立界湖南村妇女民主联合会。

1949年9月，界湖南村妇女民主联合会改称界湖南村妇女联合会，简称妇联。

妇代会

1955年合作化时期，要求百户以上的大社设妇联分会，不足百户的小社，设立代表小组。

1958年，成立沂南县民主妇女联合会界湖镇分会，并召开第一次妇女代表大会，民主选举镇妇女联合委员会。界湖南村妇女联合会改称“妇代会”。

活动概述

妇代会是组织和带领本村妇女参加各种物质和文化建设的社会群众团体，是党和政府联系群众的纽带。战争年代，南村妇联组织全村妇女拥军支前、参政参军、学习文化，争取自身解放。

民国36年（1947）春，在男子支前的情况下，妇女成为后方主力军，妇代会组织妇女给部队筹给养、送粮草、当向导、抬担架、抢耕抢种，为夺取鲁南、莱芜、孟良崮、淮海等战役的胜利做出了很大贡献。

全国解放以后，医治战争创伤，恢复发展经济，广大妇女积极开展生产救灾，积极参加变工组、学文化、宣传婚姻法等活动。

改革开放以来，村妇代会积极组织创建“五好”家庭、“文明家庭”活动，以及“四自”教育活动，提倡男女平等、夫妻和睦、勤俭持家、尊老爱幼、邻里团结的社会主义新风尚。教育妇女遵纪守法，维护妇女儿童的合法权益，打击歧视、虐待、侮辱、残害和拐卖妇女、儿童的犯罪活动。向广大妇女宣传法律知识，提高妇女的法制观念，热情关心妇女的恋爱、婚姻、家庭问题，协助调解婚姻家庭纠纷。配合有关部门积极宣传计划生育政策和妇幼卫生知识，引导妇女实行晚婚、晚育、计划生育、优生优育。发动和组织妇女积极开展“双学双比”活动，发展商品经济，积极带领妇女投身于经济建设，引导妇女走共同富裕的道路。

2017 年，南村妇代会进行南村首届妇联选举。改名为南村社区妇联。

历届妇女主任（主席）

主　任

于佩兰 1947—1967 年
刘振莲 1967—1975 年
李恩兰 1975—1991 年
刘振莲 1991—2002 年
刘　玮 2002—2006 年
包颜春 2006—2007 年
张西霞 2007—2008 年
李凤其 2011—2015 年
潘春娜 2015—2017 年

主　席

潘春娜 2017—2018 年
胡玉洁 2018—

2021 年南村社区妇联妇女代表情况表

表 11-6

姓　名	性别	出生年月	文化程度	政治面貌	兼任职务	姓　名	性别	出生年月	文化程度	政治面貌	兼任职务
尹传芬	汉	1972.04	初中	群众	居民代表	袁中红	汉	1965.04	初中	群众	居民代表
刘建玲	汉	1967.02	初中	群众	居民代表	赵成荣	汉	1963.11	初中	群众	居民代表
李长蜜	汉	1966.04	初中	群众	居民代表	高钦彩	汉	1965.08	初中	群众	居民代表
于玉凤	汉	1966.12	初中	群众	居民代表	李　春	汉	1961.07	初中	群众	居民代表
李桂莲	汉	1967.02	初中	群众	居民代表	徐荣封	汉	1975.02	初中	群众	居民代表
王爱华	汉	1978.07	中专	群众	居民代表	孟祥娟	汉	1979.11	初中	群众	居民代表
王恩香	汉	1959.05	初中	群众	居民代表	孔凡香	汉	1964.07	初中	群众	居民代表
张京华	汉	1956.09	初中	群众	居民代表	张维英	汉	1968.03	初中	群众	居民代表
李发美	汉	1963.06	初中	群众	居民代表	刘贵霞	汉	1966.02	初中	群众	居民代表
徐兴芬	汉	1962.12	初中	群众	居民代表	巩雪莲	汉	1982.12	初中	群众	居民代表
刘文文	汉	1983.06	大专	群众	居民代表	张兰红	汉	1971.03	初中	群众	居民代表
刘　玮	汉	1979.03	中专	群众	居民代表	刘德芹	汉	1967.07	初中	群众	居民代表
张玉花	汉	1961.12	初中	群众	居民代表	于雪晨	汉	1990.01	大专	党员	党务工作者
刘见英	汉	1962.06	初中	群众	居民代表	魏晓霞	汉	1990.10	大专	群众	讲解员
徐鹏云	汉	1980.02	初中	群众	居民代表	程淑媛	汉	1968.10	初中	党员	妇联副主席
于淑苗	汉	1948.12	小学	群众	居民代表	潘春娜	汉	1983.10	初中	群众	妇联副主席
尹永相	汉	1965.09	初中	群众	居民代表	王荣秋	汉	1981.10	初中	群众	妇联执委
刘希兰	汉	1961.10	初中	群众	居民代表	胡玉洁	汉	1983.04	大专	党员	党委委员

第四节 民兵组织

组织建设

中国共产党领导的民兵组织是不脱离生产的群众武装组织，是人民武装力量的基础。界湖村的民兵组织始建于抗战初期，时称“抗敌自卫团”。

1938年，青年民兵邱清河、刘立顺、戴进修、管德修带头参加八路军。

1938年、1940年，苗青林、沈迎民、王遵国、梁贵、唐治德等青年民兵先后参加了八路军。

1942年5月，沂南县的青抗先、基干自卫团和游击小组合称民兵，界湖村的自卫团改称民兵。

1942年6月下旬，界湖村部分青年民兵参加县里组织的子弟兵团和民兵大队，临时脱离生产，执行较长期的战勤任务，配合部队作战。以维护社会治安为主，还配合部队作战，涌现出神枪射手刘振太等传奇式英模人物。

1946年10月，建立界湖南村党支部和村委会的同时，建立界湖南村民兵大队。

主要活动

革命战争年代，界湖南村民兵在抗敌自卫、联防对敌斗争的同时，积极参军参战。

中华人民共和国成立后，界湖南村民兵在党支部的领导下开展军事训练，维护社会秩序，积极参加国防教育，提高国防观念。先后有116名优秀青年参军入伍，守疆卫国。经过解放军大学校的培养锻炼，他们中大部分入党提干，有的留在部队工作，有的转业到地方工作，大部分退役回乡，成为南村社区乡村建设骨干。

历届民兵组织沿革

指导员

刘成森 1946—1948年

孔宪俊 1948—1956年

刘成本 1956—1957年

李文田 1957—1961年

孔宪俊 1961—1976年

徐新后 1976—1978年

梁桂生 1978—1986年

高宝德 1986—1990年

徐新后 1990—2001年

刘建民 2001—2005年

李凤德 2005—

民兵连长

高富东 1946—1948年

刘成希 1946—1948年

刘振普 1948—1958年

胡发成 1958—1961年

田友成 1961—1975年

葛同友 1975—1990年

李凤德 1990—2005年

苗德强 2005—2006年

刘成学 2006—2008年

张西坤 2008—2008年

李建军 2008—2018年

刘晓东 2018—

第五节 退役军人服务站

南村社区现有退役军人75人，现役军人13人，优抚对象24人（其中烈属2人：彭玉荣、罗秀梅；革命伤残军人3人：徐厚军、李祥吉、高煜鑫；带病退伍军人5人：尹作友、刘振金、葛同利、刘建民、尹传中）。

为做好新时期拥军优属工作，南村社区于2020年，在社区办公楼二楼按照“四有”（有组织、有人员、有经费、有保障展开工作）要求，高标准建设退役军人服务站，配备电脑、打印机等办公设备，成立退役军人服务站领导小组，制定《退役军人服务站工作制度》，健全《退役军人服务站工作职责》，设立《退役军人服务站工作人员行为规范》等规章制度，并严格遵照执行。

南村社区党委书记李凤德担任服务站主任。在他的领导下，社区党委关心爱护退役军人工作和生活。政治上关心，生活上照顾，及时了解退役军人所思所想、所难所需，切实解决实际问题。村办集体企业招工时，优先照顾退役军人。

服务站每年至少两次组织退役军人到革命纪

念地、红色纪念馆等参观学习，接受教育，增强他们的荣誉感、使命感。每年“八一”都召开表彰会，对表现突出的退役军人进行宣传表彰。定期或不定期召开退役军人、现役军人家属和优抚对象恳谈会、情况通报会，听取他们对社区工作的意见、建议和要求，交流感情，增加共识。

服务站组织成立新时代精神文明实践志愿者退役老兵分队，积极开展志愿服务活动，每月定期开展环境卫生打扫、爱老敬老等活动，既奉献爱心，又提升退役军人整体形象。在疫情防控、防汛救灾等工作中，退役军人不怕苦、不怕累，哪里最危险，哪里有他们的身影，受到广泛好评。

南村社区退役军人服务工作在县委、县政府和县退役军人事务部门正确领导下，把“家”建起来，把“心”聚起来，把“事”立起来，践行全心全意为退役军人服务的初心使命，架起党和政府、退役军人和优抚对象的“连心桥”，开创双拥工作新局面。由于工作扎实到位，社区至今未发生一次涉军上访事件，得到各级领导高度认可。

南村社区历年参军人员（135 人）

抗日战争时期（13 人）

刘成厚　邱清河　苗青林　常其林　沈迎民
王遵国　梁　贵　唐治德　魏荣兴　张　奎
王德武　马血程　马学升

解放战争时期（6 人）

苗全林　刘振法　刘成本　袁德烈　聂荣福
刘成堂

20 世纪 50 年代（4 人）

王福吉　张宝全　刘振元　高成本

20 世纪 60 年代（20 人）

张宝友　李守顺　胡发成　徐庆烈　刘德利
尹传利　邱增福　刘德义　邱增利　邱忠业
徐新后　李天亮　高宝法　徐友田　高世东
薛玉东　邱立友　徐忠烈　徐庆烈　王宗运

20 世纪 70 年代（22 人）

孙　新　刘德胜　刘振金　巩庆顺　胡发田
刘振业　苗秀德　尹作友　刘志刚　赵学珍
刘成余　刘振洪　刘建民　李世享　葛同利
沈文忠　李天朋　徐厚军　尹传中　陈长胜
邱增海　刘振明

20 世纪 80 年代（9 人）

李凤德　吴西恩　尹传海　刘成学　尹传明
刘德顺　张西同　刘建波　刘成朋

20 世纪 90 年代（13 人）

刘振营　刘其新　徐后田　车振城　杨彦明
李富华　沈颜杰　沈彦成　王树良　何兆全
苗德强　赵　峰　袁丰坤

2000—2009 年（31 人）

刘晓东　赵立军　李守义　朱召安　聂友亮
尹继辉　姜　波　吴俊峰　田　坤　吴淑斌
尹继光　赵立元　刘　斌　刘栋栋　冯　见
葛文峰　刘德峰　刘洪波　徐　军　黄保杰
张洪明　姜　峰　苗玉龙　高本龙　苗　壮
苗士龙　尹纪宗　车振洁　李祥吉　张旭梅
张利谦

2010—2019 年（12 人）

王　琪　于林锋　刘洪诚　郭焱烨　刘洪升
聂成隆　刘洪杰　高煜鑫　车振鑫　陈怡达
苗新艳　王钰博

2020—2022 年（5 人）

刘子琪　李源薪　杨国庆　高兴宸　邱　伦

第六节　工会组织

2006 年 7 月 23 日，界湖南村社区工会组织成立，选举产生南村社区工会委员会，设有工会主席 1 人、副主席 1 人、委员 4 人，建立健全职工代表大会制度，严格落实职工代表大会各项职权，是沂南县第一个农村工会联合会。

随后，山东正壮饲料有限公司、沂南县星港房地产开发有限公司、沂南县邦正塑编有限公司、红嫂家乡旅游区暨山东沂蒙红色影视拍摄基地有限公司、山东泰都建筑安装工程公司等社区集体企业，先后建立企业工会。

南村社区党委关心支持工会工作，鼓励工会会员积极参政议政，为社区和企业发展贡献力量。在上级工会和社区党委的正确领导下，南村社区工会规范完善职工劳动合同制度。社区坚持把规范用工关系作为发展之本，在充分吸纳社区居民就业的同时，不断健全完善用工和劳资管理制度，确保职工正当权益得到保障。社区劳动合同签订率达100%，从未发生拖欠职工工资现象。社区党委按照上级党委“党建带工建”的工作部署，把工会联合会工作纳入党的整体工作上来，选拔培养高素质的工会干部队伍，先后参加县级各类培训班4次，组织外出考察学习8次，由此锻造高素质的工会干部队伍，进一步深化“党建带工建”活动的深入开展。在抓好职工技术教育培训的同时，重视提高职工福利待遇，职工享有医疗保险、财产保险、养老保险等；职工享受子女参军、考入大学、独生子女等多种奖励政策。同时，社区工会联合会每逢中秋、春节等节日，到困难职工家中走访慰问，确保职工节日无困难。社区工会认真组织企业职工开展体育运动、歌咏比赛等活动，积极组织参加县总工会、文化与体育部门组织的竞赛活动以及公益事业活动。

2012年12月，被临沂市总工会评为“临沂市职业道德建设先进单位”。

2021年11月20日，山东泰都建筑安装工程公司召开工会成立暨第一次委员大会。

2022年7月1日，南村社区工会组织企业员工参加文艺演出。

省、市、县总工会领导多次到南村社区工会联合会调研，对南村社区工会工作给予高度评价。

近年来，南村社区有多人获得劳动模范和劳动奖章荣誉称号：2004年4月，李凤德获临沂市“振兴沂蒙”劳动奖章；2006年，李熙鹏获“沂南县劳动模范”称号；2007年4月，刘振毅获“沂南县劳动模范”称号；2008年4月，李凤德获“山东省劳动模范”称号；2011年，高春升获临沂市“振兴沂蒙”劳动奖章；2018年4月，袁丰坤获沂南县“振兴沂南”劳动奖章；2020年，徐明获“沂南县五一劳动奖章”称号；2022年，徐明获“沂南县劳动模范”称号。

南村社区历届工会主席

刘振毅 2006—2011年

苗德强 2011—2018年

李建军 2018—

第七节　关工委

建立机构

2008年3月，界湖南村社区在全县第一个成立社区关工委，组建“五老”志愿者服务队伍并开展活动。

开展关心下一代活动

2010年，界湖南村社区搬迁60亩花园土地，配合县政府建设沂南县第四实验小学，改造提升县城的小学教育环境。

2011年，界湖南村社区在沂蒙红色影视基地建设的跟着共产党走纪念馆、中国红嫂革命纪念馆、人民子弟兵将帅纪念馆等系列展馆，被国家关工委确定为全国青少年爱国主义教育基地，被省关工委确定为全省关心下一代教育基地，全国各地青少年，经常到纪念馆参观学习，接受爱国主义传统教育。

2013年11月5日，省人大教科文卫委副主任、市关工委主任朱绍阳带领考察组来南村社区调研关心下一代工作。县领导刘淑秀、吴昌力、刘振奎，县关工委主任满玉成等陪同调研。朱邵阳对南村社区经济社会发展和社区关工委工作取得的成绩给予充分肯定，希望南村社区继续深化认识，大力支持关工委工作，扎实开展丰富多彩的主题教育活动，做到有举措、有特色、有成效，全面推动关心下一代工作再上新台阶。

取得成绩

2011年9月，被山东省老龄委授予“山东省先进村（居）老工委”。

2013年，南村社区投资100多万元，修建了南村社区村史党史展馆。展馆以翔实的资料、宝贵的照片和大量的实物，辅以声光电效果，生动具体地介绍了界湖南村人，在党和政府的领导下，爱党爱军，艰苦奋斗，开拓进取，在建立和建设新中国的 60 多年间所做出的成就和贡献，被确定为沂南县关心下一代教育基地。

2013 年，李凤德在上级关工委调研座谈会上发言，被评为临沂市“五好志愿者”。被临沂市关工委授予临沂市“五好关工委”。

2015 年 5 月，刘振毅在国家关工委调研会上代表南村社区两委发言。

2017 年 5 月，被临沂市委、市政府评为“全市关心下一代工作先进集体”。

2020 年 7 月，成立南村社区新时代文明志愿者服务大队老干部分队，有成员 15 人。

“五老”志愿者们充分发挥余热，紧紧围绕关工委中心工作，主动作为、积极作为，在棚户区改造、新时代文明志愿者服务、疫情防控、移风易俗等工作中发挥了重要作用。助力美丽乡村建设和乡村振兴，为和谐社区建设贡献了力量，打造了“五老”志愿者服务“南村品牌”。

2021 年 3 月，徐新后在全县“五老志愿者”工作座谈会上发言。

2022 年，徐新后、刘振毅被评为全县“优秀五老志愿者”。

第八节　计划生育委员会

建立机构

1964 年，界湖南村大队建起计划生育委员会，并配备宣传员。

1976 年，界湖南村大队配备计划生育宣传员。

1988 年，界湖南村大队设专职计划生育主任，享受相当于党支部书记待遇的 80%。是年，建立起界湖南村计划生育协会。

开展工作

1978 年，计划生育成为中国的一项基本国策。界湖南村党支部坚定不移地落实基本国策，一届又一届计生主任，废寝忘食，夜以继日地工作，在最艰难的一段时间内，曾经成为全镇唯一无超生的村居，受到界湖镇委、镇政府的隆重表彰。

1992 年，按照镇党委、政府的要求，建起界湖南村人口学校，党支部书记徐新后担任校长，教师由村专职人员担任。主要学习“妇女保健知识”，《计划生育条例》《中华人民共和国婚姻法》以及有关农业生产和生活知识。

2000 年，各级党委、政府加强计划生育工作领导和工作力度，界湖南村按照要求，实施党支部书记、村委主任、会计、计生主任、查访员等 5 位责任人，分工合作，齐抓共管。

2015 年 10 月，十八届五中全会决定，全面放开二孩政策，并于 2016 年 1 月 1 日正式实施。之后，原有计划生育管理工作转变成优生优育服务工作，南村社区建起优生优育宣教室。2018 年，计生主任岗位退出了历史舞台。

历届主任沿革

李凤德 1990—1995 年

刘建民 1995—1997 年

刘树意 1997—2002 年

刘振洪 2002—2006 年

李富华 2006—2007 年

刘成学 2007—2008 年

苗德强 2008—2011 年

刘振超 2011—2018 年

第四章 荣 誉

第一节 社区荣誉

南村社区荣誉情况表（国家级）

表 11-7

时 间	称 号	授予机关
2010.07	全国妇联基层组织建设示范社区	中华全国妇女联合会
2011.07	山东省沂南县界湖街道南村社区理事单位	国际专业摄影协会、中外新闻摄影报
2012.12	全国综合减灾示范社区	国家减灾委员会、民政部
2015.03	全国民主法治示范村（社区）	中华人民共和国司法部、中华人民共和国民政部
2016.10.24	学雷锋活动基地	中国社会福利基金会学雷锋基金管委会、中华雷锋文化促进会
2022	国家级充分就业社区	中华人民共和国人力资源和社会保障部
2022	全国示范性老年友好型社区	国家卫生健康委、全国老龄办

南村社区荣誉情况表（省级）

表 11-8

时 间	称 号	授予机关
2007.12.25	省级文明社区	山东省精神文明建设委员会
2010.03	山东省城市社区建设示范社区	山东省民政厅
2011.06	山东省先进基层党组织	中共山东省委
2011.09	山东省先进村（居）老工委	山东省老龄工作委员会办公室
2012	“中国体育彩票”健身活动先进站点	山东省老年人体育协会
2013.04	示范妇女之家	山东省妇女联合会
2013.12.25	省级卫生社区	山东省爱国运动委员会
2016.10	“中国体育彩票”山东省第六届全民健身运动会万人太极拳比赛（规定套路）优胜奖	山东省体育局
2016.10	中国体育彩票”山东省第六届全民健身运动会万人太极拳比赛（自选套路）表演奖	山东省体育局
2017.09	山东省银龄之家	山东省老龄委工作委员会办公室
2018.02	临沂市沂南县界湖街道南村社区省级卫生村（2018—2020）	山东省爱国卫生运动委员会
编号：06085	法律与正义杂志社法律服务单位	中共山东省委政法委员会、山东省综合治理委员会
编号：03-001	山东法制报法律重点服务单位	《山东法制报》

南村社区荣誉情况表（市级）

表 11-9

时　间	称　号	授予机关
2006.12	文明社区	中共临沂市委、临沂市人民政府
2006.12	临沂市“平安家庭”创建活动优秀示范点	临沂市“平安家庭”传建活动领导小组
2006.12	文明村镇	中共临沂市委、临沂市人民政府
2007.01	先进党员活动室	中共临沂市委宣传部
2007.02	临沂市新农村建设百强示范村	临沂市政府调研室、临沂市建设局、临沂市环保局、临沂市旅游局、临沂市农业局、临沂报业集团
2007.06	临沂市基层党建工作示范点	中共临沂市委组织部
2007.08	光彩事业突出贡献奖	中共临沂市委统战部、临沂市工商业联合会、临沂市光彩事业促进会
2008.03	巾帼示范村	临沂市妇女联合会
2008.06	先进基层党组织	中共临沂市委
2008.07	临沂市新农村建设创新发展典型村居	临沂市新农村建设论坛组委会
2009.03	临沂市节能减排家庭社区　行动示范社区	临沂市妇联、临沂市文明办、临沂市环保局、临沂市科协
2009.03	临沂市工商联系统抗震救灾先进单位	临沂市工商业联合会、临沂市总商会
2009.12	全市 12315 优秀联络站	临沂市工商行政管理局
2010.03	2009 年度全市城乡环境综合整治工作先进村居	中共临沂市委、临沂市人民政府
2010.04	临沂市廉政文化“六创建”工作先进单位	中共临沂市纪委、中共临沂市委宣传部
2010.04	十佳和谐社区	临沂市发展改革委员会、临沂日报报业集团
2011.08	新农村建设典范社区调研基地	临沂报业集团
2012.12	临沂市职业道德建设先进单位	临沂市总工会、中共临沂市委宣传部、临沂市文明办、临沂市经信委、临沂市纠风办
2013.07	资源节约型环境友好型示范单位	临沂市两型社会建设改革试点领导小组
2014.07	美在农家示范村	临沂市美在农家活动领导小组、临沂市妇女联合会
2015.03	全市社区统战工作先进单位	中共临沂市委统战部
2017.05	全市关心下一代工作先进集体	中共临沂市委、临沂市人民政府
2020.06	党建引领沂蒙红色物业市级示范社区	中共临沂市委组织部、临沂市住房和城乡建设局
2020.08	健康社区	临沂市卫生健康委员会
	文明单位	中共临沂市委、临沂市人民政府
2023.04	《南村之歌》荣获“乐享沂蒙”临沂市最美村歌镇歌企歌展演三等奖	临沂市文化和旅游局

南村社区荣誉情况表（县级）

表 11-10

时　间	称　号	授予机关
2004.06	“五个好”村党组织	中共沂南县委

续表 11-10

时　间	称　号	授予机关
2005.02	2004 年度全县综合实力强村（居）	中共沂南县委、沂南县人民政府
2007.03	2006 年度计划生育村民自治模范村	中共沂南县委、沂南县人民政府
2007.03	2006 年度党工共建工作先进单位	中共沂南县委
2007.05	沂南县“交通杯”庆节会迎奥运万名妇女健身大赛优秀组织奖	沂南县诸葛亮文化旅游节筹委会、沂南县妇联、沂南县体育工作办公室、沂南县老年体协办公室
2007.07	全县基层基础规范化建设试点工作一等奖	沂南县人口和计划生育局
2007.10	2007 年山东省老年人健身球操千队万人通讯赛沂南赛区优秀奖	沂南县老年人体育协会
2008.01	2007 年度新农村建设示范点先进村（居）	中共沂南县委、沂南县人民政府
2008.02	2007 年度全县共青团工作先进单位	共青团沂南县委
2008.02	“五好团支部”	共青团沂南县委
2008.03	流动妇女平安之家	沂南县妇联
2008.04	“五个好”社区党组织	中共沂南县委
2009.01	建我沂南光荣奖	中共沂南县委、沂南县人民政府
2009.01	爱我沂南贡献奖	中共沂南县委、沂南县人民政府
2009.02	2008 年度全县旧村改造先进村居	中共沂南县委、沂南县人民政府
2009.05	第三届中国临沂诸葛亮文化旅游节特殊贡献奖	中共沂南县委、沂南县人民政府
2009.09	沂南县农村基层党风廉政建设示范村	中共沂南县纪委、沂南县监察局
2010.02	2009 年度新农村建设示范点先进村（居）	中共沂南县委、沂南县人民政府
2010.03	“三八红旗集体”	沂南县妇联
2011.03	2010 年度关心国防建设十佳单位	中共沂南县委、沂南县人民政府、沂南县人民武装部
2011.10	沂南县 2011 年“体彩杯”中老年健身秧歌柔力球比赛（县直组）	沂南县体育局、沂南县老年人体育协会
2011.11	沂南县 2011 年“星港房地产杯”老年人乒乓球比赛优秀组织奖	沂南县老年人体育协会
2012.02	沂南县第六次全国人口普查先进集体	沂南县人民政府
2012.06	沂南县 2012 年“志华杯”老年人太极拳剑表演交流大会优秀奖	沂南县老年人体育协会
2012.06	第五届中国临沂诸葛亮文化旅游节贡献奖	中共沂南县委、沂南县人民政府
2013.02	2012 年度先进农家书屋	沂南县文广新局
2013.02	2012 年度先进文化大院	沂南县文广新局
2013.02	2012 年度全县经济社会发展爱我沂南贡献奖	中共沂南县委、沂南县人民政府
2013.03	全县民主法治示范村	沂南县全民普法依法治理工作领导小组
2013.03	全县民主法治示范社区	沂南县全民普法依法治理工作领导小组
2013.03	2012 年度党工共建工作先进单位	中共沂南县委
2013.05	沂南县 2013 年“志华杯”老年人太极拳剑、健身气功比赛优秀奖	沂南县老年人体育协会
2013.09	沂南县乡镇农村快乐舞步健身操交流赛优秀奖	沂南县老年人体育协会
2013.10	沂南县首届尊老敬老模范单位	中共沂南县委、沂南县人民政府

续表 11-10

时　间	称　号	授予机关
2014.02	先进计划生育协会	中共沂南县委、沂南县人民政府
2014.03	十佳“美在农家”示范社区	沂南县妇女联合会
2014.10	沂南县“泽辉股份杯”首届腰鼓比赛优胜奖	沂南县老年人体育协会、沂南县体育局
2015.03	2014 年度全县计划生育协会工作示范村居	中共沂南县委、沂南县人民政府
2015.03	沂南县“三八红旗集体”	沂南县妇女联合会、沂南县人力资源和社会保障局
2015.11	沂南县 2015 年中老年人健身气功 – 八段锦比赛团体（乡镇组）优秀奖	沂南县老年人体育协会
2015.11	沂南县 2015 年中老年人太极拳比赛团体（乡镇组）优胜奖	沂南县老年人体育协会
2016.02	全县计划生育协会工作先进村居	中共沂南县委、沂南县人民政府
2016.05	沂南县 2016 年老年人运动会“志华杯”太极拳剑比赛（乡镇组）团体优胜奖	沂南县老年人体育协会
2019.03	沂南县“美在农家”示范村	沂南县“双美”活动领导小组
2019.05	沂南县第七届“志华杯”太极拳（剑）比赛（乡镇组）团体优胜奖	中共沂南县委老干部局、沂南县体育事业发展中心、沂南县老年人体育协会
2020.12	2020 年沂南县“卡倍多杯”首届老年人体育健身创新项目展示优胜奖	沂南县老年人体育协会
2022.04	全县疫情防控工作先进村居	中共沂南县委、沂南县人民政府

南村社区荣誉情况表（镇级）

表 11-11

时　间	称　号	授予机关
2006.06	2005 年度振兴界湖经济二等奖	中共界湖镇委、界湖镇人民政府
2007.03.08	妇女工作先进集体	中共界湖镇委、界湖镇人民政府
2008.06	振兴界湖经济突出贡献奖	中共界湖镇委、界湖镇人民政府
2008.10	计划生育协会工作先进集体	中共界湖镇委、界湖镇人民政府
2008.12.19	2007 年度执行人口与计划生育目标责任二等奖	中共界湖镇委、界湖镇人民政府
2009.02	2008 年度人口计划生育工作一等奖	中共界湖镇委、界湖镇人民政府
2010.03	人口与计划生育工作先进单位	中共界湖镇委、界湖镇人民政府
2010.03	“三八红旗集体”	中共界湖镇委
2011.03	先进民兵连	界湖街道党工委、界湖街道武装部
2012.02	2012 年第一轮育龄妇女健康查体共作优秀组织奖	中共界湖街道工委、界湖街道办事处
2012.03.08	2011 年度三八红旗集体	中共界湖街道工委
2013.02	2012 年度经济社会发展一等奖	中共界湖街道工委、界湖街道办事处
2013.02	2012 年度人口和计划生育工作二等奖	中共界湖街道工委、界湖街道办事处
2013.02	2013 年第一轮育龄妇女健康查体工作优秀组织奖	中共界湖街道工委、界湖街道办事处
2013.03	2012 年度妇女工作“三八红旗集体”	中共界湖街道工委、界湖街道办事处
2014.02	2013 年度人口和计划生育工作一等奖	中共界湖街道工委、界湖街道办事处

续表 11-11

时 间	称 号	授予机关
2014.03	“三八红旗集体”	中共界湖街道工委、界湖街道办事处
2014.03	2013 年度经济社会发展一等奖	中共界湖街道工委、界湖街道办事处
2014.03	2013 年度重点项目建设贡献一等奖	中共界湖街道工委、界湖街道办事处
2014.08	界湖街道社区广场舞大赛优秀组织奖	中共界湖街道工委、界湖街道办事处
2015.02	2014 年度重点项目建设贡献奖一等奖	中共界湖街道工委、界湖街道办事处
2015.02	2014 年度经济社会发展一等奖	中共界湖街道工委、界湖街道办事处
2015.02	2014 年度违法建设管控工作先进村（居）特等奖	中共界湖街道工委、界湖街道办事处
2015.03	2014 年度计划生育工作一等奖	中共界湖街道工委、界湖街道办事处
2016.02	2015 年度重点项目建设贡献奖一等奖	中共界湖街道工委、界湖街道办事处
2016.02	2015 年度经济社会发展一等奖	中共界湖街道工委、界湖街道办事处
2016.03	界湖街道 2015 年度“三八红旗集体”	界湖街道党工委、界湖街道办事处
2016.03	2015 年度计划生育工作一等奖	中共界湖街道工委、界湖街道办事处
2018.02	2017 年度经济社会发展一等奖	中共界湖街道工委、界湖街道办事处
2018.02	2017 年度重点项目建设贡献奖一等奖	中共界湖街道工委、界湖街道办事处
2019.01	2018 年度重点项目建设贡献奖	中共界湖街道工委、界湖街道办事处
2019.01	2018 年度经济社会发展一等奖	中共界湖街道工委、界湖街道办事处
2019.01	界湖街道慈善扶贫公益之星	中共界湖街道工委、界湖街道办事处
2020.06	2019 年度经济社会发展一等奖	中共界湖街道工委、界湖街道办事处
2020.06	2019 年度重点项目建设贡献奖	中共界湖街道工委、界湖街道办事处
2021.02	2020 年度经济社会发展一等奖	中共界湖街道工委、界湖街道办事处
2021.03	界湖街道 2020 年度“三八红旗集体”	中共界湖街道工委、界湖街道办事处
2022.03	界湖街道 2021 年度“三八红旗集体”	中共界湖街道工委、界湖街道办事处
2022.03	2021 年度经济社会发展一等奖	中共界湖街道工委、界湖街道办事处
2022.03	2021 年度重点项目建设贡献一等奖	中共界湖街道工委、界湖街道办事处
2023.03	界湖街道 2022 年度“三八红旗集体”	中共界湖街道工委、界湖街道办事处
2023.06	2022 年度经济社会发展一等奖	中共界湖街道工委、界湖街道办事处

第二节　集体企业荣誉

南村社区集体企业荣誉情况表（国家级）

表 11-12

时 间	称 号	授予机关
2010.08	摄影家眼中最美的地方	中国摄影家协会
2010.08	中国摄影家联盟摄影基地	中国摄影家联盟
2011	国家 AAA 级旅游风景区	全国旅游风景区质量等级评定委员会
2011.12	2011 年最美中国（山东）十大最具人文特色景区	全国党报城市品牌推广联盟
2012.05	战旗飞扬　拍摄胜地	八一电影制片厂

续表 11–12

时　间	称　号	授予机关
2012.10	国家 AAAA 级旅游景区	全国旅游风景区质量等级评定委员会
2013.01	中国文化旅游新地标	中国文化促进会、旅游文化研究中心
2014.06	中国拍摄影创作基地	中国拍摄影家协会
2014.11	第三批中国传统村落	住建部、国家文物局、国家旅游局、财政部
2015.08	中国乡村旅游模范村	国家旅游局
2015.12	2015CCTV 中国十大最美乡村	农业部、国家旅游局、国家林业局等十部委联合颁发
2016.08	全国“公司 + 农户”旅游扶贫示范项目	国家旅游局
2017.03	全国红色旅游经典景区	国家发改委
2017.07	全国中小学生研学实践教育基地	教育部
2017.10	第二届全国敬老文明号	全国老龄工作委员会
2017.11.14	企业信用评价 AAA 级信用企业	中国国际电子商务中心、北京国富泰信用管理有限公司
2018.10	2018 年全国中小学生研学实践教育基地	中华人民共和国教育部
2020.08	第二批全国乡村旅游重点村名单	文化和旅游部、国家发展改革委
2022.11	全国非遗与旅游融合发展优选项目	中国非物质文化遗产保护协会
2023.01	传承红色基因水利风景区名录	中华人民共和国水利部
2023.02	沂蒙四季沉浸式演艺项目获得全国基层公共文化服务高质量发展典型案例之一	中共中央宣传部、文化和旅游部、国家发展改革委

南村社区集体企业荣誉情况表（省级）

表 11–13

时　间	称　号	授予机关
2008.12	山东省民企帮村优秀企业	中共山东省统战部、山东省工商业联合会、中共山东省委农村工作领导小组办公室
2009.04	山东省最具特色影视拍摄基地	山东省影视文化学会
2011.12	到山东不可不去的 100 个地方	山东省旅游协会、大众日报社
2012.02	2012 年好客山东贺年会年味最浓的村庄	好客山东贺年会活动办公室
2013.07	山东省第三批历史文化名镇名村	山东省住房和城乡建设厅、省文物局
2013.08	山东省第三批历史文化名村	山东省住建厅、山东省文物局
2013.10	山东省第四批省级文物保护单位（常山庄山东省青代会会址）	山东省人民政府
2014.01	山东省第四批文化产业示范基地	山东省文化厅
2014.08	山东四大影视基地	山东省影视文化学会
2014.08	山东省第一批乡村记忆工程	山东省文物局
2014.10	山东省第一批传统村落	山东省住建厅、省文物局
2014.12	山东省农业旅游示范点	山东省旅游局
2014.12	山东省第二批德耀齐鲁道德示范基地	鲁德办字〔2014〕9 号
2015.12	山东省影视产业重点园区	山东省新闻出版广电局
2017.07	申报成功泰山产业领军人才	山东省人民政府
2017.12	山东省重点服务业企业	山东省发展和改革委员会

续表 11-13

时　间	称　号	授予机关
2018.12	2018 年山东省服务名牌	山东省质量评价协会
2019.08	山东省文化产业示范基地	山东省文化和旅游厅
2019.12	2019 年度全省知名品牌	山东省品牌建设促进会
2020.05	2020 年度山东省服务业高端品牌培育企业	山东省市场监督管理局
2020.10	“山东人游山东”红色旅游目的地	山东省精品旅游促进会
2020.10	“山东人游山东”乡村旅游目的地	山东省精品旅游促进会
2022.06	山东省历史文化名村称号	山东省住房和城乡建设厅
2022.03	旅游创新先进单位	山东省旅游行业协会
2022.11	2022 第三届山东省研学旅行创新线路设计大赛	山东省文化和旅游厅、山东省总工会、山东省精品旅游促进会、山东省农业农村厅、山东省人力资源和社会保障厅、山东省新旧动能转换综合试验区建设领导小组办公室
2022.06	《妇救会》荣获山东省群众性小戏小剧一等奖	山东省文化和旅游厅
2022.11	《跟着共产党走》获得全省群众性小剧“打擂台”金奖	山东省文化和旅游厅
2023.01	沂蒙四季沉浸式演绎小院在 2022 年度“好客山东·乡村好时节”优秀案例评选中，入选“乡村旅游新地标”	山东省文化和旅游厅
2023.03	山东精品旅游研学示范单位	山东省精品旅游促进会
2023.04	首批山东省影视拍摄示范基地	山东省广播电视局
2023.09	《沂蒙四季》入选全省乡村特色文化艺术典型案例	山东省农业农村厅

南村社区集体企业荣誉情况表（市级）

表 11-14

时　间	称　号	授予机关
2011	临沂市诚信旅游示范单位	临沂市旅游局
2011	作家创作基地	临沂市作家协会、《沂蒙作家》杂志社
2011.08	临沂市优秀青年志愿者服务基地	共青团临沂市委
2011.10	到临沂不可不去的地方	临沂市旅游局、临沂市商务局、沂蒙晚报
2012.01	关心国防建设十佳单位	临沂市国防动员委员会
2012.03	全市建设工程质量安全管理先进施工企业	临沂市住房和城乡建设委员会
2012.12	临沂市休闲农业与乡村旅游示范点	临沂市农业委员会、临沂市旅游局
2012.12	沂蒙红色影视拍摄基地生态观光园被命名为临沂市休闲农业与乡村旅游示范点	临沂市农业委员会、临沂市旅游局
2012	“逍遥游——好客山东最美乡村”	
2013.12	2013 年度临沂民营企业公益之星	中共临沂市委统战部、临沂市委发展和改革委员会、临沂市经济和信息化委员会、临沂市科学技术局、临沂市工商业联合会
2014.04	全市旅游行业先进集体	市旅游局市旅游协会
2014.12	市级精神文明单位	临沂市文明办
2014.12	市级“两型”景区	临沂市两型办
2015.03	临沂市工商联系统 2014 年度沂蒙名商	中共临沂市委统战部、临沂市工商业联合会

续表 11-14

时　间	称　号	授予机关
2015.10	临沂“红色故事”2015 讲解员大赛组织奖	临沂市文化广电新闻出版局
2017.04	年度最具文化魅力旅游景区	徐州报业传媒集团
2018.02	临沂市文明旅游景区	临沂市文明办、临沂市旅发委
2018.05	临沂市“四个一百”示范企业	临沂市人民政府
2018.06	环境宣教特殊贡献单位	临沂市环境保护局
2018.11	沂蒙大姐居家创业就业示范基地	临沂市妇女联合会
2019.04	旅游行业功勋旅游集团	临沂市旅游行业协会
2019.05	临沂市首批 30 家“临沂市文艺采风创作基地”之一	
2020.03	抗击疫情模范军创企业	临沂市退役军人事务局
2020	临沂市十佳红色研学基地	临沂市文化和旅游局
2022.11	《战地医院》获得临沂市沉浸式小剧小戏优秀剧目	临沂市文化和旅游局
2022.11	《战地医院》获得临沂市沉浸式小剧小戏优秀剧本	临沂市文化和旅游局
2022.11	《沂蒙四季·红嫂》大型沉浸文献史诗剧荣获临沂市 2022 年度政府最高奖项“第十一届沂蒙文艺奖”戏剧类三等奖	临沂市文化和旅游局

南村社区集体企业荣誉情况表（县级）

表 11-15

时间	称号	授予机关
2011.01	2010 年度优秀项目部	沂南县住房和城乡建设局
2011.05	第四届中国临沂诸葛亮文化旅游节贡献奖	沂南县委、县政府
2012.02	2011 年度先进建安企业	沂南县住房和城乡建设局
2012.02	2011 年度房地产开发先进企业	沂南县住房和城乡建设局
2012.02	2011 年度全县统计工作先进企业	沂南县人民政府
2013.03	2012 年度先进建安企业	沂南县住房和城乡建设局
2013.03	2012 年度房地产开发先进企业	沂南县住房和城乡建设局
2015.03	2014 年度全县“四德”工程建设先进企业	中共沂南县委
2016.02	2015 年度税收贡献十佳企业	中共沂南县委、沂南县人民政府
2016.02	2015 年度文明旅游工作先进单位	中共沂南县委宣传部
2017	2017 年度爱心单位	大爱沂蒙志愿服务队
2017.09	第十八届“共同托起明天的太阳”——大型公益活动慈善爱心企业	明行舜泰总裁一十八青年志愿团、沂南阳光学校
2018.03	2017 年度全县安全生产工作先进单位	中共沂南县委和沂南县人民政府
2018.05	2018 年沂南县十大文化符号	沂南县文化符号评选组委会
2020.04	“白衣天使游沂南”爱心企业称号	沂南县老区建设促进会
2021.04	创建国家全域旅游工作先进单位	中共沂南县委、沂南县人民政府

南村社区集体企业荣誉情况表（镇级）

表 11–16

时间	称号	授予机关
2013.02	2012 年度功勋企业	中共界湖街道工委、界湖街道办事处
2014.03	2013 年度功勋企业	中共界湖街道工委、界湖街道办事处
2016.02	2015 年度功勋企业	中共界湖街道工委、界湖街道办事处
2017.02	二零一六年度明星企业	中共界湖街道工委、界湖街道办事处

第十二篇　人物

第一章 人物传略

第一节 革命烈士

苗青林（1918—1940） 界湖南村人。1938年10月参加革命，山纵特务一团战士、班长。1940年8月18日，在沂南县鼻子山战斗中牺牲。

邱清河（1920—1940） 界湖南村人。1938年10月参加革命，山纵特务一团一营一连战士。1940年8月18日，在沂南县鼻子山战斗中牺牲。

常其林（1918—1940） 界湖南村人。1939年9月参加革命，八路军山东纵队二支队战士。1940年在沂南县北大山战斗中牺牲。

沈迎民（1919—1946） 界湖南村人。1940年参加革命，八路军四野三纵九师通讯员。1946年在四平战斗中牺牲。安葬于四平街。

王敦武（1901—1950） 界湖南村人。1937年参加革命，1939年入党，1946年12月任沂南县东平区副区长，1947年随军南下安徽芜湖，1949年调回淄博周村任煤建公司主任。1950年在执行公务中牺牲。

王遵国（1915—1948） 界湖南村人。中共党员。1940年参加革命，后成为中共益都县委工作人员。1948年因积劳成疾，在益都病逝。1952年被批准为烈士。

第二节 南下干部

解放战争后期，为了接管、巩固新中国政权，支援南方广大新解放区建设，各省根据中共中央决议，纷纷抽调大批党政干部随人民解放军南下。于是，数以万计的党政干部、共青团员抛家舍业，拜别父母，别妻离子，远离挚爱的家乡，冒着没有散尽的硝烟，奔赴江南新解放区，在新的“战场”上为新中国政权创建，做出了不可磨灭的历史贡献。全国解放后，大部分南下干部留在了所在南方城镇乡村。他们远离家乡、远离亲人，克服南北生活习俗和文化差异，发扬了在革命老区工作的优良传统，努力工作，同当地党组织和干部一起，为新解放区的革命和建设做出了巨大贡献。许多同志陆续担任各级领导职务，在社会主义革命和社会主义建设中，又立新功。

王敦武（1901—1950） 1947年随军南下安徽芜湖。（详见第一节：革命烈士）

刘成森（1921—2016） 界湖南村人，1941年加入中国共产党，1945年担任界湖村党支部宣传委员。1946年10月界湖村分村时，被分到界湖南村并担任界湖南村党支部指导员（书记）。是中国共产党界湖南村第一任党支部书记。

刘成森自幼家境贫穷，饥寒交迫，锤炼了爱憎分明的性格。17岁时死了父亲，家中缺吃少穿，只好带着母亲、弟弟、妹妹，投奔东北大连亲友，在山沟里种地为生。全国抗战爆发后，日本侵略军在东北到处抓丁，他带着对日本侵略者的仇恨，揹全家回乡。

刘成森回到家乡后，积极参加革命斗争。1941年，抗日战争进入最艰难的时期。这一年，母亲因饥寒交迫而去世。只有20岁的他，既要坚持抗日，又要照顾弟弟、妹妹，经常带着弟弟、妹妹参加民兵自卫战斗。有一次到沂河东岸抗击敌人，他同弟弟妹妹住在农户家，晚上睡觉的时候，门口挂一条沟担。因为抗战积极，他光荣地加入了中国共产党。

1948年，为了支援南方广大新解放区建设，山东省根据中共中央决议，抽调大批党政干部随各路人民解放军南下，刘成森符合条件，为革命舍小家，安顿好新婚妻子和幼小的弟妹，积极报名并被批准南下，于1948年11月到南寨换上军装进行培训。1949年1月到临沂统一南下浙江。在宁波学文化3年，在杭州学军事政治2年，后分配到嵊县（现为嵊州市）工作队分管后勤工作。

1956年，全国掀起社会主义建设高潮，对资本主义工商业实行改造。刘成森负责开元镇资本主义医药商业公私合营并分管党组织建设，后负责全行业公私合营，先后担任嵊县医药公司党支部书记、嵊县医药管理局党支部书记，1981年退休，直至终老，享年95岁。

孙德裕（1924—2019）　界湖南村人。私塾小学文化，中共党员。1942年参加工作，历任村党支部书记、区委干事、沂南县委宣传部干事。1949年后，历任南下干部中队副指导员、东阳县宣传部部长、浙江省麻纺织厂宣传部部长、工会主席。1955年任中共浙江省检察委员会处长。1958年任浙江省化工厅处长。1970年任浙江省机械局（后改机械厅）副局长。1984年离休。善书画，系全国老年书画研究会会员、浙江省老年书画研究会会员、浙江省老年美术家协会理事、老年大学研究会会员。作品在省市多次参展，并入选《中华民族大团结万岁，喜迎澳门回归祖国大型画集》《纪念孔子诞辰2550周年书画大展》《中国当代老年书画家大辞典》《中国美术全集》《中国翰墨名家作品博览》等画展和图书。书画作品获评金奖、二等奖，被授予“优秀艺术家”“慈善艺术家”称号。

马学升（1923—？）　1923年出生于济南，1930年随父母回到故乡界湖生活。1938年参加革命，八路军山东纵队特务团战士，是年加入中国共产党。1940年8月16日，为保卫山东省各界代表联合大会顺利召开，参加了鼻子山战斗并取得胜利。1948年，随军南下。1949年5月，上海解放后留任上海。在上海和平建设时期，转任上海市农业生产资料公司经理，直至1983年退休。卒年不详。

马血程（1926—2018）　原名马学成。1926年农历五月初五出生，沂南县界湖南村人，1941年10月参加革命工作，1942年6月加入中国共产党。

1933年入私立界湖高级小学读书，1939年入山东公学学习。1941年八路军武工队在界湖乡成立抗日救国儿童团，任儿童团团长。1942年被选为沂南县界湖乡抗日救国民主政府青年委员，1943年调沂南县各界抗日救国联合会青年抗日救国联合会工作。1944年在中共沂南县委从事文书工作。1946年任沂南县“新民主主义青年团”建团工作队队长。1946年冬沂南县抽调民兵成立了火线抢救子弟兵团，在团政治部从事政治工作，随华野四纵参加了鲁南会战、莱芜战役、孟良崮战役。1947年冬调鲁中区党委党校学习，1948年初被调往华东军政干部学校学习。后随军南下河南，先后任中共桐柏区党委二地委宣传部教育科长，1948年底任中共确山地委宣传部教育科长。1949年初任中共信阳地委宣传部教育科长。1952年10月调新蔡县委任副书记，是年11月在新蔡县第四届第二次各界人民代表会议上当选为常务委员会委员，1953年6月任县委书记，是年7月在第四届第四次各界人民代表会议上当选为常务委员会主席。1954 年 8 月调任中共信阳地委委员，先后任地委宣传部副部长、部长，信阳地区内部肃反领导小组成员兼办公室主任。1959 年 4 月调河南省科学技术委员会，任党组成员、科技处处长。1961 年任中国科学院河南分院党组成员、技术科学学部主任，是年调任中共中央中南局科学技术委员会办公室副主任。1973 年任河南省科学技术委员会党组成员、副主任。1981 年任河南省科学院党委委员、副院长。1987 年 2 月离休，创办了河南省老年专家服务中心，任总理事长。2018 年 4 月病逝于郑州。

刘成武（1927—1991）

界湖南村人。曾任界湖南村团支部书记、民兵连长，中国共产党党员。1947 年南下，曾担任杭州市上城区委书记，全国人大代表。

姜保胜（1929—2022）

1944 年 6 月在沂南县东平区邮电局参加革命工作，任交通员、收发员；1949 年 4 月，在中原邮政干站包信、临河干站任站长；1950 年 5 月，在江西省邮政管理局视导股任副股长；1952 年 5 月，任江西省宜春专区邮电局局长；1953 年 5 月，任江西省九江专区邮电局局长；1957 年 8 月，任江西省赣南行署邮电局副局长；1960 年 8 月，任江西省新余市邮电局第一副局长、党支部书记；1963 年 10 月，任江西省上饶地区邮电局第一副局长、党委副书记；1980 年 3 月，任江西省邮政汽车总站站长；1989 年退休。

第三节　其他人物

魏兴荣（1902—1988）

女，界湖南村人。1939 年初，被选为界湖村首任妇救会会长。战争年代，她积极组织村里妇女拥军支前，为子弟兵缝军衣、做军鞋、送军粮，救护八路军伤病员，多次机智掩护抗日干部。她家是抗日堡垒户，区政府工作人员，部队干部战士都在她家住过，她主动帮助开展工作，积极动员青年参军，为部队和区机关筹粮、送粮、洗衣、做饭等。政府写给她的欠条，她从未找政府兑现。

刘　楷（jie）（1911—1990）　字宣亭，界湖南村人。多才多艺多良善，深谙中医之道，写得一手好字，能拉出悦耳的二胡曲子，尤其是染布手艺远近闻名。群众口碑极好。

刘楷一生平凡而多彩，年轻时家境不富裕，有几亩薄田，根本不够一家人生活之需。于是，经营起刘家染坊，一门心思研究染布手艺。他染的布色泽鲜亮、纯正、不掉色，赢得周边村庄的群众慕名而来，染坊生意日渐红火，收入也比较可观。

刘楷精通中医，对治疗各类疑难杂症有着丰富的经验，每当乡邻来找他看病，无论染坊的生意有多忙，他都会热心为乡邻把脉问诊，看病、开方、送走乡邻以后，他才忙自己的生意。更让乡亲们感动的是，刘楷看病只开药方、从不卖药，也从不收费。不管是老相识，还是陌生人，他都会认真把脉问诊、诊断开方，并耐心嘱咐煎药和服药的注意事项。因为刘楷看病免费、医术又精，十里八乡的群众都来求医问药。刘楷思想进步，乐于扶危济困。抗日战争全面爆发后，刚刚30岁的他毅然加入筹粮筹款、支前抗战的队伍中。一次，抗日战争前线的物资紧缺，他和本乡的进步人士积极发动群众支援前线，并推着小推车连夜把筹措到的一万多斤粮食送到前线，有力支援了抗日战争。1947年，省委派两名工作人员动员他去济南工作。由于刘楷上有需要照顾的年迈父母，下有需要抚育的年幼子女，他没有去济南工作，但他仍然主动投入支前工作中。他常常教导子女，共产党的队伍是老百姓的队伍。只有跟共产党走，老百姓才能过上好日子。解放后，刘楷又学会了西医，办起了合作医疗，社员生病，他根据病症，宜中医则中医，宜西医则西医，不仅瞧得准，而且治得好，成了本地有名的中西医医生。

1951年，全国掀起了轰轰烈烈的社会主义建设热潮，刘楷主动投身到基层建设中。这一年，刘楷接受县委的工作部署，支援浙江省建设，带领民工开挖人工河，完善当地的水利建设。在支援浙江农田水利建设两年多的时间里，他没有回过一次家。在工地现场，他夏天要适应当地的湿热气候环境，冬天要克服缺衣缺粮的困难，并协调好工地间的劳动、物资、衔接等各项事宜，面临的困难很多。但是，刘楷发扬艰苦奋斗的精神，要求自己和其他带工的人员节衣缩食、精打细算，把节省下来的物资用到民工的吃穿用度上，发动参与水利建设的民工克服困难，争分夺秒，如期完成了工程建设，圆满完成了任务，受到县委的表彰。任务结束后，刘楷也很少有清闲的时候。公社、生产队的公务时常会找到他。每年秋天，刘楷都会去区公所帮助征收公粮，一去就是两三个月。自家的染坊经营常常无暇顾及。

刘楷多才多艺，除了精通医术、精于染布手艺，他还写得一手大气洒脱的毛笔字，是界湖街公认的四大名笔之一（袁家大院袁顺斋、刘家染坊刘楷、赵家药铺赵仕恒、界湖北村李春焕）。公家的标语、群众的喜帖、商家的牌匾，他都有求必应。有时，熬到下半夜，才能完成“托付”。特别是过年的时候，很多乡亲都要请刘楷帮忙给写春联，他从不推诿，无论是内容、还是写字，他都会全心投入。每年进了腊月门，刘楷就会忙得不可开交，一家人也都跟着打下手，研墨、割纸、晾对联，每年都忙到大年三十下午。刘楷生在农家，从小纯真质朴、乐于助人，他把群众的口碑看得比财富更重要，把乡亲们的感情看得比名利更厚重。

李兆会（1915—1974）

出生于黄县（今龙口市）。父亲李玉德，因1923年“二七”工人大罢工被反动军阀杀害。他13岁给游击队政委理琪当通讯员。1938年在抗大学习，任抗日先锋队队长。1939年调鲁中军区枪炮修理所学习造枪、造炮、造炸弹，并被部队任命为修械所长兼机炮大队队长。1944年在梭庄战斗中负伤，被“寄住”界湖南村养伤并定居。1948年，他凭一套修枪造炮的技术，在界湖南村成立立兴铁工厂，除负责沂南县武装部及各区武装部修枪业务外，还从事各种农机具加工制造，培养了一大批技术工人。1955年公私合营，他将烘炉、锻打、车床等机加工设备全部无偿献给了国家，沂南县以此为基础成立沂南县农机修配厂（即县农机厂、华日集团前身）。1964年组织成立了公社综合服务社，他任社长。服务社于“文化大革命”时期解散。1968年他又办起修车行，为县城及周边群众服务，很受欢迎。

陈　瑞（1916—1989）

寿光市田柳镇薛家庄人。1937年与其父亲陈云和、大爷陈清和、二叔陈明和、二弟陈海云、三弟陈树云一起参加八路军。是年12月，参加了马保三领导的国民革命军第八路军鲁东抗日游击队第八支队牛头镇武装起义。

1938年12月，时任侦察连指导员的陈瑞在马保三带领下挺进鲁中，参与创建沂蒙山革命根据地。在孙祖一带与日军遭遇战中，陈瑞头部负伤，左胳膊致残。康复后在赴任沂东县武装部部长的路上，在沂河东岸一带再次与敌遭遇，身上多处受伤，左腿残疾。后转入鲁中军区敌工部做地下工作。主要参与护送上级领导出入根据地、参与策反邢作光起义等工作。中华人民共和国成立后，陈瑞落户界湖南村，并被评为一等革命伤残军人。

20世纪50年代，陈瑞受界湖公社党委派遣，到东官庄村任党支部书记。他到任后大力整顿村纪民风，带领群众搞生产，很快改变了东官庄的落后状况。60年代初，陈瑞到北京参加全国先进个人代表大会，受到党和国家领导人的接见。

“文化大革命”期间，陈瑞负责沂南县荣军招待所工作，在政府工作瘫痪期间，做了大量民政工作，被优抚对象称为“娘家人”“保护人”。

1989年，陈瑞伤口感染，经各级医院医治无效，不久去世。沂南县人民政府批准其为因公牺牲革命军人。

陈瑞和一起参军的父亲陈云和、大爷陈清和、二叔陈明和、二弟陈海云、三弟陈树云，在1942年对日军作战时牺牲，陈瑞妈妈被山东省政府授予“一门三英”牌匾，以示褒扬。

李文田（1917—2012）

界湖南村人，1941年加入中国共产党。1957年9月，由界湖西村调任界湖南村任党支部书记、民兵连指导员。1960年至1967年2月（1968—1969年党组织瘫痪）担任界湖南村党支部副书记。1970年10月至1971年11月，任界湖南村党的核心领导小组成员。1971年11月至1986年，任界湖南村党支部委员。

李文田，贫雇农出身，世代受压迫剥削。共产党、八路军到沂蒙，他带头参加民兵，拿起枪同敌人斗争。1941年，加入中国共产党，多次参加根据地反“围剿”战斗。解放战争期间，李文田积极拥军支前，带领民兵上前线，同解放军并肩作战。在著名的孟良崮战役中，他带领一个班的民兵冲锋陷阵，被敌人的一发子弹打穿左腿，留下伤疤残疾一辈子，却高风亮节，没要求评残。中华人民共和国成立后，他一心扑在集体上，舍小家为大家，样样工作走在前。1957年9月，孔宪俊调任界湖乡总支书记，南村各项工作出现了滑坡，界湖镇委决定，调李文田到界湖南村担任党支部书记，同时还调整界湖西村8户村民一起到南村落户。

李文田来到南村不久赶上“大跃进”运动，界湖镇改成了人民公社，搞“一大二公”，实行“组织军事化、行动战斗化、生活集体化”，社员统统到村食堂吃大锅饭。“大跃进”改变了农村的常规生活和农业生产活动，其中最为陌生的就是全民大炼钢。李文田把村里青壮年劳力组织起来，成立了战斗队。先在村西南岭，依附沟崖，支起十几座土造炼钢高炉。接着，成立钢铁连，到东岭石岗子，搭工棚，起石头。又领着修轱辘马道。砍树烧木炭炼钢，本村的树砍完了。经公社批准，李文田又带着伐木连上远里河趟子里伐树。运木头要过河，爬坡，过沙滩，天冷了，李文田带头扒光脊梁，带头蹚汶河的凉水，时间一长，落下了静脉曲张的毛病。

1959年春，汶河丹山子引汶灌溉工程开始动工，公社从各村抽调2500名劳动力施工，公社党委要求在春播前完成36千米长的两条干渠，以及配套的支、毛渠道。界湖南村负责修建西干渠。时间紧、任务重，李文田亲自带领一班精兵强将，背着铺盖卷、带着煎饼卷上了工地。工地上最危险的活是打眼放炮，安雷管、放炸药，既要胆大还要心细，弄不好就出危险。李文田亲手装药、接线、安雷管、点炮。然后，拾起身边的一把铁锨就跑，刚跑出几十步，炮响了，他本能地用铁锨护头。跑到安全区，只见铁锨头上，被飞石砸出鹅蛋般大的坑。在整个灌渠建设工程中，李文田带领的南村民工队以战斗力强、施工进度快出名，作为铁锨下逃生的支部书记，给公社领导留下了深刻的印象。

1959年11月，跋山水库工程上马，根据统一部署，界湖公社出动2000名民工，700辆小推车参战，编为界湖团。李文田因为在灌区工地上表现出色，界湖公社党委确定他担任界湖团界湖营营长，统辖界湖管理区8个村的民工，作为界湖团的主力营。李文田带领界湖营，推着小推车，步行两天，来到跋山水库镢头岭工地。在这里，住宿和吃饭都以营为单位，搭建工棚和伙房的材料，全是李文田他们从家里捎过去的，只有些竹竿、木棒、草苫子、苞米秸、铺草，非常简陋，一般的遮风挡雨可以，难说保暖。冬天里，工棚上滴水成冰，寒冷无比，可为了赶进度，工地上实行“三班六倒”“插红旗”机制。李文田召开全营大会，说：“大家都看着我干，我袖着手，您可以蹲下歇歇；我干十个，您可以干九个，但绝不能干五个！”在老龙潭清基的时候，水面上有冰凌，为了堵泉眼，民工们脱了棉裤下水，冰凌划破腿，鲜血直流。李文田担心冰水泡出毛病，安排人搞来些烧酒，让大家下水前喝几口，上来后，用烧酒搓腿。因为保障措施做得好，界湖营没有出现因工致伤致残的民工。在李文田的带动下，界湖营全体民工苦干加巧干，最高处飘扬的红旗上始终写着界湖营。

1960年，界湖南村迎来组织换届。公社党委决定，当初从西村调到南村的李文田和另外8户社员，愿意回西村的都可以回去。不愿回的可以继续留在南村。是去是留，李文田征求大家的意见。8户社员愿意回西村，跟老街坊邻居一起干，毕竟老少爷们相互有个照应。李文田想的是，虽然在南村是单门独户，但同南村社员历经“大跃进”、大会战，汗流在一起，劲使在一处，心连在一起，不能分开了。鉴于前任书记孔宪俊从界湖乡回到村里，他决意甘当绿叶。后来公社党委让他担任界湖南村党支部副书记，他一干就是8年。

“文化大革命”开始后，党组织被冲垮。身为界湖南村党支部副书记的李文田，坚守农业生产战线正常工作，同广大社员群众一起稳住农业生产。1970年，在镇委的领导下，界湖南村成立党的核心领导小组，在只设一名书记，不设副书记的情况下，李文田担任了党的核心领导小组成员。1971年，年轻干部成长起来了，组织上让他担任党支部委员。在这个位置上，他尽心尽责，一干又是16年。此间，他分管林业队，建起了苹果园，苗圃，栽植了用材林，改变了南村种植结构，发展了多种经营。

李文田在30年的时间里，作为老党员、老书记、老干部，不仅带出了一茬茬为百姓服务的好干部，而且还传承了公而忘私、战天斗地、改造山河、勇往直前的精神。

2012年冬天，南村社区11层办公大楼拔地而起。李文田看见了，高兴地对他的儿子、南村社区党委书记李凤德说：“这是我想望已久的大事，心中无憾了。”一个大雪纷飞的夜里，李文田走完了他艰苦奋斗的一生，含着微笑告别了界湖南村社区，享年95岁。

孔宪俊（1918—2008）

界湖南村人，1947年加入中国共产党，1948年担任界湖南村党支部书记、民兵连指导员，1955年10月到大城区界湖乡任总支书记。1961年回村，复任界湖南村党支部书记、民兵连指导员。1982年担任界湖南村党支部委员，1984年享受正村级干部待遇退休。

孔宪俊自幼给地主家扛活，吃不饱，穿不暖，苦大仇深，立志跟着共产党，为穷苦百姓翻身求解放。因此，听党的话，服从领导，党叫干啥就干啥，扎扎实实干工作，为人正直，工作热情，联系群众，团结同志，两袖清风，奋斗不止。1948年年底，第一任党支部书记刘成森南下之后，他接任南村党支部书记重担。时值解放战争后期，他积极组织群众拥军支前，动员群众参军参战。新中国成立后，他满怀激情，按照上级党委政府指示，带领群众发展生产，建设家园。积极组织互助组，拥军优属。带领群众建立初级农业生产合作社，成立高级农业生产合作社，走农业合作化道路。他坚决服从组织分配，到管理区工作一段时间之后，又回到村里继续担任党支部书记，带领全体村民，边生产，边抗灾，艰难地渡过了三年困难时期。随后，带领村民，进行农田水利基本建设，实行稻改，改变种植结构，粮食产量逐年提高，群众生活有了很大改善。

孔宪俊从1948年到1976年，先后两次担任界湖南村党支部书记长达24年。退休后，热情支持和拥护村两委工作，群众口碑一直很好，2008年去世，享年92岁。

高富东（1919—1986） 界湖南村人。1946年10月，界湖南村在党领导下的民主政权中，任党支部副书记，第一任界湖南村村长、民兵连连长。此时，全国内战已经爆发，解放战争正式打响。高富东配合刘成森，加强党支部集体领导，带领民兵参加保卫家乡，保卫沂河防线的战斗。主动组织和宣传群众，动参支前。在鲁南战役、莱芜战役、孟良崮战役中，超额完成民工支前任务。在孟良崮战役中，其他村送的军粮都是地瓜皮子煎饼，界湖南村送上前线的是大锅饼。刘成森南下后，他积极配合继任党支部书记孔宪俊，做好界湖南村全面工作。中华人民共和国成立后，农村以办互助组为主，试办初级形式的农业合作社，以逐步改造生产资料私有制为基础的个体农业经济。高富东配合党支部，做了大量工作，到1955年上半年，在自愿互利的原则基础上，初级社得到巩固，并向高级农业生产合作社过渡。年底，基本上实现了社会主义改造，完成了由农民个体所有制到社会主义集体所有制的转变。

高富东饱受旧社会的剥削压迫，对新中国充满期盼和向往，有着强烈的革命坚定性。因此，他热爱中国共产党，坚定跟党走。在抗击日本侵略者的战斗中经受了锻炼。在解放战争中，一往无前。在中华人民共和国成立后，积极投身于社会主义建设。

赵德仁（1920—1986） 界湖南村人。原籍江西，祖上于清道光二十八年（1848）到界湖贩药。清咸丰六年（1856），赵益良随父自江西贩药并到界湖行医。清光绪十五年（1889），赵益良在界湖（南村）开设“济生堂”药房，门牌书“江西赵家济生堂”。其子赵仕恒，继承家传，于清光绪二十四年（1898）在界湖开药铺行医，讲究尊古炮制，是界湖众多药铺中唯一一家批发零售兼营者，经营品种近500种。民国36年（1947），“济生堂”与界湖区的“玉花堂”“同济堂”“德生堂”“杏春堂”等合并，成立了具有集体性质的界湖大众药社。赵德仁随“济生堂”合并到界湖大众药社工作。1948年淮海战役参加支前，在朱富胜担架队荣立“二等功”一次。1951年在沂南县卫生院中西门诊部任会计。1953年在沂南县第一区卫生所中西药房任会计。1955年药铺公私合营后任界湖卫生院中西门诊部会计。1958年任沂水农业大学会计。1959年在临沂专区人民医院任会计。1961年在专署门诊部负责中医药工作。受其父辈影响，从小酷爱京剧、书法。

刘成厚（1921—2007） 出生于界湖南村。1929年，年仅8岁，被送到沂水县埠前庄村地主家放牛。1933年，中共沂水县委将机关迁往埠前庄村，并在这里领导了沂水暴动和旗会斗争。目睹共产党领导的人民革命，当听说沂水县委将旗会斗争发展为游击战的时候，刘成厚同身边扛活的长工、短工们走出地主家院，相约参加游击队。因年龄过小，被游击队拒收而回到老家界湖。1938年10月，

18 岁的刘成厚报名参加了八路军。12 月 27 日，八路军山东纵队成立后，被编入山东纵队特务团，成为一名光荣的人民子弟兵战士。1940 年 9 月 7 日，在青驼寺战斗中英勇负伤，被评为二等甲级革命伤残军人。

刘汉英（1922—2021） 女，铜井镇铜井村人，后嫁到界湖南村。抗日战争时期，她积极支持丈夫孙德裕参加八路军进行抗日活动，自己承担家务，照顾公婆和年幼的女儿。1949 年丈夫孙德裕南下后，与其离婚。孙德裕在南方再婚生子育女。刘汉英未再嫁，一直在家伺候公婆，抚养女儿。1952 年，由于工作繁忙，孙德裕夫妇把体弱多病的两岁儿子孙新和 10 个月的女儿送到刘汉英处，希望她帮着抚养。她没有考虑自己的尴尬处境，也不顾生活的艰难困苦，毅然答应了他们的请求。她像对待自己的亲生孩子一样对待新来的一双儿女。在她的精心照料和多方求医下，患重病的孙新，被她从鬼门关拉了回来；小女儿也健康成长，渐渐学会了走路，长到 8 岁后，被父母接到杭州，而孙新却留了下来，从小学一直读到高中，直到 1969 年参军。孙新离开后，公婆年纪也大了，更需要她的照顾。她无怨无悔，尽心尽力地照候他们，替曾经的丈夫行孝，直到两位老人去世。她苦了自己，却幸福了一家人，她坚信，只有对人好，自己才会好。

张　奎（1924—2015） 中共党员，出生于界湖南村。1942 年被日本侵略军抓劳工。行至沈阳，张奎抓住一个机会逃出魔掌，历经磨难，终于找到并参加了东北抗日联军。他作战勇敢，每次战斗，都不顾生死地冲在最前边，由普通战士成长为基层干部。解放战争时期，他所在的部队编入第四野战军，他作为基层干部，带领部队随大军参加过辽沈战役、平津战役、衡宝战役、广西战役、南澳岛跨海战役，抗美援朝战争，直到 1958 年最后一批从朝鲜撤回中国。被分配到军委工程兵司令部，到西北酒泉投身两弹基地建设。他是三等伤残军人，立过三次大功，享受正军级待遇，被授予东北解放、华北解放、渡江胜利、华中南解放等勋章。1988 年，被中央军委授予独立勋章。三年困难时期，他将自己的伤残等级证书上交，不去领伤残补贴费。2015 年 7 月 25 日因病在南京去世，享年 91 岁。

刘成堂（1927—1990） 中共党员，1944 年参军，隶属华东野战军，先后参加过莱芜战役、洛阳战役等，担任过警卫排排长、邓小平外围勤务。1947 年冬天攻打洛阳时，意外掉进壕沟，壕沟里遍布竹签，不远处敌人还架有好多机枪。为了部队安全，刘成堂在冰冷的壕沟里一动不动坚持了一晚上，直到第二天发起总攻，导致全身痉挛，身体严重萎缩变形，由一米七的个子萎缩到一米五几，在部队里治疗大半年，仍无法正常生活，从前线转回老家养病，直到 1990 年去世。

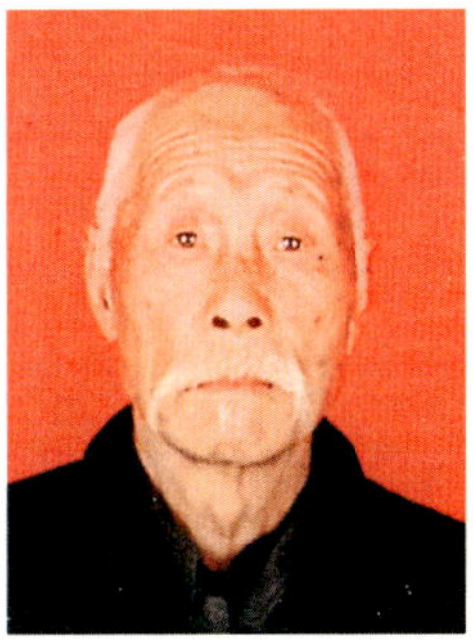

刘成本（1927—2009） 界湖南村人。1947 年 5 月加入中国共产党。1947 年 6 月参军，曾参加渡江战役，1954 年 10 月复原回乡。在农业合作化运动中，农村由初级合作社向高级合作社发展时，界湖 4 个村合并。1955 年 10 月，原任党支部书记孔宪俊出任大成区界湖乡总支书记以后，刘成本于 1956 年 10 月任界湖南村党支部书记，至 1957 年 9 月界湖公社党委对界湖南村党支部班子作出调整为止。

聂荣福（1928—2005）

1928年3月出生于界湖南村。青少年时期在家务农，1947年10月参加了中国人民解放军，战斗在沂蒙山一带，因对敌作战勇敢、冲锋在前，左臂曾负过伤，参军不到一年就当了班长。后随华东野战军参加过济南战役、淮海战役、渡江战役等一系列重大战役。一路作战打到浙江省，把国民党军队赶出浙江省后，在浙江省金华市兰溪县一带剿匪近一年。1949年加入中国共产党。1950年底转为中国人民解放军海军，隶属于海军东海舰队。曾驻防于浙江省宁波市和舟山市的海军基地，1959年换防到了上海市的海军淞沪水警区。在淞沪水警区的舰艇修理所、防化大队、管理科等部门任职。在部队期间曾历任班长、排长、连长、指导员、教导员、水警区司令部党委书记等职务，中校军衔，荣立三等功三次、四等功三次。1975年转业到了临沂市肉联总厂担任党委副书记兼任车间主任，1990年12月离休，享受县处级待遇。2005年，因病去世。

马乾文（1929—2017）

女，中共党员，出生于马家营村。父母和大哥在革命战争年代先后加入了共产党。父亲马凤皆以做木工活作掩护，深入农村秘密宣传党的主张和抗日救国的革命道理。大哥马乾忠，1948年随大军南下到四川省建立地方人民政权。受父兄的影响，自幼拥护共产党，向往革命。

1944年冬季的一天，日本侵略者到马家营村抢掠老百姓的东西，父亲眼见一个日本兵将邻居大婶家仅有的一床棉被抢去，便冲上去争夺，日本兵把父亲打倒在地，又用刺刀刺，用脚踢，最后夺去了父亲的生命。

父亲去世一个多月后，春节临近，一帮汉奸和日本侵略者闯进马家营村。村中有位大娘刚做好一件棉袄，就被汉奸抢去，大娘紧跟在后面，哭喊着要，汉奸不但不给，还骂老太太。马乾文看见了，怒火涌上心头，奋不顾身，立即去夺汉奸抢的那件棉袄。汉奸气急败坏，边骂边举枪威胁，用刺刀将马乾文的头皮刺破，鲜血顺着头发流下来。马乾文毫不示弱，怒斥汉奸。乡亲们为她不畏险境而担惊受怕。两位乡亲乞求汉奸，经过再三劝说，汉奸们扬长而去，马乾文才终于脱险。

马乾文热爱人民子弟兵，对待八路军像亲人。1945年秋冬之交，一天夜晚，有12名八路军带着一名伤员，从大庄蹚过沂河，来到马家营村。村长马玉英将他们秘密安排在村外一看林屋子内，然后和马乾文的母亲商量护理伤员问题。马乾文在旁边听见了，积极报名并得到母亲和村长的同意。第二天一大早，马乾文就到乡邻家中为伤员筹集病号饭，想方设法凑了几碗高粱面糊糊，一口一口地喂给伤员。3天后，八路军和伤员要转移到几十里外的孙祖镇。村长马玉英和两位村民抬担架护送伤员。马乾文再三请求要跟随帮忙，村长同意后，她把家中的棉被抱来，盖在伤员身上。沿途道路崎岖不平，担架上的被子往下耷拉，她就往上拉一拉，轻轻地盖好。她年小体弱，累得满头大汗，脚上磨起了血泡，也不叫苦，一路紧跟担架，不落后半步，连夜到达孙祖八路军驻地，完成护送八路军伤病员的任务。

有一年夏天，界湖南村有位叫刘成厚的革命军人，在青驼寺战斗中光荣负伤，回家养伤，没有亲人护理。马乾文听说后，便自告奋勇，到刘成厚家中担负起护理义务，定期给他换药和包扎伤口，及时洗衣做饭，整理家务。在她的精心护理下，刘成厚的伤情不断好转，后来他俩结为革命伴侣。

在解放战争时期，马乾文积极动员妇女筹集军粮、缝军衣、做军鞋，开展各项拥军支前活动。1947年，光荣加入了中国共产党。入党后担任村妇救会长，组织妇女参加识字班和减租减息运动，多次受到上级的表扬，乡亲们称她为“刘胡兰式的人物”。

全国解放后，马乾文任村妇代会副主任，带领妇女们积极投身社会主义革命和建设事业，舍小家，顾大家，全心全意为新农村建设和发展集体经济贡献力量。2008 年春天，子女们陪她参观了向往已久的天安门，到毛主席纪念堂瞻仰了毛主席遗容，实现了心中的一大愿望。

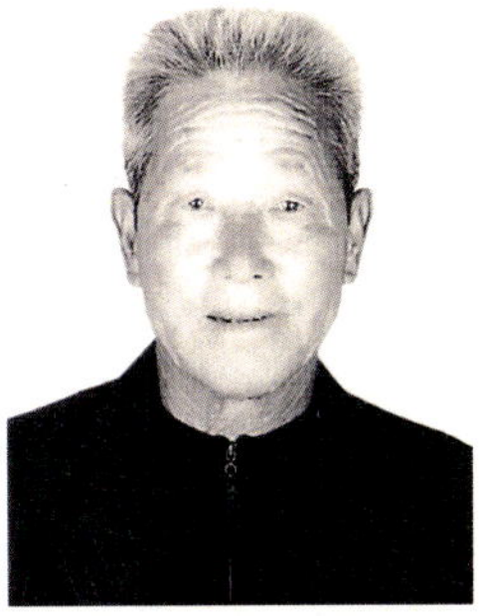

刘振法（1929—2019） 抗日战争时期，参加过儿童团，当过民兵。于 1947 年 10 月参加中国人民解放军，1948 年 6 月加入中国共产党。曾参加济南战役、解放潍县、曲阜等地的战斗。1948 年 12 月参加了淮海战役。1949 年 4 月底参加了渡江战役。后参加追击歼灭国民党部队的多次战斗。1951 年随部队进入朝鲜，参加了抗美援朝战争。刘振法参军后作战英勇，不怕牺牲，执行命令坚决，完成任务出色，多次荣立战功和受到奖励；历任班长、排长、副连长等职务。1958 年 5 月转业回本县工业局工作。1962 年春，退职回村务农。一生对党忠诚，勤奋工作，生活简朴。

刘振太（1929—2015） 14 岁参加民兵组织，16 岁按照组织安排加入高金大队民兵连，先后参加莱芜战役、孟良崮战役等支前任务，在燕子山战役中缴获一支崭新的捷克枪受到上级奖励，部队首长当场决定把这支枪带回地方由本人使用。在沂河联防期间与高金大队民兵连的同志们一起战斗在沂河防线，多次有效阻击敌人，由于枪法好，有“民兵神枪手”称号。

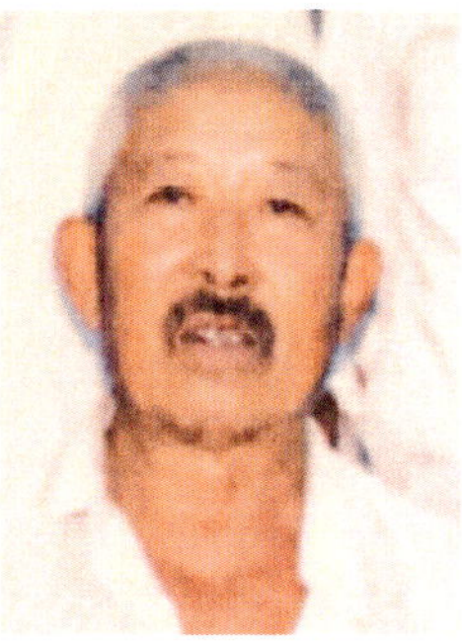

巩德全（1929—1992） 界湖南村人。1957 年加入中国共产党，1958 年至 1981 年担任界湖南村大队长。1971 年至 1978 年担任界湖南村党支部副书记。1978 年至 1984 年担任界湖南村党支部委员，享受正村级待遇退休。

巩德全担任界湖南村大队长、党支部副书记、党支部委员，历时 26 年，工作泼辣能干，积极热情，坚持原则，敢说敢干，任劳任怨，配合工作，认真执行党的方针政策，较好地完成了上级交办的任务。始终如一地配合党支部，主抓南村的农业生产和行政管理工作。带领村民大搞农田水利基本建设，实行稻改，发展林业，多种经营，粮食产量逐年提高，集体经济和社员经济收入也得到逐步提高，为界湖南村发展做出了较大贡献。

刘振普（1932—2005） 1951 年加入中国共产党，是年担任界湖南村民兵连长至 1966 年底。带队修建沙沟水库，曾经担任界湖区临时指挥，事事带头，干劲十足。1958 年，积极投身“大跃进”运动。因沂南刚刚划入沂水县，当地一些重罪犯人都必须押送到沂水监狱，刘振普多次参与解差，每次执行任务都要往返步行好几天，圆满完成任务，多次得到表彰。1964 年，全国民兵大比武，刘振普积极参加县里组织的民兵集训。同时还带领民兵青年突击队大搞农田基本建设，深翻土地，早出晚归，吃大苦、流大汗、不计报酬，一心为社会主义建设贡献力量。刘振普大公无私，爱集体不徇私情。有一天晚上，界湖南村大队组织社员到东岭拉树枝子，他的儿子害怕自己在家，跟着妈妈一起去劳动现场。天亮后，大队食堂里做了一盆面糊涂，大人、小孩都端着碗，围着大盆吃。刘振普看到后，当场把儿子的碗给夺下来，说：“这饭是给干活的人吃的。”这件事让他儿子记了一辈子。

高禄堂（1932—2021）

大庄镇后土山人。1947年定居界湖南村。1951年考入山东省立沂水前期师范学校。1954年先后在蒙阴汶南区、临沂李官区、沂南界湖区（镇）当小学教师。1981年调入沂南县文化馆工作。工作期间撰写了大量文学作品。1963年在《少年文艺》发表处女作《粮秣委员的故事》。1989年由山东文艺出版社出版作品集《仰望大熊星座》；青岛出版社出版中篇小说《启明星在闪烁》；广西人民出版社出版作品集《阳都翘楚》，含中篇小说《黑驴军覆灭记》与长篇小说《修女梦》。1991年合作编了由新华出版社出版的报告文学集《一座座无字碑》。1985年为《当代中国城市建设》一书撰写了《山东第一镇—罗庄》。1986年主编了《沂南县民政志》，1999年主编了《沂南县电业志》。作品4（件）次获省级奖。1981年成为中国作家协会山东分会会员、中国民间文学研究会山东分会会员。1994年任临沂地区首届作家协会理事。1990年任沂南县作家协会名誉主席。

吴西富（1946—2009）

祖籍沂南县铜井镇，1946年生于界湖南村，自幼经历坎坷，酷爱书画，自学成才，无师承，为职业画家，主攻花鸟、山水，代表作工笔写意牡丹，曾多次参加全国及省市展览并获奖。吴西福不追名逐利，多年来潜心研究刘奎龄工笔走兽，冯大中画虎技法，王申勇工笔走兽，技法成熟，其作品被众多书画爱好者收藏。2009年，因病去世。

第二章　历届社区组织负责人简介

第一节　历届党组织书记简介

刘成森（1921—2016）　1946年10月至1968年11月担任界湖南村党支部指导员（书记），是界湖南村第一任党支部书记。（详见第一章第二节：南下干部）

孔宪俊（1918—2008）　界湖南村人，1947年加入中国共产党，1948年担任界湖南村党支部书记、民兵连指导员，1955年10月到大城区界湖乡任总支书记。1961年回村，复任界湖南村党支部书记、民兵连指导员。1982年担任界湖南村党支部委员，1984年享受正村级干部待遇退休。孔宪俊从1948年到1976年，先后两次担任界湖南村党支部书记长达24年。（详见第一章第三节：其他人物传略）

刘成本（1927—2009）　1956年10月任界湖南村党支部书记，至1957年9月界湖公社党委对界湖南村党支部班子作出调整为止。（详见第一章第三节：其他人物传略）

李文田（1917—2012）　界湖南村人，1941年加入中国共产党。1957年9月，由界湖西村调任界湖南村任党支部书记、民兵连指导员。1960年至1967年2月担任界湖南村党支部副书记。1970年10月至1971年11月，任界湖南村党的核心领导小组成员。1971年11月至1986年，任界湖南村党支部委员。（详见第一章第三节：其他人物传略）

徐新后　1947年出生于界湖南村。1969年参军，1971年10月加入中国共产党，1974年退伍回乡，到界湖管理区当通讯员。1975年任界湖南村党支部副书记，1976年任党支部书记。1978年7月到界湖镇拖拉机站工作，1984年进村委担任调解主任，1986年7月任南村党支部副书记，1990年复任南村党支部书记，同时任村民委员会主任。2002年任界湖镇副镇长，后转任副科级公务员。先后当选界湖社区第九届、第十一届党代会代表，沂南县第八次、第九次党代会代表。退休后，热情支持社区“两委”工作。

梁桂生　1954年10月出生，界湖南村人。1968年中学毕业，后任村生产队会计，生产队长。1976年任村党支部副书记，1978年任村党支部书记，1986年担任界湖管理区党总支书记、界湖镇党委委员。

高宝德　1942年出生，1966年3月加入中国共产党。1960年担任共青团界湖南村支部书记、第十生产队队长。在1970年至1971年任界湖南村革委会主任。1981年下半年担任南村管委会大队长。1984年11月机构改革，担任界湖南村村委会主任至1990年12月。1986年9月至1990年11月担任界湖南村党支部书记。先后当选界湖街道第五次、第七次、第八次党代表。工作积极热情，扎实肯干。担任团支部书记的时候，办起了扫盲夜校和青年俱乐部，亲手购置了乐器、锣鼓、音响等设备。利用午休和晚上等业余时间，组织青年学文化，排练节目，获得界湖镇物质大奖。担任党支部书记的时候，尊师重教，接管东校后，在集体经济并不宽裕的情况下，对学校进行了全面整修，建起了大操场，修建了大通道，垒起了大戏台。1987年，多方协调，为全村通上了自来水。处处精打细算，节约开支，让社员有了分红。退休后，支持村“两委”工作，在通路、棚改、迁林等重要工作中，主动协助“两委”做群众工作。

刘建民　界湖南村人，1958年1月出生，高中文化。1976年参军，1979年12月加入中国共产党，1983年1月复原回乡。1990年任界湖南村党支部副书记，2002年任界湖南村党支部书记、村委会主任。先后当选界湖街道第十次、第十二次党代会代表，沂南县第十四次人民代表大会代表。2004年，负责改建村办学校并组织南校建校50周年庆祝大会。享受正村级待遇退休后，热情支持村两委工作，主动参加社区主办的志愿者活动。

李凤德　1962年10月出生。1980年10月应征入伍，1983年加入中国共产党，年年被评为优秀战士，1985年退伍回乡。先后担任界湖南村民兵连长、村计生委主任、党支部委员、党支部副书记。

2005年1月，李凤德当选界湖南村党支部书记、村委会主任。上任伊始，同村“两委”研究决定：土地收归集体，创办集体企业，走“发展集体经济，实现共同富裕”的路子。

李凤德上任第一项工作就是调整土地，亲自到户里了解情况，制定方案，发动群众，仅用一个月时间，彻底解决了土地乱圈乱占、乱栽树的难题，踢开了第一脚。随后，他自己出车、出钱，带领“两委”干部一起去江苏、温州、东北等地，实地考察调研，学习先进村居的发展经验。

2005年6月，李凤德自己筹资1000万元，为集体注册成立了沂南县星港房地产开发有限公司。当年，原县运输公司土地拍卖转让，需用资金80万元，李凤德用自己办企业挣的钱垫上，为公司竞得了土地使用权，作为星港公司第一个开发项目——星港小区，当年竣工并交付使用，为集体创收120万元。2006年，县毛纺厂破产，厂房土地拍卖，李凤德为集体垫资280万元，购买了毛纺厂土地使用权，于2008年开发建设了芙蓉花园新区1—8号、11—12号商品楼，为集体创收2000余万元。

2005年10月，李凤德抓住沂南是养殖大县的机遇，为集体垫资500万元，注册成立了山东正壮饲料有限公司。项目总投资1.2亿元，在村集体没有钱的情况下，李凤德率先融资100万元并发动两委干部及全村老百姓融资建厂，半月时间共融资300多万元，使该项目顺利开工。2006年，正壮饲料进入后期安装设备及投产准备时期，李凤德用自己的企业和房产作抵押，向银行贷款4000万元，使正壮饲料公司如期投产。后又相继建成费县正壮饲料分公司和相配套的邦正塑料编织袋厂，两个饲料公司年产禽畜饲料27万吨，年创利税过千万元。

2006年3月，在李凤德一心为公、无私奉献思想的感悟下，社区集体收回了沂南县城东建筑工程公司的经营权，于2007年更名为山东泰都建筑安装工程公司，后发展成为建筑业二级资质企业。

2006年7月，南村成立社区党委，李凤德由南村党支部书记改任南村社区党委书记、居委会主任。他抓住县城驻地优势，充分发挥星港房地产和泰都建筑两家企业的作用，开始大搞房地产开发建设。经过十几年的开发建设，两大建筑公司共同开发建设了星港小区、居民一、二、三区、康宁居北区、锦绣花园、康宁家园、信合家园等商品楼房160多万平方米，创利税7.6亿元。为集体建设沿街房和商场10万平方米，社区集体实现年租赁费收入2300万元。

2008年，李凤德带领全村在马牧池乡常山庄村建起山东沂蒙红色影视拍摄基地暨红嫂家乡旅游区。对“古山村”老民房进行了保护性修缮，新建、改建、修复了供拍摄红色影视专用的炮楼、戏台、古道、城门、围墙、古庙、院落等景点。随后，以真材实料建成了供影视拍摄，功能齐全的“古县城”“道具库”。在12处农家院内，建成了“中国红嫂革命纪念馆”“人民子弟兵将帅纪念馆”“跟着共产党走纪念馆”，共24个展室，1000多幅照片，上百件历史文物，30组雕塑，40尊石碑。他组织专门小组，挖掘沂蒙山区红色资料、革命故事，出版了《红嫂第一人明德英》《沂蒙母亲王换于》《沂蒙红歌集》等书籍，制作了反映沂蒙山革命根据地斗争与发展的《光影·沂南》3D电影片，建起了独具特色的“沂蒙四季大剧场”，筑起了连接省道的通衢大道，引来了清清汶河水，绿化了山野。建成国家AAAA级旅游景区，使这里不仅成为沂蒙红色影视拍摄基地，而且成为爱国主义教育基地、红色旅游基地和红色写生基地。先后拍摄了《沂蒙》《沂蒙六姐妹》《红高粱》《东方战场》《巨浪》等400余部红色影视剧。被评为山东省十大文化产业基地之一。曾经偏僻闭塞的小山村变成集观光、旅游、休闲、娱乐、红色教育于一体的红色文化胜地，影视剧组接踵而至，前来参观学习的游客络绎不绝，高峰期每天达3万人。2011年12月3日，时任中共中央政治局委员、中央组织部部长李源潮亲临基地视察，对红嫂家乡旅游区的党性教育建设给予了高度评价。2012年2月8日，全国妇联在沂蒙红色影视基地，举行了全国妇女爱国主义教育基地揭牌仪式，被济南军区等70多个党政军机关团体及厂矿企事业单位，定为爱国主义教育基地。

2017年，李凤德抓住研学游上升到国家教育战略层面的机遇，成立了红色研学游推进机构，充分挖掘并利用红色资源，大力兴建红色研学游设施，并根据红色景区特点和研学需要，设置了十多个研学点。利用沂蒙老区丰富、优越的红色教育资源，把爱国主义理想信念教育与知识学习、体验实践结合起来。2018年11月，沂蒙红色影视基地被教育部授予全国中小学生研学实践教育基地，前来研学的中小学生团队络绎不绝。

2018年，在李凤德的带领下，南村社区大力实施棚户区改造，利用108天时间，顺利完成了517户产权户、673个院落的拆迁任务，且没有任何遗留问题，创造了沂南棚改“南村速度”。自2022年开始，棚改群众陆续搬进了棚改安置区新楼房，彻底改变了南村人的居住环境。同时，为集体增加了1万余平方米的沿街出租商铺。

2019年，为了殡葬改革及搬迁苹果园大林需要，李凤德带领“两委”成员四处寻找公墓建设用地。最后，确定了张庄镇钮家沟村东凤凰山前地块，经过县政府协调，流转了90亩公墓建设用地，高标准规划建设墓穴。2019年9月和2021年3月，分两次共用20天时间完成了苹果园大林、高家林、刘家林共计2136个坟墓搬迁任务，让南村故去的先人住进了花园式公墓区。

在李凤德的带领下，南村社区集体经济迅速发展，至2022年，社区固定资产总额22.1亿元，集体年收入1.49亿元，年人均可支配性收入3.8万元。

李凤德在改变家乡贫穷落后面貌的同时，让广大群众充分享受改革发展成果：2006开始，南村社区青年人结婚，每户平均交3.9万元就能住进100平方米新楼房。2008年实施旧村改造，旧房拆迁户无论贫富、无论旧房孬好，均免费提供100平方米的楼房1套，有近300户拆迁居民乔迁新楼房。自2009年开始，社区免费为适龄青年提供100平方米的新楼房。社区还投资3万元为老年人活动中心配制健身器材和娱乐用品，对新中国成立前老党员每月给予500元的生活补贴，60岁以上老人，每年每人7000元生活补贴，其他居民每年每人4000元。自2009年至2020年，免费为社区村民办理新型农村合作医疗和家庭财产保险。十多年来，用于民生的资金达3亿元。2009年新华社为中华人民共和国成立60周年选编全国发生的最具影响力的60件大事，并制成图片集向全国发行。其中涉及农村改革的共有3幅，南村社区居民免费入住新楼房，是山东省唯一一幅被选中的图片。

李凤德带领南村社区致富，还支持一些欠发达的村庄发展经济。沂蒙红色影视基地所在的常山庄村及周边村庄群众，土地入园当社员，景区务工当职员，穿上戏服当演员，售卖产品当店员，一人就业，全家脱贫。人均可支配收入均达到或超过1.5万元，打造了脱贫攻坚“常山模式”。

李凤德舍小家，为大家，带领南村社区“实现共同富裕”的同时，获得来自各级党委、政府、社会团体授予的荣誉：“中国农村新闻人物”“山东省劳动模范”“担当作为好书记”“山东省优秀复员退伍军人”“山东富民强省先模人物”“全省扶贫攻坚先进个人”“最美抗疫企业家”“齐鲁最美退伍军人”“临沂市振兴沂蒙劳动奖章”“临沂市优秀企业家”，沂南县“优秀共产党员”“模范党支部书记”；先后当选界湖镇第十三届党代会代表，沂南县第十五届人大代表、人大常委会委员，临沂市第十七届人大代表，临沂市第十一次、第十二次党代会代表，山东省第十二届、第十三届人大代表。南村社区集体也获得了“全国民主法治示范村”“全国充分就业社区”“全国综合减灾示范社区”“全国老龄工作先进社区”“山东省文明社区”“山东省先进基层党组织”等诸多荣誉。

第二节　历届村（居）委负责人简介

高富东（1919—1986）　1946年10月至1955年任南村村长。（详见第一章第三节：其他人物传略）

陈西平（生卒年不详）　界湖西村人，供销社职工，中共党员。1956年农业合作化运动中，界湖4个村合并成立高级农业生产合作社，担任社长。全社下辖13个生产队，南村是第七、八、九、十生产队。此时，生产和分配体制是各村负责各村，粮柴分配由合作社派人监督。陈西平作为高级社社长，除了掌握各生产队情况，上传合作社情，下达上级指示之外，经常为每个生产队买牛卖牛。到1958年成立界湖人民公社，高级社停办，界湖4个村重新划为4个行政村。

巩德全（1929—1992） 界湖南村人。1957年加入中国共产党，1958年至1981年担任界湖南村大队长。（详见第一章第三节：其他人物传略）

刘振吉（1943—1993） 界湖南村人。1968年5月至1970年2月，任界湖南村革委会主任。

高宝德 1970年2月至1971年11月，任界湖南村革委会主任。1981年下半年担任南村管委会大队长。1984年11月机构改革，担任界湖南村村委会主任至1990年12月。（详见第一节：历届党组织书记简介）

田友成（1937—2015） 界湖南村人。1970年11月11日加入中国共产党。1971年11月至1976年，任界湖南村革委会主任。

胡家德（1950—2013） 界湖南村人。在1976年至1981年任界湖南村革委会主任。

徐新后 1990年12月至2001年10月担任界湖南村村委会主任（详见第一节：历届党组织书记简介）

刘建民 2002年5月至2005年1月担任界湖南村村委会主任（详见第一节：历届党组织书记简介）

李凤德 2005年1月至2007年11月担任界湖南村村委会主任，2007年11月至今担任南村社区居委会主任（详见第一节：历届党组织书记简介）

第三章　在外工作人员

第一节　部分在外人员简介

李秉德　中共党员，1920年2月出生，1946年加入中国共产党，解放前系沂南县界湖乡柴粮委员。解放后为沂南县界湖乡乡长，曾为县人大代表。1958年受县政府指派，带领沂南县民工前往临沂罗庄矿务局参加煤矿建设，时任罗庄矿务局朱陈煤矿王林矿区区长。1962年因矿区撤销，辞职回家。于1980年去世。

高成本　中共党员，1941年3月出生，1962年3月加入中国共产党。1959年12月入伍在蓬莱县7014部队。1959年12月至1960年12月任中国人民解放军天津第一汽拖学校副班长。1961年1月至1961年9月烟台市福山县0097部队汽车修理所。1961年9月至1967年10月烟台市任26军汽车修理所副班长、班长。1967年10月至1969年7月任烟台市26军汽车修理所司务长。1969年12月至1972年5月任烟台市26军汽车运输连副政治指导员。1972年5月至1977年10月任莱阳县26军汽车训练队指导员。1977年10月至1983年10月文登县任26军军工造纸厂副政委。1983年10月至1985年2月文登县任26军军工造纸厂政委。1985年3月至2001年5月先后担任沂南县工业公司副经理，沂南县一轻公司副经理，沂南县体改委副主任，沂南县发改局主任科员，直至2001年5月12日退休。

徐从文　中共党员，1943年12月出生，中专毕业，1962年2月6日应征入伍。在解放军六十八军二零二师喷火连当兵。1968年2月退伍。户口随家属迁入界湖南村。在二小队当会计，是年6月县调任教师，在界湖南校任教。1974年调界湖镇任党委秘书，1982年任党委组织委员，1984年调往铜井镇任党委副书记。1990年调回界湖镇任行政监察室主任，后相继任司法所长、老干主任、人大副主任，正科级退休。

孙　新　1950年10月生，界湖南村人，孙德裕之子。1969年11月入伍，1974年毕业于第二海军学校（后称海军工程大学）。1982年毕业于海军学院（后称海军指挥学院）。作为中国政府派遣的留学生赴日本留学两年。长期在海军领导机关工作。1986年从部队转业至中国社会科学院工作，先后任外事局处长、副局长。2001年担任中国社会科学院日本研究所党委书记并被聘为研究员（教授），兼任全国日本经济学会常务副会长。研究领域为日本政治、经济、中日关系等。主要著述：《日本对华政策与中日关系》《21世纪中日经济合作与展望》《中日韩经济合作促进东亚繁荣》《世界中的日本文化》《改革开放以来中国的日本研究》等。

徐忠烈 1951年7月出生，界湖南村人，大学文化，中共党员。1968年3月入伍。1974年退伍后入山东省财政学院学习。1976年分配到临沂市财政局工作，历任总预算会计、行财科科长、控办主任、临沂市税收财务物价大检查办公室主任、临沂市财政监督监察局局长。1988年被省政府评为“农村中小学校舍改造先进个人”，1995年被市政府授予“科教兴市先进个人”称号，2000年被省财政厅授予“全省财政监督检查先进个人”称号。

刘德成 1953年3月出生，界湖南村人，大学文化，中共党员。1970年12月，在临沂地区建筑公司参加工作。1972年5月，在山东建校学习。1974年8月，毕业回临沂地区建筑公司工作，先后任技术员、施工队长、工区生产负责人。1984年5月，调临沂地区建委施工科工作，任副科长、科长。1995年8月，任临沂市建筑管理局副局长。1998年8月临沂市建筑管理办公室工作，任办公室副主任，其间1996年到山东省建设厅挂职一年任基建处副处长。2000年在沂水县挂职县委副书记分管扶贫工作。2004年任临沂市建设局副局长。2005年任临沂市建设局调研员。1988年被评为临沂地区扶贫先进工作者。1993年被评为临沂行署直属机关优秀共产党员。1993年获得临沂行署记功一次。2004年被评为山东省关心支持建筑工程劳保费管理工作先进工作者。2005年被评为山东省优秀建筑科技工作者。

刘德胜 1957年10月出生，界湖南村人。中国共产党党员、大学学历。1974年7月任界湖南校民办教师。1976年12月参军，在643团服役，历任炮兵班长、营部书记、副连长、副连职参谋、团部作训股正连职参谋、作训股副股长（其间，在曲阜师范大学干部专修科中文系汉语言文学专业学习）。1987年7月任67军高炮营营长、旅司令部副参谋长（其间，在炮兵指挥学院军事指挥专业函授大专学习）。1993年3月任济南军区原炮兵训练队队长、党委副书记、纪委书记。1996年4月任济南军区潍北炮兵靶场主任、党委副书记、纪委书记（其间在炮兵指挥学院军事指挥专业本科学习）。2002年1月任济南军区工程兵训练大队大队长、党委副书记、纪委书记（其间，在山东大学历史文化学院中国近代史专业研究生课程班学习）。2002年12月任济南军区工程兵训练大队队长兼讲师（专业技术7级）。2003年10月转业，历任泰安市国土资源局党组成员、纪检组组长、副局长、调研员。在部队服役期间3次立三等功，转业后5次受泰安市政府嘉奖。

张丽华 1958年出生，张奎的女儿，界湖南村人。1975年高中毕业。1976年，响应国家号召回到家乡沂南界湖南村，成为一名回乡知青。受父老乡亲的关怀厚爱和自己虚心求教，学会了许多在书本中没有学到的知识，成为一代有知识的青年。1978年，调岸堤水库水电管理局工作。1983年调回南京，在东方航空公司工作，2013年退休。

马凤岗 1963年出生，界湖南村人，中共党员。1989年在山东师范大学攻读硕士，1992年回临沂师专历史系任教。2000年后历任临沂师院历史与社会学系副主任、主任。2005年后任临沂师院、临沂大学教务处处长。2011年任临

沂大学党委办公室、校长办公室主任。2014年任校党委办公室主任兼校党委组织部部长。2014年8月至今任临沂大学党委组织部部长、副校长。多次被评为“优秀教师”“优秀政治思想工作者”。在共青团山东省委组织的“青春立功”活动中，荣获一、二、三等功各1次。被团省委评为“山东省新长征突击手”，被山东省人社厅评为“山东省再就业培训先进个人”，被山东省教育厅评为“教育系统办公室工作先进个人”。2009年获得山东省优秀教学成果一等奖、二等奖各1次，国家级教学成果二等奖1次。撰写了《诸葛亮》《琅琊颜子家族文化考证》《诸葛亮研究集成》《颜子研究论丛》《近现代国际关系论纲》《大学生创业指导教程》等论著。

刘洪君　1963年12月出生，界湖南村人。中共党员，大学学历。第九届沂南县政协常委、第十七届沂南县人大常委。1979年9月在沂南师范学校学习。1981年7月到岸堤中学任教（其间参加山东广播电视大学英语单科学习结业）。1986年9月在临沂教育学院政治专业学习。1988年8月任县广播电视局助理编辑、转播台副台长。1994年9月任县党员电教中心副主任、主任（其间在山东干部函授大学法律专业本科业余学习）。2002年10月任县委组织部办公室副主任、沂南县委组织部副部长（其间在山东大学宪法学与行政法学研究生课程进修班学习）。2009年5月任县委宣传部副部长兼县广电局局长、党组书记，县文管执法局局长、党组书记。2011年9月任县科技局局长、党组书记。2012年月8任县委组织部副部长兼县党的群众路线教育基地办公室(沂蒙红嫂纪念馆)常务副主任（馆长）。2014年10月任县委组织部部长办公会成员、县编委办主任。2017年2月任县委组织部常务副部长。

高　军　中共党员，1968年10月出生，1987年11月入伍（北京军区警卫一师四团），1990年9月石家庄陆军学院上学，1992年7月警卫一师四团任职，1993年3月加入中国共产党，2001年南京军区联勤部第四五五医院任职（2006年任四五五医院副院长），2011年至今上海市职业健康研究院（上海市卫健委）任职。

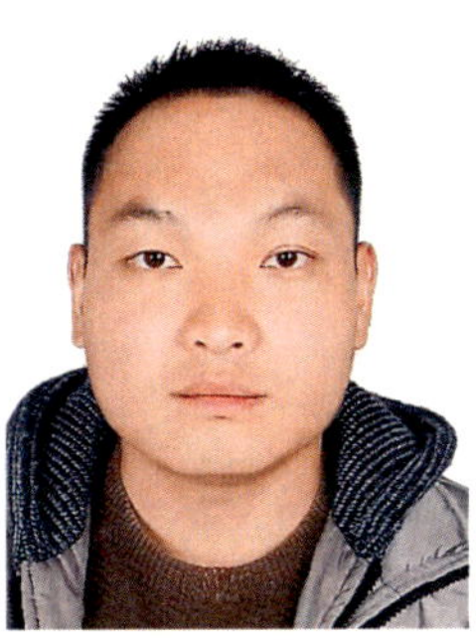

赵立元　1984年10月出生，大学专科学历，中共党员。2002年12月至2019年6月，在中国人民解放军海军驱逐舰第六支队(91991部队)服役，军衔：四级军士长。2019年11月至今，在沂南县民政局工作。2020年因工作突出，被中共沂南县委办公室评为“全县党委信息工作先进个人”。2020年因工作突出，被中共沂南县委、沂南县人民政府评为“创建国家卫生县城工作先进个人”。

丁　宁　1986年9月出生，中共党员，清华大学博士。中国人民公安大学副教授、博士生导师。参与多项国家级重点课题研究，曾在国家发改委、公安部、北京市公安局挂职，所撰写的相关文章和建议被中央领导、公安部领导批示。

刘　媛　女，1989年4月出生，中共党员，清华大学博士，清华大学习近平新时代中国特色社会主义思想研究院青年学者，首都经济贸易大学教师。先后三次获得国家奖学金，被评为上海市、北京市优秀毕业生。本科阶段获得上海对外经贸大学十大年度人物，硕士毕业论文获得清华大学优秀论文，博士阶段在国际、国内重点期刊发表多篇论文，参与编写多部著作，承担国家级重点课题。

巩淑云　女，1989年4月出生，中共党员。2007年9月至2011年6月，就读于青岛农业大学人文学院汉语言文学专业，获文学学士学位；2011年9月至2014年6月，就读于北京大学中国语言文学系文艺学专业，获文学硕士学位；2014年9月至2019年6月，就读于北京大学中国语言文学系文艺学专业，获文学博士学位。2017年9月至2018年9月，前往美国纽约大学 比较文学系比较文学专业进行联合培养。2019年7月至今，在农民日报社做编辑记者。

姜　斌　本科学历，文学学士学位，1992年10月16日出生，2016年6月12日毕业于天津师范大学戏剧影视文学专业。2016年6月参加工作，在北京担任纪录片导演至今。

尹晓文　女，出生于1995年3月，中共党员，毕业于中国海洋大学，研究生学历，硕士学位，2017年通过国家公务员考试进入沂南县税务局工作。

第二节　部分在外工作人员情况表

表12-1

序号	姓名	学历	工作单位	备注
1	马血程	—	河南省科学院	已去世
2	马学升	—	上海市农业生产资料公司	已去世
3	孙德裕	小学	浙江省机械局（后改机械厅）	已去世
4	徐明烈	—	胜利油田	
5	陈美丽	本科	福建省泉州市群策环境检测有限公司	于林锋配偶
6	杨春梅	本科	浙江安耐杰科技股份有限公司	刘德永配偶
7	冯玉和	—	沂南轴承厂	
8	刘振霞	—	沂南轴承厂	
9	冯　涛	本科	建筑行业	
10	宫文香	中专	沂南县新星大酒店	
11	冯玉庆	—	沂南县物资局	

续表 12–1

序号	姓名	学历	工作单位	备注
12	尹秀君	—	沂南县人民医院	
13	冯永生	—	沂南县大庄镇卫生院	
14	高敬臻	—	沂南县食品厂	
15	冯士珍	本科	沂南县界湖卫生院	
16	顾元达	—	沂南商业大楼	已去世
17	夏家玲	—	沂南县车辆厂	
18	赵丹丹	本科	北京影视传媒工作	
19	李建成	中专	界湖镇中心中学	
20	李世贵	—	沂南制鞋总厂	
21	魏　花	—	沂南鞋厂	
22	李少华	本科	沂南县税务总局	
23	李永强	专科	沂南县第二实验小学	
24	梁晓华	专科	浙江宁波	
25	梁英华	专科	临沂市河东区信访局	
26	刘成志	—	沂南县建筑公司	
27	刘德克	—	沂南建材厂	
28	刘希红	专科	山东农业百俐种子公司	
29	刘晓明	本科	山东阳都律师事务所	
30	刘晓晴	本科	沂南县第一实验小学	
31	刘德义	—	沂南县界湖镇政府	已去世
32	胡家香	初中	沂南县邮电局	
33	邱　雯	本科	北京东财医院	
34	邱　静	本科	沂南县移动公司	
35	邱增文	—	沂南金矿	
36	邱增英	—	沂南县界湖中心校	
37	林象成	—	沂南县肉联厂	
38	林　涛	—	中央网信委办公室 / 国家互联网信息办公室	
39	沈彦洁	本科	沂南县融媒体中心	
40	王　伟	研究生	中国农业银行沂南支行	
41	沈燕飞	专科	沂南县畜牧发展促进中心工作	
42	沈艳华	专科	沂南县畜牧发展促进中心工作	
43	魏　广	专科	沂南县水利局	
44	魏延升	本科	青岛外资企业	
45	魏艳红	本科	青岛市青大附属医院	
46	吴培忠	—	沂南县疾病预防控制中心	已去世
47	吴西军	—	沂南县食品药品监督管理局	
48	吴西恩	—	沂南县皮肤病医院	
49	武传明	专科	沂南县技术监督局	
50	袁瑞芳	高中	沂南县服装厂	
51	武传山	—	中原油田运输处	
52	胡　波	中专	中原油田子弟学校	
53	武传亮	大学学历	山东莱钢炼钢厂	

续表 12-1

序号	姓名	学历	工作单位	备注
54	惠花林	专科	山东莱钢炼钢厂	
55	梁玉娇	本科	中国人民银行沂南县支行	
56	高恩慧	本科	沂南县第二实验小学	
57	张建菊	高中	山东长路虹轮胎有限公司	
58	刘润杰	大学学历	临沂第四中学	
59	郑雪梅	大学学历	临沂第一实验小学	
60	刘润强	大学学历	临沂天元集团四建公司项目部	
61	王金平	—	泰安市泰山区住房建设局	刘德胜配偶
62	刘　凝	本科	上海市松江区	
63	袁凤菊	大学学历	中国农业银行沂南县支行	刘洪君配偶
64	贾　萍	大学学历	中国农业银行沂南县支行	刘德兰女儿
65	贾　强	大学学历	青岛博森特贸易公司	刘德兰儿子
66	刘德荣	高中	泰安师专（现泰山学院）图书馆	
67	王家瑞	大学学历	泰安师专（今泰山学院）	刘德荣配偶
68	王倩倩	硕士研究生	中国建设银行山东省分行公共关系与企业文化部	
69	王　玮	研究生	泰安市公路事业发展中心（原泰安市公路局）	
70	刘德芳	中专	沂南供销人民商场	已退休
71	高富贵	—	沂南县工信局	已退休
72	高　云	大学学历	中国中建设计研究院城乡设计与发展分公司	
73	高　伟	大学学历	中国建筑标准院有限公司济南分院	
74	胡加广	—	沂南县联通公司	
75	胡加亮	—	沂南县邮政局	
76	胡　强	—	沂南县智慧树幼儿园	
77	刘振臻	—	临沂工模具厂	已退休
78	刘振玲	—	沂南县工商局	已退休
79	刘晓聪	本科	沂南县农商银行	
80	范满财	本科	沂南一中	
81	刘晓伶	本科	沂南县邮政局	
82	袁清志	本科	沂南县民政局	
83	尹纪鹏	本科	沂南县人民医院	
84	刘晓莹	本科	沂南县农商银行	
85	高雪华	本科	山东沂南蓝海村镇银行	
86	张利谦	本科	临沂市交通警察支队沂南大队	
87	刘成武	—	杭州市上城区人民政府	已去世
88	刘成森	—	嵊县医药管理局	已去世
89	姜保盛	—	江西省邮政汽车总站	已去世
90	闫桂芬	—	江西省上饶二轻局	姜保胜配偶
91	韩　磊	大学	国网山东省电力公司沂南县供电公司	
92	韩　方	高中	沂南县住建局	
93	苏庆民	—	中国中医科学院	邱海霞配偶
94	邱海霞	—	北京中医药大学第一临床医学院东直门医院	
95	刘滨滨	本科	中石化经纬公司华东分公司	

续表 12-1

序号	姓名	学历	工作单位	备注
96	刘璐璐	本科	西安建工市政交通集团有限公司	
97	李玉龙	博士研究生	辽宁省海洋水产科学研究院	
98	刘宝良	博士研究生	中国水产科学研究院黄海水产研究所	
99	刘星辰	本科	山东青年政治学院	
100	刘振允	—	沂南人民商场	
101	韩延华	—	临朐县印刷厂	
102	马桂芝	—	江苏石油勘探局	刘振文配偶
103	刘振文	—	中石化江苏油田	
104	高禄堂	—	沂南县文化馆	已去世
105	刘德修	—	山东天元建设工程监理有限公司	
106	王宗运	—	临沂师院	
107	刘德永	研究生	浙江省能源集团下属企业浙江天地环保科技股份有限公司	
108	尹纪秀	硕士研究生	天风证券股份有限公司投资银行	
109	高宝忠	—	沂南县宝龙包装装潢印刷有限公司	
110	王　浩	本科	济南城建集团有限公司	
111	刘洪杰	—	沂南县公安局刑侦大队	
112	苗秀德	—	沂南县物资局	
113	邱增海	—	沂南县木材公司	
114	王钰博	高中	武警天津某部服役	
115	高兴宸	高中	海军陆战队某部服役	
116	杨国庆	—	武警广州某部服役	
117	苗新艳	—	武警天津某部服役	
118	聂成隆	—	93251 部队服役	
119	于林锋	本科	94921 部队服役	
120	苗海龙	—	海军陆战队某部服役	
121	刘洪亮	—	天津市电力公司	
122	刘润发	—	山东电力总公司	
123	高本同	—	县文物管理所	
124	陈长利	—	县工商局	
125	陈长胜	—	县民政局	
126	聂学祥	—	临沂供销社纺织品站	
127	聂学升	—	临沂汽车运输公司	
128	聂学凤	—	临沂肉联厂	
129	聂学军	—	济南铁路局临沂车辆折返段	
130	魏健铭	专科	沂南县退役军人事务局	
131	尹闪闪	专科	沂南县市政公司	
132	魏延启	本科	沂南中学	
133	薛晶晶	本科	沂南县农业农村局	
134	魏延飞	专科	兰山区柳青街道办事处	
135	王　旭	本科	志华集团	

第四章　英模人物

第一节　专业技术人员

张奎芳　1940年出生于界湖南村，1953年参加沂南京剧团，成为学习生，16岁登台演出国戏。1958年调入临沂京剧团主演《青衣》，后来主演《苏三起解》《武家坡》《红娘》等。1964年因支援郯城文化发展，调入郯城京剧团任教，1977年参加上海电影制片厂《平鹰坟》剧组，圆满完成摄制任务。曾当选为郯城县人大代表。1995年退休在家，多次参加郯城戏协组织的活动和演出，老年文化生活丰富。

周金星　原名周景星，1940年出生，原籍费县。1962年，沂南重新设县，周金星到界湖南村，建起南村世家牙科，悬壶服务于沂南百姓，是沂南县第一家牙科诊所。其受先辈高尚医德、高超医术熏陶，药到病除的精湛医术，每每为患者称道；其和蔼可亲行医风格，一直被后人推崇。1970年，被南村合作医疗站聘为牙医，1980年被选为镇人大代表，1981年《大众日报》曾对周医生突出事迹进行专题报道。最初，诊所开设在沂南县最繁华的地段界湖供销社南村门市部对面，后迁至南村小学西邻。在历届南村领导班子的关心支持下1998年后在县城振兴路以及花山路开设分店。诊所广泛汲取同人经验、积极探索医疗新路。口腔种植，驾轻就熟，口腔矫正成绩斐然，尤其在口腔修复、牙体牙髓治疗方面，更有丰富的临床经验。让诊所逐渐发展成为享誉全县的专科门诊，被业内人士奉为沂南牙科的开先河者。近年来，周老大夫将多年积累的宝贵经验记录整理成籍，为后人垫石铺路。

王家瑞　1943年7月出生，中共党员，界湖辉峨村人，1968年毕业于北京语言学院（今北京语言大学）英语专业，退休前任泰安师专（今泰山学院）英语系系主任，是泰安师专英语系的主要创建者，是泰安市英语师资教育事业的主要开拓者，为泰安市英语师资人才的培养和发展做出了突出贡献。曾参加山东省恢复高考连续三年的英语高考试卷命题工作。先后参与修订中学英语教材，参编高级英语语法汇编，英语阅读技巧解析等丛书，为多部英语专著担任审定工作。同时担任泰安市外语翻译协会常务副会长兼秘书长，积极搭建广大外语人才学习培养的平台，为泰安市旅游、外事、企业等行业涉外交往提供人才支撑。连续多年被评为山东省、泰安市优秀教师、先进工作者，多次被评为山东省优秀共产党员荣誉称号。

王宗运　1947年出生，界湖南村人，中共党员，大学文化，高级工程师。1969年应征入伍，在北京空军第38师114团三中队任无线电员，1972年退伍。1973年在临沂师专物理系学习，1976 年毕业留校，先后在临沂师院物理系任物理教师、电教设备处科长、副处长。2007 年退休。工作期间荣获临沂市“优秀电教工作者”、临沂市电视台“优秀通讯员”称号，制作并完成了多集电视专题片及电视节目，其中《鲁中南晚期丝虫病》获二等奖；6 集《颜楷的写法》获一等奖，并被山东教育电视台采用。发表过多篇专业科技论文，为临沂市多所学校，完成了多项科教技术改新和适应现代创新教学实验设备。主编了《计算机应用教程》。

刘振文　1947 年 9 月 13 日出生，中共党员，中专学历。1964 年，在沂南县团界湖南村实验队务农。1965 年 10 月在江苏石油勘探局参加工作。1965 年 10 月，在石油工业部工读学校测井专业学习。1968 年 12 月，任石油部胜利油田孤岛测井站技术员、助理工程师。1975 年 5 月任中石化江苏油田技术员、调度长、工程师。2008 年 9 月在中石化江苏油田退休。

刘振文 18 岁告别家乡到东营胜利油田，以优异成绩完成了石油部工读学校测井专业中专学业，成为掌握了当时国内最先进电法测井技术的石油技术人才。中专毕业后分配到胜利油田生活条件最艰苦的孤岛测井站，在一片盐碱地上为胜利大油田的起步与发展贡献了自己的力量。1975 年，全国各大油田组织精兵强将参加苏北油田大会战，作为胜利油田测井专业的技术骨干，与来自大庆、四川、江汉、玉门、克拉玛依等油田的石油精英集合苏北，发扬大庆“铁人精神”，住芦席棚、睡门板，在里下河地区的泥泞沼泽和乱坟岗上手拉肩扛，从无到有，立起钻塔，开动机器，铺路架桥，修建医院、学校，一边生产一边建设家园，一座年产 200 万吨级的中型油田在苏北水乡拔地而起。刘振文也从一名普通技术干部成长为具备丰富管理经验的企业中层管理人员，走上生产指挥长的岗位，并且为企业传授培养了几十名技术人才。直至 2008 年光荣退休，在 40 多年的工作中，为江苏油田的诞生、发展、壮大奉献了全部的青春和能量。多次被评为处级、局级先进工作者和优秀管理干部。

徐明烈　1948 年 4 月 17 日出生于沂南县界湖镇南村，1965 年 11 月以工读学生身份被招收进九二三厂（胜利油田前身）；于 1996 年 10 月荣立二等功一次；1966 年 11 月转为学徒工，成为胜利油田运输处的一名工人，学习汽车驾驶；1970 年 7 月加入中国共产党；1971 年 10 月提干，先后干过政工、运输调度、汽车队长、副科长等岗位；1993 年 5 月任胜利油田动力机械厂运输公司经理（正科级）；2008 年 4 月正式退休，现归胜利油田胜中社区管理。徐明烈参加工作 43 年以来，思想上听党话，跟党走，牢记使命，不忘初心，工作上业务熟练、吃苦耐劳，连续多年被评为业务能手与先进模范，他服从组织安排，在每一个岗位上都兢兢业业、勤勤恳恳、任劳任怨，把油田的发展和为人民服务作为自己的工作信条，不怕苦，不怕累，为油田的发展做出了贡献，把自己的一生和汗水奉献给了油田事业。现在，他可以自豪地说：徐明烈没有给家乡父老丢脸。

高宝忠　1952 年 6 月出生，1997 年 7 月 18 日加入中国共产党。1989 年 7 月在沂南蜡光纸厂工作，1993 年在沂南包装印刷厂（2003 年改为沂南县宝龙包装装潢印刷有限公司）任厂长直至 2005 年退休。曾获得临沂地区“技术革新能手”“技术开发尖子”等荣誉称号。1993 年 8 月至 1996 年 6 月在中共中央党校函授学院学习（大专学历），其撰写的《浅谈思想政治工作在经济建设中的作用》被评为职工思想政治工作研究优秀论文三等奖，1996年9月被评定为政工师资格。

刘德修 1953年2月出生，界湖南村人。中共党员、高级工程师、山东省工程建设评标专家、注册监理工程师、山东省一级项目总监。1970年12月在临沂地区建筑公司参加工作。1972年5月在山东省建筑学校学习。1974年9月担任临沂地区建筑公司安装队预算员、党支部委员、团支部书记（其间在山东省团校团干培训班学习）。1977年8月任临沂地区建筑公司政治处宣传干事。1983年9月在山东建筑工程学院干部专修班学习。1985年7月任临沂地区建筑公司第七工区第一副主任。1991年2月任天元集团安全处处长（其间，在山东省委党校在职本科班建筑经济专业学习）。2003年3月任天元集团消防安装公司工会主席。2008年3月任山东天元建设工程监理有限公司总监理工程师。参加了建设部全国首次在上海召开的安全文明现场会；6次参加省建筑安全大检查和安全文明工地评定工作；3次参加省建筑安全研讨会；十多次进行全市安全技术知识授课，培养安全管理人员和特种作业人员1000多名。完成了青岛开发区多层仓库工程和青岛开发区热电站工程、临沂环球国际、汇通天下、怡海国际新城、临沂市人民医院、临沂万和广场等多项城市综合体工程的安全管理工作。创省、市级安全文明工地30多项，建筑安全金奖1项。参与编写多项临沂市建筑安全管理规程资料。受省建筑安全监督总站委托，组织编写了《建筑工机具》培训教材1部。

魏　杰 1953年6月19日出生，界湖镇南村人。1970年沂南一中高中毕业后在村务农，1976年任村会计，1984年任界湖综合服务社副经理，1999年任沂南县针织厂常委副厂长、主持工作。而后任南村物业公司经理。长期潜心研究中国传统文化《易经》，师从临沂史德聪和沂水郭景云等易经大家，学习研读了大量易经学说及专著，参加了多层次易经研究班学习。在环境策划中，魏杰理论与实践相结合，广泛参与社会实践，恰当地处理人与自然、环境与建筑的关系，对人们工作环境、生活环境进行巧妙的布局安排，对经济建设的发展、社会的文明和谐做出了很大努力，取得了较好的社会效果。2010年参加了第十四次世界易经大会暨二十二届周易与现代化国际讨论会，魏杰被编入《国际易学名人录》；2012年被评为“中国易学十大杰出企业策划师”和“高级职业易学家”；2011年3月任沂南县卧龙周易研究会会长，是年当选沂南县第九届政协委员。

邱海霞 女，汉族，1965年10月出生于界湖南村，中共党员，专业技术职称为助理研究员，工作在北京市东城区。先后就学于界湖南村小学、沂南一中、临沂卫校。就职于山东省煤矿疗养院、北京中医药大学第一临床医学院东直门医院。

苏庆民 中国中医科学院研究员，主任医师，医学博士，中国中医科学院中医药发展研究中心主任（正处级）。2008年任中国中医科学院人事处副处长兼博士后管理办公室

主任，推动国家中医药管理局与人社部联合发文，开展全国中医药传承博士后工作，开创了中国博士后制度的新政策，为国家培养了一大批高层次优秀人才，被人社部评为全国优秀博士后工作者。2011 年任中国中医科学院中医药发展研究中心主任（正处级）。为《中华人民共和国中医药法》、国家《中医药“十四五”发展规划》《健康中国“2030”规划纲要》（中医药部分）等多项法规规划的主要研究者，受到新华社专访。承担国家自然科学基金等多项国家科研课题，先后获教育部科技一等奖 1 项、北京市科学技术奖励一等奖 1 项。

武传亮　1954 年 12 月出生于界湖南村，中共党员，毕业于中国书画函授大学，现为山东省美术家协会会员、山东省摄影家协会会员、中国国学研究院国学书画院青岛西海岸分院副院长、莱钢美术家协会秘书长。

自幼酷爱绘画艺术，先后师从中国著名花鸟画家于希宁、郭志光，山水画家徐北汀、张登堂、王俊松等名家，常年大量临摹古人及现代名家书画作品，从中吸取艺术营养，多次深入泰山、黄山、庐山、张家界和青藏高原及国外等地写生，真正用心去感受大自然，用情感去作画，自由抒发胸臆，寄托高尚情怀。在常年的绘画研习中，吸取众家之长并进行比较和研究，在不断的探索中寻求绘画艺术的突破与创新，已形成自己独特的艺术画风格。武传亮擅于山水画，他的作品继承了中国传统绘画“壮美”意境的表现，既强调了中国画的民族特色，又有笔墨风格上的创新。壮美的山河、浓郁的乡村小景和蒸蒸日上的工业厂貌，在他的描绘下都呈现出独具一格的艺术意境。所以，他的山水画是具有中国风格、地方特色的现代中国画，充分显示出画家绘画艺术多方面的把握能力。武传亮的山水画，风格面貌上分为水墨写意和兼工带写的青绿山水，技法多样，气韵生动，欣赏这些具有强烈冲击力的作品，让人生出如临其境之感。

精心创作出大批《山水系列》《乡愁系列》《军工系列》和《钢铁系列》等主题创作。创作的《乡愁系列》30 余幅作品，被家乡收藏并建馆永久展出。《军工系列》作品被军工单位收藏。多次参加全国性及省市书画展并获奖，作品深受专家、学者的好评。作品经常在专业报刊和画册发表、出版。《人民日报》等国内权威媒体对其取得的艺术成就进行了专题报道。其作品被海内外众多专业机构和个人广泛收藏，被业界公认为具有收藏价值和发展潜力的绘画艺术家。入选“盛世收藏，中华书画精英在线特别推荐书画家”。荣获全国“优秀文艺工作者”“人民书画家”“诚信品牌书画家”等荣誉称号。多次参加权威慈善机构组织的义捐、义卖、义拍等公益活动，被慈善单位授予“爱心公益大使”“德艺双馨艺术家”等荣誉称号。

刘滨滨　1974 年 1 月 12 日出生，中共党员，本科学历，毕业于中国石油大学工商管理专业。1991 年 11 月，在中国人民解放军 87344 部队服役。1995 年 12 月，在中石化江苏油田参加工作。2013 年 4 月至 2021 年 10 月在华东石油工程公司地质测井公司工作。2021 年 10 月至今在中石化经纬公司华东分公司工作。先后担任技术员、项目部经理、助理工程师，项目部党支部书记、助理工程师，地质测井公司调度长、工程师、高级主管、工程师。曾发表多篇技术论文，其中《陕北地区测井响应特征分析及规律总结》在国家刊物《商情》期刊发表。曾带领石油勘探队伍和数十台大型石油机械，远赴黄土高原，深入鄂尔多斯茫茫戈壁腹地，转战宁夏、甘肃、四川大巴山区、广东雷州半岛，创造了“石油铁军”的美誉，为中国西部石油勘探开发、中西部地质构造评价和海洋大陆架油气资源发现贡献了自己的青春和智慧。20

多年的工作经历，个人也从一名年青的技术工人，成长和锻炼成为一名具有丰富野外工作经验和管理能力的企业中层管理人员，先后任职生产部、市场部和装备部。多次被企业评为先进工作者和优秀共产党员，2009年被中石化会战指挥部评为国家重点工程“川气东送建设功臣”。

刘璐璐　中共党员，1980年12月出生，本科学历，2003年7月参加工作，工程师、二级建造师。2003年7月至2010年9月在中铁十四局任项目副经理，2010年10月至2018年11月在西安建工市政交通集团有限公司任成本合约部副部长，2018年12月至2020年2月在西安雁云云采贸易有限公司（市政集团子公司）任副总经理，2020年3月至今在西安建工市政交通集团有限公司任物资设备部副部长。

李玉龙　1981年11月出生于界湖南村。毕业于中国海洋大学，博士学位，副研究员职称，供职于辽宁省海洋水产科学研究院。研究方向为水产经济生物遗传育种、水产养殖。先后主持辽宁省科技厅和辽宁省海洋渔业厅等科研项目5项，作为业务骨干参与包括国家重点基础研究发展计划项目、国家自然科学基金项目、国家海水鱼产业技术体系项目及公益性行业（农业）科研专项、国家海洋公益科研专项项目在内的40余项国家及省部级、市级科研项目。在国家核心期刊和国际学术会议上发表科研论文50篇（第一作者20篇，合作30篇）；主持及参与编写辽宁省地方标准12项，参与授权发明专利1项，实用新型专利6项。2021年被评为中共大连“市直机关优秀共产党员”，辽宁省第九批百千万人才工程“万人”层次。

刘宝良　1983年1月出生于界湖南村。毕业于中国海洋大学水产养殖专业，博士学位，现为中国水产科学研究院黄海水产研究所研究员，获聘国家海水鱼产业技术体系岗位科学家，中国水产学会鱼类工业化养殖分会副主任委员、秘书长，中国水产流通与加工协会大菱鲆分会秘书长，水产动物行为专业委员会等委员或理事职务。

主要从事鱼类工厂化养殖设施与装备研发、系统工艺集成优化以及健康养殖技术的研究与推广工作，先后主持“十四五”国家重点研发计划课题、国家现代农业产业技术体系岗位科学家项目、国家自然科学基金等各类课题30余项，公开发表论文50余篇，其中SCI收录38篇，授权发明专利13项，软件著作权5项，参编专著7部。牵头或参与申报成功的科技成果在全国30多个现代渔业建设项目中应用，累计产生经济效益超40亿元。

先后荣获中国发明协会发明创业成果奖二等奖1项（排名1/6），第十三届青岛市青年科技奖（排名1），中国产学研合作创新成果奖二等奖1项，优秀奖1项，大连市科技进步一等奖1项，入选泰山产业领军人才、中国水科院拔尖人才、日照产业领军人才等。

刘德永　界湖南村人，1983年4月生，2009年7月参加工作，2004年11月加入中国共产党，研究生学历，工学硕士学位，高级工程师，注册环保工程师，注册安全工程师，杭州市高层次人才。2002年9月至2006年7月，在兰州交通大学环境与市政工程学院环境工程专业学习，获工学学士学

位。2006 年 9 月至 2009 年 7 月，在上海大学环境与化学工程学院环境工程专业学习，获工学硕士学位。2009 年 7 月至今，就职于浙江省能源集团下属企业浙江天地环保科技股份有限公司。

尹纪秀　女，中共党员，硕士研究生，保荐代表人、注册会计师，1986 年 3 月 26 日出生。2012 年毕业于上海理工大学，国民经济学专业硕士研究生学位。2012 年 10 月至 2017 年 9 月在普华永道中天会计师事务所任经理。2017 年 10 月至今在天风证券股份有限公司投资银行任执行董事。

高恩慧　女，本科学历，界湖南村人，出生于 1990 年 1 月，2013 年毕业于临沂大学音乐学院。2012 年代表临沂大学音乐学院参加“山东省师生技能大赛”取得省二等奖。2014 年考入教师队伍，执教的课程被评为临沂市“市级优课”。2017 年在“小学音乐教师教学技能大赛”中获得市一等奖。2017—2021 年 4 次获得沂南县中小学教师教学基本功比赛一等奖。研究成果有《音乐对儿童品德形成的影响研究》等。

刘星辰　共青团员，2000 年 10 月出生，本科学历，2022 年毕业于山东青年政治学院舞蹈表演专业，中国歌剧舞剧院十级证书，2018 年 12 月，在人民大会堂参演《庆祝改革开放 40 周年》文艺晚会并参加录制中央电视台“放歌新时代跨年晚会”。2018 年 9 月参演山东教育电视台“最美教师节颁奖典礼”。2019 年，参演北京卫视春节联欢晚会。2019 年，在人民大会堂参演《奋斗吧中华儿女》大型音乐舞蹈史诗。2019 年，全国第 12 届“桃李杯”舞蹈教学成果展示参演群舞《父亲的背影》。2020 年，参与江苏卫视春节联欢春晚。2021 年 1 月 1 日，参演山东新年文艺晚会；同年参演山东省第六届大学生艺术展群舞《当哩个当》荣获舞蹈类专业组一等奖；受邀参加 CCTV《舞蹈世界》的录制；参加中央电视台国庆晚会；获得第十三届荷花奖提名奖。

第二节　知名企业人物

李凤德　1962 年 10 月出生，1980 年 10 月入伍，1983 年 4 月加入中国共产党。现任沂南县人大常委会委员、山东山源硅砂有限公司董事长、沂南县大山矿业有限公司董事长、山东山源物流有限公司董事长、临沂山崎矿业有限公司董事长。

李凤德是土生土长的南村人，自小受到父亲李文田——1941 年入党的老党员在村中当了多年党支部书记的熏陶和教育，具有正直忠诚，为人善良的优秀品质，自小就立志要继承和发扬父亲的事业。1980 年刚满 18 岁便应征入伍，在部队服役 5 年时间，年年被评为优秀战士，第二年就任班长，第三年就加入了中国共产党。1985 年退伍后，军人出身的他身先士卒、艰苦创业，乘党的改革开放、创业致富、富民政策的东风搞起了个体运输。从 1993 年起，李凤德从个体运输行业转向石英砂生产加工项目。1995 年，他以原投资价格 85 万元买断了南村石英砂厂，更新设备后继续钻研石英砂加工技术。

自 2000 年开始，李凤德先后在沂南县孙祖、双堠两地投资建厂，创建了山东山源硅砂有限公司、沂南县大山矿业有限公司、山东山源物流有限公司。李凤德在不断扩大生产规模、搞好技术革新的同时，狠抓企业内部管理，完善经济承包责任制，实行岗位工资和定额工资相结合，职工收入较高，并免费提供就餐，各种福利劳保用品发放齐全，上下班专车接送。企业的发展不仅为600多人安排了就业岗位，还带动了周边村庄的经济发展。通过加大科技投入、提高企业管理水平，企业经济效益迅速提高。2005年10月，山东山源硅砂有限公司与泰安玻璃纤维集团强强联手合作，建设山东山琦矿业有限公司。公司投产后，将石英砂产品附加值大大提高，对整合沂南县石英砂资源起到重要推动作用。

公司在经济发展转型时期，坚持高质量发展理念，持续提升公司矿山开采，不断更新生产加工设备，不断加强环保治理标准，把绿色发展，清洁生产作为公司生存要素，把安全生产，以人为本作为基础，把勇于担当、回馈社会视为责任。

经过近20年的艰苦努力，李凤德始终坚持守法经营，科学发展，把公司发展成全国同行业规模最大规范化企业。公司现有注册总资本5760万元，占地面积20万平方米，资产总值达2亿元。现有5条浮法玻璃用砂和3条325目硅微粉生产线，年可生产26目至140目玻璃用砂100万吨，325目微粉12万吨。产品主要销往山东玻璃集团、泰安玻璃纤维集团、阳谷祥光铜业有限公司等企业。公司实现年销售收入1.8亿元，利税3600多万元，连续多年被沂南县授予明星企业、先进民营企业、诚信纳税企业、安全生产先进企业、党工共建先进企业等荣誉称号。2017年被评为省级双体系标杆企业。

李凤德的企业不断发展壮大，对社会贡献也越来越大，各级党委、政府、社会团体授予他许多荣誉："山东省劳动模范""山东省优秀复员退伍军人""山东富民强省先模人物""最美抗疫企业家""齐鲁最美退伍军人""临沂市振兴沂蒙劳动奖章""临沂市优秀企业家"、沂南县"优秀共产党员"。先后当选沂南县第十五届人大代表、人大常委会委员，临沂市第十七届人大代表，临沂市第十一次、第十二次党代会代表，山东省第十二届、第十三届人大代表。

梁桂生 1954年10月出生，界湖南村人。中专学历，中共党员。1968年中学毕业，后任村生产队会计，生产队长。1976年任村党支部副书记，1978年任村党支部书记，1986年担任界湖管理区党总支书记、界湖镇党委委员。1992年任界湖农机管理站站长，组建沂南县华盛公司，先后办起机械工程施工队、加油站两个、地毯厂、鞋厂、砖瓦厂、复合肥厂、大理石加工厂、养鸡场、农机配件厂、农机销售公司等十多处企业，成为镇域经济骨干。1997年改制为股份公司，下辖金城电子、页岩砖厂、加油站、建筑工程等企业。多次被省市县评为先进单位。个人多次被评为模范共产党员、县级优秀企业家，获省农机技术推广奖1次。1994年被聘为界湖镇科技副镇长，后转任副科级公务员。先后当选界湖镇第五次、第六次、第七次、第八次、第九次、第十次、第十一次、第十二次党代会代表，沂南县第六次、第七次、第八次、第九次党代会代表。孝亲敬老，勤谨奋勉，退休后，热情支持社区"两委"工作。

高宝海 1973年2月出生，初中文化。1989年，在界湖南村苹果园任林业技术员。1996年，自主创业，成立了沂南县城东装修公司，任法定代表人公司经理，经营房屋设计装修业务。2004年，成立了沂南县同心食品股份有限公司，总投资450万元，任执行董事公司经理，主要经营肉鸭养殖屠宰销售服务业务，年缴税金120余万元。2008年，成立沂南县同德食品有限公司，任总经理，项目投资3000万元，主要经营肉鸭、养殖、屠宰、加工销售业务，年缴税金150余万元。2012年，成立同德包装厂任厂长，经营纸箱印刷包装业务，年交税金90余万元。2014年，共同创建了沂南县汇海民间资本管理有限公司，注册资金3000万元，任公司法定代表人、执行董事、总经理。2016年，参股成立了山东舒耐特皮革有限公司，总投资3700万元，任公司监事，主要经营制造销售篮球革、皮鞋革、沙发革、高级女士箱包革，年缴税金180余万元。2019年4月，由沂南县政府领导委派投资1.5亿元，重组共同接收山东长路虹轮胎有限公司，主要经营轮胎生产制造销售业务，产品出口外销全球100多个国家和国内30多个省市。年产值6亿元，年创外汇5600余万美元，属沂南县创外汇先进企业，年缴税金800余万元，属沂南县重点企业。2020年10月，招商引资，引来由山西理工大学、山西科技大学和天津大学的两个博士和一个副院士，共同研发的膜材料高科技产品，项目总投资1.2亿元，成立了山东汇海膜材料科技有限公司，该产品将打破美国、日本等国家的技术垄断，解决膜材料长期被国外卡脖子问题。项目满产后年产值可达10亿元。实现完税1000余万元，该项目受到沂南县委、县府领导高度重视，招商后入驻到沂南县双创科技园1号孵化器。2021年，参加市级科技项目大赛获得二等奖，市、县两级先后给予奖金80余万元，被县领导定为沂南目前最具有发展潜力的高科技项目。2022年当选为沂南县第十一届政协委员。

高春升　中共党员，1969年3月出生于沂南县辛集镇榆林子村，1995落户界湖南村。毕业于山东建筑工程学院，大学专科学历，高级工程师、二级注册建筑师。1991年参加工作，先后任职于山东承天建设集团、沂南县城东建筑工程公司、沂南县城西建筑工程公司，历任技术员、施工员、副经理。2005年至2015年任沂南县星港房地产开发有限公司总经理。2015年7月至今任山东广汇集团有限公司副总裁。当选沂南县政协第十届委员，山东省政府采购专家评委，山东省摄影家协会会员。获得荣誉：2011年，荣获临沂市“振兴沂蒙劳动奖章”称号；沂南县第十届优秀政协委员，获“政协委员十大优秀提案”奖；连续九次获临沂市建筑行业“先进工作者”称号；连续三次获得山东省建筑企业“先进工作者”称号。

徐兴宝　中共党员，1970年9月出生，2004年毕业于山东建筑工程学院。1991年7月，在沂南县城东建筑工程公司任副经理。2006年，在山东泰都建筑安装工程公司任副经理。2015年11月至今在山东泰都建筑安装工程公司任经理。先后取得沂蒙杯工程奖3个，市级优质结构工程奖19个，市级安全文明工地奖21个，3次获得市级建筑企业先进个人，12次获得县级建筑企业先进个人，2021年在山东省建筑施工企业安全生产“五赛一创”劳动竞赛中获优胜个人。

李熙鹏　1986年3月出生，界湖南村人，山东广汇集团有限公司总裁，2005年加入中国共产党，被授予“沂南县劳动模范”“沂南县人大代表”“沂南县十大杰出青年”“沂南县慈善楷模”“第二十三届山东省优秀企业家”、全国“乡村文化和旅游能人”“临沂市优秀沂蒙精神践行者”等多个荣誉称号。同时兼任中国近现代史史料学学会沂蒙精神研究分会副会长、广东省山东济南商会常务副会长、山东省旅游行业协会旅游演艺分

会副会长、临沂大学历史文化学院常务理事、临沂市光彩事业促进会常务理事、沂蒙兵妈妈拥军协会副会长、沂南县慈善总会副会长、沂南县老区建设促进会副会长、沂南县新阶层人士联谊会副会长、沂南县孙祖镇商会会长等职务。

李熙鹏工作中大胆开拓、勇于创新，在其带领下，山东广汇集团实现跨域式发展，目前拥有多个下属企业，包括山东沂蒙红色文化产业有限公司、临沂市红色教育培训有限公司、山东泰都建筑安装工程公司、沂南星港房地产开发有限公司、山东红土地影视文化传媒有限公司、山东东方陆港跨境仓储物流有限公司、沂南县亲情物业有限公司等企业。业务涵盖旅游开发、休闲度假、文化传媒、影视制作、酒店餐饮服务、房地产开发、建筑安装、物业管理、仓储物流、农业开发等。在李熙鹏带领下，集团及下属企业荣获“国家AAAA级旅游区”“中国文化旅游新地标”“中国十大最美乡村”“全国中小学生研学教育实践基地”“中国乡村旅游模范村”“全国红色旅游经典景区”“山东省功勋企业”“临沂市先进集体”“临沂市明星企业”“临沂市模范纳税企业”等荣誉称号。

李熙鹏以弘扬、践行沂蒙精神为己任，个人尽己所能，积极参与社会公益事业和慈善事业。长期通过“希望工程”“春蕾工程”先后资助多名困难家庭学生，向马牧池小学、卧龙学校等捐款捐物，通过慈善总会为困难家庭提供帮助，被沂南慈善总会授予慈善楷模、慈善先进个人称号。

徐　明　1986年出于界湖南村，现任超和食品董事长，先后于2005年创建沂南县双丰食品有限公司，2017年创建临沂超和食品有限公司，2019年创建山东超和食品有限公司。2022年临沂超和食品有限公司肉鸡全产业链项目投产，历经20年发展，该企业拥有全资肉鸡屠宰分割子公司4家，肉鸡标准化养殖基地20处，肉鸡调理深加工企业1家，公司年屠宰加工肉鸡2.3亿只，年产调熟品6万吨，实现产值61亿元，上缴税收2000余万元，可安置劳动力4000人就业，打破传统的屠宰业范畴，拉长了产业链条，拓宽产业深度，提升产品附加值。进一步推动低端食品加工企业向精深加工企业转型，加快推进企业全产业链发展的步伐。

徐明同志扎根革命老区沂南县，积极适应国家、省、市新形势的发展要求，依据国家有关政策和政府导向，依靠科学，面向市场，创品牌，在新时代经济发展和增加农民收入的行动中充分发挥带头作用。所生产的“立鸣”“恢弘”“沂蒙双丰”等品牌肉鸡分割产品及肉鸡调理制品已经通过质量安全ISO、HACCP和食品安全生产SC认证。2007年至2010年连续四年获得沂南县“明星企业”，2009年获得“消费者满意单位”，2023年获得沂南县“突出贡献企业”，省级标准化屠宰企业，农业产业化“重点龙头企业”。所在党支部先后五次被评为“五个好”党组织、“先进基层党组织”等荣誉称号。2020年获得临沂慈善总会“爱心企业”称号。对沂南县扶贫基金会和慈善总会捐赠爱心资金150余万元，投资10余万元捐赠“爱心书屋”便于创业青年进行学习。2019年被选举为沂南县禽业健康发展商会副会长；2020年荣获“沂南县五一劳动奖章”；2021年荣获沂南县青年五四标兵；2021年当选沂南县人大代表；2021年荣获临沂市沂蒙好青年；2022年荣获“沂南县劳动模范”称号。

李东平　1976年7月出生，界湖南村人。2005年毕业于山东省建筑工程学院，1994年4月在沂南县第八建筑公司参加工作从事工程造价。2006年5月任山东广安建筑工程公司副总经理。自2006年在山东高速集团的威乳、威乌、荣乌、青兰、京沪、青临、烟海、日兰等项目参建了高速房建工程，得到了高速集团的高度认可与好评。

2014 年至今，在本县内参建了职业学校、第一实验小学东校区的教学楼工程，以及正阳华府的项目开发，其间获得了“市级安全文明工地”和“市级优质结构”奖项。县外参建了沂源西城华府三、四期工程，河东区相公街道棚改工程，沂源金城华府、新泰市天悦青云等工程。

2019 年成立沂南县丰瑞建筑劳务有限公司和沂南县丰瑞建材有限公司。

2023 年成立山东东岐建筑工程有限公司。

刘振良　1962 年 4 月出生，南村社区人。改革开放初期，购买了一台四轮拖拉机，凭着年轻力壮和吃苦耐劳精神，拉石头、跑运输，从此走上了自主创业的人生道路。90 年代初，利用跑运输积攒的资金，开始进军服装市场，做起了服装生意。1997 年成立了建筑施工队，开始承揽建筑基础工程，凭着诚实守信、艰苦创业原则，不断赢得工程承包商的信任，信誉越来越好，工程越来越多，不断积累知识和经验，于 2003 年考取了省级二级建筑师资格证书，被沂南县同兴建筑安装工程公司聘为项目经理和注册建筑师。2006 年，由他负责的同兴公司一号楼荣获“沂蒙杯”优质工程金奖，被评为优秀项目经理。

刘振良从事建筑安装行业 20 多年以来，不断进取，守业创新。他的施工队在管网行业成为全县建筑安装队伍的主力。近年来，他先后承揽了同兴小区、历山路改造、阳都热力公司管网建设、县城管网改造重大工程建设，累计完成 3000 多万元的工程建设项目，为国家上缴税金 400 多万元，解决了 400 多人的就业问题，为当地的社会经济发展做出了应有贡献，成为南村社区自主创业的成功典型。

刘德顺　1963 年 12 月出生，1982 年 10 月参军入伍，1985 年 10 月复员后到界湖镇干通讯员，1991 年度被界湖镇评为先进工作者，1993 年春开办沂南县界湖南村水泥预制构件厂，主要以建筑材料加工为主，同时从事建筑工程建设。2016 年春在辛集镇食品工业园区筹建沂南县鸿德食品有限公司，注册资金 500 万元，从事冷链食品加工、冷冻、储藏、销售、物流等产业。实现年营业额 3000 余万元，安置劳动力 50 人。

高永华　1972 年出生于界湖南村。中国人民大学农业与农村发展学院工商管理硕士（MBA）。山东久久和牧农牧集团和山东九州汇海农业集团创始股东。现任久久和牧集团党支部书记分管集团人力资源，兼任江苏久久和牧农牧科技有限公司董事长。被全国职业信息网评为高级安全总监且纳入专业人才库。获“水产养殖饲料生产用清理筛”“浒苔酶解发酵用螺旋喂料器”“饲料生产用除尘器”等多项发明专利。

山东久久和牧农牧集团有限公司总部坐落于临沂市兰山区，创立于 2008 年 3 月 18 日，是一家集价值猪料和健康养殖两大业务板块构成的循环经济模式创新型农牧集团企业。猪料年产能 100 万吨；是猪繁殖营养、抗病营养、功能营养的开拓者、推动者和实践者。山东省重点骨干饲料企业（集团）之一，临沂市饲料行业协会执行会长单位、山东省饲料行业协会常务理事单位。

黄保杰　1988 年 10 月出生，2006 年参军入伍，2008 年加入中国共产党，在部队分别于 2007 年、2009 年、2010 年被评为优秀士兵，2011 年荣立个人三等功。2011 年复员退伍后，回到家乡秉承

父亲黄传交的事业，从事电力工程施工。

山东成凯电力工程有限公司始建于2013年，注册资金8000万元，公司员工55人，持证人员48人，其中质检员2人、安全监督员3人、高压电工证人员25人、注册建造师3人、高级技师5人、中级工程师5人、助理工程师5人。属电力建设工程施工专业企业。

公司主要承接输变电工程施工、安装、维修、调试；电力器材销售及技术咨询、技术服务；电力设备维护与保养；电力购销；电力变压器、电气成套开关设备、箱式变电站生产、销售；输配网建设运营、维护；各类变电站的建设与设备安装施工。有着丰富的技术经验及工作能力，并占有一定的市场份额。公司自组建以来，以人为本，艰苦创业，重视智力投资和人才队伍建设，使技术队伍不断壮大。

2013年5月6日公司获国家能源局电力监管委员会承装（修、试）电力设施许可证承装类五级、承修类五级资质，2019年5月6日升级为承装类二级、承修类二级、承试类三级，山东省建筑工程管理局输变电工程三级资质、山东省建筑工程管理局安全生产许可证。2018年被评为重合同守信用企业，有质量管理体系、环境管理体系、职业健康安全管理三大体系认证证书。

公司拥有管理、设备、人才、技术的优势；具有热情、真诚、守信、尽责的风度；追求创新、优质、卓越、奉献的品质，视用户为上帝，信守用户满意就是我们的工作目标和承诺，以争创一流的质量、一流的速度、一流的管理、一流的服务为企业宗旨，竭诚为广大客户服务。

第三节　其他人物

刘德荣　女，1948年5月出生，界湖南村人，1968年10月至1984年2月，在沂南县界湖南校任民办教师，同时担任界湖南村团支部组织委员。先后于1975年5月和1980年1月，两次出席沂南县教育系统先进积极分子代表大会，被沂南县委、县政府授予先进工作者荣誉称号。1984年2月离开界湖南校去泰安定居，在泰安师专（现泰山学院）图书馆工作，曾被泰安市人民政府、市总工会评为泰安市十佳“美好家庭”荣誉称号。2004年应界湖南校（界湖完小）邀请，回校参加50周年校庆活动，并踊跃捐款。

李建成　中共党员，1948年8月出生，1968年从临沂师范毕业后，分配到南村完小任教。1971年调往沂南一中任教。1972年当选为沂南一中团委书记。1973年当选为沂南县第十一届团县委委员，并参加了山东省第五次团代会。1980年调往铜井中学任教导处主任。1991年调往独树中学任教导处主任。后归建于界湖镇中心中学（现城关实验中学）。1999年后退休在家。

李世贵　中共党员，高级技师。1950年12月21日生于界湖南村，1970年参加工作任大庄机械厂工人，1981年调入沂南制鞋总厂任设备科科长，1986—1993年负责产品出口工作，获得市县级先进工作者称号，1993年获省科学技术进步三等奖，1994—1997年任办公室主任。1998—2001年任工会主席至退休。

冯玉和　中共党员，1951年出生，1970年参加工作，在山东省沂源县土门镇军工国营九四五厂一直从事厂物资供应和生产管理工作，于1993年调入沂南轴承厂工作，从事厂物资供应工作，历任厂供应科科长、厂办公室主任、厂党委委员等职务。

魏　花　女，1951年4月3日生于界湖南村，1978年春至1981年在界湖南村妇代会工作，1982年1月在沂南鞋厂干临时工，1990年省劳模名额转为正式工人，历任车间主任、皮鞋厂厂长至2001年退休。

韩延华　1953年4月12日出生，中共党员，干部，退役军人、助理工程师，临朐县冶源南村人，1970年10月参加工作，在临朐县印刷厂。1972年12月参军，在总参谋部第九通信团55662部队任无线报务员，两次受嘉奖令。事迹刊登于1974年10月14日《解放军报》。1976年3月22日退出现役。退役后回原单位印刷厂工作，任设备动力科科长、保卫科科长。1990年3月被临沂地区（市）公安处记三等功一次。1992年10月任马牧池乡科级副乡长，1996年1月转为干部，2008年4月退休。

王　玮　1973年4月出生，中共党员，界湖南村人。省委党校研究生学历，现任泰安市公路事业发展中心（原泰安市公路局）法治科科长、机关第一党支部副书记，1995年9月参加工作。先后主编和参编7本正式出版著作，调研文章获得泰安市政府系统优秀调研成果一等奖。连续被评为全市交通运输系统和全市公路系统优秀共产党员、优秀党务工作者；连年在全市事业单位工作人员考核中评定为优秀，多次被泰安市委组织部、泰安市人事局记三等功、嘉奖奖励。

王倩倩　女，1975年11月出生，界湖南村人。中共党员，管理学硕士，高级经济师，现任中国建设银行山东省分行公共关系与企业文化部副总经理。1997年7月参加工作，多次荣获建行山东省分行优秀党员、优秀员工、优秀工会干部等荣誉称号，荣获山东省分行突出贡献奖（团队）。

韩　磊　1977年10月出生，中共党员，大学学历，干部，助理工程师、助理政工师，于沂南县马牧池乡随母生活，1996年参加工作，现任供电站站长，沂南县第十届十大杰出青年，2021年被沂南县总工会授予“沂南县五一劳动奖章”称号，沂南县第十八届人大代表。

苗海龙　1987年11月出生，2008年12月入伍，中共党员，现任海军陆战队第七旅特战一营少校营长。2016年，担负全国两会安保任务，负责天安门地区核心区域警卫任务，荣立个人三等功1次。2020年6月，带领5名蛙人执行“3222”

任务，搭载潜艇，对中建岛指挥所、对海空雷达等重要目标设施，实施渗透破袭。其间，经过5个核心作战环节，突破了夜间复杂海况下的深水离艇、低速航行下的人员集结、暗夜陌生海域下的远程渗透、危机四伏下的650米礁盘“生死带”爬行，以及困难重重、险象环生的登岛作战，检验了多种武器装备实战能力，采集了操作数据，实现了我军首次夜间情况下全系统、全流程、全要素水下远程渗透，为海军特种部队发展丰富了数据、积累了经验，圆满完成了任务，得到了军委、海军及陆战队各级的高度认可和一致好评。荣立个人三等功1次。

聂成隆 1992年4月出生。2011年12月入伍，2013年7月入党，2013年9月考入空军预警学院，93251部队73分队政治指导员、党支部书记。扎赉诺尔区人大代表，满洲里市人大代表。获得荣誉：2012年，获评为优秀士兵。2013年7月，全军军考获济南军区空军第三名，2019年国防大学培训班优秀学员。2021年获评为满洲里市十大杰出青年榜样。2020年3月，军事训练成绩全旅第一。2021年，满洲里市十大杰出青年榜样。2022年获选为满洲里市人大代表、扎赉诺尔区人大代表。

第四节　部分镇级以上模范人物情况表

表12-2

序号	姓名	性别	出生时间	单位籍贯	荣誉称号
1	赵德仁	男	1920	界湖南村	1948年在朱富胜担架队荣立“二等功”一次
2	张　奎	男	1926	界湖南村	东北解放、华北解放、渡江胜利、华中南解放等勋章；1988年，被中央军委授予独立勋章；辽沈战役、平津战役、塔山阻击战、衡宝战役、广西战役等立三次大功
3	孙德裕	男	1924	浙江省机械局（后改机械厅）	书画作品获评金奖、二等奖；“优秀艺术家”；“慈善艺术家”
4	刘德胜	男	1957	泰安市国土资源局	部队服役期间三次立三等功；转业后五次受泰安市政府嘉奖
5	马凤岗	男	1963	临沂大学	多次被评为“优秀教师”；“优秀政治思想工作者”；共青团山东省委组织的“青春立功”活动中，荣获一、二、三等功各一次；“山东省新长征突击手”；“山东省再就业培训先进个人”；“教育系统办公室工作先进个人”；2009年山东省优秀教学成果一等奖、二等奖各一次；国家级教学成果二等奖1次
6	刘洪君	男	1963	沂南县委组织部	山东省委宣传部、山东省委组织部、临沂市委、沂南县委先进工作者；个人三等功
7	徐忠烈	男	1951	临沂市财政监督监察局	1988年“农村中小学校舍改造先进个人”；1995年“科教兴市先进个人”；2000年“全省财政监督检查先进个人”
8	徐明烈	男	1948	胜利油田	1996年10月荣立二等功1次
9	冯玉庆	男	1934	沂南县物资局	1986年3月沂南县优秀工会积极分子
10	冯士珍	女	1992	界湖卫生院	2018年界湖卫生院5.12第一届国际护士节礼仪竞赛中荣获三等奖；2020年3月界湖卫生院优秀员工；2020年5月界湖卫生院优秀护士
11	李世贵	男	1950	沂南制鞋总厂	市县级先进工作者；1993年省科学技术进步三等奖
12	沈彦洁	女	1989	沂南县融媒体中心	临沂市广播电视台优秀通讯员奖三次；作品多次荣获电视新闻项奖、广播新闻项奖

续表 12-2

序号	姓名	性别	出生时间	单位籍贯	荣誉称号
13	王　伟	男	1990	农业银行沂南支行	2017—2021 年中国农业银行总行优秀内训师
14	沈燕飞	女	1988	沂南畜牧发展中心	2017 年度全市畜牧兽医工作先进个人；2021 年度全市无疫省工作先进个人
15	高恩慧	女	1990	沂南县第二实验小学	2012 年“山东省第五届高校音乐舞蹈专业师生基本功比赛”个人全能二等奖”；2016 年小学音乐优质课评选活动荣获二等奖、全市“一师一优课”“一课一名师”执教的课程被评为市级“优课”；2017 年全市“小学音乐教学技能大赛”荣获一等奖；2017—2021 年四次获得沂南县中小学教师教学基本功比赛一等奖；多次被评为“沂南县优秀德育工作者”“优秀教师”
16	赵立元	男	1984	沂南县民政局	2020 年全县党委信息工作先进个人；2020 年创建国家卫生县城工作先进个人
17	袁凤菊	女	1963	农业银行沂南支行	多次获得省市农行系统技术大赛奖励
18	刘　媛	女	1989	首都经济贸易大学	先后三次获得国家奖学金；上海市、北京市优秀毕业生；本科阶段获得上海对外经贸大学十大年度人物；硕士毕业论文获得清华大学优秀论文
19	刘德荣	女	1948	泰安师专	沂南县委、县政府先进工作者
20	王家瑞	男	1943	泰安师专	山东省泰安市优秀教师；先进工作者；山东省优秀共产党员；泰安市十佳“美好家庭”
21	王倩倩	女	1975	建设银行山东分行	建行山东省分行优秀党员；优秀员工；优秀工会干部；荣获山东省分行突出贡献奖（团队）
22	王　玮	男	1973	泰安市公路局	调研文章获得泰安市政府系统优秀调研成果一等奖；连续被评为全市交通运输系统和全市公路系统优秀共产党员；优秀党务工作者；连年在全市事业单位工作人员考核中评定为优秀；多次被泰安市委组织部、泰安市人事局记三等功
23	刘德芳	女	1950	沂南供销人民商场	临沂地区青年积极分子；省市财贸系统先进个人
24	韩延华	男	1953	沂南县马牧池乡人民政府	在总参谋部第九通信团 55662 部队任无线报务员两次受嘉奖令；1990 年临沂地区（市）公安处授予三等功一次
25	韩　磊	男	1977	沂南县供电公司	沂南县第十届十大杰出青年；2021 年“沂南县五一劳动奖章”
26	高禄堂	男	1932	县文化馆	作品 4（件）次获省级奖
27	刘德修	男	1953	山东天元	创省、市级安全文明工地三十多项；建筑安全金奖 1 项
28	王宗运	男	1947	临沂师院	临沂市“优秀电教工作者”；临沂市电视台“优秀通讯员”；制作并完成了多集电视专题片及电视节目，其中《鲁中南晚期丝虫病》获二等奖；6 集《颜楷的写法》获一等奖
29	魏　杰	男	1953	界湖南村	2012 年“中国易学十大杰出企业策划师”；“高级职业易学家”
30	高宝忠	男	1952	沂南县宝龙包装装潢印刷有限公司	1991 年“技术革新能手”；1992 年“技术开发尖子”；1992 年临沂地区科学技术进步奖；1995 年所写的《浅谈思想政治工作在经济建设中的作用》被评为职工思想政治工作研究优秀论文三等奖
31	武传亮	男	1954	莱芜钢铁集团有限公司	入选“盛世收藏，中华书画精英在线特别推荐书画家”；荣获全国“优秀文艺工作者”；“人民书画家”；“诚信品牌书画家”；“爱心公益大使”；“德艺双馨艺术家”
32	苏庆民	男		中国中医科学院	先后获教育部科技一等奖一项；北京市科学技术奖励一等奖一项
33	刘振文	男	1947	中石化江苏油田	多次被评为处级、局级先进工作者和优秀管理干部
34	刘滨滨	男	1974	中石化经纬公司	多次被企业评为先进工作者和优秀共产党员；2009 年国家重点工程“川气东送建设功臣”
35	梁桂生	男	1954	界湖街道	沂南县“优秀共产党员”“优秀乡镇企业家”；省优秀农机技术人员

续表 12-2

序号	姓名	性别	出生时间	单位籍贯	荣誉称号
36	李风德	男	1962	界湖南村	2004年，沂南县人民功勋金质奖章、振兴沂蒙劳动奖章；2005年，全县优秀共产党员；2007年，被评为沂南县“新农村建设好支书”、临沂市十大优秀转业退伍创业军人、临沂首届十佳经济人物；2008年，山东省劳动模范、首届十大（敬业奉献）道德模范、贡献临沂新闻人物、临沂市文化共享带头人、沂南县十大改革发展风云人物；2009年，临沂市十大改革发展新闻人物、沂南县文化共享带头人、临沂市首届慈善人物、人民公仆好村官、中华人民共和国成立6 0周年——最具影响力的山东新农村建设模范带头人；2010年，临沂市年度经济人物、山东省优秀复员退伍军人、“沂南先锋”荣誉称号、山东富民强省先模人物；2010年，临沂市关心国防建设先进个人、2011年临沂市“百优村（居）委会主任”、第四届中国·临沂诸葛亮文化旅游节特殊贡献先进个人、临沂市优秀中国特色社会主义事业建设者称号；2012年，沂南三级人民奖章、沂南县第六次全国人口普查工作先进个人；2013年，被沂南县人民政府记个人三等功1次；2013度沂南县十佳企业家、界湖街道功勋企业家、界湖街道2013年度模范村（居）干部；2015年，“华西村杯”中国农村新闻人物创业富民奖、2014年度十佳企业家、模范村（居）干部；2016年，全国优秀企业家、全县农村党组织书记功勋奖铜奖；2017年，全省扶贫攻坚先进个人奉献奖；2018年，山东省积极履行社会责任企业经营者、全省“担当作为好书记”、沂南县改革开放40周年“感动沂南人物”、2018度棚户区改造工作先进个人、界湖街道2018年度模范村（居）干部；2019年，全市“沂蒙乡村振兴好支书”、首届“沂蒙最美退役军人”、界湖街道2019年度模范村（居）干部；2020年，沂南县最美抗疫企业家、“沂蒙优秀兵支书”、沂南县首届最美拥军人物、山东省革命老区建设促进会二零二零年度支持抗击新冠肺炎疫情先进个人；2021年，“百名沂蒙榜样”、界湖街道2020年度“模范村（居）干部”、沂蒙退役军人榜样；2022年，齐鲁最美退役军人、界湖街道2021年度明星企业家、界湖街道2021年度“模范村（居）干部”；界湖街道2022年度“模范村（居）干部”；2023年，授予“第八届山东省非公有制经济人士优秀中国特色社会主义事业建设者”；2013年、2018年，当选山东省第十二届、第十三届人大代表
37	李熙鹏	男	1986	山东广汇集团有限公司	2006年沂南县劳动模范；2013年临沂市优秀共产党员；临沂市“十大孝星”；临沂市优秀党员出资人；临沂市优秀孝子；2016年第二十三届山东省优秀企业家；2019年沂南县十大优秀青年；临沂市旅游行业先进个人；2020年临沂慈善助学先进个人；临沂市优秀共产党员；老区建设工作优秀会员；2021年沂南县全域旅游先进个人；国家文化和旅游部“乡村文化和旅游能人”；2022年沂南县慈善楷模
38	高春升	男	1969	山东广汇集团有限公司	2011年，荣获临沂市“振兴沂蒙劳动奖章”称号；沂南县第十届优秀政协委员，获“政协委员十大优秀提案”奖；连续九次获临沂市建筑行业“先进工作者称号”；连续3次获得山东省建筑企业“先进工作者”称号
39	徐兴宝	男	1970	山东泰都建筑安装工程公司	沂蒙杯工程奖3个；市级优质结构工程奖19个；市级安全文明工地奖21个；3次获得市级建筑企业先进个人；12次获得县级建筑企业先进个人；2019年“最美家庭”；2021年山东省建筑施工企业安全生产“五赛一创”劳动竞赛中获优胜个人
40	胡海萍	女	1989	沂南六和正壮饲料有限公司	2009年“六和集团鲁南片区优秀员工”；2010年、2014年、2017年“沂南六和正壮饲料有限公司优秀员工”
41	刘士钰	男	1990	沂南六和正壮饲料有限公司	2016年“山东经营特区沂水一体化年度优秀员工”；“沂南县2017年度企业安全生产、环保先进个人”；“沂南县2018年度企业安全生产、环保先进个人”；2019年“新希望六和集团鲁南片区优秀员工”
42	刘星辰	男	2000	界湖南村	2021年山东省第六届大学生艺术展舞蹈类专业组一等奖；2021年第十三届荷花奖提名奖

续表 12-2

序号	姓名	性别	出生时间	单位籍贯	荣誉称号
43	刘振毅	男	1955	界湖南村	2006年界湖镇“优秀共产党员”“党工共建先进工作者”；2007年“沂南县劳动模范”；“2011年度关心国防建设十佳个人”；2012年“先进个人”；2013年记个人三等功1次；2013年沂南县“十大敬老楷模”；2014年临沂市“优秀共产党员”；“2015年度全县优秀政协委员”；2016年度优秀提案奖
44	尹纪宗	男	1990	界湖南村	曾获公安警卫部队“训练标兵”“优秀士兵”；优秀团员、“优秀学员”“优秀训新班长”“优秀教练员”“三等功”等嘉奖
45	沈彦成	男	1979	界湖南村	1999年优秀士兵
46	沈颜杰	男	1975	界湖南村	优秀士兵
47	张西同	男	1965	界湖南村	荣立三等功，获嘉奖1次
48	刘振金	男	1949	界湖南村	受过两次嘉奖
49	何兆全	男	1974	界湖南村	集团军优秀通信兵
50	刘成余	男	1953	界湖南村	受过两次口头嘉奖，一次全年奖
51	李守义	男	1984	界湖南村	2002年度优秀士兵；2003年“八一”篮球活动第一名；2003年度优秀士兵；2020年在双堠镇中心小学捐赠困难学生被颁发荣誉证书
52	尹作友	男	1948	界湖南村	受过5次嘉奖
53	赵学珍	男	1953	界湖南村	受过嘉奖3次
54	苗秀德	男	1950	沂南县物资局	在部队荣获个人三等功1次；1992年沂南县职工劳动模范
55	聂成隆	男	1992	93251部队73分队	2021年满洲里市十大杰出青年；军事训练成绩全旅第一，第一届、第二届“四铁先进单位”
56	苗海龙	男	1987	海军陆战队第七旅	2016年、2020年荣立个人三等功2次
57	唐泽海	男	1975	山东广汇集团有限公司	2011年第四届中国·临沂诸葛亮文化旅游节先进个人；2012年创建省级旅游强县工作先进个人；2014年全市旅游行业先进个人；2014年山东省首批“德耀齐鲁”道德公民荣誉称号；2015年“中国乡村旅游致富带头人”
58	袁丰坤	男	1982	山东广汇集团有限公司	优秀士兵、优秀士官、优秀指挥员、百名训练尖兵，沂南县“振兴沂南”劳动奖章
59	于雪晨	女	1990	南村社区	2022年度全县“百佳法律明白人”；2023年度界湖街道乡村好青年
60	范满财	男	1986	沂南一中	2012年被评为“沂南县优秀班主任”，2015年被评为沂南县教学能手，“沂南县优秀教师”，优秀青年工作者
61	徐　明	男	1986	山东超和食品有限公司	2020年4月，被沂南县总工会授予“沂南县五一劳动奖章”；2021年4月，被中共临沂市委组织部、共青团临沂市委、临沂市财政局、临沂市农业农村局、中国人民银行临沂市支行授予“沂蒙乡村好青年”称号；2021年4月，被沂南县委宣传部、共青团县委、沂南县社保局、沂南县融媒体中心授予“沂南县青年五四标兵”称号；2022年4月，被沂南县委、沂南县人民政府授予“沂南县劳动模范”称号；2022年当选沂南县第十八届人民代表大会代表
62	刘德成	男	1953	临沂市住建局	1993年被评为临沂行署直属机关优秀共产党员、1993年获得临沂行署记功一次、1988年被评为临沂地区扶贫先进工作者、2004年被评为山东省关心支持建筑工程劳保费管理工作先进工作者、2005年被评为山东省优秀建筑科技工作者
63	刘振良	男	1962	沂南县同兴建筑安装工程公司	“沂蒙杯”优质工程金奖，被评为优秀项目经理
64	黄保杰	男	1988	山东成凯电力工程有限公司	2007年、2009年、2010年被评为优秀士兵，2011年荣立个人三等功
65	高　斌	男	1996	中化粮谷有限公司	2023年被沂南县慈善工作领导小组授予第二届“慈善社会工作先进个人”荣誉称号

第十三篇　艺文

第一章　民间文学

第一节　儿　歌

宝宝睡觉

宝宝睡觉了，老鼠上吊了。
宝宝睡醒了，老鼠跳井了。

宝宝睡觉

天皇皇，地皇皇，
我家有个淘气郎，
走路的君子念一遍，
一觉睡到大天亮。

小老鼠

小老鼠，上灯台，
偷油吃，下不来，
买个饽饽（馍馍）哄下来。

小老鼠

小老鼠，上灯台，
偷油喝，下不来。
叫奶奶抱，奶奶不抱，
急得小老鼠得得地跳。
一跳跳到锅底下。
一烧烧了个秃尾巴。
紧拨拉，慢拨拉，小老鼠烧成了灰疙瘩。

小枣树

小枣树，奋拉枝，上头坐着个小毛妮。
脚也巧，手也巧，两把剪子对着铰。
左手铰的牡丹花，右手铰的灵芝草。
灵芝草上一对蛾，扑啦扑啦过了河。
过了河是咱家，铺下棉条打芝麻。
一碗芝麻一碗油，我和姐姐梳油头。
姐姐梳的盘头纂，我梳的辫子黑油油。

小白菜

小白菜，黄又黄，三岁两岁没了娘。
只想跟着爹爹好，谁知爹爹娶后娘。
娶来后娘一年整，生了个弟弟白又胖。
弟弟穿新俺穿旧，弟弟吃面俺喝汤，
端起碗来想亲娘。

老猫

老猫老猫，上树摘桃，
摘了多少，摘了半瓢。
你怎么不吃？
俺没牙咬。
回家给您娘吃。
俺娘死了。
死在哪里？
死到关后里。
埋在哪里？
埋到蒜臼里。
你怎么不哭？
咪呜！咪呜！

姥娘门口扎戏台

扯大锯，拉大槐，
姥娘家门口扎戏台。
人家闺女都来了，
俺那闺女还没来。
先找凳子占地方
再蒸馍馍和买菜。
搬闺女，叫外甥，
亲家婆，你也去。

山老鸹

山老鸹，尾巴长，
娶了媳妇忘了娘。
把娘背到山沟里，
媳妇让到炕头上。
擀油饼，烧辣汤，
媳妇媳妇你先尝。
媳妇说：
俺不尝，俺不尝
俺上山沟找咱娘，
去晚了就变成了屎壳郎。

瞎胡诌

瞎胡诌，瞎胡诌，
大年五更立了秋。
天地棚上蝈子叫，
吃了包（饺）子栽黑豆。
蚊子下了个天鹅蛋，
趴牯将（生）了个山山牛。

大实话

高高山上一头牛，
两个耳朵一个头。
四个蹄子八个瓣，
尾巴长在腚后头。

大实话

大年初一头一天，
过了初二是初三
旱路能推车，
水路能行船。
芝麻出香油，
麦子出白面。
公鸡会打鸣，
母鸡会下蛋。
儿大要娶妻，
女大要婆家。
哥哥总比弟弟大，
姐姐生在妹妹前。
脖子上都是头，
脚脖子下都是脚。
南山顶上放碌碡，
实打实的大实话。

第二节　谚　语

金明生，银寨里，不如辉峨东门外里。

白露早，寒露迟，秋分种麦正宜时。

月亮带风圈，一连刮三天。

日晕三更雨，月晕午时风。

一场春雨一场暖，一场秋雨一场寒，十场秋雨要穿棉。

春风不刮，嫩芽不发。

一阵秋风一阵凉。

狗洗澡，雷雨到。

三九三，冻破砖。

燕雀高飞晴天告，燕雀低飞雨天报。

鸡早宿，天必晴；鸡晚宿，天必雨。

烟囱不出烟，一定是阴天。

先涝后旱，蚂蚱成片。

冬天麦盖三层被，来年枕着馒头睡。

麦喜战场。

麦怕五月风，风过一场空。

槐知本年麦，杏知当年秋。

麦出五天早，十天迟，七天出苗正适宜。

豆子开花，捞鱼摸虾。

立了秋，哪里下雨哪里收。

日落北风死。

新南风，旧北风。（形容天气寒冷）

北风不受南风的气。（形容冷暖气流的交锋）

八月十五云遮月，正月十五雪打灯。

伏里温度高又高，冬季雪花飘又飘。

秋分来了冷空气，冬天霜大气温低。

重阳天晴一冬暖，重阳天阴一冬寒。

重阳无雨看十三，十三无雨一年干。

十月冬天雪花飘，二月三月雨水浇。

头九冷，九九冷；九九冷，晒清明。

数九寒天冷在头，三伏热天热在尾。

有钱难买四月旱，六月连阴吃饱饭。

头伏萝卜二伏菜，三伏有雨种芥麦。

冷在三九，热在中伏。

云彩向东，一阵风；云彩向西，小放牛的披蓑衣；云彩向南，雨涟涟；云彩向北，一阵黑。

七月核桃八月梨，九月柿子乱赶集。

旱枣涝栗子，不旱不涝收柿子。

桃三杏四梨五年，枣树当年就卖钱。

五月的葫芦不上墙，到老没指望。

人勤地生宝，人懒地生草。

立冬不收葱，越长葱越空。

十月萝卜小人参。

没土难打墙，没苗难打粮。

间苗如上粪，定苗如绣花。

种地无巧，一肥二水三除草。

锄头上有三宝：治旱、治涝又治草。

干锄湿，湿锄干，不干不湿锄个暄。

芝麻爱听锄头响，前头锄，后头长。

麦捆根儿，谷捆梢儿，芝麻捆在正中腰儿。

榆钱饱，麦必好。

麦种黄泉谷露糠，豆子种在地皮上。

稀麦好看不打粮，密麦易倒更遭殃。

麦熟一晌，蚕熟一时。

什么样的种子什么样的苗儿，什么样的葫芦什么样的瓢。

根不正，秧不盛，结的葫芦歪歪着腚。

干锄谷子湿锄麻，雾露小雨儿锄芝麻。

八成熟，十成收；十成熟，一半丢。

补漏趁天晴，学习趁年轻。

常吃地瓜眼是秤。

馋学厨子，懒出家，又馋又懒吹喇叭，不馋不懒种庄稼。

常在河边走，哪能不湿鞋。

丑媳妇早晚得见婆婆。

打人别打脸，骂人别揭短。

春困秋乏夏打盹，一到冬天没精神。

当官不为民做主，不如回家种红薯。

爹有娘有不如怀揣自己有。

丈夫有，隔道手；兄弟姐妹有，还得张张口。

饿时给一口，强起饱时给三斗。

凤凰不落无宝地，燕子不落愁人家。

富贵三春景，平安两字金。

公道恰如定盘星。

狗不嫌家贫，马不嫌主丑。

良言一句三春暖，恶语伤人六月寒。

活到老，学到老，八十的老嬷嬷还学巧。

久病床前无孝子，久贫家中无贤妻。

邻里好，无价宝；邻里吵，三生恼。

亲戚篼换篼，邻居碗换碗。

宁喝开眉粥，不吃皱眉饭。

有拐杖，跌不倒；有商量，错不了。

人心齐，泰山移。

人多力齐排山倒，众人拾柴火焰高。

舍不得孩子套不住狼，舍不得肉痛治不好疮。

十朵菊花九朵黄，十个女儿九像娘。

生吃鱼，活吃虾，半生不熟吃蚂蚱。

省了盐，酸了酱，省了墼块塌了炕。

识破世事惊破胆，看透人情冷透心。

谁人背后无人说，哪个人前不说人。

贪多嚼不烂，欲速则不达。

听话要听音，刨树要刨根。

兔子不吃窝边草，好汉不与邻里斗。

会看的看门道儿，不会看的看热闹儿。

戏法人人会变，巧妙各有不同。

响鼓不用重槌敲，破鼓再敲也枉然。

小心无过火，大意失荆州。

虚心的人，学十当一；自满的人，学一当十。

学问学问，一学二问。不学不问，要成愚人。

一斧砍不成大梁，一口吃不成胖子。

院子里遛不出千里马，温室里长不成栋梁材。

药补不如食补，食补不如动补。

在家千日好，出门一时难。

坐喊千遍，不如动手一干。

先下手为强，后下手遭殃。

墙头上的草，风吹两边倒。

人不知自丑，马不知脸长。

话说三遍不好听，饭炒三遍不好吃。

好话重三遍，狗都嫌。

人争一口气，佛争一炷香。

龙生龙，凤生凤，老鼠生来会打洞。

路走三熟。

没有金刚钻，别揽瓷器活儿。

药对方，一口汤；不对方，一水缸。

骄傲本自浅薄，狂妄出于无知。

耳经不如眼经，眼经不如手经，手经不如常拨弄。

心巧不如手巧，手巧不如家什好。

做生意三件宝：人和、门面、信誉好。

好酒不怕巷子深。

外财不发命穷人。

马无夜草不肥，人不发外财不富。

卖盐的，喝淡汤；编席的，睡光床。

林子大了，什么鸟都有；山大了，什么野兽都有；人多了，什么孬种都有。

山高挡不住南来的雁，墙高挡不住北来的风。

上山擒虎易，开口告人难。

万事不求人。

求人不如求己。

红花再好，还得绿叶扶持。

一个篱笆三道桩，一个好汉三个帮。

第三节　歇后语

西北风刮蒺藜——连讽（风）带刺

外甥打灯笼——照旧（舅）

南寨（村名）过河——远里（村名）去了

闯东北走铁山子（村名）——远里去了

下雨不打伞——轮（淋）着啦

小庄儿的人——没见过大世面

肉包子打狗——有去无回

狗爪子泥墙——净道道儿

水仙不开花——装洋葱

小葱拌豆腐——一清（青）二白

打破砂锅——问（璺）到底

马尾拴豆腐——提不得

大闺女上轿——头一回

屎壳郎拴那鞭梢上——只知腾云驾雾，不知死在眼前

屎壳郎趴那果子（指花生）皮儿里——装人（仁）儿

龟腰子上山——前（钱）上紧

踏着梯子上天——没门儿

黄鼠狼给鸡拜年——没安好心

猫哭老鼠——假慈悲

老鼠给猫捋胡子——不要命地巴结

阎王爷出告示——鬼话连篇

头顶上长疮，脚底下淌脓——从头坏到脚

猴子捞月——瞎欢气

瞎汉点灯——白费了（蜡）

秋鹁鸽——嘴硬

黑老鸹趴在猪腚上——光看着人家黑，看不到自己黑

背着儿媳妇子上泰山——累死也赚不着“好儿”

擀面杖吹火——一窍不通

二十四天不出鸡——坏蛋

嘴上抹石灰——白说

豆虫尾（yi）巴——自觉（撅）

趴牯娶媳妇——恣了牛儿

方瓜秧爬到葱沟里——一点儿呼浓味儿都没有

小老鼠拉木锨——大头儿在后边

腊月里生人——动（冻）手动（冻）脚

八月十五逮个鳖——有你也过节，没你也过节

大年五更死个驴——不好也得说好

十碗菜上泥狗（鳅）——多余（鱼）

下了锅的面条——硬不起来

粮食市里摆手——不敌（籴）

十五个吊桶打水——七上八下

竹篮打水——一场空

泥菩萨过河——自身难保

纸糊的灯笼——一捅就破

茅坑里的石头——又臭又硬

兔子尾巴——长不了

半天云里挂口袋——装风（疯）

进门儿咋呼“大嫂子”——无话说三声儿

薄地的谷子——有岁（穗）儿了

抢剪子磨刀子的说睡语——快了
鳞刀鱼披蓑衣——嘴贱（尖）毛长
骑驴看唱本儿——走着瞧
要饭的燎了席笼子——烧包
枣核子解板儿——小料儿的
脱了裤子放屁——找麻烦
脱了裤子放屁——两倒手
新媳妇放响屁——大意了
站锅台上捞扫帚——忙晕了眼
做梦娶媳妇儿——想好事儿
热锅上的蚂蚁——急得团团转
碟子喝糊涂——一漫着来
大年五更吃包子——没外人
砂锅捣蒜——一锤子买卖
哑巴吃黄连——有苦说不出
石榴核儿掉到了醋缸里——酸种儿
秤砣腌咸菜——一言（盐）难尽（进）
狗撵鸭子——呱呱叫
狗咬尿泡——空欢喜
按下葫芦——瓢起来
驴屎蛋子——外面光
燎壶里下包子——肚儿里有，道（倒）不出来
瞎牛牵那豆棵里——为（喂）你也知不道是为（喂）你
臀部挂暖壶——有一定（腚）水平（瓶）
丈母娘疼女婿——没二（儿）味儿
丈母娘的嫂子——大约摸（岳母）
撂个石头砸个窝儿——实打实
秋后的蚂蚱——蹦跶不几天了
王婆卖瓜——自卖自夸
狗皮贴墙上——不像话（画）
公鸡头上一块肉——大小是个官（冠）儿
疤瘌脸照镜子——自找难看
关公面前舞大刀——献丑

第二章　文学创作

第一节　群口快板

精准扶贫在常山

王中花　杨桂柱

（2021 年 6 月）

打竹板，响连环
兴高采烈走上前
不说古今英雄史
说一说精准扶贫在常山

党中央，发号召
打赢脱贫攻坚战
全国人民齐努力
众志成城来攻坚

说精准来道扶贫
精准扶贫暖心田
党的决策真英明
“一点两区”是重点

各级领导行动快
齐心协力来攻坚
抓机遇，迎挑战
领导干部齐动员
群众疾苦记心上
深入农户做调研

分类扶贫施良策
建档立卡“回头看”
“六个精准”严把握
坚持五比和五看
公开公平又公正
群众参与来评判

排民忧，解民难
如亲似友心相连
站位高，定位准
推进发展新理念
拓宽脱贫新路径
八大工程来实现

精准扶贫出实招
真抓实干第一线
加强组织和领导
扶贫机关来督办
第一书记下到底
脱贫增收办法全
深化双联暖人心
精准施策到民间
建档案，记台账
村情民意在里边
帮扶方式求创新
脱贫措施样样全

讲科学，重实效
不急躁，不拖延
严考评，勤督导
扶贫实效天天见

精准扶贫好样板
红色旅游在常山
打造品牌农家乐
销售沂蒙土特产
影视基地拍摄忙
人人都能当演员

生态旅游大发展
常山古村美名传
乡村旅游大发展
形成旅游产业链
旅游走出致富路
农民日子比蜜甜

互联网，新时代
乡村业态真新鲜
互联网＋农业
农业平台在眼前
百名电商来帮扶
农民戴上电子眼

千村万户农家店
山里山外田园圈
益农信息服务社
四通八达众网点
物流配送全覆盖
互联网上大发展

求脱贫，要致富
技术培训走在前
集团建起辅导班
专家学者到一线
搞宣讲，抓培训
联系实际来攻关

解放思想学理念
学了技术再实践
技术培训搞得好
培育致富好领班
精准扶贫到农户
以富带富齐发展

要想路子走不偏
选准产业是关键
定下项目没有钱
贴息贷款来支援

富民农户生产贷
按需提供帮扶款

技术服务全到位
促进产业大发展
建起扶贫示范园
温室大棚效益显
有机蔬菜来种植
现金票子把里攥

发展农牧林果业
依托优势和资源
"一村一品"叫得响
特色产业出亮点
常山庄的柿子圆又圆
西寺堡的山梨甜又甜
野竹旺的粉皮细又薄
新立村的苹果名声远
北大山的干货赶四集
十条腿蝎子真稀罕
山花酿出百花蜜
山羊炖汤真保健
特色产业呱呱叫
家家收入猛翻番

精准扶贫见成效
山乡百姓心里暖
合作医疗解民忧
大病小病不愁钱
文化惠民工程好
休闲娱乐把身健
养老孝心设基金
老有所养享晚年
因病因残无劳力
社会保障不犯难
贫困群众全覆盖
小康大道到永远

说一千，道一万
精准扶贫重在干
多出力，多流汗
领导干部做模范
比着帮，拼着干
脱贫目标早实现
干群团结勇拼搏
富民强村谱新篇
精准扶贫人心暖
脱贫致富春满园
携手共圆小康梦
幸福明天比蜜甜

第二节　锣鼓快板

南村社区大变样

杨桂柱

（2022年6月）

（白）姐妹们，走啊——建党101周年纪念日就要到了，咱编个节目庆祝庆祝，好吗？

（众合白）好啊！

（敲锣鼓上。）

锣鼓一敲震天响，
姐妹几个走上场。
今天不把别的表，
表一表南村社区大变样。

咱南村地处县城最中心，
金山银山在身旁。
可咱过去心路就是打不开，
只管在那一亩三分地里刨口粮。
力气出的不算少，
可就是兔子尾巴四指长。
奋斗了一年又一年，
年年到不了五指上。

2005那一年，
两委换届工作忙。
李凤德高票当选村书记，

他上任带来了新思想。

搞调研，做规划，
脑门顶上开天窗。
思路一换天地宽，
发展产业有希望。

“以企强居”上工业，
路边建起沿街房。
集体经济大发展，
共同富裕路子长。

开发区买上百亩地，
饲料厂、编织厂，
一口气建了两个厂，
还到费县建分厂。

生产规模大而全，
产值利税稳增长。
走遍鲁南和苏北，
正壮饲料（伸拇指）第一场。

上工业赚来一桶金，
以后干啥都有力量。
上“泰都”，建“星港”，
顺手发力建“冠祥”。

三大建筑亲兄弟，
并肩比学又赶帮。
一座座高楼平地起，
一个个小区在成长。
亲情物业有亲情，
服务周到受赞扬。

说农业，老本行，
千百年来独一行。
上工业，建工厂，
一步跨出老本行。

南村农民变工人，
您说变样没变样?
大胆迈出这一步，
南村彻底变了样。
改革改出新天地，
开放开出新篇章。

2008那一年，
南村思想大解放。
红色影视建基地，
红嫂家乡旅游紧跟上。
大刀阔斧开新业，
队伍拉到常山庄。

先规划，再设计，
能工巧匠请到场。
修复古山村，新建古县城，
建起道具库，恢复古战场。
食宿群演都到位，
红色影视拍摄忙。
名导明星纷纷来，
名片大剧叫得响。

“六姐妹”，“红高粱”，
“铁道飞虎”齐登场。
古街道，石头墙，
小宅院，茅草房。
黑石沟，老树桩，
荒坡野岭也称强。
导演拿着当宝贝，
都能拿到镜头上。
影视基地多壮美，
四百多部红剧说端详。

红色基地红海洋，
红色旅游放红光。
红嫂馆、将帅馆，
还有“跟着共产党”。
常山村头建三馆，

三馆并立放光芒。

红嫂碑，沉浸院，
还有“沂蒙四季大剧场”。
听解说，看红剧，
报告厅里听演讲。
“沂蒙魂”前留个影，
红色故事心里装。

党性教育火起来，
红色研学紧登场。
艺术院校师生多，
红色写生遍山乡。

红嫂家乡旅游区，
旅游队伍似海洋。
团队一队接一队，
队队红旗迎风扬。

南村又迈一大步，
这一步，文化产业破天荒。
沂蒙精神咱传承，
红嫂精神咱发扬。

人人都说泰山高，
人人都夸长城长。
南村敢登泰山高，
南村要走长城长。

说大事，论变样，
南村棚改论短长。
县委县府有指示，
县城面貌要阳光。
危房破院全改造，
政策配套紧跟上。
南村社区要带头，
要做棚改好榜样。

摸清底，排好队，
六百户村民上了榜。
各家都有难唱的曲，
家家困难不一样。

南村社区想得细，
思想工作做心上。
小会说，大会讲，
启发村民细思量。

算小账，算大账，
一笔一笔算细账。
讲得村民明了理，
村民算出良心账。

签了合同又腾空，
志愿者队伍来帮忙。
先拆屋，后拆墙，
百日清零上头榜。
“南村速度”南村创，
县委领导直夸奖。

“南村速度”南村创，
县委领导直夸奖。
三年以后再相见，
十六栋大楼排成行。
（白）：
是十五栋呀！
（白）：
还有南村社区办公大楼呀。
（白）：
对对对，对对对，是十六幢大楼排成行。

安置小区傲然立，
搬迁户里歌声扬。
幼儿园，在当央，
接送方便不用忙。

道路平，路灯亮，
大道两边是花墙。

就像地球仪上的经纬线，
形成东、西、南、北的交叉网。
南村社区这一变，
翻天覆地大变样。

南村社区大变样！
再也不见老草房。
高楼一幢接一幢，
楼里楼外都飘香。

南村社区大变样！
街道平坦又宽敞。
一头连着家门口，
一头接上了交通网。

南村社区大变样！
再也不见臭水汪。
污水排进了下水道，
垃圾进了垃圾场。

南村社区大变样！
走亲串友忒风光。
家家都有小轿车，
出门坐上心舒畅。

南村社区大变样！
民生处处有保障。
社区配备洒水车，
大街小巷铮铮亮。

南村社区大变样！
青年享受新婚房。
到了年龄分钥匙，
一家三代都沾光。

南村社区大变样！
老年生活最理想。
老有所养心情好，
定期查体保健康。

南村社区大变样！
就跟大城市一样。
现代生活现代化，
再也不见旧时光。

南村社区大变样！
上下满满正能量。
干部作为又担当，
群众齐心向前闯。

南村社区大变样！
赶上时代好时光。
永远跟着共产党，
一年更比一年强。

我们致敬新时代，
感谢中国共产党。
我们致敬新时代，
感谢中国共产党。
感——谢——中——国——共——产——党。

第三节 梁桂生创作选

青年妇女学理论（快板）

（创作于 1974 年）

祖国山河一片好，
理论学习掀高潮。
革命青年斗志高，
南村一片新面貌。
团支部，带好头，
努力学习刻苦钻。
白天地头来学习，
晚上参加学习班。
以前没把理论学，
工作目的不明确。
马列理论照耀俺，
继续革命永向前。

早起晚睡工作好，
前进有了大目标。
胸怀祖国看世界，
义务劳动干起来。
从今以后多努力，
刻苦钻研多学习。
加强改造世界观，
誓为人类多贡献。

平坟头（快板）

（创作于 1974 年）

理论学习高潮掀，
各行各业凯歌传。
工业学习抓路线，
开展夺钢大会战。
农业学了促大干，
掀起坟头歼灭战。
坟子本是孔丘生，
害起人来真不轻。
它的流毒臭千年，
如今又要来害咱。
散布封建人生论，
推行人生忠孝全。
三纲五常当枷锁，
祭祖上坟最为先。
每逢清明要添土，
初一、十五要纪念。
流言蜚语来害人，
地里坟头成了片。
浪费多少好粮田，
严重妨碍夺高产。
通过理论大学习，
彻底批判迷信观。
收回良田夺高产，
大打坟头歼灭战。
全党全民齐动员，
青年突击走在前。
平坟整地去障碍，
搬走土堆变粮田。
多打粮食为人民，
誓为人类多贡献。

夸队长（快板）

（创作于 1974 年）

同志们，你们好，
下面俺把队长表：
尹作修，学得好，
革命生产抓得好。
车玉平，带头干，
他的思想大转变。
刘成希，是党员，
样样工作走在前。
刘振海，大老粗，
刻苦学习用功夫。
刘振玉，没说的，
只有能干一个字。
苗全林，抓得好，
六队工作呱呱叫。
包桂亮，是青年，
样样工作跑在前。
田友成，是连长，
他在八队当队长。
胡队长，文化少，
革命生产搞得好。
高宝德，思想红，
革命生产打冲锋。
十一队，生产变，
队长领导是关键。
顶数十二队搞得好，
关键有个好领导。
十二个队都是支部抓，
那有什么小偏差。
马列著作指路灯，
学习好了方向明。
大干快上赶昔阳，
誓跨纲要平长江。

赞妇代会（快板）

（创作于 1974 年）

竹板打，同志们好！
听我把妇代会的事迹表：
自从开展大学习，
妇女们表现最积极。
妇代会里模范多，
革命工作争着做。
老主任，于佩兰，
样样工作跑在前，
以身作则带头干，
学习理论当模范。
朱希香，是老年，
不识字，不怕难，
为了弄清三十三，
努力学习刻苦钻。
刘振秀，学得好，
是妇女们的好辅导。
赵尊英，真积极，
谦虚努力好学习。
马乾文，是党员，
工作大胆又能干。
薛玉英，李金兰，
她们两个是壮年，
不怕家务负担大，
每次学习跑在前。
常秀英，学习好，
计划生育她领导。
沈秀兰，人人夸，
工作学习她能抓。
沈义秀是接生员，
计划生育跑在前。
孔庆臻，李世兰，
她们两个是团员，
理论班上带头学，
又是妇代会的辅导员。
妇代会，学习好，
是妇女们的好领导。
学理论，抓路线，
真正顶起了半边天。

夸副业（快板）

（创作于 1974 年）

同志们，都来到，
听我把副业的事迹表一表：
自从学习三十三，
副业面貌大改变。
学了理论抓路线，
努力改变世界观。

车行学习最领先，
武装了思想干劲添，
早上开门六点整，
晚上下班七点半，
午休时间来学习，
风吹雨打不间断，
努力学习思想变，
他们一定多贡献。

机子房，最积极，
他们学习跑头里，
服务完全为人民，
为了革命拼命干。

顶数油坊学习好，
服务热情又周到，
一天按时上下班，
学习理论掀高潮。

副业一片新面貌，
革命斗志高又高。
理论实践两结合，
好人好事多又多。
副业事迹表不完，
今天先说这一段。

赞交流会（三句半）

（创作于 1974 年）

锣鼓敲，喇叭响，
交流会上俺来讲，
编成一个小节目，
——三句半。
交流会议开得好，
热火朝天真热闹，
青年们争先来发言，
——劲头高。
交流大会真隆重，
一帮一是一对红，
团员来罢青年忙，
——找对象。
大学大帮要开展，
开罢会议是实践，
同志们把意见提，
——帮助俺。
学习理论真是好，
使俺心中开了窍，
会上俺把体会表，
——多学习。

思想变（三句半）

（创作于 1974 年）

敲锣打鼓到台前，
我们四人来表演，
看坡排了个小节目，
——三句半。
以前没学三十三，
重活脏活不想干，
只要活轻工分高，
——抢着干。
支部叫俺把坡看，
俺拿着不当正事干，
早晨八点还不起，
——没睡醒。
偷庄稼的俺不管，
拾庄稼的俺不撵，
就是恐怕得罪人，
——装没看见。
五天俺赶一个集，
还上南山去偷梨，
又逮蛤蟆又钓鱼，
——正事不干。
自从参加学习班，
俺的思想大改变，
从今以后要改正，
——好好干。

赞南村棚改（诗二首）

（2018 年）

一

南村棚改谈笑间，
五百余户和谐迁。
全凭各级党领导，
城东指挥善攻坚。
两委队长齐努力，
书记担当功在先。
老村平安拆除日，
干群同庆共颜欢。

二

棚改和谐又平安，
干群团结力无边。
县委县府政策好，
百姓利益放心间。
经济腾飞乘良机，
再次振兴跨征鞍。
父老欢欣乡亲乐，
喜看南村谱新篇。

第四节　乡愁组画

堂子前　因后边有堂子而得名，位于界湖街十字路中心以北。堂子为满洲神庙的称谓。旧时，堂子前一带商铺、店铺较为集中，形成市集，南来北往，车水马龙，客户云集，人如穿梭。经年累月，堂子前作为车马行人起止处，成为界湖通向十里八乡里程碑的基准点，是界湖的标志性建筑物。20 世纪 70 年代曾被当作理发馆。

堂子前

火神庙　远古时期，人类对火既敬又怕。于是，火成了神，又有了火神庙。五行中，南方属火，火神又叫南方荧惑真君，庙址靠南。所以，界湖火神庙在堂子南街路西，圩子南门口，时为界湖村南头。火神庙加院子南北长 20 米，东西 15 米，三间大殿坐南朝北，内有火神雕像，三头六臂，手拿风火轮、火葫芦、火印、火剑、火箭等。殿东墙嵌一块清咸丰四年（1854）立的石碑，殿前有两棵高大的侧柏，院北墙边上有用青砖砌的“火池子”，每年正月初七为火神节，人们在这里烧纸。据载，1945 年雕像被清理，以后渐消。

火神庙

大街　老界湖地标之一，位于正阳路西沿，全长约 500 米，宽约 8—10 米，从南门至十字街中心一段为中心街区，南一半铺有青石板块，北一半两侧铺有条子石，有人称其为条子石街，是界湖的商业街中心区，称为大街。街区内店铺比肩而立，南北客商络绎不绝。界湖本是一个村，人们却叫界湖街，原于此街。1997 年，县城打通正阳路，两侧居民拆迁另作安置，大街成为记忆。

大街

刘家巷子　界湖，过去就居住区域大体划分为东街、西街。东街为堂子前街，因为是商贸街区，亦称主街、大街，街上居民姓氏多而杂。西街指袁家大院西临的南北大街，街两侧有一条条胡同，亦称巷子。刘家巷子是西街南头、圩子沟以北的一条东西巷子，因为多是刘姓住户而成名，位于现在的康宁居南区靠后一带。

刘家巷子

圩子沟　南村习惯指老界湖南门往西。其实，

圩子沟

真正的圩子沟，绕老界湖村一周。沟面宽窄不等，宽地方称汪，可以蓄水；窄地方称沟，可以流淌。汪能存水，沟能排水，汪沟连接不断，有源有流，致使沟水川流不息，自然形成圩子，近似古城外围的壕沟，是老界湖村的一道天然屏障。滔滔不绝的水源来自历山、花山。流经界湖后，水向东南，与南山的水汇流以后，奔向沂河。

西南炮楼　是老界湖具有标志性的建筑物之一，位于老界湖街的西南角。圩子沟在此处形成直角拐弯，炮楼于此犄角高高耸立，可清晰观察西、南两个方位。界湖位于山区与平原交会处，水陆交通便利，既是出山集市，又是南北物资交流点，商贸繁荣，经济发达，过往商客云集。为保一方平安，加强防卫十分必要。为此，前人巧妙利用围沟地形，建立旨在护村警戒的炮楼，颇有见地，用心可赞。

西南炮楼

烙煎饼　煎饼是沂蒙山区饭桌上的主食。过去，农村家家有石磨有鏊子，吃饭就吃煎饼，没有煎饼，家中主妇就会说没饭了。因此，有“立家先支磨”之说。大人、七八岁以上的小孩都得起早推磨，大人不能耽误天明干活，儿童不能耽误一早上学。人口多的，天天要推磨。烙煎饼是妇女的专利，不会烙煎饼的主妇，丈夫不容。烙

不好煎饼的妇女，会连同其母被人笑话。所以，姑娘从小就一定要学会烙煎饼。如今，人们仍然保留着吃煎饼的习惯，石磨、鏊子却早已走出了农户，人们再不用起早贪黑地推磨了。

烙煎饼

老井　位于刘家巷子中心，何年成井？无准确考证。记忆中，这口老井水甜量足，夏天可以直接喝，其东、其南辟为菜园，以此井水浇灌。沿水道铺设了水槽，妇女们常借打水浇园的时候洗衣涮物。

老井

大碾　位于刘家巷子中心，离老井 20 米左右。因为村中的几个石碾数它大，被尊称为大碾。大碾顶上盖有团瓢屋子，两面是墙，能遮雨，能避风，所以，从早到晚忙不停。最忙的时候是战争年代，妇救会组织的支前妇女，夜以继日，轮班为前线将士碾米。

大碾

南校　初建于 1955 年，时称界湖完小，专收界湖区及县直机关五、六年级学生，共三排

南校

教室，12个班级。后来，办过初中、高中，是一处教学质量高，影响力很大的学校。2004年，扩建两座二层教学楼，并隆重举办南校建立50周年纪念活动。2011年县城建立四小，南校原址改办为幼儿园。2019年开始棚户区改造，时满64年的南校改建为居民区。

村头 是人们留下记忆最多的地方之一。南村有多处村头，西有圩子沟小桥头，东有南大门。大人、小孩进出门都从那里经过，儿童在那里玩各种游戏，老人夏天乘凉、冬天晒太阳。那里不分时日、不论长幼、不讲亲疏，尽可以通信息、拉家常、讲故事，是一个公益之地，游乐之场，交流之处。

打场

村头

打场 是农业生产中不可或缺的工序，尤其是麦收季节，无论是单干，还是集体耕作，都要在离家近、出行方便的地方建一处场院，将收回来的庄稼晒干、脱粒、扬净、归仓。过去打场，用牛拉碌碡、拖拉机碾压，改用电机脱粒以后，为了架电方便，南村的场院多集中在现社区办公楼以东。如今，打场已成南村历史，记忆却留在心中。

渡槽 20世纪50—60年代，党和政府为了发展经济，改善人民生活，领导农村进行农田水利基本建设。1965年，南村来了省委工作组，跟社员同吃同住同劳动。村东土地较多，土质也好，只是一道水沟隔断干渠，使清清渠水空空流去。工作组里有来自省水利厅的技术员，他们架起仪器测量，精心设计，又带领南村社员施工，很快在现康宁居南区东门正东建起一处渡槽。接着，他们又指导整地、插秧，帮助购买化肥，南村开始种植水稻并获得高产丰收。南村居民至今念念不忘。

渡槽

小台湾 位于南村西南部，即水漫桥西南、正阳路以东。从圩子沟和孙家沟流过的水在这里汇合，形成一个四面环水的孤岛。全国解放后，“解放台湾”的口号，男女老少皆知。合作化初期，岛上两户人家不愿加入农业合作社，坚持单干。他们在这里种瓜，肩上还扛着土炮护坡。一些少年常结对冲击“小台湾”强行吃瓜，不仅叫响了“小台湾”，还使“小台湾”成了这里的地名。

小台湾

西南岭 位于南村西南，砂石蛋裸露，没有石头的地方则长满狗皮草，总体是一片荒岭，不毛之地。人们夏天到这里放牛，秋天到这里晒瓜干，冬天到这里刨狗皮草烧火。20 世纪 70 年代，各生产队组织开荒，把开出来的砂石蛋集中堆放。后来，县里修界湖至大庄的公路，拉去铺了路基。

西南岭

再后来，县城发展，在这里建立了机关、企业、事业单位。

三里碑子 位于界湖到张庄的大路边、沂南县建筑公司一带，地面上有一块石碑，且距堂子前大约三里而成名。而石碑为何而建、何年而立、何年消失、流落何处已不可考。有人回忆，是 20 世纪 50 年代修桥铺路所用，如今不知深藏地下何处。

三里碑子

四里桥子 位于南村西南、县卫健局以东、建设银行家属院内。20 世纪 60 年代，西干渠落

四里桥

成后，阻断了来往通行的小路，村里在这里用条子石担起两孔桥，解决了社员生产的通行方便。因为从堂子前到这里大约有四里而成名。

五里槐子 位于南村西南与团山庄的土地接壤处，原县饲料公司一带。地边紧靠南村至张庄的大路，路边有一棵槐树，平时赶集的、走路的、干活的人常在大槐树下乘凉休息。因为从堂子前到这里大约有五里而成名。

五里槐子

晒秋

晒秋 指的是秋天晒地瓜干子。过去，因为地瓜高产，就大量种地瓜。然而，地瓜不易保存，必须切成片、晒干。南村的沟南崖、西南岭，即如今的土产公司东南一带，遍地裸露着鹅卵石（砂石蛋），每到秋季刨地瓜时，全村男女老少都要在这里的砂石蛋上晒瓜干，有的边切边晒。一茬晒干了，拾起来接着晒。后来，这里的砂石蛋被拉走，成了从界湖到大庄公路的基石。

三角子汪 位于古村西南，现办公楼西北。很早以前，因刘家林取土聚坟而挖成的大汪，常年积水。夏天，大人小孩到汪里洗澡，摸鱼。后分到三队，养鱼栽藕，冬天，集体组织劳动力下汪挖藕，出汪泥上地，在这里忙一个冬春。2019年，南村棚户区改造，在这里建起群体高楼，开发为居民安置小区。

三角汪

麦收 进入21世纪以后，麦收渐渐成为南村居民的历史回忆。记忆最深的是长溜子地割麦。长溜子地位于南村办公大楼正前方，土地肥沃，面积大，垄子长，麦子长得也好，是南村最好的一片粮田。每年的麦收都像一次比武，技术好的劳力，抽开垄子，不用直腰，从北大路到南沟，一气呵成。技艺差的、力气小的，不一会儿就掉队。一些青年人互不服气，或暗下决心，或公开挑战："有本事，长溜子地见！"

麦收

沟南崖　是孙家沟以南的南村土地统称，位于原实业集团以南。所谓的孙家沟，南村民间仅留有一个孙姓官员做风水的传说。实为天工造物，地势西高东底，自然形成的一道季节沟。20 世纪 50 年代，政府组织穿越孙家沟，修建了中、西干渠。出于对这片故土的热爱，民间还流传着一个美好的“二郎担山”神话故事。

沟南崖

甘家汪　是甘姓一家长期挖土聚坟形成的土汪，与三角子汪相邻。2011 年，南村在这里建起 11 层办公大楼，2019 年南村棚改后，在这一带建起群体高楼作为棚改安置区。如今高楼林立，鳞次栉比，成为南村世纪沧桑巨变之地。

甘家汪

沙沟子崖　沙沟，即县城以东朝阳路中间的大沟，南村分布于沟两侧的土地统称为沙沟子崖。此沙沟为自然形成，有汪有沟，沟汪相连，

沙沟崖

水流基本常年不断。沿沟水里有鱼虾、嘎啦（蛤蜊），岸上和田间有青蛙、螃蟹，夏秋季常有人来这里捞鱼摸虾钓青蛙。沟两侧为淤积土地，沙土混合，既抗旱又耐涝，是界湖有名的旱涝保收田。20世纪60年代，政府组织农田水利基本建设，整治沙沟，改良农田，南村百姓将“沙沟子”改名为“丰收沟”。90年代，县城驻地建设，在沟两侧建成朝阳路，“丰收沟”变成“朝阳路水渠”。如今，水陆相映，林木花草繁茂，大道贯通南北，那整洁、风貌、气势，俨然整个县城首屈一指的风景线。

老泉崖 位于南村西南、孙家沟西头南侧、轴承厂以南，是南村在这一带以及去四里桥一带耕种劳作的必经之地。此处青石嶙峋，从老石缝中生出一股水泉，泉水清澈，四季喷流，凉爽可口，周围干活的农民都到这里喝水解渴，盛夏时分，还经常有人到这里洗澡冲凉。

老泉崖

袁家荒 位于南村西南，即后来的丝绸公司一带。20世纪60年代“农业学大寨”时期，南村社员响应党和政府的号召，披星戴月，夜以继日，镢刨锨挖，肩挑人抬，硬是挖出一口深井，安上了抽水机，解决了周边耕地浇水问题。

袁家荒

打靶场 位于西干渠以东，县工会广场一带。20世纪60年代，县武装部抓民兵训练，在离村较远的这块地方修建了靶场。西面是数米高的厚土坡，南北垒有石墙，东面建有简易靶台，经常有男女民兵列队到这里打靶，以检验军训效果。

打靶场

新桥头

新桥头　20世纪60年代，界湖镇打通中干渠后，为了群众交通方便，修建起一座新桥。人们习惯称桥两头的耕地为“新桥头”。夏天，新桥下水流很急，水质很好，常有人来这里洗澡。后来，县播种机厂建厂时圈进了院内。

南村记忆

界湖，古老文明。南村，风雨沧桑。1946年10月，界湖一分为四，南村成为新划行政村。1949年7月，沂南县机关移驻界湖，县政府驻南村堂子前街以西。至20世纪60年代初，沂南县城依然“南北大道一里长”。

南村记忆

第三章 逸闻轶事

"宣大"演出轰动界湖

李行笃

1940年秋，"宣大"为了扩大对根据地人民群众的宣传，临时组成了一支外出演出分队，由亓尧任队长，王衡任指导员，邹健、马昆等参加，加上三团宣传队，从青驼寺到沂南县活动。

第一站到了沂南界湖，这里是一个较大的集镇，人口密集众多，隔几天是大集，街上商店密布，人来人往，熙熙攘攘，还有地方政府也在此地。"宣大"小分队一进驻，就受到群众的热情欢迎。原来打算演出一场就走，哪知道连演三场也难以离开。

第一场演出，因陋就简，利用倒塌破庙的较高地基作舞台。晚上演出时，男女老少从四面八方汇集到场地，人山人海。抬头望去，黑压压的一片，一眼望不到边。演出的节目短小精悍，生动活泼，群众听得清，看得懂，叫好声，鼓掌声，不绝于耳，十分热情。演出结束，群众不想离开，不少青少年帮忙把演出服装道具等送到小分队驻地，连连称赞："你们演得太好了！""我们没看够！""明晚还演不演？"不一会儿，地方政府代表来了，找队长和指导员，强烈要求明晚再演一场。

第二天晚上演出，还是不能满足群众的要求。政府代表又说："你们千万不要走，我们又通知附近一些村庄的'青救会''识字班'派些代表来观看你们演出，他们从几十里以外赶来，渴望的心情可想而知，你们一定要再辛苦演出第三场。"亓队长、王指导员只好答应。考虑到已演出两个晚上，不能有过多的重复节目。立即发动全体演员赶排新的节目。王街指导员，女扮男妆演铁路警察，邹健演积极抗战的小妹妹，动员铁路警察参加抗日，还有其他老演员也临时增加些小节目，使第三天的晚会更加丰富多彩，群众赞不绝口，地方政府也很感谢。四五天的时间，整个界湖镇的活动非常成功，人民群众对"宣大"留下了很深的印象。

事有凑巧，1943年，我从鲁南三团（蒙南支队改编为鲁南三团）调往界湖一带的老四团。两年过去了，当时"宣大"在墙上写的大标语，依然醒目。这时候，根据地建设突飞猛进，人民群众觉悟提高很快，各种抗日组织非常活跃，文化生活相当丰富。晚上锣鼓声不断，大的村庄都有了自己的小剧团。这些成绩当然是各级政府和当地人民群众的功劳，但当年"宣大"对他们的启蒙和影响，也会在历史上记下浓重的一笔。

注：“宣大”，鲁迅艺术宣传大队简称“宣大”，是当时活跃在山东的一支文艺劲旅，主要负责人是王绍洛和华楠。1940 年 1 月 1 日，为加强部队的文艺宣传工作，与原山东战地服务团、山纵政治部宣传队、鲁迅艺术学校合编为一纵政治部鲁迅艺术宣传大队，王绍洛任大队长，李微冬任教导员。成立大会召开时，朱瑞到会祝贺。“宣大”队员除战地演出外，也深入部队工作：男队员到连队参加战斗，女队员随后勤做兵站工作。

（华楠主编《烽火中的文艺战士——山东“鲁迅艺术宣传大队”的前前后后》，长江文艺出版社 2006 年版。）

忆当年欢迎美国飞行员

魏瑞珍

1944 年夏天，“宣大”驻沂南县界湖镇。一天中午，就要开饭了，队里忽然召集开会，接到政治部通知，有紧急任务。大家顿时警觉起来，正窃窃私语，丁铸铁教导员急匆匆走到这里，大家立刻静了下来。丁教导员说：接到一个紧急任务，有一个美国飞行员在执行飞渤海区上空时被日军击落，飞行员跳伞，日寇立即出动搜查。在此紧急情况下，我解放区民兵和我八路军小分队抢在敌人前边，将这位飞行员抢救回来，藏在一个小村子里，因离敌人据点较近，天又未黑，怕敌人前来搜查，大家想了许多办法迷惑敌人，将美国朋友的鞋子拿来，在村外的路口印上许多杂乱的脚印，造成根本没有进村的假象。待天黑后，才迅速将这位盟国朋友逐级护送到山东军区。当时，山东军政首脑机关驻滨海区，途经鲁中军区驻地。军区首长非常重视，由罗舜初政委直接组织领导，要求宣传科华科长带领“宣大”组织欢迎。明确指示：一要排练节目，组织欢迎晚会，标语组张贴标语，画盟国领袖罗斯福、丘吉尔像。二要组织农村剧团、妇女识字班、儿童团参加秧歌队。

散会后，大家便分头忙了起来。但是，一接触实际，问题都来了，音乐组练什么曲子？美国国歌从来没听过。还是亓尧队长不愧是上海音专毕业的，现场默写了一首《美国巡逻兵》，大家分头练起来。用什么乐器？二胡、京胡、三弦，还有一架据说是卖梨膏糖用的摇风琴和借来的一架风琴。可是罗斯福、丘吉尔的像怎么办？谁也没见过呀。后来，有人提出到大众日报社的资料中找他们的画像，这才解决了燃眉之急。

大家个个冒着酷暑，汗流浃背，不顾蚊子叮咬，忙活了半天又加了一宿的班，终于在第二天一大早准备就绪了。街道扫得干干净净，满墙的红色标语，“打倒日本帝国主义”“反法西斯统一阵线万岁”，等等。当这位美国朋友在渤海军区战友的陪同下进村时，锣鼓喧天，鞭炮齐鸣，秧歌队翩翩起舞，气氛之热烈难以言表。

为了安排好他们休息，据说总务科专门派人将房粉刷得雪白，屋顶也用报纸糊了。美国人吃面包，我们无人会做，就把面发得比做馒头更软一些，蒸好了再用火烤一烤，发了黄就算面包了。

晚上的欢迎晚会在镇东头场园里搭了个土台子，台上挂了斯大林、罗斯福、丘吉尔、毛主席、朱总司令画像，丁教导员是司仪兼翻译，当周赤萍主任致欢迎词时，我听到丁教导员称美国朋友为“格罗斯曼先生”。格罗斯曼也致了答词，只说了：日本是我们的共同敌人，我们要打败他，美中两国是朋友……丁教导员真不简单，从来不知道他有这两下子，拿着个喇叭筒翻译外国话，叽里咕噜，流利洪亮。乐队演奏时，亓队长按风琴，二胡、三弦，大家什一齐上，倒也热烈。在台上合下的一片掌声、口号声中结束了这次特殊的晚会。

（华楠主编《烽火中的文艺战士——山东“鲁迅艺术宣传大队”的前前后后》，长江文艺出版社 2006 年版。）

界湖南村 6 人被抓劳工

杨桂柱

第二次世界大战期间，日本发动侵略战争。实行了大肆掠夺占领国资源的手段，掠夺人口、抓劳工，就是其中的重要手段之一。沂蒙山区也不例外，许多青壮年被抓劳工，仅仅一个几百口人的界湖南村就有6人先后被抓劳工。冤有头，债有主，日本侵略者视国人如牛马，极尽烧杀抢掠之能事。而那些认敌为友，卖国求荣的汉奸更是助纣为虐，坏事做绝。《界湖街道志》载，界湖东村高经武，1941年冬，勾结日军将272名村民劫持到东北当矿工。这里记载的是根据村民记忆，界湖南村6名被抓的劳工。

张奎（1924—2015），出生于界湖南村。在被抓劳工的路上有幸逃跑，于1942年只身参加东北抗联。

刘贤（1889—1950）被抓劳工后，在东北挖煤，抗战胜利后获得解放，1950年在回家的路上，行至天津突发伤寒病，不幸辞世。

高玉田（1922—1963），被抓劳工后，在东北挖煤，抗战胜利后获得解放，回村务农。

刘金维（1924—2014），被抓劳工后，在东北挖煤，抗战胜利后获得解放，回村务农。

刘承化（1899—1942），被抓劳工后，途中跳火车，不幸身亡，因没得到及时治疗而卒。

徐占鹏（1900—1959），被抓劳工后，在东北挖煤，抗战胜利后获得解放，回村务农。

被抓劳工的人员，命运各不相同。刘成化半路上跳火车不幸摔死，刘贤因病惨死在天津。刘金维、徐占鹏、张奎，因为都是独生，他们的父亲一直不放手，跟着到了东北。高玉田则是母亲跟着到了东北。也是他们福大运好，不幸中有幸。在东北被抓劳工集中营，遇到了一个为日本侵略军办事的山东人。因为是老乡，经过沟通说好话，又施以薄礼，他们几个终于找到一个机会逃出了虎口，又几经艰难曲折，回到了家乡。只有张奎在回家路上，路过沈阳吃饭的时候走丢了。

（2022年4月）

刘成厚负伤记

杨桂柱

刘成厚，1921年出生于界湖。因家中清贫，1929年，年仅8岁，被送到沂水县埠前庄村地主家放牛。1933年，中共沂水县委将机关迁往埠前庄村，并在这里领导了沂水暴动和旗会斗争。目睹共产党领导的革命斗争，当听说沂水县委将旗会斗争发展为游击战的时候，刘成厚动心了，同身边打活的长工、短工们走出地主家院，相约参加游击队。因年龄过小，被游击队拒收而回到老家界湖。但是，在他的心中却种下了一颗反抗压迫和翻身求解放的种子。1938年10月，中国共产党和八路军来到山东，发动群众，开辟沂蒙山革命根据地，18岁的刘成厚报名参加了八路军。12月27日，八路军山东纵队成立，刘成厚被编入山东纵队特务团，成为一名光荣的人民子弟兵战士。

人民子弟兵同人民群众肝胆相照，同甘共苦。刘成厚参军后，部队条件差，居无定所，且战斗频繁，生活艰苦。一开始发给他的是大刀片，后来有了枪，只发给5颗子弹，子弹袋里装的大多是高粱秆子或小木棍。吃饭也是饥一顿，饱一顿，生熟凉热难保，还时常吃不上。最艰难的时候，每天发12颗豆粒，喝过牛脚窝里的浑水。但是他无怨无悔，时刻保持着旺盛的斗志和积极求战的精神，每有战斗总是冲锋在前。

刘成厚终生难忘的是青驼寺战斗：1940年9月4日，驻临沂日伪军400多人携钢炮、重机枪、轻机枪、掷弹筒，向青驼寺一带进犯。刘成厚所在的八路军山东纵队特务二团埋伏在徐公店，给这股敌人以出其不意的打击。5日晨，特务二团又将由青驼寺向大官庄进犯的130多名敌人予以包围，并打死打伤六七十人，剩下的残敌于黄昏时窜回青驼寺。6日上午，日军派出一架飞机在青驼寺周围进行低空侦察和扫射，并投下了两枚炸弹。当天下午3时许，临沂敌伪200多人，骑兵十余名，附炮2门，在敌机侦察后，增援青驼寺守敌。为收复青驼寺，以战斗的胜利响应八路军在华北敌后发动的百团大战，山纵特务二团在“抗敌自卫军”一部配合下，连续向青驼寺进行围攻，并于9月7日夜发起总攻。是日晚，特务二团逼近青驼寺。夜12点总攻开始，村西北角的打麦场成了冲锋的中心点，手榴弹的爆炸声惊天动地。敌人在忙乱中，用轻机枪向村西北角猛烈扫射，以封锁我军进村。

指挥攻击的营长王金如跑在队伍最前面，刘成厚等战士们紧跟着他，冲过了村西有鹿砦的石桥，扑入村内与敌展开白刃战。日军向南退却。当我军追至街中心敌据守的一座房子门口时，王金如被敌弹打中腹部，他忍着剧痛，狠狠地将手榴弹掷向敌群，命令战士快去追击，而后倒了下去。此时的刘成厚，冲在队伍的最前头，眼看营长倒下，想把营长救下火线，营长挥手让他继续冲锋。就在这时，他忽然觉得右腿发软，在距离营长只有几步远的地方一头栽倒在地上，怎么都站不起来。

后来得知，这一战共毙伤日伪军150多人，缴获步枪20余支，钢盔十几顶，子弹1000余发，指挥刀1把，日旗2面及其他军用品一宗。为了人民的解放事业，山东纵队特务二团100多名战士献出了宝贵的生命。11日下午4时，鲁南各界民众2000多人召开了“庆祝百团大战、青驼寺战斗胜利大会”。山东纵队、山东省临时参议会、中共山东分局、山东省战时工作推行委员会、山东总动员委员会等代表在会上讲了话。省临时参议会副参议长马保三在庆祝会上说：青驼寺战斗的胜利，粉碎了污蔑八路军游而不击的滥言。青驼寺战斗的胜利，是全鲁南的胜利。

刘成厚负伤了，伤势很重，右小腿被敌机枪扫射粉碎性骨折，腿肚子贯穿性受伤，不能行走。被民兵用担架抬着，翻山越岭，同另外4名战友辗转来到大顶子山后石花峪村，被安排到共产党员李兴久家养伤。因战场救护条件不好，交通不便，在几天的颠簸转送中，伤口已经严重感染化脓，到达石花峪村的时候，伤口爬满蛆虫。李兴久一家含着眼泪，忙着给用清水冲洗，用盐水消毒，用中草药包扎伤口，熬小米饭给他喝，给予无微不至的关怀。

敌人并没有让刘成厚安心治疗养伤。几天之后，有汉奸告密，日伪军径直来到石花峪“扫荡”。同刘成厚一起养伤的5位伤员，立即被村民转移到大顶子山一侧的“王八洞子”藏起来。

日防夜防，家贼难防。第二天，日伪军就找到了“王八洞子”，将刘成厚等一起养伤的5位伤员抓了起来，五花大绑，准备押到沂水邀功。来到沂水某个村庄，日伪军发现这5位八路军伤兵都不是当官的，没什么价值，便分别捆到树上，准备饭后就着伤兵身上练刺杀，一杀了之。就在鬼子吃饭的时候，一个伙夫悄悄地过来对刘成厚等伤员说：“鬼子正在吃牛肉，你们快跑。”说完，给他们解开绳索。指点他们说：“西北角没人站岗，往西北跑。”刘成厚因腿伤行动缓慢，他对刘成厚说：“我是北神墩村的，您捎信让家里人来救我。”刘成厚点点头，同战友们犹如出笼的鸟，分头逃跑。附近有一片高粱地，有砍倒的，也有没砍的。刘成厚不能行走，见高粱地中间有一道小水沟，就顺势躺到沟里，用秫秸盖在身上。

日伪军吃完牛肉，发现拴在树上的八路军伤员跑了，跟在身后紧追不舍，抓回了4个，唯独没抓到刘成厚。估计他藏到高粱地里了，放火烧。高粱地里一片烟火，盖在刘成厚身上的秫秸叶子也烧着了，面对灼热的疼痛，他硬是咬牙坚持不动，终于躲过了一劫。

日伪军走后，刘成厚被当地民兵发现，并通过八路军后方医疗所，安置到沂南县铜井镇树仁里村一户姓孙的民兵家中养伤。在这里，他得到医疗所的关怀照顾，除医疗外，还不定期地送来米面。他不舍得吃，就送给房东和邻居家喂孩子，自己跟村民一起吃点粗粮野菜。在老乡们的精心养护下，他的伤势越来越好。能下地活动的时候，就力所能及地帮房东和左邻右舍做点事，宣传抗日。在这里，刘成厚结识了医疗所长、医生、护士和村里的老百姓。

医疗所伤员编成班，喂了一群鸡，下蛋给重伤员吃。一天，下大雨，所长对刘成厚说：“下大雨了，你去看看那些鸡，别淋死了。”刘成厚去了，不一会，他们住的房子塌了，住在里边的伤员全被砸死了，唯独刘成厚活了下来。

1942年，刘成厚基本伤愈，只是右腿贯穿性伤口处留下的两处指头般大小的伤疤，还时常发作，已经不能像战士们那样冲锋陷阵了，部队让他转到地方，回原籍继续养伤。

刘成厚英勇负伤和坚强的革命斗志感动了许多人。其中有一位爱党爱军的年轻未婚女共产党员，她是马家营村人，名字叫马乾文。1945 年夏天，她听村长说，界湖村有位叫刘成厚的革命军人，在青驼寺战斗中光荣负伤，回家养伤，没有亲人护理。马乾文深受感动，便自告奋勇，经村长同意，来到刘成厚家中义务护理。定时给他换药、包扎伤口，及时洗衣做饭，整理家务，忙个不停。在她的精心护理下，刘成厚的伤情不断好转，伤口慢慢结疤，不再时常发作了。

党和政府时刻惦记着刘成厚的工作和生活。伤愈后，沂水县公安局安排他担任了公安战士。全国解放后，刘成厚被山东省民政厅评定为二等甲级伤残军人。1950 年，沂南县税务局安排他担任了界湖税务所交易员。1970 年，界湖派出所安排他到沂南县人民医院维持秩序，直到 1986 年。80 多年以后，在依汶镇石花峪村村史馆里记载着刘成厚在石花峪的养伤经历。他的英勇负伤和老共产党员李兴久救护他的故事，成为开展党性教育、爱国主义教育的教材。

刘成厚感恩所有救护过他的人，同他们交朋友，有的结为世交。他来到树仁里养伤的第一件事，是托民兵捎信给北神墩村，让他们去解救那位伙夫。他与当年养伤的房东一直保持着密切的联系，逢年过节，带上礼物去树仁里看望老房东，一住就是好几天。20 世纪 70 年代，他家苫屋用的黄草，都是树仁里老房东送的。直到 21 世纪 20 年代，他们的后代还频繁交往，被传为水乳交融，生死与共，党群同心，军民情深的佳话。

（2022 年 5 月）

“张奎回来了”

杨桂柱

1942 年，抗日战争进入最艰难困苦的阶段。日本侵略者为了维持战争的长久消耗，实行了大肆抢掠占领国资源的手段，掠夺人口、抓劳工，为其生产，就是其中的重要手段之一。在这种情况下，数以万计的中国人，被日本侵略者抓往东北当劳工。张奎就是被抓的劳工之一。同他一起被抓的刘金维、徐占鹏，因为都是独生，他们的父亲一直不放手，跟着到了东北。一起被抓的高玉田则是母亲跟着到了东北。也是他们福大运好，不幸中有幸。在东北被抓劳工集中营，遇到了一个为日本侵略军办事的山东人。因为是老乡，经过沟通说好话，又施以薄礼，他们几个终于找到一个机会逃出了虎口，又几经艰难曲折，回到了家乡。只有张奎没有回来。

张奎半路上丢了，他去了哪里？是生是死？生的如何？死的如何？在很长一段时间里一直是个谜，南村人非常惋惜。见到一起被抓的孩子回来了，他娘天天以泪洗面，怨天尤人。新中国成立以后，政府还把他当烈士，他的家人也被当烈士家属照顾。这依然难以抚平母亲失去儿子的心痛，逢年过节的时候，老人总是哭。时光在老人满腹怨恨中，一天天过去了。

1958 年的一天，全中国都在“三面红旗”指引下，轰轰烈烈，热火朝天，大干社会主义。忽然，界湖乡总支书记、南村老书记孔宪俊，时任界湖南村党支部书记李文田兴冲冲地来到了张奎家。还没等进门，李文田大声报告了一个惊人的消息：“大婶子，张奎回来了！”“你的军官儿子张奎回来了！”像漫天的乌云被一阵清风吹散，张奎的娘心中一惊，像梦中初醒一样。一愣神的工夫，她怀疑自己的耳朵，莫不是听错了？赶紧往院子里一望，那不是孔宪俊吗？那不是李文田吗？中间那个穿军装的人，莫不是俺那张奎儿子？有点不敢认了。不是李文田报告错了，也不是自己听错了，是张奎真的回来了。她一步跨出堂屋门，手搭凉棚，细一瞅，是他，是自己日夜思念的儿子张奎。顿时，激动、高兴、心跳，让她喘不过气来。这个当娘的，从 16 年失去儿子的怨恨情仇中突然释放出来，放声大哭，泣不成声。张奎一步冲上前，紧紧地抱住了日思夜想的亲娘。在场的人都被这母子相逢的动人场面感动哭了。李文田走上来小声地劝说：“大婶子，咱不哭了，到屋里坐下，让儿子说说这 16 年是怎么过来的？”

当着乡总支书记、村党支部书记的面，当着

爹娘的面，张奎说出他16年以来的往事：他从1942年被日本侵略者抓劳工说起，说到他们逃到沈阳，在街头吃饭的时候，父亲让他等一等，自己到别的地方，为他买一点好吃的，他理解那是爹疼他。可是，爹走了之后，他想，就算是能跟着爹回到家，往好处说，也还是天天吃豆腐渣窝窝头，更何况兵荒马乱的，弄不好，还可能被抓丁，被抓劳工，被谁抓都不会再有幸运，穷人唯一的出路就是参加八路军，跟着共产党，打日本鬼子。想到这里，他没等父亲回来，拔腿就跑，漫无边际地跑。他知道，此一去，苦了爹，苦了娘。但他想了，一旦找到了八路军，他会第一时间写信告诉爹娘。

张奎和警卫员

张奎千辛万苦，历经磨难，终于找到并参加了东北抗日联军，走进了深山，同日寇展开了生死游击战。战斗间隙，他请战友帮着写信，凭记忆，一封一封地往家里寄。可是，他寄往的是沂水县，不知道沂水县的界湖村已经变成了沂南县的界湖村。加上战斗频繁，居无定所。东北抗日联军是抗日战争时期中国共产党领导的东北人民抗日武装。张奎从最基层的战斗班开始，继承和发扬抗联的光荣传统，紧紧跟着班长，每次战斗，都不顾生死地冲在最前边。不久，他当上了班长、排长。解放战争时期，他所在的部队编入第四野战军，他作为基层干部，带领部队随大军参加过辽沈战役、平津战役、衡宝战役、广西战役、南澳岛跨海战役，抗美援朝战争，直到1958年最后一批从朝鲜撤回中国。这时候，他已经是人民解放军的营长了。在此之前，他等着革命胜利了请假回家，可战事频繁，重任在肩，一直没能如愿。直到这次确认调任新的工作前，才能请假回家看看老人，看看众乡亲。16年的风雨历程，张奎如诉如说，声泪俱下。娘不再哭了，牢牢抓住张奎的手，一连声地说："回来就好，回来就好。"

送走乡干部、村书记和满院的众乡亲，张奎的娘顿顿做最可口的饭菜给他吃。

后来得知，张奎回部队后被分配到军委工程兵司令部，赶赴西北酒泉投身于新中国的"两弹"基地建设。他是三等伤残军人，立过三次大功，享受正军级待遇，被授予东北解放、华北解放、渡江胜利、华中南解放等勋章，1988年中央军委授予独立勋章。三年困难时期，他将自己的伤残等级证书上交，不去领伤残补贴费。2015年7月25日因病在南京去世，享年91岁。

（根据徐新后、梁桂生、高宝德、刘振毅、包桂亮等回忆整理，2022年）

省委工作组到界湖南村

杨桂柱

1965年春天，省委工作组一行13人来到界湖南村，大部分住在刘振吉的两间新房里，省铁路局干部张玉彪担任组长同另外几个人住在刘振祥家。当时，界湖南村有12个生产队，每个生产队分配一人，跟社员一样参加生产劳动，时称同吃、同住、同生产、同娱乐。

工作组继承和发扬老八路的光荣传统，从进

门的那天起，保持缸满院净，不拿群众一针一线，自己开伙做饭，伙食自理，不吃百姓家的饭，不喝群众家的酒。

工作组带来了技术。分到五队里的祝工程师，是省水利厅的工程师，带着测量仪器，亲自测量并指挥，将西干渠里的水引到袁家荒，建起机井。然后，指导杨德功、沈保全开井放水。他还利用业余时间，毫不保留地传授技术，为界湖公社培养了数名水利技术员。

水稻喜欢大肥大水，可那时候，一般老百姓不知道有化肥，更不知道到哪里购买，工作组从济南买来了化肥并指导使用。

工作组成员个个都扎实能干。每个人所在的生产队里有什么活他们就干什么活。割麦子的时候，社员割几垄，他们也割几垄。整稻田的时候，他们跟社员一样在泥水里拉耙平整土地。栽稻子的时候，他们跟社员一样挽起裤脚，撸起袖子，在泥水里一干就是一天。

工作组关心群众，爱护群众。做的事多，管的事多。有一段时间县里要求全民防地震，工作组不仅宣传防地震知识，还深入到户，督促家家建了防震棚。有几次上边传下地震消息，工作组逐户督促撤离宅院。为移风易俗，工作组还承担起村里的红白公事，迎亲送亲，抬棺下葬，他们亲自干，不用老百姓管饭，不要群众一分钱。

1967 年，省委工作组撤走了，留下了老八路的传统作风，留下了鱼水深情。组长张玉彪以后多次回到界湖南村看望他的老房东。

（根据徐新后、梁桂生、高宝德、刘振毅、包桂亮等回忆整理，2022 年）

王长才到界湖南村蹲点

杨桂柱

王长才（1937—2014），1975 年春，时任界湖公社武装部长的王长才受公社党委的委派，只身来到界湖南村蹲点，帮助指导日常全面工作，至 1976 年冬奉命撤出。在接近两年的时间里，他在界湖南村立党为公，坚守原则，勤勤恳恳，任

劳任怨，公平正直，一身正气，一心为民，大胆工作，使界湖南村在政治上、思想上、经济上以及村风民风上有了很大改观，受到群众的一致好评。

王长才来到界湖南村的时候，“文化大革命”还没有结束，甚至社员中还存有东西街相对立的派性斗争。在调查研究中，他发现所谓的东西街，是因为有一户南北向的房屋阻断了东西向的大通道。他觉得这座房屋不仅阻碍了社员的日常通行，还影响了社员们日常的思想交流，便组织村干部研究决定，为这户社员另外选址建房，拆掉这座挡道的房屋。他在大会小会上说：我们拆掉的是阻碍街道的旧房，打通的是界湖南村社员的心灵。我们打碎的是派性枷锁，架起的是团结桥梁。都已经十年了，从此不再有东街西街，更不再有东街西街的思想疙瘩，界湖南村要安定团结，安心生产，发展经济了。

从建立人民公社到“文化大革命”十年，公社上下一直实行“一大二公”政策，围绕粮食生产过长江，只抓高产作物，不搞副业，不搞多种经营。王长才为群众生活着想，实事求是，组织村干部研究，分工党支部委员李文田负责成立村林业队，建立村集体苹果园、苗圃，大力培育杨树苗，在村周、田头、路旁、沟边，栽植杨树、棉槐、腊条。还建起大菜园，种植各种蔬菜，除供给县蔬菜公司之外，还分给社员。他亲自带领社员们修路修渠道，以渠带路，晚上加班加点，既保证菜园用水，又方便社员交通运输安全。

王长才长期在基层工作，从农村风俗到农业技术无所不晓，尤其对科学种田要求特别严格，决不允许马虎从事，对事不对人。有一个生产队长为人忠厚老实，工作也兢兢业业，但因对学大寨精神理解不深，认识模糊，行动乏力，对实际工作要求不严，在种麦子的时候，畦埂打得不直，

还一时解决不了。在小队长以上干部现场会上，他不仅严厉地提出批评，还当场罢免他的生产队长职务，教育全村听党话，讲科学，严要求。后来，人们以此为戒，称这个地方为“罢官地”。王长才批评人也有遇到顶牛的时候，不过他不耿耿于怀。一次，他批评一个队长，两人对吵起来。事后他主动和好说：“我骂你了，你也骂我了，咱俩扯平了吧。”

王长才下村蹲点，不以长官自居，而是扑下身子带头干。1976年麦收时节的一天晚上，突然下起大雨。他披上雨衣，到各生产队长家敲门，催促到场院里防水护粮。麦子保护好了，他和社员们一样，浑身没个干地方。

王长才特别重视培养青年干部，他知道他来界湖南村蹲点帮助工作是一时的，而配备好领导班子，让年轻的、有担当作为的青年人走上领导岗位，是界湖南村发展的长久之计。因此，在报请公社党委同意的情况下，党支部书记、团支部书记，还有几个生产队长都换上了20多岁的青年，使界湖南村上下朝气蓬勃，各项工作蒸蒸日上。原党支部书记梁桂生曾经很有感触地说过：“人生最大的运气，是某天遇到一个人，这个人打破你原来的思维，提高你的认知，进而提升你的境界，带你走上更高的平台，这就是你人生的贵人。”他说的这个人，很可能指的就是王长才。

（根据徐新后、梁桂生、高宝德、刘振毅、包桂亮等回忆整理，2022年）

老支书刘成森的故事

杨桂柱

1946年10月，解放战争刚刚开始，刘成森担任了界湖南村指导员（党支部书记）。在沂蒙根据地，国民党实施全面进攻和重点进攻，人民解放军同国民党军的战斗一直接连不断。为保障解放军打胜仗，支前工作成了地方上一项重要任务。刘成森明白这一点，所以，他带领界湖南村，倾尽全力，保证做到要人有人，要物有物，争先创优，力拔头筹。1947年5月，孟良崮战役打响了，周围村庄支前送的军粮都是高粱、䅟子或地瓜皮子煎饼。刘成森有准备，一开始就要拿好的，接到任务后，立即动员几家饭铺，加班加点地赶制大锅饼、咸菜，一并送上前线，成为孟良崮战场上最受欢迎的支前慰问品。

山东解放区节节胜利，粉碎了国民党的重点进攻。淮海战役之后人民解放军突破了国民党的长江防线，大军开向江南，全国解放指日可待。这时，组织决定抽调大量老区地方干部南下，参与管理新解放区。刘成森党性强，工作积极，具备条件，他也在第一时间报了名。

然而，刘成森又和别人大不一样。他17岁时死了父亲，20岁时死了母亲，家中有未成年的弟弟、妹妹，还有新婚刚一个月的妻子。接到组织批准的通知后，他安排好村里的工作。抽出专门时间，做妻子的动员工作，又做弟弟妹妹的工作，哪一个工作都不好做。他只好苦口婆心，既讲革命大道理，又做日常生活安排。说到动情处一家人抱头痛哭，说到共产党领导下的美好未来，兄妹几个又破涕为笑。三天三夜过去了，终于，一家人在哭笑中达成了一致，他们要做一个响当当的革命家庭。1948年腊月的一天上午，刘成森在妻子、弟弟、妹妹的陪伴下，来到沂南县设在南寨村的南下干部集结处。一些熟悉的同志看到刘成森，不解地自言自语说：“刘成森怎么来了？”

刘成森来了，是他听党的话，舍小家，为国家，自愿来的。刘成森来了，是全家人跟党走，拥军支前，送他过来的。

1949年1月，刘成森随队到临沂，换上军装南下，直达浙江。在浙江嵊州市，他干了一辈子党的工作。

（根据徐新后、梁桂生、高宝德、刘振毅、包桂亮等回忆整理，2022年）

老支书李文田的故事

杨桂柱

1959年春，沂南县界湖公社汶河丹山子引汶灌溉工程开始动工。公社从各村抽调2500名劳动力上阵，要求在春播前完成36千米的两道干渠，以及配套的支渠、毛渠。

界湖南村负责修建西干渠，时间紧、任务重。党支部书记李文田亲自出马，带领一班精兵强将，背着铺盖卷，带着煎饼卷上了工地。全部工程分为土方、石方，最危险的活是打眼放炮，安雷管、放炸药，稍不注意，轻者破皮流血，伤筋动骨，重者伤残，甚至丧命。既要胆大，勇往直前，更要心细如丝，确保安全。李文田主动参加了公社组织的火炮技术训练班，回到工地后，他对几个参加培训的青年说：“战争年代，我埋过地雷，打过枪，放过炮，知道火药的脾气，我先上。”他安排好安全区、撤离信号、撤出路线、警戒人员，并进行实际演练。然后，亲自指挥几个青年打炮眼，亲手装药、连接导线、安放雷管，并组织撤离。等亲眼看到大家撤离现场，到达安全区以后，他独自一人实施点炮。虽然经历过战火的淬炼，虽然经过了火炮技术培训，毕竟十多年未曾上手了，面对一触即发的火炮，面对惊天动地的轰然炸响，对于它的威力，对于随着炸响以后从天而降的石雨，他还是有点摸不准规模和分寸。为此，在点火的瞬间，他明显地感到心头有些紧张，双手有点颤抖。他本能地又看了一眼撤出的路线和沿线的环境，觉得一切都在计划之中。他的目光回落到面前的炮眼上，那根露在炮眼之外的导火线引发着他的思绪：这一炮，千百人都在瞩目观望，全工地都在竖耳聆听。它，一鸣惊人，非同凡响，炸开的是五谷丰登的水道，通向的是全民幸福的大道。虽然，这些想法只在一瞬间，他却在这瞬间变得气定神闲。没有了忧虑，没有了犹豫，平心静气地点燃了导火索。眼看着导火索喷发的火焰在急速地燃向炮心，他知道，不能迟疑了，必须立即撤出避险。说时迟，那时快，他几步跃出深沟，顺手拾起身边的一把铁锨，以最快的速度，向着事先划定的安全区奔跑，十步、二十步、三十步……，他的步幅越来越大，步频越来越快，不知又跑了多少步。只听“轰”的一声——，炮响了，山崩地裂一般。他想回头看看随着炮响冲天而起的狼烟，可自己还没到安全区，危险还没有排除。他再加快脚步，只几秒钟工夫，耳边传来碎石纷飞的“嗖嗖”声音，他本能地把铁锨朝头上一护，只听得铁锨被从天而降的碎石砸得“铛铛”作响，他用力抓住护在头上的铁锨，只觉得那飞来的石头沉沉的，重重的，接连不断地在敲打铁锨。跑到安全区，李文田放下铁锨一看，只见铁锨头上，被石头砸出一个个如同鹅蛋、鸡蛋般大的坑。

灌渠工地沸腾了，界湖南村炸响第一炮，山河不再沉睡。支部书记李文田为界湖公社留下一个惊心动魄的铁锨下逃生的故事。

（根据徐新后、梁桂生、高宝德、刘振毅、包桂亮、李凤德等回忆整理，2022年）

长河永记

——记神枪射手刘振太

杨桂柱

坐在眼前的这位老人名叫刘振太。在战争年代，他是沂蒙革命老区赫赫有名的“高金大队”神枪手金维三手下一名干将。他那棵枪使得出神入化，百发百中，令敌人胆战心惊。

刘振太今年85岁，是沂南县界湖街道南村社区的居民。老人家黝黑的脸膛上写满了岁月的沧海桑田。一杆旱烟袋挂在脖子上，成了一道特有的风景。说起过去的陈年往事，老人家有些激动，说着说着就站起来了，说着说着就比画起来了。他把旱烟袋托起来，很不服气地说："现在要是有一杆枪，我还能打它个八九不离十。"

刘振太老人有一个悲苦的童年，在他 12 岁的时候，他的父亲被日本鬼子抓了劳工，被押送到东北开矿，从此杳无音讯。据当年从日寇魔掌逃回的难友说，刘振太的父亲是在往东北押送时跳火车摔死的。家里的顶梁柱断了，刘振太的母亲整日以泪洗面，百病缠身，两年后她便带着对儿女的牵挂撒手西去。父母殁了，家就散了，刘振太的三个姐姐先后被送给人家当了童养媳，刘振太也就成了无依无靠的孤儿。

值得庆幸的是，当地建起了党组织，有了红色政权，是党敞开了温暖的怀抱，接纳了刘振太这个孤儿，给了他一个温馨的家。从这一天起，刘振太就坚定了这样的信念：共产党好，听党的话，跟着党走。14 岁时，刘振太就参加了村里的儿童团，站岗放哨，传递信息，干得非常出色。16 岁时，刘振太就被挑选到了"高金大队"，被选进了射击组，他的直接领导就是威震四方的神枪手金维三。在射击组，刘振太分到一杆土压五枪。这杆枪虽然有些落后，但是刘振太如获至宝，视若命根。他暗下决心，一定要以金维三为榜样，把自己磨炼成一名神枪手。他拜金维三为师，虚心向金维三请教，深得金维三的真传。

练枪法，讲究的是枪人合一，气稳神定，意念专一，这样才能打得准，打得狠，弹无虚发。刘振太按照金维三出的"招数"，苦练勤练，从不懈怠。晚上回家，他把枪梢挂上一块砖头，一举就是大半夜；到地里干活，他就把锄头挂到枪梢上，一练就是大半天。功夫不负苦心人。刘振太的射击技术脱颖而出，达到了出神入化、百发百中的地步，成为金维三手下的得力干将。

当年，沂河两岸的形势是这样的：沂河以东是敌占区，沂河以西便是解放区。隔着沂河，河东的鬼子汉奸经常向河西打枪，骚扰河西解放区的人民。刘振太随高金大队射击组，针锋相对，予以痛击，坚守在沂河西岸，不让鬼子汉奸占半点便宜。刘振太那棵土压五枪，屡发神威，一次次让鬼子汉奸付出沉重的代价。有一次，河东的汉奸弄来一挺机枪，架到河崖头上，时常向河西打几梭子，给河西根据地造成了很大的威胁。金维三便命令刘振太设法除掉汉奸的那挺机枪。刘振太接到任务后，便趴到沂河西岸，寻找机会把机枪射手干掉，给汉奸一点厉害看看。有一次，河东的机枪刚"突突"完，刘振太就一枪打过去，那机枪就哑了，并且再也没有响过，打那以后，那机枪在河东岸就消失了。再后来，从河东汉奸队里传出消息说，河西岸的枪手真是神了，人家不打机枪射手，专打机枪枪管，把子弹硬是打进我们的机枪膛里，把我们的机枪打成了废铁。刘振太一枪成名，成为令鬼子汉奸胆战心惊的"神枪手"。

1944 年春的一天，从蒙阴城来的一大队鬼子汉奸，要经过界湖街，到沂河以东扫荡，高金大队得到这一情报后，立即在界湖街埋下地雷，让金维三带着刘振太等几个神枪手，埋伏在北大林，准备打他个措手不及。没想到的是，鬼子的便衣队提前进了界湖街，并且探听到了这一消息，这队鬼子汉奸害怕金维三和刘振太的两杆神枪，只好绕道走开了。

1947 年，刘振太扛着那棵土压五，随鲁中十一团，参加了莱芜战役。他作战勇敢，不怕牺牲，深得部队首长和战友们的好评。在燕子山战斗中，刘振太缴获了一棵崭新的捷克枪，出于对刘振太的奖励，部队首长当场决定，把这棵枪配发给他专用，并且同意他支前任务完成后带回地方。刘振太扛着这棵枪，和战友们一起把敌人一气追到潍县和广饶。支前任务完成后，刘振太带着这棵崭新的捷克枪回到了高金大队，成为高金大队最高档的枪。好枪配英雄，刘振太和这棵枪，在解放战争中的沂河两岸敌我拉锯战中，大显身手，威名远扬。这一年，刘振太扛着这棵捷克枪参加了孟良崮战役。

（载《沂南通讯》《临沂广播电视节目报》刘乃仁、杨桂柱撰稿，2022 年）

一场自发的京剧演出

杨桂柱

界湖人喜欢京剧，爱听的、会唱的、懂戏的很多，得益于袁家戏班在界湖长达40年的影响和延续。

1978年，被禁演多年的传统剧目逐渐解禁，一些科班出身的老戏骨，许多酷爱京剧的老票友，还有不少偏爱老戏骨演艺的老粉丝，奔走相告，不仅传递着改革开放的信息，还期盼着“长春富贵”卷土重来，意欲传统京剧再现街头，一饱界湖人的眼福和耳福。这其中，刘宗礼表现最为积极和抢手，是为代表人物。

接近年底的一天，刘宗礼找到时任南村团支部书记的刘振毅，说：“传统京剧慢慢解禁了，咱界湖的老戏骨大部分还在，若是有人出面发动一下，保准一呼百应。你是团干部，春节期间活跃一下群众文化生活，是不可推卸的责任。只要你出面组织，我就积极配合。”

刘振毅也是京剧爱好者，又有这个责任，决定接受这个委托。首先找到公社团委书记杜守芳，说来也巧，令他没想到的是杜书记连日来，正在考虑如何组织团员青年，搞好春节期间的文化活动，丰富群众业余文化生活的问题。正是不谋而合。商量的结果是：只要是界湖人，需要谁调谁，需要多少调多少。演员待遇，按白天10分工，晚上5分工，由公社下拨义务工。演出剧目就定《铡美案》。问题就这样超顺利地解决了，刘振毅一溜小跑地反馈给刘宗礼。刘宗礼就《铡美案》所需演员，夜不能寝地组阁搭架。张顺修演花脸、王顺才饰小生、魏连成演三花脸。鼓板及锣鼓，京胡、二胡、琵琶等乐队，有魏献清、刘宗义等一帮玩友。关于两个小孩，刘振毅推荐了葛其秀，刘宗礼推出郑恩波。只差一个秦香莲了，能演的先前已调到外县，在界湖一时找不出科班出身的演员。刘宗礼把任务交给刘振毅，让他推荐一个有文艺细胞的人，不会不要紧，刘宗礼包教包会。刘振毅思来想去，满南村的人虑了好几遍，最后，确定了贾洪臻。找她商量，说出了待遇，贾洪臻痛快地答应了。说好的先试试，想不到一试而成，刘宗礼非常满意。

人马齐备，排练场设在城西公社综合商贸公司。演员、乐队紧锣密鼓，白天晚上加班排练，早出晚归，没人叫苦叫累。眼看着古戏新排，成功在即，个个胸有成竹，喜在眉梢，笑在心头，信心满满，劲头十足，练一遍一个成色。

就在这时，一个新的问题被提到日程上来：古装戏没有古装万万不行，可时下要装没装，要行头没行头，总不能穿着便衣演古装戏吧，那叫“清唱”，怎么办？众人是圣人，群众有办法。“借”是唯一的办法。张顺修提供，岸堤公社田家北村有“装”，借着用问题不大。大家眼前一亮，说办就办。那时候没有汽车，更没有小轿车，刘振毅叫上张孟华，让他开上自家的拖拉机，请牵头人王顺才带路。路不好走，尤其是从岸堤到田家北村，弯弯曲曲，坑坑洼洼，简直是没有路，天黑了才赶到。说明情况后，人家不仅很痛快，还答应演出时亲自为王顺才上装。

界湖要演大戏，正式演出定在正月十六，这是大家共同期盼的日子。演出场地选定在白果树以西的干汪，戏台扎在汪北沿的崖畔上，汪底当看台，消息不胫而走。从头午开始就有人上座，过午后场地上已经摆满了板凳和椅子。到开演的时候，整个场地已经盛不下，汪崖上面靠前的坐着，靠后的站着，人山人海，翘首相望。这下子急坏了武装部，忙坏了公安局。两机关调动了武装干部和公安干警维护秩序，保证了安全顺畅地演出。

（根据刘振毅回忆整理，2022年）

《重修南路西沟碑记》碑再现南村社区

杨桂柱

2013年8月25日（农历七月十八），天气晴朗，热浪袭人。南村社区组织实施排水泄洪工程，施工人员冒着酷暑高温，清理正阳路东侧被淤积的陈旧水沟，在东汪南50米处的泥沙和建筑垃圾之下，发现一幢青石石碑。剥开淤泥，只见上有石刻字迹，一时辨认不清详细具体内容。

参与施工的袁纪烈，从石碑的体量、位置、模糊字迹，预感到非同一般石块，急忙回社区报告。当时，南村社区正在紧锣密鼓地制作并布展村史馆。李风德书记指示袁纪烈，通知编辑组，看能否用得上，然后妥善保护。编辑组听了，给予肯定回答。然后，时任民兵连连长的李建军带领部分施工人员，将石碑洗净，挪到苹果园为安院前的空地上。摄影师王燕翔负责拍照，美术师孙琪献负责拓片，作为资料保存，村史馆编辑组酌情安排使用。

经实际丈量，石碑高 158 厘米，宽 84 厘米，厚 22 厘米。经过照片放大和拓片对照，村史馆编辑组仔细辨认研究，该石碑头题为：《重修南路西沟碑记》，落款为：咸丰四年仲夏吉立。咸丰四年为 1854 年，仲夏即夏季的五月，距今（2022 年）已有 168 年。

碑体正文记载的是为重修南路西沟的捐款单位和个人。所谓单位即明确记载并能辨别的堂号，共 26 个。依次为：观利典、占吉堂、聚源号、广盛号、公信号、口泰坊、来顺号、隆泰号、保和堂、义和号、广盛坊、恒盛坊、德盛坊、顺兴号、永盛号、广聚号、源盛号、保善堂、广德堂、广益唐、全生堂、济口号、万增号、同盛号、济源号、兴盛号。

个人捐款记载的有 258 人。依次为：张永和、李芳、李思安、李蕖、高范鲁、高垈鲁、刘曰栝、李贞、郑廷璨、李思贞、丁谦、张瑞祥、杜京文、李富、刘月中、刘玉衡、李景安、袁锦、聂洪文、马宗成、高祥、高密、马现、刘芹、李思恭、刘志、高龙、黄琳、郑安详、王兴、李菊、刘曰杶、从兆麟、从兆选、从兆祥、从兆吉、石允吉、石立吉、石成吉、徐维中、徐鑑、徐廷旒、徐壎、徐彦中、高芸、李兴元、贾錞、马宗宪、从明中、从敬中、马学、徐增、高侖祥、从秀、刘文杰、王日德、高恒远、李士文、高成章、李苓、李蓁、韩锡九、黄光先、甘平、李祥、张有起、徐廷梓、徐朴、于学曾、高纯、李自然、贾运昌、高化来、高翰远、高慰、孙恕、高访、印清、钟成孝、刘智、李敬、苗万春、薛振彦、邵永平、（以下 15 人不清）高志鲁、高善元、姜悦、姜邻、宋安、孙盛兵、赵喜、刘莘、从康亭、高葵芳、甘湘、贾兆芳、贾欢、（以下 18 人不清）高吉、刘杶、张荆玉、田勤、李枚、胡桂林、高兆芳、高怀义、高向、高执中、高琚、高茂传、高逢回、（以下 17 人不清）刘崑、徐位中、徐立业、徐汶、徐博文、李仁、戴俊、（以下 15 人不清）张学鲁、高敬绪、高怀、贾兆基、李蓉、李芙、李艾、从瑞镗、李维城、高永来、皮相和、皮访、皮培、皮 ××、皮鲁璨、皮相吉、皮建、孙玉、高统、（以下 4 人不清）高袯、高兆吉、刘方云、刘倬、刘仲、刘殿基、唐伦、徐魁、徐文聘、徐梁、戴元和、梁有、张玉升、高德、李维周、李经、薛起、刘振东、刘相吉、张文康、王奉 ×、洛云、高廷来、李明和、王吉元、高秀、高东元、陈孝先、聂怀、李奉先、李芬、包文章、范中魁、张大魁、张兆立、姜恒、徐廷贵、徐廷伦、

王田、李永德、李永杰、高缜、胡明玉、高平远、贾兆荣、刘效矩、高廷时、高文中、李玉林、李维屏、赵至武、高东鲁、范永魁等。

分析石碑的排列次序，从单位和个人混编的特点和由多到少排序的特点，大体可以看出是按捐资多少和时间先后而确定。即同一时间段的，不分单位或个人，由多到少排列。捐资时间晚的，同样不分单位或个人，也由多至少排列。

碑记中比较醒目的一块地方在石碑左侧中下位置，自成一方，并标有“领袖”的一个类似栏目的版面，上下共分两行，11人在上行，下行中记有3个堂号，从捐资的数量看，不是最多的，也不是最少的。之所以标注“领袖”字样，显然是指这11个个人和3个单位，在重修南路西沟的过程中，参与了发动、组织和实施工作，具有带领、引领和率领的意思，与其他众多捐资者有着地位和作用的不同。之所以选择放在碑体正文最后的位置，说明他们是公益事业的自愿参与者，甘愿付出，没有为名利，争位置的想法。

界湖西有山，西北有山，北有山，每逢夏季，山洪暴发，汹涌澎湃，直冲界湖而来。因此，界湖自古有“西北水，东南流”的说法。在村西修一条沟，让山水绕过村庄，从村南流向东南汇入沂河，是排洪排涝，防汛防灾，保村保民的大德之举。不知何年何月，界湖先人，齐心协力已为之。又不知经历了多少年月，西沟南路这个“西北水，东南流”的主水道，因种种原因已难当使命。于是，界湖人，包括在界湖经商的异乡人，还有一些愿意积德行善的外村人，有钱的出钱，有力的出力，有技术的出技术，在“领袖”们的组织、带领下，一举重修南路西沟。石碑记载的捐资者，千古流芳，值得后人崇敬。然而，重修南路西沟的工程，肯定有挖泥的、抬土的、运料的、垒砌的、跑腿的、服务的，他们中，一定有许多甘愿奉献者。那些没有留下姓名的界湖先人，同样值得后人敬重。

《重修南路西沟碑记》，告诉我们许多历史信息。例如，没有官府片言只语，说明官府无视民生。26个捐资商家，说明早在168年前，界湖就是远近闻名的商贸中心。258个捐资人，有界湖的，有周边村庄的，说明阳都故地，亘古文明，人心向善，崇德敬贤。

有资料记载，《重修南路西沟碑记》就嵌在火神庙东墙上，并由此分析火神庙的修建时间最早不超过咸丰四年（1854）。2006年，火神庙连同其东墙拆除，有人说，该石碑连同火神庙垃圾废料一起被清除到东汪一带的坑洼地里了。如此而言，该石碑在南村社区域内的火神庙东墙上，度过了152度春秋，在地下沉睡了7年，今又重见天日，再现南村社区。

再现的《重修南路西沟碑记》碑，也留给我们一些遗憾。碑记主体共有上下10行，其中4、5、6、7、8行的中间部分有69人名字破损，姓甚名谁难以辨认，这不仅导致辨认困难，更重要的是26个单位和258个个人，存在不确定性，在69个人名中，很有可能有一个或若干个堂号。

据说，还是石碑嵌在东墙上的时候，不知是哪个孩童兴起一个叫“杠钟”的游戏，即手拿一个铁片，用力往石碑上砸，用石碑的反弹力确定铁片的远近，谁的铁片弹得远，说明谁的劲头大或有技巧，从而赢得先手。然后，弹得远的人，用自己的铁片去砸弹得近的铁片，赢得最后的胜利。这个游戏能激励人的好胜心，为了取胜，后来孩童们用的铁片越来越大，越来越硬，用力也越来越大。结果，石碑被铁片硬生生地砸出一个个白点。白点越来越多，越来越大，由点到面，连成片，盖住了人名，遮挡了碑体。先人满以为刻在石碑上可以流芳百世，没想到一个杠钟游戏砸碎了初衷。

还好石碑还在。南村社区已完好保护。

（2022年）

苹果园今夕

杨桂柱

界湖南村苹果园位于社区东南银杏路北侧，占地60亩。1976年，公社武装部部长王长才到南村蹲点，在全国“农业学大寨”的形势下，决定发展多种经营，建经济林，增加经济收入。先是成立林业队，让时任团支部书记的刘振毅担任村林业队队长，村党支部分工由党支部委员李文田代表村“两委”，靠上抓林业。从每个生产队抽调2名社员到林业队当队员，负责全村的林业生产和林木管理。首先选择村东南角60多亩良田，建一处苹果园。接着，选定洼子桥西路南十多亩耕地培育杨树苗，准备种植杨树，发展用材林。另外，在全村路边、沟旁、地头栽种棉槐。初期，所占土地由原生产队继续种植庄家，成树之后归大队管理。

林业队建起来了，政策明确，措施得当，队员们积极性都很高。李文田每天到得最早，走得最晚。在他的带领下，当年冬天队员们挖树穴。春天，从孙祖苗圃调来果树苗，有国光、红香蕉、金帅等品种，队员们早出晚归，适时栽种。随后，又调来进口的加拿大杨树枝子，购进棉槐种子。队员们分头实施，有的按照技术要求，截枝、扦插，浇水、育杨树苗；有的到路边、地沿、田头种植棉槐。树苗成活后，为了施足肥，刘振太、刘振法找来一个大铁桶，固定在地排车上，每天天不亮，到县直机关掏厕所，然后运到苹果园、苗圃浇树苗。三年之后，苹果树陆续开花结果，杨树苗长到几米高。林业队员们分别在田头、路边、闲场，植树造林。大队的经济收入一年比一年高。

实行联产承包责任制以后，苹果园分给个人实行承包，杨树逐渐成材，村集体随用随伐。到20世纪90年代，苹果树开始老化，产量低，品种老化，甚至成片枯死，逐渐被杨树代替。

随着县城建设的不断扩大，苹果园逐渐变成了南村林地。2019年，县城继续扩大，芙蓉路东延，南村社区在张庄五福山前建起公墓林，当年10月，从苹果园迁出310座坟墓，至2021年3月，苹果园1380个坟头全部迁出。

界湖南村20世纪70年代创建苹果园，开创了新时代乡村建设的纪元。45年之后，苹果园的消失，助推了新时代县城建设。苹果园见证了南村社区建设与发展的一段历史。

（2022年6月）

夫妻双双“光荣在党50年”

杨桂柱

2021年7月2日，南村社区举行“光荣在党50年”纪念章颁发仪式。尹作友、刘振莲夫妇党龄均超过50年，双双获得“光荣在党50年”纪念章。

党中央决定，首次向健在的、截至2021年7月1日，党龄达到50周年、一贯表现良好的党员颁发“光荣在党50年”纪念章，这是中国共产党成立100周年庆祝活动的重要组成部分。

“光荣在党50年”纪念章，通径为50毫米，材质为铜和锌合金，主色调为红色和金色。主章由党徽、五角星、旗帜、丰碑、向日葵、光荣花、光芒等元素构成，其中党徽象征党的领导核心地位和党员信念坚定、对党忠诚；丰碑寓意党的光辉历程和丰功伟绩；向日葵寓意全党全国各族人民紧密团结在党中央周围；光芒象征党的光辉照耀；五角星代表薪火相传；光荣花寓意繁荣盛世、国泰民安和褒奖荣耀；旗帜象征共产主义崇高理想与事业永续。副章由山河、中国结和红飘带等元素组成，飘带上雕有“光荣在党50年”字样，寓意党员不忘初心、牢记使命，勇攀高峰、永葆青春。

今年74岁的尹作友，1970年参军，1971年4月入党，1975年退伍回村，担任生产队保管、会计，村党支部委员，前后达20多年。刘振莲今年74岁，1968年6月入党，担任村妇联委员、主任近30年。为纪念这一具有重要意义的时刻，在南村社区颁发纪念章仪式现场，夫妇俩佩戴着纪念章在党旗下合影留念。

（根据2021年7月5日《南村通讯》第四十五期第三版郑树平通讯稿整理）

第十四篇 南村印迹

工作是报道的基础，报道是工作的反映。南村社区在改革开放的大潮中，尤其是2005年以来，在社区党委领导下，不断解放思想，改革创新，走出一条“发展集体经济，实现共同富裕”的路子。社区及广大群众生产方式和生活方式发生了很大改变。集体经济迅速发展，村容村貌彻底改观，各项工作争先创优。荣誉室里的牌匾奖旗佐证了南村社区方方面面的工作成就，党报党刊登载的文章是对南村社区实现共同富裕和各项工作的详细解读。这里是从近7000篇报道中选出的文章。

第一章　壮丽七十年 奋进新时代·“南村腾飞别样红”系列报道

第一节　凭一村之力，建成全国规模最大的红嫂纪念馆

沂蒙山里的“红色影城”缘何叫响全国?

“抗战时期，山东的中心是沂蒙，沂蒙的中心是沂南，沂南的中心是常山。”走进沂蒙红色影视基地的大门，一块硕大的石碑上镌刻着原中共山东省委书记高克亭同志的精彩论断。

十载光阴，春华秋实。这座曾经经历过战争硝烟，为抗战胜利做出贡献的常山，如今已成为新时代中国特色社会主义乡村振兴的齐鲁样板示范区，中国文化旅游新地标，“中国十大最美乡村”，全国闻名的“红色影视城”。

传承沂蒙精神，38天建成中国最大的红嫂纪念馆集群

6月的常山庄百花飘香，泉水潺潺，山泉水绕影城而下，山城相映，蔚为壮观。黄昏时分，炊烟袅袅，山峦叠翠，风光旖旎，景色迷人。这便是美如画卷般的中国最美乡村——常山庄。闻名遐迩全国的沂蒙红色影视城，便坐落于此。

谁曾想，在十年前这里还是荒山野岭，自然条件非常恶劣。“当时做出决定要建设红嫂纪念馆，很多人都给泼冷水，说别人干或许还行，李凤德大字不识一斗，他能干起来就是个笑话。“这种革命传承的纪念馆建设按说是政府出面考虑的事情，但是我考虑自己受党的教育多年，需要我做什么我就做什么，无怨无悔。”沂南县界湖街道南村社区党委书记李凤德说。

“我们跟时任县委书记马崑汇报说，我们保证在40天以内把纪念馆建成，这在当时也没有人相信，结果我们昼夜加班，倒排工期，只用38天时间就建成了12个纪念馆室，这在全国也是少有的事情。”县委宣传部原副部长杨桂柱向记者介绍。

对于弘扬沂蒙精神，开全国先河建设红嫂纪念馆，李凤德书记说：“我出生在沂蒙山区，从小就受到党的革命传统教育，我对这片土地有着深沉的感情，作为沂蒙山人我有这个责任和使命去弘扬沂蒙精神和红嫂精神。”

习近平总书记在临沂考察工作时指出：“沂蒙精神与延安精神、井冈山精神、西柏坡精神一样，是党和国家的宝贵精神财富，要不断结合新的时代条件发扬光大。”在沂蒙革命根据地中心常山庄村建设红嫂纪念馆，正是习近平总书记“沂蒙精神要大力弘扬”指示的具体行动。

拍摄资源得天独厚，让革命圣地的每一寸土地闪亮银屏

沂蒙山，抗战时期就闻名全国。常山庄，是沂蒙山革命根据地中心。选择在这里拍摄红色影视剧，是历史本来面貌的重现，就连场景都不用

搭建和修饰,因为这里的每一寸土地,每一条街道,每一座院落，就连村头上的黑石沟，都见证了当年抗战发生的诸多个故事。

2008 年，闻名全国的电视剧《沂蒙》在沂南县常山庄杀青,沂南红嫂故乡走到全国观众面前。随着电影《沂蒙六姐妹》《斗牛》在沂南县马牧池乡常山庄村拍摄之后，沂南县立即在这里建立起沂蒙红色影视拍摄基地。

是年 10 月，在县委、县政府的动员和鼓励下，南村社区“两委”一致决定，承担红色影视拍摄基地的开发建设工作，社区经济建设由重点发展工副业转向第三产业，尤其以弘扬沂蒙精神、红嫂精神为中心的红色文化产业，并尽一切努力做好做大做强。

村人一手打造起来的沂蒙红色影视城，地处红嫂乳汁救伤员的发生地，至今仍保留着许多处沂蒙革命根据地的遗迹,有红嫂原型明德英故居、沂蒙母亲王换于故居、“小车队长”李家才故居等红色遗迹 30 余处。这些红色痕迹，激励、感动着一批又一批前来拍摄影视剧的演员们。

如今，先后拍摄了《沂蒙》《沂蒙六姐妹》《红高粱》《铁道飞虎》等 400 多部红色影视剧。许多著名表演艺术家在这里一展风采，许多青年优秀演员在这里初露锋芒。

影视城还成立了山东沂蒙红色影视拍摄基地暨红嫂家乡旅游开发有限公司，配备强有力的管理团队,建成了红色影视拍摄、爱国主义教育、红嫂家乡旅游、教育写生四大基地，在全国独树一帜。

红色为魂，产业为根，产业集群让“红色影城”越走路越宽

红色搭台，文化唱戏，如今的沂蒙红色影视基地已然成为一处“以影视为表、旅游为核、红色为魂、产业为根，脱贫为本”，辐射 30 平方千米的产业集群。未来，影视基地还将与各大表演院校进行深入合作，深度参与影视文化产业发展的全链条环节，全面助力新旧动能转换和乡村振兴，实现大发展，大跨越。

时代背景下的沂蒙红色影视基地深挖“沂蒙精神”内核，以文化促发展，以创新提动能，走出了一条红色文化和传统文化结合发展的“新”路径。沂蒙文化长廊、中国红嫂纪念馆、常山古村落、沂蒙红色写生基地等一系列项目的实施建设，盘活了乡村经济，带动了产业转型，同时也为红色基因的传承拓展了新的载体和途径。

“接下来还应当整合红色资源，继续扩大红色影视体验中心，增强游客的参与性和体验度，用文化传承带动旅游发展；同时，还需要逐步构建红色旅游产业体系，以旅游业带动当地特色种植、农产品加工、民宿非遗等文旅产业发展，促进老区人民增收,让乡亲更幸福,让家乡更美好。”沂蒙红色影视城总经理李熙鹏说。

眼前的常山庄，散发着“中国十大最美乡村”和全国闻名的“红色影视城”的气派：宽敞平坦的柏油路、充满朝气的现代化社区、红火热闹的影视城、助力乡村振兴的文旅新产业，昔日贫困落后的小山村，变成了山美水美生活美的新时代中国特色社会主义新农村，昔日面朝黄土背朝天的农民，收获了满满的幸福感和获得感，在发展红色文旅过程中过上了好日子。

（2019 年 11 月 4 日《临沂日报》第一版，临报融媒记者　王文卿）

第二节　打造中国最美乡村红色文旅靓丽名片

南村人用“红色音符”谱写乡村振兴主旋律

大力实施农村文化振兴,加快美丽乡村建设，是乡村振兴战略的关键环节。南村社区充分利用红色文化优势，采取多种形式传承沂蒙精神，讲好红色故事，通过打造文化振兴阵地，唱响文化振兴好声音。特别是以红色为核心的文化旅游产业，成为革命老区乡村振兴的主打品牌。

定调：红色文旅产业红红火火

位于沂蒙山革命根据地中心的沂南县，红色文化底蕴深厚，是“沂蒙精神”和“红嫂精神”发源地。徐向前、罗荣桓、陈毅、粟裕等老一辈无产阶级革命家在这里战斗、工作过，红色遗址众多。马牧池乡常山庄村及周边众多的山村是有名的抗战模范村，“红嫂”明德英乳汁救伤员、“沂蒙母亲”王换于带领全家办战时托儿所、李桂芳率32名妇女架火线桥等可歌可泣的故事，就发生在这里。

知名大型电视连续剧《沂蒙》2007年在常山庄拍摄，触发了沂南县大力发展红色文旅产业的热情。2008年，县里决定在常山庄建立红色影视拍摄基地，并由经济基础发展好，组织协调能力强的界湖街道南村社区投资兴建。

他们以红色文化为魂，先后投资8亿元建起了由“中国红嫂革命纪念馆”“常山古村”“沂州古县城”“沂蒙红色写生基地”“影视基地服务中心”“蟠龙湖水上游乐区”等组成的红嫂家乡旅游区暨沂蒙红色影视拍摄基地。

据沂蒙红色影视基地总经理李熙鹏介绍，从创办之初，沂蒙红色影视拍摄基地就以红色为主基调，以“传承沂蒙魂，永远跟党走”为核心，把传承红色文化、红色基因放在首位。为弘扬沂蒙精神、红嫂精神，他们建起了中国红嫂革命纪念馆、人民子弟兵将帅纪念馆、跟着共产党走纪念馆等馆室，以文、图、雕塑及实物相结合，介绍了抗日战争和解放战争时期，沂蒙根据地党政军民水乳交融、生死与共铸成的沂蒙精神。吸引省内外众多党政军机关、企业等单位及团体到这里接受党性教育和革命传统教育。

10年来，沂蒙红色影视基地拍摄了《沂蒙》《沂蒙六姐妹》《红高粱》《铁道飞虎》等400多部红色影视剧，被誉为中国“红莱坞”。2014年，常山庄被列为“第三批中国传统村落”，2015年被评为“CCTV中国十大最美乡村”。

经过不懈努力，以红色为主题的文化旅游产业，成为促进沂南县文化振兴，推动县域经济社会可持续性发展的主导产业，许多经验在全国叫响。

声音：“新红嫂组合”唱响“沂蒙好声音”

乡村振兴不仅是经济振兴、生态振兴、社会振兴，更重要的是文化振兴。在沂南县，活跃着一支由50岁以上老年人组成的文艺宣传队——界湖街道南村社区文艺宣传队，其骨干宣传力量是“新红嫂组合”。

这些没有专业文艺院校深造背景的文艺爱好者，凭着对家乡的热爱，自编自演了许多接地气、贴近百姓生活的文艺节目，用文化的力量，丰富了百姓文化生活。她们除参加南村组织的社区文艺演出外，还积极参加市里县里组织的文艺汇演和送文化下乡活动，每到一地都受到百姓热烈欢迎。成为乡村文化振兴的一支重要力量。

2017年3月17日，“新红嫂组合”登上了央视《星光大道》，表演了《在希望的田野上》《沂蒙女儿》等红色歌曲，闯进第二关。在央视这个名牌栏目的大舞台上，向全国观众展示了沂蒙革命老区人民的崭新精神风貌和新农村建设的巨大成就。

传承：红色基因注入青少年血液

习近平总书记在十九大报告中指出，青年兴则国家兴，青年强则国家强。

青年一代有理想、有本领、有担当，国家就有前途，民族就有希望。南村社区紧紧抓住研学游上升到国家教育战略层面的大好机遇，成立了红色研学游推进机构，充分利用红色资源，大力兴建红色研学游设施，并根据红色文化景区特点和研学需要，设置了影视拍摄研学、中国红嫂纪念馆教育、山东大煎饼体验、沂蒙传统民居“干插墙”教学知识、非物质文化遗产面塑等十多个研学点。利用沂蒙老区丰富、优越的红色文化资源，把爱国主义理想信念教育与知识学习、体验实践结合了起来。

培训课程的设置，采取的是体验式教学模式，体现了思想性、知识型、趣味性、科技含量以及多重性的特点。根据研学目的、要求，通过设计特定的场景、人物、事件，再现事件或事物发生与发展的真实情景，并由老师引导学员进入相关的角色并亲身体验、实践、感悟，开启自己的“红色之旅”“自然之旅”“文化之旅”“技能之旅”“艺术之旅”。

近几年，来自省内外进行红色研学旅行的有上百万人。2017年11月17日，中国研学旅行发展论坛2017年年会在南京举行，红嫂家乡旅游区暨沂蒙红色影视基地被评为“中国研学旅行教育实践示范基地”。

2019年11月5日《临沂日报》A7版，临报融媒记者　王文卿）

第三节　发挥基层党组织的定心丸作用

解析乡村振兴“南村密码”

从一个一穷二白、靠借债度日的村子，短短十几年发展成为年人均可支配收入3万多元的现代化社区，先后建成全国规模最大的红嫂纪念馆传承沂蒙精神，打造出乡村振兴齐鲁样板、中国最美乡村常山庄、文旅产业发展蒸蒸日上，“红色影视城”闻名全国，南村人在乡村振兴、建设社会主义新农村的路上阔步前行，走出了“南村模式”“南村速度”。

南村成功的密码是什么？

密码之一：可以依仗的“主心骨”

群雁高飞头雁领。

李凤德就是南村的那只领头雁，带着南村的雁阵振翅高飞。

沂南古称阳都，山清水秀，景色旖旎，人杰地灵，是三国时期政治家、军事家、一代贤相诸葛亮的出生地。南村地处沂南县政治经济文化中心。然而，改革开放初期，人均分配只有52.48元人民币，村民一年到头衣食不足，村民住宅多为石墙草房，有的还住“团瓢屋”，低矮狭窄。街道也是土路，一到下雨天，泥泞不堪。进入21世纪，南村还在低收入的慢车道上低速行进。看到别的地方干得红红火火，富得流油，群众眼馋得不得了。

李凤德回乡办企业，获得了巨大的成功，成了群众心目中的“能人”，南村人把他看成是南村振兴发展的主心骨。

2005年村委换届选举中，李凤德高票当选村民委员会主任，成为不二人选。

不久，他又全票当选为村党支部书记。

2006年，界湖南村改为南村社区，成立了社区党委，李凤德又毫无疑义地担任了党委书记兼居委会主任。

作为南村社区振兴发展的“主心骨”，李凤德具有与时俱进、紧扣时代脉搏的素质。南村位于县城驻地，具有独特的经济发展区位优势。如何将优势转化为现实呢？经过反复的学习考察，征求领导和专家们的意见后，他做出了一个大胆的决定：发展集体经济！

当时，虽然多数群众还不明白其中的奥妙，但大伙还是把他当主心骨，选择相信他，跟他走。

头雁的位置，对于一名真正的共产党员来说，意味着奉献，意味着吃亏、吃苦、吃气。为筹集开办企业启动资金，李凤德无偿拿出自己的280万元，买下县城两处破产企业闲置院落后，让集体开发建设，当年为村集体增收100多万元。

吃多少亏、多少苦、多少气，李凤德都不在乎。看着饲料加工厂、编织袋厂、建筑公司、房地产开发公司、沂蒙红色影视拍摄基地暨红嫂家乡旅游区等相继建成，企业日渐兴旺，他就像看着亲生的孩子，喜在眉梢，笑在心头。

密码之二：凝聚百姓的“同心圆”

众所周知，在当前农村，发展集体经济制约因素很多，集体经济之路困难重重，凝聚共识是绕不过去的一座大山。

在南村，共识这座“大山”没用多长时间便履为平地。

在党组织的团结带领下，南村群众以一股敢为人先的气魄，党群同心干事创业的决心，众志成城，实现了集体经济的逆势飞扬。

工作中，他们通过力求全体群众利益的“最大公约数”，上下团结拧成一条绳，党群同心勠力谋发展，画出了最美的乡村振兴“同心圆”。

近年来，南村社区大力发展集体经济，打造红色文旅产业，带动社区居民收入不断增加，崭新的社区楼房拔地而起，城乡改造提前完成，创造了一个又一个南村速度，南村社区成为远近闻名的明星社区。2018年，社区集体固定资产总额达到20多亿元，实现年产值19.8亿元，社区集体收入1.36亿元，居民人均可支配收入达到3.1万元，成为山东省新农村建设的典型和样板。

密码之三：水乳交融的“连心桥”

2018年，南村棚户区改造工程开启了大幕，这对于南村人来说是极为不平凡的一年，因为世代居于此的他们将要告别多年居住的低矮平房。

据记者了解，南村人在南村社区党委同志们的领导下，以实际行动拥护棚户区改造，516个拆迁户自觉自愿拆梁卸窗，村委还组织志愿者团队，主动帮助老人和妇女搬家具送东西，成为南村拆迁工作中一道亮丽的风景线。据悉，拆迁工作开始集中签约仅4个小时，就完成了签约90%，房屋拆迁率100%，南村社区开创了棚户区改造的南村速度。15年来，南村社区先后拆迁开通了县城三纵三横6条道路，有几百户居民拆迁，到棚户区改造为止，有的户已经搬迁了几次，而且无地可补。社区殡葬改革，2000个坟头全部搬迁，没有任何先决条件。

拆迁难，只要用心就不难。实现拆迁无上访的纪录，其中的关键是党组织想群众所想，急群众所急，事情办到群众心坎上，大家无怨言。对村里的工作部署，都是心悦诚服地响应。用村民的话说：“村里给俺办好事，俺为什么不支持？”

安居才能乐业，住房是最大的难题。当下，儿女结婚购买婚房成为家庭最大负担。如果不花一分钱，就能得到一套120平方米的婚房，不仅极大减轻家庭购房压力，而且成为最好的结婚礼物。

这不是梦想，这样的福利，真实地发生在南村社区。

从2009年开始，这个村为法定结婚年龄的青年人免费分配婚房，此事入选了新华社“建国60周年最具影响的60件大事”。至今，南村已经分了四批共计123套房子，123名青年享受到了这个超级福利。

2012年第二批分配楼房时，居民沈贵德一对双胞胎儿子都到了法定结婚年龄，他一下免费领到了两套楼房，激动得脸都红了，连声说谢谢。

“天底下哪有这样的好事，放在过去两个儿子结婚，房子会把你愁死。是社区去了我最大的一块心病。”沈贵德说。

3岁时父母离异，吃百家饭，穿百家衣长大的夏丹丹，领到新房钥匙后，激动万分。“社区分给我的这套120平方米的房子，是给我的最好嫁妆。我现在最想说的一句话，就是生在南村社区，是最大的幸运。”

一片初心为民热，南村党组织用真情和关爱，在党群之间搭起了一座“连心桥”。村集体经济壮大后，村民们充分享受到了走集体经济带来的福利：除免费分配婚房外，南村居民人人都可以在村集体企业就业；村里60岁以上老人，每年每人6000元生活补贴，其他居民每年每人3000元；免费为全体居民办理医疗保险；免收水电费、物业费……

如今的南村发生了翻天覆地的变化，一幢幢耸入蓝天的高楼大厦拔地而起，用它恢宏的气势和雄伟壮观，打破了对农村的传统定义和认知。宽敞整洁的街道上，绿树成荫，车水马龙，动静之间描绘出一幅社会主义新农村的美丽画卷……

（2019年11月6日《临沂日报》A7版，临报融媒记者　王文卿）

第四节　“村集体亏了，算我的；赚钱了，算大家的！”

李凤德：一名共产党员的情怀与担当

2019年盛夏时节的傍晚，南村社区广场上灯火辉煌，跳舞的居民在用最舒展的舞步诠释新时代的幸福生活。从一个破旧的村落，发展到高楼林立、鳞次栉比的现代化社区，南村经历了一场引人注目的沧桑巨变，用发展集体经济的主旋律，奏响了新时代农村振兴的最强音。

南村社区集体经济从无到有，从弱到强，正是李凤德书记带领全社区党员干部群众，践行沂蒙精神、不忘初心、无私奉献、接续奋斗的结果，诠释了一名共产党员奉献、担当、作为和大公无私的情怀。

一诺酬“三顾”：义无反顾挑起带领群众致富的担子

“水乳交融、生死与共”，是习近平总书记对沂蒙精神高度凝练的重要论述。

近百年来，党和人民“水乳交融、生死与共”铸成的沂蒙精神一直流淌在沂蒙人民的血脉之中，党和人民“心连心，骨连筋”。在南村人心目中，李凤德就是一个和他们血脉相连的“好党员”。

2000年，李凤德告别了五年军旅生涯，回到了南村这块魂牵梦绕的红色热土，在弘扬沂蒙精神，振兴沂蒙经济的热潮中，自己成立了山东山源硅砂有限公司，经过几年发展，拥有矿山、石英砂加工场、物流公司等多家企业，固定资产上亿元。

乡亲们见他是个“能人”，不由得见“才”起意，希望他能回村率领大伙一起干。2005年，南村党支部几位党员来厂里找他，代表全村老少请他“出山”。

刚开始李凤德十分犹豫，怕自己干不好，把大家带到“沟”里去，扯了后腿。他的担心并非多余。当时，南村领导班子涣散，村集体经济薄弱，回村任职，自己企业经营受影响不说，而且容易出力不讨好。

村里的几位老党员认准了他，也“鳔”上了他，一次不行就两次，两次不行就三次，在诸葛亮的故里上演了一出现代版的“三顾茅庐”。村里几位七八十岁的老党员找到他，掏心窝子说：“凤德，你自己富了，可大伙还很穷，你能安心挣自己的钱？”

民心不可负！一名共产党员，不能老是围着个人的利益打转转，永远也不能忘了全心全意为人民服务的初心啊。

李凤德毅然决然地做出决择：“既然村里老少爷们信任我，我就回村为大伙服务。哪怕掉上十斤肉，也要干出个样子来！”

这是一个沂蒙汉子的决择，也是一个共产党员的决择。

村委换届选举中，李凤德高票当选村民委员会主任。于是，他将自己的几个企业交给亲朋打理，自己回村上任。

挑起了村里的担子，李凤德决心用实际行动报答沂蒙山水对他的养育之恩，回报沂蒙精神对他的滋养之情。

上任的头一天，他就向全体村民做出承诺：“只要我在任一天，我就要鞠躬尽瘁，让大家伙儿都过上幸福美满的好日子！”

誓言铮铮，初心闪亮。

一干十五年：“村集体亏了，算我的；赚钱了，算大家的！”

治理一个集体经济“贫血”村，就像治疗一个贫血的病人，首要的是先输血，然后才能造血，重启发展的活力。

可是当时的南村一穷二白。李凤德上任时，村里欠着近百万元的债。

李凤德深知，要想让南村尽快富起来，就必须走发展集体经济的路子，这样才能壮大集体经济，实现共同富裕。

当时，村里许多人对发展集体经济不理解，尤其事关利益分配更是敏感。为了打消大家的疑虑，李凤德撂下了一句掷地有声的话：“村集体亏了，算我的；有利润，赚钱了，算大家的！”

从他的话里，村民们清楚地听到了一个共产党员的豪壮誓言，感受到了一个共产党员的滚烫初心。

话头硬，李凤德的行动更硬。

山东正壮饲料有限公司建厂之初，村集体一分钱没有。他苦口婆心地说服家人，冒着自家企业破产的风险，抵押自己的家产，贷款4000万元用于企业建设，解了燃眉之急，使村里的饲料厂得以如期建成。正壮饲料公司建成后，年产优质饲料25万吨，产值5.2亿元，利税上千万元，并逐步发展成为社区骨干企业。

在李凤德和两委班子成员共同努力下，南村办起了饲料厂、编织袋厂、建筑公司、开发公司等村办集体企业。

一心系万家：共享发展成果，让大家都过上好日子

潮平两岸阔，风正一帆悬。

在李凤德一班人的努力下，南村集体经济起锚远航。

风雨航程中，李凤德舍小家顾大家，体现出一位共产党员“我将无我”的情怀与担当。

据村里老书记介绍，为了给村里省钱，李凤德和村干部一起奔赴江苏、温州、东北等地考察市场，来回都是自己掏腰包。仅这些，他一年要支出近百万元。他向社区“两委”干部郑重承诺：“南村经济没有好转前，我不坐集体的车，不加集体一分钱的油。”

风物长宜放眼量。南村社区紧跟国家战略发展形势，加快新旧动能转换，抢抓发展新机遇，成立了村办集体企业——山东广汇集团，总资产达20亿元，业务涵盖旅游开发、旅游休闲度假、酒店餐饮服务、文化传媒、影视制作、房地产开发、建筑安装、工程劳务、物业管理、进出口贸易、仓储物流、食品、农业开发、饲料加工、电子商务等领域，成为沂南县新旧动能转换、乡村振兴发展的一个样板。

集体经济发展起来以后的南村社区，就有了文章开始百姓安居乐业、共享发展成果的温馨一幕。

初心永不忘，李凤德心里始终装着全体居民。村集体经济发展壮大后，居民们充分享受着发展集体经济带来的成果。县里一位老干部对记者说：“如今的南村社区青年人无就业之忧，老年人无养老之忧，当家人无生活之忧。”

一位共产党员永远滚烫的初心，与千家万户的民心一起在跳动，彰显着“我将无我，不负人民”的情怀与担当！

（2019年11月8日《临沂日报》A7版，临报融媒记者　王文卿）

第二章　共同富裕

第一节　述　评

发展集体经济　实现共同富裕
——南村社区共同富裕启示录

2022年初，南村社区在总结大会上公布了这样几个数字：2021年，社区固定资产达到22.1亿元，全年集体收入1.49亿元，连续9年过亿元，人均可支配收入3.8万元。村民们充分享受集体经济发展成果：14名法定年龄结婚青年，每人免费分得一套120平方米婚房；60岁以上老人，每人得到当年生活补贴7000元，其他居民4000元；免费为全体居民健康查体……十多年来，用于民生的资金3亿多元。

人们可能有所不知，在20世纪初，界湖南村每年集体收入只有五六十万元，因公支出却高达百万元，每年都要靠卖十几亩地补充。到2005年年底，陈年欠账达到60万元。同样一个有着得天独厚的区位优势和资源优势的南村社区，同样一起土生土长艰苦奋斗的干部群众，之所以能在16年间，实现令人刮目相看的美丽嬗变和华彩转身，个中实践，给人许多启示。

启示一：领导我们事业的核心力量是中国共产党。党政军民学，东西南北中，党是领导一切的。推动各项事业的发展，关键在加强党的建设，发挥党组织的核心作用。

南村社区位居县城，有着得天独厚的区位优势和资源优势。实行土地承包责任制以后，村民的温饱问题解决了，但集体经济发展一直徘徊不前，村民收入也参差不齐甚至出现两极分化，其他各项工作也难有起色。2005 年，中共界湖镇委在县委指导下，决定以“两委”换届为契机，以加强党的建设，统揽全局，让基层党组织发挥核心作用，领导全面发展。2005 年 1 月，经过充分协商，民主选举，李凤德高票当选党支部书记、村委会主任。2006 年 7 月，界湖南村党支部有着 126 名党员，而且发展起村办企业，镇委、镇政府遂将村改为社区并成立南村社区党委，党委下属 9 个党支部。

新班子上任，第一件事就是统一思想，依托城区优势制定目标和规划。他们组织全村党员干部和部分群众代表，到龙口市南山集团、寿光市三元朱村、河东区刘团村参观考察，让大家摆条件，搞对比，找差距，学经验，在反思中探讨社区发展新路子。

这是一个艰难的起步过程，事关敢不敢改革创新，能不能脱贫致富的关键一步。作为城区村，村里的发展必须服从并配合县城发展。然而，实行家庭联产承包责任制以后，县城建设变数大，许多家庭的生产、生活变数更大。例如：县城修一条路，几十户家庭承包地就会发生变化，土地没了或很少了。同样，新修的大路两边农户突然就有了发展条件，随便建几间房就是沿街房，可以出租，可以自营。最明显的例子是：县城开通了向阳路、芙蓉路、银杏路等，占地 300 多亩。有许多户失去了土地，也有许多户，承包地成了摇钱树。另外，事物发展不平衡，城区村发展更不平衡。有条件的、有能力的能发展，不过，那只是少数。无条件的、无能力的就难发展，而且是多数。这样的发展结果只能是富的越来越富，穷的越来越穷。村里没有企业解决再就业，集体穷，村民更是贫富不均。最后大家商量必须“走发展集体经济、实现共同富裕”的路子。这个路子，村集体可以放开手脚发展集体经济，可以上工业、商贸等经济项目，可以安排村里的剩余劳动力，村民可以分红，可以享受集体福利。

理是这个理，话是这么说，可会不会与联产承包政策有冲突呀？还需要社区党委认真研究确定。时间不等人，社区党委几次研究之后，一直认为：中国共产党领导我们走社会主义道路，就是坚信这条道路能改变中国一穷二白的落后面貌，让人民过上共同富裕的生活。我们根据南村实际情况确定的路子是共同致富的路子，没有错误，完全可行。我们可以边实施边完善。

随后，他们从理顺管理机制入手，抓住土地这个城区村最宝贵的资源，迅速完成了土地清理工作，解决了长期以来乱圈乱占的问题。又对村办企业、沿街房建设、承包租赁土地等集体资产，重新进行整合，制定了“构筑大框架、实施大投入、实现大发展”的总体思路。

把计划变成现实，关键是党员干部做出样子。村“两委”干部在统一思想的基础上，出台“约法四章”：集体企业集体经营，全体居民共同受益；干部垫资只偿还银行贷款利息，不参与企业分红；居民融资作为企业股份，与企业经营效益挂钩；干部实行定额工资，不得高于居民人均纯收入。

“两委”成员的姿态，感动了广大群众，全村形成一股强大的向心力。

启示二：有一句话说，火车跑得快，全靠车头带。其实，好车头还必须有一个好司机。在农村，党的基层组织要有一位敢担当，善作为的好书记，才能带好班子，建好队伍，让车头多拉快跑。

“中国共产党把为人民服务、为人民谋幸福作为根本宗旨。每一个共产党员，尤其是党的干部，应该，也必须为集体的发展做出必要的和无私的奉献。”南村社区党委书记李凤德在上任后的第一次党员大会上，这样掷地有声地表态说。

李凤德土生土长，从小就亲眼看到父辈们是这么做的。上任伊始，组织“两委”干部、群众代表走出去学习。集体没有钱，他出车、出资。这一年，他带着压力，带着求知欲望考察学习调研，从江南到塞北考察了一圈，联系本县经济环境和自己的情况，对号入座地研究了一路。单是外出考察、联系业务、食宿等各种费用支出就达百万元。虽然没找来发展项目，倒是学到了外地人闯市场的改革创新精神和具体问题具体分析的发展理念，很快就立竿见影了。

县城驻地的优势是建筑业，就首先在建筑业

上做文章。2005年6月，李凤德自己筹资1000万元，为村集体注册成立了沂南县星港房地产开发有限公司；垫资280多万元，竞得两块土地使用权。两年时间，建成26栋楼7.8万平方米，共785户的芙蓉花园新区，不仅免费安置了300多户拆迁居民，还为村集体创收3000余万元。

接着，注册成立了山东泰都建筑安装工程有限公司。两个建筑企业既手拉手又比着干，历经10年奋斗，共开发建设商品楼160多万平方米，为集体创收7.6亿元。先后在街头、路口和大路两边建设沿街房和商场10万平方米，仅此一项，可实现年租赁费2000万元，全村人均接近1万元。

沂南县是山东养殖大县，却没有饲料产业。他们抓住这一机遇，注册资金500万元，成立了山东正壮饲料有限公司。项目需要投资1.2亿元，集体没有这么多钱，李凤德率先融资100万元，发动两委干部及全村群众融资300多万元，使该项目顺利开工。饲料生产主车间、办公楼及餐厅、宿舍楼需要投资上千万元，必须选几个有经济实力的项目经理垫资建设。李凤德向他们保证：企业搞垮了，算我自己的，我自己支付建设款，企业搞火了算集体的。就这样，三个项目经理放心大胆地建起了正壮饲料公司。公司进入后期安装设备及投产准备时期，购进设备及流动资金急需4000万元。没有别的办法了，李凤德用自己的企业和房产作抵押，向银行贷款。并对爱人和儿子说："发展集体经济上项目，是有风险的。失败了，所有前期投入算咱的。成功了，财富是大家的。"想不到的是，爱人和孩子都理解支持。儿子还说："这应该是咱们的基本觉悟。"合作伙伴，江苏正昌集团总裁、全国人大代表郝波同志，听说李凤德全家为了集体，甘愿担风险的举动后，很受感动，主动提出将设备款下调10%，并无偿赠送价值40万元的预混料生产设备，还免费提供全套技术服务和人才培训。企业投入生产经营后，日产销量达500吨，月获利80多万元，年创利润上千万元。

实现共同富裕是人民大众的共同向往，是社会主义的本质要求，也是中国共产党人始终不渝的接续探索。李凤德继承发扬了界湖南村八位党支部书记的光荣传统，同时也开创了第一任南村社区党委书记的先河，为界湖南村的发展奠定了良好的基础。2019年12月，光荣当选临沂市首届"沂蒙最美退役军人"。2020年当选了由沂南县委宣传部、县文明办、县退役军人事务局联合组织开展的首届最美拥军人物。

一分耕耘，一分收获。李凤德被评为全省"担当作为好书记"，"全省优秀转业退伍创业军人"，山东省劳动模范，山东省扶贫攻坚奉献奖。2013年、2018年，连续当选山东省第十二届、十三届人大代表，

启示三：机遇亲近有准备的人。登高望远，四方佳气，是最好的准备。所以，要讲政治，讲大局，讲奉献，心底无私天地宽。

南村社区走"发展集体经济，实现共同富裕"的路子，从指导思想上，始终坚定讲政治、讲大局、讲奉献这一主题思想。在实际工作中，坚持做到听党话、跟党走、感党恩，将改革发展成果反馈社会。在他们刚刚开始发展集体经济的时候，正是沂南县城建设的初期。当时县城通街修路，所有的占地、拆迁、安置，没有补偿政策，都是由城区村负责。界湖南村讲政治、讲大局、讲奉献，不讲价钱，不讲条件，勇于担当，为振兴路、正阳路、银杏路等几条道路的开通，做出了巨大的奉献。他们不讲条件的付出，也收获了集体经济发展的巨大机遇。抢得了先机，赢得了主动。就是在这个时间阶段，他们成立的房地产开发公司、建筑安装工程公司等集体企业派上了用场，不仅建起了住宅小区，还建起了沿街商用店铺，成为后来发展集体经济最重要的基础，最宝贵的财富，形成了南村集体经济的发展模式。

讲政治，讲大局，是南村社区抢抓机遇，推进发展的基础。2008年，正是界湖南村集体经济发展得红红火火的时候，县委、县政府决定让他们接过山东沂蒙红色影视拍摄基地的开发建设项目。这可是拍摄大型电视连续剧《沂蒙》的基地，一个刚刚起步发展，还没有一定经济实力的小村庄，一群只有初中、小学文化程度的庄稼汉，能

行吗？同样出于讲政治、讲大局的理念，他们顶着压力，冒着风险，将开发建设运营红色文化产业的任务接受了下来。正是他们咬牙坚持接过了这个项目，才有了以后轰轰烈烈、文旅结合的文化产业。

千难万难，有了党的坚强领导就不难。在没有经验、资金不足的情况下，南村社区党委确定了以红色文化为魂，以弘扬沂蒙精神、红嫂精神为中心任务的创建目标。成立了山东沂蒙红色影视基地暨红嫂家乡旅游开发有限公司，调兵遣将，在远离社区23千米的红嫂家乡常山庄村扎起营寨。社区经济建设由重点发展工副业转向第三产业。集中财力、人力和精力，先后投资8亿元，高标准建设沂蒙红色影视拍摄基地和红嫂家乡旅游区。当年建起高标准居民住房，147户村民适时进行了搬迁。对“古山村”老民房进行了保护性修缮，新建、改建、修复了供拍摄红色影视专用的炮楼、戏台、古道、城门、围墙、古庙、院落等景点。随后，以真材实料建成了供影视拍摄，功能齐全的古县城。在12处农家院内，建成了以明德英、王换于、李桂芳、胡玉萍等百位红嫂事迹组成的中国红嫂革命纪念馆，建起了有徐向前、罗荣桓、陈毅、粟裕等204位将帅，刘少奇、谷牧等80多位高级干部事迹简介与照片的人民子弟兵将帅纪念馆，还建起了反映党政军民建设与巩固发展沂蒙山革命根据地的跟着共产党走纪念馆。配套建起了道具库、沂蒙红色写生基地、影视基地服务中心、蟠龙湖水上游乐区。在周边修起了大道，找到了当家水，绿化了山野荒坡，建成了国家AAAA级旅游景区，使这里不仅成为沂蒙红色影视拍摄基地，而且还成为爱国主义教育基地、红色旅游基地。先后拍摄了《沂蒙》《沂蒙六姐妹》《红高粱》《铁道飞虎》等400余部红色影视剧。被评为山东省十大文化产业基地之一。

机遇偏爱有准备的人。就在南村社区集中力量做好红色文化产业的时候，迎来了研学游上升到国家教育战略层面的大好机遇，他们顺势成立了红色研学游推进机构，充分挖掘并利用红色资源，大力兴建红色研学游设施，并根据红色景区特点和研学需要，设置了影视拍摄研学、中国红嫂纪念馆教育、山东大煎饼体验、沂蒙传统民居“干插墙”教学知识、非物质文化遗产面塑等十多个研学点。利用沂蒙老区丰富、优越的红色教育资源，把爱国主义理想信念教育与知识学习、体验实践结合了起来。2018年11月，沂蒙红色影视基地被教育部授予全国中小学生研学实践教育基地，每年前来研学的中小学生数以万计。

2019年，南村社区又抓住县城棚户区改造机遇，用100天时间，516个产权户，673个院落，一户不落，全部清零，创造了沂南棚改“南村速度”。2021年，他们建起了棚改安置小区，全部搬迁户分得了新楼房。如今，南村居民的住房，无论是位置、规划设计，还是建筑质量，在县城都是最受赞扬，最受青睐的。南村社区居民率先过上了跟城里人没什么区别的生活。

启示四：群众是社会基础，是发展集体经济的支撑。一切为了群众，是一切事业的出发点和落脚点。所以，必须让群众充分享受经济发展成果，才能走得好，走得远。

南村社区发展集体经济立足于全体村民共同富裕，始终以群众为中心，目的是让群众都能过上好日子。经过十几年的不懈努力，集体经济稳步发展，距离目标越来越近。

南村社区现有居民980户2886人，其中，60岁以上老人437人。2005年以来，先后建起9处集体企业，至2021年底，社区固定资产达到22.1亿元，集体年收入一直保持在亿元以上，且稳步增长。十多年来，用于民生方面的开支达到3亿多元。荣获“全国综合减灾示范社区”“全国民主法治示范村”“山东省文明社区”“山东省和谐社区建设示范点”等多项荣誉称号。

从2009年开始，每年中秋节和春节，为社区所有家庭发放米面油等生活用品。为全体居民免费办理新型农村合作医疗和家庭财产保险、银龄安康保险、社会治安保险。为167名达到法定结婚年龄的青年，每人免费分配一套120平方米楼房。2021年，为迎接建党百年，社区投资380多万元，对居民区进行亮化绿化美化改造提升。安装了节能亮化灯。改造了出入口道闸。建起了消防安全大通道。改造了化粪池及排水管线。整修了道路，硬化了小区广场，重建了小区值班室。根据家用轿车普及的需要，在居民区建设改造车位780多个。修复了被雨水渗透的沿街房屋。对社区办公环境进行了楼外刷新，楼内保洁，路面整修。建起公墓林，实施新旧坟头整体搬迁。改造后的南村社区，自来水入户率100%，设有水冲式公厕，垃圾日清日结，消防设施先进，河沟渠塘清洁。

老年人是失去劳动能力的弱势群体，他们的生活品质，在一定程度上代表了所在地域的经济发展水平和社会风貌。南村社区为此做出了积极努力。投资350多万元，建设了高标准老年活动中心，购买了健身器材，设立了社区卫生服务中心。老年人可以到老年活动中心看电视、打扑克、下象棋、玩游戏……投资100多万元，为二层楼居民区通了燃气，改造了供电线路，整修了街道路面，在此居住的老年人幸福指数得到大幅提升。每年都为老年人进行健康查体。每到换季季节，卫生服务中心的医务人员，为老年人组织换季健康课，讲授换季注意事项。不定期邀请省、市医疗专家为社区老年人上健康知识讲座，传授老年健康、保健知识。除上级给予的各种补助外，年满60周岁的老年人，每人每年享受7000元的退休金。新中国成立前的老党员，每月发放600元生活补贴。每年九九老人节，社区走访慰问高龄老年人，为他们发放高龄补贴；为60—80岁老年人购买了银龄安康保险；对住房进行了适老化改造。老年人家庭医生签约率100%。社区定期探访特殊困难老年人。设有老年人宣传教育专栏，社区便民服务中心提供老年人法律服务和智能服务，每年节日走访看望社区留守老年人并发放慰问品和慰问金。

南村社区还组织成立了社区“关工委”，组建“五老”志愿者队伍，让社区老年人发挥余热、老有所为，让老年人在关爱教育、棚户区改造、新时代文明志愿服务、疫情防控、移风易俗等工作中发挥了重要作用。同时，社区就业岗位为有劳动能力且自愿继续就业老人搭建平台，提供工作机会。2016年，被全国老龄委授予“敬老文明号”。2017年，被省老龄委评为“山东省老龄之家”。

启示五：无数小溪淌，汇成江河流，民富才能国强。共同富裕，人人有责。所以，先富带后富，责无旁贷。

南村社区16年坚持走“发展集体经济，实现共同富裕”的路子，硕果累累，卓有成效。在本村发展的同时，不忘支持、带动和影响周围欠发展的乡村。在他们看来，能为共同富裕出一点力，帮一点忙，做一点工作，是每一个共产党员的本分。在沂蒙红嫂家乡旅游暨沂蒙红色影视拍摄基地开发的同时，他们充分发挥产业优势，大力实施产业扶贫，辐射带动了景区周边3个贫困村、2个插花村1400多个家庭实现了脱贫致富，探索总结出“土地入园当社员，景区务工当职员，穿上戏服当演员，售卖产品当店员”的“一区带四员”和“一人上班，全家脱贫”的扶贫模式。他们发展不忘回报社会，主动承担社会责任，积极参与慈善、救助、共建、帮扶、支持社会公益事业。据不完全统计，十多年来，累计捐款捐物达3000万元。

马克思说过：“社会生产力的发展将如此迅速……生产将以所有的人富裕为目的。”百年后的新中国成立初期，毛泽东明确指出：“现在我们实行这么一种制度，这么一种计划，是可以一年一年走向更富更强的，一年一年可以看到更富更强些。而这个富，是共同的富；这个强，是共同的强。”党的十八大以来，中国特色社会主义进入新时代。这个新时代意涵丰富，全国各族人民共同奋斗、不断创造美好生活、逐步实现全体人民共同富裕是其重要内容之一。2012年11月15日在十八届中共中央政治局常委同中外记者见面时，习近平总书记强调，“坚定不移走共同富裕的道路”。中国共产党人以马克思主义为指导，将共同富裕作为奋斗目标，并为此建立了制度，制订了计划，辅以坚定的实施。

南村社区“发展集体经济，实现共同富裕”的实践，得到各级领导的重视。中共沂南县委书记侯占夫到沂南22天，先后三次深入界湖南村社区所属集体企业和社区调研。第一次调研了南村帮扶的乡村振兴旅游点新立村。第二次调研了红嫂家乡旅游区暨沂蒙红色影视基地。2022 年 1 月 15 日下午，第三次到南村宣讲十九届六中全会精神并且调研南村集体经济发展情况。听罢同志们的汇报，侯书记说："南村社区在党委的领导下，在李书记的带领下，走过了一条不平凡的道路。南村的发展，是沂南的一面旗帜。"他还说："人民对美好生活的期望，是我们的最高追求。我们要在宜业宜居宜游的基础上，加强富裕美好沂南的建设。富裕就是要做到民富县强，从南村这种发展实践看：村强了，民也富了，这种经验、样板值得推广。"

（作者：杨桂柱。载于《沂南通讯》2022 年 9 月 30 日第四版。）

第二节　通　信

共富路上看南村

千山流翠彩，一村共富图。在巍巍沂蒙山区里，有这样一个村庄，这里的老乡们，传说着诸葛亮的故事，传承着"红嫂"的精神，更倾情演绎着共同富裕的生动实践。

这个村庄，就是山东省沂南县界湖街道南村社区。

南村社区共有 2880 口人，党员 111 名。2005 年以来，该村坚持"发展集体经济，实现共同富裕"。从 2013 年起，村集体收入已经连年超过亿元，成为名副其实的"亿元村"。2020 年，全村固定资产达到 21.6 亿元，社区集体收入 1.46 亿元，人均可支配收入达到 3.6 万元。

归雁领航，开拓乡村振兴路

火车跑得快，全靠车头带。南村成为"亿元村"，与一个人密不可分，他就是南村社区党委书记李凤德。

今年 59 岁的李凤德是一名退伍军人。他 1980 年入伍，1985 年退伍回乡后，为不给国家增加负担，选择了自主创业，历经数年艰苦奋斗，建起了山东山源硅砂有限公司、大山矿业公司、山源物流公司等多家企业，成为当地有名的企业家。

李凤德的故乡是南村。2004 年时，南村还很穷，村民一年到头没多少收入，村集体欠着近百万元外债。2004 年底，南村社区几位老党员、老干部和群众代表找到李凤德，请他回村率领大伙一起干，连续请了多次后，李凤德答应了。2005 年 1 月中旬，南村村委会换届选举，李凤德高票当选村民委员会主任。于是，他将自己的几个企业交给亲朋打理，回村任职。之后，在南村党支部换届选举时，李凤德又高票当选为村党支部书记。2006 年，南村改为南村社区，李凤德担任社区党委书记兼居委会主任。

刚回村时，面对散乱穷的南村，李凤德觉得当务之急是把全村团结凝聚起来，抱团发展集体经济。要发展集体经济，干部就得做好表率，就得有威望。为此，他从村"两委"班子的管理入手，在当选后的首次"两委"班子成员会议上，提出了"四讲"——讲思想、讲大局、讲奉献、讲集体主义。在他的表率作用和制度的严格要求之下，"两委"班子成员内强素质、外树形象，严格照章履职，党支部堡垒作用和党员模范带头作用得到彰显，南村社区有了主心骨、领头雁。

之后，社区党委制定了《南村社区中远期发展规划》和提前实现小康奋斗目标的蓝图，接着流转全村所有承包土地，重新整合集体经济资源，调整村企产业结构，成立了山东广汇集团，业务逐渐涵盖红色旅游、休闲度假、酒店餐饮、仓储物流、房地产开发、建筑安装、物业管理、农业开发、饲料生产等，村集体经济不断壮大，2013 年，村集体收入首次突破亿元，从此开启了"亿元村"征程。

在十多年的村庄建设和房地产开发中，南村社区拥有了十多万平方米的沿街商铺。对于这些商铺，南村不是一卖了之，而是把产权全部归属集体，给子孙后代留下了"常流水"的固定收入。现在，这些沿街商铺年租金收入达 2000 万元。

多年来，李凤德获得了不少荣誉，被评为全省"担当作为好书记""全省优秀转业退伍创业军人”、山东省劳动模范，并荣获山东省脱贫攻坚奉献奖。今年7月，荣获山东省临沂市建党百年“百年光辉征程百名沂蒙榜样”荣誉称号。

福利共享，绘就“南村民生图”

南村社区办公大楼一楼大厅照壁上，镌刻着“为人民服务”五个大字。2012年11月20日大楼交付使用那天，李凤德在带领村“两委”成员列队时，就真诚地告诫大家：“进出大楼的时候，一定要认真看看这五个字，为人做事的时候，心里要牢牢装着这五个字。”

“为人民服务”五个大字，从此成为南村村“两委”干部的座右铭。对南村来说，发展依靠村民，发展的成果也造福村民。村级集体经济发展壮大的同时，村民享受到了由此带来的福利。

2021年6月4日，南村发生了一件全国关注的事件——这天，村里为第七批适婚青年分房，14位男女青年人人免费分到了一套120平方米的楼房。此事经媒体报道后，立即引发全国关注，许多人甚至通过临沂市政府服务热线“12345”电话，咨询怎样才能落户南村社区。

达到法定年龄结婚的青年，可免费分到一套120平方米的婚房，仅是南村社区福利的一部分。对于60岁以下村民，村里每年发放4000元生活补贴，60岁及以上者每年7000元；社区还每年免费为全体居民检查身体；逢年过节，村里都为全体居民发放米、面、花生油等福利……南村人的幸福指数年年攀升。

在凝心聚力发展集体经济的过程中，南村社区的精神文明建设也同步得到加强。南村村“两委”在居民中广泛开展文明社区创建活动，充分利用大喇叭、宣传栏、宣传标语等形式，大力宣传社会主义核心价值观。组建了村级文艺宣传队，创作演出了歌颂新时代和社区新事新风尚的文艺节目，群众文化生活丰富多彩，打造成了新农村建设示范村。

初秋时节，笔者来到南村社区，站在街头放眼望去，这哪里是传统意义上的农村？

宽敞洁净的村街上，绿树成荫，鲜花盛开，一幅新时代新农村的美丽景象；社区内的亭台楼阁，点缀着树木山石；村民们有的在悠闲聊天，有的在老年活动中心里下棋打扑克；手巧的村姑，在玉兰树下一边和姐妹说话，一边熟练地飞针走线缝着鞋垫；穿着艳丽的孩童们，在广场上放风筝、嬉戏玩耍；居民区的村民，茶余饭后在家门前养花植草，既美化了农家，又为社区美化增彩添绿；居民区广场上，社区文艺宣传队正在演出歌唱沂蒙、颂扬社会主义新农村的文艺节目。夜幕降临，社区数十栋居民楼、沿街商铺上的霓虹灯华丽绽放，五彩缤纷，令人流连忘返，成为网红的打卡地……

昔日那个贫穷落后的南村，已经成为历史。

强村带弱村，联合党委勇担共富使命

山东省沂南县马牧池乡常山庄村有“红嫂家乡”之称，战争年代，这里的群众为中国革命胜利作出了巨大贡献。但是，由于多种因素制约，这里群众的生活一度比较困难。2007年，电视剧《沂蒙》在常山庄拍摄完成后，沂南县决定在此建设影视拍摄基地，县里决定由先富起来的南村承担开发任务。

于是，2008年，南村开始在常山庄建设沂蒙红色影视基地。早在影视基地规划设计阶段，他们就制订了一个以影视基地建设为中心，辐射带动周边几个村富起来的“建设＋扶贫”工作计划。当时，有的南村村民不理解，认为扶贫是政府的事，用不着南村操心。李凤德深情地说：“咱们都是沂南这块土地上长大的人，都知道常山庄是红嫂的家乡。如今咱们富了，不出手帮他们一把，心里过不去啊！”

南村把影视基地建设与扶贫开发结合起来，并与景区周边的常山庄、西寺堡、双泉峪子、张家峪子、新立村，联合成立了“沂蒙红嫂家乡文化产业园区党委”，在党委统一领导下开展扶贫工作。在南村的引导下，周边村庄建设了有机苹果和车头梨种植基地，开发了生态农业旅游区、山乡旅游度假区、沂蒙文化体验区等，形成了“一村一品一特色”的格局。景区的巨大带动辐射作用，使原先不起眼的山货卖出了好价格，原先5毛钱一斤都没人要的车头梨，最高时一斤能卖到18元。

2020年，吃上旅游饭的景区周边村庄，人均可支配性收入均超过了1.5万元。

影视基地建起来后，周围几个村的村民有了施展才华的机会，他们依托影视基地当起了“四员”——土地入园当社员、景区务工当职员、穿上戏服当演员、售卖产品当店员，实现了一人上班全家脱贫。常年在影视基地售卖农产品、开农家乐、制作售卖手工产品的农民有300多人，在影视基地就业的农民达到600人，其中有20多人因工作出色，走上了景区、酒店的经理、主管、厨师长、领班、班组长等管理岗位。

到影视基地拍戏的剧组多了，周边农民放下锄头穿上戏服当起了群众演员，人均日收入50—100元不等，既增加了收入，又过了一把表演瘾。十多年来，在影视基地剧组中当群众演员的群众达到十多万人次。

历经十多年奋勇拼搏，现在，沂蒙红色影视基地形成了由古县城、红色旅游基地、影视拍摄基地、爱国主义教育基地、红色研学基地、红色写生基地组成的“一城五基地”格局。2015年，常山庄被评为“CCTV中国十大最美乡村”；2016年，成为全国红色旅游经典景区；2018年，被教育部授予全国中小学生研学实践教育基地；2020年，常山庄被评为全国乡村旅游重点村。该景区的脱贫攻坚经验，还入编文化和旅游部旅游扶贫培训教材《新时代旅游扶贫面对面典型案例篇》，成为山东省唯一入选的旅游景区。

乡村振兴是实现共同富裕的必由之路。今年6月，南村社区党委书记李凤德应邀参加了在浙江省嘉善县举行的第二届长三角V30村书记论坛，南村社区“发展集体经济，实现共同富裕”的经验和成果，得到了参会的农业农村部、浙江省乡村振兴研究院相关领导及上海、浙江、江苏、福建、安徽、山东等省份数十位明星村书记的高度评价。

（作者：郑树平。刊登于国务院乡村振兴局《中国乡村振兴》2021年第9期。）

第三章　影视基地

“山村好莱坞”的奋斗

古朴山村保留了独特的抗战山乡风貌

常山庄村始建于明朝洪武年间，帮助常山庄村建起村史馆的沂南县博物馆馆长吕宜乐告诉记者：“这个村起初取名常胜庄，寓意吉祥，后演变为常山庄。”常山庄村内主街2千米，两侧基本上是清末至新中国成立初期建设的民宅，古朴的村落、幽深的石板巷、石板桥以及残破的老石屋、茅草屋，站在村街望去，就像一座开放式的民居博物馆。

常山庄民居的建筑结构形式大多为砖木结构，地基就地取材，用山上的大石块，采用干插墙形式，用小碎石进行填缝。此建筑方法砌筑起来的墙体，简洁牢固，受力合理，成为一道独特的建筑景观。不仅如此，这种古老的建筑还非常有利于军事防御。战争年代，常山庄是沂蒙山革命根据地中心，是抗日战争时期山东党政军机关领导全省开展抗战活动的中心区域，徐向前、罗荣桓、陈毅、粟裕等老一辈无产阶级革命家在这里战斗生活过。

“常山庄所属的马牧池乡，更是典型的红嫂之乡，用乳汁救伤员的红嫂明德英就生活在这里。战争年代，这里是一个典型的红嫂之乡，能数出名字的红嫂就有120多名。”吕宜乐说，常山庄周围还有许多革命遗迹、遗址，其中比较著名的有山东省战邮会旧址、“火线桥”旧址，红嫂故居、“沂蒙母亲”王换于故居等旧址。难能可贵的是，这些遗址在经历了七八十年的风雨历程之后，仍保存完好，保留了独特的抗战山乡风貌。

2007年，反映革命战争年代沂蒙人民参军参战、拥军支前、无私奉献的电视剧《沂蒙》拍摄前选址，走遍了沂蒙山区6个县200多个村庄，最终将拍摄地设在沂南县马牧池乡常山庄村。

“之所以选在常山庄村拍《沂蒙》，主要有两点考虑，一是这个地方是山东抗战中心，是红色根据地，另一个就是这个村保持了沂蒙老区百年建筑的原始风貌，非常符合拍摄需要。”该剧美术张志方说。

《沂蒙》拍摄后，沂南县决定在常山庄建设沂蒙红色影视拍摄基地，该县界湖镇南村社区承担了基地的开发建设工作。沂蒙红色影视基地2008年建成至今，已经拍摄了《沂蒙》《斗牛》《红高粱》《铁道飞虎》等400多部红色影视剧，被誉为“山村好莱坞”“红色影都”。2012年，沂蒙红色影视基地被评为国家AAAA级景区，2014年，常山庄被评为第三批“中国传统古村落”。

让导演、制片人成为“回头客”

从拍摄《沂蒙》开始，张志方在沂蒙红色影视基地待了十多年，见证了常山庄由红色村庄，到红色影视剧拍摄基地的蜕变。“我们对古院落进行了保护性修缮，新建、改建、修复了供拍摄红色影视剧专用的炮楼、戏台、古道、城门、围墙、古庙等。根据剧情需要，把一些院落改造成了地主院、李家院。”张志方说。

为拓宽影视剧拍摄的功能和范围，影视基地还建起了功能齐全，能够拍摄年代剧的古县城。张志方正是古县城设计者，他说：“建设古县城目的非常明确，就是满足革命战争戏、新农村建设及年代剧等多种题材的影视剧拍摄需要。”古县城配套建设了红色影视风情街、明清主题影视街、民国主题影视区、乡村、城市、战场等主要拍摄场景100余处，“加上古村、古院落等取景点，可同时接待多个剧组拍摄。”

影视基地有两座道具库，其中一座，是他们和广西文化物资有限责任公司合作建成的。后者不仅经营影视道具效果枪支、影视道具、服装等租赁业务，而且拥有原广西电影制片厂影视文化装备经营管理权。“我们能为剧组提供1万多个品类道具，可以为剧组定制和提供上万件各种款式、型号、颜色的影视服装。”南村社区党委书记李凤德说，为方便和满足剧组拍摄需要，影视基地还建设了影视服务中心酒店和写生基地酒店，能同时容纳2000多人食宿。

山区纯朴的村民和影视剧演员似乎是八竿子打不着的两个群体。可在常山庄，不少村民都兼有演员身份。“周围六七个村的群众在我们这里登记当群演，人数多达五六百人。”常山庄影视服务部经理李现人说。

今年74岁的张贵利，是群演中年纪比较大的，也是拍戏比较多的。“刚开始在俺村拍电影时，大家都觉得很稀奇。当时，我还没有从村里的老房子里搬出来，来了拍戏的，我也不关门，搬个板凳坐在门口看热闹。”张贵利说。

剧组的人请张贵利到他们拍的剧中担任群众演员，性格直爽、喜欢热闹的张贵利，从此开始了群演生涯。从拍《沂蒙》开始，他在不少戏中出演过，“我还拍过有台词的戏呢！一个月能挣1000多块钱，多的时候3000多元，这样的收入对于俺庄户人来说很不错了。”张贵利说。

随着在常山庄拍戏的剧组不断增多，群众演员需求量不断增加。有的影视剧需要很多群众演员，像《战神》《永不磨灭的番号》等战争题材的影片，需要上千名群众演员。“剧组要求立刻组织群众演员，正在景区建设的施工人员，也被拉来临时救场。”

为帮助群演提高表演水平，沂蒙红色影视基地成立了影视演员培训中心，请影视剧导演、演员对群众演员进行专业培训。经过培训后，群演表演水平提高很快，有的还在一些影视剧中担任了角色演员，收入大大增加。

电影《黄金战士》中扮演女一号的知名女演员温峥嵘，对常山庄村的群演水平大加赞赏，“他们在搭戏过程中很少出错，许多镜头都是一遍过。”

群演多了，如何规范管理是个问题，在沂蒙红色影视基地帮助下，常山庄村 2018 年 7 月成立了影视服务部，专门负责群演管理工作。

全国影视拍摄基地不少，身处沂蒙群山之中的常山庄，缘何受到众多影视摄制组青睐？采访中，记者了解到，除天然的古村优势外，最关键的是为摄制组服务好的理念，想摄制组所想，急摄制组所急，把摄制组当成家人一般对待，从场景，到住宿、餐饮，从道具，到群演的完整服务产业链，让影视剧组工作人员在这里工作舒心、安心、放心、省心，既缩短了拍摄时间，又大大节省了拍摄制作成本，这也是许多导演、制片人成为“回头客”，多次到沂蒙红色影视基地拍剧的主要原因。

电视连续剧《绝地反击》的导演王磊说：“他们的工作很到位，我们非常省心，工作效率很高，拍摄时间比预期缩短了近 10 天。”

多元发展实现自主拍摄制作目标

“虽然已经拍摄了 400 多部影视剧，但不管是横向比，还是纵向比，我们都存在短板和不足，与横店和青岛东方影都相比，不论是硬件，还是软件，我们都有差距。”李凤德说，影视基地要想实现大的发展，必须突破一些“天花板”。

李凤德分析，横店影视城经过 20 多年发展，已成为全国乃至全球最有影响力的产业基地之一，不仅是一个超大型影视拍摄基地，而且是一个经典旅游景区。硬件方面，建起了秦王宫、清明上河图等多个主题公园。还建起了多处展览馆、文化教育馆等休闲娱乐场所，游客们可以零距离接触影视剧组、影视明星，可以体验参与 100 多项大型演艺类、影视特技类项目。

青岛东方影都虽然建成时间较晚，但起点高，已经成为影视拍摄为主，兼具观光旅游、文化娱乐、休闲度假于一体的大型影视产业制作基地，形成了影视产业园、大剧院、电影博物馆、影视会展中心、商业中心、室风主题乐园等为主的全产业链体系。高科技拍摄制作方面，更走在国内影视基地前面。

由于独特的地理位置和条件，沂蒙红色影视基地现在取景的剧组，多是抗战题材、农村题材和民国题材戏，“戏路”较窄。有时，剧组需要拍摄水上戏、火车站等戏时，没有相关场景。

为解决短板和不足，他们以《山东省影视产业发展实施规划（2018—2022 年）》被列为影视产业重点发展和支持项目为契机，突破传统影视拍摄基地局限，从硬、软两个方面下功夫，补齐短板，提升影视基地品牌价值。

“我们对影视基地进行了新规划，优化各项影视拍摄配套设施，为前来拍摄影视作品的剧组提供更加便捷、优质服务。”山东广汇集团总裁、沂蒙红色影视基地总经理李熙鹏介绍，硬件方面，将投资 51 亿元，增建数个高标准摄影棚，新建火车站、水岸码头等影视拍摄场景，修整近十个古村院落作为新的影视拍摄取景点，并对古县城内原有的取景点以及道路、树木等进行有针对性的补充和完善。针对食宿方面存在的不足，拟新建影视大厦，扩建影视服务中心和写生基地酒店。

软件方面，在全面提升服务水平同时，和上海戏剧学院、北京电影学院、原八一电影制片厂等深度合作，与北京、上海知名规划设计院签订合作协议，并联合北京电影学院和临沂大学成立临沂大学影视学院，建立影视行业人才发展培养机制。

现在影视剧拍摄以同期声拍摄居多，剧组拍戏时需要安静，有时甚至需要密闭场所。这就与游客游玩发生了矛盾，出现了剧组与游客争景的现象，双方都有怨言。为解决剧组和游客争景问题，沂蒙红色影视基地提升管理服务，当影视剧组拍摄时，导游采取分流或绕道的方式，让游客顺利观赏风景。通过和剧组外联沟通，在拍摄间隙或转场时，让游客近距离了解影视剧是如何拍摄的，有时游客还可以零距离接触影视明星，甚至过一把群演瘾。此外，他们拟多维度设计游览线路，把蟠龙湖、凤凰阁等景点和古村、古县城串成线、连成片，增加游客游览点。

为将疫情带来的损失降到最低，3 月底景区恢复开园后，沂蒙红色影视基地迅速行动起来，兵分几路，通过内引外联做工作，近段时间已经有两个剧组前来拍摄。“疫情防控常态下，必须学会多条腿走路”，用李熙鹏的话来说，就是走出一条“影视、旅游为核，文化为魂”的影视+旅游双轮驱动的发展模式。他认为，影视基地的一个突破点，是自主知识产权影视剧制作，“要做到多元发展，实现自主拍摄制作影视剧目标。”

在这条发展道路上，他们已经迈出了坚实一步。去年10月，讴歌最美退役军人的乡村振兴题材电影《沂蒙老兵》杀青，该片由沂蒙红色影视基地等联合摄制，也是沂南县首部拥有自主知识产权的影视剧。“山东省委宣传部已将《沂蒙老兵》列为重大题材电影。”该片总策划邵维祥大校说。

（作者：郑树平、陈巨慧。刊登于2020年6月24日《大众日报》，同时被中国经济网、中国产业经济信息网、《大众日报》客户端、大众网、《海报新闻》《中国报道》、网易、“今日头条”等刊发。）

第四章　红嫂家乡旅游

第一节　典型案例

沂蒙山上好风光

——山东省沂南县红色旅游发展典型案例

位于沂蒙山区腹地，有“红嫂之乡”美称的山东省沂南县，战争年代是山东抗战中心区域，徐向前、罗荣桓、陈毅、粟裕等老一辈无产阶级革命家在这里战斗生活过，乳汁救伤员的沂蒙红嫂明德英、办起战地托儿所的沂蒙母亲王换于、架起火线桥的“沂蒙大姐”李桂芳等沂蒙红嫂群体故事就发生在这里，这里是“沂蒙精神”重要发源地，“沂蒙红嫂精神”诞生地。2013年11月25日，习近平总书记视察临沂时强调，沂蒙精神与延安精神、井冈山精神、西柏坡精神一样，是党和国家的宝贵精神财富，要不断结合新的时代条件发扬光大。

沂蒙人民牢记总书记嘱托，大力弘扬沂蒙精神，充分利用红色文化资源，红色文化、红色旅游融合发展，叫响“红嫂”旅游品牌，在国家AAAA级景区——红嫂家乡旅游区暨沂蒙红色影视基地，创新打造了红色旅游发展的“常山模式”，昔日贫困落后的沂蒙小山村，成为全国红色旅游经典名录景区。景区建成至今，拍摄了400多部红色影视剧，2015年被评为“CCTV中国十大最美乡村”，2018年被教育部授予全国中小学生研学实践教育基地。充分发挥沂蒙红色影视基地龙头带动作用，红色旅游成为沂蒙老区脱贫攻坚、乡村振兴主力军，为全面建成小康社会起到了“助推器”“催化剂”作用。

“红嫂”唱主角，打造红色旅游发展“常山模式”

红嫂家乡旅游区暨沂蒙红色影视基地是沂南红色旅游龙头企业，可同时接待2万名游客、1200人食宿、5部及以上影视剧同时拍摄，是一处集红色旅游、红色教育体验、绿色养生、影视拍摄、餐饮娱乐等功能于一体的综合性休闲度假旅游景区。

他们让红嫂唱主角，讲好红嫂故事、红色故事。充分挖掘、利用红色资源，创新红色旅游发展模式，走出了一条成功的发展之路，景区知名度和美誉度不断提升。

做到规划引领，根据影视基地建设、红色文化传承和红色旅游发展的需要，委托山东省旅游规划设计研究院进行了全方位、高起点规划。规划依托红色古村风貌和优越绿色山乡生态，以红色文化、影视文化、红色旅游、沂蒙风情为核心内涵，突出了红绿结合。景区建成至今，累计接待游客500多万人次。

他们传承沂蒙魂，永远跟党走，弘扬“沂蒙精神”，传承红色基因。以红色旅游景区和党性教育基地为依托，充分发挥红色引领带动作用，赋予更多的旅游元素，爱国主义教育游、红色研学游、乡村游、生态游、传统文化游、历史古迹游等有机结合，推动红色文化旅游跨界融合发展，成为党性教育、红色影视、研学体验之最佳目的地和游客接受红色文化、党性教育的理想场所。

他们红色搭台，文化唱戏，给百年古村注入文化元素，吸引了来自全国各地的艺术家，成为清华大学美术学院、山东艺术学院等40多所知名艺术院校“写生创作基地”。在景点之一的蟠龙湖边，建起一条长300米的“沂蒙文化长廊”。把革命根据地沂蒙山区的红嫂、历史英雄人物事迹、故事，以石雕的形式布展，形成了一条独特的沂蒙文化展示厅，营造了“红嫂家乡，亲情沂蒙”的浓厚文化氛围。让游客和村民在游览中接受传统教育和爱国主义教育，被评为“沂南十大文化符号”。

塑造“五性”，打造红色研学“沂蒙高地”

立德树人，培养人才。抓住研学旅行上升到国家教育战略层面的大好机遇，专门成立了研学旅行推进机构，充分利用红色资源大力兴建红色研学旅行设施，打造研学旅行基地，叫响了全国中小学生研学旅行品牌，丰富、提升了沂南文化旅游元素和品质。

充分利用景区的红色纪念馆，作为研学旅行重点，根据景区特点和研学需要，设置了十多个研学点，购置了八路军服装，木制长枪、机枪、斧头、锣鼓、木推车、担架、扁担、铡刀、筐头、小推石磨等大批研学旅行道具。

和教育部门紧密配合，组成研学旅行课题开发小组，充分利用景区资源，开发了以红色旅游、红色教育、红色拓展为主的研学旅行课程。主要由“六个一组成”：穿一套八路军军装，走一段革命路；忆一段红色历史，受一次红色教育；唱一首红歌，感受一段情怀；组织一场比赛，体验一段激情；送一次军粮，支援前线；看一场实景演出，圆一个表演梦，充分体现了“五性”——思想性、知识性、趣味性、科技性、多重性特点。

2018年7月，第三届中国研学旅行大会暨武乡红色研学旅行论坛上，进行了全国“优秀研学旅行课程”评选，由沂蒙红色影视基地选送的《中国梦，红嫂情》研学旅行课程，荣获了特等奖。此外，他们研发的《沂蒙精神红色研学课程开发与实施》课题，以全省第三名成绩，成功入选“山东省基础教育教学成果重点培育项目”。

具体研学过程中，根据研学目的、要求，由教官和老师引导学员进入相关的角色并亲身体验、实践、感悟，开启自己的“红色之旅”“自然之旅”“文化之旅”“技能之旅”“艺术之旅”，实现了研中学，学中游，游中悟、悟中升。

近几年，来自全国各地的60多万人到这里进行研学旅行，接受了红色教育。2018年11月，沂蒙红色影视基地被教育部授予国家级中小学生研学实践教育基地，实现了国家、省、市、县中小学生研学实践教育基地的大满贯，成为在全国具有较大影响力的中小学生研学实践教育基地。

“一景带四员”，打造乡村振兴“红嫂家乡”样板

沂南县充分发挥旅游辐射带动功能，打造“红色影视文化基地+乡村旅游+特色产业+就业扶贫”的脱贫攻坚“沂蒙革命老区模式”，为全国革命老区打赢脱贫攻坚战探索出了新路径。

首先，政府搭建平台促发展。建起景区后，政府先后投资4000余万元，修建全长17千米的沂蒙生态大道，投资8000万元修建25千米的红色旅游专线，重修336省道，开设旅游专线公交，便捷的交通将沂蒙红色影视基地与周边景区连点成线，激发了乡村旅游和红色旅游活力。

其次，充分发挥旅游业综合性强、关联度高、拉动力大的产业优势，和景区周边5个村（其中3个省定贫困村、2个插花村）结成帮扶对子。

最后，坚持党建引领，成立了沂蒙红嫂家乡文化产业园区党委，在党委统一领导下实施脱贫攻坚工作。制定了党委工作制度、工作职责、扶

贫工作实施方案，确定了目标任务，进行“四有”——有组织，有领导，有目标，有措施脱贫攻坚工作，取得显著成效。

在他们帮扶下，景区周围村庄村民通过“土地入园当社员，景区务工当职员，穿上戏服当演员，售卖产品当店员”，不仅解决了工作问题，而且有了稳定收入，实现“一人就业，全家脱贫”。景区所在的常山庄村，2014年建档立卡的贫困户30户，2016年实现整体脱贫，2019年，该村人均可支配性收入达到1.5万元。

贫困人口中，大部分人缺少科学知识，缺乏脱贫致富技能，他们大力实施智力扶贫。成立了山东沂蒙红色影视基地劳务服务有限公司，建立了“一中心”“三基地”——影视基地微电影摄制中心；影视演员培训基地、沂蒙红色创客制作基地、就业创业实训基地，对贫困人员进行有针对性的教育培训。“一中心”“三基地”像一台大功率孵化器，成功孵化手工加工、草编等就业加工点十多个，吸纳数百名贫困人员在家门口实现了就业，每人每月收入近千元。

由文化和旅游部编辑的旅游扶贫培训教材《新时代旅游扶贫面对面典型案例篇》，沂蒙红色影视基地以《红色影视城，富民乐业村》为题入选，成为山东省唯一入选的旅游景区。

宽敞的旅游路、整齐的新社区、红火的影视城、富民的新产业，沂蒙老区群众安居乐业，过上了以前想都不敢想的好日子。一幅颇具沂蒙风情的现代版“富春山居图”，正在红嫂家乡徐徐展开。

（作者：郑树平。2021年4月，国家发展和改革委员会社会发展司、中华人民共和国文化和旅游部资源开发司《红色旅游发展典型案例汇编》，中国旅游出版社出版。）

第二节　通　信

红色旅游点亮百年古村

2016年，该景区入选中国红色旅游经典景区名录；2013年，获评“中国文化旅游新地标”，被山东省人民政府公布为第四批重点文物保护单位；2014年被评为“第三批中国传统村落”；2015年获评“CCTV中国十大最美乡村”。

文化厚重的百年古村

常山庄村保存比较完好的传统民居多达367座。这些古建筑规模宏大，大多建于清末民初，其中有的已有200多年历史。虽然上百年过去了，但今天的常山庄仍保留着古朴的村落、幽深的石板巷、石板桥以及残破的老石屋、茅草屋。建筑虽然古朴，但兼具居住、实用、美观等特点，站在村街望去，就像一座开放式的民居博物馆。

常山庄民居的建筑形式，分为4种：单进一合院、单进二合院、单进三合院，两进三合院。其中以单进二合院、单进三合院居多，约占所有民居近七成。

结构形式大多为砖木结构，地基就地取材，用山上的大石块，采用干插墙形式，用小碎石进行填缝。此建筑方法砌筑起来的墙体，简洁牢固，受力合理，成为一道独特建筑景观，是当地百姓勤劳智慧的结晶，不仅对中华建筑文化的发展起到了传承和推动作用，而且成为一座开放式的古村落民居博物馆，对发现、发掘、保护、传承、发展古村落以及弘扬中华传统民居建筑艺术，都具有重要意义。

最重要的，是这种古老建筑非常有利于军事防御。战争年代，常山地区成为抗日战争和解放战争重要战场，是中国共产党在山东的主要根据地之一。村中现在依然保存着古井、古桥以及残垣断壁式的老石屋、茅草屋等战争年代历史风貌，具有独特的历史性、地域性特色。

古村内有个牌坊，牌坊正面写着“枕沂”，背面写着“叩蒙”。意思是该村“头枕沂河，叩拜蒙山”，反映出沂蒙山人对于养育自己的蒙山沂水的一种敬畏。以前每个村都有一个这样的牌坊，后来都没有了，因此，常山庄村这个牌坊显得很珍贵。

保护性开发焕新颜

2007年，电视连续剧《沂蒙》摄制组在选址时，走遍了沂蒙山区6个县的200多个村庄，经过反复论证和研讨，决定将拍摄地设在常山庄村。《沂蒙》拍摄后，沂南县决定在常山庄建设沂蒙红色影视拍摄基地，该县界湖街道南村社区承担了红色影视拍摄基地的开发建设工作。

从开发之初，对于古村的如何开发利用保护，县里和开发建设者达成高度一致，始终遵循三大原则：不搞大拆大建，实行“以旧维旧”保护性开发；与传承红色文化结合；与影视拍摄结合。

根据红色影视基地建设、红色文化传承和红色旅游的需要，他们委托山东省旅游规划设计研究院进行了全方位、高起点、大手笔规划。具体开发建设中，他们把保护性开发列为开发红线，绝不能碰。除个别因房屋破旧需要修缮外，其他的一律原汁原味开发使用，并实行严格保护制度。

为做到心中有数，物尽其用，他们把古村所有院落都实行了“户口”登记制度。把对古村的每一个院落、胡同和街道，都一一登记造册，摸清了详细底子。

三大功能区相得益彰

他们在开发建设中，根据需要把古村落划分成三大功能区——爱国主义教育区、影视拍摄场景区和古村民俗体验区。

爱国主义教育区

常山庄村抗战时期是有名的抗战模范村，是沂蒙山革命根据地中心，徐向前、罗荣桓、陈毅、粟裕等老一辈无产阶级革命家在这里战斗过、工作过。为纪念革命先烈，讲好红色故事，传承“沂蒙精神”，他们在不大拆大建、不损坏古村古貌的情况下，把古村院落改建成纪念馆室，先后建起了中国红嫂革命纪念馆、人民子弟兵将帅纪念馆、跟着共产党走纪念馆等展馆，每年都吸引很多人到这里接受革命传统教育。

现在，沂蒙红色影视基地被国家发改委列为《全国红色旅游经典景区名录》，被中共山东省委确定为全省党员领导干部党性教育基地，全国妇联、济南军区、中国人民银行等数十家单位挂牌党性教育基地、爱国主义教育基地、反腐倡廉基地。

影视拍摄场景区

根据影视剧拍摄剧组需要，对古院落进行了保护性修缮，同时新建、改建、修复了供拍摄红色影视专用的炮楼、戏台、古道、城门、围墙、古庙、院落，并根据拍摄剧情需要，分别打造成地主院、财主院、骑兵院、李家院、高宅院、连部等等。为拓宽影视拍摄功能，他们还以真材实料建成了功能齐全，能够拍摄年代剧的古县城，进一步拓宽了影视剧拍摄功能和场地。

十年来，沂蒙红色影视基地先后承拍了《沂蒙》《斗牛》《沂蒙六姐妹》《红高粱》《永不磨灭的番号》《铁道飞虎》等400余部影视剧，被誉为“山村好莱坞”。

古村民俗体验区

把部分临街，又有特色的古院落，让塑面人等非物质文化遗产和民间工艺项目进入，既使非物质文化遗产、民俗和古院落做到了有机融合，又满足了景区业态的需要，一举两得。现在，沿主街区的十多个古院落，分别入驻了塑面人、纺线、打铁、粉皮制作等民俗工艺项目，既丰富了景区业态，又让游客得到了欣赏中国传统民俗机会，百年古村焕发出夺目光彩！

古朴百年古村，也吸引了不少来自世界各地的游客和记者们。

巴基斯坦青年记者尤麦到常山庄进行采访后，惊讶地说：“我让常山庄和沂蒙红色影视基地折服，因为我在这里看到了好几百年的村庄，这样古老的村庄，是我以前从未见到过的。我以前不知道中国有抗日战争，来到这里后，通过了解，我第一次知道了中国人民的抗日战争，而这个村庄为抗日战争做出了巨大贡献，是个值得尊敬的地方。”

前来游玩的美国游客琳达说：“这个地方太有特色了，这里不但有古村落，而且还是中国人民抗战的根据地。现在，这里不但成了旅游景区，而且还能在这里拍摄电影，是个非常有特色的地方，今后我还要来这里，并介绍朋友到这里来游玩。”

（作者：郑树平。刊登于2019年1月25日《中国旅游报》，同时被中国旅游新闻网、中国红色旅游网、网易等刊发。）

第五章 红色文化教育

第一节 红色纪念馆

红色系列纪念馆讲好沂蒙故事

“我们要珍惜今天的幸福生活。回去后，我们要把这次学习教育成果，转化成振兴乡村的干劲。”近日，在山东省沂南县马牧池乡常山庄村沂蒙红嫂纪念馆，前来参观学习的党员王学勇深有感触。

与他同行的还有150多名农村党员。参加完红嫂纪念馆、红嫂广场的缅怀纪念活动后，大家深受教育，内心信仰的力量油然而生。

带着感情，为红嫂树碑立传

看着前往红色系列纪念馆参观学习的人络绎不绝，人们在红嫂广场上缅怀革命先烈，李凤德眼睛有些湿润：“这是我今生做的最有意义的事情。”

李凤德是沂南县界湖街道南村社区党委书记、居委会主任。他的父亲是一位1941年入党的老党员，也是一位老支书，直到去世，身上仍留着敌人的炮弹片。“我听着红色故事长大，从小有着特殊的红色情结。”李凤德说。

1962年出生的李凤德1980年参军入伍，在部队加入了党组织。1985年退伍后，他自主创业，仅几年时间，便拥有了矿山、石英砂加工、物流等多家企业。2005年，南村老党员、老干部和群众代表多次到厂里，邀请李凤德回村担任村党支部书记、村民委员会主任。

上任后，李凤德带领大家走发展集体经济、实现共同富裕的路子，村集体经济迅速壮大。2020年，村固定资产达到21亿多元，集体收入1.46亿元，人均可支配收入3.6万元。

2007年，电视剧《沂蒙》拍摄后，沂南县决定在拍摄地马牧池乡常山庄村建设影视拍摄基地，时任县领导决定由李凤德到常山庄村负责建设。“我是一名共产党员，必须承担起老区红色旅游开发的重任。”李凤德说。

2008年影视基地建成后，李凤德又有了一个新想法。常山庄是战时沂蒙根据地中心坚强堡垒村，家家是堡垒户、人人是拥军模范。这里有用乳汁救伤员的“沂蒙红嫂”明德英，还有带领全家建起战时托儿所的“沂蒙母亲”王换于等。

“可以说，红嫂们用一针一线做出的布鞋、鞋垫，用一张张亲手烙制的煎饼养育了革命战士。”红嫂们的事迹深深打动着李凤德，“我有义务把她们的精神传承下去。”

要想传承沂蒙精神和红嫂精神，必须有看得见、摸得着的载体。李凤德经过深思熟虑，决定建一座红嫂纪念馆，为她们树碑立传，为人们提供一处纪念场所。

于是他组建班子，在常山古村的12个院落里，用图、文、雕塑等多种形式，详细介绍了明德英、王换于、李桂芳、胡玉萍等红嫂的事迹。

红色纪念馆系列化，搭建党性教育平台

2011年沂蒙红嫂纪念馆建成，但李凤德总觉得缺点什么：“沂南是红色歌曲《跟着共产党走》的诞生地，众多将帅和人民子弟兵也曾在这里战斗，都可以有个纪念载体，把红色纪念馆系列化。”

于是，常山庄村建起了人民子弟兵将帅纪念馆，介绍在沂蒙山区战斗工作过的刘少奇、谷牧等高级领导干部，以及徐向前、罗荣桓、陈毅、粟裕等将帅的事迹；还建起了“跟着共产党走”纪念馆，反映党政军民建设、沂蒙山革命根据地巩固发展历程。

系列红色纪念馆活化了红色教育载体，成为全国有影响力的爱国主义教育基地和党性教育基地，也为党史学习教育搭建了平台。

2020年端午假期，沂南县综合行政执法局党

员冯贵钊带着祖孙三代 11 口人，一起到沂蒙红嫂纪念馆参观学习，接受爱国主义教育。参观结束后，老冯说起这次家庭集体活动的益处：“可以让红色基因代代相传，也能营造良好家风。”

今年是中国共产党成立 100 周年，李凤德又开始琢磨，前来红嫂家乡接受红色教育的人会很多：“利用红嫂之乡优势，可以建红嫂纪念广场和红色文化传承馆，为前来学习的人们提供缅怀纪念的场所与平台。”

创新学习方式，让红色教育活起来

红色系列纪念馆建成后，如何发挥更大作用？李凤德也有思考：“以前学习教育多是灌输式，有些枯燥乏味，学习的人兴趣低。要想办法激发大家的学习兴趣。”

为增强上党课、听党史、观红展的感染力和效果，李凤德主动和前来参加学习教育的人交流。聊天中得知，大家对互动式、体验式教育非常感兴趣。

李凤德茅塞顿开。充分调研讨论后，他利用现有红色资源，创新运用情景式学习教育方式，根据不同内容，设立划分 5 大学习教育功能区：党性教育基地教育区、红色体验教育区、《沂蒙四季》红色情景剧教育区、红嫂广场红色活动区和红色研学点教育区。

在党性教育基地教育区，学员听完讲解后，可以在现场进行入党宣誓、重温入党誓词、观看党性教育专题片。在红色旅游书屋，设立了红色讲堂，可以播出党性教育纪录片；受教育的党员还可以上台分享心得，播放自己拍摄、制作的红色视频。

在红色体验教育区，设置了推小木车、抬担架、架“火线桥”等红色体验项目，学员可以穿上八路军服装，进行上述体验。

此外，“沂蒙母亲”王换于的孙女、“沂蒙新红嫂”于爱梅等模范代表，也现场给学员们讲课。山东省莒南县中学教师王秀芬说：“于老师讲课非常感人，听后受到极大震撼。这里发生的红色故事，一辈子都忘不了。”

如今，红色系列纪念馆和红嫂广场成了沂蒙地区的红色旅游新亮点，来自全国的党员群众怀着敬仰之情前来瞻仰，一次次被感动震撼着。据不完全统计，红色系列纪念馆建成以来，前来参观学习、接受教育的人数达 200 多万人次。

纪念馆所在地常山庄村，以前是个没姑娘愿意嫁来的穷山沟。这几年，常山庄发生了翻天覆地的变化，成了“资源生态美、生活幸福美、文化和谐美、创新引领美”的“四美”村庄。宽敞的旅游路、整齐的新社区、富民的新产业……沂蒙老区群众过上了以前想都不敢想的好日子。

常山庄村党支部书记李光说：“红色既是精神动力，也是生产力。红嫂精神鼓舞激励着大家不忘初心、牢记使命，甩开膀子谋振兴。”

（作者：郑树平、刘杰。刊登于 2021 年 7 月 29 日《农民日报》。同时被《人民日报——人民数字》、新华社、“学习强国”、中国经济网、《中国旅游报》、中国旅游新闻网、中国红色旅游网、大众网、农村大众、《人民权利报》《临沂日报》等刊发。）

第二节 沉浸演艺

沉浸演艺为红色旅游注入文化基因

“我这是第一次观看沉浸式情景演出，戏演得很好，很有现场感，也非常感人。”山东省济宁市游客耿守华到山东沂南红嫂家乡旅游区旅游，观看了景区推出的《沂蒙四季—跟着共产党走》红嫂故事沉浸式情景小院演出后激动地说。

像耿守华一样观看了《沂蒙四季》后被打动的人有很多，作为国内首个沉浸文献史诗剧场，《沂蒙四季》用沉浸式表演方式，完美阐释了“沂蒙精神”，具有很强的红色传承和教育意义，为红色旅游注入文化基因，一经推出，便成为爆款红色沉浸式情景演艺 IP，至 2022 年初，《沂蒙四季》山村剧场已演出近 20 场，观众近 2 万人次，红嫂故事沉浸式情景小院演出近千场，观众 6 万多人次，成为具有模式创新意义的文旅融合项目，国内红色文旅优质演艺品牌。

站在精神制高点上

2021年，是中国共产党成立100周年，为庆祝建党百年，山东沂蒙红色文化产业有限公司（红嫂家乡旅游区暨沂蒙红色影视基地）投资，山东广汇集团联合山东演艺集团、临沂大学出品，由上海戏剧学院原院长韩生教授领衔打造推出了山东省“泰山产业领军人才”项目《沂蒙四季》。

《沂蒙四季》由山村剧场和红嫂故事沉浸式情景小院两部分组成，沉浸式情景小院2021年“五一”上演，山村剧场2021年“七一”上演。《沂蒙四季》以“普通百姓，国家英雄”沂蒙红嫂为主线，从红嫂名称的由来，“红嫂精神”的形成、发展、升华，到“沂蒙精神”凝练结晶的历史过程打造，融政治性、艺术性和群众性于一体，通过沉浸式、故事化演绎，活化了红色教育方式，推动了“沂蒙精神”的传播，成为沂蒙红色文化新亮点。

《沂蒙四季》所在地常山庄村是个有着600年历史的古村落，有“红嫂家乡”之称，是“沂蒙精神”重要发源地，“红嫂精神”诞生地。革命老区和“沂蒙精神”主题，使《沂蒙四季》站在了一个精神制高点上，创作团队进行创作时，并不仅仅考虑拉动一个景区这么简单，而且把目光投向了整个沂蒙地区，甚至整个齐鲁大地这样一个高度上进行创作，挖掘出在全国独一无二的内容，并组建了由国内顶级艺术家组成的创作团队和规划团队，为项目成功提供了坚实技术保障。

小院落体现大精神

《沂蒙四季》是一场艺术盛宴，一场精神盛宴，更是一场视觉盛宴，创下了多项国内之最。

《沂蒙四季》主剧场——山村剧场，是国内首部实地沉浸山村剧场。该剧场有很多创新性、独特性元素。剧场的朝向，就是日落的方向，观众进场时，是即将日落的时刻，山村家家户户炊烟袅袅，充满了烟火气。演出时，是晚霞时刻，自然天光和剧场灯光完美衔接，观众们体会沂蒙山村傍晚，尽情欣赏山村自然景色同时，可以欣赏到精彩的红色大戏。

直径22米的旋转式舞台，是国内首个室外环式旋转舞台。舞台前，是一条流淌着潺潺流水的小溪，溪水中，有山石，有绿植，村姑在溪水中戏水、洗衣服，生活气息浓郁。同时，因剧情需要，可以在水中架设火线桥，还可以在水中埋设炸点，爆炸时达到剧情需要的效果。

舞台后面，是可以推拉、缩进，高5米，长34米的超大LED电子屏。演出时，屏幕上通过播放当年红嫂为支援前线无私奉献的故事等，起到呈现剧情信息、故事的环境背景、文献、现场演员特写等，达到形象同剧情同步的效果。

能容纳千人、国内首个室外和山村融为一体的观众看台，设计理念为“回归”，采用古希腊剧场依山而建的结构，整个看台呈山坡状，观众座椅为实木，脚下种植了草坪，铺设了原始碎石块，既别致，又生态环保，就像自然环境中生长出来的一样，和百年山村融为一体，观众有一种回归大自然的感觉。

让观众心潮澎湃的，还有五彩斑斓、绚丽多彩的灯光秀。美轮美奂的灯光，把剧场环境与山村融为一体，情绪气氛得到完美烘托，山村形态通过灯光变化，产生了新魅力，格外秀美、壮观。

以前，景区的红色教育、红色传承多采用展馆展览式，讲解式，如何让红色文化更加深入人心，红色基因传承更加生动活泼？经多方考察论证，《沂蒙四季》创作团队在进行表演形式、演出内容设计时，决定在常山庄古村的古院落中还原1941年原貌，把发生在当地的红嫂故事、红色故事挖掘出来，植入古院落中，用情景式演出、讲述的形式，再现沂蒙人民当年艰苦卓绝岁月和拥军支前的无私奉献精神，体现“水乳交融，生死与共”的“沂蒙精神”。

红嫂故事沉浸式情景小院《跟着共产党走》《识字班》《战地救护所》《妇救会》《民兵连》《永远的新娘》，演出所用的院落，有的就是红嫂当年居住的地方，演员都是当地农民和文艺爱好者，当地人，用当地话，演当地事，深情质朴，非常接地气。

“小院落体现大精神”，红嫂故事沉浸式情景小院具有“五性”——唯一性、原创性、教育性、故事性、真实性，打造了小院内容虽然不可复制，但演出形式能够复制的沉浸式情景红色演艺模式，山东省委宣传部向全省进行推广。

走出去，联起来

除在红嫂家乡旅游区固定剧场、院落演出外，《沂蒙四季》主动求新求变，延伸红色沉浸演艺教育效果。

《沂蒙四季》拓宽演出渠道，更好地为广大人民群众服务。2021 年 9 月，红嫂故事沉浸式情景小院演员走出沂蒙山，赴在济南举办的第二届中国国际文化旅游博览会，在省城大舞台上向省内外观众深情演绎了《跟着共产党走》《妇救会》动人故事，获得极大成功。

红嫂故事沉浸式情景小院演员还赴孟良崮纪念馆等红色景区进行了演出，新颖、接地气的表现形式，受到游客热烈欢迎。

《沂蒙四季》还承担和圆满完成了 2021 中国红色旅游推广联盟年会暨"跟着共产党走"活动、好客山东游品荟"沂蒙之夏·嗨游临沂"活动启动仪式以及国家、省、市领导到沂南县视察、考察、调研时的演出任务。

为拓展、延伸教育领域，《沂蒙四季》和有关单位合作打造不同内容的沉浸式情景演出小院，走出了一条成功的联合之路。和县纪委、监委联合打造了"廉政小院"，创排了《一碗米粥》沉浸式情景小院，再现了陈毅元帅在山东期间不搞特殊化的感人事迹，受到观众广泛好评。

2021 年，《沂蒙四季》进入了由中国旅游研究院和马蜂窝自由行大数据联合制作的《中国红色旅游消费大数据报告（2021）》。中国社会科学院旅游研究中心去年底发布的《2021 年中国旅游十大热点》，在"红色旅游加速融合发展"篇中，《沂蒙四季》成为骨干案例。

（作者：郑树平。刊登于 2022 年 4 月 14 日"学习强国"。同时被《中国旅游报》、中国红色旅游网等刊发。）

第六章　人才战略

第一节　招才引智

大力招才引智，助力乡村治理

7 月 2 日，山东省沂南县界湖街道南村社区召开大会，表彰奖励各类先进模范人员，最引人注目的，是这次大会上有 20 多名该村引进的人才获得了表彰。其中 4 位获得了支持社区发展特殊贡献奖和突出贡献奖，除披红戴花接受荣誉表彰外，还分别获得了 1 万元和 5000 元奖金，可谓名利双收。

"没想到社区重奖我们，今后只有更加努力工作，报答这份尊重。"获得支持社区突出贡献奖的《沂蒙四季》艺术团副团长燕兵感慨地说。

今年 62 岁的燕兵是蒙阴县人，有较强的艺术创作、表演功底，去年春天被招聘到《沂蒙四季》艺术团，后担任副团长。

南村社区招才引智，尊重人才，重视人才带来的直接回报，就是在短短几年内引进了大批高水平人才，其中包括一位"泰山产业领军人才"，一位硕士，还有 20 多位本科生。人才引进后，他们给予各类人才信任、机会、激励和施展才能的舞台，保证了社区经济社会高质量发展，促进了乡村治理。

"南村模式"打造招才引智高地

人才兴，产业才能兴，产业兴，才能实现乡

村振兴，社会才能和谐安定。

基于这一认识，南村社区党委树牢“人才是第一资源”理念，把招才引智当做“一号工程”，“一把手”亲自靠上抓，打造了招聘、引进、联合、培养的招才引智“南村模式”，对高水平人才吸引力不断增强，到目前，全村引进的人才多达120多名，其中硕士1人，本科21人，大中专毕业生101人，为乡村振兴注入了强劲人才动力，有效促进了全村经济高质量发展。2021年，全村固定资产22.1亿元，集体收入1.19亿元，人均可支配性收入3.8万元，荣获了全国民主法治示范村、全国充分就业社区、全国综合减灾示范社区、全国老龄工作先进社区、“山东省文明社区”、“山东省先进基层党组织”等荣誉称号。

招才引智“南村模式”一大特点，是他们强化校企战略合作，实现共享、共发展的双赢。山东广汇集团是南村村办集体企业，他们把人才当成企业发展的最大活力和资源，为强化企业人才队伍建设，和临沂信息工程学校进行战略合作，双方在人才培养、科技成果转化、学生实习与就业等方面展开全面合作。

“仅靠自有人才，企业发展会受到制约，校企合作方式，既解决了企业用工不足、员工水平不高难题，又为学校提供定单式培训、教学的机遇。还有，我们的合作，也为新旧动能转换提供了新的尝试和模式，实践证明，这种联合培养人才的效果是不错的。”山东广汇集团总裁李熙鹏说。

山东广汇集团下属企业红嫂家乡旅游区，已经拍摄了400多部红色影视剧，被誉为“山村好莱坞”。根据这一优势，他们和山东演艺集团、临沂大学以及京、沪艺术及表演院校建立了紧密型合作关系，在学术研讨、人才交流引进等方面密切合作，充分发挥这些高校的人才资源、信息前沿高端等优势，为企业发展产业所用。

这些战略合作，成为企业人才储备和培养的重要战略规划，既解决了企业人才方面的后顾之忧，又提升了企业的核心竞争力。现在，广汇集团业务涵盖旅游开发、旅游休闲度假、文化传媒、影视制作、酒店餐饮服务、房地产开发、建筑安装、物业管理、饲料加工等行业，成为一家大型综合性集团公司。

“泰山产业领军人才”落地沂蒙老区村庄

更神奇的是，南村这个老区村庄，竟吸引来了一位“泰山产业领军人才”——中国戏剧家协会副主席、上海戏剧学院原院长韩生。

2017年初，在县委、县政府支持帮助下，南村邀请韩生教授参加当年度山东省“泰山产业领军人才”评选，并被省人民政府批准为“泰山产业领军人才”项目《沂蒙四季》领军人才，双方签订了合作协议，明确量化了工作任务目标和各自权利、义务。

《沂蒙四季》由山村剧场和红嫂故事沉浸式情景小院两部分组成，沉浸式情景小院2021年“五一”推出，山村剧场2021年“七一”前推出。至今，《沂蒙四季》山村剧场演出近20场，观众近2万人次，沉浸式情景小院演出近千场，观众6万多人次。

《沂蒙四季》用沉浸表演形式，阐释了“党群同心、军民情深、水乳交融、生死与共”的“沂蒙精神”，不仅让红色教育活了起来，深化了教育效果，而且为红色旅游注入了文化基因，具有很强的红色传承和教育意义，成为具有模式创新意义的文旅融合项目。去年底，中国社会科学院旅游研究中心发布了《2021年中国旅游十大热点》，在“红色旅游加速融合发展”篇中，《沂蒙四季》成为骨干案例。

“一个村能引进‘泰山产业领军人才’，并打造了《沂蒙四季》这么好的项目，不简单。”今年初，山东省委宣传部一位领导观看了红嫂故事沉浸式小院《跟着共产党走》演出后，握着南村社区党委书记、居委会主任李凤德的手说。

请进来，留得住

人才引进后，南村社区给他们发挥才能的空间和舞台的同时，给予他们足够的信任、关心和支持，让他们工作安心，生活舒心。

《沂蒙四季》落地红嫂家乡旅游区后，韩生教授组建起了来自上海戏剧学院、上海昆剧团、清华文产研究院、山东省创作中心、北京舞蹈学院等单位的国内一流编剧、导演、舞台设计、舞蹈编导、作曲、空间设计、灯光设计等人才团队，为项目成功提供了坚实专业保障。

韩生等高端人才到来后，南村社区在后勤保障、服务等各个方面做了大量工作，提供了良好的工作环境和工作条件，确保他们全身心投入艺术创作中。“作为长期从事艺术教育和艺术创作的工作者，能够到革命老区进行艺术创作，这是一种历史的幸运，也是一份历史的责任。我们要把《沂蒙四季》这个项目打造好，不辜负沂蒙父老乡亲的期望。”韩生说。

社区领导经常对引进人才进行走访，征求他们对社区工作的意见和要求，并及时解决他们提出的问题，让人才们备感温暖。

前些年，他们聘请了多名建筑、财会等方面的专业人才到村里，不仅给他们岗位，而且让他们落户南村，并享受村里的福利待遇。现在，有几位人才担任了村建筑开发公司、建筑公司的经理，这两处企业成为该县支柱建筑企业之一。

“我们在南村工作很舒心。以前，有人问我为什么到一个村工作？现在，这些人说我当时的选择是正确的。”南村村办集体企业山东泰都建筑安装工程公司副经理徐静说。

毕业于枣庄学院会计电算化专业的聂家伟，2014年被招聘到星港房地产公司担任会计。工作中，他严格遵守财务管理制度和税收法规，履职尽责，很快担任了山东广汇集团财务经理，今年2月，他被界湖街道评为“社区好青年”。

（作者：郑树平。刊登于2022年5月5日《新华网》。同时被中国文化传媒网、中国报道、网易、新浪、搜狐、中红网、《大众日报》客户端、鲁网、“今日头条”、《临沂日报》等刊发。）

第二节　校企合作

红嫂家乡旅游区实施人才振兴战略

位于沂蒙山腹地的红嫂家乡旅游区暨沂蒙红色影视基地，是“中国第三批传统古村落”“山东省文化产业示范基地”，2015年被评为“中国十大最美乡村”，2016年入选全国红色旅游经典景区。10年来，累计拍摄了《沂蒙》《斗牛》《红高粱》《铁道飞虎》等300多部影视剧，被誉为“山村好莱坞”。

为保持企业核心竞争力，他们坚持“人才为本，文化为根”理念，积极引进和造就高素质、高水平人才，把人才作为企业发展的根本和基础，在人才引进和使用上迈出了新步伐。

引进国内顶尖戏剧人才打造《沂蒙四季》

5月中旬，山东省“泰山产业领军人才”项目——乡园生态体验剧场《沂蒙四季》，在沂蒙红色影视基地举行了第二次创作研讨会，听取了《沂蒙四季》项目创意创作和建设工作阶段汇报、剧本草案汇报、空间设计方案草案汇报以及常山庄及影视基地园林规划草案汇报，听取了人会领导的意见和建议，并对下一步创作路径、项目进程、项目管理等进行了安排。

中国剧协副主席、上海市剧本创作中心艺术总监罗怀臻，中国剧协副主席、上海戏剧学院原院长、《沂蒙四季》创意、艺术总监韩生及创作团队人员参加了研讨会。

《沂蒙四季》是沂蒙红色影视基地实施人才引进战略后取得的重要成果之一。

沂蒙红色影视基地所在的山东省沂南县马牧池乡常山庄村，是抗战模范村，徐向前、罗荣桓、陈毅、粟裕等老一辈无产阶级革命家在这里战斗、工作过，“红嫂”明德英乳汁救伤员的故事，就发生在这里。为充分利用红色优势，传承红色基因，传播红色文化，讲好红色故事，他们通过有关渠道和中国戏剧家协会副主席、上海戏剧学院原院长韩生取得联系，邀请他到影视基地开创文化产业。

韩生被老区普通百姓不计个人得失，为中国解放事业的奉献精神深深打动，经过充分调研后，双方决定在沂蒙红色影视基地打造乡园生态体验剧场《沂蒙四季》项目。在当地政府大力支持帮助下，该项目成功申报为“泰山产业领军人才”项目，韩生成为当年度全省唯一一名旅游行业的产业领军人才。

《沂蒙四季》以弘扬“沂蒙精神”，传承沂蒙文化为理念，依托当地生态资源、人文资源、红色资源以及影视基地资源优势，运用环境戏剧观念，用艺术与生活体验一体，线下和线上空间并行的模式，重点围绕红色文化和影视文化开发，通过旅游和影视形式促进文化建设，与影视拍摄景区功能自然兼容和衔接，融合现代山村生态体验休闲旅游，结合中国文化和革命传统教育，打造在全国具有模式创新意义，集旅游、民宿、戏剧、影视、餐饮、民间工艺等综合功能和形态，整体艺术和生活一体化的，具有示范和引领意义的高品质案例。

来自上海戏剧学院、上海昆剧团、清华文产研究院、山东省创作中心、北京舞蹈学院等单位的国内顶级编剧、导演、舞台设计、舞蹈编导、作曲、空间设计、灯光设计、数字媒体剧场人才，加入了《沂蒙四季》创作团队，为项目成功提供了坚实专业保障。并明确了项目建设目标和建设工作分工，研讨了“沂蒙精神”和文化内涵对应的项目定位，研究和推进项目建设工作路径、项目进程、项目管理和运营机制，布置了创作和管理工作阶段任务。

这些高端人才引进之后，沂蒙红色影视基地在后勤保障、服务等方面做了大量工作，提供良好的工作环境和工作条件，解除他们的后顾之忧，确保全身心投入艺术创作中。

《沂蒙四季》建成后，形成一年四季不间断的沂蒙文化体验和新旧动能转换主流项目，不仅有效促进当地文化旅游发展，提高居民收入，丰富居民生活内容，而且对带动革命老区相关文旅产业发展，整合红色旅游资源，打造红色文化休闲特色旅游区都具有重要意义。

韩生说：“我们现在面临文化艺术大发展的历史机遇，作为长期从事艺术教育和艺术创作的工作者，能够到革命老区进行艺术创作，这是一种历史的幸运，也是一份历史的责任。我们一起共同探索，把《沂蒙四季》这个项目打造好，不辜负沂蒙父老乡亲的期望。我要把我的后半生献给革命老区，全力打造好《沂蒙四季》，让来到沂南常山庄的人享受乡园风情，让现代人浸润“沂蒙精神”，让中国人感受山东情怀，让世界听到中国故事。”

校企战略合作共享双赢

为贯彻落实国家深化产教融合、强化校企合作精神，强化企业人才队伍建设，同时为“泰山产业领军人才项目”《沂蒙四季》提供人才支撑，更好地传承非物质文化遗产资源，为推动新旧动能转换打造新模式。近日，沂蒙红色影视基地和临沂信息工程学校举行校企合作签约仪式，标志着双方战略合作正式开始。

临沂市信息工程学校是首批国家级重点中等职业学校，师资力量雄厚，专业技术强，是山东省首批规范化中等职业学校，山东省示范性中等职业学校建设工程立项建设学校，开设的专业中，机械加工技术、计算机应用技术、电子商务、数控技术应用、汽车运用与维修、机电技术应用、建筑工程施工、旅游服务与管理等专业是省示范专业和品牌专业。

人才是企业发展的最大活力和资源，沂蒙红色影视基地适应创新发展潮流，积极探索人才培养新途径，和职业院校进行强强联合。双方将在人才培养、科技成果转化、学生实习与就业等方面展开全面合作。

“如果仅靠自有人才，企业发展会受到制约，采取校企合作方式，既可以解决企业用工不足、水平不高难题，又可为学校提供定单式培训、教学的机遇。我们的合作，也为新旧动能转换提供了新的尝试和新模式。”山东广汇集团总裁李熙鹏说。

此次校企合作，是沂蒙红色影视基地人才储备和培养的重要战略规划，双方在协议框架内，优势互补，一方面可以发挥学校的平台优势、教育资源优势和专业人才优势，为企业培养“定单式”高质量、高水平和特长型人才，解决企业人才方面的后顾之忧，有效提升企业的核心竞争力。另一方面，发挥企业的资源优势和市场优势，拓宽学生的实习、实训和就业渠道，达到合作共赢、共享发展的双赢。

他们还和临沂大学以及京、沪艺术及表演院校建立了紧密型合作关系，在学术研讨、人才交流、《沂蒙四季》创作等方面进行密切合作，充分发挥这些高校的人才资源、信息前沿高端等优势，为企业拓展产业所用。

（作者：郑树平。刊登于2018年7月4日《中国旅游报》，同时被新华网、中国旅游新闻网、中红网、红色思源网、山东旅游政务信息等刊发。）

第三节　“孵化”就业岗位

三千多个就业岗位是如何“孵化”出来的

——山东省沂南县南村社区广拓就业创业岗位工作纪实

“我在村办集体企业上班，是个司机，俺媳妇在村物业公司上班，收入比较可观，家里住的是二层楼，俺对现在的生活非常满意。”2月14日上午，在村办集体企业山东广汇集团上班的山东省沂南县界湖街道南村社区居民相荣亮，一边擦着车，一边笑着说。

像相荣亮一样幸福的南村居民有很多，这是因为地处城区的南村社区党委高度重视社区居民就业工作，坚持“就业是最大的民生”理念，大力发展集体经济，广开就业渠道，为社区居民及周边群众提供了3000多个就业创业岗位，在“发展集体经济，实现共同富裕”大道上阔步前进。2021年，南村社区集体固定资产22.1亿元，社区集体收入1.49亿元，居民人均可支配收入3.8万元。2021年，南村社区入选第五批国家级充分就业社区。

“就业＋分红”，创新就业创业模式

南村社区地处县城城区，他们抓住这个优势，在开发建设居民小区同时，不断增加沿街商铺建设面积，并且沿街商铺只租不售，“我们的沿街商铺已经有10万多平方米，既增加了集体固定资产，又提供了居民就业岗位，还通过收取租金增加了集体收入，一举多得。”南村社区党委书记、居委会主任李凤德说。

李凤德的就业账算得非常精明，2005年，新一届社区党委班子上任后，确立了“发展集体经济，实现共同富裕”的路子。现在，该社区沿街商铺面积达到了10多万平方米，吸引560多户本社区居民及周边村民从事建材、水电暖、餐饮、理发、美容等经营，直接增加就业创业人员2000多人，社区集体每年实现租赁收入2000多万元，为个体工商户实现利润及工资收入6000多万元，实现了集体与个体双赢。

成立了村办集体企业——山东广汇集团，业务涵盖旅游开发、酒店餐饮服务、文化传媒、影视制作、房地产开发、饲料生产等，“这些企业多是用工密集型企业，可以安置大批居民就业。我们的目标是，能多提供一个就多提供一个，共同富裕的道路上决不让一个人掉队。”李凤德说。

山东广汇集团及其下属子公司共安置700多人就业，大多是本社区居民。集团根据文化水平、技能特长、年龄等因素分配不同的工作岗位，现在，从公司经理到业务主管、到保安保洁，每个岗位都有本社区居民。

南村社区帮助居民就业创业有一个显著特点，就是打造了“就业＋分红”的就业创业模式，居民到企业上班后，既是员工拿工资，又能在年底时从企业收益中分到红利。2021年，在企业就业的社区居民，除工资外，每人还拿到了4000元分红。

“智力帮扶”，提升就业创业能力

由于种种原因，南村社区居民普遍存在学历和技能水平较低问题，“这个时候，我们扶一把，帮一把，对他们进行技能培训，通过努力大家的水平慢慢地提高起来了。”李凤德说。

扶上马，送一程。南村社区注重培训提升居民的文化水平、知识视野、劳动技能和就业创业能力，增强自我发展能力。他们积极争取到了县人社部门和培训学校的支持，进行文化和职业技能培训时，科学设置培训课程和培训内容，提高培训的针对性和科学性。2020年以来，共开展创业咨询30多次，提供创业指导50多次，组织60名有培训意愿的居民参加了职业技能培训，取得了良好效果。

村办集体企业——沂蒙红色影视基地建起了“一中心”“三基地”：影视基地微电影摄制中心，影视演员培训基地、沂蒙红色创客制作基地、就业创业实训基地。对技术性较强工种的岗位员工，聘请专业人员对他们进行有针对性的专业技能培训，对到景区、酒店从事服务员、保洁、保安等岗位上班的农民，全部进行上岗前培训。常山庄等村的群众演员在群演圈中名气较大，许多影视剧拍摄方都愿意使用这里的群演。原因就是这里的群演经过了专业技能培训后，表演技能得到很大提升，拍摄中能达到事半功倍效果。

景区建立了“技能工”大数据库，为有一定手艺、一定技能的人员建立了个人信息，并保存在景区大数据库中。除对他们进行专业技能培训外，还免费为他们介绍就业和工作机会，收入大大增加。难能可贵的是，所有这些技能培训，全部是免费的。

“我们充分发挥网格化管理员、劳动保障协理员、志愿者的作用，搞好辖区内劳动力就业、失业、创业、培训服务。”李凤德介绍。

社区设立了就业创业政策宣传栏，对就业创业优惠扶持政策、便民服务举措、就业创业成效和创业先进典型进行重点宣传。村里的劳动保障协理员、创业导师在搞好对社区有创业意愿的劳动者调查摸底的基础上，定期开展“送创业就业政策到家”活动，帮助居民了解、熟悉、用好就业创业政策，实现政策普惠度和群众满意度双“提升”。

南村社区已经连续5年成为该县失业人口月度劳动力调查示范点，每月定期对社区人口进行入户实地调查，及时掌握社区就业失业人员基本情况，保持动态清零。“社区充分保证居民就业，只要本人愿意，我们会根据他们的文化水平、技能特长、年龄等因素分配到不同的工作岗位上。”李凤德说。

抓好社区就业困难人员援助，建立困难群体援助计划，落实困难群体跟踪服务，重点在多途径开发社区公共管理服务岗位、社区居民家庭服务岗位安置就业困难人员就业上下功夫，定期开展就业援助月活动，安置就业困难人员30人，援助率和就业率均为100%。

南村社区党委不仅关心居民就业问题，而且非常关心居民的进步，让他们不仅有班上，有收入，而且政治上进步。由于社区党委关心培养和个人工作出色，2021年，多位居民荣获了上级颁发的荣誉称号，其中山东广汇集团员工李熙鹏被评为2021年度全国乡村文化和旅游能人。

“一景”带“四员”，红色景区变身“就业孵化器”

2月14日，距离南村社区23千米之外的沂南县马牧池乡常山庄，村民刘存运早上八点到距家仅一箭之地的沂蒙红色影视基地上班，“多亏了南村社区，要不我这个年纪的人出去打工没人要，现在却能在家门口上班，一个月收入一千五六百元，中午还管饭，挺好的。”刘存运心满意足地说。

2008年，南村社区在常山庄村建设了沂蒙红色影视基地，经过十多年发展，现在已成为集影视拍摄、红色旅游、红色研学、观光休闲于一体的AAAA级文化生态旅游区。

而在当地村民眼里，景区更是一台大功率“就业孵化器”。像刘存运一样，景区周围的常山庄、张家峪子、双泉峪子等村庄，有660多人在这家景区上班，实现了“一人上班，全家脱贫”。

这些员工中，有20多人由于工作出色，当上了景区的经理、主管。

今年37岁的祖连成就是其中之一。他家是距离景区仅1千米的双泉峪子村，现在的职务是沂蒙红色写生基地酒店的厨师长。而之前，他曾和大多数农村青年一样，选择离乡闯世界。2016年他回乡到写生基地酒店，应聘当了一名厨师，2017年10月，他被提拔为酒店厨师长。

常山庄村的“90后”青岛媳妇孙明月，则当上了景区导游组组长。在青岛工作时，她嫁给了同事、常山庄小伙刘洋，后来小两口双双在影视基地找到了岗位：孙明月当导游，刘洋成了司机。“我公公在景区干保安，我家还种了几亩地，每年收获不少花生、玉米、地瓜。”孙明月说，他们家现在住着洋楼别墅，还买了小轿车，生活条件一点不比在青岛的时候差。

“最重要的，我们每天下班都能看孩子，他不会变成留守儿童。”谈起现在的生活，孙明月满心欢喜。

除了相对固定的工作，影视基地还给村民们创造了一份“兼职”——群演。据不完全统计，近年来，在影视基地当过群演的村民高达3万多人次。今年61岁的常山庄村民褚洪秀，就在多部影视剧中出过镜，“俺村的人差不多都当过群演，十多年来俺在多少影视剧里当过群演，已经记不清了。”谈起自己的“演艺”经历，褚洪秀非常高兴，“像我这样的，当一天群演挣60块钱，人家演得多、有经验的，一天收入一二百元。”

在影视基地的辐射带动作用下，景区周围的村庄变得越来越有吸引力，年轻人选择回乡、留乡就业的越来越多。

（作者：郑树平。刊登于2022年3月22日《农民日报》。同时被中国经济网、中国农网、《农民日报》客户端、《人民日报——人民号》、中国老区网、中国文化传媒网、中国报道、中红网、“今日头条”、《大众日报》《农村大众》《临沂日报》等刊发。）

第七章　特　写

第一节　多彩新立村

偏僻落后的山区村，在“美丽乡村”建设和脱贫攻坚工作中，如何既留住青山绿水，又得到金山银山，留住乡愁与旅游开发两者有机融合，并做到扬长避短？

国家级旅游扶贫重点村——山东省沂南县马牧池乡新立村，交出了一份出色的答卷。

旅游扶贫结硕果

新立村是山东省47个国家级旅游扶贫重点村之一，由沂南到界湖街道南村社区、山东广汇集团定向帮扶，实施旅游业精准扶贫。

他们与新立村合作成立了沂南县新立村旅游开发有限公司，共同发展乡村旅游项目。通过“公司+合作社+农户”的方式，开展旅游扶贫工作，把新立村现有的生态资源与人文资源有效利用起来，依靠乡村旅游建设带动村民致富。

项目从规划到建设中，始终坚持高起点，高标准，严要求。不搞破坏性开发，在保护好原生态基础上，既留住乡愁，又把乡村旅游项目搞好，打造成“美丽乡村”建设的典范。

他们邀请北京世纪唐人旅游规划院对项目进行规划编制，确立以建设苹果种植产业为支撑，乡村风貌完好，乡村体验、住宿接待功能齐全，村景合一的乡村旅游度假区发展目标，建设成人及青少年拓展训练基地、苹果文化体验中心、真人CS实战体验基地、精品民宿、苹果采摘园、豆腐坊、煎饼坊、煎饼体验馆、景观河道、小吃一条街十大景观点，并将所有景点“串成线、连成片”，实现名副其实的全域旅游。

项目全部建成后，将成为开放式、无门票参与体验型乡村休闲度假旅游区，并带动当地农民增收致富。

镶嵌在沂蒙大地上的多彩明珠

站在新立村周围山上俯瞰，新立村被绿树成荫的群山环抱。设计独特、色彩斑斓的精品民宿；五颜六色的真人CS实战体验基地，像一座迷宫；色彩艳丽，设施齐全的拓展基地，等待旅人一展身手；彩色苹果文化体验馆，带给大家不一样的苹果文化体验。

整个村庄被装扮成彩色的世界，像一颗七彩明珠，镶嵌在沂蒙大地上。

走进新立村，有一座独具特色的煎饼体验馆，玉米、高粱等7种天然谷物用石磨磨成糊，然后用纯手工烙制而成的原生态七彩煎饼，兼具香、甜、脆、味美，游人们品尝到的是原汁原味的沂蒙特产，吃货们感叹不虚此行。

村街上，彩色“苹果人”向导栩栩如生。村头的苹果农家乐羊，独具沂蒙山特色，以苹果木为柴，地锅炖的正宗苹果羊，吃货们可以大饱口福。

这里的苹果有故事

新立村最知名的特产是苹果，这里种植的苹果不仅品质好，而且发生了很多故事。

新立村地处沂蒙山腹地，但土层深厚、富含有机质。该村土壤被称为“海绵田”，通气疏松，雨季不管下多大雨，过后不见积水，最适合栽植苹果。

最理想的，是新立村地势较高，通风向阳，常年光照充足，有利于苹果糖分增加。

近几年，该村大力推广苹果新种植技术，实现了苹果新产业、新业态。所以，这个村出产的苹果，不仅颜色鲜亮，而且皮薄果大，色泽红润，酸甜可口。

销售中，他们大搞跨界融合，达到了多业带动效果。他们巧找卖点，实现了两个联合，一是旅游联合，二是电商联合。

在县旅发委、广汇集团等帮助下，已经连续举办了两届苹果采摘节，让旅行社和游客参与进来，乡村旅游得到发展的同时，也把苹果卖了出去。

为提高苹果的产品附加值，打造独具特色的苹果文化，他们建起了苹果文化体验馆。

苹果文化体验馆内有苹果工艺品店、苹果展销中心及苹果饮吧等。收集了各式各样的与苹果相关的工艺品，由于苹果有平安吉祥的寓意，所以，游客在这里购买苹果，也蕴含着把平安吉祥带回家的意境。

游客在苹果文化体验馆内实现“尝一村、知天下”便利，了解了苹果文化外，还能在这里购买到七彩煎饼和黑小米等新立村的特色旅游产品。

最令人向往的，是这个村不仅建起多处苹果采摘园，供游客体验苹果采摘的乐趣，而且还根据3年、5年、10年、15年时间不等的苹果种植期，建设独具特色的“苹果隧道”，让游客们亲身体验一把穿越感。

（作者：郑树平。刊登于2017年10月12日《中国旅游报》。同时被《农民日报》等刊发。）

第二节 “80”后红色追梦人

虽然出生在80年代，但他拥有特殊“红色情结”。

他打造红色文化，开发红色旅游，用实际行动弘扬“沂蒙精神”，传承“红嫂精神”，把AAAA级景区——红嫂家乡旅游区暨沂蒙红色影视基地打造成“东方红都”。

他，就是山东广汇集团总裁、红嫂家乡旅游区暨沂蒙红色影视基地总经理李熙鹏。

“虽然我们是年轻人，但红色深深融入血液，作为一名党员，我们要做新时代的追梦人，把红色文化、红色旅游做大做强，为沂蒙老区振兴做出贡献。”接受采访时，李熙鹏如是说。

出生在红色家庭

1986年3月，李熙鹏出生在山东省沂南县界湖南村一个革命家庭，爷爷李文田是1941年入党的老党员，参加过莱芜战役、孟良崮战役等支前。莱芜战役时，他的腿还负了伤，敌人的弹片一直留在身上。新中国成立后，长期担任村党支部书记。

李熙鹏的爸爸李凤德，现任南村社区党委书记、居委会主任，一位新农村建设带头人，被评为全省“担当作为好书记”“山东省劳动模范”“全省优秀退伍军人”等，连续当选山东省第十二、十三届人大代表。

李熙鹏很小就感受着红色和革命熏陶，“小时候经常听爷爷讲起他们支前的故事，当时，并不懂其中的含义，长大后，才明白了革命前辈们的付出和奉献，懂得了今天幸福生活的来之不易。”李熙鹏说。

擦亮“红嫂家乡”红色品牌

地处沂蒙革命根据地中心的沂南县马牧池乡常山庄村，是抗战模范村。知名大型电视连续剧《沂蒙》2007年在常山庄拍摄，2008年，县里决定在常山庄建影视拍摄基地，并实行吸引社会资本合作开发红色旅游新举措。时任县领导经慎重研究，决定这个重担由李凤德来挑。

建成至今，沂蒙红色影视基地拍摄了《沂蒙》《斗牛》《红高粱》《铁道飞虎》等400多部影视剧，成为远近闻名的“山村好莱坞”。

担任山东广汇集团总裁、沂蒙红色影视基地总经理后，李熙鹏接过了传承“沂蒙精神”和“红嫂精神”，做好红色旅游、红色文化建设的大旗，用年轻人的独特视角研究、传承红色文化，创新打造红色旅游，导演了一部部红色大戏，擦亮了“红嫂家乡”红色品牌。2013年，沂蒙红色影视基地荣获“中国文化旅游新地标”“第三批中国传统村落”，2015年获评“CCTV中国十大最美乡村”，2016年入选中国红色旅游经典景区名录。

为纪念革命先烈，讲好红色故事，传承“沂蒙精神”，把农家院落改建成中国红嫂革命纪念馆、人民子弟兵将帅纪念馆、跟着共产党走纪念馆等，被全国妇联等70多家单位确定为爱国主义教育基地和党性教育基地。建成至今，先后有200多万名来自全国各地的党政领导干部、党员前来接受教育。

举办了系列红色活动，如山东省“走进沂蒙，了解红嫂文化，传承红色文化美食”主题厨艺大赛，把红色文化+红色旅游+红色美食完美结合了起来。举办以红色文化、红色旅游和红色美食相结合的餐饮大赛，在全国首次，对于中华餐饮文化传承，创新打造红色文化美食，都具有特殊意义。

“八一”时，开展“军嫂学红嫂，传承沂蒙魂”红色基因传承和“红嫂传人”相聚“红嫂家乡”传播红嫂精神等大型公益活动。

“不论到什么时候，革命本色不能改，红色江山不能变。通过这样的活动，把‘红嫂精神’，转化成‘军嫂’们支持丈夫保家卫国的实际行动，这才是最重要的。”李熙鹏说。

紧紧抓住研学旅行上升到国家教育战略层面大好机遇，成立了红色研学旅行推进机构，充分利用红色资源，大力兴建红色研学旅行设施，并根据红色景区特点和研学需要，设置了影视拍摄研学、中国红嫂纪念馆教育、山东大煎饼体验、沂蒙传统民居“干插墙”教学知识、非物质文化遗产面塑等十多个研学点。利用沂蒙老区丰富、优越的红色教育资源，把爱国主义理想信念教育与知识学习、体验实践结合了起来。

2018年11月，沂蒙红色影视基地被教育部授予全国中小学生研学实践教育基地，前来研学的中小学生达到60万人次。

2017年11月，全国红办宣贯《红色旅游经典景区服务规范暨红色旅游扶贫培训班》在沂蒙红色影视基地举行，并以该景区为样本，向全国推广。

去年11月，山东省人民政府通过了《山东省影视产业发展实施规划（2018—2022年）》，沂蒙红色影视基地成为省政府重点扶持的影视产业项目。

乡村振兴助力者

脱贫攻坚工作开展后，年轻的李熙鹏勇于承担社会责任，积极投身这场“新孟良崮战役”，助力乡村振兴。

充分利用文化旅游产业强大辐射带动作用，景区与常山庄等周边多个贫困村庄结成帮扶对子，把乡村振兴、旅游开发同扶贫有机结合，周边村庄群众依附影视基地当起了“四员”——土地入园当社员，景区务工当职员，穿上戏服当演员，售卖产品当店员，昔日面朝黄土背朝天的村民，摇身一变成了上班族，拿工资的人，实现了一人就业，全家脱贫。

居住方面，建起了高标准社区，景区所在的山东省沂南县马牧池乡常山庄村民，整体搬离世代居住的石板房，住进了宽敞明亮的二层楼房和新楼房。去年，影视基地周边的常山庄、张家峪子等村，人均可支配性收入均达到或超过了1.5万元。

沂南县马牧池乡新立村是省定旅游扶贫重点

村，由南村社区和山东广汇集团定向帮扶，实施旅游精准扶贫。他们把美丽乡村建设和乡村振兴、脱贫攻坚同步进行，做到留住乡愁与旅游开发有机融合，双方合作成立了沂南县新立村旅游开发有限公司，通过“公司＋合作社＋农户”方式，把新立村生态资源与人文资源有效利用起来，既留住青山绿水，又得到了金山银山，昔日贫困落后的小山村，变成了“山美水美环境美、吃美住美生活美、穿美话美心灵美”新农村。

现在，新立村苹果自然生态园旅游区成为国家AAA级旅游景区，2018年，新立村人均可支配性收入达到1.6万多元。2017年9月，山东省美丽乡村建设现场会议召开，新立村成为现场观摩点之一。

慈善事业践行者

去年底，沂南县慈善总会主办的大型公益活动——“上善智圣，大爱沂南”慈善晚会举行，仪式上同时举行了慈善“创始基金”启动仪式，山东广汇集团向“创始基金”捐款300万元。

“予人玫瑰，手有余香”，中华民族自古就有慈心为人、善举济世传统美德。此次捐款，仅是李熙鹏和山东广汇集团热心公益事业的一个缩影。近年来，他们积极承担社会责任，弘扬慈善文化，助推慈善事业，积极尽己所能参与社会公益事业和慈善事业。

近几年，李熙鹏先后被评为山东省优秀青年企业家、临沂市模范共产党员，今年五四青年节，又被评为“沂南十大优秀青年”。

（作者：郑树平。刊登于2019年5月22日“学习强国”，同时被《农民日报》客户端、《文旅中国》、中红网、《中国报道》、“今日头条”、网易、《大众日报》客户端、《人民权利报》、鲁网、《临沂日报》等刊发。）

第十五篇 村风民俗

第一章 婚丧风俗

第一节 婚嫁习俗

提亲

也叫说媒。旧时男婚女嫁承袭“父母之命，媒妁之言”的包办婚姻。中华人民共和国成立以后，婚姻自主、恋爱自由成为主流。媒人提亲之后，如果双方都表示不反对，或是商量一下再说，这桩婚事就算有了良好的开头。

合年命

就是请人查男女双方的生辰八字。媒人牵线后，男女双方认为可以结亲，就要请人“测八字”“合年命”。按十二属相和金木水火土五行推算，是否相合，若不犯禁忌，才考虑确定婚事。

相亲

相亲就是见面。20世纪六七十年代相亲见面，大部分选择在集市上，找一个合适的地方，让男女双方见见面说说话。进入新世纪，相亲一般选择在男女双方的亲戚、朋友家中，相亲过程和时间很短。相亲时，男女双方不当面表态，之后再由媒人传递信息。现在男女双方见面，多是由介绍人提供双方电话号码，由双方约定见面的方式地点等。

定亲

“定亲”也叫传启、送书子、下定礼。旧时定亲，男方买鸡鱼肉蛋，摆上四碟八碗，请来媒人、写启人、邻里、亲友，本家户族，一起喝成婚“送书子”酒。由写书先生当场写“启”（书子），相当于男方发往女方的求婚信。女家也找写书先生和长辈一起喝接书成婚酒，并当场写一回书，交由男方送书者带回。在当地农村的人们认为定亲就是订婚，虽不同于领取结婚证具有法律效力，但已是约定成俗的规矩。现在一般是选定吉日，在男方家或到饭店举行仪式。双方互相赠送衣服或其他用品。男方向女方递交彩礼，也叫聘礼、见面礼（钱）。定亲之后，男方在春节和中秋节等重要节日都要到女方家送节礼。同时，按照季节，男方需给女方购买换季衣服或给钱自己购买。女方也到男方走动，并帮其操持一些家务。

查日子 送日子

旧时的请期，就是后来的“告期”“查日子”“送日子”等，先找算命先生查日子，是根据女方的属相找出哪个月份结婚为大利月、哪个月份为小利月。大利月最好，所以大都选取大利月。“送日子”就是确定结婚的日子。在婚前40天送往女方家中，以便双方互有准备。

送礼 送填箱

男女定下结婚日期后便通知亲朋好友，一般在婚前的半个月左右，男女双方家庭分别选择吉日，各自请他们来喝喜酒。这时亲朋一般都来送礼，送男方的叫送礼，送女方的叫送“填箱”。

下催妆

结婚前一两日，男方派人给女方送去红棉袄、红棉裤、蒙头红子等，以示喜期已到，催请发嫁，叫下催妆。女方夜里收拾嫁妆，将衣服、团圆饼（烧饼）、点心、糖果、压床鞋、压柜（箱）钱、宽心面等物品放入家具之中，此举谓之“装柜（箱）”，然后加新锁。现今，在农村仍有下催妆这一程序，但有些内容已经没有了。如“开脸”就不是在这一天，而是由早晨发嫁盘头时一并进行。

发嫁（送亲）

结婚这天，新娘早早起来去盘头（上头），过去做姑娘时都扎一条大辫子，结婚时，要握成发纂。盘头要找“全命人”（丈夫儿女俱全），在本家正房明间，把纂握起来。发嫁时间，大都是早上，都是送日子时男方找人确定好的。送亲途中遇上桥梁、巨石、井泉、沟壑、庙宇、孤坟、碑碣、拐角等都要贴“大吉”贴子，过桥等重要地方还要扔一包钱，一般是用红纸包两枚铜钱，现在是包两枚硬币。旧时，抬嫁妆的绳索全部是女家新搓制的红苘绳。放下嫁妆后，抬嫁妆的人只收回扁担和一根红绳，这一根红绳带回去要扔到嫁女户的门楼上，表示月老千里姻缘一线牵的红绳落到了两家。其他红绳留在男家，有一根也扔到门楼上，并且马上有人拿红绳子去当拴牛驴的缰绳。

婚礼

过去婚礼上落轿后，首先进行燎轿，用长长的一把谷草，点着火，拿在手中围轿左右转一下，燎轿是为驱除路上的鬼妖。领红，指的是新郎领着新娘下轿、拜堂直至入洞房的过程。新郎胸戴大红花，将一条红绸子一头斜挎在肩头背着，另一头放在传盘上，由新娘端着。新娘因戴着红盖头，对外看不见，由伴娘二人在两边扶着，并帮助端着传盘引导前进。领红进院后，开始拜堂。主持拜堂仪式的先念：“天作之合，月老为牵，百年和好，五世其昌。”而后又喊：“新人跪。”新郎新娘同时跪下。主持喊道：一拜天地，二拜高堂，夫妻对拜，男女同时叩首。对拜结束后，主持人又喊：“新郎、新娘入洞房。”这时，撒栗子枣的人便向观看婚礼的人群，从升里一把把把栗子枣撒向远处，大人小孩都去抢，这样也给入洞房的新人让开了路。

上喜坟

有家庙、祠堂的新婚夫妇要在家人陪同下，带祭品到家庙、祠堂去祭拜祖先，无家庙、祠堂的，都要到林墓上喜坟。到墓地后，先压红坟头纸，就是将一桃红纸片压在各坟或碑的顶上。供品一般用三全，即全鸡、全鱼、全方肉，用红粉条当菜头，鸡嘴里要夹桃红纸片，供在直系已故长辈坟前。其他坟墓，一般是一炷香、一折纸、一个馍馍。去姥娘家上喜坟，一般由新郎母亲带领，由其兄长陪同。到姥娘家后，先在正房向姥爷、姥娘、舅舅、舅母行跪拜礼，要磕三个喜头，他们分别送红包喜钱，然后准备到林墓上祭祖。

回门

过去婚后三日，新娘要在丈夫陪同下回娘家，第一次回娘家，不能由新郎家里人去送，要由新娘的哥哥或弟弟来接。当地习惯，新婚不满月的夫妇，不能空床，空床不吉利，小两口也不能在娘家住下。

休妻（七出）

过去，境内也有休妻习俗。休妻的七条标准，名曰七出、七去。当妻子符合其中一种条件时，丈夫及其家族便可以要求休妻（即离婚）。休妻的七个条件如下：“不顺父母”“无子”“淫”“妒”“有恶疾”“口多言”“窃盗”。只要女方符合其中一条，男方就可以休妻。

离婚

离婚是指解除婚姻关系。后专指通过法律手续解除夫妻关系。夫妻双方通过协议或诉讼的方式解除婚姻关系，终止夫妻间权利和义务的法律行为。按照我国《中华人民共和国婚姻法》的规定，如感情确已破裂，调解无效，应准予离婚。夫妻“感情确已破裂”是判决离婚的法定条件。

陋习

在正常婚姻外，旧时境内曾存在过一些特殊婚姻。

招婿婚

只有女儿的人家，没办法或不愿意过继儿子，为了延续香火，就招上门女婿。给女儿（多女儿者选其中一个）招的上门女婿一般是家里兄弟多，家庭条件较差，说媳妇有困难的。男子当了上门女婿，在原家庭就自动失去继承权和奉养父母的义务。一般是：①男到女家，全身心在这个家庭生儿育女过日子；②到这个家庭后，和其妻对这个家庭的财产有共同继承权，并负全责给父母养老送终；③男不改姓（也有极个别改姓的），孩子随女方姓延续女方家庭香火；④户主仍是岳父，女婿和娶来的媳妇一样，一切听岳父母的，当岳父母去世后，家庭自动改户，女婿成为家长；⑤女婿去世后不进岳父家林墓，自己另行踩新林，自成体系。

招夫婚与寡妇改嫁

招夫，指的是女的丈夫去世，女方不愿抛下老小改嫁，招来一个男人做丈夫。男方多半是老光棍，甘心上寡妇门。一般是：①男到女家，养小奉老过日子；②男女双方都不改姓，新生的孩子随男的姓；③前窝、后窝孩子对本家财产有同等继承权；④男的去世后不进这家祖林，要另踩林，女的百年后和前夫或和新夫合葬，由其自定。也有女的死了男人或男人重病再没有生活和生理能力，也没有康复可能，生活异常困难，女的就招个半老光棍来当招夫，不结婚，生了孩子也不归他。

也有的寡妇，不愿招夫，而是干脆改嫁。有儿女未养大，她就带着孩子改嫁，那时称这些孩子是“跟脚儿女”。过去寡妇改嫁，虽然也有媒人，但差不多都不举行任何仪式，甚至晚上由男方接走了事。嫁妆可以带走，但一般不准从大门口抬，而是从偏门、后门或瞒墙（从墙头）托出去抬走。

双挑（祧）婚

旧时，兄弟中如果有一家无男孩子，就从其兄弟的儿子中过继一个去当儿顶支。放弃原父母处的继承权，由过继父母给娶妻成家，继承过继父母的财产。如果男儿太少，顶支人选不足，他们就用双挑（祧）来解决。如兄弟二人，老大无男孩，老二只有一个男孩，如果要给两家顶支，老大和老二就要分别给这男孩娶一房媳妇，住在各自家，费用各自负担，儿子则轮流在两个媳妇处居住，哪边媳妇生的孩子，不论男女，都归哪边所有。当儿子的要给两边父母养老送终，当然也有权继承两家的财产。这就叫双挑婚。

过继儿子要写过继文书，双挑也要有双挑（祧）文书。双挑（祧）婚的成婚方式、嫁妆陪送和正常婚姻的做法完全一样。

“姑舅亲”和“姨娘亲”

“姑舅亲”和“姨娘亲”主要指表亲婚，是表兄妹之间的婚姻。它是一种以血缘关系为基础的近亲婚姻。“姑舅亲”主要是姑家的儿子娶舅家的女儿为妻，这是“血同骨异”，是亲上加亲。但舅家的儿子娶姑家的女儿就不行，那样叫“血脉倒流”，“回老娘门”，不吉利。姨娘亲是姊妹两个之间的孩子，不管谁家男、谁家女，互相之间都可成婚。他们是同一对外祖父母的孙辈，是“同血异骨”也是亲上加亲。有说法：“姑舅亲姨娘亲，上辈亲，下辈亲，砸断骨头连着筋。”

一夫多妻

旧时，一种是正式娶两个以上的妻子。这种人都是豪富或官僚，为满足私欲，早有正房妻子了，又娶二房、三房，娶的不是妾，而是娶正式夫人，虽然生的孩子是平等的，但二房、三房的权利逐渐递减，又统统受大夫人的节制。当然也有因大夫人不生孩子而娶二房、三房的。还有一种是秘密的重婚，有些人在两地均有财产，在两地各娶一房妻子，两头都为大。

一夫多妻还有一种形式是纳妾。能纳妾的，有权、有势、有钱的人家居多。妾的身份有的连丫鬟都不如。有的生了孩子，常被大夫人抱走。

买卖婚姻与典妻

买卖婚姻，是旧时普遍存在的现象，除了富人买妾外，普通群众、穷人中也存在这个现象。买方主要有三种情况：一是有的家庭有一定的经济基础，但儿子或五官不端正，或四肢不健全，或痴呆重病，其父母就用重金给儿子买个媳妇。二是有人年轻时因穷未说上媳妇，后来有积蓄了，但年龄已较大，再也说不着合适的媳妇，他就倾力花重金买媳妇。三是普通家庭，男子身体也没什么毛病，因本人或家庭名声不好，说不着媳妇，他们就用银圆当聘礼，找那些急需用钱的户说亲，变相给儿子买媳妇。

卖方也有三种，一是家中极贫，为了收些彩礼生存，就变相把闺女卖为人妻；二是非亲生的女儿，如拾来的孩子，通过婚姻变相把孩子卖掉；三是落难女子，被人骗或被劫持，以帮其找婆家为名，偷着将其卖给人家为妻。

典妻，富贵人家其妻不生孩子，就典妻生子。他们看着谁家极穷，其妻又年轻力壮，很能生孩子，就托人从中串通，找到一家愿意的，他们讲价出钱，把那人的妻子当生育机器典来（租来），生了孩子后，把孩子留下，把妇人退回，租金按事前双方的约定。另外一种典妻，是有的男人因生活极端困难或欠账很多（包括赌博账），将老婆典给无法说上老婆的光棍汉或别的男人为临时妻子，到期拿上典金赎回来。

换亲与转亲

双方父母为了节省钱财，也有两家都不很穷，但两家的儿子身体都有缺陷，都无法说上媳妇，但又买不起，各以自己的女儿嫁给对方的儿子，俗称“换亲”。两家互换姐妹成亲为姑换嫂，婚礼可以从简。

转亲是三家或三家以上转着用闺女换儿媳妇。如张家女儿嫁给李家儿子，李家女儿嫁给王家儿子，王家女儿再嫁给张家儿子，这是“三转亲”；另外还有“四转亲”“五转亲”甚至“六转亲”。这样每家都可以省下给儿子娶媳妇的彩礼钱。但是，如果有一家不同意，其他几家也转不成；如果已经结婚，有一家离婚，其他几家也都会离婚。“婚姻链”有一个环节出问题，就“全链”瘫痪。

童养媳婚

有人穷而子女多，特别是闺女多，自己抚养确实有困难，女孩子七八岁就给她找婆家，把她提前送给人家当童养媳。一般找的也是穷人，男孩大了找媳妇困难，就是找着媳妇也送不起聘礼，为了省下将来成婚的费用，就提前给儿子说来媳妇，自己养着，养大了就叫她和儿子成婚，俗称圆房。

娃娃亲与指腹婚

娃娃婚是双方孩子在不懂事的幼年，由其父母主持定下婚姻。订婚的做法也很正规，与成年儿女订婚完全一样，也写婚书“送书子”。直到两个孩子都大了，然后成婚。

指腹婚是指孩子未出生就约定的婚姻。双方妻子都怀孕了，指着两个妇女的肚子订婚，叫“指腹婚”“孕婚”“预备婚”等。找有德望的长辈见证、写契约。约定双方如生一男一女，即把他们结为夫妇，如都是男孩则成为干兄弟，如都是女孩则结为干姊妹，干亲双方父母都为干爹、干娘。

冥婚

冥婚，又有“阴婚”“结阴亲”“娶阴亲”等不同叫法。一般有三种情况：一是两家生活都比较富裕，刚到结婚年龄，尚未成婚，突然因病因故都死了，怕他们在阴间孤单就物色找阴亲，其仪式在林墓上进行，将女的棺木抬到男家林墓上与男子合葬，埋成一个坟墓。除了烧纸烧香外，最重要的是请村中办丧事写“路引”的写一份“阴亲婚书”在其坟前烧纸时一同烧掉。二是双方已订婚，男方因病因故死了，女方殉情自尽。这时男家会提出娶“阴亲”，认为按原婚约其女已成为他们的人了，不能活着用轿抬来，死了用棺木也要抬来。其仪式也在林墓上进行，烧纸烧香时，把两家“送书子”时写的婚书都拿来，在坟前放在一起烧后合葬。三是有的未婚男子去世了，等人家的未婚女儿死了，会找媒婆去提阴亲，一般是男家要出钱买棺材，制寿衣，甚至还给女家一定数量的钱，娶其已故女与其已故儿子合葬。其仪式和第一种情况完全一样。

第二节　丧葬习俗

境内自古以来实行土葬。从1977年4月开始推行火化。随后，火葬普及，有的村改土葬为祠堂，建一处公共祠堂，将死者火化后的骨灰盒放到祠堂里。从20世纪90年代开始，死者火化后再放入棺木中埋葬，逐渐又恢复了土葬。

丧仪

报丧

也称“通丧”，报丧是人死后的第一个仪式，在守灵的同时，由司仪（主持人）安排门前插白幡，以示乡邻。三服以内的晚辈或同辈若干组（每组两人），到故人的亲戚门上报丧，主要是告知故人死亡时间和出殡时间。

守灵

老人亡故后，停尸期间，孝子孝女穿孝服，拄哀杖守灵，端坐或蹲在地上，日夜不离亡者，谓“守灵”。男的剃光头戴孝帽，用麻纰系住，身着白褂，腰拉苘绳，脚穿白鞋；女的披头散发，头顶白布，谓之披麻戴孝。死者头前置一盏用麻油或棉籽油作燃料的油灯，为“长明灯”，还放有祭果、薄饼及一个瓦盆（俗称“老盆”），孝子们不断在“老盆”里焚香烧纸。纸灰用纸包起来，起棺时放在里面。灵堂地面上撒着麦穰等，守灵期间儿女们不能喝酒、吃荤的食物，只能吃馒头、豆腐之类的素食。

泼汤

故人的晚辈都要到土地庙或村外固定的地方“泼汤”，也叫“送汤”“送路”，也有的一天五次或七次，也有限定三、五、七、九、十二趟的。泼的汤是用少量小米熬的大锅汤。要视其年龄大小以及是否有父母在世的情况，泼三顿或五顿或七顿不等。泼完汤后，即拉棺出殡下葬。

入殓

也叫“盛殓”。入殓有“大殓”和“小殓”之分。小殓是指为死者穿衣服，“大殓”是指收尸入棺，民间俗称为“归大屋”。实行火化制度之后，先火化再将骨灰放入棺中。

出殡

也叫送殡、发丧、拉棺。出殡是殡葬仪式中最隆重的一环。出殡前一天晚上，摆祭坛，请僧道诵经超度。有民间鼓乐艺人，早晨在门前吹奏哀乐。故者本族的，甚至本村沾亲带故的，都要到故者家中帮忙。出殡过程中，主事者将老盆在长子头顶比照一下叫“顶老盆”，然后用力在棺前摔破，叫“摔老盆”。此时，送殡亲友汇齐，哭声连成一片。孝子持引魂幡，披麻戴孝，按长幼排列，用白布拉灵，其他亲眷、亲友（女的不能上林地），依次按辈分、亲疏排列于后。到墓地后，孝子们（女眷一般不到墓地）清扫基室。下棺由长子在前面领棺，引导棺材调正向口（棺材大头所向位置），将棺木置入墓穴，在墓穴放“长明灯”和仓囤于棺前，仓囤就是用稻草编成碗状并放上五谷杂粮，孝子绕墓穴分左右各转三圈，先向墓穴扔三铁锨土，然后其他人填土、埋棺、筑坟。

现在，时兴当日殡或二日殡（特殊情况除外）。

送盘缠

下葬之后一个更重要的程序是“送盘缠”。送盘缠，就是给故者送去阴间路途上的费用和乘坐的工具。这一仪式大都是在出殡后举行，有的在出殡的当天下午，有的在出殡的当天晚上举行。地点多数在土地庙前，有的也选在东西路上或者去故者坟地路上的空场地，摆供桌，放牌位。点香焚纸。故者的长子或法定继承人站到凳子上再一次指路：“爹啊（娘啊），你上西方大路，请您甜处安身，苦处使钱。”或“爹啊（娘啊），请你去西天，三条大路你走中间，请您甜处安身，苦处使钱。”连喊三遍，众人恸哭送行，并焚烧扎制的纸轿、纸马、黄纸、指路秸秆以及故者生前穿戴过的衣物。

守坟

叫“看林”。从安葬的第一天起，连续几天，有的三天，有的五天，有的七天，甚至更长时间，到上五七坟为止，故者的至亲每天晚上都要到墓地去予以看护。

五七坟

“五七”为大祭，是故者安葬后第一个隆重的祭祀日。一般定在三十五天之内，具体哪一天举行，要选择吉日。旧传统上五七坟是生者给死者安家，要筹办亡者自己能独立过日子的各种物品。上五七坟那天，全家人穿白戴孝，再次给来的客人送上白孝帽。故者的至亲都要披麻戴孝，按照礼数，采用磕头、叩首、鞠躬等方式进行祭拜。上坟时要在路上和坟地失声痛哭一番。这种痛哭，表达对死者的怀念与哀悼之情。

谢纸

上完五七坟后，长子要到为丧事送过纸、送过钱、上过坟的亲友家和乡邻家磕头谢纸，感谢帮忙之意。主人一般都是赶忙迎上来拉住不让磕头。对本村送纸送现金的，在夜间鸡叫后，由知事人一般是挑汤的领着在各主要街道巷口吆喝：“谢纸啦！”如见到人，孝子必须跪下磕头。

百日坟

人故后的第一百天，儿女备供品祭奠，进行不戴孝的常规祭奠。活动比较隆重，故者的亲朋好友参加。

忌日坟

人故后，每周年都要上忌日坟，只是重视程度和规模有所区别。一般是在一周年、两周年、三周年和十周年忌日声势最大，故者的儿孙们、出嫁的女儿和一些亲戚朋友都要参加，祭奠时要摆供品、烧纸钱。有“十年忌日九年上，闺女儿家都兴旺”的习惯，也就是十周年的祭奠在九周年时举行。

丧葬观变迁

境内丧葬事宜历来沿袭土葬习俗，礼仪繁杂，浪费钱财，占用土地。中华人民共和国成立后，人民政府号召丧葬改革，倡导殡葬从简，节约办丧事。1955—1958 年，多次扒坟，挖出的砖、棺木用于兴修水利，架桥和公共建设，坟地变为良田。1967 年，提倡人死后开追悼会。

1975 年，县建成火化场，因“土葬”是几千年的传统，虽然进行广泛的宣传教育，但少数群众对火葬仍难以接受，一般是火化后将骨灰殓棺土葬。1990 年，界湖南村和周边村一样建劳动人民纪念堂，将骨灰放入纪念堂内。后因对纪念堂管理不善，致使利用率不高。

1997 年，界湖镇开展平坟还耕活动，组织突击队，平坟还耕。

1999 年，界湖镇统一规划公墓，集中开展迁坟还耕活动。

2001—2006 年，镇政府成立 17 人组成的殡葬改革领导小组，由镇长任组长、分管副镇长和各片区书记任副组长，指导全镇的殡葬管理工作。组织专门力量对道路两侧、农田内、村驻地规划区的坟头全部迁除，指导各村因地制宜搞好公墓规划。

2010 年，严格规定从 5 月 11 日起，一律不准土葬，违者起尸火化，并对该村干部追究相关责任和罚款。但受陈风陋俗影响，火化率不够稳定，土葬现象仍不能完全禁止。

2012 年，界湖街道办事处出台《界湖街道办事处关于进一步加强殡葬管理工作的实施意见》以下简称《意见》）：1. 办事处加大资金投入，建立以奖代补制度。从 3 月 1 日起，境内户籍人员去世火化的，由各村（居）、单位每月汇总后，于次月 3 日前，携带火化单复印件到民政办公室，按每火化一具给予丧主 500 元火化费补助。该措施在山东省内开创了殡葬火化补助的先例，街道财政每年须支出资金 20 余万元。2. 村（居）内如出现土葬不及时制止、汇报的，每出现一例土葬，对所在村（居）党组织书记、村（居）主任或村民大组长罚款 200 元，从当月工资中扣除，并扣除干部年度综合考核成绩。3. 丧主是公职人员、党员、村居干部的，按照县纪委《关于违反殡葬管理行为党纪政纪处理暂行规定》和界湖街道党工委、办事处《界湖街道农村干部薪酬管理办法》进行处理。4. 所有土葬户的直系亲属家庭，不得享受低保、“五保”、孤儿救济等各项民政待遇。5. 全年火化率达到 100% 的村（居）两委干部，年度工资上浮 10%，全年火化率达不到 90% 的村居取消村居干部年终评先树优资格。

2015 年，坚持执行《界湖街道办事处关于进一步加强殡葬管理工作的实施意见》，境内厚养薄葬新风尚基本形成，火化率始终保持在 100%。

2019 年，南村社区在张庄镇高标准规划建设五福林。2021 年 3 月，苹果园墓地 1380 多个坟头全部搬迁。

第二章　节令民风

第一节　节令习俗

民俗，是世世代代广大人民群众在长期创造并延续相传的民间生活、生产、风尚、习惯等习俗。民间有“三里不同俗，五里改规矩”等说法，在一个较小的区域里，民俗有时候也是不同的。南村社区民俗大多与周边村居相近和相同。

腊八节

因腊日而来，日期为农历十二月初八，古代称为“腊日”，俗称“腊八”“腊八节”。这天，民间流传吃“腊八粥”。还有制作“腊八蒜”的。有俗语“腊八粥，腊八蒜，放账的送信，欠债的还钱。”过去，商号要在这天拢账。有“过了腊八，师傅打我不怕他”之说。另外，还有习惯在喝腊八粥的那天，给小女孩扎耳朵眼的习俗。

过小年

农历十二月二十三日或二十四日，俗称“过小年”“辞灶（祭灶）”。传说是“一家之主”灶王上天向玉皇大帝汇报本户一年来所做善恶之事的日子。境内过小年的时间不一致，最早有“君（官）辞三，民辞四”之说，后来一般是附近有三八集的就辞二十三，有四九集的就辞二十四，也有的不管集而从祖辈习惯的。家家户户都赶集办小年货，要买纸香和请灶王（就是买灶王图）。要“抓灶”，就是买供奉灶王爷的供品，主要是糖瓜、柿饼、黑软枣、山楂、红枣、花生等。傍晚，在灶前供奉糖瓜（现在多为糖块）、柿饼等干鲜果品等物，意为让灶王吃甜嘴甚至粘住嘴，多说好话，不说坏话。

年三十

农历一年中的最后一天，俗称“年三十”“大年三十”、除夕。除夕前要上坟。上坟必须过了午时，一般选在腊月二十九下午进行。年三十清晨早起，打扫卫生，将扫起的树叶杂草等堆在门前院中点一堆火，俗称“烧瘟烟”（“笼瘟烟”），并燃放鞭炮，祈求把瘟神鬼怪熏跑。上午，男人们开始贴春联，贴春联也叫贴花纸，大门口一侧或对面贴竖式的“出门见喜”，床头贴“身体健康”“安康幸福”，农具、家具上贴“酉”字，意指“有”有顺利、发财的意思。屋门、墙壁、门楣等贴“福”，有的颠倒着贴，意为“福到了”。牲畜棚贴“六畜兴旺”“牛羊成群”等。年三十下午，阖家欢聚，喝辞岁酒，吃团圆饭。家庭主妇要捞（蒸）一大锅小米干饭，叫隔年饭，供天地桌三碗、家堂桌三碗、财神桌一碗、灶王桌一碗，每碗都插上三双筷子，表示可以多神共用。同时，摆上菜和酒盅。上供时，各供桌插三炷香。要把大门口、各屋门口都放上“拦门棒”，有两层用意，一是挡着外边的一切妖魔鬼怪，游魂孤鬼不能进入。二是挡着自己家的金银财宝不流走，这拦门棒一直放到正月初五才拿走。是夜为除夕夜，天黑后家家在大门外放鞭炮、烧纸香，俗称“接灶”。夜晚，通宵不眠，“守岁”被称为“熬年”，“熬年五更”。现在多是坐在家中收看电视节目“春节联欢晚会”。过12点，要在院中用芝麻秸、豆秸或棉柴等在院中生火，烧纸磕头，敬拜天地三界诸神，称“发纸马”。旧时，很多户在堂屋前建有天地台子，有家堂桌子的户要在院内扎一个棚，叫“天地棚子”，棚子两侧都绑上或埋上新竹子，在上边拴上几个方孔铜钱和几串花生大枣。在棚子里敬天地神。但大多人家在院子里放一张桌子，叫“天地”“天地桌子”。各个门口挂上香牌子，双扇门挂两个，单扇门挂一个，到正月十六日早上摘掉。

请家堂

有一些户家中未有祠堂，但房子条件较好，就不上坟，而是在家中设堂摆供祭祖，谓之请家堂。请家堂共分三个步骤，一是迎家堂，二是守家堂，三是送家堂。除夕下午，要把用于请家堂的房子拾掇好，要挂家堂轴子，要摆好木刻的或纸质的列祖列宗名讳牌位。供品、纸香都是本族各家凑起来的。傍晚时由族长或家长率本族或本家子孙到村头请祖先回家过年。有年初一早上天蒙蒙亮时送家堂的，也有初一下午或初二下午（晚上）送家堂的。

已婚妇女有不看娘家花纸（对联等）、不看娘家家堂桌子的习俗，有不拿拦门棍不能回娘家的习俗等，一般是不过正月十五不能回娘家。

春节

作为传统的节日，农历正月初一开始，兼指以后的几天。早晨全家起床后，要穿新衣服。晚辈要先向长辈拜年，长辈要将事先准备好的“压岁钱”分给晚辈。在给家中长辈拜完年以后，家长要带领小辈出门谒见亲戚、朋友、尊长。当日不扫地、不打水、不挑担、不劈柴、不洗衣、不洗澡、不理发、不说不吉利的话。中华人民共和国成立后，国家规定春节为法定节日，多数行业放假过年，并在城乡广泛开展优军优属、拥政爱民活动。团支部、妇代会组织男女青年为烈军属挑水、扫院、包饺子，挂“光荣灯”“光荣牌”，节日气氛更加浓享。

破五

正月初五俗称破五。一说破五前诸多禁忌过此日皆可破。按照旧的习惯这一天必须吃饺子。一说破五这一天不宜做事，否则遇事破败。春节期间大小店铺从大年初一起关门，而在正月初五开市。旧俗以正月初五为财神生日，认为选择这一天开市必将招财进宝。这一天早上拆天地棚子。但烧香要延续到正月十五、十六早上撤香炉、香牌子。

元宵节

俗称“正月十五”，又称为“十五节”“元夜节”“元夕”“灯节”“上元节”“小正月”。这天要张灯结彩，有吃元宵（或饺子）和送灯、燃放烟花爆竹、办灯会的习俗。已出嫁的女儿，不能在娘家过正月十五，有“不看娘家的灯”之说。

二月二

俗称“龙抬头”，又被称为“龙头节”“春耕节”“农事节”“春龙节”“青龙节”。俗话说：“二月二，龙抬头，大家小户使耕牛。”民间有吃糖豆的习俗。

寒食节

寒食节亦称“禁烟节”“百五节”，在清明节前一日。是日初为节时，禁烟火，吃冷食。在后世的发展中逐渐增加了祭扫、踏青、荡秋千、斗鸡等风俗，寒食节前后绵延两千余年，曾被称为民间第一大祭日。后来因为寒食和清明离得较近，所以人们把寒食和清明合在一起只过清明节。寒食节，境内家家到祖坟添土上坟。

清明节

又叫踏青节，清明节早晨，多数人家吃荷包蛋或煮鸡蛋。境内有插柏插柳的习俗，大枝子插在磨眼里，小枝子插在每个屋的房檐里和门上龛两头。少年儿童携带染成红、绿、黄等颜色的鸡蛋游玩。过去，扎制风筝，到野外放。机关、工厂、学校多组织干部、职工、学生为革命烈士扫墓、献花圈，进行革命传统教育。

端午节

农历五月初五，俗称“五月端午”，又名端阳节、午日节、五月节等，最初是人们以祛病防疫的节日，后来传说爱国诗人屈原在这一天投汨罗江去世，也同时成了纪念屈原的传统节日。人们有吃粽子的风俗。

六月六

传说是山神的生日，所以有敬山神防狼害的习俗。读书人也要借六月六皇帝晒龙衣喜庆日子晒书晒画，防止霉变虫蛀。寺院这天要过“翻经节”，曝晒佛经。如果这天下雨，则叫“湿龙衣”。

七夕节

即农历七月七日，民间亦称“鹊桥会”“七七节”“七夕节”“女儿节”“乞巧日”“乞巧节”。近年又有人称为中国的“情人节”。民间传说是牛郎织女鹊桥相会的日子。这天晚上，年轻的姑娘和少妇都要出来行拜祭的礼仪，并向织女乞巧。

七月十五

俗称鬼节、七月半，又名中元节，佛教称为盂兰盆节。农村有带供品、香、纸到墓地祭祖上坟的风俗。

八月十五

即“中秋节”，因又称月夕、秋节、中秋节、团圆节、八月节、八月会、追月节、拜月节，是仅次于春节的传统大节日。外出的人尽量回到家中与家人团聚。节前，人们多以月饼、酒等礼品馈赠亲友。这天，晚宴后吃月饼，赏明月。

重阳节

农历九月初九，两九相重，所以叫重九、重阳。现在也已经成为法定老人节。庆祝重阳节一般会包括出游赏景、登高远眺、观赏菊花，遍插茱萸、饮菊花酒等活动。农历九月俗称菊月，所以古来又称菊花节，要举办菊花会。民俗上巳“踏青”，重阳“辞青”。旧时，文人有登高，把酒赏菊的习俗。

冬至

冬至俗称“冬下”“冬闲”“交冬”“冬节”“长至节”“亚岁”等。在这天有吃水饺的风俗。冬至是祭祖上坟的重要节日，冬至上坟除摆供、烧纸、烧香、磕头外，还对新近去世者用蓝纸剪上各种衣物，在烧纸时一同烧了发去，这是给亲人送的寒衣。

第二节　法定节日

自2008年开始，共有七大全民法定公休节日：（一）元旦，放假1天。（二）春节，放假3天。（三）清明节，放假1天。（四）国际劳动节，放假1天。（五）端午节，放假1天。（六）中秋节，放假1天。（七）国庆节，放假3天。允许周末上移下错，与法定节假日形成连休。除了全体公民放假的节日外，还有部分公民放假的节日及纪念日，包括：妇女节（3月8日，妇女放假半天）、青年节（5月4日，14周岁以上28周岁以下的青年放假半天，共青团组织举办各种活动以示纪念）、儿童节（6月1日，14周岁以下的少年儿童放假1天）、中国人民解放军建军纪念日（8月1日，现役军人放假半天）。

元旦

1月1日，俗称“阳历年”。依据国家规定，各机关、学校、厂企、事业等单位放假1天。

国际妇女节

3月8日，习称“三八”妇女节。这一天，妇女组织纪念活动，妇女放假半天。

国际劳动节

5月1日，机关、企事业等单位按例放假一天，由工会组织举办纪念活动。1999年改为放假3天，2008年又改为放假5天。

国际护士节

5月12日是国际护士节。该节是为纪念现代护理学科的创始人弗洛伦斯·南丁格尔于1912年设立的。会举办庆祝和表彰活动。

国际儿童节

6月1日为国际儿童节。节日里，在校少儿举办升国旗、列队仪式，演出丰富多彩的文艺节目以示庆祝。

中国共产党成立纪念日

7月1日是中国共产党诞生之日，由各级组织举行一定规模、多种形式的纪念活动。

建军节

8月1日，是中国人民解放军建军纪念日。地方政府和当地驻军举行拥军爱民、拥政爱民、拥军优属、军民共建和军民联欢等活动。

教师节

9月10日为教师节，1985年开始设立。每年教师节，政府都要开大会或座谈会以示庆祝。大会上要表彰优秀教育工作者、优秀班主任、优秀教师和优秀幼儿教师。

国庆节

10月1日，是中华人民共和国成立纪念日。这天，机关、企事业单位放假7天，所有单位都升国旗、悬红灯、扎彩坊、挂横标、装点门面，还有歌咏、演讲比赛、摄影、书画展览等多种活动。人们外出游玩，探亲访友，置办酒菜吃喝，以示庆祝。还悄然兴起了国庆结婚的习俗。

记者节

2000年，国务院正式批复中国记协《关于确定“记者节”具体日期的请示》，同意将中国记协的成立日11月8日定为记者节。记者节像护士节、教师节、医师节、警察节、农民丰收节一样，是我国仅有的6个行业性节日之一。按照国务院的规定，记者节是一个不放假的工作节日。

第三章　礼仪习俗

第一节　礼　节

旧俗跪拜礼已经淘汰，但在农村少数人在给长辈拜年或举行宗教礼仪时仍使用。作揖打躬，中华人民共和国成立后已基本淘汰，近年来，在个别中老年人中又有使用。交往中点头示意，行握手礼最为普遍。

邻里亲友之间交往，疏密远近的程度在于能否经常“走动”，有“邻居是那碗换碗，亲戚是那篼换篼”之说。遇上“红”“白”事，打墙盖屋或有病灾，亲戚朋友一齐帮忙和探望。在农村交往中，邻里和睦有时重于亲戚来往，有“远亲不如近邻，近邻不如对门”之俗语。亲友来往经常被视为关系密切，时间久了不走动就等于“断了亲戚”，故有“三年不上门，是亲也不亲”之说。

第二节　待　客

客人到时，主人要迎出门外，入宅院后，让客人先行或牵手并行。客人入室后，主家人都要站起，以示尊重，然后互道称谓，主人随即让客人入座并占上首，自在下首陪坐。主人向客人递烟或献茶时要出双手，客人须站起用双手接过，以示谢意。就餐时，客人坐上首。先给客人斟酒。主人先饮，有“先喝为敬”之说。然后主客共饮。吃菜、用饭也以客人为先，但每次主人必须先拿筷、晚放筷，并将比较高档的菜肴放于客人近前。客人用菜、饭时要注意姿势、动作，响声亦不宜过大。根据条件，饭菜要尽量符合客人口味。酒毕用饭须客人先说，主人才能上饭。要待客人先吃足后主人再放碗筷。客人告辞要向主人道谢。主人让客人先行，并送至大门外或村头。如客人乘车，则为客人打开车门，如骑自行车，则代客人推车送一段路程，然后挥手告别。

第三节　生育习俗

生育礼仪主要有报喜、送粥米、起名、坐月子、过百日、抓周等。

报喜

女婿到丈母娘家报告生育音信称“报喜”，报喜时间一般是婴儿出生后的第三天。过去背着馍馍篼子去，上面用红包袱封顶。有点心，有糖、有酒，生男孩会提着公鸡，生女孩会提着母鸡，双胞胎则提两只鸡。现在产妇生孩子均在医院，加上通信条件便利，一般孩子出生的当天就通过电话告诉亲戚朋友。

送粥米

也叫“送祝米”。生了孩子后，在铰头前或铰头当天，邻居、亲朋好友送礼物以示祝贺，一般送现金、鸡蛋、红糖、小孩衣服等。出生孩子的外婆那边的亲属，都送到外婆那里，等铰头的时候再带过来。

铰头

这一仪式一般都是在男孩出生后的第十二天、女孩出生后的第九天举行。一般由新生儿的舅舅挑着挑子或推着车子，带着米、面、鸡蛋、红糖、婴儿衣服、小被褥等，有的还有缝制的老虎帽、玩具等，新生儿的姥娘（外祖母）一同去。现在，其他亲人也会前去参加孩子的“铰头”。铰头不能骑月（即跨农历两个月），民间有“不铰头不能见舅”之说。过去新生儿的舅舅多，则由大舅负责，因特殊情况大舅不能到场，则由二舅负责，以此类推。家里要准备一个旧时盛粮的升（或箩筐），里边除了放剪刀之外，还有针线、秤、算盘、书之类的物品，现在有的放电子计算器，寄寓着孩子未来能打（算盘）会写，有学问。铰头仪式之中，娘家人和亲朋好友把装有喜钱的红包放在筐中，叫送“喜头钱”。

坐月子

产妇分娩之后，为恢复身体，一个月不出门，吃喝甚至大小便也要在屋内，俗称“坐月子”。饮食上，以吃小米饭、鸡汤、鸡蛋为主，并在小米饭里加红糖。现在，还吃一些猪蹄、鲤鱼、鲫鱼等营养丰富的食物。

满月

满月这天，产妇家置办满月酒，亲朋好友携带礼品前来祝贺，特别是婴儿外婆家，带着各种食品和给孩子准备的衣裤鞋帽等，看望小外孙和女儿，祝贺母子平安，这叫“过满月”或叫”做满月“。过满月中有一个重要的习俗就是“剃满月头”，有的百日时理发，这是新生儿出生后第一次理发，因此格外重视。日时，满月后要请村里声望高、技术好的剃头匠，由新生儿的父母抱着，小心翼翼地剃去胎发。剃下的胎发不随便扔掉。过去有的将胎发用红布或红纸包好，放到床头或者藏起来，意在压邪或者镇邪。现在，有的将胎发制成毛笔留念。满月后，产妇要回娘家住一段时间，长短没有严格限制，一般不超过十天。

百日

百日的时候，还普遍给婴儿照相留念，一般都是从商场里购买成品衣服。姑和姨都参加。过去小孩少的，特别是男孩少的，生了男孩后，一般由姑和姨来给小孩穿裤子，把孩子抱到打麦场里，一边穿一边念叨吉利话：“姑来穿，姨来提，小孩活到八九十……”以祝福长命百岁的意思。

抓周

孩子出生一年后，要过生日，一项重要内容是抓周。即在一个大盘子里放书本、算盘、毛笔、刀剪、钱币等物品，任婴儿随意抓取，以观其生性爱好，预测前程未来。

第四节　生日习俗

祝寿

又叫做寿、贺寿、上寿。过去，过生日祝寿，一般从 60 岁以后，或者有了第三代之后才开始。六十、七十、八十、九十等，这些以十为整数的寿诞，称作大寿。旧时，按照辈分、年龄、性别，分别给寿星磕头，俗称“拜寿”。做寿一旦有开头，必须岁岁做，不得间隔，更不能中断，否则谓之子女“不孝”，谓之亲友“失交”，同时也担心有不祥之兆。

过生日

老年人称祝寿，小孩、年轻人叫过生日。近年来，兴起了为小孩子过生日的习俗，孩子的父母、祖父母、其他亲人要送生日礼物、生日蛋糕、红包等，陪孩子唱生日快乐歌，吹蜡烛许愿灯。爷爷奶奶、外祖父母要送大礼，几百元乃至上千元。宴会上必备的是生日蛋糕，根据孩子的年龄，把五颜六色的蜡烛插在蛋糕上，岁插一根，由大人点燃蜡烛，孩子和客人一起吹灭，然后开始吃蛋糕、喝酒，祝福孩子生日快乐，健康成长。十岁之后特别是成年人过生日，就简单一些。同学之间、朋友之间、同事之间，过生日互赠礼物、贺卡，发短信祝福的，也有亲临祝福。目前，过生日多在酒店举行宴会，甚至开生日舞会。

第五节　乔迁贺喜习俗

过去，青年人结婚后要分家，开始独立生活，亲朋要去祝贺，要帮助一些生活用品、用具、食品等，谓之“温锅”。现在，除婚后分家外，新房落成乔迁新宅等，也热情邀请亲戚朋友前来认识新家门，亲友、邻居携带礼品前去庆贺，也叫“温锅”。以前带篼子酒肉等，现在多送红包。“温锅”，包含着众人添柴火焰高的互助传统。

第六节　开张　送行　接风习俗

过去，工商店铺开业时要发请柬，邀请亲朋同行参加。近时工商酒吧、茶馆、文化、娱乐等行业开业时先选定吉日。邀请亲朋同行，并请有关领导参加。届时张灯结彩，张挂大型彩布，充气彩虹门，鸣炮奏乐，摄影录像等。应邀者送红包，主家除设宴招待外，要送发礼品，近年来庆典之风日益盛行。昔时，赴任升迁、会考中榜，成行之前，都要邀请亲朋好友前来祝贺。现在送行已经扩大到干部提拔、职工调动、学生升学、孩子当兵、亲朋远出等，但档次、场合大小有差别。

第四章　乡风童趣

第一节　打　卵

卵，也有叫线卵的，是当地祖辈们创造的一种球形玩具，起于何时无考，曾是沂蒙年轻人最喜欢的活动项目，整个冬季都玩，以春节后几天玩得最为集中。

卵的制作，先用线绳把干丝瓜瓤子缠成如山楂大小的球，再用白棉线缠绕到和中等苹果那么大的圆球，以一般人抓在手中正合适为度，再用色线绷上网面就成了。这种球弹性很强，在打谷场上用力一拍能弹三米多高。

其传统玩法有三种：一是“打拍卵”。在场地上连续拍打，以连续拍打次数多者为胜，这多是较小的孩子，特别是小女孩愿意玩的。二是“打转卵”。打卵人用力拍一下，卵弹起时，人原地转一圈或两圈再拍，也是连续拍多者为胜。三是打“长卵”。这是玩卵的主要方式。首先选择一块长方形的场地，长度必须足够一个人抛卵的距离，宽约三十米左右，在其中一头画上一条横线，两边也大体画上线。把人平均分成两个队，每队以五人左右为宜。以 5 对 5 的对抗赛为例，如甲队先打，乙队要留一个人在本营掐（接）卵，另外四个人到不设限的一头挡卵。甲队一号先打，他站在横线外，把卵向空中一抛，在卵下落过程中用手掌猛劲打出去。乙队的队员则在场地另一头想法将对方打过来的卵挡住，如能在空中单手把卵掐住了，则甲队一号出局，如果未在空中抓住，他们就在挡住卵的地方，或卵停住的位置拾起来向留在本营的同伙回卵，掐卵员如能在空中单手将卵掐住，则甲队一号也出局。否则甲队一号得一分，他仍有权继续再打，直到他打出的卵被乙队在空中单手掐住为止，或掐卵员在空中单手将卵掐住为止。换下一个队员上，直到 5 个队员都打完，各个队员得分之和就是甲队第一场积分。接着换乙队五个队员依次打卵，甲队挡卵、回卵。两队比较得分，多者为胜，也可事前约定两局或三局定输赢。输者要向赢者“贡卵”，所谓“贡卵”，就是输队队员在赢队队员前边，逐一将卵向空中抛出，回落到一定的高度时，赢队队员用脚把卵猛劲向外踢去，不论踢多远，输队队员都得去捡回来，再贡下一个，直到贡遍赢队所有的队员为止。

20 世纪五六十年代以前，小伙子们最喜欢玩这个体育游戏，常常玩得满头大汗，脱了棉衣继续玩。可以在村边打谷场玩，也可以在村边农田里玩，有时到村外拾柴火时把卵带到野外玩。一般深冬开始，春节后的几天是高潮，过了这几天，春季生产开始后，一般就不打了，最晚也不会超过清明。

第二节　杠　钟

这是一种技巧游戏。把铜钱（熟铜），周边用铁锤向里敲打得卷了边，至少要卷缩到一半，形成卷钱。一般是三五个半大孩子一起玩。找一堵前面有宽绰地方的墙，在墙一米左右高处找一块平面石头，大家把卷钱按在那块石头上同时撒手，以钱掉在地上离墙远近排出名次，谓之“掉码”。最远者第一，依次在选定的石头上杠（摔）卷边的钱，每人都杠（摔）过后，还是弹得远的第一，然后回过头来，第一远者用自己的钱，瞄准砸第二远者的钱，如果砸着了得一分，并有权砸第三第四……，每砸中一个得一分。如果没砸着第二远者，他就不得分，并无权再向下砸。此时由第二远者砸第三远者，得分办法与上同，最后一名因自己的钱蹦得最近，他就没有的砸，最后按次序进行奖惩。有四种奖惩办法：第一种是胜者用指头弹输者的头皮，弹三下为限；第二种是，如果有人的杠钱被上一人砸中，钱蹦出去多远，他要用嘴咬着小木棒，把钱拨回来，这样输者趴下用嘴咬着木棒向回拨钱，谓之“猪拱豆”；第三种是，输者要给赢者泥钱（平时备好），一般是一次一个。第四种是赢者刮输者鼻子，赢者弯着右手食指在输者鼻梁上刮。

这是一种技巧和运动兼而有之的游戏，不用专门场地，工具只是每人一枚铜钱（后来有的用螺帽、钢板），可以连续用，它可以使人跑来跑去地活动，锻炼身体，还练习了瞄准投掷的准确性。

界湖乡间，不知何年何月由何人发起，使用《重修南路西沟碑记》石碑为墙杠钟。又不知经历了多少岁月，在碑的主体中下部分表面，留下一块麻麻点点的伤疤。碑体上下共有10行字，这块伤疤盖住了其中4、5、6、7、8行的中间部分，有69人名字破损，姓甚名谁难以辨认，这不仅导致辨认困难，更重要的是已考证的26个单位和258个个人，存在不确定性，在这69个人名中，很有可能有一个或若干个堂号，永远成为秘密。

第三节　叼小鸡

这是可以使男女大小孩子混合在一起玩的游戏，人数三五个、八九个、十几个均可，选一个最棒的当“老母鸡”，选一个最灵巧的当老鹰，其他以大小为序在“老母鸡”后边当“小鸡”，第一个拉着老母鸡腰中的衣服，其他按大小依次拉着前面人的衣服，形成长串，最小的在最后边当小鸡。老鹰转着抓小鸡，老母鸡张开双臂挡着小鸡不被抓去，最小的在最后边跑不快，常常被抓走。但抓去最小的“鸡”老鹰不算胜利，以最后三个定输赢，老母鸡如能护住三个就是老鹰失败，少于三个就是老母鸡失败。这是一种比较剧烈的活动，有利于锻炼孩子们的身体和集体协作精神。

附录

界湖村原来是一个自然村。据村北三皇庙元代“重修三皇庙记”碑记载，庙建于北宋，推知立村当在北宋之前。北宋建于公元960年，至今也有1000多年的时间。千百年来，界湖村岁月如水，历经沧桑。曾经的发展变化，大多被流水卷走，被沙土掩盖，被记忆忘却。留下的或片言只语，或残存实物，或模糊留存。将这些收集起来可谓界湖记忆。

清末界湖街道

唐天佑

现在沂南县机关驻地——界湖，原辖治于老沂水县，清末算得上有名气的大集镇。至今还有人记得每逢庙会、大集，有骆驼队来自“口”外（“口”即张家口，泛指河北省北部）商贾财货聚散盛况。

当年为防战祸盗匪，界湖四周高筑圩子墙。东西南北各有大门，早晚启闭，宛若城门。遇乱，居民群集，登墙抵御。至今儿童每作双方攻守游戏，辄呼：“圩子里的人都来呀！”究其源，乃仿往日守城状。今界湖镇卫生院西墙，即当年界湖西圩子墙。卫生院后，即出进西门的必经之路。西门楼后来坍塌未重修，仅留一缺口，人们称之为西豁子。进西豁子向东，巷名“哑巴”。甚窄，两车不能相向而过。其曲弯处疾行有互撞之虞。巷长不足百米，东端有南北流向的排水沟，深约二市尺，宽尺余，以青石板覆盖，故称为‘小桥子’。由此处往北，有刘家店、尹家店、要家店等供客商借宿的客栈。小桥往南即大地主袁家开办的酒坊，亦称酒店（今党校住址）。再往南袁家的花园及其鱼塘。酒坊前，东西通道称之为“萝葡巷”，巷北有一大积污水的洼地，原叫“四海汪”（取意四海交游陶朱富）。后因偶有弃婴溺于此，遂名“死孩儿汪”。20世纪50年代初期，经我县知名人士、省政协委员刘佛缘提议，将该汪填平，上建露天剧院（今界湖卫生院宿舍）。

从小桥子东行街道陡宽。店铺商号自此始。当年酒店北墙上嵌筑的拴马石，今仍可辨。此街长不过百余步。就客栈便有魏、芮、高姓数家。东站即当年界湖最繁荣之闹区，东西南北两条主要街道相交于此。原有小庙一宇，名“堂子庙”，内供泥胎塑像，究系何神，今人无知晓者。庙前称“堂子前”，旧社会劳苦农民为出卖劳力，常终日立于街道两侧，等候雇佣，故亦称之为“人口市”。

堂子庙往北，至北围墙约200米，街两边有魏、鲁、高姓数家客栈，还有李姓外科先生、银匠、大小红炉等手工业者也居于此。从堂子庙南行有蒋家糕点作坊，祖籍江西的赵家中药铺、染坊、布匹店。北街中部向东有一条长约百米的小巷，因巷内多唐姓人家，故名唐家巷。巷东端即东圩子墙。墙里有榨油坊一所，每年农历九月，大豆收割季节，为其经营旺季。南北街的西边有刘家巷，巷中亦有一处榨油坊，但规模较唐巷稍逊。径直向西便是圩子墙西便门，袁家花园鱼池即在其侧。

唐家巷西端南行百余米，有火神庙，庙侧即圩子墙南门。

堂子庙东街长约200余米，有盐店、魏家染坊、磨市，东端为圩子墙东门。墙外有三孔石桥架于沟上，长约十余米。

圩子墙北门位于东北角，北圩子沟向西找西

圩子墙于“三皇庙”墙东。所以“三皇庙”在圩子外。“三皇庙”在今界湖镇人民政府干部退休离休院。昔有和尚十余人，解放后均已还俗。庙内原有彩塑泥胎，还有雷公电母等形象。三皇者，抑天皇、地皇、人皇？还是天皇、地皇、泰皇？不敢断言。该庙何时兴建，亦不可考。然庙内有白果树（即银杏）至今挺拔高耸，苍翠婆娑，劲杆虬枝，盘根错节。干粗五人不能合抱，树荫覆盖数百平方米。据传说已五百余年。此庙中树为雄株，还有一雌株植于其南，后人以破除迷神为由伐去。

△三皇者有七种说法：即：①天皇、地皇、人皇；②天皇、地皇、泰皇；③伏羲、女娲、神农；④伏羲、神农、祝融；⑤伏羲、神农、黄帝；⑥伏羲、神农、共工；⑦燧人、伏羲、神农。

（选自《沂南文史资料》第一辑，1984 年 10 月出版）

清末界湖工商业

唐天佑

一

土改复查（1947 年）以前，界湖（本文指旧圩子墙以内的区域，请参看《沂南县文史资料汇编》第一辑的“清末界湖街道概况”），有四处榨油作坊、四处酿酒作坊，以及一处缫丝作坊。它们都是雇佣人工操作，以畜力为动源。业主全系来自界湖以外地域，所以，至今仍然留传俗语：“界湖‘发’外来户”。

这些作坊字号如下：

附表 –1

	名　称	业　主	原　籍
榨油	永祥欣	薛天周	薛家埠
	德　欣	高	埠子顶
	恒丰祥	刘、戴	水湖套
	和　祥	袁	团山庄
酿酒	聚　成	高云山	小沟崖
	恒　聚	高	埠子顶
	观　成	刘	金佛院
	泰和成	徐	徐家沟
缫丝	?	邱　浩	苗家庄

当年界湖仅百余户人家而作坊不少。油的原料是大豆，酒的原料是高粱（20 世纪 50 年代才推广种植胜利百号地瓜）。每年秋收，作坊收购原料。唱号斗量，甚嚣尘上。囤垛耸立，犹如群峦突起。车、驴衔接，宛若长龙逶迤（木质独轮、兽力牵引）。新粮上市，农民不但要按旺季行情贱价出卖大豆、高粱，而且大都由作坊开具收条，日后凭条领取白酒、豆油、豆饼（除用作饲料外，昔时农村也用它田间施肥）。农民用自己的话来说，“附就咱的大腿搓麻线”。更有甚者，如永祥欣油坊业主薛天周（诨号“奋拉头”）按购进价格，发给农民是有金额的票证（俗称“官贴”）。而农民凭证领取实物时，却要按领取时行情，高价折合。这就是说，农民贱价出卖原料，业主以高价出卖产品。业主以双层盘剥来攫取商品的剩余价值。

另外，还有一处卷烟厂，是共产党革命政权经营的。它从营县转移来界湖后，驻扎在三皇庙（参见附图）生产“大鸡牌”香烟，包装画面是一只大公鸡。大鸡牌香烟在社会上颇有名气。卷烟厂既是生产组织，也是工作组织，国民党军队进攻时，转移中的卷烟厂又是个战斗组织。

二

界湖商业的布局，大致以堂子为中心，向东、南、西、北四方展开。堂子十字路口的西南（20世纪70年代曾经是国营饭店的原址），在旧社会是地方行政势力的中心。这家子姓高，最末一代的户主叫高经武，高家能形成地方势力的中心，也许始自其父（人称高没鼻，据说因花柳病烂掉），或者其祖，或者更远。总之，高家拥有护院枪支一二十；大门两侧各有砖基木架牌楼有如哨卡，人称北哨、南哨；大门路东有专门巡更守夜的“更屋”。堂子的十字路口，是穷苦无地农民等候雇佣的场所——“人口市”。这是统治者的蔑称，农民自己称为“工夫市”。

工夫市东街上，有合股经营百货的同和丰，转为独资后，改字号为利丰恒，在清朝时，设过当铺后来经营食盐专卖、缫丝坊；有李家首饰银楼，有吴家客店，日本投降后开设过车行，以及经营百货的文清斋（字号）。

工夫市北街上，有高、魏、鲁等家客店；有字号叫“卫生”的西药房；有同德堂外科中医铺；有胡家扎彩铺。

工夫市西街最短，至哑巴巷东口止（据说巷内某人是个半哑子而得名），有元升恒瓷器杂货铺；有聚成酒坊兼油店；有高、芮、尹等家客店，贾家马棚店。

工夫市南街最长，高经武家临街房屋俗称“西店”，是高家租赁给潍坊商人经营着百货、布匹批发业；有德记成糕点作坊；有兴盛（东、西）两大钱庄；有福顺百货铺；有李家染坊；有同顺绸缎布匹铺（后更号同兴泰）；有元盛钱庄；济生堂中药房；有瑞祥五金铁器铺；有三和成酱园；有恒茂点心杂货铺；有任家鞋袜铺。

按其经营性质列表如下：

附表 -2

性质		名称	业主	原籍	
商业	钱庄	兴盛（东） 兴盛（西） 元 盛	张来吉 王尧成 侯	淄 博 淄 博 观 后	
	百货批发	西 店	朱氏兄弟	潍 坊	
	布匹	同 顺（同兴泰）	吴作霖	铜 井	
	糕点	德记成 恒 茂	蒋 袁树稷	观 后 张家营	
	五金	瑞 祥	王	沂水县	
	酱园	三和成	刘	垛 庄	录以备考
	瓷器	元升恒	高新山	埠子顶	
	百货杂货	同和丰（利丰恒）	李德运	胡家埠	
		福 顺	王		
		文清斋	朱文清	沂水县	
	医药	济生堂（中药）	赵伯衡	江 西	
		同德堂（外科中药）	李长泰	官 庄	
		卫生（西药）	周选民	独 墅	
		无（针灸）	车		
		万顺和			
	食盐专卖	盐 店	邱 浩	苗家庄	

上述工业及较殷实的商号，据说都有铜井莱平刘西庆的股份。盖刘为界湖幕后金融的垄断者？

三

手工业及其他难以归行的多系农民兼营，农忙则弃工，务工必农闲，且都凭藉祖传技艺的名气坐门等客，无字号标志，社会上按习俗称某姓某匠，如：沈木匠、葛裁缝、王箍炉，锡匠李、李家染坊等等。他们的处所比较分散，如果说商业区域围绕着地方势力高家，手工业及其他行则散在商业区域之外。而最外层则多半是高、袁二家地主的佃户（客家子）。他们住的地方，俗称“团瓢峪”。团瓢是以草苫围绕而成的暂时性的简陋小棚。峪是聚居地点的形象代词。

附表 –3

	性质	从业人家	后裔现居地	备考
手工业	首饰银匠	戚、李	北村	木轮车架（犁耙）箱柜家具
	扎采匠	胡、孙	北村、南村	
	木匠（硬凿）	沈	西村	
	木匠（软凿）	聂	北村	
	裁　缝	葛	南村	
	鞋　袜	任	南村	
	铁匠（大红炉）	梁	南村	
	箍匠（小红炉）	王	北村	
	锡　匠	李	北村	
	染　坊	李、魏、刘	南、东、北村	
	蹄　掌	冯	北村	
	绳　匠	赵	北村	
	车　行	朱	外地	
其他	客　店 槽棚店 馆子（饭店）	高、鲁、芮 魏、吴、尹 贾、（刘家巷）、高	北村、南村 北村、南村 北村	

此外，由于旧社会的风靡，尚有专以极薄木板钉制的“棺材业”，俗称“薄光光”，可能是“薄板棺”的讹音。当然，也有公开的“秘密大烟馆”这里不必详载了。

四

据上述，不难看出，除大、小红炉、软硬凿木匠、蹄掌、绳匠等行业具有附属于生产需要外，其余都属于生活消费性质，各行业从事的家户，虽然不多，不重叠，但作为界湖本身生活消费达到自给程度来说，倒也“麻雀虽小，肝脏俱全”。然而，从客店、槽棚店之多来分析，逢四排九，春秋两大庙会，人口流量却不小。据界湖老人们回忆：骆驼商队来回经过界湖，自北往南带来的是犁、锅等铁器；自南返北运走的是食盐。昔日的界湖是交通要道上的一个农村原始集市，调剂本身有无尚能平衡，工、商、手工业也曾经有过平稳的景气。

然而，旧社会的工商业，实是自上而下的剥削制度“食物链”中的一环。据现年八九十岁的老人反映清末民初，界湖被劫洗先后三次。第一次是在辛亥革命以前。这些老人幼小时，听见长辈说过，界湖有过‘当铺’（钱庄是以高利息贷款，当铺是以实物抵押贷款，二者都是旧社会的剥削手段）。界湖被劫洗后，当铺不复存在。清末在历史上发生过太平天国等农民起义运动，以及军阀混战，盗贼横行等事件，所以没有更多的证据，难以推断这次劫洗界湖的性质。

第二次是在 1919 年十月（农历）李长刚股匪劫洗界湖，并绑架了地主袁家之母与女（后由袁家赎回）和“高没鼻”（无用外号），这人即高经武之父。后来四开山匪寨被攻破，“高没鼻”才被释归。

第三次是在 1922 年八月（农历）袁永平股攻下界湖圩子，并屯住了五六天。袁自称司令率领部分“大刀会”人员，伙入沿途亡命之徒而形成一股抢劫集团。

上述二股匪徒，界湖俗称“光棍”“马子”，因为来自费县等地，位于界湖西南方向，所以叫做“西南马子”，后来才叫做土匪。土匪绑架“人票”、抢劫钱财、掠夺牲畜，无分贫富，深受其害。最大的恶果是界湖本身的打家劫户的暴徒，犹如雨后的毒蘑应运而生。这群人心狠手辣，防不胜防，是圩子里的“吃窝边草的兔子”。直到我党开辟沂蒙根据地，建立革命的武装力量，才将他们收编、镇压、消灭。

此外，从“莲花桥”的传说，也可透视解放

前界湖工商界受贪官污吏盘剥吸吮的历史背景。虽然，传说未可据为实史。然而，几步便能跨过的石板小桥，居然能名蜚遐迩，影响深远，新建街巷也以莲花命名，那么封建时代，皇帝、太监、州官的劣迹，又是可予置信的。

（选自《沂南文史资料》第三辑，1987 年 12 月出版）

印象界湖

唐天佑

据界湖三皇庙残碑记载："万历六年王绪栽白果树二株。"庙址在今界湖镇委家属院，现仍存一株，龙钟虬劲、高耸挺拔，干围 3 人不能合抱，树高近 30 米，微风乍起，涛声远闻。界湖在明朝时期就已立村并设集市，始称"界湖集"。民国时期，界湖属沂水县五区。1950 年确定以界湖为沂南县机关驻地，1981 年 12 月，经省人民政府批准为"界湖镇"。

界湖地处东至莒州、西至兖州、北至青州、南至沂州的通衢交叉点。沂河在其东，汶河在其西，两河相偕并行夹城南流。水土丰沃，物产富饶。设置农贸集市后，富豪辐凑，商贾云集，形成了以"堂子"为中心的东西长 300 米，南北长 500 米的市肆，作坊、店铺、钱庄渐多。土改复查以前，界湖有"永祥欣""德欣""恒丰祥""和祥"4 处榨油作坊和"聚成""恒聚""观成""泰和成"4 处酿酒作坊，及 1 处缫丝作坊。东西南北两条主要街道相交处，原有小庙一宇，名"堂子庙。"庙前称"堂子前"，是旧社会贫苦农民出卖劳力的集散地，农民自称"工夫市"。两条主要街道上，有"兴盛""元盛"两大钱庄，"同顺"布匹店，"德记成""恒茂"糕点店，"瑞祥"五金店，"三合成"酱园，"元升恒"瓷器店，"同和丰""福顺""文清斋"百货店，"济生堂""同德堂"药铺及专卖食盐的盐店，还有木匠、铁匠、锡匠、裁缝等手工作坊，样样俱全，形成了工贸发达的市场。与之相应发展的客栈、饭馆不断兴起，最大的有高家店、刘家店，尹家店、贾家店，使界湖成为商贾集散地。

界湖最大的地主姓袁，到清朝末年这一代叫袁钿。袁家养着京戏班子，聘请了老师，招收佃户区穷人家的孩子学艺，共招收了"长""春""富""贵"四茬（即四届）。"长""春""富""贵"为每茬艺人艺名的首字。"长"字班学成登台演戏，再招收"春"字班，上一茬为下一茬的老师，故四个戏班又是师徒关系。艺人在袁家戏班里学戏，5 年内没有工钱，只管吃，学艺一两年后，能演戏了，还得白给袁家卖艺。每逢庙会、年节，也常公开献艺与民同乐。"长""春""富""贵"艺人们的精湛技艺对社会的影响是深远的，因此界湖有"梨园市镇"的誉称。到了第五茬，戏没学成，袁家垮了，戏班子也散了。抗战时期，界湖大批男女青年投身革命，加入了八路军的青年剧社。当时界湖还组织了"国剧社"，经常到蒙山里、沂河边慰问军队和伤病员。在孟良崮战役、淮海战役中，"国剧社"还随队支前，在活跃军民文娱生活、鼓舞斗志方面发挥了很好的作用。

如今，界湖镇已发展成为近 8 万人口约 4 平方千米的大镇，除县属企业、文教卫生等事业单位外，尚有镇属中学2处，小学44所，卫生院1处，机械、化工、轻纺、食品、建材、交通运输等企业50多个，固定资产总值达8200万元。全镇农民人均收入达1400多元，人民安居乐业，生产蒸蒸日上，真正成为全县人民政治、经济、文化的中心。

（摘编自《界湖街道志》）

界湖形成县治概况

唐天佑

抗日战争期间，中国共产党在山东发展武装力量，斗敌顽，征腐恶，同时建立民主政权。1939年12月建立南沂蒙联防办事处，翌年3月改称沂南县行署。当时，形势险迫，环境艰辛，县领导机构转移频繁，直至打垮了日本帝国主义，粉碎了国民党以及地方封建残余势力的进攻。这方奠定了沂南县境的稳定局面。

1947年以后，沂南县党政领导机关陆续迁入界湖（本文指圩子里以内区域）。县委、县武装部先后驻扎在原聚成酒坊。县政府在东门里一带。公安局、法院设在三皇庙（《界湖街道概况》认为三皇庙在圩子外，误），县卫生院设在北街原卫生西药房，文化馆、新华书店设在南门里街东；县直各商业系统基本上按照原商号经营性质，在其原址设点门市。界湖，初步具有县治雏形。

界湖，东西长约300余米，南北约500米。大多数机关以及新成立的企事业单位还得借住民房。民房陈旧、狭窄。到中华人民共和国诞生时，党、政、群、农、工、商聚集在总面积不足0.15平方千米的区域里。

为了适应新形势发展的需要，从1951年开始向圩子以外扩建。当时，原计划在界湖与中疃之间征用土地，后来为了避免荒废良田，决定改在界湖以西的荒地上，动工兴建房屋。这一带旧社会叫做“官荒”“舍陵”（埋葬赤贫人家，无主饿殍的地方），荆棘丛生，沙石堆累。从三皇庙前出圩子西门、沿路向西北，到处都是荒坟野冢，榛荆杂草。

开始建筑新房是为了发展教育事业。为培养师资，1951年在今县招待所位置建沂水专区第二速成师范。1952年寒假招生，两个班100人。1953年失慎，速师毁于一炬，后来学校迁往沂水县。建完速成师范，建筑县银行（在今县府东北角住宅区内）。以后几年接连银行向西发展建了县邮电局（今文化路东端路南，尚有遗迹可寻）；油脂公司（后并入粮食局）；兽医站；印刷厂；汽车站。现在的汽车站是60年代迁去的。那里清末民国初有几家民舍，叫做闵家寨。那里，沙石荒岭一直延伸到今气象站、教师进修学校以南。

1953年，在今县联社，百货大楼的地方建窑烧砖（青砖）；瓦（泥瓦，这类瓦渗水，生苔）。开始建筑县人民委员会各机关用房，然后才是县委。与此同时又建立了沂南县的第一所中学和县医院。中学所在地原先叫“火石沟”，山洪湍激，乱石嶙峋。旧社会没有火柴，人们常在此寻找火燧石，击镰取火，故名。县医院孤零零地建在乱石荒岭上、打井汲水用人力链式水车，没有两人推，转不动它。

前期的建筑特征是门、窗上端，均青砖半圆起拱。当时县人委小礼堂是麦秸苫顶。现在是车库的地方，过去是炊事所在。菜屋在东，饭屋在西。以后才在小礼堂与菜屋、饭屋之间，架设了石柱、竹架、席棚，以供就餐人员遮阳、避雨。干部不分上下，一律自行在菜屋买菜、饭屋买饭，在席棚下站着吃、或蹲着吃。

小礼堂之称，援引至今，其实，并不算‘小’。为什么叫‘小’呢？由于形势大发展，召开全县性质的会议，礼堂容纳不下与会人员，故在县委与中学之间又建了一幢青砖、釉瓦，花棂门窗的礼堂。在20世纪50年代这是全县最大的建筑物，山墙顶矗立着三叉避雷戟，外观堂皇、气势宏伟，使来县参观的人，耳目一新，叹为观止。这座建筑叫‘大礼堂’，相形之下，原先那个草苫礼堂，不得不‘小’。今日看来，大礼堂即将完成它的历史使命，让位于拔地而起的现代化层层高楼。

砖瓦窑拆除后，地基上建筑了县联社和其南面的县粮食局（今界湖粮管所），那里原先是地主袁钿家的果树林。从今县政府向南转西有：核桃行、桃行、李行、杏行（行，念杭）。至今这一带民家仍有称之‘桃行’的语习。而县联社墙西又是一片野冢荒坟，这里是旧社会的刑场。再往西，在今武装部东，很早以前有一条南北走向的季节性小水沟。今莲花巷一带，沙石，黄泥膏土质上覆薄沙层。是个涝洼地带，遍生野草，界湖人叫它“牛毛莎（suō）”。

这条小沟是山洪冲刷而成，在旧社会，每年布雨季节（阳历7月上、中旬）来临，山洪自北、西北、西，向界湖滚滚冲来，圩子街道水没腿肚，积久难消。雨过则满街泥泞，深淹脚脖。俗语说：“界湖三多”，就是：蚊蝇多、泥泞多、舍陵多。1957年县直机关参加义务劳动，加深、加宽了淤滞的水沟而成现今的长流渠道。界湖堂子庙向南、向西各有两条平行条石铺路，便是当年防止泥泞的权宜措施。县委并且发动县直各机关义务劳动。在水湖套西山（很早以前叫“穷汉山”，山上除了石头，只有荒草）挖“鱼鳞坑”，以减小和缓冲山洪的流量。

1956年建县食品公司和棉花加工厂（今县武装部和供销大楼所在地）。在现在的文化路东端路北，建贸易公司（1958年撤销）百货公司和药材公司（后移至人民路西端）。

现在的界湖派出所、储蓄所，原先是一片菜园地。1956年建成露天电影场，观众自带座位，如果不愿搬石块垫腚，亦可盘腿坐地。下雨时观众头顶苇笠，身披蓑衣。观众不散，电机不停。寒冬，观众脚套蒲鞋，手拎火罐。夏夜阵风骤起，飞土扬尘，银幕顿成桅船鼓帆。饶有趣味的是每票五分钱，不成文的规定，携带儿童免票，观众拥挤时，座列近抵银幕，孩子们仰脸观看变了形的图像。甚至挤到幕后，观看左手敬礼的反面图像。16毫米的小放映机，一场电影有两三次片间休息，观众都回过头来看放映员换片。

唯一建筑在圩子墙内的是填平了蚊蝇滋生的“四海汪”（在现在界湖卫生院东端住宅区内）。1955年建立了露天剧场。翌年改建成木架结构，茅草苫顶的“沂南剧院”。它比剧场“阔气”，院内埋设木桩，上钉木板，以充座位，不必对号，不嫌拥挤的话，坐多少人也没有人管。这是界湖有史以来最大的建筑物，可容纳五六百人，比小圩子地主袁钿的房子还要大。每逢外聘演员名角，观众仍然自带交叉，蒲团、杌、椅，在台前、两厢、过道中，见缝插针。甚至还有攀缘梁柱的，真是里三层，外三层，上三层，热闹非凡，皆大欢喜。

1956年年底，县直各机关单位全部撤离界湖，迁入新址。现在，界湖分设东、南、西、北4个村。民宅散布面积是圩子墙的三倍。而新兴城市——沂南，扩展面积已超过2平方千米，是圩子墙的14倍。工厂林立，层楼耸起。马路纵横，店铺棋布，人民路、市场路笔直通向郁郁葱葱的水湖套西山山麓，穷汉山不穷，涝洼地不涝，蚊蝇根除，野冢绝迹。

前辈创始历尽艰辛，后人继往开来责任更重。随着新形势的发展，人民对物质文明与精神文明的追求更是日益提高。

（选自《沂南文史资料》第三辑，1987年12月出版）

界湖“梨园”概况

唐天佑

界湖，在清朝的时候叫做“界湖集”，正如枣庄原先叫做“枣庄集”那样，本是统治者为了增加赋税来源，扩大征敛面积而设的最底层的商员集点。后来随着社会的发展，商贸规模的升级，“集”字被自然淘汰。至于商贸规模发展不大的集点，至今 × 集、× × 集才作为专有地名而留传下来。

正如京城套着皇城，皇城套着紫禁城那样，界湖圩子墙里套着一个“小圩子”，“小圩子”里地主袁家的宅院层层迭套。袁家到了清朝末年这一代叫袁钿。他的儿子袁顺斋是民国时期沂水县第五区区长（界湖属第五区）。

现在沂南县城的市场路最东端，路两旁各有一水池。路北的较小，是袁家花园的养鱼池。路南的很长一直顶到今粮管所。这一带解放前是袁家的果园，有梨行、杏行、核桃行、李行、桃行（行念杭，林的意思）。袁家仿效西王母的故事，叫这个水池为“瑶池”。但是乡音难改，农民觉得叫它们“鱼汪”“瑶汪”顺口。

外界盛传袁钿养了四个京戏班子，其实应该是养了四茬京戏班子。即聘请了老师，招收佃户及穷苦人家的孩子学艺，给他们各取两个单字的艺名，“长”为首字（念 chá ng）。“长”字班学徒能独立登台演戏了，再招收第二茬。第二茬学徒的艺名以“春”为首字。以此类推，第三茬以“富”、第四茬以“贵”为首字。“长”字辈教“春”字辈，“春”教“富”，“富”“贵”又是师徒关系。“贵”字班下面还有一茬。学徒没等艺成功满，袁家垮了，班子散了。班子散了，排不上辈，俗称“小五子”班。

封建社会唱戏的、搓背的、修脚的、剃头的…被视为贱民。连子孙都不被允许读书进考场的。单指能吃上一口饭，没有人家割舍得让孩子进“火坑”学唱戏。

那时节，鱼汪北面还有个“苇子汪”，“苇子汪”前面便是学徒练功、吊嗓的地方。围墙上堆满着葛榛棘刺，以防学徒逃跑。学徒们白天练功摔打、滚．翻，动辄被拳打脚踢，浑身青肿。夜间被罚站罚跪，罚熬眼。草铺被泼得浸湿，无法睡觉。久而久之，个个浑身长满脓包疥疮。

穷家的孩子不识字，背不熟台词、唱不准音调。戒尺抽打声，痛哭号叫声、日日夜夜从葛榛墙里传入周围人家，来往的人们叹道：“戏，不是学出来的，是打出来的！”

按契约，在袁家戏班子里学戏，五年内没有工资，只管吃，间或赏件旧衣破褂。其实，熬到能独立登台演戏，一般只需一两年的功夫，契约期限，大部分是白给袁家卖艺。袁家经常依仗权势，向四乡派戏。演一台索取银圆数十块，在哪里唱哪里管着戏班子吃喝。

小圩子南面，袁家大门外（今第三实验小学），从前是一片广场。广场东西很长，每年秋后，油坊、酒坊在此赊购大豆、高粱。袁家在大门西，筑个面朝东的戏台，每逢庙会年节、迷信祭祀，也经常公开献演，以示与民同乐（由界湖工商富户凑资）。日长月久，街面上的人，不管识字不识字，老老少少都能听懂戏文，会哼哼几句戏，走台步，亮相。

长、春、富、贵艺人们以技艺精湛给予社会的精神影响是深远的。七八十岁的界湖老人至今记忆犹新，对半个多世纪以前的往事啧啧赞叹。

长风，水湖套人，姓梁。男扮女装唱旦（旧社会女孩子没有学唱戏的），尤擅长饰刀马。因他刻画女性形象神似入微，连观着的人也觉得他身段柔软溜滑，都管他叫“一滴油”。大家都知道旧社会女性缠足，在舞台上如果亮出大脚，正如青衣旦挂髯口一样大煞气氛。唱青衣走碎步，百褶（zhě）裙尚可遮挡鞋尖，唱花旦演迈门槛动作会朝台下亮脚，也还可以把裤腿做长点盖住后跟儿。唯独演刀马旦武功戏，一个“犀牛望月”独立平衡动作，非露出大脚不行。那时的旧思想意识，观众一定哄场，会影响剧情的发展效果。长风想了一个办法。做了一双特制的“三寸金莲”套在前半脚掌上。整个演出过程只能依靠脚尖大趾保持身体平衡。长风还任意延长平衡动作的时间。故意“亮”脚、同样是满场为之轰动。但效果的内涵不是讪笑，而是对技艺的惊愕与赞赏。现在演戏大可不必效法，却不能不肯定长风在戏剧史中，独创一格是难能可贵、值得载入史册的。

很是惋惜，对于众多艺人的姓氏、籍贯难以一一查访。现在七八十岁的界湖老人在记忆中，知道的长字辈艺人还有：长法，白石窝人，姓郑，饰老旦；长和，水湖套人，姓梁，饰红净，演关云长、赵匡胤。

春字辈中有个武丑，演梁山好汉鼓上蚤时迁惟妙惟肖，无与伦比。艺名春海，界湖北村人，姓高。盛传他曾经在堂子庙十字街头，当众翻跟斗，越过高家大门外的北哨牌楼。在堂子庙垒起三张八仙桌，总高约两米四五，他双手各执糖山楂一串，腋下各夹鸡蛋一枚，从桌顶“前空翻”落地无声，鸡蛋不碎。也有的说春海能手端一簸箕绿豆“后空翻”脚落原迹，绿豆一粒不撒。辞似溢美，夸过其实，但群众对艺人的钦敬爱的心情是可以理解的。春海，与旧社会被埋没的其他艺人一样，毕生贫困，家境萧索，四五十岁才娶妻，后来在别人家的一间破场园屋内，悄然逝去。

春字辈艺人，尚能被记忆的有：春兴，佛谢人，姓薛，大花脸；春顺，连姓氏、籍贯也追访不出来了。

富字辈艺人：富奎，莪庄人，姓刘，还有一个，艺名富宝。

贵字辈艺人：贵春，只记得是饰旦的；贵和，姓国，大概是依汶人，也有说他饰小生，也有说他是饰铜锤花脸。

长、春、富、贵，梨园子弟们在抗日战争前期，解体流散。他们吃尽了人间难以磨灭忘怀的辛酸苦楚，却默默无闻地带走了他们的技艺，离开人间。但他们对社会的影响是深远的。界湖堪誉为梨园市镇便是一证。

记得“文化大革命”期间，地区京剧团武术教练郝某（江苏人），来界湖北村拜访未曾谋面的师叔春海。他是遵父命前来拜见的，可见他父也是春班艺人。当他听说师叔春海作古，不胜唏嘘伤感。

一次，郯城京剧团来我县巡回演出，在露天剧场（今农贸商场）演‘唱功戏’——失、空、斩。团长再三叮咛，嘱咐青年演员专心致志：“别看今晚不满场，来的都是界湖老头，老妈妈，懂戏的人。千万不能在界湖出丑。”

抗战时界湖大批男女青年投身革命，加入八路军的青年剧社。界湖还组织了民间“国剧社”。为什么叫“国剧”？因为京剧本是明、清朝代在京城发展起来的剧种，所以叫京剧。民国时定都南京，北京称“北平”，京剧就改称“平剧”。抗战时北平沦陷，所以改称国剧。

解放后又恢复了京剧的名称，国剧社是界湖农民业余组织。不分前台后台哪里忙就在哪里干，正如农忙打场，杈耙扫帚扬场锨，放下这个拿那个。如北村尹连科唱诸葛戏，卸了装接演打渔杀家的桂英儿，打龙袍的瞎太后。也有饰一专的。东村张庆专饰皇帝；北村王庆武专饰周仓；西村魏献清专饰赵云；东村张顺修专饰包黑儿；南村马廷献饰“秋江”中的老艄公……虽然都是不重要配角，换了别人往往达不到惟妙惟肖的效果。国剧社里，除贵梅（南村人，姓夏）负责后台管理工作外，其余没有一个是科班出身。演出时难免有些噱头，如“陶三春造反”中有句台词：“来文杀文，来武杀武”，魏献清饰部将大喊：“来文杀武、来武杀文”把观众笑得前仰后合，见了他就“重”，“重”了几十年。东村魏连成专演丑角。他的乳名叫“桂儿”，演“法门寺”时，饰刘瑾的张顺修就故意地不顾台词有无，时时呼喊饰小太监的魏连成。逢场作戏，魏也不得不连声答应，大家都乐极了。东村刘树堂个儿大嗓门粗，在水浒戏中饰小李广花荣之母。他自编唱词：“老花婆，舞马叉，嗓门大，地动山摇”。后来，‘老花婆’便成了他的绰号。他在演逼上梁山，决心舍家财造反时，自编台词：“这鸡篮子么，老娘我扔了它，这尿罐子么，老娘我也砸了它”。极为生动地塑造出一个泼辣强悍的农村妇女形象。恐怕连专业导演也未必能想象到这个点子上。

《在延安文艺座谈会上的讲话》指出革命的文艺首先是为人民群众服务的。国剧社在抗日战争、解放战争中，非常活跃，到处演出。蒙山里、沂河边，慰问军队，慰问伤病员，有时甚至深入敌伪顽区，掩护我侦察敌工工作。在淮海战役，孟良崮战役中，国剧社还随队支前，在活跃军民文娱生活，鼓舞斗志方面起了一支为工农兵服务的文艺队伍的作用。

随着时代的发展，文艺由普及到提高阶段，20 世纪 50 年代我县成立专业京剧团，又是大批的界湖农村男女青年加入行列。有许多还是国剧社成员的子女。界湖梨园冲破封建意识，从此有了女演员。

（选自《沂南文史资料》第三辑，1987 年 12 月出版）

作者简介：

唐天佑（1924—2001），生于湖南长沙，幼年随父母旅居日本。其父唐炳初，早年加入同盟会，历任国民革命军第八军军法处处长、湖南统税局局长、烟酒事务局局长。解放前夕，参与程潜、陈明仁和平起义。其母任氏，系任弼时之堂侄女。1933 年唐天佑随父回国，1940 年参与抗日救国，弃学从戎，任装甲兵团驾驶军士，参加了缅甸战役。日本投降后复学，参加反蒋学生运动。1949 年 7 月参加中国人民解放军，经历和平解放湖南、衡宝战役、剿匪反霸，在抗美援朝中负伤。1956 年转业落户界湖北村。1958 年被错划右派，1980 年恢复政治名誉。1981 年至 1997 年历任县政协第一、二、三、四、五届政协常务委员，台属联谊会副会长兼秘书长，开展对中国台湾、香港地区和日本、美国等海外亲友的统战工作，同时兼任县文史资料委员会委员，参与县文史资料的收集、审编工作，在各类报刊发表文史类作品二十余篇。他精通日语、英语、世界语，曾帮助一些机关事业单位人员补习外语。

清末民初界湖商号店铺变迁

高　军

界湖的立村时间究竟在什么时候，目前根据早期有人见过的三皇庙内的元代《重修三皇庙记》记载，庙始建于北宋，所以界湖立村最迟也应在北宋之前，那么确立宋代开始有“界湖”这一名称应该是比较科学的。这里因为西边有山，东部有岭，历史上中间有大片湖洼，村庄处于中间高地，界于湖洼之间，故名之为“界湖”。

因为涉及“三皇庙”，这里先解释一下何谓“三皇”，历史上关于“三皇”有以下九种说法：（1）天皇、地皇、泰皇（《史记》）。（2）天皇、地皇、人皇（《太平御览》）。（3）燧人、伏羲、神农（《尚书大传》《白虎通义》）。（4）伏羲、女娲、神农（《风俗通义》）。（5）伏羲、祝融、神农（《白虎通义》）。（6）伏羲、神农、共工（《通鉴外记》）。（7）盘古、女娲、伏羲（民间传说）。（8）自羲农，至黄帝，号三皇，居上世（《三字经》）。（9）伏羲、神农、黄帝（《帝王世纪》《古微书》）。最后一种说法由于《古微书》（又名《删微》）引用《帝王世纪》的影响力而得到推广，所以伏羲、神农、黄帝成为中国上古社会三位杰出的帝王。但界湖的三皇庙供奉的对象是以上九种里面的哪“三皇”目前尚不清楚，只有待新的资料发现后再予以详细考证。“三皇庙”内有泥塑彩像，还有雷公电母等形象，在解放前有和尚十余人。此庙元代曾重修，庙院内有银杏树一株，根部盘根错节，枝干遒劲挺拔，叶片青翠婆娑。传说此树为雄株，原有雌株在其南，后被砍伐。庙内发现的一块上面刻有“万历六年（1578）王绪栽白果树二株”的石碑可为参证。

历史上界湖虽然不处于山东两条主要古道青沂古道（沂南境内经苏村孝子坊、榆林、苗家曲信量桥、辛集、黄疃鬼沟桥、河阳白龙桥）、福州古道（沂南境内经过双堠、青驼、徐公店）上，但也有三条重要古道向外辐射着，一条由界湖经大庄、南左泉、莒南十字路到达青口（今江苏赣榆），一条由界湖经杨家道口、苏村、齐家店子、湖头、薄家店子奔莒县、日照，一条是由界湖经依汶、隋家店、岸堤沿汶河到蒙阴，所以界湖的交通也是比较发达的。康熙十一年（1672）版《沂水县志》记载：“界湖集，县西南八十里。”道光七年（1827）版《沂水县志》：“界湖社，距城七十里。”“界湖集，距城七十里。”这说明，在相当长的历史阶段，这里一直是“社”是“集”，界湖集逢四排九，有春秋两大庙会，骆驼商队来回经过界湖，自北往南带来的是犁、锅等铁器，自南返北运走的是食盐，人口流量不小。可以说，界湖一直商业繁荣，经济发展速度较快，地位显得比较重要。

1947年以后，沂南县的县直机关陆续迁入界湖，全部在原界湖的圩子（20世纪40年代前期圩子被拆除）内驻扎。县委、县武装部先后入驻原“聚成”酒坊，公安局、法院入驻三皇庙，卫生院进入原“卫生”西药房，其他各机关也都有了落脚点，从此界湖成了县城驻地。但由于圩子内地域狭小，1951年县直机关决定搬家到圩子外建设，1956年底各机关全部撤出界湖原来的圩子内那片范围，进入了新的办公区域。成为县城驻地后，沂南又经历了1958年11月的撤销和1961年7月的复置（国务院批复文件时间），1961年确立沂南县城新驻地时，曾有人建议把县城驻地设置在40年代后期沂南县主要机关曾经的驻地张庄，也有人建议为了经济的更好发展设在羊红（今东红）公路边上的大庄，但因为当时界湖还保留了1958年11月撤销沂南县建制时候的大礼堂，所以最终决定了县城驻地仍设在界湖。界湖作为沂南县城驻地，具有其重要的地位。

但有些材料说：新中国成立前界湖“有几家规模很小的商号和店铺，街道狭窄，市面萧条”。这种论断要是从前后对比的角度说是对的，但若是放在当时的历史条件下考察那就是很偏颇的，其实我们考察一下清末民初界湖的商号和店铺，这种论断应该说就是站不住脚的。

《沂水县志》的记载说明，界湖最迟在1672年以前就设有“界湖集”，最迟1827年前又设“界湖社”，说明经济已经相当发达。咸丰四年（1854）仲夏立的《重修南路西沟碑记》也从另一个侧面证明了这一点，这块碑上记载的堂号，现在还能清晰辨认的就有观利典、占吉堂、聚源号、广盛号、公信号、复泰坊、来顺号、隆泰号、永盛号、广聚号、义和号、广盛坊、恒盛坊、德盛坊、顺兴号、广德堂、广益堂、兴盛号、济源号、同盛号、全生堂、保善堂、源盛号23个堂号，本村重修南路西沟外村人参与的应该不会太多，即使这里边有一少部分界湖外的堂号拿出资金支援重修南路西沟这项工程，怎么也不可否认的事实是这些堂号大多都应该是界湖本村的。这个时期的界湖大约应该是百余户人家，东西300余米，南北500余米而已，堂号的兴盛说明了当时界湖的商业、手工业等的繁荣情况。事实上也是如此，清末民初界湖更是个名气很大的集镇了，有庙会、大集，来自“口（张家口）外（指北部）”的商贾财货在这里聚散，盛况空前。当时界湖为了防止战祸和盗匪，四周高筑圩子墙，四面各有大门，早晚就像城门一样按时启闭。随着形势的发展，圩子墙于1940年代抗日战争时期被拆除。

商业的发展和凋敝，与社会政治有着密切的关系。咸丰年间存在的商号，后来迭经社会动乱变迁，发生了很大的变化。20世纪初，界湖曾经被土匪劫洗过多次，1980年代老人回忆自己幼小时曾听见长辈说过，界湖有过的当铺就是这次洗劫后不复存在的，这个当铺似乎应该就是《重修南路西沟碑记》记载的“观利典”。事实也是这样，我们看到仅仅过了三四十年后，在20世纪二三十年代界湖的商号中已经不存在典当业了，打卦算命、勘定阴阳宅的占卜业如“占吉堂”也不见了。笔者经过研究，觉得这次界湖被洗劫似乎应该是1911年“郯城四邻边境土匪蜂起”“大股贼匪枪伤户主，焚烧房屋”（郯城知县给山东巡抚孙宝琦电），“兰、郯边境吃紧，大股匪徒内外勾结乘隙殃民”（沂州知府给山东巡抚孙宝琦电），可作为证据。第二次是在1919年十月（农历）李长刚这股匪徒劫洗界湖、并绑架了大户袁家之母与女（后由袁家赎回）和另一显赫户主“高没鼻（外号）”。在被洗劫中，大户受到损害，小户和百姓同样遭殃。如“高没鼻”直到后来四开山匪寨被攻破才被释放，家族也一蹶不振。1922年，周边匪情更加严重起来，在这次大规模的匪患中界湖遭受了第三次洗劫，这年八月（农历）土匪袁永平率众攻下界湖圩子，并屯住了五六天。袁自称司令，率领部分“大刀会”人员，伙入沿途亡命之徒而形成一股土匪抢劫集团。经过这三次土匪洗劫后，界湖的商业受到毁灭性打击，《重修南路西沟碑记》记载的商号大都不复存在了。

笔者想根据多年的跟踪调查、查阅资料所得，就界湖20世纪二三十年代的商号店铺进行一些简单的概述。

20世纪二三十年代，界湖当时圩子墙内也就是百余户人家，商业的布局大致以堂子为中心，向东、南、西、北四方展开。十字路口附近有一处小型庙宇俗称“堂子庙”，里面有泥胎塑像，究竟是供奉何方神仙待考。庙前被称为“堂子前”，堂子前的大致东西和南北走向的十字路口的西南（20世纪70年代曾经是国营饭店的原址）这个地方是当地行政势力的中心。户主姓高，这时的户主叫高经武，其父外号叫“高没鼻”，当时高家拥有护院枪支十几支；大门两侧各有砖基木架牌楼如哨卡一般，人称北哨、南哨；大门路东有专门巡更守夜的“更屋”。堂子的十字路口，是穷苦无地农民等候雇佣的场所——“人口市”，农民自己称为“工夫市”。“人口市”向北二三百米左右就是北圩子墙，但北圩子墙北门在圩子东北角。这条街道两边有魏家、鲁家、高家客栈，有大小红炉、银匠、李姓外科医生开办的“同德堂”中医药铺、大庄高海观曾经坐堂的“杏春堂”药铺等，有字号叫“卫生”的西药房，有胡家扎彩铺。但北部并不直通圩子墙北门。在这条北街的中部向东有一条百余米小巷，这里以唐姓居民为多，故名唐家巷。唐家巷东头就是东圩子墙，东圩子墙近旁是一处油坊，秋天大豆收获后，这里最为繁忙。北街的中部西边斜对着唐家巷的是刘家巷子，巷中也有一处榨油坊，只是规模较小一些。还有一处贾姓开办的槽棚店。刘家巷正直向西就到达了西圩子墙的一个小便门，附近就是袁家的花园和鱼池。唐家巷西端向南百米左右有一处火神庙，庙侧就是圩子墙南门。

工夫市东街200余米，有合股经营百货的同和丰，转为独资后改字号为利丰恒：在清朝时设过的“观利典”当铺，后来经营食盐专卖、缫丝坊：有李家首饰银楼；有吴家客店，日本投降后开设过车行；以及经营百货的文清斋（字号）；有盐店、魏家染坊、磨市等。东头就是圩子墙东门，东门外有三孔石桥在一条水沟上面，石桥长度约十余米。

工夫市西街最短，至哑巴巷（因巷内有人是半哑子而得名）东口止，有元升恒瓷器杂货铺；有聚成酒坊兼油店；有高、芮、尹等家客店；贾家马棚店。这条街道的西部街道比较宽，西边有一条南北流向的小水沟，上面青石板覆盖着，当地百姓叫“小桥子”。“小桥子”以北有多处客栈，供客商住宿。20世纪80年代时老人还能记得名字的有刘家店、贾家店、尹家店等。桥南是界湖大户袁家开办的小圩子酒坊（后来的老党校旧址），北墙上嵌有拴马石，酒坊南边有袁家的花园、鱼池等。酒坊前边有一条东西走向的“萝葡巷”，巷子北边有一个大水洼，有学问的人曾为之起名为“四海汪”，取旧时商业对联“四海交游晏子风”“经营不让陶朱富”的意思。后来这个地方被村里人经常抛弃死婴，遂演变成了“死孩子汪”，20世纪50年代初期被填平，在上面建起了露天剧院（20世纪80年代后废弃）。今界湖卫生院附近就曾保存有当时西圩子墙的一段，解放后还长期留有“西豁子”的名称，那就是西圩子墙西门坍塌以后的遗迹，此地是过去进出西门的必经之路。

工夫市南街最长，高经武家临街房屋俗称西店，高家租赁给潍坊商人经营着百货、布匹批发业：这里有德记成糕点作坊：有兴盛（东、西）两大钱庄；有福顺百货铺；有李家染坊；有同顺绸缎布匹铺（后更号同兴泰）：有元盛钱庄，济生堂中药房，有瑞祥五金铁器铺，有三和成酱园，有恒茂点心杂货铺：有任家鞋林铺。当时圩子内有四处油坊，分别是薛家埠薛天周开的永祥欣，水湖套刘家和戴家开的恒丰祥，团山庄袁家开的和祥，埠子顶高家开的德欣。四处酿酒作坊，西南是小沟崖徐小芳开的酒店“泰和成”，东南是高培烈和埠子顶高家开的商号“恒聚”酒店，小桥子酒店是小沟崖高家开的，商号“聚成”，界湖北门里是大庄石门高允山开的酒店“恒丰祥”。当时界湖的商业业主大多为界湖以外的外地人，他们在这里雇佣人工，以畜力为动力源。所以，当时的界湖有“界湖发外来户”的说法。油坊榨油的原料是大豆，酿酒的原料是高粱，每当秋季，各个作坊收购原料，畜力车（主要是驴车）、独轮车挨号排队，作坊里号声高唱，升计斗量，甚是繁忙。作坊开出收据，农民凭此随时可以来领取白酒、豆油、豆饼等。薛天周（外号“耷拉头”）开给农民的是有金额的票证，老百姓称之为“官贴”。农民领取实物的时候，随行就市按当下价格结账。小圩子酒厂在袁钿的住宅，1938年后日本鬼子侵略到我们这里，袁钿全家搬回团山庄，房子闲下来，共产党以“聚成”为主，合并其他几家，才搬进了袁钿的住宅无偿使用开了酒厂，酒厂规模大了起来，拥有干部工人近百人，发酵池十个，高粱为主，小麦造酒曲，加上高粱糠和谷糠搅拌均匀，发酵半月，上锅蒸，出产“干酒”，兑水百分之二十五才能喝，酒名叫“高粱老烧酒”，每个池子一月发酵两次，出酒400千克（干酒），年产量100吨左右，兑水后130吨左右。本地销售外，四面八方酒贩子天不亮就等着提货。另外，还有一处卷烟厂，是共产党政权经营的。它从莒县转移来界湖后，驻扎在三皇庙，生产“大鸡牌”香烟，包装画面是一只大公鸡。大鸡牌香烟在社会上颇有名气，卷烟厂既是生产组织也是工作组织。国民党军队进攻时，转移中的卷烟厂又成了战斗组织。

概括说来，20世纪二三十年代界湖的商号店铺等，若按经营性质可分为以下三大类：

一类是商业：有淄博张来吉兴盛（东）钱庄、淄博王尧成兴盛（西）钱庄、观后侯姓元盛钱庄：铜井吴作霖同顺（同兴泰）布匹店；观后蒋姓德记成糕点店、张家营袁树稷恒茂糕点店：沂水县王姓开办的“瑞祥”五金店铁器铺；垛庄刘姓“三和成”酱园；埠子顶高新山开办的“元升恒”瓷器店；百货批发潍坊朱氏兄弟西店；胡家埠李德运开办的“同和丰（利丰恒）”、王姓“福顺”百货店、沂水人朱文清开办的“文清斋”等几处百货杂货店，苗家庄邱浩开办的盐店，贾家的马棚店，有李家染坊：济生堂中药房，有任家鞋袜铺。油坊有薛家埠薛天周开的永祥欣，水湖套刘家和戴家开的恒丰祥，团山庄袁家开的和祥、埠子顶高家开的德欣。四处酿酒作坊，西南的酒店“泰和成”是小沟崖徐小芳开的，东南的商号“恒聚”是本村高培烈和埠子顶高家开的；小桥子酒店商号“聚成”，是小沟崖高家开的：界湖北门里酒店“恒丰祥”是大庄石门高允山开的。

二类是医疗服务业：大庄高海观曾经坐堂的“杏春堂”药铺、江西人赵伯衡开办的济生堂（中药）、独墅李长泰开办的“同德堂（外科中药）”、周选民开办的“卫生（西药）”、车姓开办的针灸诊所等。

三类是手工业：戚、李姓的首饰银匠，胡、孙姓的扎彩匠，做木轮车架、犁耙等的沈姓木匠（硬作），做箱柜家具的聂姓木匠（软作）、葛姓裁缝、梁姓铁匠（大红炉）、王姓铁匠（小红炉）、李姓锡匠，李、魏、刘姓开办的染坊，冯姓蹄掌匠，赵姓绳匠，朱姓车行，高、鲁、芮、魏、吴、尹等家客店，高姓馆子（饭店）等。这些人的后代至今还大多都仍生活在界湖东、西、南、北四个村子内。

此外还有专以极薄木板钉制的“棺材业”俗称“薄光光”，也有大烟馆等。

大致说来，商业、医疗服务业的区域主要是围绕在地方势力高家、袁家周围，业主大多为外地人，有的是外省来的、有的是外县、外村来的，常年四季坚持营业，经营规模较大，收入也多一些。手工业比较分散，多系农民兼营，农忙则弃工，农闲必务工，且都凭借祖传技艺的名气坐门等客，一般无字号标志，社会上按习俗称某姓某匠。都是为了服务于生产需要，如大、小红炉、软硬作木匠、蹄掌、绳匠等，各行业从事的家户，虽然不多，但一般不重叠，涵盖了生活的很多个方面，调剂着本辖区内的生活，服务着外来的四方宾客，呈现着波浪式的繁荣的景气。

（原文发表于《沂南通讯》“月末”，2013年12月31日第1、2版）

作者简介：

高军，现任沂南县作家协会主席，山东省小小说学会副会长。曾荣获首届全国小小说金奖大赛佳作奖、山东文学2006—2010优秀作品奖、山东省第四批齐鲁文化之星、临沂市政府奖“沂蒙文艺奖”、临沂市社科成果奖、临沂市首届优秀文学编辑奖，他主编的《阳都文学》获临沂市首届优秀文学期刊。高军是一名在文学道路上长期跋涉并取得优异成就的临沂本土作家。

找回界湖 见证界湖

高禄堂

一、引言

受命参与编纂《界湖街道志》了，才开始关注界湖的陈年旧事。翻阅了几份令人回忆界湖的资料，觉得对界湖的记述与事实有出入，有的甚至大相径庭。为求真实，找回界湖的原貌，编纂委员会决定绘制一幅《一九三九年界湖街巷图》，并标明商号、店铺、作坊业主名称和经营业务。2013年12月15、16日，我同编纂办公室主任车尊友到了南村，邀请邱田（89岁）、梁桂生、魏杰、张宜龙、李建军，回忆草绘了原属南村部分。17日，到了西村，邀请李治泉（81岁）、车荣德、李桂，回忆草绘了原属西村部分。18日、19日，到了北村，邀请郑德（81岁）、高发顺、孙廷林、刘宗礼、王顺杰、王顺圣、杨志德，回忆草绘了原属北村部分。20日，到了东村，邀请张志德、张顺涛、于凤田、王世坤、苏金钟，回忆草绘了原属东村部分。2014年1月15日，同编纂办公室刘志杰，邀请北村熟记界湖东、西、南、北四门旧址的刘志起，驱车测量了界湖的长、宽。取得这两项证据后，便着手下面的拙文。

二、界湖的圩子与街巷

（一）圩子

我是1932年出生的。界湖的圩子是1940年清明前后彻底拆除的。圩子在我脑子里的印象是少年时期的。我七八岁记忆清晰的时候，跟大人到东门外赶集，记得东门里30米处路南有一条南北胡同。胡同北边枕着东西街——当铺巷子，后称盐店街。胡同与盐店街T接点的西南角，有一眼井。井西边是魏家染坊。染坊主叫魏兴安，是我妗母的从兄。井南边，就是魏家染坊的屋东头，有一幢1.5米高的石碑。魏兴安说："这是界湖修圩子时立的碑。"那时我认不了几个字，对碑上那长满青苔且斑驳风化的文字丝毫不感兴趣，因而失之交臂。碑于1947年才被砸毁。2013年12月18日、19日，我同车尊友、刘志杰、梁桂生到北村访绘《界湖街巷图》时，81岁的郑德、78岁的高发顺，75岁的孙廷林，都说对石碑眼见或耳闻，但都说不出具体时间。20日到东村访绘时，张志德、于凤田等人也说有石碑的事，但也说不准立碑时间。

1939年冬至1940年春，为防止日军安据点，沂蒙根据地发起拆圩子墙高潮。1939年冬，鲁中军区四团的人，一夜间拆除了界湖圩子墙的主建筑——6座圩子门楼和10座炮楼。1940年清明前后的一两天，我和长我三岁的姐姐，还有其他小伙伴，想去小西门外窑汪北边小土冈上看桃花，刚到小西门里，就听见哗哗啦啦墙倒屋塌的声音，往西一看，圩子墙在排山倒海的吆喝声中，一片一片地倒下了，尘土笼罩着拆圩子墙的人们。往北一看，袁钿家花园的西墙也就是圩子墙也拆了。我们都高兴地说："这下可好了，看（袁钿家）花园里的桃花就行了，甭到西门外了。"圩子墙拆下的石料，作价卖给个人，以便迅速运走，卖石料所得归村政权收入。

界湖的圩子墙一色青石垒砌，高6米，地基宽4尺，顶端宽2尺。门楼和炮楼高8米，上下两层各3米，二层之上的雉堞高2米。炮楼10座，圩子四角各1座，东、西两面中间各2座，南、北两面中间各1座。门楼6座，东、西各2座，南北各1座。门楼和炮楼整体的三分之二突出圩子墙外。二层楼的左、右、前三方面都有瞭望孔、射击孔。相邻两楼的火力可交叉延伸。射击孔装有"生铁牛"土炮，装灰药和生铁砂子。平时不用，用蜡封炮眼和信眼。还备有生铁铸的手雷，土名"将军蛋"。"将军蛋"、灰药、砂子，平时存在局子的火药库里。局子——清末民初，高恕、高经武父子先后任界湖社"从九品巡视"，负责地方治安。局子是"从九品巡视"的办公所。楼体的三分之一部分突出在圩子墙里，二层左右两侧各有侧门。圩子墙里面紧贴着墙根基，有1.5米高、1米宽的女墙，叫"站墙子"，也叫"巡路子"，供巡夜打更的人走动。女墙至楼侧门下，有数级台阶，巡夜的人登上台阶，从侧门进入二层楼。楼上有移动木梯，巡视人登木梯从天窗攀上二层楼顶，凭雉堞可以瞭望或射击。巡视人再从另一侧门，踏台阶下到女墙。高出女墙1.5米处的圩子墙上，每隔五步有一瞭望孔，也是射击孔。清朝末期，守圩子的村丁手持长矛、大刀，兼有"洋炮"，就是鸟枪。民国初年到解放前夕，用上步枪"土押五""单打一"。枪支属个人所有和圩主所有两种管理形式。六座圩子门都有固定的守门户，俸禄由全圩子供给。小西门的守门户姓祖名玉芳，人们都喊他"老鸭"。南门的守门户姓冯名昌，人们都叫他"鹌鹑"。小东门的守门户无人记得。大东门的守门户刘安学，兼钉马掌。北门的守门户冯老头，冯子发之父，兼钉马掌。大西门的守门户姓刘，大家都叫他"老刘"，青年人喊他"刘老爷"。2014年1月15日驱车测量的结果是：界湖南北长为560米，东西宽为400米，由此计算出圩子墙的周长约等于1920米，圩子墙自小东门往南，至东南炮楼的150米，向西斜进20米，所以是"约等于"。

（二）街巷

界湖的整个地形地貌像一只巨鳌，中部稍隆起，四周渐低洼。堂子坐落在鳌背最高点上。堂子是供奉菩萨的庙。是庙为什么亘古就叫堂子呢？据《中国县情大全·山东·胶州市》载："西周初期，胶州境内东有莒国，西有介国。莒国迁后为纪国。"所以就有好古者捕风捉影地说：界湖曾是古介国的国都，堂子压根就是介国君王的殿堂。另外，还有一种预言：界湖何时发展到99眼井，99盘碾，将成为县城。堂子是神人为县大老爷预备的大堂。自 1947 年 5 月一 1949 年 7 月，沂南县各部门先后入驻界湖，没等 99 眼井、99 盘碾告成，界湖就成了沂南县县城，但没在堂子这个地方建立大堂。

堂子前是南北、东西两条大街的交会点。东街与西街不正直对接，而成“Z”字形状，错位有 3 米。堂子前直达南门的一段叫大街，青石铺路，两边镶路缘石，6 米宽。歌谣唱：“界湖街，真不穰，南北大街一里长，青石铺路耀眼明，乡里瓜子叫了娘。”南北大街中段向东，有条唐家巷子。最末一任圩主高经武，就住在唐家巷子北边，南边全是唐姓。唐家巷子清末叫“席市”，逢集时这里是卖席的市口。沿唐家巷子东行，径出圩子小东门，南北大街中段路西，错对唐家巷子巷口南 4 米，向西有一巷子，袁铟的小圩子就坐落在巷子中段北边，因此，这条巷子便叫“小圩子前”。沿圩子前向西，径出圩子小西门。南北大街南端出圩子南门，南门里 10 米街西，有一正方形、四边石砌的汪，叫“南汪”，面积 400 平方米。南汪北边是火神庙，汪南边也就是沿圩子墙北边西行 50 米，北转行 50 米，再西转行 120 米，这条轱辘把街叫“刘家巷子”。刘家巷子西端向北拐行 60 米，与圩子前街交叉。

堂子前往东这条街，直通圩子大东门。我的曾祖高茂卿（字松如，号程先），乡饮介宾，于清同治十一年（1872）从白石埠来界湖，在这条街中段路北经营典当行，这条街始称“当铺巷子”。

堂子西山墙往西这条街，有一处“X”字形斜十字路口，叫“小桥子”。小桥子往东这段叫“堂子西”。小桥子西南角隔两户人家南边，是四边石砌的“四海汪”，面积 600 多平方米。小桥子斜十字路往东北延伸的一段叫“梯路子”。梯路子东边是“长汪”，西边是“团汪”。东西街穿过小桥子，向北稍弯曲，再折向西，形如牛角，这段直不直弯不弯的段落，叫“哑巴巷子”。巷子中段北边，是高梦九中药铺。巷子西端出圩子大西门。大西门里路北就是三皇庙。

堂子北边的南北街叫“堂子后”，向北延伸，到距圩子北墙 10 米处，会合由西折来的梯路子，向东折 10 来米，径出圩子北门。故有歌谣唱：“界湖集，逢四九，青石大街南北走。堂子前，十字路，条条通到城门口。”六座“城门口”以里，街巷关键地位，建有五座“哨门”，哨门口分布在袁铟小圩子四周，若“城门”被攻破，凭哨门还能拒守一阵。

三、界湖的沟洫与径流

（一）沟洫

界湖坐落在历山之南，西有仙姑山、卧龙山，东有红石岭，更有四股活水从乾、艮、坤、兑四方朝巨鳌流来，至鳌身边，曲折蜿蜒从巽方流出。界湖是青山环抱，绿水萦绕、四水投塘的风水宝地。四水分别是：

1. 自北边单家庄流来一股水，经界湖圩子东边一里处，径直南下，至界湖东南方三里处的“扁担岭”南头，与西边团山庄流来的“孙家沟”汇合，转向东南流去；经马家营、小李家营、时家营、张家营、贾家营、李家营，再经大庄镇的张家沟、徐家沟、小沟涯、白石埠、朱家河，在西流村前注入沂河。“六营”“三沟”以下流域的人们，称这沟为“大沟”，而界湖流域这一段，南自澳柯玛大道，北至智圣汤泉，则称为“沙沟子”，因为沟底纯是黄沙。1974 年，界湖公社将沙沟子疏浚整理一番，更名“丰收沟”，就是朝阳路中间夹带的那条沟。

2. 西北方向，白石窝以东至县医院这片高地，叫西北岭。从西北岭下来一股水，叫“火石沟子”。火石沟子稍偏东南流，流至三皇庙西北角时，吸纳由北面前中疃流来的一小股水，沿圩子墙北径直东流，造就了“北护城河”。人们都称其为“壕沟”“圩子壕”，流至东北炮楼后，乖乖地沿圩子东墙外折向南流——这是权宜说法，其实并非水选择圩子为依傍，而是人们建圩子选址时，是以水的流势而定位的，于是便形成了“东圩子沟”。东圩子沟流至小东门，折向东流，流了一里地，在横跨沙沟子的“鱼背桥”南，注入沙沟子，即丰收沟。

3. 仙姑山，卧龙山（原叫水湖套西山）东麓的空山水汇成一股，叫“红沟子”。红沟子有卧龙山的山泉为源，四季流水不涸。红沟子流到界湖西边，造成两片洼地：大西湖，小西湖，就是现在一中、府城小区所在地。大西湖与小西湖中间有座莲花桥。传说诩称：九篷九桅的船，不卸桅杆船帆，能从从容容经过桥下。我见到的莲花桥，只有一块1.5米长、0.5米宽的青石板，桥板中间雕一朵莲花。桥板担在坍塌的码头石上，码头石是动过细錾子的，已长满青苔。从桥板、码头石的做工推敲，从水流量大小推测，当年的莲花桥应该是双孔三板桥。坍塌的码头石中，有一块箭头形的桥墩的迎水石，所以说至少双孔。红沟子穿越两湖，流至小西门外50米处，注入窑汪。窑汪占地5亩多，汪东岸是圩子西墙。红沟子出窑汪东南角，沿圩子墙根直流南下，取得新名“西圩子沟”。

4. 西圩子沟南流100米，至西南炮楼下，由西南岭下来的“泥沟子”投其怀中，姊妹水汇集一流，沿圩子南墙折向东流，共同的名字叫“南圩子沟”。南圩子沟直流250米，至圩子南门西侧，90度转弯南下，沟东岸是路，随改名“南路西沟”，简称“西沟”。就是清咸丰四年（1854），《重修南路西沟碑记》中的“西沟”。西沟由南门至南桥一段100余米，沟深3米，宽6米，两边全是青石砌成。西沟至南门西侧向南流出百余米后，穿过东西路上的三孔石桥，渐东南流去，至扁担岭北头，注入丰收沟。南门至三孔桥的路，宽6米，路东是宽两米的排水沟，沟两边用青石砌成。沟南流至东西路时，三孔石桥东端6米处，又有两孔石桥，排水沟的水从两孔石桥下汇入西沟。

（二）径流

堂子居鳌背中央，径流四面开花。南面的径流，顺着青石铺面大街两侧的排水沟，流入南门里的南汪。南汪水满了，从南边“地漾沟”，穿过圩子墙下，注入西沟。大街东侧的水，流到南汪东边时，从南北大街下的东西方向涵洞注入南汪。堂子以东的径流，至大东门南边，从圩子墙下的漾沟注入东圩子沟。唐家巷子的径流，从小东门南边注入东圩子沟。堂子北边的径流，汇集到梯路子两边的长汪、团汪。两汪满溢时，经三皇庙前，流出大西门，注入西圩子沟，就是现在白果树西南角的大汪。堂子西边的径流，汇集到四海汪，四海汪满溢时，水流径直南下，沿小圩子与花园之间的花园路，直流入南圩子沟。

四、界湖的庙宇

（一）三皇庙

1914年，舅父刘承礼邀集界湖社的香客，凑足香火份子钱，到泰安拜祭泰山老母，请扎彩匠孙贞画的观音像。祭拜回来，观音像存在三皇庙里。1941年，我父亲高师勇任沂临边联县土山区区长，春节前，村里的汉奸勾来刘家店子据点的日军，烧了后土山我家的房子，连根灯盏橛也没剩下，奶奶供奉的观音菩萨像也未得幸免。1943年春节前，烧毁的房子已重新修好了，年景也稍太平了，奶奶想请观音菩萨回家过年，一时苦于没有偶像。母亲刘承范长舅父两岁，想起舅父存在三皇庙里的观音像，于是令我从土山到界湖来“背驾”。姥姥家的长工于相奎是泰山祭拜时专职“背驾”的。于大爷和我到三皇庙，见到七十多岁患眼疾的和尚智隆师傅。趁他俩洽谈、祭奠的工夫，我第一次浏览了三皇圣殿。2013年12月17日，到界湖西村采访了81岁的李治泉和70多岁的车荣德，他俩提供了一些关于三皇庙的一手资料。2014年2月19日，同编纂办公室李祝道，采访了祖上四代与三皇庙为邻的81岁的赵文发。他说得比较透彻。

三皇庙位于界湖圩子的最西北角，以前有碑记载：始建于北宋初期，明代曾重修。有段残碑上刻着：“万历六年王绪栽白果树二株。”三皇庙是五殿一祠的古庙宇建筑群，东西宽40米，南北长50米，纵向分三档。中档正南门，门上匾额书：三皇畤。门里方砖砌独站映壁。过映壁直达后端，是关圣殿，人们惯称为老爷殿。殿内正面神台上是关羽夜读春秋塑像，左边关平手捧金印，右边周仓左手叉腰，右手持大刀。东山壁画是桃园三结义，西山壁画为千里走单骑。

老爷殿东边，东档位置，占南北长度的1/2处，是东厢院。有六间东厢，分作两口。北头一口是僧人打坐向禅的经房，南头一口是展览室兼仓库。仓库南头靠山墙放着一个赭色柜。柜长 2 米，宽 1 米，深 0.7 米。柜口上有一个十字枨，枨四端各拉住柜的四个边，形成一个长方形“田”字。田字的四个口里，很规则地斜竖着若干“轴子”，轴子的内容一是神像（我来请的观音菩萨像就从这柜里取出的。智隆师傅说：这不叫柜，是“笭”。）内容二是劝世、惊进。老爷殿东头，东厢院北头，是钟亭，人们都叫钟楼子，内悬大钟一口。

东厢院南面是龙王殿。正面神台上塑着龙王老爷，人面鹿角。左边是霹雳将军，右手举锤，左手持钢錾，要一锤砸下去开什么的样子。右边是闪光娘娘，两手各执一面铜镜，右高左低，做出两镜相互辉映的架势。东山神台上塑的是雨师大伯，右手擎盆，左手端瓢，做正在降倾盆大雨、瓢泼大雨的姿势。西山神台上塑着风婆大娘，斜绊肩背着一条口袋。口袋里蓄足了风。风婆大娘做着急旋身的姿态，要将口袋里的威风全部吹到人间。东梁上蟠着一条赤火龙，头朝南，在梁中央处伸出一爪，抓提着王小儿的头；西梁上蟠着一条靛青龙，头朝南，在梁中央处伸出一爪，抓提着王小儿媳妇的头。两个断头的脖子下，血流拉出一拃多长，令人起栗，毛骨悚然。传说：大水成灾，王小二撇下老母不管，背着媳妇逃难。半路上，一个炸雷将王小二两口劈成肉泥烂酱，把头悬挂在这龙王殿里示众。

在西档中部，隔者中档，与东档的龙王殿正对，是三皇殿。关圣殿、三皇殿、龙王殿成“品”字形。三皇殿正面神坛上供着天皇伏羲、地皇神农、人皇黄帝三尊泥像。伏羲居中，头两侧各窝着一牛耳发髻，八字胡，赤膊跣足，肩披树叶云肩，腰围树叶短裙，两手于胸前抱“太极八卦图”。左边神农，扎点穿戴与伏羲相同，右臂抱、左手托着一柄含穗欲吐的禾稻。右边黄帝，头戴冕旒，五绺长髯，身着帝袍，足蹬朝靴，两手腹前抱着一腰鼓形陶墩，墩上放着一磁勺——指南针的雏形。东山壁画是神农教民稼穑图，西山壁画是嫘祖与民蚕桑图。

三皇殿西边是三官殿，二殿山墙中间是条两米宽的夹道。三皇殿西北角，三官殿东北角，有门使两院通联。照“七星临八卦”的说法，此门在三皇殿的“六煞”位置，也在三官殿的“五鬼”位置，均为不吉，这是俗说。神界则说“三皇辟五鬼，三官镇六煞”，所以，此门在俗世不行，在神界却畅通无碍。三官殿供奉天官紫微大帝，地官虚清大帝，水官洞阴大帝。天官居中，头戴多披颓帽、后高前低。前低处翡翠玛瑙装饰得珠光宝气，两侧帽耳稍下斜垂，再向上翘。身着红色蟒袍，腰系玉带，足蹬粉底皂靴，正襟危坐，俨然当朝一品，两手斜持牙笏，右高左低。牙笏上朱红大字：赐福。天官左边是地官。地官头戴道冠，身着天蓝色道袍，足蹬牛鼻子云游鞋，正襟危坐，两手胸前竖捧牙笏。牙笏上朱红大字：赦罪。天官右边是水官。水官全发在头顶窝一耸天髻，横插透梁髻簪，身穿竹绿色道袍，足蹬牛鼻子云游鞋，左手泰然置左膝上，右手胸前握牙笏。牙笏上朱红大字：解厄。三官都蓄着八字胡，留下颌涛。三官殿东山墙上壁画是羿射九日，西山墙壁画为大禹理水。

从三官殿东山墙下的夹道往北出山门，就进入了观音殿。观音殿供奉着送子观音，可人们说是奶奶殿，供奉着的是送生娘娘。正面神台上，送子观音盘腿赤足坐在莲花台上，左金童，右玉女侍奉。右下角有一个咳嗽鬼，向送子观音施礼。关于咳嗽鬼之说纷纭不一。其一说：咳嗽鬼原是五殿阎罗的厨司，因嘴馋偷吃了美味，五殿阎罗罚他顿顿喝盐水，于是齁成了齁包。他受不了这阳世幽冥刑典上都无记载的非刑。于是跑到观音面前恳求投胎转世。观音不能把病质儿送到人间，就请杨柳观音用杨柳枝蘸羊脂玉净瓶里的圣水，治好了咳嗽鬼的齁包症，咳嗽鬼在投胎前，特来送子观音前感恩致谢。观音殿东山墙壁画是张仙送子，西山墙壁画是麒麟送子。

五殿游毕，再看一祠。老爷殿院外东边是土地祠，人们都叫土地庙子。土地祠占地一平方杆（1 杆 =2.22 米），歇后语称：土地老爷卖宅子——一竿子量（凉）到了后头子。歇后语一是形容热天喝口冷饮，或是吃口西瓜，从口腔一直凉到腹腔；一是形容被恶言冷语所伤，一下子凉透了心。土地祠平台高一米，平台上的房顶又高出一米。房长宽与平台齐，内屋宽、前出厦各占一半。内屋正中供奉土地神，左边是山神，右边是牛王。东山墙下是判官，西山墙下是勾死鬼。前出厦当中摆一石香炉，香炉左、右、前可摆供品。

三皇庙西北角在西档上是戏楼。西南角是僧舍，独门独院，四间堂屋，分作两口，东西两边各三间厢房。

五殿建筑一色青砖灰瓦，前出厦，四棵明柱，赭色，柱下有石鼓。两头两棵明柱一半垒在墙里，一半露在外面，石鼓也是半含半露。明柱上端是梁，梁上是斗拱、雕檐，画梁。彩绘除赭色底子外，另用蓝、绿、紫、黄、白五色。木架是梁、檀、椽，椽上面是砖笆。房顶是两仰一哈瓦的竹竿垄子。屋脊为花脊。屋脊中央花脊间卡着一个黑色空心瓷球。球直径 30 厘米。从球中心自下朝上穿出一根拇指粗的钢筋。钢筋露出球顶 20 厘米，其上 10 厘米成矛头形状。矛头向左右各扯出 1 米长的一段黄豆条铁丝。铁丝两端各有一个瓷人（小鬼）用手拉紧。从瓷瓶到小鬼这一套装置叫“神上神、鬼扯线。”其实这是避雷装置。各殿哨头就是花脊的极端有一卷尾、张嘴的灰陶龙，从侧面能看清龙嘴里的龙舌。四股哨头上，都装饰着十二生肖的灰陶造型：一股哨头上安装三个造型，各股上造型的名堂不相同。从卷尾、张嘴龙，到十二生肖造型这套装饰，叫“哈巴狗子岗察兽”。

东厢、僧舍、戏楼，都没有前出厦，加土地祠都没有花脊。屋脊两端是用方砖磨制成的“马子头”，土地祠上用小瓦摞成的 10 厘米高的“鹁鸽墩”。所有这些房顶，都是用一层仰瓦摆成，叫“翻毛鸡子”瓦屋。

西档有两棵槐树，五棵柏树。中档有两棵柏树，一棵槐树，两棵银杏树。东档有四棵槐树。1943 年春，上级（是区政府还是县政府？口述者记不清）来卖了七棵柏树。买树的陈木匠说：“这一棵大的，能出三成寿板。”三皇殿后边的那棵银杏树，1947 年自死后，，让民兵刨出来了。现在存在的这棵，是原在三皇殿前边的那棵。槐树没听说下落。

1945 年 3 月 7 日，蒙阴城解放了。解放蒙阴城的一支部队来界湖休整，我姥姥家住了一个班，班长叫“小殷”。一天早晨，小殷扛着一段拉八叉子木桩回来，对我舅母（南里妇救会长）说“大娘，我给扛柴火来了”。说着将木桩竖在锅屋门口。舅母问是哪里的棒股檩子。小殷说：“三皇庙的泥神胎被我们砸了，泥巴块扔汪里了，这棒是霹秀将军的骨架子，我扛回来，咱当柴烧。”

妗母大吃一惊，说：“小殷啊，你快把这架子和坯块放在一块，别让神骨肉分离。”小殷很听话，把那段木桩子扔到三皇庙西南角的大汪里，让神“骨肉团聚”。我跟着小殷到砸神现场看热闹。各个殿的泥神胎清理一空，房间显得更宽敞了，壁画显得小了，但比以前更清晰夺目。

1946 年 12 月，苏北战役打响。在这之前的两个月，滨海区机关下属部门向西北转移。大鸡牌卷烟厂由莒南县的大店迁来界湖，一行 30 多人进驻三皇庙，安下卷烟机就生产。到 1947 年 5 月，孟良崮战役之前，卷烟厂又匆忙北移，临走撇下两麻袋烟丝子，50 多千克。

三皇庙有庙田 40 亩，一部分招佃户种，一部分自己耕种。1947 年“土改”前，庙内有两个和尚，一名能安，一名能屯。两个和尚雇着一名长工，喂着一头牛，一头驴。土改时，给和尚留足保障生活的土地，其余的分给贫农。能安，俗名陈茂，苗家庄人，为僧时就与一邻居少孀友好，“土改”后领着同龄少孀回了家，熬得儿孙满堂。能屯姓胡，团山庄人，还俗后得了中风故世。

1947 年，沂南县属部门陆续进驻界湖，县公安局驻三皇庙。1958 年，沂南县撤销，三皇庙成了界湖公社驻地。

综上冗杂记述，确认三皇庙是儒道释三家文化交汇融合的大教堂。

（二）堂子庙

堂子庙居界湖圩子正中稍偏东北，现在正阳路与人民路交叉点的西南角。靠西北角有三间正殿。正殿东头有一间钟亭，亭内悬一大钟。钟亭东边有一古柏，古柏南边另有一古柏。两柏东边是院墙。正南门，门上匾额书，慈航普度。西厢三间。正殿供奉观世音菩萨，亦称观自在菩萨，与大势至菩萨共侍阿弥陀如来，推行教化。

西厢供奉准提菩萨。“准提”是佛教菩萨名，梵语的音译，意为“清净”，是密宗莲花部六观音之一，有三目十八臂，主破人间众生惑业。

堂子庙没有经常住庙僧人，有佛事活动，由迦铎寺派僧人来主持，论僧门派别，堂子庙与三皇庙不是一伙的，与迦铎寺是一伙。

堂子庙的建筑风格、形式，与三皇庙的五殿相同。

（三）火神庙

火神庙位于界湖圩子南门里路西，南汪北边。坐南朝北三间殿堂，走东门。清咸丰四年（1854）《重修南路西沟碑记》记载，这幢碑就嵌在火神庙的东墙上。由此推想，火神庙的修建时间最早不超过咸丰四年。院内东西排列两棵古柏。古柏北边北墙根有砖砌的“火池”，供焚香化纸。北墙北边就是“义学”。火神庙南北长 20 米，东西宽 15 米。庙内所供神明为“火官”。传说炎帝以火名官，春官为大火，夏官为鹑火，秋官为西火，东官为北火。鹑火，星次名。南方有井、鬼、柳、星、张、翼、轸七宿，称朱鸟七宿。首位者称鹑首，中部者（柳、星、张〉称鹑火，末位者称鹑尾。因鹑火七宿在南方，所以火神庙建在圩子最南端，且庙堂坐南朝北，人们朝南方礼拜。火神庙的建筑形式与风格，与三皇庙五殿相同。

（四）历山庙

历山庙在三皇庙稍西北六里处，海拔高度 300.4 米，山顶有庙，碑载：明弘治七年建。

五、界湖的古建筑

（一）袁钿的小圩子

袁钿原住团山庄，咸丰年间在界湖置地建房，大兴土木，建设的住宅、花园、佃户居“院落子”，清末基本定型。住宅为三进四合院。前院进中院，中院进后院，都是五间过厅走中间。后院有五间堂楼带月台。主宅东西两侧各有二进跨院。东跨院，一进是学堂，二进是书斋。西跨院是接待亲眷宾客的招待处。两跨院以外，叫“东西院落子”，是佃户们的棚户区。袁钿的小圩子已被临沂市政府列为重点文物保护单位。

（二）盐店

位于堂子东 30 米处当铺巷子路北。1872—1911 年是当铺，1911—1927 年是缫丝厂，1927—1937 年是盐店。盐店为二进院。前院正厅五间，前出厦两端各空一间，西端为耳屋，东端是通往后院的角门。前院东、西厢房各三间。沿街过厅七间，中间是正南大门，门东西两边各是三间街屋。街屋靠近大门的一间开有临街的商业窗口，青石窗台，铁柱窗棂。后院南北长 36 米，靠北七间大厅，前出厦。东侧宿舍、厨房，西侧为仓房。西北角有井，小片菜地。整院为青石、瓦、砖构筑。

六、赘语

界湖人每每以身居四水投塘的风水宝地而自矜，歌谣唱道：“西北水，东南流，出了财主出王侯。”但界湖历史上没出过王侯，财主确乎有几家。1947 年土地改革时，沂南县挂上号的地主是：“张五、袁钿、聂奎三、徐三猴子、肖廷坚”。除徐三猴子外，其余四家都在界湖范围内。

旧沂水县曾推出八大景观，且载入县志。界湖用四大景观附庸风雅：

一有历山高庙，二有铜井街道，

三有三皇圣殿，四有莲花大桥。

（摘编自《界湖街道志》）

后 记

《南村社区志》自2013年南村社区党委、居委提出设想，2019年作出计划，至2021年12月付诸实施，于2023年7月成稿，简繁结合，伸缩有度，图文并茂，系统全面地记载了南村社区76年的历程，尤其是改革开放以来的重要历史事实。

盛世修志，存史资鉴、教化育人，是中华民族源远流长、赓续不辍的优良传统。十年前，南村社区"两委"在建立村史馆的时候就提出编纂《南村社区志》。2018年9月，随着棚户区拆迁全面完成，社区将这一计划提上了议事日程并付诸实施。成立《南村社区志》编纂委员会，确定编辑人员并开始全面修志工作。同时，还成立由徐新后、梁桂生、高宝德、刘建民四位老书记和刘振毅、包桂亮两位老干部组成的《南村社区志》编纂顾问小组。

《南村社区志》得以顺利问世，主要靠南村社区党委、居委领导的高度重视。从一开始社区"两委"就把修志工作作为南村社区思想文化建设规划的重要工程。2013年，精心策划南村社区村史展馆并对外开放展出，广泛听取观众意见，实际是修志的演练和预习。实践也证明，有了前期的工作，在做"大事记"和谋划篇章时，省略了一些必要的工序和大量的资料采集工作。启动村志编纂工作后，社区党委书记李凤德亲自主持召开编纂人员动员会，又多次主持召开老干部、老党员座谈会，并根据大家的意见，确定"厚今薄古、系统全面、朴实真实、见人见物见精神"的基本基调。由于前期准备工作充分，所以，在编纂动员会议上，编辑组依照提前编制的提纲进行了分工：杨桂柱负责大事记、概述、后记、第一、第二、第三、第十五篇及全书统稿；高永文负责第五、第六、第七、第八篇内容及全书统稿；冯启国负责第九、第十、第十一篇内容及全书统稿；魏晓霞负责第四、第十二、第十三、第十四篇内容。《居民人口篇》涉及到家家户户，有许多人口在外地工作或生活，李凤德反复强调，一定要准确无误，不能漏人。为此，他亲自召开两委会、队长会，动员布置，并以"两委"名义，向每家每户发放通知书。

在编写过程中，编辑人员团结协作，有分工有合作，资料共享，取长补短，始终坚持辩证唯物主义和历史唯物主义的基本观点和方法，严肃认真，求真务实，广征博采，突出重点，尽量做到纵不断线，横不缺项。参阅《沂南县志》《沂水县志》《沂南党史资料》《沂南文史资料》《沂南县组织史》《界湖街道志》《沂南县民政志》《沂南县交通志》《沂蒙民俗》《三元朱村志》《金山村志》《青山村史》等资料。在收集资料的过程中，《界湖街道志》《沂南通讯》《南村通讯》等书报成为广征博引、旁求博考的资料库，不可多得的工具书。不仅从中采集大量史实，而且还参考大量史实背景资料。

布局谋篇是一部志书的关键环节，对一部村志尤为重要，必须根据自己的特点，凸显其重点部分内容。如：南村社区的发展，主要表现在从农业到工业的转换。讲工业，就要突出集体企业。写集体企业，就要突出集体经济，实现共同致富。南村社区集体企业中，服务业比较突出，而该产业中的红色文化产业更为突出，在2018年至2022年的时间里，南村社区几乎集中全社区的人力、物力和财力。不仅体量大，内容多，而且规格高，社会影响也大。放到第三产业，就显得其他项体量过小，达不到突出重点的要求。因此，在谋篇时，将该内容从服务业拿出来，单设并重点编写"红色文化产业篇"。同样，宣传工作一般情况下在谋篇时都列到党的基层建设篇中的一节，精神文明建设仅仅作为宣传工作的一个小节。然而，在实际工作中，精神文明建设是党和政府工作中的一个大项，许多行政部门和工作都被列入其中。尤其是南村社区，从2005年确定走"发展集体经济，实现共同富裕"的路子以后，两个文明一起抓，精神文明建设被列入重要议事日程，所投入的人力、财力、物力不仅大，而且时间长，涉及面广，做的工作多，成效也显著，放到一个小节中，显然容纳不下。因此，专门设立了“精神文明建设篇”，而且排到紧随经济建设篇章之后，体现出当物质文明建设发展到一定程度以后，精神文明建设更为重要，必须两手抓，两手都要硬，才能符合南村社区的实际。又如：南村社区还具有位居沂南县城中心的特色，在谋划居民生活篇时，为突出这一特点，吸收县城规划，道路建设、景观建设、水利设施建设等相关内容，彰显南村社区建设的时代特色。居民人口是全社区家家户户关心的重点，在谋篇的时候，不厌其详地到户到人，还突出“四世同堂”内容，以此说明社区居民平均年龄的增长，展现出社区医疗卫生、社会保障、环境优越的生活条件。人物，是一部志书的重点，反映历史的厚度。本志书人物设置，有社区历任领导、南下干部、英雄模范、在外工作人员、专业人员名录以及史上颇有影响的人物。尽管如此，因为收集不够充分，仍有不少漏落。

2023 年 7 月，《南村社区志》初稿基本形成。经过杨桂柱、高永文两位编者对初稿的统编和修改，形成评审稿，遂印成评审稿样本。10 月 31 日，召集由专家、编纂委员、编辑成员、编纂顾问组成的评审委员会进行评审，提出补充和修改意见。11 月 10 日、20 日两次召开评审委员座谈会。根据评审意见，编辑小组又连续多次召开座谈会，统一思想，明确责任，在原分工基础上，分头修改，交换修改。原沂南县史志办副主任吴耿彬又通览全书内容，进行了一次较大幅度的增删归并，对部分篇章布局做了必要的调整。然后，由高永文、冯启国统稿，形成第二次评审稿。经过二次修改，形成第三次修改稿。经社区党委书记、居委会主任、主审李风德审阅后形成定稿。全志书设概述、大事记、社区概览、居民人口、农业、工业、服务业、红色文化产业、社区建设、精神文明建设、社会生活、文教卫生、社区组织、人物、艺文、南村印迹、村风民俗、附录，共计 84 万字。前彩照 214 幅，内插图 128 幅。

本志书在编纂过程中，得到相关部门和社会各界的大力支持。县党史研究中心领导和工作人员多次亲临社区指导工作。界湖镇原党委书记车尊友时刻关心村志的编写工作，主动提供自己保存的宝贵资料，无私地介绍《界湖街道志》编写过程中的经验教训。县审批局副局长、县史志办原副主任吴耿彬，多次亲临指导帮助，从篇章谋划到具体事件的表达提出许多宝贵意见和建议。界湖镇原副镇长、界湖南村老书记梁桂生，主动提供由自己保存的历史资料。南村社区老干部后代马基可、孙新等老同志，有求必应，帮助收集资料。

《南村社区志》的出版发行，是南村社区文化史上的一件大事。既是南村社区历史的总结，也是南村社区今后全面发展的明镜之鉴。尽管我们做了大量工作，付出很大努力，仍存有许多遗漏与不足，望读者提出宝贵意见。

编　者

2023 年 12 月